Teatro completo

Letras Hispánicas

Francisco de Quevedo

Teatro completo

Edición de Ignacio Arellano y Celsa Carmen García Valdés

CÁTEDRA
LETRAS HISPÁNICAS

1.ª edición, 2011

Ilustración de cubierta: *El Conde-Duque de Olivares a caballo (ca.* 1634)

Reservados todos los derechos. El contenido de esta obra está protegido por la Ley, que establece penas de prisión y/o multas, además de las correspondientes indemnizaciones por daños y perjuicios, para quienes reprodujeren, plagiaren, distribuyeren o comunicaren públicamente, en todo o en parte, una obra literaria, artística o científica, o su transformación, interpretación o ejecución artística fijada en cualquier tipo de soporte o comunicada a través de cualquier medio, sin la preceptiva autorización.

© Ediciones Cátedra (Grupo Anaya, S. A.), 2011
Juan Ignacio Luca de Tena, 15. 28027 Madrid
Depósito legal: M. 190-2011
I.S.B.N.: 978-84-376-2733-5
Printed in Spain
Impreso en Fernández Ciudad, S. L.
Coto de Doñana, 10. 28320 Pinto (Madrid)

Índice

INTRODUCCIÓN	11
El corpus del teatro quevediano: problemas y estado de la cuestión	13
Las comedias	21
Cómo ha de ser el privado	21
Cómo ha de ser el privado, pieza de clave	21
La recepción crítica de la comedia	24
Fecha y fuentes	32
Modelos de rey y de privado	40
Unas palabras sobre otros personajes	54
Final	56
Pero Vázquez de Escamilla	57
Fragmento en el reverso de una carta	58
Los entremeses	59
Bárbara	61
Diego Moreno	62
La vieja Muñatones	67
Los enfadosos	68
La venta	70
La destreza	72
La polilla de Madrid	74
El marido pantasma	75
El marión	75
El caballero de la Tenaza	77
El niño y Peralvillo de Madrid	78
La ropavejera	80

Los refranes del viejo celoso	81
Conclusiones	83
Loas y bailes	85
Esta edición	87
Bibliografía	105
Teatro completo	121
Comedias	123
Cómo ha de ser el privado	125
Pero Vázquez de Escamilla (fragmento)	243
Fragmento (ms. 108)	277
Entremeses	279
Entremés primero de Bárbara	281
Segunda parte del entremés de Bárbara	301
Entremés de Diego Moreno. Parte primera	318
Segunda parte del entremés de Diego Moreno	341
Entremés de la vieja Muñatones	359
Entremés de los enfadosos o el zurdo alanceador	382
Entremés de la venta	404
Entremés de la destreza	420
Entremés de la polilla de Madrid	436
Entremés del marido pantasma	460
Entremés famoso del marión. Primera parte	483
Segunda parte del famoso entremés del marión	494
Entremés del caballero de la Tenaza	501
Entremés del niño y Peralvillo de Madrid	512
Entremés de la ropavejera	531
Entremés de los refranes del viejo celoso	543
Loas y bailes	563
Efectos del amor y los celos	565
Los valientes y tomajonas	573
Las valentonas y destreza	587
Los galeotes	596

Los sopones de Salamanca	606
Cortes de los bailes	614
Las sacadoras	623
Los nadadores	629
Boda de pordioseros	637
Los borrachos	645
Las estafadoras	649

Introducción

El corpus del teatro quevediano:
problemas y estado de la cuestión

Suele la crítica negar a Quevedo la cualidad de dramaturgo, y, en efecto, no se dedicó profesionalmente a este género, pero desde luego no escapó a la fascinación de las tablas, como ya señala Cotarelo en su trabajo pionero sobre el teatro quevediano[1].

Quevedo escribe sus piezas teatrales a lo largo de unos años —1613 a 1631 aproximadamente— en los que se dan a conocer algunas de sus obras más famosas: *El buscón, Los sueños, La cuna y la sepultura,* y la primera parte de la *Política de Dios,* ante las cuales queda empequeñecida su escasa obra dramática[2]. La comedia vigente a la sazón no parecía cuadrar bien con el genio del gran satírico. A un Quevedo que se burla de las convenciones y usos estereotipados del lenguaje no le merecen buena opinión los mecanismos típicos de la comedia nueva ni la nube de poetas que la cultivan[3]. Recuérdese cómo el buscón Pablos se encuentra con un clérigo poeta que en dos días había compuesto la monstruosa comedia

---

[1] Cotarelo, 1945, pág. 42: «No supo sustraerse a esta fascinación D. Francisco de Quevedo, y a escribir para la escena dedicó algunos de los breves ocios que su ajetreado vivir pudo consentirle», pero «Error sería, pues, considerar a Quevedo como un verdadero autor dramático, al modo de Lope, de Vélez o de Tirso». Para algunas consideraciones generales sobre el teatro de Quevedo, véase Oteiza, 2000; García Valdés, 2004 y 2007. Para los entremeses, la aproximación general de Sáez Raposo y Huerta Calvo, 2008.

[2] Véase García Valdés, 2004.

[3] Cotarelo, 1945, págs. 44-46, acopia unos cuantos pasajes quevedianos de burlas sobre aspectos, elementos y convenciones del teatro de su tiempo.

de *El arca de Noé,* para ser representada por papagayos, tordos y picazas, o cómo el mismo pícaro se hace en Toledo representante y poeta de comedias, buena excusa para que Quevedo arremeta contra todo aquello que le parece rutinario y anquilosado: contra las loas que, además de poco novedosas en los temas, repiten siempre el mismo esquema estructural; contra la proliferación de dramaturgos con sus farsas adocenadas, y confusas, que traen «un rey de Normandía, sin propósito, en hábito de ermitaño, y metía dos lacayos por hacer reír; y al desatar de la maraña, no había más de casarse todos, y allá vas»; contra la falta de originalidad y los plagios («Díjome que jurado a Dios, que no era suyo nada de la comedia, sino que de un paso tomado de uno, y otro de otro, había hecho aquella capa de pobre, de remiendo, y que el daño no había estado sino en lo mal zurcido»), etc.

En la *Premática del desengaño* contra los malos poetas, que inserta en *El buscón,* repite su crítica contra las convenciones de entremeses y comedias y limita a los poetas «que no acaben los entremeses con palos ni diablos, ni las comedias en casamientos»[4]. En *El alguacil endemoniado,* escribe Quevedo sobre las penas que dan a los poetas en el infierno y cuenta que allí:

> Los que peor lo pasan y más mal lugar tienen son los poetas de comedias, por las muchas reinas que han hecho, las infantas de Bretaña que han deshonrado, los casamientos desiguales que han hecho en los fines de las comedias, y los palos que han dado a muchos hombres honrados por acabar los entremeses[5].

La mujer de un poeta de comedias, escritor de infinitas piezas, recoge otros motivos satíricos contra ciertos aspectos del teatro en su queja del *Sueño de la muerte:*

> Fui mujer de mucho valor y tuve con mi marido, el poeta, mil pesadumbres sobre las comedias, auctos y entremeses. [...] Sobre la hambre de los lacayos y el miedo, tuve grandes

---

[4] Para abordar los aspectos del entremés como género conviene orientarse por la excelente bibliografía de A. de la Granja y M. L. Lobato, 1999.
[5] F. de Quevedo, *Los sueños,* ed. Arellano, pág. 149.

peloteras con él, y tuve buenos respetos, que le hice mirar al fin de las comedias por la honra de las infantas, porque las llevaba de voleo y era compasión; no me pagarán esto sus padres de ellas en su vida. Fuile a la mano en los dotes de los casamientos para acabar la maraña en la tercera jornada, porque no hubiera rentas en el mundo; y en una comedia, porque no se casasen todos, le pedí que el lacayo, queriéndole casar su señor con la criada, no quisiese casarse ni hubiese remedio, siquiera porque saliere un lacayo soltero. Donde mayores voces tuvimos, que casi me quise descasar, fue sobre los autos del Corpus. Decíale yo: «Hombre del diablo, ¿es posible que siempre en los autos del Corpus ha de entrar el diablo con grande brío, hablando a voces, gritos y patadas, y con un brío que parece que todo el teatro es suyo y poco para hacer su papel, como quien dice ¡Huela la casa al diablo!, y Cristo muy encogido, que parece que apenas echa la habla por la boca? [...] Desagravié los entremeses, que a todos les daban de palos...[6].

En *El discurso de todos los diablos* el poeta de los pícaros, al que culpan los diablos de haber llenado el mundo de disparates y locuras, se defiende arremetiendo contra los poetas de comedias y los «poetas de los honrados», enumerando de nuevo otra serie de tópicos teatrales...[7].

Todas estas burlas no le impiden cierto cultivo de la escena, bien en obras probablemente encargadas o de conveniencia personal, bien en los ejercicios entremesiles que parecen responder mejor a sus gustos y habilidades de gran inventor del lenguaje y genio de la caricatura[8].

La transmisión de su corpus teatral es, como suele suceder en los textos del Siglo de Oro, confusa, y conviene establecer algunas precisiones respecto al catálogo de obras conservadas, trazando un estado elemental de la cuestión.

El primero en ofrecer una revisión estimable —aunque con algunos datos errados— es Aureliano Fernández Guerra, quien prepara el repertorio del teatro de Quevedo para el

---

[6] *Ibíd.*, págs. 389-391.
[7] Véanse los textos en Quevedo, *Discurso de todos los diablos,* en *Quevedo esencial,* ed. García Valdés, págs. 286-288.
[8] Véase Chevalier, 1988.

Catálogo bibliográfico y biográfico del teatro antiguo español[9]. Ahí recoge una serie de piezas auténticas, discute la autoría de otras y da noticia de algunas perdidas o desconocidas. Además de rechazar algunas obras obviamente no quevedianas (como *El premio de la hermosura,* comedia de Lope atribuida en algún manuscrito a Quevedo) y mencionar —sin comprometerse— loas, jácaras, bailes y algunas redondillas como textos de posibilidades dramáticas, además de dos sainetes a los que no añade ningún comentario —*Los gongorinos ermitaños* y *Los enjuagues de Lavapiés*—, acepta la autoría de la pieza satírica en un acto *Qué villano es el amor* (negada por Astrana y Blecua) y los entremeses de *La endemoniada fingida, El hospital de los malcasados, La infanta Palancona, El muerto, Las sombras* y *El médico,* todos ellos excluidos por la crítica más reciente del repertorio del poeta[10]. Atribuye, además, *La venta* a Tirso de Molina y señala la pérdida del entremés *Caraquí me voy,* criticado por los enemigos de Quevedo en el *Tribunal de la justa venganza*. Los otros que recoge son auténticos *(El marido pantasma, El marión, El niño y Peralvillo de Madrid, Los refranes del viejo celoso*[11], *La ropavejera, El zurdo alanceador*[12], *La venta)*[13].

Respecto a las comedias, niega responsabilidad quevediana en *Bien haya quien a los suyos parece*[14] (de Luis Cernúsculo de Guzmán), *Hacer gloria de la culpa* y *El mejor rey de Borgoña* (ambas de un tal Juan de Quevedo) y lista *Cómo ha de ser el*

---

[9] C. A. de la Barrera, *Catálogo bibliográfico y biográfico del teatro antiguo español,* págs. 311-314.

[10] No hay ningún fundamento para atribuir a Quevedo *El hospital de los malcasados,* señala Crosby, 1967, pág. 79; Blecua no halla en él la troquelación lingüística propia de Quevedo; *La endemoniada fingida* no tiene, según Cotarelo, 1911, I, pág. LXXIII, el más insignificante rasgo quevediano; *La infanta Palancona* parece de Félix P. Bertiso (véase introducción de Blecua a Quevedo, *Obra poética,* pág. 11); en *El muerto, Las sombras* y *El médico* los estudiosos y editores (Cotarelo, Asensio, Blecua) no hallan rasgos del poeta.

[11] Este es dudoso. Véanse más abajo nuestros comentarios.

[12] Este entremés se conoce también como *Los enfadosos,* título más apropiado.

[13] Que, como se ha dicho, atribuye a Tirso, pero hay que restituir a Quevedo.

[14] La incluye, sin embargo, Artigas en su *Teatro inédito* de Quevedo.

privado, Pero Vázquez de Escamilla y el fragmento en el reverso de una carta. La comedia *Quien más miente medra más* la considera escrita por Quevedo y Antonio de Mendoza para una fiesta que el conde-duque de Olivares dio a los reyes en la noche de San Juan de 1631, y que fue representada en los jardines del conde de Monte-Rey y del duque de Maqueda, próximos al Prado. Sobre ésta conjeturan Ticknor y Mesonero Romanos[15] que pudiera ser la que atribuida solamente a Mendoza, con el título de *Los empeños del mentir,* se publicó en *Flor de las mejores doce comedias de los mayores ingenios de España,* en Madrid, 1652.

Afirma Pablo Antonio de Tarsia, en su biografía de Quevedo[16], que dejó escrita de su propia mano una memoria de libros y papeles, entre los cuales se hallaban «algunas comedias, de las cuales dos, viviendo el autor, se representaron con aplauso de todos». Según Pellicer *(Avisos)*[17], por encargo del marqués de Eliche, Quevedo, Antonio Hurtado de Mendoza y Mateo Montero compusieron una comedia llena de muy donosos chistes para celebrar los días de la reina Isabel.

Pero poco más sabemos de cierto.

De otra comedia mencionada en el *Catálogo bibliográfico* atribuida a Quevedo en un repertorio del erudito Durán, *La privanza desleal y voluntad por la fama,* ha dado noticia reciente Germán Vega García-Luengos, quien la ha descubierto en la Biblioteca Nacional de Madrid. Por los datos que aporta Vega García-Luengos, esta comedia palatina, situada en el reino de Lidia, con tema amoroso como sustentación argumental, resultará de problemática adscripción al corpus quevediano. De «criatura dramática con notables deficiencias» la califica el citado estudioso, quien escribe[18]:

---

[15] Niega esta conjetura Cotarelo, 1945, pág. 58: «No lo parece, por no guardar semejanza con el estilo quevedesco, por expresarse en ella corresponder a un autor solo, por tener alusiones a sucesos ocurridos en 1633 y 1634».
[16] Tarsia, *Vida de don Francisco de Quevedo y Villegas,* págs. 43-44.
[17] Citado por Cotarelo, 1945, pág. 57.
[18] Vega García-Luengos, 1993, págs. 114, 120.

Independientemente de la baja calidad dramática de la pieza, lo cierto es que la realidad literaria de *La privanza desleal* entra en fricción con lo esperable en el escritor a cuya advocación se arrima. Nuestra obra escapa de las previsiones quevedianas, tanto en lo que se refiere a su identificación con los huecos existentes [...] como a sus modos de hacer en teatro y en el resto de su producción.

Astrana Marín en su edición de las *Obras completas* de Quevedo, en la sección de teatro, incluye los entremeses de *La venta, Pan Durico, El médico, El marión, El caballero Tenaza, El niño y Peralvillo de Madrid, La ropavejera, El marido fantasma, El zurdo alanceador, Los refranes del viejo celoso, El hospital de los malcasados;* las comedias y fragmentos ya mencionados, diez bailes y una serie de diálogos («Diálogo entre galán y dama», «Buscona que busca coche en el Sotillo», etc.) que nosotros no consideramos obras de teatro.

De los entremeses que edita Astrana no parecen quevedianos *Pan Durico, El médico* y *El hospital de los malcasados*, y dudoso el de *Los refranes del viejo celoso*.

Artigas, por su parte, sólo se ocupa de editar el teatro inédito (comedias), y mete erradamente *Bien haya quien a los suyos parece* en el volumen.

Cotarelo[19] comenta como propios de Quevedo los entremeses de *El caballero de la tenaza, El marido pantasma, El niño y Peralvillo de Madrid, La ropavejera, La venta, El marión, El hospital de los malcasados, Los refranes de viejo celoso, El zurdo alanceador;* y considera apócrifos *La endemoniada fingida, La infanta Palancona, El médico, El muerto, Las sombras, Los enharinados, Los gongorinos ermitaños* y *Los enjuagues de Lavapiés*. Apunta también los títulos de dos perdidos, el de *Caraquí me voy* y el de *Diego Moreno*, encontrado éste por Eugenio Asensio.

La aportación de Asensio[20] es fundamental para los entremeses de Quevedo: en un manuscrito de la Biblioteca Pro-

---

[19] Cotarelo, 1945, págs. 72 y ss.
[20] Véase Asensio, 1971, págs. 197-198, para otro resumen del catálogo de entremeses quevedianos.

vincial de Évora halla los hasta el momento inéditos de *Bárbara* (dos partes), *Diego Moreno* (dos partes), *La vieja Muñatones*, *La destreza* y *La polilla de Madrid*, que deben sumarse a los anteriormente conocidos, de los cuales Asensio considera legítimos *El marido pantasma*, *El caballero de la Tenaza*, *El marión*, *El niño y Peralvillo de Madrid*, *Los refranes del viejo celoso*, *La ropavejera*, *El zurdo alanceador*, *La venta*. Dudosos estima *Pandurico*, *El médico* y *El hospital de los malcasados*.

Blecua, en fin, recogiendo los datos de anteriores estudiosos, y examinando las piezas para decidir las que incluye en su edición de *Obra poética* de Quevedo, además de las comedias y sus fragmentos comúnmente aceptados, establece la lista de entremeses como sigue: *El niño y Peralvillo de Madrid*, *El marido pantasma*, *El marión*, *Los refranes del viejo celoso*, *La ropavejera*, *El zurdo alanceador o los enfadosos*, *La venta*, y los descubiertos por Asensio de *Bárbara*, *Diego Moreno*, *La vieja Muñatones*, *La destreza* y *La polilla de Madrid*, y rechaza todos los demás que hemos citado y acepta con muchas reservas *Los refranes del viejo celoso*.

Este último entremés, en efecto, es de debatida autoría. Astrana asegura basarse en un manuscrito autógrafo, que Asensio intuyó, sin verlo, que no era tal. Reaparecido el manuscrito en poder de James Crosby, se certifica que no es autógrafo y que las razones para considerarlo de Quevedo no son de absoluta confianza.

Bergman[21] lo coloca en el contexto de una serie de escritos que «confieren realidad corporal a ciertas figurillas cuyos nombres se citan en el refranero» y comenta su relación con el titulado *Las sombras*, para concluir con la hipótesis de que a fines de 1622 o comienzos de 1623 algún amigo de Quevedo que conocía un manuscrito de *Los sueños* escribiría *Las sombras*, y años después la publicación de *Juguetes de la niñez* (1631) incitaría a Benavente a reescribir la obrita anterior y convertirla en *Los refranes del viejo celoso*. Para Crosby[22]: «*Los refranes*, por sus valores literarios, bien pudiera ser de Que-

---

[21] Bergman, 1975.
[22] Crosby, 1967, págs. 78-79; cita pág. 78. Para el texto, véanse págs. 205-228.

vedo, mientras que no hallamos en *Las sombras* aquellos merecimientos que siempre cabe esperar en obras de tan gran escritor».

En el panorama descrito no podemos asegurar cuál sea el catálogo exacto y auténtico de las obras teatrales de Quevedo. Hemos optado por recoger:

a) la comedia indiscutible de *Cómo ha de ser el privado*, y los restantes fragmentos de comedias, *Pero Vázquez de Escamilla* y el fragmento en el reverso de una carta;

b) los entremeses de *Bárbara, Diego Moreno, La vieja Muñatones, Los enfadosos, La venta, La destreza, La polilla de Madrid, El marido pantasma, El marión, El caballero de la Tenaza, El niño y Peralvillo de Madrid, La ropavejera* y *Los refranes del viejo celoso;*

c) la loa para *Amor y celos hacen discretos*. Como señalan diversos críticos, muchos poemas de Quevedo pudieran utilizarse como loas, pero es dudosa su cualidad teatral. Incluimos esta pieza porque consta su adscripción a una comedia concreta, pero no consideramos teatrales los numerosos romances que poco se diferencian de ciertos tipos de loas;

d) diez bailes. No estamos tampoco muy seguros de la condición teatral de estas piezas que insertan partes dialogadas y apelan a cierta clase de gestualidad y movimientos. Fundamentalmente por esta característica de dinamismo los integramos en nuestra edición. En cambio, como ya señalaba Cotarelo, no nos parece pertinente editar las jácaras en un tomo dedicado al teatro de Quevedo, por más que se pudieran cantar en alguna representación teatral. Por la misma razón de falta de características propiamente teatrales excluimos algunos diálogos o poemas dialogados que Astrana sumó, creemos que impertinentemente, a su edición[23].

---

[23] Véase Cotarelo, 1945, págs. 96-97. Señalan Sáez Raposo y Huerta Calvo, 2008, págs. 199-200, que algunas de estas composiciones, incluidas las jácaras, pudieran haber subido a las tablas, y el hecho de que, en efecto, algunas jácaras, letrillas o bailes se integren en ciertos entremeses parece apuntar en esa dirección. Pero creemos que cualquier poema o canción podría recitarse o cantarse en una pieza de teatro sin constituir por ello en sí misma una va-

Hemos ordenado primero las comedias, después los entremeses y al final los bailes. En los entremeses colocamos en primer lugar los escritos en prosa, que parecen los más antiguos, y el resto en verso según la cronología imperfecta que podemos atribuirles. *Los refranes,* como más dudoso, van al final de la sección entremesil.

Las comedias

Cómo ha de ser el privado

Cómo ha de ser el privado, pieza de clave

La comedia se inicia con la subida al trono de Fernando, rey de Nápoles, que evoca sus antepasados y reflexiona sobre el modo mejor de gobernar. Para cumplir adecuadamente su deber regio necesita nombrar un privado que posea una serie de virtudes extraordinarias[24]. El más indicado es el marqués de Valisero, a cuyo retrato de valido ideal se destinará la mayor parte de la comedia, presentándolo en diversas circunstancias (audiencias, muerte de un hijo, calumnias de los envidiosos, tentaciones de enriquecimiento...) en las que demuestra su invariable lealtad, espíritu de sacrificio, capacidad de trabajo, servicio al rey y estoicismo personal.

En el tema mayor del arte del buen gobierno, ejemplificado en el rey y en el privado protagonistas, se insertan dos acciones de cierta intriga amorosa y caballeresca: una es la que relaciona al rey con Serafina —que sirve finalmente para mostrar el dominio de sí mismo que debe poseer un monarca—, y otra la que estriba en las pretensiones del príncipe Carlos de Dinamarca, que quiere casarse con la infanta doña

---

riedad dramática. Sea como fuere, resulta difícil trazar una línea nítida, y lo que proponemos es una posibilidad que no excluye otras opiniones sobre el corpus teatral quevediano.

[24] Tema importante en la teoría y práctica política del tiempo es este del valido: véase Tomás y Valiente, 1963; remitimos también a los excelentes trabajos más modernos de Feros, por ejemplo 1990, 2001, 2002, 2004.

Margarita. El príncipe ha llegado de incógnito a la corte de Fernando para cortejar a su amada. Descubierta su identidad se celebran grandes fiestas en su honor, pero la infanta se niega a casarse con un hereje, actitud que apoya el marqués de Valisero y que comparte el mismo rey, para quien la religión y la fe católica predominan sobre cualquier razón de Estado. Ofendido por el rechazo el príncipe Carlos, abandona la corte clamando venganza y preparando una invasión que fracasará, al tiempo que el príncipe de Transilvania obtiene la mano de la infanta, con cuyas bodas se cierra la comedia en un tono agridulce, pues coincide con las noticias de la captura de la flota real por los piratas, suceso que permite de nuevo al rey y al valido exhibir su fortaleza de ánimo frente a los casos de la voltaria fortuna.

Aunque se supone que esta ficción dramática se desarrolla en la corte de Nápoles, se trata de una comedia en clave que resulta diáfana para el receptor de la época; personajes y lugares son fácilmente reconocibles porque Quevedo desea que se reconozcan, empezando por el rey Fernando, identificado con Felipe IV: ambos nombres comienzan por la sílaba *fe*, que alude, por otra parte, a la importancia del motivo religioso como seña de identidad de la monarquía española:

> que, como son efe y e
> el principio de tu nombre,
> no se oía en ningún hombre
> sino «fe»: todo era fe. (vv. 33-36)

El título del valido, marqués de *Valisero*, es anagrama de *Olivares;* su tío el duque de *Sartabal* —anagrama de *Baltasar*—, corresponde a Baltasar de Zúñiga, tío de Olivares, que compartió la privanza con su sobrino. Las referencias que corresponden a datos de la realidad histórica española contemporánea son abundantísimas[25], y también las pistas que revelan cuáles son los referentes reales de los personajes y de

---

[25] Véanse para más detalles las notas al texto en las que se recogen estas referencias históricas.

las situaciones dramáticas. La muerte del hijo de Valisero es alusión a la muerte de doña María de Guzmán, hija de Olivares; se habla de la religiosidad del rey anterior (es conocido este rasgo de Felipe III), se mencionan los malos validos anteriores (don Rodrigo Calderón, o el duque de Lerma, sometidos a procesos y castigos varios por las nuevas autoridades), se insiste en la negativa de la infanta (compartida por el privado) a casar con un hereje (alusión al príncipe de Gales, venido a tratar sin éxito un posible casamiento en 1623), etc. Todas las descripciones de las fiestas cortesanas y el cortejo amoroso de Carlos de Dinamarca siguen de cerca los hechos de la famosa llegada a Madrid de Carlos de Inglaterra, príncipe de Gales (el 17 de marzo de 1623), para fracasar en el intento de casarse con la infanta María. La densidad de componentes históricos y el grado de detallismo con el que se recogen se perciben bien si se comparan con las relaciones y poesías dedicadas a este suceso[26], entre otras los poemas del propio Quevedo «Fiesta de toros con rejones al príncipe de Gales en que llovió mucho» (décimas) o «Las cañas que jugó su majestad cuando vino el príncipe de Gales» (romance)[27].

No faltan alusiones a las dificultades económicas y a las acusaciones sufridas por Olivares de haber hecho subir los precios con su política, motivos que corresponden mejor a la época de hacia 1628-1629[28], que es la misma de otras defensas quevedianas de Olivares, como *El chitón de las tarabillas*.

Otras referencias fácilmente identificables se prodigan a lo largo de la comedia: a la estatua de Felipe III proyectada por Giovanni Bologna (v. 221 de la comedia); al cardenal infante don Fernando de Austria y al infante Carlos (v. 999); a la recuperación de Bahía, que habían invadido los holandeses

---

[26] Véase más abajo en el apartado que dedicamos a las fuentes.
[27] Quevedo, *Poesía original*, núms. 673, 677.
[28] Véase Urí, 1998, pág. 9: «a causa de la enorme inflación existente —provocada sobre todo por la gran cantidad de mala moneda en circulación— el 7 de agosto de 1628 el gobierno español se vio obligado a despreciar la moneda de vellón [...] la situación económica teñida de sombríos tintes apocalípticos no permitía otra opción».

(v. 2084), a la invasión frustrada de Cádiz (v. 2117), a la boda de la infanta con el rey de Hungría (v. 2979), a la captura de la flota española en Matanzas (v. 2901), etc.

Se trata, en suma, de una pieza de propaganda política, que tiene por objeto la exaltación del valido perfecto encarnado por Olivares. Esta característica ha influido decisivamente —para provocar casi siempre juicios negativos— en la valoración que la crítica ha hecho de la comedia. Gregorio Marañón sintetizaba esta actitud al afirmar que *Cómo ha de ser el privado* «es una defensa tan cínica de Olivares que produce una reacción de antipatía en el lector»[29]. Pero hay ciertos matices que convendría examinar sin apresurarse tanto.

La recepción crítica de la comedia

Luciana Gentilli[30] afronta el desafío de reivindicar «la costruzione armonica e compatta del testo, valorizandone gli aspetti prettamente teatrali», deshaciendo una serie de críticas francamente negativas. Para Artigas, por ejemplo, en los preliminares de su edición, «tan escaso es el interés dramático de la pieza, tan floja y diluida la acción, que solo por el agridulce del fondo político y de las personas podía despertar la curiosidad»[31]; Cotarelo, en su seguimiento y hasta con las mismas palabras, afirma que ofrece poco interés dramático y una acción floja y diluida[32]; más severo todavía es Raimundo Lida[33]:

> Las continuas alabanzas de Olivares estorban el movimiento dramático y lo llevan al borde de la parálisis. Esa monótona adulación ya sería bastante para minar por dentro la vida de la obra, pero aun la adulación misma se dispersa. Sentimos una y otra vez que si el drama no marcha es porque el autor se empeña en adular en todas direcciones: al valido, al rey, a la infanta.

---

[29] Véase Gregorio Marañón, 1972, págs. 126 y ss.
[30] Gentilli, 2004, pág. 39.
[31] Artigas, 1927, págs. L-LI.
[32] Cotarelo, 1945, pág. 65.
[33] Lida, 1981, pág. 162.

Y Urrutia[34] la condena sin paliativos calificándola de fracaso absoluto como pieza teatral:

> [...] la situación teatral práctica no es acertada [...] el marqués de Valisero es un tipo absurdo por su inutilidad. [...] Las escenas que siguen, por bien resueltas que estén en ocasiones, carecen de cualquier atracción para el lector o el espectador. [...] La acción principal, lastrada por la doctrina y por querer presentar un valido sin mácula junto a un rey sin tacha, no puede sino organizarse a base de discursos interminables y actuaciones sin emoción alguna [...] ahogando la teatralidad...

Con menos acerbidad otros críticos suelen coincidir en esta percepción de la obra[35].

No es la única posible, sin embargo. Pueden contraponerse a los juicios anteriores otras actitudes críticas: por un lado, las que, como intenta Gentilli, pretenden subrayar los valores literarios y dramáticos de la obra; por otro, las que sin exaltar demasiado la comedia como obra de arte ofrecen una interpretación opuesta a la comúnmente aceptada de elogio del valido, o al menos ambigua, percibiendo en *Cómo ha de ser el privado* un ataque más o menos agudo a Olivares y al rey.

De las primeras, baste citar a Somers[36] y Gentilli. Somers advierte en la comedia un propósito didáctico, un esfuerzo para instruir al pueblo en forma más amena que en textos como *La política de Dios*, muy afines a *Cómo ha de ser el privado*. Aunque asiente a la falta de acción dramática, subraya los valores del conflicto psicológico y la lucha dramática de los caracteres de los personajes, y señala que las tres tramas (la relativa al privado perfecto, los amoríos del rey y Serafina

---

[34] Urrutia, 1982, págs. 181-185.
[35] Véase García Valdés, 2004, pág. 115: «No hay conflicto dramático, y no lo hay porque el verdadero protagonista es Valisero, es decir, Olivares, modelo de estadistas, de quien las constantes alabanzas anulan la acción dramática. La comedia, que se presta a ser interpretada como la representación teatral de la teoría política de Quevedo desarrollada en *Política de Dios*, presenta la imagen del estadista total y desinteresadamente dedicado al servicio del rey y de su patria».
[36] Somers, 1956.

y la rivalidad amorosa de los dos príncipes de Dinamarca y Transilvania por la mano de la infanta) se unifican en la figura del privado. Gentilli[37], por su parte, nota que la unidad compositiva no estriba solo en la dimensión histórica y política, sino también en su estructura puramente teatral, que debe ser juzgada dentro de las coordenadas del género de comedia noticiosa o drama documental, y en relación con la tratadística de la privanza, no para desecharla por esa razón sino para comprender sus objetivos y construcción:

> La chiave per afferrare la complessa significazione di *Cómo ha de ser el privado* si trova proprio nel legame che l'opera mantiene con il contesto di produzione e di fruizione [...] Allo scopo di dimostrare quanto essere e dover essere coincidessero in Olivares, Quevedo non solo scandaglia in *Cómo ha de ser el privado* la biografia più intima del potente ministro, ma soprattutto, teasurizzando la lezione della storia, presceglie quegli avvenimenti che meglio si prestano alla realizzazione della sua *semblanza* ideale[38].

Hay que decir que los esfuerzos de Gentilli por resaltar la coherencia estructural de la comedia no resultan del todo convincentes[39], pero es muy certera su reclamación de interpretar y valorar la comedia en sus horizontes de emisión y recepción.

En algunos trabajos recientes se mira con desconfianza la práctica laudatoria de Quevedo en *Cómo ha de ser el privado,* y se busca, precisamente, interpretaciones más novedosas no siempre —a nuestro juicio— bien fundamentadas.

Frederick de Armas sostiene que la obra no es un mero ejercicio de alabanza, y sugiere toda una serie de críticas con-

---

[37] Gentilli, 2004, pág. 10.
[38] *Ibíd.*, págs. 15 y 22.
[39] Véanse las observaciones de Gentilli, 2004, págs. 44-48, sobre la estructura circular, la espectacularidad y la simetría (aduce, por ejemplo, la práctica del incógnito en los dos príncipes, uno al principio, otro al final, o la reiteración al principio y final de la actitud de justicia y fortaleza del rey, etc.). Más que circular, vemos en la comedia una estructura reiterativa y acumulativa, propiciada por la falta de intriga, ya que los sucesos históricos que proporcionan el esquema de la pieza son conocidos del público o del lector posibles.

tra el nuevo monarca: «Una lectura detenida muestra cuatro áreas problemáticas en la presentación de Fernando/Felipe IV: su crueldad, su afeminamiento, su homoerotismo y su donjuanismo»[40].

Ninguna de esas áreas puede demostrarse con el texto de Quevedo. La crueldad se exhibiría en la adopción del sobrenombre de Justiciero (compartido con don Pedro *el Cruel,* por otros llamado *Justiciero*) y en la alusión a la muerte de don Rodrigo Calderón (v. 116) al asegurar el rey que hará justicia de los malos ministros. Pero la comedia desmiente la crueldad del rey don Pedro, que en todo caso vendría a ser alusión marginal, y en cuanto a la justicia hecha con don Rodrigo Calderón es exactamente lo que se puede exigir de un buen rey, como aduce en *Mundo caduco,* donde se rechaza la clemencia impertinente:

> Y conociose aquí cuánto más peligrosa es en los reyes la clemencia con los traidores que sus armas y sus odios, pues el ánimo vil se alienta con la piedad que desprecia, y se desmaya con el castigo que huye; y aquel rey es tirano contra sí que perdona al que desprecia su bondad *(Mundo caduco,* pág. 96).

Si se coloca el pasaje de la comedia sobre el conjunto de doctrinas del arte de buen gobierno, algunas de las cuales expone Quevedo en otras obras, lejos de interpretarse como crítica se comprenderá que desarrolla la idea de que el poder legítimo está limitado por la justicia, virtud que hace a los reyes, de modo que el injusto no es rey sino tirano[41]. La justicia prohíbe la venganza y el nepotismo, pero también la clemencia culpable. Castigar es obligación del príncipe y en ocasiones el ejemplo horrible no puede eludirse, como reza el epígrafe del cap. X de *Política de Dios,* «Castigar a los ministros malos públicamente es dar ejemplo a imitación de Cristo; y consentirlos es dar escándalo a imitación de Satanás, y es introducción para vivir sin temor», y enseña su texto:

---

[40] F. de Armas, 2004, págs. 10-11.
[41] Véase Quevedo, *Política de Dios,* pág. 53.

Rey que disimula delitos en sus ministros hácese partícipe de ellos y la culpa ajena la hace propia: tiénenle por cómplice en lo que sobrelleva; y los que con mejor caridad le advierten por ignorante, y los mal intencionados, que son los más, por impío *(Política de Dios,* pág. 73).

Precisamente porque el rey no es dueño de sus afectos no puede usar la clemencia cuando el bien público exige el castigo. La ley le impondrá las decisiones pertinentes. Coincide Quevedo con Saavedra Fajardo cuando explica que la justicia peligraría si fuese dependiente de la opinión del príncipe y no escrita: «Por una sola letra dejó el rey de llamarse ley. Tan uno es con ella que el rey es ley que habla y la ley un rey mudo. Tan rey que dominaría sola si pudiese explicarse»[42].

Dicho de otro modo: el rey es solo la voz de la ley: «sobre las piedras de las leyes, no de la voluntad, se funda la verdadera política» *(Empresas políticas,* pág. 359). No es otra cosa la tiranía, afirma Saavedra Fajardo, que el desconocimiento de la ley, atribuyéndose el príncipe su autoridad (pág. 360).

Todo este conjunto de ideas confirma, en efecto, don Fernando en *Cómo ha de ser el privado:*

> Si no es otra cosa el rey
> que viva y humana ley
> y lengua de la justicia,
> y si yo esta virtud sigo,
> rey seré sabio y felice,
> porque quien justicia dice
> dice merced y castigo,
> no solamente el rigor.
> Todo está en igual balanza
> y a los principios se alcanza
> autoridad y temor
> con el castigo, y después
> con honrallos y premiallos
> tienen amor los vasallos.
> Esta política es
> leción de naturaleza. (vv. 98-113)

---

[42] Saavedra Fajardo, *Empresas políticas,* pág. 359.

Que don Rodrigo Calderón se comportase heroicamente en la hora de la muerte —actitud que provoca numerosas reacciones literarias— no le hace merecedor de indulto ni constituye al rey en juez cruel, sino que convierte al reo en ejemplo de caída de privados y de valor en la hora definitiva, una vez aceptada la lección de su castigo.

La dependencia sexual del rey se mostraría a través de los temas de la feminidad y homoerotismo, según de Armas. Aduce que al comienzo de la comedia el nuevo rey se identifica con la imagen de la aurora ('femenina'), pero si se lee con cuidado el texto se percibe fácilmente que hay una pequeña alegoría de dos miembros: el rey muerto es el sol que se ha puesto: el rey nuevo es la aurora que surge en la nueva mañana, sin ninguna implicación sexual en el motivo. El supuesto homoerotismo se revelaría en la imagen masculina de Atlas para Olivares, en quien se apoyaría el afeminado rey. Pero no hay ninguna implicación homoerótica en esta imagen absolutamente lexicalizada y tópica en la iconografía olivariana, según queda claro, nos parece, en las notas al texto[43].

---

[43] Nos parece absolutamente inverosímil que Quevedo sugiriese ninguna relación homoerótica entre Felipe IV y Olivares. De hecho, no la sugiere en ningún momento. Las imágenes de Atlante o de Hércules para los privados y en particular para Olivares se hacen tópicas y expresan su función de soporte del rey, pero no implican —sus contextos no lo autorizan— rasgos sexuales. Véase para estos motivos e imágenes en la iconografía olivariana Bermejo Vega, 1992: «La imagen del privado andaluz se servirá también de otros momentos del mito de Hércules, como es la historia del héroe con Atlas. Escena que apreciamos en la portada de la obra de J. de Vera y Figueroa *El Fernando o Sevilla restaurada* (1632), en la cual el famoso ministro aparece doblemente representado como Hércules y como Atlas soportando el mundo, esta publicación era obra del Conde de la Roca (J. de Vera y Figueroa) embajador en Venecia y uno de los protegidos panegiristas de Olivares. En dicha portada arquitectónica creemos que se expresa un claro mensaje completado por las inscripciones (Desnudo de interés/Revestido de valor) D. Gaspar de Guzmán aparece soportando el peso del gobierno como nuevo Atlas (desnudo de interés) afrontando este reto como un virtuoso Hércules (revestido de valor), la imagen de virtud del héroe poseía una larga tradición desde Petrarca, como recuerda Chastel». Citamos por la versión electrónica (http://www.fuesp.com/revistas/pag/cai1135.htm).

Y en cuanto al donjuanismo bien podía existir en la actividad cotidiana del rey[44], pero no se le acusa de ello en la comedia. Los apetitos sexuales del rey no se desarrollan en torno a Serafina, sino que esa relación amorosa sirve precisamente para demostrar el dominio del monarca sobre sus apetitos. Aunque lo afirme F. de Armas, no se dice claramente que haya sido amante del rey (amante en el sentido moderno), sino que se insiste en lo honesto de sus amores. Rafael Iglesias[45] refuerza la vía argumental de De Armas señalando que el rey está casado en la comedia (vv. 994-995) a pesar de lo cual mantiene algún tipo de relación con Serafina. Ya hemos indicado en las notas al texto que la aparición de la reina (Isabel de Borbón) es incoherente en la trama de la comedia y se explica por el paralelo histórico.

Otro componente crítico contra el rey y el valido lo ve Iglesias en el hecho —algo paradójico— de que, al defender a Olivares de una serie de acusaciones, denuncia los principales problemas que tenía España en ese momento, sin olvidar además las discrepancias entre elogio y realidad. Pero esto es inevitable en cuaquier pieza laudatoria y de defensa: no se puede defender a alguien sin negar las acusaciones y necesariamente deben mencionarse esas críticas; y, por otro lado, no es frecuente que realidad y elogio coincidan, porque el elogio, por su propia esencia, tiende a exagerar, negar, aumentar y orientar la realidad según el propósito de la alabanza. Las críticas poco respetuosas a Felipe III, que sorprenden a Iglesias, son algo habitual en Quevedo, y se documentan ampliamente, por ejemplo en los *Grandes anales de quince días*[46]:

> Veis aquí a don Felipe III, nuestro señor, ocupado en desarmarse contra sus peligros, entretenido en premiar su persecución y atento al divertimiento. Empezó el Duque a derramar

---

[44] De Armas recuerda oportunamente las relaciones de Felipe IV con la Calderona de las que nace el 17 de abril de 1629 don Juan José de Austria.
[45] Iglesias, 2005a, pág. 271.
[46] Quevedo, *Grandes anales*, pág. 104. Véase Peraita, 1994. En realidad estas críticas a Felipe III y su régimen y privados sirven para contraponerles el nuevo régimen, el nuevo rey y el nuevo privado. No pueden interpretarse como ataque a los nuevos gobernantes.

en sus criados y deudos y a crecer en todo con paso tan apresurado que parecía recatarse de alguna hora envidiosa. [...] Los gobernadores y virreyes iban a las provincias a traer y no a gobernar, y los reinos servían a una codicia duplicada, pues el despojo había de ser bastante a tener y a dar. Por este camino vinieron los reinos de su majestad a enflaquecerse, a debilitarse (poco digo), a tener una vida dudosa y un ser poco menos miserable que la muerte. El real patrimonio andaba peregrinando de casa en casa, fugitivo de la corona y encubierto de diferentes esponjas...

El rey Felipe y sus amoríos —indica Iglesias— se podrían aludir en la trama de Fernando y Serafina, y a diferencia de los platonismos de la comedia, en la vida real Felipe IV tenía otro comportamiento que podría insinuarse críticamente en la comedia; la mención de la reina le parece a Iglesias de gran relevancia —los encuentros con Serafina serían una falta de respeto a la reina—, aunque para nosotros obedece simplemente a la contaminación de las tramas de la ficción y los datos históricos.

En lo que se refiere a Valisero, halla Iglesias discrepancias entre el desinterés, humildad y autocontrol del personaje dramático y su contrafigura de la realidad, el Conde Duque histórico; interpreta la afirmación «no soy linajudo» (v. 2301) como una alusión a la sangre judía de Olivares[47], y evoca a pesar de todo el malestar del pueblo con la política del valido. En conjunto:

> Teniendo en cuenta, por lo tanto, la forma ambigua en que se nos presenta la figura del conde duque en esta comedia, no parece acertado seguir manteniendo, sin ningún tipo de matización, como con frecuencia se ha hecho, que *Cómo ha de ser el privado* solo persigue de forma servil la defensa de Olivares y de su estrategia política [...] esta comedia en concreto muestra muchas más críticas sobre Olivares y Felipe IV que buena parte de las obras del periodo entre principios de 1621 y 1629[48].

---

[47] Interpretación muy improbable: en el contexto nos inclinamos por entender 'no me dejo influir por los linajes, soy imparcial'. Resultaría absurda la evocación en este contexto del motivo de la sangre judía aplicado a Valisero/Olivares.

[48] Iglesias, 2005a, págs. 289, 295.

Si apelamos a la distinción que utiliza Panofsky en sus estudios sobre arte entre *documento* y *monumento,* es obvio que, tomando como documento la comedia, en *Cómo ha de ser el privado* (o cualquier otra obra) asoman una serie de problemas que aquejaban a la España de las primeras décadas del XVII; tomada como monumento, en sus objetivos y trazado literarios y dramáticos, parece poco discutible que se trata de una pieza laudatoria en favor de Olivares, como muchas otras producciones del Siglo de Oro, relacionadas con el mecenazgo[49] y la propaganda ideológica y política.

Que no fueran el rey o el valido tan perfectos como se pintan no es nada sorprendente: es un rasgo constitutivo de los modelos panegíricos. *Cómo ha de ser el privado* es, sin duda, una pieza más de las incitadas por Olivares, directa o indirectamente, o bien surgidas de la iniciativa del poeta, para agradar al poder y manifestar también un ideal de político en momentos de crisis y cambios, proyectando una imagen positiva del monarca y su valido. Añadiremos algo más sobre la definición de esta imagen positiva en los comentarios a la acción de la obra.

Fecha y fuentes

Sobre la fecha (la comedia estaría escrita en una primera versión hacia 1623 o principios de 1624, y luego revisada en 1628) nos parecen razonables las consideraciones de Blecua[50]:

> Artigas se refiere al curioso dato que aporta E. Merimée en su libro *Spectacles et comédiens à Valencia (1580-1630),* en cuyo capítulo VI copia la lista de las comedias que llevaban Roque de Figueroa y Mariana de Olivares el 1 de marzo de 1624, y allí figura la comedia de *Cómo ha de ser el privado.* Suponiendo que sea la de don Francisco y no parece ser de otro, es evidente que Quevedo la rehizo más tarde. Esto explicaría las

---

[49] Sobre el papel de mecenas del rey y de Olivares, véanse las observaciones de Elliott, 1990, págs. 187 y ss.
[50] Quevedo, *Obra poética,* IV, pág. 149.

alusiones al principio del reinado y la fracasada boda del Príncipe de Gales, ya casi olvidados —o no actuales— en 1628 y las otras posteriores, como la muerte de la hija del Conde Duque de Olivares, el desembarco de la escuadra inglesa en Cádiz y la captura de la flota española que volvía de América en 1627[51].

La referencia en el v. 2979 al casamiento por poderes de la infanta con el rey de Hungría, efectuado el 25 de abril de 1629, puede hacerse antes de que se efectúe el suceso, cuando ya se han decidido los esponsales, de modo que hacia fines de 1628 podría ser fecha aceptable para la revisión de la comedia por parte de Quevedo.

Sería posible, como piensan algunos estudiosos, que la obra entera se hubiera escrito en 1629, pero nos parece muy improbable.

Frederick de Armas[52] la cree escrita «probablemente en 1629 para celebrar las bodas de la infanta María con el príncipe de Hungría el 25 de abril de ese año»; es la opinión expuesta por Elliott:

> La obra termina con la celebración del matrimonio de la infanta y el príncipe de Transilvania. La infanta María se casó de hecho por poderes con el rey de Hungría el 25 de abril de 1629, y Quevedo pudo perfectamente escribir la obra para su representación en palacio durante las fiestas de la boda[53].

Y la misma sigue Gentilli, que desecha otras hipótesis relativas a una posible escritura en 1623 con retoques en 1628 o 1629: «tale supposizione non trova riscontro nell'interrelazione compatta di fatti e date proposta da Quevedi nella commedia»[54].

A nuestro juicio, se apresura Gentilli en despreciar la referencia aportada por Merimée, que en ningún caso es negligi-

---

[51] Aunque esta referencia a la captura de la flota parece más bien hacer mención a la del 18 de septiembre de 1628 por los holandeses, en el puerto de Matanzas, Cuba, de manera que la rescritura habría de ser posterior. Véase v. 2901.
[52] F. de Armas, 2004, pág. 9.
[53] Elliott, 1991, pág. 237.
[54] Gentilli, 2004, pág. 10, n. 5.

ble y que habría que explicar. Pero sobre todo la organización y motivos de la comedia apuntan precisamente a una primera redacción hacia fines de 1623. En efecto, si la comedia se hubiera escrito para celebrar las bodas de la infanta y no con ocasión de la visita del príncipe de Gales, resultaría incomprensible la importancia concedida a esa visita y al personaje de Carlos de Dinamarca (Carlos de Inglaterra en realidad) y la mera presencia episódica del príncipe transilvano (rey de Hungría). No parece muy cortés ni pertinente otorgar el mayor protagonismo a un pretendiente y a unos sucesos de años atrás, dejando al verdadero protagonista de 1629 totalmente marginado: rara manera de celebrar las bodas sería convertirlas en un elemento secundario y resuelto (en el drama) con harta precipitación, comprensible si este motivo obedece a una revisión en 1629 de un texto anterior obediente a ciscunstancias diversas, pero inexplicable si la comedia hubiera sido compuesta precisamente para las celebraciones matrimoniales como defienden Elliott, De Armas o Gentilli.

Nótese la rapidez con la que se concierta el matrimonio en el desenlace, sin ninguna elaboración dramática:

> REY.   Estas bodas que deseo
> hoy capitular se deben;
> prevente, hermana.
> INFANTA.   Señor,
> mi voluntad te obedece. (vv. 2875-2878)

En el proceso anterior las menciones del príncipe transilvano son escasas y poco desarrolladas. Solo una escena entre el rey y Serafina en torno a un retrato del de Transilvania tiene alguna entidad, y solo al final el embajador de Transilvania (el mismo príncipe disfrazado de embajador de sí mismo) tiene alguna actuación. En dos ocasiones importantes se discute el matrimonio de la infanta, y aunque se dice que tiene dos pretendientes, la discusión, reflexiones y examen del asunto versan exclusivamente sobre el de Dinamarca, y se olvidan los personajes (rey, infanta, Valisero) del transilvano. Baste remitir a los vv. 720 y ss., en los que el rey pide la opinión de Valisero:

> El transilvano, también
> príncipe altivo y gallardo
> de nuestra sangre, te pide
> para sí; aquí discurramos
> sobre esta duda, marqués;
> vuestro parecer aguardo,
> porque la infanta resuelva
> después de haber informado
> su entendimiento.

Pues bien: Valisero en su respuesta se refiere únicamente al tratado con Inglaterra y a la boda con el de Gales, que rechaza por motivos religiosos, sin mentar para nada la otra propuesta. La infanta se niega también a casarse con hombre de otra religión, pero no se muestra dispuesta a aceptar al católico transilvano, sino que declara intenciones de entrar en un convento. El rey pedirá después dictamen a Consejos y letrados. El marqués resumirá sus pareceres en vv. 1761 y ss. Todos se refieren a la negativa de un matrimonio con un hereje. El Consejo no tiene nada que decir sobre las pretensiones transilvanas que sin duda no están presentes en el momento de escritura de la comedia.

La extensión e importancia, en suma, de las escenas que involucran a Carlos de Dinamarca (Inglaterra) hacen suponer que ese es el suceso de actualidad en la primera redacción, que se situaría en la estela de otras muchas piezas escritas con motivo de la visita del príncipe de Gales. Es cierto que Quevedo podría haber recurrido a esas numerosas fuentes de 1623 para documentar una obra de 1629, sin olvidar que el propio poeta fue testigo de vista de muchos acontecimientos que puede perfectamente recordar, pero seguiría siendo improcedente celebrar las bodas del rey de Hungría dedicando una atención mucho mayor a la figura del rival.

La comedia es una pieza palaciega y noticiosa, cuya escritura se relaciona con el suceso de la visita principesca. No creemos que se pensara (como otras comedias, o los juegos de toros y cañas) para formar parte de las fiestas ofrecidas a Carlos que se describen al comienzo del acto II, pues serían poco diplomáticas en una comedia celebrativa las reiteradas oposiciones de Valisero, la Infanta y el rey a las pretensiones matrimoniales inglesas; según eso, podría datarse con posterioridad al 9 de septiembre de 1623, fecha en que Carlos, frustrado, regresa a Inglaterra.

Esta datación que proponemos resultaría también la más coherente con las fuentes y escritos paralelos que podemos relacionar con la comedia.

Señala Iglesias[55], algo excesivamente, que en esta obra Quevedo

> se limitó en gran medida a imitar, refundir o sencillamente plagiar sin ningún tipo de reparos ideas, expresiones, vocabulario e incluso fragmentos más o menos largos de numerosas obras de otros autores literarios y no literarios en torno.

Una fuente principal que usó Quevedo es la biografía *Fragmentos de la vida de don Gaspar de Guzmán*, del conde de la Roca, que ya apuntó Artigas[56]. Iglesias ejemplifica la cercanía de ambos textos con algunos pasajes como este de *Cómo ha de ser el privado*:

> Señor divino y humano,
> por la fe vuestra, que vive
> en mi pecho y en mis labios,
> que no solo no me venza
> ser el príncipe don Carlos
> embajador de sí mismo,
> que pudiera obligar tanto,
> ni todos los intereses
> que tiene representados
> su deudo para mis reinos,
> su unión para mis contratos,
> pero si pensara ser
> de cuanto tenéis criado
> tan único y raro dueño
> como el sol entre los astros,
> no me hiciera apartar
> jamás del precepto sacro
> que me ordena vuestra ley
> y advierte vuestro vicario. (vv. 839-857)

---

[55] Iglesias, 2005b, pág. 366.
[56] Para Elliott, 1982, pág. 236, la comedia es esencialmente una dramatización de los sucesos narrados en el manuscrito del conde de la Roca.

Pasaje que se corresponde con este del conde de la Roca que recoge las expresiones del rey:

> Señor, yo os juro por la unión divina y humana crucificada que en vos adoro, en cuyos pies pongo mis labios, que no baste la venida del Príncipe de Gales para que ceda en un punto en lo tocante a vuestra religión cristiana conforme a lo que vuestro vicario pontífice de Roma resolviere, y que antes perderé gustoso cuantos reinos por merced y misericordia vuestra poseo, que permitir se ofenda ni en un ápice la religión cristiana que profeso.

De entre la gran cantidad de escritos provocados por la visita de Carlos[57] hay dos poemas de los que saca Quevedo distintos fragmentos que inserta en su comedia. Uno es el poema en veinte octavas «A la entrada del príncipe de Gales en Madrid por marzo del año 1623», atribuido a Solís unas veces y otras a Mira de Amescua[58]. Las octavas 7, 11, 13 y 14 del poema de Mira de Amescua pasan sin modificaciones a constituir las 3, 6, 7 y 8 de las que abren la relación de fiestas en el acto segundo de la comedia (vv. 922 y ss.), sin contar otras varias adaptaciones.

Otro —caso quizá más curioso— es el *Elogio descriptivo de las fiestas de toros celebradas el 21 de agosto,* de Juan Ruiz de Alarcón y varios colaboradores, poema que fue atacado por Quevedo en su *Comento contra setenta y tres estancias que don Juan de Alarcón ha escrito a las fiestas de los conciertos hechos con el príncipe de Gales y la señora infanta María*[59], pero del que toma —con muy pocas alteraciones— distintos pasajes para la descripción que hace Valisero de las celebraciones napolitanas (madrileñas). Véase este ejemplo —entre otros— del texto de Quevedo (vv. 1034 y ss.):

---

[57] Para un resumen de los principales escritos en la ocasión, véase Cruz Casado, 1996.

[58] Parece más razonable atribuirlo a Mira, ya que Solís tendría entonces trece años. Para este poema, véase Reynolds, 1969. Véase Cruz Casado, 1996, también para otros comentarios sobre las adaptaciones quevedianas. Gentilli y Rafael Iglesias citan abundantes ejemplos que nos dispensan ahora de alargarnos en esta parte.

[59] Composición de autoría debatida. Véase Alonso Veloso, 2007.

> Cuando la puerta que antes el oriente
> saluda de la luz que viste el día
> de tanta majestad se vio luciente
> que a pesar de la tarde amanecía,
> en uno y otro aplauso de la gente
> vencida la atención de la alegría,
> bien que en confusa voz, el regocijo
> viendo asomar al rey, «Víctor», le dijo.
> De un bizarro alazán la espalda oprime,
> que fogoso los vientos estrapaza
> sin desmentir, si en el manejo gime,
> del céfiro andaluz la noble raza;
> apenas mano o pie ligero imprime
> la breve huella en la arenosa plaza,
> dándole, si lo ajusta o si le bate,
> el freno ley, impulso el acicate.

Y compárese con el del *Elogio descriptivo*[60]:

> Cuando la puerta que antes el oriente
> saluda de la luz que borda el día
> del español titán se vio luciente
> que a pesar de la tarde amanecía,
> en uno y otro aplauso de la gente
> vencida la atención de la alegría,
> bien que en confusa voz, el regocijo
> Filipo repitió, Filipo, dijo.
> De un bizarro alazán la espalda oprime,
> que fogoso los vientos amenaza
> sin desmentir, si fatigado gime,
> del céfiro andaluz la noble raza;
> apenas toca el pie, menos imprime
> su breve huella en la espaciosa plaza,
> dándole, si lo ajusta o si le bate,
> el freno ley, impulso el acicate.

Menos seguras nos parecen las inspiraciones que apunta Iglesias en la comedia de Rodrigo de Herrera *La fe no ha menester armas,* o en la de Vélez *El caballero del sol,* con las cuales

---

[60] Véase Gentilli, 2004, pág. 220, donde se reproducen estos versos.

las coincidencias son más bien generales, de ideas y actitudes que eran comunes.

En cuanto a la influencia de *El marqués de Toral* de Lope que señala Urrutia[61], tampoco la creemos indispensable. La insistencia en la pobreza de los trajes y alimento de Valisero responde a una conducta real del propio Olivares después de la muerte de su hija, como señala Elliott[62] («Abandonó los placeres de la mesa, no bebiendo de ordinario sino agua, y recurriendo al vino solo con fines medicinales»).

A diferente categoría pertenecen otros materiales que Iglesias considera fuentes probables que no alcanza a identificar, como el chiste de Violín sobre los feos que juegan besos. No serían tanto fuentes en el sentido que venimos comentando como materiales tradicionales y folclóricos que Quevedo utiliza, como los utilizan todos los dramaturgos de la época[63]. Este es el cuentecillo (vv. 2197 y ss.) de Violín que no identifica Iglesias:

> Haré lo que un cortesano
> que a una señora ha hallado
> jugando con su marido,
> —par de monstruos nunca oído,
> ella vieja, él corcovado—
> con unos tantos de huesos,
> y viendo que naipes daban
> preguntó lo que jugaban,
> y el horoba dijo: «Besos».
> Levantose el cortesano
> con priesa, diciendo: «Bien,
> voyme, por que no me den
> barato».

Como explica Chevalier, Quevedo no tuvo, en efecto, que inventar esta gracia, que aparece en Arguijo, en *El Brasil restituido* de Lope de Vega y en Gracián, *Agudeza y arte de ingenio*,

---

[61] Urrutia, 1982, págs. 184-185.
[62] Elliott, 1990, págs. 285-286.
[63] Remitimos solo a Chevalier, 1975, 1976 (donde comenta este cuentecillo) y 1992.

discurso XXV. Otros cuentecillos disemina Violín a lo largo de la pieza, según apuntamos en nuestras notas.

Aunque tampoco serían fuentes propiamente dichas, merece la pena recordar la conexión de *Cómo ha de ser el privado* con otros escritos de Quevedo, especialmente la *Política de Dios, El chitón de las tarabillas, Grandes anales de quince días, Discurso de las privanzas,* y los poemas a que nos hemos referido en los que narra fiestas de toros y cañas. Una semblanza interesante de Olivares con muchos contactos con la presentada en la comedia se halla en la «Fiesta de toros literal y alegórica»[64].

Resulta algo extraño que Iglesias no tenga en cuenta apenas las relaciones de las fiestas y otros escritos noticiosos de 1623, como las *Cartas* de Andrés de Almansa y Mendoza, o las relaciones de González Dávila, *Entrada que hizo en la corte del rey de las Españas don Filipe Cuarto el serenísimo don Carlos, príncipe de Gales;* la anónima *Relación de lo sucedido en esta corte sobre la venida del príncipe de Inglaterra;* o la *Relación de las fiestas reales y juego de cañas que la majestad católica del rey nuestro señor hizo a los veinte y uno de agosto deste presente año para honrar y festejar los tratados desposorios del serenísimo príncipe de Gales con la señora infanta doña María de Austria,* de Juan Antonio de la Peña, juego que también describe el jaque Magañón en el poema 677 de *Poesía original* de Quevedo «Las cañas que jugó su majestad cuando vino el príncipe de Gales».

En conclusión, como apunta Gentilli[65], «Quevedo crea qui un intrincato collage, citando selettivamente strofe appartenti ad opere altrui e inserendo strofe da lui composte in funcione della trama teatrale».

Modelos de rey y de privado

El tema central que unifica las distintas reiteraciones de la comedia es la configuración de un modelo de rey perfecto y de un no menos perfecto privado en el marco de un nuevo

---

[64] Quevedo, *Poesía original,* núm. 752.
[65] Gentilli, 2004, pág. 33.

régimen político, tras el final del reinado de Felipe III y la desastrosa caída de su ministro el Duque de Lerma y las hechuras de este, como don Rodrigo Calderón.

La primera preocupación que muestra el rey es la orientación de su gobierno —expresada en la elección de un sobrenombre adecuado— y el nombramiento de valido, decisiones que deben situarse en el horizonte del arte de buen gobierno, tan transitado por tratadistas, autores de emblemas y teóricos del Siglo de Oro. Respecto a lo primero, prefiere el nombre de *Justiciero* a los de *santo* o *sabio*. Aunque se ofrecen razonables explicaciones (santo, sabio o prudente son sobrenombres que no dependen de uno mismo...), parece que la preferencia que atribuye Quevedo a su rey de comedia Fernando (Felipe IV en el paralelo histórico) tiene que ver con la evocación de dos reyes poco aptos para el gobierno, uno que fue «sabio» (Alfonso X, cuya poca habilidad política y militar es lugar común, frente a su sabiduría y capacidades intelectuales), y otro que fue «santo», no precisamente Fernando III, sino Felipe III, padre del nuevo rey, cuya piedad era, según Quevedo, más propia de religioso que de rey.

La identificación del rey con la justicia es lugar común en la tratadista de la época. Ya hemos aducido el pasaje de *Cómo ha de ser el privado* en el que se llama al rey «viva y humana ley». Pero esta ley tiene otro límite que la define: el de la fe. La ley de gobierno ha de fundarse en la ley de Dios, cuyo vicario en la tierra para los asuntos temporales es el rey. Como escribe Quevedo en *Política de Dios* (pág. 253), libro de título bien significativo[66], «los reyes son vicarios de Dios, y reinan por él, y deben reinar para él, y a su ejemplo e imitación». En el cap. IV de la Segunda parte de esa obra aborda

---

[66] Los preliminares de la obra apuntan bien su marco ideológico y ético: libro, dice Fr. Cristóbal de Torres en su aprobación, «tan lleno de sentencias morales y verdades católicas que puede ser espejo de príncipes cristianos» (pág. 29). Y el P. Pedro de Urteaga pondera que «nadie con tal viveza de discurso ni con tan buen acierto ha hallado en el evangelio la verdad del gobierno» (pág. 29). Lorenzo van de Hammen, en carta preliminar a Quevedo, subraya que la ley de Dios es el modelo del gobierno humano, y cita a Cornelio a Lapide, para quien la Escritura es guía, ley, princesa y moderadora de todas las ciencias... (pág. 31).

Quevedo las «señas ciertas del verdadero rey», respondiendo a la frase de Salustio según la cual «hacer cualquier cosa sin temor a castigo, eso es ser rey». Podría hacer su voluntad el rey sin temor a castigo de los hombres, pero no sin merecer el castigo de Dios. De hecho, se llamará rey pero no lo será, porque el rey solo se legitima por la imitación de Cristo, como declara a Felipe IV:

> ¿Qué llama Dios ser rey? ¿Qué llama no serlo? Cláusulas son éstas de ceño desapacible para los príncipes, de gran consuelo para los vasallos, de suma reputación para su justicia, de inmensa mortificación para la hipocresía soberana de los hombres. Señor, la vida del oficio real se mide con la obediencia a los mandatos de Dios y con su imitación *(Política de Dios,* pág. 153).
>
> Sacra, católica, real majestad, bien puede alguno mostrar encendido su cabello en corona ardiente en diamantes y mostrar inflamada su persona con vestidura no sólo teñida, sino embriagada con repetidos hervores de la púrpura; y ostentar soberbio el cetro con el peso del oro y dificultarse a la vista remontado en trono desvanecido y atemorizar su habitación con las amenazas bien armadas de su guarda, llamarse rey y firmarse rey; mas serlo y merecer serlo, si no imita a Cristo en dar a todos lo que les falta, no es posible, señor. Lo contrario más es ofender que reinar. Quien os dijere que vos no podéis hacer estos milagros, dar vista y pies, y vida, y salud, y resurrección y libertad de opresión de malos espíritus, ése os quiere ciego, y tullido, y muerto, y enfermo y poseído de su mal espíritu. Verdad es que no podéis, señor, obrar aquellos milagros; mas también lo es que podéis imitar sus efectos. Obligado estáis a la imitación de Cristo *(Política de Dios,* págs. 164-165).

En suma, el rey no puede hacer cualquier cosa: solo puede hacer lo lícito: «Solo, señor, se puede lo lícito, que lo demás no es ser poderoso, sino desapoderado» *(Política de Dios,* pág. 94).

De ahí la obediencia que el rey debe ejercitar como virtud máxima: obediencia a la ley de Dios, esto es, a la fe católica, a la Iglesia y al Papa: «Obedecer deben los reyes a las obligaciones de su oficio, a la razón, a las leyes» *(Política de Dios,* pág. 231); «Lo propio [...] que ha de ser entre los criados y los reyes, ha de ser entre los reyes y la Iglesia: ella conviene que crezca, y los reyes se disminuyan, no en el poder ni en la majestad, en la obediencia y respeto rendido al vicario de Cristo, a esa Santa Sede» *(Política de Dios,* pág. 249).

A esa actitud responde constantemente el rey protagonista de la comedia, que rechazará un tratado que políticamente le interesa por razones de religión. El marqués de Valisero coincide exactamente con esta postura, lo mismo que la infanta. Recuérdese alguno de los pasajes pertinentes en que Valisero da al rey su opinión sobre la boda con un príncipe de otra religión que no se propone ceder en ese terreno (vv. 1765 y ss.):

> Católico rey que hizo
> con otro de ley contrario
> amistad o parentesco
> por conveniencias de Estado,
> rarísima vez dejó
> de perder el deseado
> logro por el mismo medio
> que facilitó su engaño.
> [...]
> Y si a vuestra majestad
> de la religión el santo
> celo le hace aspirar
> a útiles poco inmediatos,
> como es que el fuego extinguido
> de la religión, que tanto
> ya lució en ella, reviva
> Dinamarca por tu mano,
> ¿qué esperanza nos cultiva
> el príncipe en este caso,
> si tan tasadas ofrece
> las cosas que le rogamos?
> [...]
> Si el príncipe se resuelve
> a ser católico, dando
> bastante prenda a la Iglesia
> y a su pontífice santo,
> o por lo menos dejar
> libertad a sus vasallos
> de elegir para salvarse
> el camino bueno o malo,

> vuestra majestad le dé
> la prenda que estima tanto
> y en dote cuando posee
> de Gaeta hasta Otranto.
> Menos que esto, yo protesto
> para aqueste siglo y cuantos
> corrieren con leve pie
> los minutos de los años,
> que es mi dictamen opuesto,
> señor, a aqueste tratado
> que con la razón resisto
> y con el afecto abrazo.

El rey justiciero, servidor de la fe católica, no puede cumplir su tarea si no deja a un lado sus pasiones particulares y no se entrega al deber de reinar. La trama amorosa que relaciona a Fernando con Serafina se configura precisamente como una ejemplificación del tema del vencerse a sí mismo y del autocontrol. Cada encuentro con Serafina sirve para resaltar este motivo:

> príncipe la festejé,
> rey he de vencerme a mí. (vv. 484-485)
>
> Turbado se ha y yo también:
> ella tropieza en sus pasos;
> vencereme, aunque a los ojos
> dé la inclinación asaltos. (vv. 866-869)
>
> *(Aparte.)* (No debo poco a ser rey;
> con mis afectos batallo,
> los ojos quieren mirar,
> la razón los ha enfrenado.
> Ojos, no habéis de vencer.) (vv. 879-883)
>
> *[Aparte.]* (Descuideme y vila. ¡Ay, cielos!
> Venzamos, razón, venzamos.) (vv. 910-911)
>
> Ni enojado estoy esquivo
> ni ha habido delito tuyo,
> pero un rey debe ser suyo,
> y si otros suelen vencer

> siguiendo, yo pienso ser
> vencedor de mí si huyo. (vv. 2640-2645)

El componente lírico y amoroso (tampoco despreciable en el modelo de la comedia áurea ni en la comedia concreta de *Cómo ha de ser el privado)* integra algunos motivos petrarquistas, y tópicos como el del retrato, fingimiento del sueño de la dama, los atisbos de celos, o la evocación del amor platónico en los dos sonetos del rey y Serafina (vv. 2716 y ss.)[67], pero fundamentalmente se supedita a la ejemplificación del modelo de rey definido por el autodominio.

«Venzamos, razón», exclama Fernando, como si recordara la apertura del capítulo I de la *Política de Dios*:

> El entendimiento bien informado guía a la voluntad, si le sigue. La voluntad, ciega e imperiosa, arrastra al entendimiento cuando sin razón le precede. Es la razón, que el entendimiento es la vista de la voluntad; y si no preceden sus ajustados decretos en toda obra, a tiento y a oscuras caminan las potencias del alma. Ásperamente reprende Cristo este modo de hablar, valiéndose absolutamente de la voluntad, cuando le dijeron: *Volumus a te signum videre,* «queremos que hagas un milagro»; *Volumus ut quodcumque petierimus, facias nobis,* «queremos nos concedas todo lo que te pidiéremos»; y en otros muchos lugares. No quiere Cristo que la voluntad propia se entrometa en sus obras: condena por descortés este modo de hablar *(Política de Dios,* pág. 43).

Desde este punto de vista, una descripción como la del rey dominador de su caballo (vv. 1042 y ss.) podría leerse como un emblema paralelo a las representaciones pictóricas ecuestres de los reyes. Ya Dante en un preciso texto de *Il Convivio* (tratado IV, 26) usa la imagen del caballo bien regido por su jinete para la virtud de la templanza:

> Este deseo debe ser dirigido por la razón. Así como un caballo sin brida y freno por noble que sea por naturaleza no se guía sin un buen jinete, así también este deseo, que se lla-

---

[67] Para otros aspectos de estos sonetos, véase Hernández Araico, 1999 y 2000.

ma irascible o concupiscente, por noble que sea debe obedecer a la razón. La razón como un buen jinete dirige el deseo con brida y espuela.

Saavedra Fajardo utiliza el freno y las riendas en su empresa 21 *(Empresas políticas)* como símbolo de la ley, la razón y la política que deben regir las acciones del príncipe.

El rey ha de someter sus pasiones al imperativo de la razón y del bien común si quiere cumplir con su deber. Baste ilustrar esta idea con otro pasaje de Saavedra Fajardo que la declara meridianamente:

> [...] conviene que sea grande el cuidado y atención de los maestros en desengañar el entendimiento del príncipe, dándole a conocer los errores de la voluntad y la vanidad de sus aprehensiones, para que libre y desapasionado haga perfecto examen de las cosas. Porque si se consideran bien las caídas de los imperios, las mudanzas de los estados y las muertes violentas de los príncipes, casi todas han nacido de la inobediencia de los afectos y pasiones a la razón. No tiene el bien público mayor enemigo que a ellas y a los fines particulares [...] se ha de corregir en el príncipe procurando que en sus acciones no se gobierne por sus afectos sino por la razón de estado. Aun los que son ordinarios en los demás hombres no convienen a la majestad *(Empresas políticas,* pág. 246).

Desde esa doctrina hay que leer, en suma, los episodios mencionados de *Cómo ha de ser el privado*.

Al lado del rey se alza la figura del valido, central en la comedia y en los propósitos de Quevedo. El marqués de Valisero, imagen transparente de Olivares, se describe sobre la base de detalles de la realidad histórica, transfigurados y depurados hasta proyectar el retrato de un privado perfecto. ¿Cuáles son las virtudes de un privado tal? ¿Qué funciones desempeña? ¿Con qué criterios se elige y se mantiene en el poder?

Recuerda Roncero[68]:

---

[68] Roncero, 2009, pág. 137.

La figura del valido o del privado, que de esas dos formas se conoce en la España de los siglos XV, XVI y XVII, no aparece por primera vez en la historia española con los Austrias menores, Felipe III y Felipe IV. A mediados del siglo XV en Castilla nos encontramos con el condestable don Álvaro de Luna, privado de Juan II. En este personaje se dan ya muchos de los rasgos que caracterizarán a sus sucesores en los siglos XVI y XVII, no sólo en España, sino también en otras monarquías europeas de la época, como fueron la francesa o la inglesa. Desde sus inicios esta figura política provocó una abundante literatura de oposición que se preocupó por destacar los elementos negativos que confluían en estos personajes, literatura que refleja en muchos casos los odios que los validos o privados despertaron entre sus enemigos.

El valido se considera necesario en el XVII (según el rey «Para aliviar este peso / he menester un valido», vv. 127-128). La necesidad de ministros y privados que ayuden la labor de gobierno es reconocida en los tratados y en la ideología de la época; citamos de nuevo a Roncero:

> El surgimiento de esta figura en el siglo XVI pese a los consejos de teóricos políticos como Maquiavelo supuso el nacimiento de una literatura amplia cuyo tema principal era la figura del valido. Estos tratados políticos enfocaron la persona del valido desde varios ángulos que van desde aquellos textos que pretenden producir el perfecto privado, como el *Discurso del perfecto privado* de fray Gregorio de Pedrosa o *El perfecto privado* de Matheo Renzi, hasta los que rechazan su existencia como el *Tratado de república* de fray Juan de Santamaría. Pero la mayoría de estos tratados aceptan la necesidad del valido, aunque con una clara sumisión al monarca, porque como proclama Saavedra Fajardo en la «Empresa 49» el rey da al valido «parte del peso de los negocios..., reservando a sí el arbitrio y la autoridad, porque tal privanza no es solamente gracia, sino oficio». Para este político y escritor español los aciertos y las mercedes le corresponden al rey, mientras que el valido debe tolerar las cargas y los odios del pueblo (págs. 142-143).

Andrés Mendo[69] declara que «Necesita el príncipe de muchos ojos, oídos y manos, y lo son los consejeros y ministros» y esta imagen de los sentidos del rey, que ya estaba en Aristóteles, se reitera en otras muchas obras, como la ya citada de Saavedra Fajardo. El cap. III del *Discurso de las privanzas* lo dedica Quevedo a examinar si es necesario a un príncipe tener privados, y propone los muchos inconvenientes que se seguirían de no tener el rey un privado:

> Lo primero, teniendo voluntad con todos y afectos de afición como hombre, en no determinarlos con alguno los dará sospecha a todos de que no se fiaba de ellos. Lo segundo, nada haría con consejo por no determinarse a tomarle de nadie o a creerle, y andado en duda de si lo haría estaba cerca de inconsiderada determinación. Lo tercero daría licencia a varias solicitudes, a lisonjas y a otros mayores vicios. [...] Lo cuarto había de hablar con cada uno en particular o con ninguno: con ninguno es imposible; con todos es hacerse común y dar causa a que le perdiesen el respecto. [...] Lo quinto no podría sustentar el peso de la república si no le partiese con otro, no como en señor ni compañero, sino como en ministro... *(Discurso de las privanzas,* pág. 204).

En la conversación inicial sobre las cualidades necesarias para ser un buen privado el Almirante propone la vigilancia, algo ciertamente indispensable. El Conde, la verdad y sinceridad. Pero el marqués de Valisero acierta con la mejor: el desinterés, es decir, el prescindir de sus ambiciones personales para dedicarse exclusivamente al servicio del rey, al tiempo que sirve de chivo expiatorio de las protestas de los descontentos:

> Por un escudo me pones,
> sin que haya excepción, en quien
> rigurosos golpes den

---

[69] Cit. por González de Zárate, ed. de Solórzano Pereira, *Emblemas regiopolíticos,* pág. 172. Véase también Baños de Velasco, *L. Anneo Séneca ilustrado:* «Se concluye ser forzoso al príncipe tener privado con quien descanse el peso de su gobierno, ayudando a tolerar las impertinencias de el vasallo, y sirviendo de fidelísimo archivo de sus secretos» (pág. 86).

> comunes mormuraciones.
> No es otra cosa el privado
> que un sujeto en quien la gente
> culpe cualquier acidente
> o suceso no acertado. (vv. 177-184)

El privado no sustituye al rey; solo es su instrumento:

> porque un privado,
> que es un átomo pequeño
> junto al rey, no ha de ser dueño
> de la luz que el sol le ha dado.
> Es un ministro de ley,
> es un brazo, un instrumento
> por donde pasa el aliento
> a la voluntad del rey. (vv. 249-256)

No hace al caso recoger todos los pasajes en que insiste Quevedo sobre la obligación del rey de gobernar por sí mismo: la tarea del monarca es la del jornalero, no puede delegar, etc.[70]. Reinar es permanecer en una continua vigilia y vigilancia que no permita la usurpación de los ministros:

> Rey que duerme, gobierna entre sueños; y cuando mejor le va sueña que gobierna. De modorras y letargos de príncipes adormecidos adolecieron muchas repúblicas y monarquías: ni basta al rey tener los ojos abiertos para entender que está despierto, que el mal dormir es con los ojos abiertos. Y si luego los allegados velan con los ojos cerrados, la noche y la confusión serán dueños de todo y no llegará a tiempo alguna advertencia. Señor, los malos ministros y consejeros tienen el demonio como al endemoniado del Evangelio, ciegos para el gobierno, mudos para la verdad y sordos para el mérito *(Política de Dios*, pág. 80).

Desde el punto de vista teórico, los límites del poder del valido son muy claros[71]: es un medio entre el pueblo y el rey, y como la espada que el rey lleva ceñida la mueve su brazo a

---

[70] Véase *Política de Dios,* págs. 100, 104, 158, 204, 213...
[71] Véase Roncero, 2009.

donde quiere, el valido ha de moverse según el impulso del rey, no según el propio *(Política de Dios,* pág. 269).

Quevedo no ceja nunca en su empeño de precaver el rey contra el poder excesivo del privado que redunda en la pérdida del propio poder real, único legítimo. Incluso aquellos privados que empiezan bien pueden acabar mal, y siempre existe el riesgo de ensombrecer al príncipe. La imagen de la luz participada que hemos visto en el pasaje citado de *Cómo ha de ser el privado* expresa bien esta jerarquía, y la repite Quevedo en varios lugares: la desarrolla en el *Discurso de las privanzas*, por ejemplo:

> Milagrosa viene aquí la comparación del sol y la luna. Ansí ha de ser el privado y el rey, que, como la luna, se esconde delante del sol y tanto más luce con sus mismos rayos cuanto más se aparta de él[72].

Y con más detalles en *Política de Dios*, II, cap. XI, al comentar la dimensión de privado perfecto de San Juan Bautista:

> Dice «que él no era luz»: cláusula muy importante. Es muy necesario, señor, escribiendo de tales ministros, referir lo que no son junto a lo que deben ser. Si el criado es luz, será tinieblas el príncipe. No ha de ser tampoco tinieblas; que no podría dar testimonio de la luz. Del Bautista dice el Evangelista, «que no era luz»; y de Cristo, rey y señor: *Erat lux vera, quae illuminat omnem hominem.* «Era luz verdadera que alumbra a todo hombre». Esta diferencia es del Evangelio. Medio hay entre no ser luz y no ser tinieblas; que es ser luz participada, ser medio iluminado. De San Juan dice el Evangelio: «Él no era luz»; quiere decir la luz de las luces, la luz de quien se derivan las demás; que los ministros se llaman *luz,* y lo son participada del Señor. Cristo dijo a sus ministros y apóstoles: *Vos estis lux mundi:* «Vosotros sois luz del mundo». Ha de ser el ministro luz participada: no ha de tomar la que quiere, sino repartir la que le dan. Ha de ser medio iluminado, para que la majestad del príncipe se proporcione con la capacidad del vasallo. [...] El Bautista sirvió a su Señor de esta manera;

---

[72] Quevedo, *Discurso de las privanzas,* pág. 205.

enseñole y predicole: fue medio iluminado para que le viesen y siguiesen; alumbró a muchos y consumiose a sí. Al contrario, Herodes consumió los inocentes, y cerró su luz debajo de la medida de sus pecados, que fueron Herodias y su madre. Como cierran la llama, hallan el celemín que la pusieron encima, con más humo que claridad, y más sucio que resplandeciente. Ninguna prerrogativa ha de tener el ministro que la pueda atribuir a la naturaleza, ni a sus padres, ni a sí, sino a la providencia y grandeza del señor, porque no le enferme la presunción (pág. 204).

La usa también en el *Marco Bruto* con gran extensión y riqueza de detalles y de alusiones a maravillosos sucesos relacionados con el sol. Citamos solo un fragmento:

Esclarecido y digno maestro de los monarcas es el sol: con resplandeciente dotrina los enseña su oficio cada día, y bien clara se la da a leer escrita con estrellas. Entre las cosas de que se compone la república de la naturaleza, espléndida sobre todas es la majestad del sol. [...] Y pues ninguno es tan grande como el sol, ni tiene tantas cosas a su cargo, para acertar deben imitarle todos. Han de ir, como él, por donde conviene; mas no siempre han de ir por donde empezaron ni por donde quieren. [...] No se ve cosa en el sol que no sea real. Es vigilante, alto, infatigable, solícito, puntual, dadivoso, desinteresado y único. Es príncipe bienquisto de la naturaleza, porque siempre está enriqueciéndola y renovándola de los elementos vasallos suyos: si algo saca, es para volvérselo mejorado y con logro. [...] No da a nadie parte en su oficio. Con la fábula de Faetón enseñó que a su propio hijo no le fue lícito, pues fue despeñado y convertido en cenizas. Fábula fue Faetón; mas verdad será quien le imitare: cosa tan indigna que no pudo ser verdad en el sol, y lo puede ser en los hombres. [...] No carecen de dotrina política sus eclipses. En ellos se aprende cuán perniciosa cosa es que el ministro se junte con su señor en un propio grado, y cuánto quita a todos quien se le pone delante. [...] Y para que conozcan los reyes cuán temeroso y ejecutivo riesgo es el levantar a grande altura los bajos y los ruines, apréndanlo en el sol, que solo se anubla y se anochece cuando alza más a sí los vapores humildes y bajos de la tierra, que, en viéndose en aquella altura, se cuajan en nubes y le desfiguran *(Marco Bruto,* págs. 933-934).

La dedicación de Valisero/Olivares a su misión es extrema y llega a su cima en el episodio de la muerte de su hijo (que reproduce en la comedia el suceso real de la muerte de la hija del Conde Duque). El mismo día en que recibe la noticia asiste a las audiencias, dominando su dolor con un ejemplar estoicismo, y renunciando desde ese momento a toda tentación de pompas humanas:

> Súfrase el dolor en tanto
> que yo cumplo con mi oficio;
> acudamos a el servicio
> del rey primero que al llanto. (vv. 1190-1193)

> Adiós, siempre malogrado
> anhelo de más crecer,
> que es forzoso obedecer
> a golpe tan declarado.
> Con uno solo ha quitado
> el cielo cuanta ocasión
> pudo cebar la ambición
> y ser disculpa a la culpa,
> y así pecar sin disculpa
> fuera pecar sin perdón.
> No temáis, corazón, vos;
> hasta agora al rey serví
> por Dios, por él y por mí;
> ya por el rey y por Dios
> me he de fatigar; los dos
> solo serán mi cuidado
> y seré el primer privado
> que por solo este interés
> ponga grillos a sus pies,
> ponga espuela a su cuidado. (vv. 1284-1303)

Actitud que corresponde a la que tuvo el personaje histórico. Según lo describe Elliott[73]:

> Decidió enfrentarse al mundo como un verdadero neoestoico, que combinaba la fortaleza clásica con la resignación

---

[73] Elliott, 1990, págs. 286-287.

cristiana según la tradición de Justo Lipsio. En ningún otro momento quedaría más claro que en la reacción que tuvo a la pérdida de su hija. Su instinto más inmediato sería el de pensar en retirarse del servicio del rey «desengañado del poco que dura todo y atento a mi salvación» [carta al cardenal Barberini]. Pero las inclinaciones personales cedieron el paso al sentido del deber. Dando muestras de un autocontrol glacial realizó las audiencias de costumbre el mismo día de la muerte de María en un acto de estoicismo que le haría ganar incluso la admiración de sus enemigos y que Quevedo celebraría en su comedia...

Esclavo del trabajo, firme ante la fortuna voltaria, imparcial con los pretendientes, siempre subordinándose al rey, depurado de cualquier ambición tras la muerte de su heredero, este privado es un dechado de cualidades que describe el Almirante al embajador (príncipe de incógnito) de Transilvania al comienzo del acto tercero, en un extenso pasaje (vv. 1933 y ss.) del que citamos algunos trozos:

> Él ocupó bien la silla,
> [...]
> con la práctica igualó
> la teórica más perfecta.
> Al interés borró el paso
> para no acertar su puerta,
> y la hallaron sin llaves
> cuantos quisieron audiencia.
> [...]
> Tal el marqués se hallaba
> y en su proseguir diversas
> opiniones prometían
> cuál ambición, cuál modestia,
> cuando su único heredero,
> breve edad, amable prenda,
> para quien de su fortuna
> pudo cudiciar las medras,
> con dolor —esto es sin duda,
> de todo lo ilustre es pena—,
> dejando al suelo lo frágil,
> transplantó al cielo su herencia.
> [...]

> De tanta pena el alivio
> buscó en no aliviar su pena,
> y dándose todo a todos
> hacer que suyo no sea,
> y antípoda de sí mismo,
> cuando solicitó medras
> solo inorancia practica
> de su estado y de su hacienda,
> y, sobre todo, rendido
> al cielo con obediencia,
> en muda tristeza halla
> consuelo de su tristeza.
> [...]
> y aunque digo que oye a todos,
> a ninguno le da audiencia
> si antes no ha hablado al rey
> [...]
> y un esclavo, sin salir
> del espacio de una celda,
> de medio día a media noche
> nota, escribe, oye y espera,
> o con ministros en juntas,
> ocupado en mil materias
> [...]
> su despacho sin ejemplo,
> sin igual su suficiencia;
> sin pasión al que es indigno
> al premio acorta la rienda
> y al que es digno, con pasión
> los merecimientos premia.
> No cuando el rey sale, sale
> y altivo poder obstenta,
> dando a unos pública invidia
> y a otros invidia secreta...

Unas palabras sobre otros personajes

Si dejamos aparte al rey y su valido (y en menor medida a Carlos de Dinamarca, galante caballero que se presenta disfrazado en la corte para enamorar a la infanta), todos los demás personajes son secundarios y están al servicio de la pintura de los protagonistas. Ya se ha comentado el personaje de Serafina, que suele salir acompañada de Porcia, dama sin mayor relevancia, y la condición marginal del príncipe de Transilvania y de la infanta, cuya principal función es negarse a la boda con un hereje. El conde de Castelomar y el Almirante[74] tienen poca responsabilidad en la acción.

Queda el gracioso Violín, a quien Gentilli[75] considera, a nuestro juicio excesivamente, como el personaje delineado con mayor agudeza y —con mayor exceso aún— el intérprete más sincero de la concepción quevediana del valimiento. Este Violín, a pesar de sus juegos lingüísticos con su propio nombre, con las palabras *valido* y *des-valido*, etc., y de los cuentos que intercala en sus intervenciones, no es el gracioso típico de la comedia áurea. Quevedo le utiliza, como a los demás personajes, para su retrato del valido, como cuando señala, muy en serio, los inconvenientes de ser privado real:

> si no hay pan tiene el valido
> la culpa —¡abrásele un rayo!—,
> porque no llovió por mayo,
> porque por mayo ha llovido;
> si está sin tratos la tierra
> el privado lo ha causado,
> si hay paz es mandria el privado,
> es un violento, si hay guerra.
> En fin, si al vulgacho modo
> todas las cosas no van,
> habéis de ser un Adán
> que tiene culpa de todo. (vv. 369-380)

Además de la ingeniosidad verbal explota Violín la comicidad grotesca del vestuario y la gesticulación excesivos, como al salir con capuz y anteojos anunciando su propia muerte y fingiendo ser su hermano gemelo (vv. 1679 y ss.). Este tipo de comicidad corresponde a un tipo de gracioso bufonesco, que

---

[74] En estos casos es poco relevante la posible identificación con el Conde de Gondomar y el Almirante de Castilla, porque ambos personajes están muy poco individualizados en la comedia.
[75] Gentilli, 2004, págs. 42-46.

quizá se haya inspirado en el bufón portugués Manuel Rabelo de Fonseca («Soy bufón hombre de bien: / soy lusitano, en efeto», vv. 219-320).

Final

No hay que esperar intriga ni desarrollo de los personajes, ni conflicto dramático en el tipo de comedia que ha querido trazar Quevedo. Su planteamiento y ejecución responden a su género y objetivos cortesanos. En este sentido la comedia es una de las piezas más significativas de Quevedo y de las relaciones complejas que establece el poeta con las circunstancias de su tiempo y los poderosos a los que sirve o contra quienes protesta.

Si en *Cómo ha de ser el privado* Olivares brilla iluminado por la luz del rey, ese brillo se irá amenguando hasta la caída de su privanza. En ese momento (23 de enero de 1643) Quevedo, ya muy alejado de Olivares y convertido en oposición, escribe su *Panegírico a la majestad del rey nuestro señor don Felipe IV*[76], en el que aduce de nuevo la imagen del sol para el rey, cuya luz (símbolo del poder y autoridad), en vez de alumbrar al ministro y al pueblo, estaba velada por las nubes y nieblas del privado:

> Acabasteis los años que vuestra luz nos la dispensaron pálida vapores que levantasteis y se condensaron nubes, por cuyos ceños el día que nos enviábades como sol clarísimo descendía a nuestros ojos anochecido en los tránsitos que le esquivaron con sombras (pág. 483).

Y más adelante, continuando con el desarrollo de la alegoría (pág. 493): «Ya miro a la piedad, desembarazada del eclipse que padecía, amanecer en vuestra magnanimidad como en su oriente».

Sic transit gloria mundi; lo cual, por cierto, no sorprendería a tan estoicos varones como Valisero u Olivares.

---

[76] Cito por ed. Rey, 2005.

Pero Vázquez de Escamilla

De la comedia *Pero Vázquez de Escamilla* conservamos el comienzo, constituido fundamentalmente por una jácara en la que describe la guapeza del jaque que entabla una pelea con otros valentones. La estructura dialogada es propiamente dramática, aunque el núcleo más extenso es el relato que el jaque protagonista hace de su vida y milagros. El lenguaje es el típico de germanía, y toda la comedia, a juzgar por el título, debía de centrarse sobre todo en este mundo hampesco que trata Quevedo con tanta delectación en otros muchos textos.

La acción de la jornada incompleta que nos ha llegado transcurre en Sevilla, y consta de dos secuencias muy diferentes en el tono y en la métrica. Comienza con una pendencia de dos parejas de valentones que fanfarronean acerca de su valor. La riña es interrumpida por Pedro Vázquez de Escamilla, que ha llegado a través del río. Pelea con los cuatro rufianes y los deja sin armas, sin capa y sin sombrero. Mientras lucha va narrando las habilidades y el macabro final de su maestro y sus propias hazañas rufianescas, por las que desfilan los nombres de jaques y coimas (Robles, Maladros, Zaramagullón, el Bederre, Perotudo, Gayoso, la Pérez, la Chillona, la Carrasco), que se encuentran en otras jácaras de Quevedo. Al final de la pelea, los rufianes reconocen la superioridad de Vázquez de Escamilla, quien les devuelve las espadas, y todos juntos van a emborracharse.

En la segunda parte del fragmento conservado en el manuscrito don Pedro, galán presumido, pasea la calle a doña Ana, que le aborrece y que, a su vez, quiere a don Enrique, que no la corresponde. En la descripción que hace doña Ana del importuno galán reconocemos en este a un modelo de figurón, aunque la falta del resto de la comedia no nos permite añadir muchos más detalles:

> No hay plaga que no tenga;
> es lindo, es godo, es necio, es porfiado,
> gestero, entremetido,

> cobarde, miserable y presumido,
> y culto sobre todo, y si se queja
> más quiero dos alanos a la oreja. (vv. 437-442)

En efecto, este caballero cultiva un discurso culterano ridículo, rasgo característico de algunos figurones de la comedia:

> DON PEDRO. Si bien descaecida
> fe, erigiéndote aras
> construye mauseolos,
> émulos si del sol no, de esos polos,
> poco premio conduce
> mucha firmeza que en candor reluce.
>
> (vv. 443-448)

Pasaje que coincide con otro de la *Aguja de navegar cultos*[77].

En la comedia Quevedo ha reutilizado, además, en un largo parlamento de don Pedro, la canción a Aminta (silva de consonantes) que ya había publicado en la *Segunda parte de Flores de poetas ilustres,* ordenada en 1611, y que González de Salas incluye en el *Parnaso español*. Lo raro es que el tipo de discurso de la canción no se compadece en nada con el discurso culterano que quiere caracterizar al galán figuronesco. Y por otra parte el galán, que corteja a la dama en un escenario urbano de calle y balcón, describe con impertinentes deícticos un *locus amoenus* que la canción a Aminta evoca y que tiene mal acomodo en ese espacio urbano en que se sitúa la acción de la comedia.

En el estado en que se ha transmitido el texto poco más se puede decir.

Fragmento en el reverso de una carta

Menos aún podemos apuntar sobre este diálogo entre don Juan y don Rodrigo, que se centra en el tema del aburrimiento que causa la mujer propia y el matrimonio, frecuente en la

---

[77] Véase la introducción de García Valdés a la *Aguja* en Quevedo, *Prosa festiva*, págs. 111-112; el texto en págs. 437-438. Estas alusiones llevan a situar la pieza en una fecha posterior a 1613.

poesía burlesca quevediana, como en el soneto «Hastío de un casado al tercero día»:

> Antiyer nos casamos; hoy querría,
> doña Pérez, saber ciertas verdades:
> decidme, ¿cuánto número de edades
> enfunda el matrimonio en solo un día?
> Un antiyer soltero ser solía,
> y hoy, casado, un sin fin de Navidades
> han puesto dos marchitas voluntades
> y más de mil antaños en la mía.

Aunque se supone conmúnmente que es un fragmento de comedia, bien pudiera tratarse de un texto íntegro: «tiene sentido completo y es en todo semejante a los cinco textos breves editados como Diálogos por Astrana, dentro del teatro quevediano»[78].

Los entremeses

Después de la revisión general de Mancini, a Eugenio Asensio se debe el avance más importante en los estudios y textos relativos a los entremeses de Quevedo[79]. Celina Sabor de Cortázar traza una caracterización general que puede servir de síntesis general de este corpus dramático cuya importancia en la evolución del género subraya Asensio:

> La temática de estas piezas emparenta algunas de ellas con la picaresca; el desfile de tipos y la presentación de figuras, con la producción satírica del mismo Quevedo; las técnicas empleadas, con los recursos cómicos y grotescos explotados por el autor en algunas de sus geniales creaciones (los *Sueños*, el *Poema de Orlando el enamorado*, etc.); el lenguaje, admirable

---

[78] García Valdés, 2004, pág. 122.
[79] Para observaciones generales y el estado de la cuestión en distintos momentos de la cronología crítica sobre los entremeses de Quevedo, véase Mancini, 1955; Soons, 1970; Sabor de Cortázar, 1984-1985; Asensio, 1965, 1971; García Valdés, 1999, 2004, 2007.

creación deformadora, con el empleado en su obra satírica, especialmente en su poesía, creación cuyas normas paródicas, imitatorias, trastocatorias y combinatorias de elementos de la lengua general originan un juego verbal a veces alucinante, el cual, unido a una incontenible sucesión de imágenes inéditas transforman estas obras en una orgía de invención verbal y visional, como dice Raimundo Lida[80].

Sabor de Cortázar y otros estudiosos han reparado en efecto en que los temas principales de los entremeses coinciden con el resto de su literatura burlesca y satírica: el poder del dinero, con la constelación de motivos anejos (codicia y venalidad de las mujeres, tacañería de los caballeros tenazas, corrupción de los maridillos); la mujer y el matrimonio, en cuyo ámbito destaca la extraordinaria figura del marido paciente, cuyo arquetipo traza en el *Diego Moreno;* las inversiones paródicas como las del *Marión;* y los catálogos de *figuras,* en cuyo marco podrían analizarse en realidad todos los protagonistas de estas piezas: baste remitir a *Los enfadosos* para anotar una serie de tipos ridículos que responden a este concepto crucial de 'figura'. Pero figuras son los maridos, las pidonas, la alcahueta Muñatones, el tenaza, el marión don Constancico, la grotesca ropavejera y todos sus clientes mutilados, capones...; o el viejo celoso y la sarta de figuras y figurillas que lo increpan en el entremés de *Los refranes del viejo celoso.*

García Valdés recuerda al propósito[81]:

> Muy pertinentemente se ha señalado que gran parte de la obra de Quevedo, desde la temprana *Vida de la Corte* a los *Sueños,* pasando por el *Buscón* y obras festivas, es una suma de cuadros aislados, verdaderos núcleos entremesiles, por los que pululan lindos, valientes, maridos sufridos, mujeres pedigüeñas, tacaños, caballeros chanflones, un sinfín de figuras que el mismo Quevedo repetirá, refundirá y hará revivir en sus entremeses.

---

[80] Sabor de Cortázar, 1984-1985, pág. 43.
[81] García Valdés, 2004, pág. 124. Remite a diversos trabajos de Lázaro Carreter, 1974, págs. 95-96; Lida, 1981, págs. 239-276, y Ettinghausen, 1982.

Asensio apunta[82] que a comienzos del XVII «empieza a dominar el retratismo, la pasión de describir y clasificar la fauna social vieja y nueva». Aunque los entremeses de Quevedo no carecen en ocasiones de pequeños núcleos argumentales, situaciones y anécdotas, lo principal en ellos es este retratismo de figuras o tipos extravagantes. Citemos de nuevo a Asensio:

> El entremés de figuras apenas precisa unidad argumental, ya que su encanto reside en la variedad de tipos caricaturizados y no en la progresión de la fábula. Es como una procesión de deformidades sociales, de extravagancias morales o intelectuales[83].

Estas deformidades corporales y extravagancias morales o intelectuales son, ciertamente, un filón hábilmente explotado por Quevedo. «Pocos se reservan de figuras —dice en la *Vida de corte*—: unos por naturaleza y otros por arte»[84]. En realidad la deformación que afecta a todos los tipos de la literatura satírico burlesca quevediana los convierte sistemáticamente en diversas modalidades de figuras.

Bárbara

En las dos partes de *Bárbara* asoman las primeras figuras y figurillas: la buscona Bárbara, que engaña a varios galanes haciéndoles creer que tiene de ellos un hijo, a cuyos gastos de bautizo y crianza han de contribuir; el rufián Artacho; el engañado Ascanio, un italiano que habla macarrónicamente; una dueña digna ayudante de los fraudes de Bárbara, personaje este que en la segunda parte encarna otra figura favorita de Quevedo, la viuda verde... El tema no es nuevo. Asensio recuerda algún episodio del *Guzmán de Alfarache* y el entremés de *La mamola*. Reiteraciones mecánicas de valor cómico

---

[82] Asensio, 1971, pág. 77.
[83] *Ibíd.*, págs. 80-81.
[84] En *Prosa festiva*, pág. 231.

(burlas repetidas a los diversos galanes, expresiones reiteradas...), gesticulaciones grotescas, explotación de jerga risible y juegos de palabras (la primera frase del entremés es ya un juego de palabras, aunque bastante simple para la musa de Quevedo: «Señora *Bárbara*, y no, no soy yo tan *bárbaro* y loco que me persuada a creer sus engaños...») sustentan la comicidad de esta pieza que Asensio relaciona con la *commedia dell'arte*. La actuación de Bárbara responde a la habitual de la mujer venal, y los consejos que da a Artacho conforman un modelo, aún algo rudimentario, del maridillo sufrido:

> Pues, señor Artacho, quien quisiere gozar y que le pechen, ha de tener un pecho a prueba de calamidades. Ha de sufrir, y si viniere a casa y estuviere otro dentro, se vuelva o se esconda. [...] Es menester que con unos se haga vuesa merced mi hermano, con otros mi primo, con otros mi tutor o mi curador o que me solicita mis negocios. Aquí ha de ser soberbio, allí manso; y a maldecir acullá loco o manco u tonto, y si fuese menester que se destierre, y ausentarse.

En la segunda parte el principal motivo satírico y burlesco radica en la pintura de la viuda verde. La comicidad añade a sus recursos el vestuario de viuda, con tocas y manto, hemos de suponer ridículos por lo exagerado. Acuden varios pretendientes (cada uno con su manía o característica) hasta que reaparece el marido Octavio, al que se suponía muerto, muy confiado en la lealtad de su mujer, a la que encuentra dispuesta a casarse de nuevo, siempre con la ayuda de dueñas y alcahuetas.

Un clima de engaños, de burlas generalizadas, rapiña y venalidad domina este universo, que responde a la pauta general.

Diego Moreno

De «prodigiosa creación» califica Asensio a Diego Moreno, protagonista de las dos partes entremesiles de igual título, descubiertas por el mismo investigador[85].

---

[85] Véase, además de Asensio, 1965, 1971, el artículo en que da noticia del hallazgo (Asensio, 1959).

Es conocida la obsesión por el cornudo en la sátira de Quevedo[86], quien adapta originalmente un tema tradicional. La lubricidad e infidelidad de la mujer pasa a segundo término para dar la preminencia al tipo del marido consentido. El engañado contra su voluntad, protagonista de una centenaria tradición de chistes, como resalta Nolting-Hauff, apenas se presenta en Quevedo. Su tipo favorito es el *maridillo* o sufrido voluntario e industrioso.

Frente a las tragedias de honor del teatro, en la poesía jocosa, novela picaresca y entremeses se darán estilizaciones cómicas del engaño conyugal[87]. Lazarillo de Tormes inaugura la serie de cornudos interesados dignamente continuada por Guzmán de Alfarache[88]. El tipo es de temprana aparición en Quevedo, y se va conformando progresivamente desde la *Vida de corte* (1603-1604) a través de la sistematización de *Carta de un cornudo a otro intitulada el Siglo del Cuerno,* donde están la mayoría de sus rasgos distintivos. Se trata ya de una verdadera creación original, «une des plus belles [...] un des ces personnages de fiction plus vivants en nous que des êtres de chair»[89].

El maridillo se siente satisfecho de su habilidad productiva; a cambio de comer y vestir ofrece a su mujer y se hace el ciego y mudo o el dormido cuando es pertinente. Ignora el punto de honra, que no sirve para nada como no sea para estorbar el negocio. Se trata de una verdadera profesión con es-

---

[86] Para García Berrio, 1968, pág. 159, el tema de los cuernos en Quevedo es un «exabrupto burlesco de una conciencia nacional obsesionada por los temas del honor y de su pérdida»; para Ayala, 1969, págs. 46-47, pone al descubierto una inseguridad frente a la mujer que «puede calificarse de verdadero terror». No creemos que sea para tanto: es una variación de un tema universal, y el tratamiento de este tema se relaciona con las convenciones genéricas. El tipo se concibe sobre todo humorística y cínicamente (véase Mas, 1957, pág. 113, y Nolting-Hauff, 1974, pág. 158). Véase para esta figura y otras de las que hablaremos aquí Arellano, 1984a (2003).

[87] El elogio irónico (Cetina, *Paradoja de los cuernos;* Diego Hurtado de Mendoza, *Elogio de los cuernos*) está en boga: véase Asensio, 1959; según Asensio, el *Auto de Inés Pereira* de Gil Vicente pudiera ser una de las primeras obras con marido bonachón en la literatura peninsular.

[88] Véase Asensio, 1959; Nolting-Hauff, 1974, págs. 154-155.

[89] Mas, 1957, pág. 113. Para el tipo véanse las págs. 114-120.

tatutos bien determinados que los cornudos profesos enseñan a los novicios; con rivalidades de categoría profesional, y, sobre todo, con graves problemas de competencia. El cornudo aduce sus capacidades, se queja de haber sido preterido ante un advenedizo *(Poesía original,* núm. 592), advierte a otro que no pretenda compararse con él *(Poesía original,* núm. 593) y expone en completos reglamentos paródicos las normas de conducta del gremio[90], esto es, disimular, acechar el momento, anunciar su llegada a casa con toses y patadas, cobrar, comer y vestir, sin mostrar recelos. El aspecto exterior no le interesa a Quevedo: el sufrido no es objeto de retratos caricaturescos, sino de chistes y alusiones verbales.

Diego Moreno, prototipo del marido sufrido[91], encuentra a la cabecera de la cama la espada y el broquel que olvidó uno de los galanes de su mujer. Tras iniciar una proclamación de su honra en la que parodia otros pasajes de la comedia en los que maridos honrados se disponen a tomar drásticas medidas, la buena condición de Diego se manifiesta enseguida y su mujer Justa, con el coro de la dueña alcahueta Gutiérrez, le convence de que las armas son del propio Diego. Tranquilizado, se va de casa para dejar vía libre a Justa, que se dispone a recibir a sus galanes, un licenciado, un médico y un capitán, a los que saca algunos presentes. Regresa Diego, y Justa, que no quiere devolver una sortija del capitán, finge un ataque del que ha de curarse por la virtud de la sortija de uña[92], que en resumidas cuentas no es la uña fabulosa de la gran bestia, sino la uña emblema de la rapiña que con tanta habilidad practica Justa.

---

[90] Véase *Poesía original,* núms. 592; 641; 715 («Doctrina de marido paciente»); 716 («Marido que busca acomodo y hace relación de sus propiedades»); 721 («Documentos de un marido antiguo a otro moderno»); 760 («Alega un marido sufrido sus títulos en competencia de otro»): los epígrafes son suficientemente indicativos.

[91] El nombre es de raíz folclórica y significativo del cornudo. En las notas al texto documentamos algunos motivos en este sentido, y frasecillas aplicadas a Moreno, que aparecen también en el entremés. La historia del tipo la traza Asensio con mucho detalle en su trabajo de 1959.

[92] Véanse notas al texto.

En *Diego Moreno* los recursos de la comicidad abarcan de manera muy elaborada el retratismo caricaturesco, la visualidad grotesca (baste remitir a la escena primera con la burla de las armas encontradas, o a la última del fingido síncope de Justa, con los gritos, los aspavientos, los tres galanes sujetándola como si estuviera agonizante...), y el ingenio verbal, con abundancia de juegos de palabras que hemos ido señalando en las notas en los ejemplos más relevantes.

No falta el motivo de los consejos de la alcahueta, de los cuales hallaremos versiones en *La vieja Muñatones,* en *La destreza*, en varios bailes y otros poemas. Estos son unos pocos de los que da Gutiérrez a Justa:

> Hija, ya que estamos solas, oye una lición. Y es que tú no has de desechar ripio. De cada uno toma lo que te diere; así, del carnicero carne, como del especiero especias, del confitero dulces, del mercader vestidos, del sastre hechuras, [...]. Todo abulta. Solo has de huir de valientes, que te regalarán con estocadas y te darán en votos y juros lo que tú has menester en censos; de apartarte de los músicos, porque ya no se come con pasos de garganta, sino con qué tener que pasar por ella. ¿Pues poetas? Gente apestada: con un soneto te harán pago si los quieres y con una sátira si los dejas.

La comicidad estriba, por otra parte, en la complicidad del público con los engaños de la mujer y en la ignorancia del marido, doblemente ridícula, ya que los espectadores saben que Diego Moreno no necesita ser engañado por las apariencias. Caracterizado indirectamente a través de las palabras del alcahuete don Beltrán como un marido «Que ni entra, ni ve... Bonito es el otro para pensar mal de nadie. Fuera de que siempre que entra en casa es como el rayo con trueno, haciendo ruido primero desde una legua», se completa la loa de sus virtudes, en la segunda parte del entremés, con las palabras de su viuda:

> Pero cuando me pongo a considerar aquella bondad de mi marido, aquel echallo todo a buen fin sin que hubiese rastro de malicia en él, y no puedo consolarme. ¡Luego me hablara él una mala palabra y desabrida aunque faltase el día y la

noche de casa! Que como él hallase puesta la mesa a sus horas con buen mantenimiento, no decía «esta boca es mía», y yo como le sabía la condición procuraba tener cuidado, y en esto y en que su persona anduviese bien puesta. Y aunque él echase un vestido hoy y otro mañana, nunca se metía en inquerir de dónde venía ni de dónde no, porque decía él que los hombres muy curiosos estaban cerca de necios. Y decía muy bien porque era él la honra del mundo. [...] cuando me acuerdo de aquella consideración y cordura que tenía mi marido en todas las cosas, pierdo el juicio. ¡Y luego entrara él en casa como otros, a la sorda, sin gargajear o hablar recio primero en el zaguán! Y si acaso hallara alguna visita, con la desimulación y la crianza que entraba era para dar mil gracias a Dios, porque él era la honra del mundo. [...] no había un mes que nos habíamos casado cuando, viniendo de fuera, se entró de rondón por la sala y me halló abrazada a un galán. Y cuando entendí que hiciera alguna demostración, le dijo al que me abrazaba: «En verdad que ha de abrazar a mí también, que le soy muy servidor». Y a mí me dijo: «¿Cómo estaba esta puerta abierta, señora? ¿Qué os parece si como yo entré entrara otro?». Y desde entonces mandó que estuviese cerrada y hizo una llave para sí, y que hiciese ruido al abrir. Y cuando venía de fuera, abríase él, y en preguntando la moza «Quién es», respondía con el mayor agrado del mundo: «Yo soy c'abro». Pues ¡luego se metiera él en preguntar «¿a qué iglesia vais a misa?» o «¿en qué visita habéis estado?» ni «¿quién estuvo allá?» ni «¿qué hicisteis?» ni «¿qué tornasteis?»!, como otros enfadosos que hay. Porque decía él que era gente cansada los que inquerían mucho las cosas, y decía bien. Porque era la honra del mundo.

En la segunda parte, Justa, ejemplo de viuda verde, que come y bebe sin tasa a la vez que lamenta ridículamente la muerte de su marido, se casa con Diego Verdugo, que resulta un marido dominante. Los intentos de resistencia de Justa son cortados por Verdugo, que le manda hacer siempre lo que ella no quiere y da contraórdenes constantes para mostrar su autoridad de marido honrado. La guerra está servida. En el desenlace Justa finge desmayarse en brazos de Landínez, para repetir la burla de la primera parte, pero Verdugo saca una vela para quemarle como práctica curativa y Justa no tiene más remedio que volver en sí. En la forma conservada del entremés Diego Verdugo parece haber ganado la primera batalla, pero la letra del baile con el que finaliza la pieza advierte que la mujer no cambia fácilmente sus hábitos.

La vieja Muñatones

La vieja Muñatones es un ejemplar de alcahueta hechiceril maestra de pupilas busconas. Recoge de la Celestina sus rasgos de falsa beata, citas en latín, y habilidad en su oficio. Buena parte del entremés se dedica a las lecciones que imparte a sus muchachas en ingeniosa metáfora de bailes, como explica la aventajada discípula Berenguela:

> MUÑATONES.—Diga Berenguela de bailes y danzas lo que sabe.
> BERENGUELA.—En esta escuela, ¡oh reverendísima y espantable y superlativa madre nuestra!, es mejor danza el rey de oros que el rey don Alonso; el marqués de Cenete, si no tiene título de comite y todo es medio marqués; el conde Claros no se debe admitir, porque conde que con amores no pudiendo reposar daba saltos de la cama en lugar de dar dineros de la bolsa, es maldito conde.
> MUÑATONES.—La *alta*, niña.
> BERENGUELA.—Con el que habla mucho, promete más y da poco, ha de ser tan alta que no nos alcance a ver; y la *baja* nunca se ha de danzar en el precio.

Acumula Quevedo en el entremés las denominaciones metafóricas de la alcahueta, característica de su idiolecto: *conchabadora, organista de placeres, juntona, encuadernadora, embajadora, masicoral de cuerpos humanos, transponedora de personas, enflautadora de gentes, figona de culpas...*

El asunto, señala Asensio, «poco original se salva por el agitado movimiento de personajes y sobre todo por la invención verbal e ingeniosos sarcasmos de la vieja, tratado vivo de retórica sobre la estrategia del amor venal»[93].

---

[93] Asensio, 1971, pág. 218.

Los enfadosos

Los enfadosos, también conocido como *El zurdo alanceador*, es un característico entremés de revista de figuras, que denuncia desde la primera aparición de los personajes en escena su calidad grotesca:

> *Sale Pelantona, que es el juez, con una ropa de mujer por sotana, cuello de clérigo italiano, ferreruelo más corto, sombrero de verdulera: figura redícula; Carasa, que es el huésped, muy tieso.*

Cuatro figuras aparecen en *Los enfadosos*, y en cada una de ellas acumula Quevedo una serie de «tachas», de rasgos, repetidamente satirizados en otras obras suyas. Carasa que, en un principio, es un simple interlocutor del Juez y da noticias a este sobre las últimas modas de la corte, pasa a ser uno de los «enfadosos» juzgados: es un calvo con gorra perdurable, bonete sempiterno, que no se quita para saludar ni tan siquiera para dormir, a fin de ocultar su defecto.

El calvo es protagonista de varios poemas jocosos *(Poesía original*, núms. 527, 528, sonetos), entre ellos el importante romance «Varios linajes de calvas» (núm. 703). Como señala Asensio[94], el calvo ha sido «objeto permanente de bromas desde el *mimos falakrós* de los griegos hasta el payaso de las bofetadas». Se trata de un tema cómico que explota recursos variados: la imagen grotesca o chistosa, el motivo costumbrista de la resistencia al gesto cortés de quitarse el sombrero, la burla a las pelucas, y sobre todo las obsesivas isotopías léxicas y los juegos verbales aliterativos y neológicos. La afición de Quevedo a los catálogos burlescos sustenta el romance citado y otros pasajes, como el del entremés que comentamos:

> CARASA. Digo señor, que hay calvos y calvarios,
> calvones y calvísimas calvudas,
> calva Anás, calva Herodes, calva Judas.

---

[94] Asensio, 1965, págs. 239-40; véase *Poesía original*, núms. 651, 653.

> JUEZ. Hijo Carasa, en buena calvería,
> calva teñida, sucia y con ribete,
> ha de llamarse chúrrete calvete.

Don González es un casi caballero o caballero chanflón, que pretende remedar los gestos de los caballeros auténticos. Es una de las *figuras artificiales* esbozadas ya por Quevedo en *Vida de la corte*, y cuyos rasgos han tomado a menudo otros entremesistas.

El caballero del núm. 613 *(Poesía original)* es un semejante del entremesil (en el v. 15 se le califica de *chanflón*: es, pues, un falso noble); todo el soneto se forma con los clichés lingüísticos que intentan enmascarar la falsedad, ya que se suponen caracterizadores del verdadero noble: galanterías a damas, preocupación por su hacienda, caballos, pleitesías de cortesanos, generosidad, formullillas autoafirmativas, etc. El satírico ataca explícitamente esta hipocresía en el estrambote:

> Caballeros chanflones
> que pasan en su casa solamente,
> perdiendo a Dios el miedo, y a la gente,
> hablan así por plazas y rincones.

La usurpación de atributos de nobleza tales como el caballo, armas, trajes suntuarios, o el *don* atraen sin remedio los más virulentos ataques. Este es el caso del don González del entremés, que se trata además de un zurdo, rasgo muy significativo para el espectador del Siglo de Oro, como se documenta en las notas al texto. Rasgo que denuncia su falsificación es el fracaso en las fiestas de toros, reservadas a los nobles.

Doña Luisa es mujer envanecida de sus manos y pedigüeña empedernida, como otras muchachas quevedianas. Fatiga a todos con las exhibiciones de sus manos, de las que está orgullosa: la actriz habría de elaborar una gesticulación ridícula adecuada a los movivientos que el texto describe o sugiere (lo mismo habremos de pensar de los que hacía Carasa con el sombrero):

> han dado en enfadarse unos mozuelos
> destos que para el gasto nos dan celos,

> de que yo saque a pasear mis manos
> unas veces puliéndome el tocado,
> otras para mirar con tejadillo
> haciendo un gateado en el soplillo,
> porque hago la araña sobre el manto;
> otras por teclear los aladares
> y si me enfadan mucho
> haré que salgan a tomar consuelo
> de bolsa en bolsa no, de pelo en pelo.

Doña Lorenza, en fin, ayudada por una vieja celestina, vende virgos falsos a los incautos. Es otro motivo favorito de la poesía satírica y burlesca.

El baile final alude a estas habilidades de las busconas, que bailan la Carnicería «de bolsas y de talegos» (nuevo uso de las metáforas de bailes que veíamos en *La vieja Muñatones*).

Apunta Asensio[95] que merece la pena subrayar «los artificios literarios, la correlación simbólica y el trasfondo social de lo que para un lector superficial apenas rebasará la categoría de juguete gracioso».

La venta

La venta es un animado cuadro costumbrista que se desarrolla en una venta de camino, ambiente que se encuentra en otros entremeses y en algunas novelas picarescas. Una venta famosa en la literatura del siglo XVII fue la de Viveros, entre Madrid y Alcalá, en la que se detienen don Diego y Pablos en su viaje a esta última ciudad para sufrir varias estafas y burlas. De la venta del entremés de Quevedo sabemos que queda en el camino hacia Granada, pero no hay otros datos que puedan permitir su identificación. El ambiente y los tipos responden a los de cualquier venta literaria de la época. La realidad de las precarias condiciones de las ventas de camino y la rapacidad de los venteros llegaron a ser tópicas en la literatura.

---

[95] Asensio, 1971, pág. 239.

La primera parte de la pieza resulta más desenfadada, con las seguidillas cantadas por la moza Grajal en las que lanza sus pullas al ventero, llamándole ladrón de varios modos diferentes, con alusiones y juegos de palabras:

> Quien temiere ratones,
> venga a esta casa,
> donde el huésped los guisa
> como los caza.
> [...]
> Dicen «señor huésped»,
> responde el gato;
> y en diciéndole «¡zape!»,
> se va mi amo.

En la escena final Quevedo introduce el teatro en el teatro; llega a la venta, de paso para Granada, la compañía de cómicos de Guevara, a la que se pide que dé una fiesta. Esta fiesta es el baile final del entremés que, muy a tono con el resto del ambiente, consiste en una jácara de Quevedo de la que se anota la primera copla del romance.

Las metáforas animalizadoras, desde los mismos nombres de los personajes (Grajal, Corneja), degradan a los personajes caricaturizados. Motivo importante del entremés es el banquete grotesco que describe Grajal, subrayando la pésima condición de esta venta y este ventero:

> Luego que por manteles,
> les puse, con perdón, los arambeles,
> y la sal en un plato,
> un cuchillo sin cabo, un pan mulato,
> un jarro desbocado
> tan sucio y sin adorno,
> que pudo tener vino de retorno,
> y en el vidrio volviose
> vinagre de la esponja...
> «¿Es bueno?», preguntaron. Yo a lo monja
> respondí, muy fruncida de apariencia:
> «Por bueno se lo dan, en mi conciencia».
> Sentáronse en arpón en un banquillo,
> tocaron a colmillo;

arremangaron todos los bigotes
por no los enramar con almodrotes;
metiles la vianda;
templaron las quijadas los cuitados,
para hacer consonancia a los bocados;
la mesa parecía matadura,
con tanta urraca y tanta desventura.

La destreza

La destreza es una nueva lección en metáfora de esgrima de cómo desplumar a los hombres. Asensio cree que puede tratarse de un desahogo personal de Quevedo para poner en ridículo a su enemigo Luis Pacheco de Narváez[96] como ha hecho, por otra parte, en el *Buscón* y en algunas poesías satíricas. La jerga de la esgrima (salvo parodias caricaturizantes como la aludida del *Buscón*) se halla fuertemente especializada en su utilización figurada para designar metafóricamente esta actividad de las pedigüeñas: la Faja, por ejemplo, entra por la Puente echando *tajos y reveses (Poesía original*, núm. 584, v. 7). En el baile también llamado «de la destreza» se puede recoger un abundante repertorio de tecnicismos, que aparecen menos concentrados en otras poesías: *natural, de puño, jugar de muñeca, reveses, arco, cuerda, ángulo, líneas, partir terreno, mandoble, ángulo agudo, toque franco, conclusión, entrada, medio de proporción, salida, bote, juego de floreado, reparar, postura, tajo, sacar pies, la universal, cuarto círculo*, etc. Un ejemplo mostrará suficientemente el sentido figurado que se da a este vocabulario:

> Medio de proporción más verdadero
> es, Chillona, el dinero.
> La destreza de todos siempre ha sido
> —así vulgares como verdaderos—

---

[96] Pacheco denunció a la Inquisición cuatro obras de Quevedo en su *Memorial...* (véase Quevedo, *Obras completas. Verso*, págs. 1180-1188), y parece ser el autor del *Tribunal de la justa venganza*, el más importante ataque contra Quevedo de todos los de su tiempo.

> dar y no recibir; pues ten en punto,
> —por caridad que vais conmigo agora—:
> la que esgrimiere el jeme por espada
> reciba mucho, pero no dé nada.
> En cuanto al afirmarse
> la que pidió, si el hombre replicase
> y mudare de plática dormido,
> afirmarse en lo mismo que ha pedido.
> Si queréis atajar a un desdichado,
> pedilde y le veréis luego atajado.
> Llamo necesitar al enemigo
> el tomalle la hacienda, de manera,
> y con tanto cuidado,
> que le dejéis después necesitado.
> Allá el tocar el casco es el primero;
> mas en esta doctrina que yo masco
> lo postrero ha de ser el tocar casco.
> Usábanse en lo viejo
> estocadas de puño,
> mas estocada puño es cosa poca,
> mejor es estocada saya y ropa.

El mismo Asensio considera este entremés «obrita endeble», sobre todo por lo que se refiere a la parte en que la alcahueta, la Madre Monda, alecciona a las mocitas empleando numerosos términos técnicos; alaba, sin embargo, el baile final.

Se inicia el entremés con una especie de loa entremesada, en la que se hace encomio de las compañías de Morales, Avendaño y Antonio de Prado. La representación de este entremés corrió a cargo, según se desprende de los versos de la Pitorra, de la compañía de Prado.

Lo cómico de este entremés, excepto para aquellos que conocían los vocablos de esgrima, tenía que residir en la gesticulación y en los rápidos movimientos, como de danza, que parece exigir la letra. Esa comicidad llega a nosotros con dificultad. Como señala Asensio[97]:

---

[97] Asensio, 1971, pág. 221. El baile al que se refiere Asensio es «Las valentonas y destreza».

> El baile con posturas de esgrima era muy del gusto de Don Francisco para representar el duelo de los sexos, el combate entre la Tomona y el Tenaza o Niño de la Guarda, como se ve en el baile *Las armas...*

Es significativo que el baile con que termina el entremés sea precisamente el de «las estafadoras».

La polilla de Madrid

De la misma época que *La destreza* sería *La polilla de Madrid*, que haría «un típico capítulo de novela picaresca con heroína femenil, por ejemplo de *La hija de Celestina* (1612) de Salas Barbadillo»[98]. Rufianes, prostitutas, madres vendederas de las hijas, dueñas más falsas que de costumbre son los protagonistas. La estafadora se hace vizcaína (como si fuera hidalga) y se pone el nombre de doña Elena Uriguri Jaramillo (un recurso habitual de las busconas), y organiza la representación de una comedia que irónicamente se titula *El robo de Elena*. Pero todo lo que hacen y dicen estas busconas con su escudero Carralero alias Villodres es una verdadera representación para engañar a los incautos y sacarles el dinero con las estrategias habituales. La comedia final culmina esta puesta en escena de las busconas. Se inicia una verdadera parodia o comedia burlesca *(Sale armado uno graciosamente, y dos con alabardas, y soldados)* de la historia de Elena de Troya, que se interrumpe antes de empezar porque la tal Elena (de Uriguri esta vez) se ha fugado con todos sus comparsas y con el botín rapiñado a los tontos, y les ha dejado una carta burlona:

> Yo convido al ensayo a vuesarcedes
> y pues me llevo joyas y vestidos
> y los dejo y me acojo como un rayo,
> miren si el diablo hiciera tal ensayo.

Lección, otra vez, para el que quiera aprenderla, sobre las artes de las damiselas pidonas y ladronas.

---

[98] *Ídem.*

El marido pantasma

Sátira del matrimonio es *El marido pantasma,* entremés que Sabor de Cortázar[99] considera interesantísimo por la mezcla de sátira y visión. Muñoz, que desea casarse, expone las condiciones que prefiere para su mujer, sobre todo que no tenga madre. En una parodia de ciertas escenas de la comedia, se duerme para dar entrada a la visión de su amigo Lobón, marido fantasma, que está penando rodeado de sus suegros, el casamentero y una dueña, que le piden coche, galas, joyas y dineros. Tras la visión sale doña Oromasia de Brimbonques con hambre canina de marido asegurando estar libre de parientes, pero Muñoz está desengañado del matrimonio a causa de la visión de Lobón. Sin embargo, este reaparece para aconsejarle el matrimonio a Muñoz, pues no hay mayor gusto que enviudar, y bien puede soportarse el matrimonio (siempre fuente de desdichas) a cambio del placer de enterrar a la mujer:

> Cásate, Muñoz amigo,
> cásate luego de choz,
> que todo puede pasarse
> por ver ir en procesión,
> kiriada de los niños,
> la mujer que nos cansó.

El marión

La comicidad situacional va unida de nuevo a la verbal en el entremés de *El marión,* parodia de convenciones teatrales del género de capa y espada y del drama de honor, que también hará Quiñones de Benavente en *El marión y Los mariones*[100].

---

[99] Sabor de Cortázar, 1984-1985, pág. 46.
[100] Véase Restrepo-Gautier, 1988, para los entremeses de mariones.

La situación, frecuente en la comedia, en la que varios galanes rivales amorosos rondan a una dama, se invierte en un ejemplo de mundo al revés. Costanzo se ve acosado por tres damas que le pretenden. Con el fin de despertarle y hacerle salir a la reja, doña María tira piedrecitas a su ventana; doña Bernarda le silba, y doña Teresa le da una serenata. La actitud y comentarios de don Costanzo remedan a los de las damas melindrosas de las comedias[101], mientras las pretendientas se desafían, amenazando con el escándalo la honra de Costanzo, como se queja el padre en otra escena paródica:

> PADRE.   ¡Oh villano! ¿Así mi honor se trata?
> D. COSTANZO.   ¡Ténganlo, señoras, que me mata!
>   *Áselo por un brazo.*
> PADRE.   Ven acá. ¿Han quitádote tu honra?
> D. COSTANZO.   Ni por pienso.
> PADRE.   Di la verdad o perderás la vida.
> D. COSTANZO.   Maldito sea yo si una mano me han tocado.
> PADRE.   ¿Cómo lo sabremos?
> D. COSTANZO.   ¿Cómo, padre?
>   Haciendo que me mire una comadre.

Son, como se ve, parodias de situaciones y motivos habituales en la comedia convencional: la costumbre del intercambio de favores entre los enamorados; la inesperada llegada del padre, marido o hermano que provoca el nerviosismo de la dama y la necesidad de esconderse del galán; el autoritarismo de los padres, los desafíos...

En la segunda parte de este entremés, la comicidad tiende a veces a la desmesura grotesca. Don Costanzo pasa de ser un *doncello* asustadizo a un *malmaridado:* se ha casado con una de las pretendientas que además de perder en el juego la dote, lo maltrata, no le deja asomar a la ventana ni recibir visitas y lo abandona en casa entretenido con una rueca mientras ella, con espada y broquel, sale de ronda nocturna. Como apunta Asensio, esta parte involucra situaciones que

---

[101] Véase para algunas observaciones, no siempre fundamentadas, Restrepo-Gautier, 2000. Para la crítica de los estereotipos dramáticos en este entremés, véase Amezcua, 1981.

«no harían reír tanto a las damas de la cazuela. Nos asomamos a amarguras auténticas y nos percatamos de qué poco haría falta para virar lo cómico en serio»[102].

El caballero de la Tenaza

En el centro del mundo satírico y burlesco quevediano se hallan la mujer venal y su antagonista, el caballero de la Tenaza, verdadera creación de Quevedo, ya inolvidablemente conformado en las *Cartas del caballero de la Tenaza* (1600-1606)[103]. Si la codicia desplaza a la sensualidad femenina como tema satírico el hombre se defenderá de esta versión de la guerra de los sexos apelando al no dar: los consejos «para gastar la prosa y guardar la mosca» constituyen un verdadero subgénero temático: además de las *Cartas del caballero de la Tenaza*, mencionaremos el entremés del mismo título que estamos comentando, el *Entremés del niño y Peralvillo de Madrid*, y en la poesía las composiciones «Procura también persuadir aquí a una pedidora perdurable la doctrina del trueco de las personas *(Poesía original,* núm. 563); «Dificultades suyas en el dar» (núm. 686); «Quejas del abuso de dar a las mujeres» (núm. 706); «Significa su amor a una dama y procura introducir la doctrina del no dar a las mujeres» (núm. 710); «Responde a la sacaliña de unas pelonas» (núm. 727);) y otros que explayan infinitas variaciones del lema del tacaño.

No menos significativo que el nombre del protagonista es el de la antagonista, doña Anzuelo, experta en pescar los dineros de los galanes. Es un ejemplo arquetípico de esta guerra que se entabla entre los sexos en torno al dinero. Manifestación visual y física de esa guerra se produce en el escenario con el forcejeo de Anzuelo para quitarle a Tenaza una sortija sin conseguirlo:

---

[102] Asensio, 1971, pág. 233.
[103] Para Mas, 1957, págs. 152-159, éste es el corazón de la sátira de Quevedo; la pareja antagonista de la pedigüeña y el tenaza es «thème majeur de la satire de Quevedo» (pág. 152). Véase texto y notas de *Cartas del caballero de la Tenaza*, en Quevedo, *Prosa festiva completa,* ed. de García Valdés, págs. 58-67 y 270-301.

Anzuelo.	¡Qué pegada que está!
Tenaza.	Nací con ella.
Anzuelo.	*Aparte* (Este hombre es don Tenaza.)
Tenaza.	*Aparte* (Doña Anzuelo es esta hembra.)
Anzuelo.	(Mas él picará en mi nombre.)
Tenaza.	(Mas yo la iré dando cuerda.)

Anzuelo llama en su ayuda a tres niñas y Tenaza a tres niños, supuestos hijos de Tenaza, quien se queja de los gastos que provocan. Las niñas piden dinero y los niños, bien enseñados, ofrecen palos. Desarrollan esta pelea simbólica cantando y bailando:

Anzuelo.	¿Qué queréis más que el vivir?
Todas.	Pedir.
Tenaza.	¿Qué queréis antes que dar?
Todos.	Reventar.
	[...]
Anzuelo.	¿Por qué en regalarnos tan duros estáis?
Tenaza.	¿A quién no endurece quererle estafar?
Niña.	Mocitos pelones, pues nada nos dais, a todo desaire, sufrid y callad.
Tenaza.	Mozuelas golosas que a todos pedís, al no que os volvemos, callad y sufrid.

El niño y Peralvillo de Madrid

Con una estructura de cuentecillo folclórico y una técnica alegórica y simbólica *El niño y Peralvillo de Madrid* incide de nuevo en el tema del entremés anterior, con otra modalidad expositiva. El niño viaja a Madrid tras escuchar los consejos de su madre, que le recomienda abrir el ojo para cuidarse de las artes de las pedigüeñas, protegiéndose con la higa o amuleto de los *perros muertos* (expresión que significaba no pagar a una prostituta, y, en general, no soltar el dinero a ninguna mujer, dejándola burlada). La serie de consejos pertenecen, como ya hemos apuntado, a las técnicas del tenaza, y serán completados por Juan Francés (figura algo arbitraria aquí, que sirve de excusa para la sátira de los buhoneros gabachos).

El buhonero muestra al niño el Peralvillo de la corte, metáfora de las saetas penetrantes de las pidonas, más mortales que las de los cuadrilleros de la Santa Hermandad, que ajusticiaban a los condenados en el pago de Peralvillo (símbolo de muerte rápida y sin apelación).

Aparecen una serie de personajes en los que el niño puede ver estos letales efectos de las embestiduras femeninas: primero Alonso, atravesado de instrumentos de sastrería, como ejemplo de la situación en que dejan a un galán los gastos de vestidos que regala a las damas y ocasión para insistir en la sátira contra el sastre, tópica en Quevedo y en general en el Siglo de Oro:

> De un pujamiento de enaguas,
> de un flujo de saya entera,
> yo, Alonso Alvillo, he quedado
> en Peralvillo de cuenta.

Rodeado de pucheros y asadores sale luego Diego Alvillo, que se ha gastado los dineros invitando a comer a las busconas; después Cosme Alvillo, lleno de escribanías, plumas y procesos, maltratado por los escribanos y las mujeres:

> La desdicha de mi pluma
> no hay demonio que la entienda:
> escribanos me la ponen
> y mujeres me la pelan.

Sigue Antonio, lleno de carteles de comedias y papelones de confitura, arruinado por invitar a la comedia y a dulces a las mujeres. Aquí se inserta la alusión al fracaso del *Anticristo* de Ruiz de Alarcón, para terminar con la visión de dos palos vacíos y una bolsa vacía encima de dos huesos de muerto, lección paródica para los ascetas de la tenaza, que deben meditar ante la bolsa-calavera recitando la oración de los talegos:

> Tú, que me miras a mí
> tan triste, mortal y feo,
> mira, talegón, a ti,

> que, como te ves, me vi
> y veraste cual me veo.

La escena final es una nueva batalla entre las pidonas y el niño, quien, bien aleccionado por los consejos y las visiones, resiste a los dacas de las mujeres.

La ropavejera

Temáticamente, el entremés de *La ropavejera* consta de dos secuencias fundamentales: en la primera, la ropavejera atiende de forma sucesiva a varios clientes —dos hombres y tres mujeres— que acuden a su tienda en busca de ungüentos, postizos y piezas de recambio con que reparar los deterioros producidos por la edad. Este desfile de hombres y mujeres que pretenden detener en su aspecto físico el paso del tiempo lo presencia Rastrojo, personaje que hace agudos comentarios, hasta que le toca a él, como baile viejo, ser remendado a su vez.

Trata Quevedo el mismo tema en los romances «Lindo gusto tiene el Tiempo» y «Hoy la trompeta del Juicio» *(Poesía original,* núms. 757 y 869). El primero lleva por título «Describe operaciones del Tiempo y verificalas también en las mudanzas de las danzas y bailes», tema coincidente con el del entremés; en el segundo titulado «Cortes de los bailes» (véase la sección correspondiente de este volumen) se hace alusión a la vejez de los bailes y a la necesidad de remudarlos.

Asensio[104] explica:

> *La ropavejera* [...] es a modo de segunda parte de *Los enfadosos*. En formato modesto e inspección rápida ofrece un desfile de fantasmones cortesanos que se afanan por enmendar la plana al tiempo y la naturaleza...

Lo más interesante de este entremés, creemos, es el clima grotesco de una ropavejera que en vez de ropas de segunda

---

[104] Asensio, 1971, pág. 224.

mano vende pedazos de personas, con la sugerencia de los destrozos que provoca el tiempo, la hipocresía de las falsas apariencias, y la sátira de motivos tópicos insertada en una truculenta parodia del *tempus fugit:* menos modesto y más relevante de lo que juzga Asensio, la idea de una ropavejera de la vida no nos parece de poco momento para dar pie a una pieza que mezcla asombrosamente la risa con el horror. Desfilan, ante el atónito espectador, una doña Sancha en busca de muelas postizas, un don Crisóstomo que busca piernas nuevas y tinte para las canas, una dueña dispuesta a hervir la cara en lejías para quitarse las arrugas, un capón que quiere comprar una barba y un bigote para simular virilidad, y una vieja destrozada que ha de remudar manos, cara y talle.

Los refranes del viejo celoso

El entremés de *Los refranes del viejo celoso* tiene, en cuanto al tema, dos secciones. La primera, realista, escenifica un tema frecuente en los entremeses: esposa joven, marido viejo y joven enamorado que corteja a la esposa. Esta se queja al galán de los defectos de su marido: además de viejo y celoso, tiene la manía de hablar en refranes, manía que será aprovechada por el galán para una burla.

La mujer joven, casada con un viejo y celoso, es frecuente en los entremeses desde *El viejo celoso* de Cervantes. También lo es la hija soltera vigilada estrechamente por un padre de edad avanzada. En ambos casos los entremesistas se han fijado sobre todo en las astutas tretas de que se vale la mujer para burlar la vigilancia.

En la segunda parte del entremés, de tono fantástico, el galancete Rincón, disfrazado de mago ridículo con botarga colorada y cohete encendido en la mano, hace creer al viejo que está encantado, convocando a los personajillos de los refranes que va citando el vejete.

En cuanto el viejo dice un refrán aparece en escena el personaje nombrado. Así desfilan Calaínos *(son cuentos de Calaínos)*, Villadiego *(tomar las de Villadiego)*, Juan de la Encina *(disparates de Juan de la Encina)*, Perico el de los Palotes, Maricastaña, la dueña Quintañona, el Rey que Rabió y el Rey Perico. Cada personaje, además de increpar al vejete, pretende desmentir el dicho que le achaca el vulgo. A partir de la aparición del Rey Perico que se sienta en su tribunal a juzgar, el entremés desemboca en una especie de mascarada, desfile de personajes proverbiales que anticipa el tipo de obra que será la mojiganga, y como primera mojiganga la considera Asensio, pues anticipa los rasgos que esta subespecie del entremés que disloca «la atención de la lógica de la historia hacia la sorpresa y visualidad, hacia las máscaras extrañas. Es, en lo básico, un remozamiento del Carnaval, tan ligado al origen del teatro cómico: este resucitar de los usos carnavalescos trae consigo el arcaico aporreo final»[105].

La diferencia de tono entre la primera y segunda parte se encuentra reforzada, además, por un cambio en la estructura métrica: la silva de la parte primera, con su predominio de endecasílabos y frecuentes rimas consonantes, deja paso al ágil y fluido romance de la segunda parte.

Se encuentran algunas semejanzas entre *Los refranes del viejo celoso* y *El viejo celoso* cervantino. En las dos piezas tiene gran importancia funcional la momentánea ceguera del viejo, que es aprovechada por el galán para escabullirse. En la obrita de Cervantes, la causa de la ceguera es una bacía de agua arrojada a la cara del vejete, recurso un poco socorrido y propio de actuación de payasos. El viejo de *Los refranes* vuelve a casa con una paja en el ojo, y su mujer realiza con gran lentitud la operación de sacársela para dar tiempo a que el galán salga de su escondite sin ser visto. Quevedo logra en esta escena un gran efecto cómico apoyándose a la vez en el juego escénico y en el juego lingüístico, del que copiamos aquí una muestra del floreo verbal en torno a la palabra «rincón» (nombre de su galán) y derivados:

> JUSTA. Tanto os quiero por ser de vos querida,
> que a un rincón me estaré toda mi vida;

---

[105] *Ibíd.*, pág. 229.

>   y pues gustáis de verme retirada
>   os prometo estar siempre arrinconada,
>   que es mi gusto, mi amor y mi fineza
>   tener a un rincón vuelta la cabeza,
>   y no hago nada en estas ocasiones
>   que soy yo muy amiga de rincones.
> VEJETE.   Mucho rinconeáis, y no querría
>   que andéis en ellos tanto, mujer mía,
>   que los rincones, fuera de otras tachas,
>   sirven de echar basura y matar hachas.

Las concordancias entre *Los refranes del viejo celoso* y el *Sueño de la muerte* son numerosas: excepto Maricastaña, todos los personajes del refranero que aparecen en el entremés se encuentran en el *Sueño de la muerte;* numerosas frases, imágenes, metáforas, se repiten en las dos obras.

Los refranes del viejo celoso sirvió de fuente de inspiración a otros entremesistas. Calderón lo tuvo en cuenta en tres de sus entremeses. En el de *Las jácaras*, Mari-Zarpa tiene la manía de cantar continuamente jácaras, y así van desfilando, según los nombra, los personajes de las jácaras más conocidas. En el entremés de *La casa de los linajes* se pasa revista a una serie de personajes de la vida corriente, y la parte final del entremés de *Las carnestolendas* tiene gran semejanza con la parte final de *Los refranes:* en una estructura de mojiganga desfilan algunos de los personajes proverbiales que hemos visto en el entremés de Quevedo.

El cómico Francisco de Castro, cien años más tarde, refundió el entremés de *Los refranes del viejo celoso* en el titulado *El cesto y el sacristán*.

Conclusiones

Es usual entre los estudiosos del teatro breve quevediano subrayar la importancia del elemento verbal. Algo paradójicamente Pilar Cabañas[106], por ejemplo, habla del espectácu-

---

[106] Cabañas, 1991.

lo verbal de los entremeses de Quevedo. Habría que decir, sin embargo, que no es tan escasa la acción de estas piezas. Por su extensión no corresponden los demorados desarrollos de ninguna intriga, y las anécdotas y situaciones son suficientes para darles un notable dinamismo, aumentado por los bailes y las gesticulaciones grotescas de las figuras jocosas.

Pero no es extraño, ciertamente, que los lectores y críticos queden fascinados por el despliegue de ingenio verbal (dilogías, paronomasias, antanaclasis, neologismos, hipérboles ingeniosas, onomástica burlesca...) que hemos procurado glosar en las explicaciones del texto y que ahora eludimos tratar enviando a nuestro aparato de notas, complementario de esta somera introducción[107].

La aportación de Quevedo al entremés radica, sin duda, en esa prodigiosa inventiva verbal, más que en las dimensiones escénicas. Destaca también en la construcción de figuras inolvidables de las que beberán otros entremesistas. Como ha demostrado Asensio en su tantas veces citado *Itinerario del entremés,* lejos de ser un imitador de Quiñones, parece ser inspirador de muchas situaciones, tipos y fórmulas lingüísticas. La influencia de Quevedo no se limita al entremés, sino que proporciona en sus obras festivas y satíricas un repertorio muy elaborado de figuras y tipos, y de técnicas caricaturescas.

Aunque Mancini aboga por una interpretación moralizante de los entremeses de Quevedo, no parece que estas piezas destaquen por ese objetivo: más concordamos con Asensio[108], quien escribe unas agudas palabras con las que podemos cerrar este apartado:

> Quevedo, más que la máscara de Heráclito que llora, adopta en los entremeses la de Demócrito que ríe contemplando el regocijado espectáculo que en el retablo del mundo representan los títeres menudos de la corte. Su humor cambiante tan

---

[107] El estilo de los entremeses poco se diferencia del de la poesía burlesca. Remitimos a Arellano, 1984a (2003) y a las notas al texto para estas cuestiones que ahora abreviamos en la presentación.
[108] Asensio, 1971, pág. 225.

pronto se deja arrastrar por el puro entusiasmo del juego y la convención del género, que le veda el papel de aguafiestas y el ceño del censor, como se deja tentar por el diablillo de la sátira. Pero se me figura que sus escapadas satíricas, más que a enmendar y moralizar las costumbres, tienden a reír de la condición del hombre y de las servidumbres a que le condena la carne o la vanidad.

Loas y bailes

Poco nos queda por añadir en relación a las otras composiciones que hemos incluido en este tentativo teatro completo de Quevedo. Ya hemos señalado antes las razones de insertar la loa para la comedia de Tirso y los bailes.

Los diez bailes que consideramos piezas (más o menos) dramáticas desarrollan, como apunta Snell[109] «en varias escalas metafóricas y en términos germanescos el conflicto entre los sexos, con énfasis en especial en la rapacidad femenina y el valor del dinero», es decir, el mismo conjunto (o muy aproximado) de temas y enfoques que se advierte en los entremeses.

En ocasión de las metáforas básicas o de la anécdota narrada o representada culmina el dinamismo grotesco en algunas secuencias de bailes como «Las valentonas y destreza» y «Las estafadoras», con las posturas y movimientos de esgrima; con los desgarros danzarines en «Las cortes de los bailes»; la gesticulación natatoria de «Los nadadores»; o los gestos y bailes de lisiados y mendigos en «Boda de pordioseros».

Alternan las partes narrativas de estos bailes (fundamentalmente romances, con algunas inserciones de otras formas métricas) con fragmentos representados (o bailados), con poca acción dramática (ver por ejemplo «Los sopones de Salamanca») y algunos con diálogos que involucran varios personajes, como es el caso de «Los galeotes» y otros.

---

[109] Snell, 1994.

Esta edición

NOTAS TEXTUALES

Cómo ha de ser el privado

La comedia se conserva en el testimonio manuscrito de la Biblioteca Menéndez Pelayo de Santander (ms. 108)[110], cuyo texto tomó Artigas *(Teatro inédito de don Francisco de Quevedo y Villegas,* Madrid, RAE, 1927), al cual copió Astrana[111] (Astrana Marín en *Obras completas de Quevedo. Verso,* Madrid, Aguilar, 1932, 1952, etc., y sus reimpresiones por Felicidad Buendía). Blecua vuelve al ms. en Quevedo, *Obra poética, IV,* Madrid, Castalia, 1981. La edición más moderna y cuidada es la de L. Gentilli (Viareggio/Lucca, Baroni, 2004).

Todos los editores muestran algunos errores (sobre todo Artigas y en su seguimiento Astrana). Usamos como texto base el ms. 108, aunque compulsamos todas las ediciones y señalamos en alguna ocasión de mayor entidad nuestras discrepancias. Como en toda nuestra edición las simples erratas de los editores modernos no las consignamos en el aparato,

---

[110] Véase para algunos rasgos de este ms. Gentilli, 2004. pág. 50.
[111] Astrana copia a Artigas, aunque en la nota primera dice ajustar su impresión «a un ms. que se encuentra en la Biblioteca de don Luis Valdés, que ahora ha pasado a la Academia de la Lengua». Todos los errores y lagunas de Artigas pasan a Astrana, quien, curiosamente, apunta en algunos casos que existe una laguna en el texto (por error de Artigas, que no en el manuscrito, el cual no maneja Astrana).

pero sí señalamos los errores del copista del ms. 108, comentando nuestras propuestas de enmienda si creemos que necesitan explicaciones. Discutiremos también, si nos parecen interesantes para la fijación e interpretación del texto, algunas observaciones de los editores modernos.

Según Fernández Guerra, este manuscrito habría pertenecido a Bartolomé José Gallardo; Blecua subraya que el copista fue un andaluz, por la frecuencia del seseo y ceceo.

Pero Vázquez de Escamilla

El fragmento de esta comedia se conserva en el ms. 108 de la Biblioteca de Menéndez Pelayo de Santander, fols. 138-148. Lleva una nota final:

> Este fragmento de comedia dejó empezado el autor, de cuyo original borrador se sacó esta copia. Algunas razones que no van bien colocadas es la culpa la mala letra que hacía, más para ser adivinada que leída. Su original tiene don Diego de Arroyo y Figueroa, mi amigo.

Nota que apostilla Blecua en su edición: «Al margen aquellas NB tan características de don B. J. Gallardo». De este manuscrito provienen todas las ediciones posteriores, que son las siguientes:

Edición de M. Artigas en *Teatro inédito de don Francisco de Quevedo y Villegas,* Madrid, RAE, 1927.

Edición de L. Astrana Marín en *Obras completas de Quevedo. Verso,* Madrid, Aguilar, 1932, 1952... Las sucesivas reediciones en Aguilar no añaden nada salvo erratas.

Edición de J. M. Blecua en Quevedo, *Obra poética, IV,* Madrid, Castalia, 1981.

Edición parcial (de la jácara) de I. Arellano, en «La jácara de Pero Vázquez de Escamilla, de Quevedo» (en *Crítica textual y anotación filológica en obras del Siglo de Oro,* ed. I. Arellano y J. Cañedo, Madrid, Castalia, 1991, págs. 13-45 y en Quevedo, *Un Heráclito cristiano. Canta sola a Lisi y otros poemas,* ed. I. Arellano y L. Schwartz, Barcelona, Crítica, 1998).

Los errores del manuscrito —nuestro texto base— que se enmiendan se van señalando en nuestro aparato crítico. Mantenemos, justificándolas en nota, algunas lecturas que Blecua considera errores. El manuscrito se caracteriza por su relativa abundancia de ceceo (vv. 22, 116, 117, 225) y seseo (vv. 130, 201, 229, 269) que no mantenemos en nuestra edición —ni indicamos en el aparato crítico— porque estos rasgos no los observa Quevedo ni siquiera para caracterizar a personajes andaluces de otras obras (ver particularmente las jácaras). La edición de Artigas está plagada de malas lecturas del manuscrito; todos estos errores pasan a Astrana, que copia a Artigas. Blecua vuelve al manuscrito, pero acepta a veces las lecturas erróneas de Artigas (en vv. 73, 103, 200-201, 218, 220, 279...). Usamos para esta edición el texto y notas de las ediciones de Arellano en lo que afecta al fragmento correspondiente (vv. 1-325).

No recogemos las diferencias introducidas por los editores, que carecen de relevancia textual, aunque discutimos algunas que nos parecen interesantes para la interpretación del texto.

Fragmento en el reverso de una carta. Ms. 108

Fragmento «que de letra del autor estaba escripto en el reverso de una carta». Diálogo entre don Juan y don Rodrigo, conservado en el ms. 108 de la Biblioteca de Menéndez Pelayo de Santander, y editado por Artigas *(Teatro inédito* de Quevedo), Astrana *(Obras completas de Quevedo. Verso)* y Blecua, en *Obra poética, IV.* Nos atenemos al manuscrito.

Entremeses de Bárbara

El texto de los entremeses de *Bárbara* se encuentra en el ms. de la Biblioteca Provincial de Évora, signatura Cod. CXIV/1-3. La primera parte, en págs. 816-859; la segunda parte, en págs. 860-894. Es nuestro texto base.

Hay ediciones modernas de E. Asensio, *Itinerario del entremés,* Madrid, Gredos, 1965 (edición revisada en 1971), y J. M. Blecua, Quevedo, *Obra poética, IV.*

Estos entremeses han permanecido inéditos hasta que fueron editados por Asensio siguiendo el texto del manuscrito de Évora. Nos atenemos al manuscrito, señalando en algún caso las intervenciones de los editores posteriores que pueden ayudar a la fijación de los lugares complicados. No recogemos sistemáticamente las diferencias con editores anteriores por carecer de relevancia textual.

Anota Asensio —que resalta la defectuosa transmisión de estas piezas, sobre todo la primera— la probabilidad de que algunas escenas hayan sido rehechas y se hayan deteriorado los primores de expresión, aunque se han salvado la historia, el movimiento cómico y los recursos jocosos. Intentamos alguna enmienda.

Entremeses de Diego Moreno

El texto de las dos partes de *Diego Moreno* se conserva en el ms. de la Biblioteca Provincial de Évora, signatura Cod. CXIV/1-3. La primera parte en págs. 745-782; la segunda, en págs. 782-815.

Modernamente lo editan Asensio *(Itinerario del entremés)* y Blecua en Francisco de Quevedo, *Obra poética, IV.*

Seguimos, como los editores anteriores, el texto del manuscrito de Évora, que es en realidad el único testimonio existente, que compulsamos con las ediciones modernas citadas.

Entremés de la vieja Muñatones

El texto de este entremés se incluye en el mismo ms. de la Biblioteca Provincial de Évora, signatura Cod. CXIV/1-3, págs. 991-1018.

Lo editan Asensio (su descubridor y primer editor, en *Itinerario del entremés),* Blecua (Quevedo, *Obra poética, IV),* Arellano *(Notas y Estudios Filológicos,* 1984, págs. 96-117) y García

Valdés (*Quevedo esencial*, Madrid, Taurus, 1990, págs. 623-630). Los dos primeros se basan en el ms., Arellano usa el texto de Blecua y añade un aparato de notas explicativas que adaptamos en nuestra edición; García Valdés fija su texto sobre el ms. con cotejo de Asensio.

En conclusión, el único testimonio de valor textual es el ms. de Évora, que usamos ahora para nuestra edición, comparando sus lecturas, como siempre, con las ediciones modernas.

Entremés de los enfadosos o el zurdo alanceador

Disponemos de dos testimonios manuscritos, el primero en el citado de la Biblioteca Provincial de Évora, signatura Cod. CXIV/1-3, en págs. 914-934, con el título de *Entremés de los enfadosos*. En abreviatura, E.

El segundo ms. se conserva en la Biblioteca Colombina de Sevilla, signatura Ms. 82-30-40, con el título de *Entremés del zurdo*, fols. 102r-107r. En abreviatura, S.

Respecto a los impresos, recordaremos que Fernández Guerra, en el «Índice dramático» que redactó para el artículo sobre Quevedo del *Catálogo bibliográfico y biográfico del teatro antiguo español*, de La Barrera, y Astrana dan cuenta de una impresión, hasta hoy en paradero desconocido, que el *Catálogo* de La Barrera describe así: «*El zurdo alanceador. Entremés famoso de don Francisco de Quevedo*. Representole Amarilis en Sevilla. Segovia, por Diego Flamenco, 1628. En 8.°, ocho hojas, con la signatura A». Es la única edición antigua de la que conocemos referencias. En la postdata de una carta autógrafa del padre Andrés Mendo de la Compañía de Jesús, fechada en Salamanca a 20 de noviembre de 1632, se lee:

> En el Expurgatorio, tratando de Quevedo, dice que todas sus obras que se intitulan y dicen ser suyas se prohíben. El papelillo que V. R. me envió se dice ser suyo y ha corrido por tal. V. R. se informe de algún Padre docto de los que ayudaron al Padre Pineda si el dicho papel está prohibido *ex vide* aquellas palabras. *Ítem* si lo está un entremés del mismo autor

que se intitula *El zurdo alanceador*, y la razón de dudar es porque parece que lo que quisieron quitarle fueron los *Sueños*, *Discursos* y *Política* y no estas menudencias[112].

Por el título del entremés, el jesuita parece aludir a la impresión segoviana, único testimonio en que figura la pieza con el título de *El zurdo alanceador*.

Eugenio Asensio[113] ha aducido algunos interesantes datos que podrían confirmar su representación en Sevilla, según se indicaba al parecer en la impresión segoviana: Amarilis, nombre con el que se conocía a la actriz María de Córdoba, representó en Sevilla el 16 y el 17 de marzo de 1624 para festejar la visita de Felipe IV a la ciudad; en la comitiva real figuraba Francisco de Quevedo[114]. En cuanto al impresor Diego Flamenco, efectivamente ejerció su actividad en Segovia, adonde se comprometió a ir en 1627 por un periodo de ocho años, a cambio de ayuda económica que habían de proporcionarle las autoridades de la ciudad. En Segovia permaneció durante los años 1628 y 1629, en los que realizó un total de diez obras, entre ellas textos de Quevedo y de Lope, y su última impresión en Segovia fue *La Arcadia* de Lope de Vega[115].

Son datos todos que confirman la existencia de la edición segoviana, únicamente conocida hasta hoy, según Asensio, por la reimpresión de Astrana; pero lo que en realidad imprime Astrana es el texto de una copia del manuscrito sevillano

---

[112] Puede leerse en Blecua, ed. de Quevedo, *Obra poética*, IV, pág. 123.

[113] Asensio, 1971, págs. 238-239. Asensio da la fecha del 16 y 17 de mayo, pero ha de tratarse de un error por marzo, ya que a finales del mes de marzo el rey abandonó la ciudad. Bergman, basándose en que figura el nombre de Amarilis, donde generalmente figura el del *autor* «representole Amarilis», deduce que la representación de este entremés y de otros más tuvo lugar por los años 1626-1629, en los que María de Córdoba dirigía compañía propia por haberse separado de su marido Andrés de la Vega, autor de comedias *(Luis Quiñones de Benavente y sus entremeses*, pág. 562).

[114] Véase la «Carta de don Francisco de Quevedo al marqués de Velada en la jornada que hizo el rey a Sevilla, en febrero de 1624», en *Prosa festiva*, págs. 379-388. Sobre los festejos con que el duque de Medinasidonia agasajó al rey en esta ocasión, véase J. Sánchez Arjona, 1898, págs. 229-230.

[115] Delgado Casado, 1996, I, págs. 236-237; más detalles sobre este impresor pueden verse en Fermín de los Reyes Gómez, 1997.

enviada en 1873 por Adolfo de Castro a Fernández Guerra[116]. Es decir, hasta hoy no se conoce el texto de la impresión segoviana.

Modernamente ha aparecido en las ediciones de Astrana (Quevedo, *Obras completas. Verso),* quien parte del manuscrito sevillano, como se ha dicho; Blecua (Quevedo, *Obra poética, IV),* quien maneja como base el ms. de Évora, aunque adopta lecturas de Astrana; en la *Antología del entremés barroco,* ed. Celsa Carmen García Valdés, Barcelona, Plaza y Janés, 1985, con el texto de E; y con el mismo modelo en *Entremesistas y entremeses barrocos,* ed. C. C. García Valdés, Madrid, Cátedra, 2005.

En esta edición seguimos el texto de Évora (E) y en nota damos las lecciones distintas del manuscrito sevillano (S), el cual, como puede comprobarse, es base de Astrana.

Entremés de la venta

Conservamos su texto manuscrito en la Biblioteca Provincial de Évora, signatura Cod. CXIV/1-3, págs. 895-913. Según Asensio no hay grandes diferencias con el texto impreso en *Las tres musas:* «Nuestro manuscrito de Évora contiene la obra con variantes de escasa importancia»[117]. En abreviatura, E.

Impreso aparece por primera vez en la *Segunda parte de las comedias del maestro Tirso de Molina*. Recogidas por su sobrino don Francisco Lucas de Ávila. En Madrid, Imprenta del Reino, 1635, fols. 261v-264v. Usamos para nuestra compulsa el ejemplar de la Österreichischen Nationalbibliothek, Wien, T38. H.3. En abreviatura, M.

---

[116] Según se deduce de la nota de Astrana: «Inédito en colección. Copia de un códice de la Biblioteca Colombina, enviada desde Sevilla, en 5 de junio de 1873 a don Aureliano Fernández Guerra por don Adolfo de Castro. En esta copia, conservada en el archivo de don Luis Valdés, el encabezamiento es como sigue: *Entremés del Zurdo;* pero en la rara impresión segoviana dice así: *"El zurdo alanceador.* Entremés famoso de don Francisco de Quevedo..."» (Quevedo, *Obras completas. Verso,* 1932, pág. 585).
[117] Asensio, 1971, pág. 232.

Vuelve a imprimirse en *Entremeses nuevos de diversos autores*, Zaragoza, por Pedro Lanaja y Lamarca, 1640. A costa de Pedro Escuer, mercader de libros. Lleva el título de *Entremés famoso de la venta*, y la apostilla: «Representole Avendaño». No figura nombre de autor. Afirma reproducir el texto de la impresión anterior: «Este y los once siguientes son los que van en la titulada *Segunda parte* de las comedias de Tirso». Usamos un ejemplar de la Biblioteca Nacional de Madrid, R 18580. En abreviatura, Z.

La última de las ediciones antiguas es la de *Las tres musas últimas castellanas. Segunda cumbre del Parnaso español de Don Francisco de Quevedo y Villegas...*, Madrid, Imprenta Real, 1670, págs. 117-23. Ejemplar de la Biblioteca de la Universidad de Oviedo, R 10200. En abreviatura, TM.

Las ediciones modernas que comparamos son las de Astrana (Quevedo, *Obras completas. Verso*); F. Buendía *(Antología del entremés*, Madrid, Aguilar, 1965); Blecua (Quevedo, *Obra poética, IV); C.* C. García Valdés *(Antología del entremés barroco*, Barcelona, Plaza y Janés, 1985); J. Huerta Calvo *(Teatro breve de los siglos XVI y XVII*, Madrid, Taurus, 1985); otra de C. C. García Valdés *(Entremesistas y entremeses barrocos*, Madrid, Cátedra, 2005); I. Arellano y C. C. García Valdés, *La Perinola*, 10, 2006, págs. 345-360; y, en fin, Arellano *(Teatro breve. Loas y entremeses del Siglo de Oro*, Madrid, Ollero y Ramos, 2005).

Ninguna de las modernas tienen relevancia textual para la edición. Adaptamos las notas de la edición de Arellano y García Valdés en *La Perinola* (2006).

Tomamos como texto base el de *Las tres musas;* en nota recogemos las variantes del resto de fuentes antiguas, que en un par de ocasiones nos sirven para efectuar enmiendas.

Como ya se ha visto *La venta* aparece impreso por primera vez en la *Segunda parte* de las comedias de Tirso de Molina (1635), sin nombre de autor, y así se encuentra también en *Entremeses nuevos de diversos autores* (1640), que reproduce la impresión anterior. La Barrera lo recoge en su *Catálogo* como obra de Tirso, y lo mismo afirma Fernández Guerra.

Hoy la autoría quevediana no se discute: como obra de Quevedo lo incluyó su sobrino don Pedro Alderete en *Las tres musas últimas castellanas;* el entremés finaliza con los versos de una jácara de Quevedo (dato que no sería demasiado relevante); y como obra de Quevedo se encuentra en el manuscrito de Évora.

En cuanto a la fecha de composición, E. Asensio[118] discute la de 1622 propuesta por Astrana, y apoyándose en la técnica («verso uniforme, respeto a las convenciones del género, ausencia de ingredientes fantásticos»), y en la alusión a la compañía de Guevara, adelanta la fecha a los años 1616-1619: Pedro Cerezo de Guevara estuvo al frente de una compañía por esos años[119].

Entremés de la destreza

El texto del entremés se encuentra en el manuscrito de la Biblioteca Provincial de Évora, Cod. CXIV/1-3, págs. 935-952. De este manuscrito proceden las ediciones modernas de Asensio *(Itinerario del entremés)* y Blecua (Quevedo, *Obra poética, IV),* y del mismo partimos nosotros para la presente. Había permanecido inédito hasta que fue editado por Asensio.

Se inicia con una especie de loa entremesada, en la que se hace encomio de las compañías de Morales, Avendaño y Antonio de Prado. Morales y Prado representaron en la corte los autos de los años 1623 y 1624, años en los que Cristóbal de Avendaño también actuó en la corte, razón por la cual Asensio le atribuye la fecha de 1624. La representación de este entremés corrió a cargo, según se desprende de los versos de la Pitorra, de la compañía de Prado.

---

[118] Asensio, 1971, pág. 232.
[119] Véase en *Genealogía, origen y noticias de los comediantes de España,* ed. de Shergold y Varey, donde se documentan otros Guevara pero ninguno como autor de comedias. En la impresión de *Segunda parte* y en la de *Entremeses nuevos* consta: «representole Avendaño». Cristóbal de Avendaño comenzó su carrera de actor en la compañía de Tomás Fernández de Cabredo, de la que se independizó el 11 de enero de 1619 para formar su propia compañía, de la que fue *autor* hasta el año de su muerte en 1634. Véase ahora el espléndido instrumento del DICAT, dirigido por T. Ferrer.

La polilla de Madrid

También en el manuscrito de la Biblioteca Provincial de Évora, Cod. CXIV/1-3, págs. 953-987, y también editado por Asensio *(Itinerario del entremés)* y Blecua (Quevedo, *Obra poética, IV),* sobre Évora, texto que es igualmente la base de nuestra edición.

Entremés del marido pantasma

El texto del entremés se conserva fundamentalmente en cuatro testimonios antiguos, dos manuscritos y dos impresos. Son los siguientes:

a) Manuscrito de la Biblioteca del Instituto del Teatro de Barcelona (Vitrina A, Estante 5). Perteneció a la Biblioteca Sedó y lleva ex-libris del marqués de Pidal. Figura en el catálogo de Simón Palmer con el número 536[120]. En la portadilla, con letra moderna, consta la fecha de 1626 y la anotación: «Duplicado. Con variantes notables. Se halla impreso en la edición de Amberes». Se titula *El marido fantasma*. En abreviatura, MB.

b) Ms. 17376 de la Biblioteca Nacional de Madrid, fols. 49-54. Es probablemente el mismo que con el núm. 2012 recoge el *Catálogo* de Paz y Mélia[121]. En abreviatura, MM.

c) Impreso en *Ramillete gracioso. Compuesto de entremeses famosos y bailes entremesados. Por diferentes ingenios,* Valencia, 1643. El entremés de Quevedo, con el título de *El marido fantasma,* en págs. 65-74. En abreviatura, V. Trae un texto muy corrupto y parece una mala copia de MB: le faltan muchos versos (68 en total) y está plagado de errores.

d) *Las tres musas últimas castellanas...,* Madrid, 1670. El entremés en págs. 108-116. En abreviatura, TM. Usamos el ejemplar de la Biblioteca de la Universidad de Oviedo, R 10200.

---

[120] Véase M.ª del Carmen Simón Palmer, 1977.
[121] Antonio Paz y Mélia, 1899; 2.ª ed., 1934.

Ha sido editado modernamente en varias ocasiones por Astrana (Quevedo, *Obras completas. Verso),* Blecua (Quevedo, *Obra poética, IV),* Arellano y García Valdés («El *Entremés del marido pantasma,* de Quevedo», *La Perinola,* 1, 1997, págs. 41-70).

Aquí seguimos fundamentalmente la edición de Arellano y García Valdés, que tiene por base a *Las tres musas,* con algunas enmiendas apoyadas en MB, de donde proceden los once versos finales.

Entremés famoso el marión. Primera y segunda parte

Testimonio pricipal es el impreso *Entremés famoso El Marión.* De don Francisco de Quevedo. Primera y segunda parte. Impreso en Cádiz, por Francisco Juan de Velazco, en la plaza entre los Escribanos. Año de mil y seiscientos y cuarenta y seis. Ejemplar del Instituto del Teatro de Barcelona (Colección Teatral Arturo Sedó). En abreviatura, C.

Las ediciones modernas son las de Astrana y Blecua en las colecciones que venimos mencionando.

Nosotros seguimos el texto de la edición suelta de Cádiz, 1646, única fuente que, aunque muy deturpada, nos ha transmitido este entremés[122], en el que hacemos las enmiendas que consideramos necesarias. En la edición de Astrana se enmiendan algunos versos en cuanto a la medida, pero se encuentran otras muchas lecturas erróneas.

---

[122] «Un memorilla detestable hubo por desgracia de dictar estos dos entremeses, y diéronse a la estampa de tan lastimosa manera, que no hay medio de reproducirlos mientras no aparezcan los originales. Durante los años de 1640 a 1647 el impresor Velasco, generalmente con esmero, sacaba de molde sueltas, y con sus portadas, varias piececillas de autores famosos, fáciles de encuadernar juntas. La colección que tengo a mano forma un curiosísimo libro y comprende además de aquel estos doce entremeses. [...] Cada cual de ellos tiene al final una letrilla, sátira o romance para cantar a la guitarra, aderezo de las antiguas funciones dramáticas» (Aureliano Fernández Guerra, en la ficha que redactó para la entrada de Quevedo en el *Catálogo* de La Barrera Leirado, pág. 312). No comenzó Francisco Juan Velasco su actividad de impresor tan tempranamente como apunta Fernández Guerra; estuvo limitada a los años 1646-1648: «su actividad es muy breve y su producción corta, aunque es impresor de algunas obras teatrales rarísimas» (Delgado Casado, 1996, II, pág. 701).

El entremés de *El marión* va acompañado en la impresión de Velasco (en la segunda parte) de una «Letra entre un galán y su dama» del propio Quevedo. Esta letrilla se publicó por primera vez en la *Primavera y flor de los mejores romances,* de Arias Pérez, en la edición de Lisboa, 1626; y en 1648 González de Salas la incluyó en *El Parnaso español,* en la Musa V. En estas dos impresiones el texto es idéntico, mientras que en la de Velasco existen variantes que ponen de manifiesto que fue cantada y representada en el teatro. Por ello nos pareció oportuno editar esta versión que hasta el momento no lo había sido.

Entremés del caballero de la Tenaza

Hay una copia manuscrita del siglo XIX en el Instituto del Teatro de Barcelona (signatura 47183, págs. 235-247). Después del título figura «De Quevedo». De mano distinta se ha añadido en la parte baja de la página 1: «Flor de entremeses», tachadura, Madrid, tachado 1658 y sobrescrito 1657. En una hoja anterior, sin numerar, que sirve de portada se lee: «Quevedo. E. del Caballero de la Tenaza. Impr. en 1657. Interviene Bezón. Como su nombre indica, es el asunto una lucha entre D.ª Anzuelo, dama pedigüeña, y el Tenaza, que no quiere dar».

Se trata, en realidad, de una copia, sin valor textual, del impreso en *Flor de entremeses y sainetes de diferentes autores,* Madrid, 1657, fols. 75v-79r; reimpreso por el Marqués de Jerez de los Caballeros, con introducción de Menéndez Pelayo, Madrid, Fortanet, 1903. Seguimos el texto de 1657.

Hay edición de Astrana Marín; en esta ocasión Blecua rechaza la autoría quevediana y no lo publica en su tomo IV de *Obra poética* de Quevedo[123].

Cotarelo[124] sí lo incluye en el número de los entremeses de Quevedo, y otro tanto hace E. Asensio[125]. Bergman no niega

---

[123] Para Blecua, edición de *Obra poética, IV,* págs. 14-15, el entremés podría ser de Quevedo por el título y el tema, pero no le parecen propios de este escritor ni la falta de gracia ni el estilo.
[124] Cotarelo, *Colección,* I, pág. LXXIII.
[125] Asensio, 1971, págs. 235-236.

la atribución de este entremés a Quevedo, generalmente aceptada, «pero conste que la versificación ingeniosa y el alto porcentaje de rima en las silvas desdicen de la práctica quevediana en los entremeses incluidos en sus *Tres musas últimas*»[126]. Establece Bergman una comparación entre *La capeadora*, entremés de Quiñones de Benavente, y *El caballero de la Tenaza* para concluir que

> mientras no se establezca con exactitud la cronología de los dos entremeses me inclinaría a creer que *La capeadora* es anterior y que sirvió, junto con el opúsculo en prosa de Quevedo *Cartas del caballero de la Tenaza*, de inspiración para el autor del entremés del *Caballero de la Tenaza*[127].

Es posible que *La capeadora* sea anterior a *El caballero de la Tenaza*, pero nos atreveríamos a afirmar que también el entremés de Quiñones se inspiró en las *Cartas del caballero* de Quevedo, que son anteriores a ambos entremeses[128].

En cuanto a la fecha de representación de *El caballero de la Tenaza*, tanto Asensio como Bergman, fiados de la alusión al gracioso Bezón y en la versificación, la sitúan alrededor del año 1624.

Entremés del niño y Peralvillo de Madrid

No se conocen manuscritos de este entremés ni más impresiones que la del año 1670 en que fue publicado por don Pedro Aldrete en *Las tres musas últimas castellanas*. En abreviatura, TM.

Manejamos también las ediciones de Astrana y Blecua, pero nos basamos en TM, sobre cuyo texto hacemos algunas enmiendas que señalamos en nota.

La alusión al fracaso de *El Anticristo* de Ruiz de Alarcón, que tuvo lugar en los primeros días de diciembre de 1623,

---

[126] Bergman, 1965, pág. 277, nota.
[127] *Ibíd.*, págs. 278-279.
[128] Para la fecha de las *Cartas,* véase García Valdés, introducción a *Prosa festiva*, págs. 65-66.

según una carta de Góngora de 19 de diciembre de ese año, permite fechar la pieza[129].

También se alude a los dos hermanos mellizos de apellido Valenciano, Juan Bautista y Juan Jerónimo. Estos dos actores en el año 1615 formaban parte de la compañía de Tomás Fernández Cabredo que representó en Toledo el auto de Tirso *Los hermanos parecidos*, «escrito según afirma el propio poeta para los Valencianos»[130]; en los años 1619 y 1620 figuran como actores en la compañía de Cristóbal Ortiz, que se disolvió en 1621. Ese año Juan Bautista era jefe de una compañía en la que figura su hermano; en otoño de 1622 presentó la comedia de Lope *La nueva victoria de don Gonzalo de Córdoba*[131] firmada por el autor el 8 de octubre de 1622, y en el año 1623, antes de Carnaval y con motivo de las fiestas a la llegada del Príncipe de Gales, trabajaba en Madrid[132]. En todo caso, las alusiones del entremés tienen que ser anteriores a febrero de 1624 en que muere Juan Bautista.

Tendríamos, pues, que Quevedo pudo escribir este entremés entre el 10 de diciembre de 1623 y mediados de febrero de 1624.

Entremés de la ropavejera

No se conocen manuscritos. Se encuentra en *Las tres musas últimas castellanas*. Usaremos la abreviatura TM. Manejamos, como en otros casos, el ejemplar de la Biblioteca de la Universidad de Oviedo, R 10200.

No tienen interés textual para nuestros propósitos las ediciones de Astrana (o sus reediciones de Felicidad Buendía), Bergman *(Ramillete de entremeses y bailes,* Madrid, Castalia, 1970),

---

[129] Escribe Góngora: «*El Antecristo* de don Juan de Alarcón se estrenó el miércoles pasado», lo que invalida la afirmación de Asensio, quien siguiendo a Cotarelo asigna el año 1618 a esa representación. Véase Crosby, 1967, pág. 128.

[130] Bergman, 1965, pág. 553 n.

[131] *Ibíd.*, pág. 552.

[132] Véase Pérez Pastor, 1901 (I) y 1907 (II). Los números de documentos son: I, 204; II, 181, 182 y 184.

Blecua (Quevedo, *Obra poética, IV)*, Arellano y García Valdés *(La Perinola,* 5, 2001, págs. 25-38); *Antología de entremeses del Siglo de Oro,* Madrid, Espasa Calpe, 2006). Todas ellas ofrecen un texto que tiene su fuente en TM, que es el modelo que nosotros seguimos también.

Entremés de los refranes del viejo celoso

Se conserva su texto en un manuscrito propiedad de James O. Crosby, quien lo edita en *En torno a la poesía de Quevedo*[133], donde discute la autenticidad del manuscrito negando que sea autógrafo. Transcribe el texto e indica las incidencias del manuscrito. Nosotros usamos su transcripción. Para las incidencias de copistas, tachaduras, etc., remitimos a Crosby y aligeramos nuestra edición de estos detalles. Todas las ediciones posteriores a Crosby se basan en la suya (son las de Blecua, *Obra poética, IV*; García Valdés, *Antología del entremés barroco,* 1985, y *Entremesistas y entremeses barrocos,* 2005).

El entremés de *Los refranes del viejo celoso* junto con *El hospital de los malcasados* son dos piezas no impresas en el siglo XVII de las que Aureliano Fernández Guerra afirmó poseer los manuscritos autógrafos. Astrana Marín imprime estos dos entremeses en el tomo segundo de las *Obras completas* de Quevedo (Madrid, Aguilar, 1932) transcribiendo los citados manuscritos que, según él, se encontraban en ese momento en poder de don Luis Valdés. Durante años la impresión de Astrana fue el único texto conocido de estos entremeses, ya que los manuscritos desaparecieron. Más tarde llegaron a manos de James O. Crosby, quien comprobó que no se trata de obras autógrafas y confirmó las sospechas que había tenido E. Asensio a través del análisis de los textos de Astrana.

Como estas piezas no autógrafas son anónimas, se plantea inmediatamente el problema de la atribución: ¿son estos dos entremeses obra de Quevedo? Basándose en los temas, los

---

[133] Crosby, 1967, págs. 207-218.

personajes, el asunto, el estilo, etc., es decir, en las características literarias, siempre muy dudosas, tanto Asensio como Crosby tienen la impresión de que el entremés de *Los refranes del viejo celoso* es obra de Quevedo, mientras que parece no existir ningún fundamento para afirmar lo mismo de *El hospital de los malcasados*.

Asensio ha señalado las notables concordancias entre el entremés de *Los refranes del viejo celoso* y el *Sueño de la muerte*: excepto Maricastaña, todos los personajes del refranero que aparecen en el entremés se encuentran en el *Sueño*. Crosby hace notar que Quevedo repite de manera constante temas, tópicos, personajes, frases, imágenes, metáforas, etc. Estas serían algunas razones que se aducen a favor de Quevedo como autor de *Los refranes del viejo celoso*. No puede dejar de apuntarse que precisamente este tipo de textos son de muy fácil imitación para otro ingenio admirador de la obra quevediana, así que ni quitamos ni ponemos rey. Incluimos, sin seguridad, esta pieza en el corpus quevediano.

En cuanto a la fecha del entremés, Fernández Guerra afirma que fue compuesto en 1623; Astrana Marín le asigna en el encabezamiento de su edición el año 1624, y Asensio, prudentemente, a falta de datos seguros, no le da un año concreto («la fecha se nos escapa»).

En *Entremeses nuevos de diversos autores* (Alcalá de Henares, 1643), se encuentra atribuido a Quevedo el entremés de *Las sombras*, en el que también hay un desfile de personajes folclóricos. Los personajes satirizados en este entremés y en el de *Los refranes del viejo celoso* son tan semejantes que, en opinión de Crosby, cualquiera de ellos pudo ser la fuente del otro. A Crosby no le parece que *Las sombras* sea obra de Quevedo. Para Asensio, el entremés de *Las sombras* es una refundición de *Los refranes del viejo celoso*.

Loas y bailes

Incluimos en nuestra edición la loa para la comedia de Tirso *Amor y celos hacen discretos* y los diez bailes publicados por González de Salas en *El Parnaso español*, la edición más fiable del corpus quevediano, y que tomamos como base para todas estas piezas.

Criterios editoriales

Aplicamos los criterios editoriales del Grupo de Investigación Siglo de Oro de la Universidad de Navarra (GRISO) que se contienen más largamente en la web http://www.unav.es/griso/docs/inicio/principal.html.

Subsanamos las erratas evidentes sin indicarlo. Discutimos en nota las más relevantes o que nos parecen de alguna trascendencia interpretativa.

Compulsamos las ediciones modernas, pero no recogemos sistemáticamente sus errores de lectura o las diferencias entre ellas (carentes de valor textual). Consignamos solo aquellas lecturas de los editores que a nuestro juicio ayudan a comprender un pasaje, suponen una enmienda que aceptamos, o por el contrario proponen una enmienda que no nos parece aceptable y que conviene discutir. Dicho de otro modo: no ofrecemos propiamente un aparato de variantes sistemático —que no existe apenas—, sino que manejamos las ediciones anteriores como material útil para el comentario o interpretación, o para contrastar nuestras soluciones con las de otros editores en los casos que consideramos de más interés.

En algunos entremeses, si lo aconseja la situación textual, sí añadimos aparato de variantes; si dos o más testimonios coinciden en una variante transcribimos paleográficamente el texto del citado en primer lugar, aunque los otros lleven grafías distintas.

Abundan en estas piezas los textos estragados de muy difícil saneamiento. En ocasiones sugerimos enmiendas que comentamos siempre en nota. En otras nos hemos de resignar a indicar la deturpación.

Bibliografía[*]

AGUSTÍN, San, *Sermones, Obras de San Agustín*, vols. VII, X, XXIII, XXIV, XXV, XXVI, varios editores, Madrid, BAC, 6 vols. (Tomo I, ed. de 1981; II, 1983; III, 1983; IV, 1983; V, 1984; VI, 1985).

ALATORRE, A., «Fortuna varia de un chiste gongorino», *Nueva Revista de Filología Hispánica*, 15, 1961, págs. 483-504.

ALONSO, D., *Estudios y ensayos gongorinos*, Madrid, Gredos, 1960.

— y BLECUA, J. M., *Antología de la poesía española lírica de tipo tradicional*, Madrid, Gredos, 1992.

ALONSO HERNÁNDEZ, J. L., *El lenguaje de los maleantes españoles de los siglos XVI y XVII. La germanía*, Salamanca, Universidad de Salamanca, 1979.

ALONSO VELOSO, M. J., «El *Comento contra setenta y tres estancias* atribuido a Quevedo: observaciones en torno a su autoría, edición y anotación», *La Perinola*, 11, 2007, págs. 11-34.

AMEZCUA, J., «"El negro ensayo de la comedia" —notas sobre los entremeses de Quevedo», *Thesis. Nueva Revista de Filosofía y Letras*, 3, 10, 1981, págs. 22-25.

ANÍBAL, C., «Moscatel», *Hispania*, 17, 1934, págs. 3-18.

ARCO Y GARAY, R. del, *La sociedad española en las obras de Lope de Vega*, Madrid, Escelicer, 1941.

— «La dueña en la literatura española», *Revista de Literatura*, 3, 1953, págs. 293-344.

ARELLANO, I., *Poesía satírico burlesca de Quevedo*, Pamplona, EUNSA, 1984a; 2.ª edición, Madrid, Iberoamericana, 2003.

---

[*] Recogemos la bibliografía citada en estudio y notas. Las abreviaturas las insertamos en la lista, en su lugar, y a veces duplicamos una entrada en diversas formas para facilitar la consulta. Si no se indica otra cosa, las referencias a las obras del Siglo de Oro están hechas por las ediciones citadas en la Bibliografía. Cuando manejamos más de una edición, indicaremos el editor para identificar la utilizada.

— «Anotación filológica de textos barrocos: el *Entremés de la vieja Muñatones,* de Quevedo», *Notas y Estudios Filológicos,* Pamplona, UNED, 1984b, págs. 87-117.
— «Una alusión oscura y una enmienda: "Meléndez" en varios textos de Quevedo», *Filología,* 22.1, 1987a, págs. 65-70.
— *Jacinto Alonso Maluenda y su poesía jocosa,* Pamplona, EUNSA, 1987b.
— «La jácara inicial de *Pero Vázquez de Escamilla*», en *Crítica textual y anotación filológica en obras del Siglo de Oro,* I. Arellano y J. Cañedo (eds.), Madrid, Castalia, 1991, págs. 13-45.
— *Diccionario de los autos sacramentales de Calderón,* Pamplona/Kassel, Universidad de Navarra/Reichenberger, 2000.
— *Teatro breve. Loas y entremeses del Siglo de Oro,* Madrid, Ollero y Ramos, 2005.
— y García Valdés, C. C., «*Entremés del marido pantasma*», *La Perinola,* 1, 1997, págs. 41-68.
— y García Valdés, C. C., «*Entremés de La ropavejera*», *La Perinola,* 5, 2001, págs. 25-38.
— y García Valdés, C. C., «*Entremés de la venta*», *La Perinola,* 10, 2006, págs. 345-360.
— y García Valdés, C. C., *Antología de entremeses del Siglo de Oro,* Madrid, Austral, 2006.
Armas, F. A. de, «En dos pechos repartidos: Felipe IV y su valido en *Cómo ha de ser el privado*», *Hispanófila,* 140, 2004, págs. 9-20.
Arnaud, É., «Alonso Jerónimo de Salas Barbadillo. Epigramas», *Criticón,* 13, 1981, págs. 29-86.
Artigas, M., *Teatro inédito de don Francisco de Quevedo y Villegas: Cómo ha de ser el privado, Bien haya quien a los suyos parece, Pero Vázquez de Escamilla (Fragmento), Fragmento (Sin título),* Madrid, Real Academia Española, 1927.
Asensio, E., «Hallazgo de *Diego Moreno,* entremés de Quevedo, y vida de un tipo literario», *Hispanic Review,* 27, 1959, págs. 397-412.
— *Itinerario del entremés,* Madrid, Gredos, 1965; 2.ª edición revisada, 1971.
Aut., Diccionario de Autoridades, Real Academia Española, Madrid, Gredos, 1979, 3 vols.
Ayala, F., *Hacia una semblanza de Quevedo,* Santander, Bedia, 1969.
Bances Candamo, F. A., *Entremés de El astrólogo tunante,* en I. Arellano y C. C. García Valdés (eds.), *Antología de entremeses del Siglo de Oro,* Madrid, Austral, 2006.
— *Obras líricas,* ed. de F. Gutiérrez, Barcelona, Selecciones Bibliófilas, 1949.
Baños de Velasco, J., *L. Annneo Séneca ilustrado en blasones políticos y morales,* Madrid, Mateo de Espinosa, 1670.

Barrera y Leirado, C. A. de la, *Catálogo bibliográfico y biográfico del teatro antiguo español desde sus orígenes hasta mediados del siglo XVIII,* Madrid, Rivadeneyra, 1860.
Becker, D., «Intento de rescate de melodías en los autos del *Códice de Autos Viejos*», *Criticón,* 94-95, 2005, págs. 209-327.
Bergman, H., «*Los refranes del viejo celoso* y obras afines», *Nueva Revista de Filología Hispánica,* 24, 1975, págs. 376-397.
— *Luis Quiñones de Benavente y sus entremeses,* Madrid, Castalia, 1965.
— (ed.), *Ramillete de entremeses y bailes,* Madrid, Castalia, 1970.
Bermejo Vega, V., «Imago alteri regis. Olivares y el retrato del valido en la estampa barroca», *Cuadernos de Arte e Iconografía,* 6, 1992, págs. 325-333.
Bershas, H. N., *Puns on proper names in Spanish,* Detroit, Wayne State University Press, 1961.
Blecua, J. M., Introducción a F. de Quevedo, *Obra poética,* ed. de J. M. Blecua, IV, Madrid, Castalia, 1981.
Boccaccio, G., *Genealogía de los dioses paganos,* ed. de M. C. Álvarez y R. M. Iglesias, Madrid, Editora Nacional, 1983.
Bodas de Orlando, Anónimo, *Una fiesta burlesca del Siglo de Oro: Las bodas de Orlando,* ed. de J. Huerta Calvo, Viareggio, Mauro Barmi, 1998.
Brooks, J., «Más que, mas que and mas ¡qué!», *Hispania,* 16, 1933, págs. 23-34.
Buendía, F., *Antología del entremés,* Madrid, Aguilar, 1965.
Buscón, F. de Quevedo, *La vida del Buscón,* ed. de F. Cabo, Barcelona, Crítica, 1993.
Cabañas, P., «El espectáculo verbal. Comicidad y sátira en los entremeses de Francisco de Quevedo», en *Comedias y comediantes,* M. V. Diago y T. Ferrer (eds.), Valencia, Universidad, 1991, págs. 291-303.
Calderón de la Barca, P., *Autos sacramentales. Obras completas,* vol. III, ed. de Á. Valbuena Prat, Madrid, Aguilar, 1987.
— *Céfalo y Pocris,* en *Comedias burlescas del Siglo de Oro,* I. Arellano, C. C. García Valdés, C. Mata y C. Pinillos (eds.), Madrid, Espasa Calpe, 1999.
— *El alcalde de Zalamea,* ed. de J. M. Escudero, Madrid, Iberoamericana, 1998.
— *El divino Jasón,* ed. de I. Arellano y A. L. Cilveti, Pamplona/Kassel, Universidad de Navarra/Reichenberger, 1992.
— *Entremeses, jácaras y mojigangas,* ed. de E. Rodríguez y A. Tordera, Madrid, Castalia, 1990.
— *Hombre pobre todo es trazas,* en *Obras completas. II. Comedias,* ed. de Á. Valbuena Briones, Madrid, Aguilar, 1956.

— *La nave del mercader,* ed. de I. Arellano, A. Armendáriz, J. M. Escudero, B. Oteiza y M. C. Pinillos, Pamplona/Kassel, Universidad de Navarra/Reichenberger, 1996.
— *La primer flor del Carmelo,* ed. de F. Plata Parga, Pamplona/Kassel, Universidad de Navarra/Reichenberger, 1998.
— *Teatro cómico breve,* ed. de M. L. Lobato, Kassel, Reichenberger, 1989.
CASCALES, F., *Cartas filológicas,* ed. de J. García Soriano, Madrid, Espasa Calpe, 1969, 3 vols.
CASTILLO SOLÓRZANO, A., *Donaires del Parnaso,* Madrid, Universidad Complutense, 2005.
— *Teresa de Manzanares,* en *Picaresca femenina,* ed. de A. Rey Hazas, Barcelona, Plaza y Janés, 1986.
— *Tiempo de regocijo,* introd. de E. Cotarelo, Madrid, Librería de Bibliófilos Españoles, 1907.
CASTRO, A., «El gato y el ladrón en el léxico de Quevedo», *Archivio Glottologico Italiano,* 1, 1926, págs. 40-42.
CERVANTES, M. de, *El coloquio de los perros,* ed. de G. de Amezúa, Madrid, Bailly-Baillière, 1912.
— *Viaje del Parnaso,* ed. de M. Herrero, Madrid, CSIC, 1983.
— *Don Quijote de la Mancha,* ed. dirigida por F. Rico, Barcelona, Crítica, 1998.
— *Entremeses,* ed. de E. Asensio, Madrid, Castalia, 1970.
— *Nov. ej., Novelas ejemplares,* ed. de J. B. Avalle Arce, Madrid, Castalia, 1982, 3 vols.
— *Rinconete y Cortadillo,* ed. de F. Rodríguez Marín, Sevilla, Tipografía de Francisco de P. Díaz, 1905.
— *Teatro completo,* ed. de A. Rey Hazas y F. Sevilla Arroyo, Planeta, Barcelona, 1987.
CHEVALIER, M., *Cuentecillos tradicionales en la España del Siglo de Oro,* Madrid, Gredos, 1975.
— «Cuentecillos y chistes tradicionales en la obra de Quevedo», *Nueva Revista de Filología Hispánica,* 25, 1976, págs. 17-44.
— *Tipos cómicos y folklore (Siglos XVI-XVII),* Madrid, Edi-6, 1982.
— *Cuentos folklóricos españoles del Siglo de Oro,* Barcelona, Crítica, 1983.
— «Caricatura quevediana y figuras del entremés», en *Los géneros menores en el teatro español del Siglo de Oro,* L. García Lorenzo (ed.), Madrid, Ministerio de Cultura, 1988, págs. 149-161.
— *Quevedo y su tiempo. La agudeza verbal,* Barcelona, Crítica, 1992.
CIRUELO, P., *Reprobación de las supersticiones y hechicerías,* ed. de A. Ebersole, Valencia, Albatros, 1978.
CLAVERÍA, C., «Reflejos del goticismo español en la fraseología del Siglo de Oro», en *Studia Philologica. Homenaje ofrecido a D. Alonso,* I, Madrid, Gredos, 1960, págs. 357-372.

Cojuelo, L. Vélez de Guevara, *El diablo Cojuelo*, ed. de Á. R. Fernández e I. Arellano, Madrid, Castalia, 1988.
Colección, *Colección de entremeses, loas, bailes, jácaras y mojigangas*, ed. de E. Cotarelo, Madrid, NBAE, 1911, 2 vols.
COROMINAS J. y PASCUAL, J. A., *Diccionario crítico etimológico castellano e hispánico*, Madrid, Gredos, 1980-1991, 6 vols.
CORREAS, G., *Vocabulario de refranes y frases proverbiales,* ed. digital de R. Zafra, Pamplona/Kassel, Universidad de Navarra/Reichenberger, 2000. Se indica el número del refrán.
CORTÉS DE TOLOSA, J., *Lazarillo de Manzanares*, ed. de M. Zugasti, Barcelona, PPU, 1990.
COTARELO, E. (ed.), *Colección de entremeses, loas, bailes y jácaras*, Madrid, NBAE, 1911, 2 vols.
COTARELO VALLEDOR, A., «El teatro de Quevedo», *Boletín de la Real Academia Española*, 25, 1945, págs. 41-104.
COV., Covarrubias. S. de, *Tesoro de la lengua castellana o española*, ed. integral de I. Arellano y R. Zafra, Madrid, Iberoamericana, 2006.
Criticón, B. Gracián, *El criticón*, ed. de M. Romera Navarro, Filadelfia, University of Pennsylvania Press, 1938, 3 vols.
CROSBY, J. O., *En torno a la poesía de Quevedo*, Madrid, Castalia, 1967.
Crótalon, C. de Villalón, *El Crótalon de Cristóforo Gnofoso*, ed. de A. Rallo, Madrid, Cátedra, 1982.
CRUZ CASADO, A., «La polémica literaria con motivo de la visita del príncipe de Gales (1623) y la intervención de Mira de Amescua», en *Mira de Amescua en candelero*, A. de la Granja y J. A. Martínez Berbel (eds.), Granada, Universidad de Granada, 1996, págs. 201-216.
DELEITO Y PIÑUELA, J., *La mujer, la casa y la moda en la España de Felipe IV,* Madrid, Espasa Calpe, 1954, y 1966.
— *La mala vida en la España de Felipe IV,* Madrid, Espasa Calpe, 1967.
— *También se divierte el pueblo*, Madrid, Alianza, 1988.
DELGADO CASADO, J., *Diccionario de impresores españoles (siglos XV-XVII)*, Madrid, Arco/Libros, 1996, 2 vols.
DICAT, *Diccionario biográfico de actores del teatro clásico español (DICAT)*, T. Ferrer (dir.), Kassel, Reichenberger 2008. Edición digital.
DÍEZ DE GAMES, G., *Crónica de don Pedro Niño*, ed. de E. de Llaguno, Madrid, Antonio Sancha, 1782.
DURÁN, A., *Romancero general*, BAE, Madrid, Atlas, 1945, 2 vols.
El Comendador de Ocaña, burlesca, en *Dos comedias burlescas del Siglo de Oro*, ed. de I. Arellano y C. C. Mata, Kassel, Reichenberger, 2000.

El Hamete de Toledo, Anónimo, en *Comedias burlescas del Siglo de Oro,* I. Arellano, C. C. García Valdés, C. Mata y C. Pinillos (eds.), Madrid, Espasa Calpe, 1999.

El rey don Alfonso, el de la mano horadada, ed. de C. Mata Induráin, Madrid, Iberoamericana, 1998.

ELLIOTT, J. H., «Quevedo and the Count-Duke of Olivares», en *Quevedo in perspective,* ed. de J. Iffland, Newark, Juan de la Cuesta, 1982, págs. 227-250.

— *El Conde-Duque de Olivares,* Barcelona, Crítica, 1990.

— *España y su mundo 1500-1700,* Madrid, Alianza, 1991.

ESPINEL, V., *Vida del escudero Marcos de Obregón,* ed. de S. Carrasco, Madrid, Castalia, 1972, 2 vols.

Estebanillo, Vida y hechos de Estebanillo González, ed. de A. Carreira y J. A. Cid, Madrid, Cátedra, 1990, 2 vols.

ÉTIENVRE, J. P., *Figures du jeu,* Madrid, Casa de Velázquez, 1987.

ETTINGHAUSEN, H., «Quevedo ¿un caso de doble personalidad?», en *Homenaje a Quevedo,* Salamanca, Universidad de Salamanca, 1982, págs. 27-44.

FEIJOO, B. J., *Teatro crítico universal,* II, Madrid, Ibarra, 1773.

FERNÁNDEZ, M., *Olla podrida a la española,* Amberes, Van Eyck, 1655.

FERNÁNDEZ DE AVELLANEDA, A., *Don Quijote de la Mancha,* ed. de F. García Salinero, Madrid, Castalia, 1971.

FERNÁNDEZ MOSQUERA, S. y AZAÚSTRE GALIANA, A., *Índices de la poesía de Quevedo,* Barcelona, PPU, 1993.

FERNÁNDEZ Y LLAMAZARES, J., *Historia de la Bula de la Santa Cruzada,* Madrid, Eusebio Aguado, 1859.

FEROS, A., «Lerma y Olivares: la práctica del valimiento en la primera mitad del Seiscientos», en *La España del Conde-Duque de Olivares,* J. H. Elliott y Á. García-Sanz (eds.), Valladolid, Universidad de Valladolid, 1990, págs. 195-224.

— «Almas gemelas: monarcas y favoritos en la primera mitad del siglo XVII», en *España, Europa y el mundo atlántico: homenaje a John H. Elliott,* Madrid, Marcial Pons, 2001, págs. 49-82.

— *El duque de Lerma. Realeza y privanza en la España de Felipe III,* Madrid, Marcial Pons, 2002.

— «El duque de Lerma. Valimiento y construcción de un nuevo paradigma político», en *Los validos,* L. Suárez y J. A. Escudero (coords.), Madrid, Dykinson, 2004, págs. 63-80.

FRADEJAS, J., *Geografía literaria de la provincia de Madrid,* Madrid, CSIC, 1958; 1992 (edición corregida y aumentada).

FRENK, M., *Corpus de la antigua lírica popular hispánica,* Madrid, Castalia, 1987.

Fruela, F. B. de Quirós, *Obras. Aventuras de don Fruela,* ed. de C. C. García Valdés, Madrid, Instituto de Estudios Madrileños, 1984.
García Berrio, A., *Quevedo: de sus almas a su alma,* Murcia, Universidad, 1968.
García Valdés, C. C., *Antología del entremés barroco,* Barcelona, Plaza y Janés, 1985.
— *Quevedo esencial,* Madrid, Taurus, 1990.
— *De la tragicomedia a la comedia burlesca: El caballero de Olmedo,* Pamplona, EUNSA, 1991.
— «Hacia una edición crítica y anotada de los entremeses de Quevedo: situaciones cómicas y agudeza verbal», en *En torno al teatro del Siglo de Oro,* I. Pardo Molina, L. Ruiz Martínez y A. Serrano (eds.), Almería, Instituto de Estudios Almerienses, 1999, págs. 55-70.
— «Obra dramática de Francisco de Quevedo: estado de la cuestión acerca de su edición y estudio», en *Quevedo en Manhattan,* I. Arellano y V. Roncero (eds.), Madrid, Visor, 2004, págs. 111-134.
— *Entremesistas y entremeses barrocos,* Madrid, Cátedra, 2005.
— «El teatro de Francisco de Quevedo», en *Sobre Quevedo y su época. Homenaje a Jesús Sepúlveda,* F. Pedraza y E. Marcello (eds.), Cuenca, Universidad de Castilla-La Mancha, 2007, págs. 475-498.
Gendreau-Massaloux, M., «Le gaucher selon Quevedo: un homme à l'envers», en VV.AA., *L'image du monde renversé et ses réprésentations littéraires,* París, Vrin, 1979, 73-81.
Genealogía, origen y noticias de los comediantes de España, N. D. Shergold y J. Varey (eds.), Londres, Tamesis, 1985.
Gentilli, L., Introducción a Quevedo, *Cómo ha de ser el privado,* ed. de L. Gentilli, Viareggio/Lucca, Baroni, 2004.
Gili Gaya, S., «Cultismos en la germanía del siglo XVII», *Nueva Revista de Filología Hispánica,* 7, 1953, págs. 113-117.
Gillet, J., «Traces of the Judas Legend in Spain», *Revue Hispanique,* 65, 1925, 316-341.
Gómez, E., *El Siglo pitagórico,* ed. de T. de Santos, Madrid, Cátedra, 1991.
Góngora, L. de, *Obras completas,* ed. de J. e I. Millé, Madrid, Aguilar, 1972.
— *Sonetos,* ed. de B. Ciplijauskaité, Madrid, Castalia, 1969.
González de Zárate, J. M., *Emblemas regiopolíticos de Juan de Solórzano,* Madrid, Tuero, 1987.
González Ollé, F., «Fisiognómica del color rojizo en la literatura española del Siglo de Oro», *Revista de Literatura,* 43, 1981, págs. 153-163.
Gracián, B., *El criticón,* ed. de M. Romera Navarro, Filadelfia, University of Pennsylvania Press, 1938, 3 vols.

— *Obras completas,* ed. de A. del Hoyo, Madrid, Aguilar, 1960.
GRANJA, A. de la, «Cosme, el que carteles puso», en *Homenaje al Prof. Antonio Gallego Morell,* Granada, Universidad de Granada, 1989, págs. 91-100.
— y LOBATO, M. L., *Bibliografía descriptiva del teatro breve español (siglos XV-XX),* Madrid, Iberoamericana, Biblioteca Áurea Hispánica, 1999.
GUZMÁN, M. Alemán, *Guzmán de Alfarache,* ed. de F. Rico, Barcelona, Planeta, 1983.
HEBREO, L., *Diálogos de amor,* ed. de J. M. Reyes, Barcelona, PPU, 1986.
HERNÁNDEZ ARAICO, S., «Teatralización de estatismo: poder y pasión en *Cómo ha de ser el privado»*, *Hispania,* 82, 1999, págs. 461-471.
— «Pintura y estatismo teatral en la comedia *Cómo ha de ser el privado»*, *Ínsula,* núm. 648, diciembre de 2000, págs. 30-32.
HERRERA, R. de, *Castigar por defender,* ed. de A. Rodríguez, en *Comedias burlescas del Siglo de Oro,* III, ed. del GRISO dir. por I. Arellano, Madrid, Iberoamericana, 2002.
HERRERA PUGA, P., *Sociedad y delincuencia en el Siglo de Oro,* Madrid, Biblioteca de Autores Cristianos, 1974.
HERRERO GARCÍA, M., «Comentarios a algunos textos de los siglos XVI y XVII», *Revista de Filología Española,* 12, 1925, págs. 30-42.
— *Ideas de los españoles del siglo XVII,* Madrid, Gredos, 1966.
HIDALGO, J., *Romances de germanía,* Barcelona, Sebastián de Cormellas, 1609.
HOROZCO, S., *Teatro universal de proverbios,* ed. de J. L. Alonso Hernández, Salamanca, Universidad de Groningen/Universidad de Salamanca, 1986.
HOROZCO Y COVARRUBIAS, J. de, *Emblemas morales,* ed. de C. Bravo-Villasante, Madrid, Fundación Universitaria Española, 1978.
HUERTA CALVO, J. (ed.), *Teatro breve de los siglos XVI y XVII,* Madrid, Taurus, 1985.
— (coord.), *Historia del teatro breve en España,* Madrid, Vervuert-Iberoamericana, 2008.
IGLESIAS, R., «El imposible equilibrio entre el encomio cortesano y la reprimenda política: hacia una nueva interpretación de *Cómo ha de ser el privado* de Quevedo», *La Perinola,* 9, 2005a, págs. 267-298.
— «Las fuentes literarias de *Cómo ha de ser el privado* de Don Francisco de Quevedo», *Bulletin of the Comediantes,* 57.2, 2005b, págs. 365-405.
IGLESIAS OVEJERO, Á., «Iconicidad y parodia: los santos del panteón burlesco en la literatura clásica y el folklore», *Criticón,* 20, 1982, págs. 5-83.

— «Figuración proverbial e inversión en los nombres propios del refranero antiguo: figurillas populares», *Criticón*, 35, 1986, págs. 5-98.

Isidoro, San, *Etimologías*, ed. de J. Oroz Reta y M.-A. Marcos Casquero, Madrid, BAC, 1993, 2 vols.

Justina, [¿López de Úbeda? ¿Bartolomé Navarrete?], F., *La pícara Justina*, ed. de A. Rey Hazas, Madrid, Editora Nacional, 1977, 2 vols.

La ventura sin buscarla, comedia burlesca anónima, ed. de I. Arellano, en *Comedias burlescas del Siglo de Oro*, II, ed. del GRISO dir. por I. Arellano, Madrid, Iberoamericana, 2001.

Labrador, J. y Di Franco, R. A., *Tabla de los principios de la poesía española, XVI-XVII*, Cleveland, Cleveland State University, 1993.

Lanini y Sagredo, P. F. de, *Darlo todo y no dar nada*, I. Arellano, C. C. García Valdés, C Mata y C. Pinillos (eds.), en *Comedias burlescas del Siglo de O*ro, Madrid, Espasa Calpe, 1999.

Lazarillo de Tormes, ed. de F. Rico, Madrid, Cátedra, 1987.

Lázaro Carreter, F., *Estilo barroco y personalidad creadora*, Madrid, Cátedra, 1974.

Lenz, A., «Notes de lexicographie, I, Mas que», *Revue Hispanique*, 77, 1929, págs. 612-628.

Léxico, J. L. Alonso Hernández, *Léxico del marginalismo del Siglo de Oro*, Salamanca, Universidad, 1977.

Lida, R., *Prosas de Quevedo*, Barcelona, Crítica, 1981.

Liñán y Verdugo, A., *Guía y avisos de forasteros que vienen a la corte*, ed. de E. Simons, Madrid, Editora Nacional, 1980.

López Estrada, F., «Lo que yo sé de la Marizápalos», en *Estudios ofrecidos a E. Alarcos Llorach*, Oviedo, Universidad de Oviedo, 1978, III, págs. 387-408.

Madroñal, A., *Entremeses de Benavente*, Kassel, Reichenberger, 1996.

Mancini, G., *Gli entremeses nell'arte di Quevedo*, Pisa, Goliardica, 1955.

Marañón, G., *El conde duque de Olivares*, Madrid, Espasa Calpe, 1972.

Mármol, L. del, *Descripción general de África*, Madrid, CSIC, 1953.

Martín Solanas, A., «El toque a nublo y otros toques y volteos de campanas en la Rioja», *Revista de folklore*, 105, 1989, págs. 90-93.

Mas, A., *La caricature de la femme, du mariage et de l'amour dans l'œuvre de Quevedo*, París, Ed. Hispano-Americanas, 1957.

Mendo, A., *Príncipe perfecto y ministros ajustados*, León de Francia, 1662; ed. facsímil en Grandas de Salime, José Luis Carnota editor, 2004.

Mendo, P. S. J., *Bullae Santae Cruciatae elucidatio*, Madrid, 1651.

Menéndez Pidal, R., *Flor nueva de romances viejos*, Madrid, Espasa Calpe, 1980.

Monteser, F. A. de, *El caballero de Olmedo*, en C. C. García Valdés, *De la tragicomedia a la comedia burlesca: El caballero de Olmedo*, Pamplona, EUNSA, 1991

Montoto, L., *Personajes, personas y personillas que corren por las tierras de ambas Castillas*, Sevilla, Gironés, 1921-1922.

Nieremberg, J. E., *Oculta filosofía de la simpatía y antipatía de las cosas*, Barcelona, Pedro Lacavallería, 1645.

Nolting-Hauff, I., *Visión, sátira y agudeza en los «Sueños» de Quevedo*, Madrid, Gredos, 1974.

Oteiza, B., «Notas al teatro de Quevedo», *Ínsula*, núm. 648, diciembre de 2000, págs. 28-30.

Pacheco, F., *Arte de la pintura*, ed. de F. J. Sánchez Cantón, Madrid, Instituto de Valencia de Don Juan, 1956.

Pacheco de Narváez, L., *Libro de las grandezas de la espada*, http://lubna.uv.es:83/R_1_213/R_1_213_fich_1.html.

Paz y Mélia, A., *Catálogo de las piezas de teatro que se conservan en el departamento de manuscritos de la Biblioteca Nacional*, Madrid, Biblioteca Nacional, 1899; 2.ª edición, 1934.

Peraita, C., «Arte del disimulo y paradoja: la crítica a Felipe III en *Grandes anales de quince días*», en *Actas de la Asociación Internacional de Hispanistas*, Irvine, 1994, vol. I, págs. 111-120.

Pérez de Herrera, C., *Amparo de pobres*, ed. de M. Cavillac, Madrid, Clásicos Castellanos, 1975.

Pérez de Moya, J., *Filosofía secreta*, ed. de E. Gómez de Baquero, Madrid, Los clásicos olvidados, 1928, 2 vols.

Pérez Pastor, C., *Nuevos datos acerca del histrionismo español en los siglos XVI y XVII*, Madrid, Imprenta de la Revista Española, 1901 (Primera serie).

— «Nuevos datos acerca del histrionismo español en los siglos XVI y XVII», segunda serie, *Bulletin Hispanique*, 9, 1907, págs. 360-385.

Picaresca femenina, ed. de A. Rey Hazas, Barcelona, Plaza y Janés, 1986.

Pike, R., «The image of the genoese in the Golden Age Literature», *Hispania*, 46, 1963, págs. 705-714.

Pineda, J. de, *Diálogos familiares de agricultura cristiana*, ed. de J. Meseguer, Madrid, Atlas, 1963.

Pinheiro da Veiga, T., *Fastiginia*, Valladolid, Ámbito, 1989.

Plá Cárceles, J., «La evolución del tratamiento vuestra merced», *Revista de Filología Española*, 10, 1923, págs. 245-280, 402-403.

Poesía erótica, P. Alzieu, *Poesía erótica del Siglo de Oro*, ed. de I. Lissorgues y R. Jammes, Barcelona, Crítica, 1984.

Poesía original, F. de Quevedo, *Poesía original completa*, ed. de J. M. Blecua, Barcelona, Planeta, 1981.

Prosa, F. de Quevedo, *Obras completas. Prosa,* ed. de F. Buendía, Madrid, Aguilar, 1974.
Prosa festiva, F. de Quevedo, *Prosa festiva completa,* ed. de C. C. García Valdés, Madrid, Cátedra, 1993.
QUEVEDO, F. de, *Cómo ha de ser el privado,* ed. de L. Gentilli, Lucca, Baroni, 2004.
— *Discurso de las privanzas,* ed. de E. M. Díaz Martínez, Pamplona, EUNSA, 2000.
— *Discurso de todos los diablos,* en *Quevedo esencial,* ed. de C. C. García Valdés, Madrid, Taurus, 1990.
— *El chitón de las tarabillas,* ed. de M. Urí, Madrid, Castalia, 1998.
— *El Parnaso español, monte en dos cumbres dividido, con las nueve Musas castellanas,* ed. de J. González de Salas, Pedro Coello, Madrid, 1648.
— *Grandes anales de quince días,* ed. de V. Roncero, en Quevedo, *Obras completas en prosa,* dir. A. Rey, vol. III, Madrid, Castalia, 2005.
— *La hora de todos,* ed. de L. López Grigera, Madrid, Castalia, 1978.
— *La vida del Buscón,* ed. de F. Cabo, Barcelona, Crítica, 1993.
— *Los sueños,* ed. de I. Arellano, Madrid, Cátedra, 1991.
— *Marco Bruto,* en *Obras completas. Prosa,* ed. de F. Buendía, Madrid, Aguilar, 1974.
— *Mundo caduco,* ed. de J. Biurun Lizarazu, Pamplona, EUNSA, 2000.
— *Obra poética, IV,* ed. de J. M. Blecua, Madrid, Castalia, 1981.
— *Obras completas. Prosa,* ed. de F. Buendía, Madrid, Aguilar, 1974.
— *Obras completas. Verso,* ed. de L. Astrana Marín, Madrid, Aguilar, 1932.
— *Obras satíricas y festivas,* ed. de C. Salaverría, Madrid, Clásicos Castellanos, 1965.
— *Panegírico a la majestad del rey nuestro señor don Felipe IV,* ed. de A. Rey, en Quevedo, *Obras completas en prosa,* dir. A. Rey, vol. III, Madrid, Castalia, 2005.
— *Poesía original completa,* ed. de J. M. Blecua, Barcelona, Planeta, 1981.
— *Política de Dios,* ed. de J. Crosby, Madrid, Castalia, 1966.
— *Prosa festiva completa,* ed. de C. C. García Valdés, Madrid, Cátedra, 1993.
— *Un Heráclito cristiano. Canta sola a Lisi y otros poemas,* ed. de I. Arellano y L. Schwartz, Barcelona, Crítica, 1998.
Quijote, M. de Cervantes, *Don Quijote de la Mancha,* ed. dirigida por F. Rico, Barcelona, Crítica, 1998.
QUIÑONES DE BENAVENTE, L., *La jocoseria,* ed. de I. Arellano, J. M. Escudero y A. Madroñal, Madrid, Iberoamericana, 2001.
— *Entremeses,* ed. de Ch. Andrès, Madrid, Cátedra, 1991.

Quirós, F. B. de, *El hermano de su hermana*, en *Dos comedias burlescas del Siglo de Oro*, ed. de I. Arellano y C. Mata, Kassel, Reichenberger, 2000.
— *Obras. Aventuras de don Fruela*, ed. de C. C. García Valdés, Madrid, Instituto de Estudios Madrileños, 1984.
Ramillete, Ramillete de entremeses y bailes nuevamente recogido de los antiguos poetas de España. Siglo XVII, ed. de H. Bergman, Madrid, Castalia, 1980.
Restrepo-Gautier, P., «Risa y género en los entremeses de 'mariones' de Francisco de Quevedo y de Luis Quiñones de Benavente», *Bulletin of the Comediantes*, 50, 2, 1988, págs. 331-344.
— «Afeminados, hechizados, y hombres vestidos de mujer: la inversión sexual en algunos entremeses de los Siglos de Oro», en *Lesbianism and Homosexuality in Early Modern Spain*, Nueva Orleans, University Press of the South, 2000, págs. 199-215.
Reyes, M. de los, «Dos carteles burlescos del siglo XVII», *Dicenda*, 3, 1984, págs. 247-261.
— «Los carteles de teatro en el Siglo de Oro», *Criticón*, 59, 1993, págs. 99-117.
— «En torno a la actriz Jusepa Vaca», en *Las mujeres en la sociedad española del Siglo de Oro*, R. Castilla Pérez y J. A. Martínez Berbel (eds.), Granada, Universidad de Granada, 1998, págs. 81-114.
Reyes Gómez, F. de los, *La imprenta en Segovia (1472-1900)*, Madrid, Arco/Libros, 1997.
Reynolds, J. J., «Mira de Amescuas's Octavas al Príncipe de Gales», *Renaissance Quarterly*, 22.2, 1979, págs. 128-139.
Ripa, C., *Iconología*, trad. de J. Barja, Y. Barja, R. M. Mariño y F. García Romero, Madrid, Akal, 1987.
Rodríguez Marín, F., *Más de 21000 refranes castellanos no contenidos en la copiosa colección del maestro Gonzalo Correas*, Madrid, Revista de Archivos, Bibliotecas y Museos, 1926.
Rodríguez Villa, A., *La corte y la monarquía de España en los años 1636 y 1637*, Madrid, L. Navarro, 1886.
Rojas Villandrando, A., *Viaje entretenido*, ed. de P. Ressot, Madrid, Castalia, 1971.
Romancero nuevo compuesto a la muerte de don Rodrigo Calderón, Lisboa, Pedro Craesbeek, 1622.
Romanos, M., «Sobre la semántica de "figura" y su tratamiento en las obras satíricas de Quevedo», en *Actas del VII Congreso de la AIH*, G. Bellini (ed.), Roma, Bulzoni, 1982, págs. 903-911.
Roncero, V., *El humanismo de Quevedo: filología e historia*, Pamplona, EUNSA, 2000.

— «Los límites del poder en Quevedo: la figura del valido», en *Autoridad y poder en el Siglo de Oro,* I. Arellano, C. Strosetzki y E. Williamson (eds.), Madrid, Iberoamericana, 2009, págs. 137-158.

SAAVEDRA FAJARDO, D., *Empresas políticas,* ed. de S. López Poza, Madrid, Cátedra, 1999.

SABOR DE CORTÁZAR, C., «Quevedo, "poeta de los honrados". A propósito de sus entremeses», *Letras,* 11-12, 1984-1985, págs. 41-54.

SÁEZ RAPOSO, F. y HUERTA CALVO, J., «Quevedo», en *Historia del teatro breve en España,* Madrid, Iberoamericana, 2009, págs. 183-201.

SÁNCHEZ ARJONA, J., *Anales del teatro en Sevilla,* Sevilla, 1898.

SANTA CRUZ, M. de, *Floresta española,* ed. de M. P. Cuartero y M. Chevalier, Barcelona, Crítica, 1997.

SANTOS, F., *Obras selectas,* ed. de M. Navarro, Madrid, Instituto de Estudios Madrileños, 1976.

SEMPERE y GUARINOS, J., *Historia del lujo y de las leyes suntuarias en España,* Madrid, Atlas, 1973.

SHERGOLD, N. D. y VAREY, J. (eds.), *Genealogía, origen y noticias de los comediantes de España,* Londres, Tamesis, 1985.

Siglo pitagórico, A. Enríquez Gómez, *El Siglo pitagórico,* ed. de T. de Santos, Madrid, Cátedra, 1991.

SIMÓN PALMER, M. del C., *Manuscritos dramáticos del Siglo de Oro de la Biblioteca del Instituto del Teatro de Barcelona (Cuadernos Bibliográficos,* XXXIV), Madrid, CSIC, 1977.

SNELL, A. M., «Acercamiento de los bailes de Quevedo», *Confluencia,* 9.2, 1994, págs. 16-24.

SOMERS, M., «Quevedo's ideology in *Cómo ha de ser el privado*», *Hispania,* 39, 1956, págs. 261-268.

SOONS, A., «Los entremeses de Quevedo. Ingeniosidad lingüística y fuerza cómica», *Filologia e Letteratura,* 16, 1970, págs. 424-439.

SUÁREZ DE DEZA, V., *Amor, ingenio y mujer,* ed. de E. Borrego, en *Comedias burlescas del Siglo de Oro,* II, ed. del GRISO dir. por I. Arellano, Madrid, Iberoamericana, 2001.

SUÁREZ DE FIGUEROA, C., *El Pasajero,* ed. de López Bascuñana, Barcelona, PPU, 1988, 2 vols.

Sueños, F. de Quevedo, *Los sueños,* ed. de I. Arellano, Madrid, Cátedra, 1991.

TARSIA, P. A. de, *Vida de don Francisco de Quevedo y Villegas,* facsímil al cuidado de M. Prieto Santiago, prólogo de F. Pedraza, Aranjuez, Ara Iovis, 1988.

TEMPLIN, E. H., «An additional note on mas que», *Hispania,* 12, 1929, págs. 163-170.

TERRÓN, J., *Léxico de cométicos y afeites en el Siglo de Oro,* Cáceres, Universidad de Extremadura, 1990.

Tirso de Molina, *Celos con celos se curan*, ed. de B. Oteiza, Kassel, Reichenberger, 1996.
— *Cigarrales de Toledo*, ed. de L. Vázquez, Madrid, Castalia, 1996.
— *La elección por la virtud*, en *Obras dramáticas completas*, I, ed. de B. de los Ríos, Aguilar, Madrid, 1969.
— *Marta la piadosa. Don Gil de las calzas verdes*, ed. de I. Arellano, Barcelona, PPU, 1988.
— *Obras completas. Autos sacramentales I*, ed. de I. Arellano, B. Oteiza y M. Zugasti, Pamplona/Madrid, Instituto de Estudios Tirsianos, 1998.
— *Obras dramáticas completas*, ed. de B. de los Ríos, Aguilar, Madrid, 3 vols. (I: 1969; II: 1952; III: 1968).
— *Privar contra su gusto*, ed. de F. Calvo y M. Romanos, en *Obras completas. Cuarta parte de comedias*, I, ed. dir. I. Arellano, Madrid/Pamplona, Instituto de Estudios Tirsianos, 1999.
Tomás y Valiente, F., *Los validos en la monarquía española del Siglo XVII*, Madrid, Instituto de Estudios Políticos, 1963.
Torquemada, A. de, *Jardín de flores curiosas*, ed. de G. Allegra, Madrid, Castalia, 1982.
Torres, M. V., «Vuestra merced y sus alomorfos en el teatro de Calderón», *Rilce*, V, 2, 1989, págs. 317-331.
Un Heráclito, F. de Quevedo, *Un Heráclito cristiano. Canta sola a Lisi y otros poemas*, ed. de I. Arellano y L. Schwartz, Barcelona, Crítica, 1998.
Urí, M., Introducción a Quevedo, *El chitón de las tarabillas*, ed. de M. Urí, Madrid, Castalia, 1998.
Urrutia, J., «Quevedo en el teatro político», en *Homenaje a Quevedo*, Salamanca, Universidad de Salamanca, 1982, págs. 173-185.
Vega, C. de, *Liber de arte medendi*, Lyón, Guillaume Rouillé, 1564.
Vega, L. de, *El caballero de Olmedo*, ed. de I. Arellano y J. M. Escudero, Madrid, Espasa Calpe, 1999.
— *El sembrar en buena tierra*, ed. de W. L. Fichter, Nueva York, Kraus Reprint Co., 1971.
— *El villano en su rincón*, ed. de A. Zamora Vicente, Clásicos Castellanos, Madrid, Espasa Calpe, 1970.
— *La Dorotea*, ed. de E. Morby, Madrid, Castalia, 1980.
— *La Gatomaquia*, ed. de C. Sabor de Cortázar, Madrid, Castalia, 1982.
— *Obras poéticas*, ed. de J. M. Blecua, Barcelona, Planeta, 1960.
Vega García-Luengos, G., «*La privanza desleal y voluntad por la fama*: el encuentro, al fin, con una comedia perdida atribuida a Francisco de Quevedo», *Manuscrt.Cao*, 5, 1993, págs. 109-121.
Viaje de Turquía, ed. de F. García Salinero, Madrid, Cátedra, 1980.

Vilar, J., «Judas según Quevedo», en *Francisco de Quevedo,* ed. de G. Sobejano, Madrid, Taurus, 1978, págs. 106-119.
Villalón, C. de, *El Crótalon de Cristóforo Gnofoso,* ed. de A. Rallo, Madrid, Cátedra, 1982.
Voc. Lope, F. Fernández Gómez, *Vocabulario de Lope de Vega,* Madrid, RAE, 1971.
Vorágine, S. de la, *La leyenda dorada,* ed. de Fr. J. Macías, Madrid, Alianza, 1982, 2 vols.
Wilson, E. M., «Bigoteras and the Date of Lope's *El cuerdo en su casa*», *Bulletin of the Comediantes,* 7. 2, 1955, págs. 29-31.
— y Sage, J., *Poesías líricas en las obras dramáticas de Calderón. Citas y glosas,* Londres, Tamesis Books, 1964.
Zabaleta, J. de, *El día de fiesta por la mañana y por la tarde,* ed. de C. Cuevas, Madrid, Castalia, 1983.

Teatro completo

Comedias

Cómo ha de ser el privado

Comedia famosa de don Francisco de Quevedo y Villegas

LAS PERSONAS QUE HABLAN

Rey don Fernando de Nápoles
La Infanta doña Margarita
El Marqués de Valisero
Serafina, dama
Porcia, dama
Violín, gracioso
Carlos, Príncipe de Dinamarca
El embajador de Transilvania
El almirante
El Conde de Castelomar
El capitán de Nijoles
Un portero
Un criado del De Dinamarca
Tres que entran a audiencia

ACTO PRIMERO

(Salen el Rey, *el* Marqués, *el* Almirante *y el* Conde.)

MARQUÉS.   La luz de los desengaños,
que es el tiempo y larga edad,
se cuente en tu majestad

	por siglos y no por años.	
	Sea tres veces despojos	5
	del fuego el fénix ligero	
	antes que el sueño postrero	
	ose llegar a tus ojos.	
ALMIRANTE.	Corto es el reino que heredas;	
	lleguen al otro hemisferio	10
	los términos de tu imperio	
	y el sol, que en seguras ruedas	
	de zafir da vuelta al mundo,	
	no alumbre reinos extraños,	
	para que en reinos y en años	15
	no reconozcas segundo.	
CONDE.	Nápoles triste y confuso	
	a tu muerto padre llora;	
	mas viendo que eres aurora	
	hija del sol que se puso,	20
	vuelve el llanto en alegría	
	cuando en el mar español	
	vemos sepultar al sol.	

5-8 'Vivas lo mismo que viven tres aves fénix, a la que se atribuía una vida de más de seiscientos años'; ave fabulosa, que batía sus alas al sol hasta encenderse y renacer de sus cenizas. Símbolo de la resurrección, de todo lo único y excelente. Sobre el fénix y su resurrección de las cenizas en que él mismo se quema, los testimonios serían innumerables; basten algunas líneas de Cov.: «Fénix. Dicen ser una singular ave que nace en el oriente, celebrada por todo el mundo; críase en la felice Arabia [...] y vive seiscientos y sesenta años. Plinio, hablando della, dice así, lib. 10, cap. 2: "Et ante omnes nobilem Arabiae phoenicem [...] vivere annos DCLX, senescentem casia, thurisque surculis construere nidum, replere odoribus et super emori. Ex ossibus inde et medullis eius nasci primo ceu vermiculum, inde fieri pullum". [...] Todo lo que la antigüedad ha dicho de la fénix [...] lo refiere Plinio en el lugar alegado».

12-13 *ruedas de zafir:* el carro del sol hace su camino en el cielo, o zafir celeste (por ser el zafiro de color azul); *zafir* o zafiro: «Llaman a cualquier cosa que tiene color azul, especialmente al cielo, y es frecuentemente usado entre los poetas» *(Aut.).*

14 *no alumbre reinos extraños:* puesto que el sol alumbra todos, querrá decirse que el rey será dueño de todo el mundo; el sol alumbrará solo reinos propios.

16 reconoscas ms.

17 y ss. Alusión a la muerte de Felipe III y la subida al trono de Felipe IV.

| | A no esperalle otro día
| | muriera nuestro placer,   25
| | pero es prudente consuelo,
| | que por los campos del cielo
| | otra vez ha de nacer.
| MARQUÉS. | Cuando el pueblo te miró
| | debajo del palio entrar,   30
| | entre tu pueblo a reinar,
| | tantas veces te aclamó,
| | que, como son efe y e
| | el principio de tu nombre,
| | no se oía en ningún hombre   35
| | sino «fe»: todo era fe.
| | Y así tuvo razón mucha
| | el decir cierto curioso:
| | «Rey católico y dichoso
| | es quien es fe cuanto escucha».   40
| ALMIRANTE. | Todos están esperando
| | que has de ser imitador
| | de tu padre, gran señor.
| MARQUÉS. | No ha habido mal rey Fernando.
| REY. | Pedid, vasallos, al cielo   45
| | que en estos pasos que doy
| | para entrar a reinar hoy
| | correspondan a mi celo
| | las estrellas, si ellas son
| | las que la dicha nos dan,   50
| | porque no me bastarán
| | el cuidado y la intención
| | si el ser dichoso es suceso.
| MARQUÉS. | El hombre con esos dos
| | hace lo que puede, y Dios   55
| | le da la dicha con eso.

---

33 *efe y e:* de *Fernando* en la comedia y de *Felipe* en la realidad histórica aludida.
38 *curioso:* 'diligente, entendido, ingenioso'.
50 la que ms., corregido por los editores modernos.
53 *suceso:* en el sentido de 'suerte'.

Rey.	Ora bien ¿a qué renombre
	es justo que aspire yo
	de aquellos que mereció
	por sus virtudes el hombre? 60
	Comienzo a reinar y es bien
	que aspire mi inclinación
	a merecer el blasón
	que pretendo que me den.
	En Aragón y Castilla, 65
	de cuyos reyes desciendo
	esto se observa y pretendo
	con la pluma y la cuchilla
	dar alivio y dar espanto
	al amigo y enemigo. 70
	¡Grande norte es el que sigo!
Almirante.	Bueno es el nombre de Santo.
Marqués.	Ya lo ha habido.
Conde.	¡Hubiera dos!
Rey.	Ese es nombre de los nombres:
	no está en manos de los hombres, 75
	solamente lo da Dios.
Marqués.	El de Sabio debe ser
	nombre de un rey singular.
Rey.	Ese el mundo lo ha de dar,
	porque no basta saber. 80
Marqués.	El de Prudente es igual.
Rey.	Al que ese nombre desea
	no le basta que lo sea
	si no le tienen por tal:
	nombre que esté el conseguillo 85
	en mi mano es el que quiero;

---

73 *Santo... habido:* Fernando III el Santo, canonizado efectivamente en 1671.

74 *nombre de los nombres:* caso del superlativo hebreo; el de «santo» es el máximo renombre al que puede aspirar el rey, pero no está en su mano conseguirlo, pues lo da Dios.

77 *Sabio:* sobrenombre de Alfonso X, hijo de Fernando III.

81 *Prudente:* sobrenombre de Felipe II, abuelo del rey representado por el de esta comedia.

	el nombre de Justiciero	
	me ha agradado.	
Conde.	Es repetillo;	
	rey tuvo España con él.	
Rey.	Al rey don Pedro le dieron	90
	los que con causa quisieron	
	desmentir el de Cruel.	
Marqués.	Pío Justiciero es gran nombre:	
	no hay que andar otro buscando	
	que sobre Magno Fernando	95
	será divino renombre.	
Almirante.	Bien tu valor lo cudicia.	
Rey.	Si no es otra cosa el rey	
	que viva y humana ley	
	y lengua de la justicia,	100
	y si yo esta virtud sigo,	
	rey seré sabio y felice,	
	porque quien justicia dice	
	dice merced y castigo,	
	no solamente rigor.	105
	Todo está en igual balanza	
	y a los principios se alcanza	
	autoridad y temor	
	con el castigo, y después	
	con honrallos y premiallos	110
	tienen amor los vasallos.	
	Esta política es	
	leción de naturaleza.	
	Si algún ministro o privado	
	justamente está culpado	115

---

90 *don Pedro:* Pedro I, el Cruel o el Justiciero, según perspectivas, rey de Castilla y León a partir de 1350.

98 y ss. Doctrina usual en el Siglo de Oro: el rey no es dueño de su voluntad sino que está sometido a la ley. Saavedra Fajardo explica: «Por una sola letra dejó el rey de llamarse ley. Tan uno es con ella que el rey es ley que habla y la ley un rey mudo. Tan rey que dominaría sola si pudiese explicarse» *(Empresas políticas,* pág. 359). Más textos de Erasmo y Rivadeneira aduce Gentilli al respecto.

	le cortarán la cabeza	
	en esa Plaza Mayor,	
	y si hubiere en mis Consejos,	
	que son mis luces y espejos,	
	quien vendiere su favor,	120
	de oficio se ha de privar.	
	Haya limpios consejeros,	
	que aun tribunales enteros	
	será posible mudar.	
MARQUÉS.	Con eso serás temido.	125
ALMIRANTE.	Y amado serás con eso.	
REY.	*(Aparte.)* (Para aliviar este peso	
	he menester un valido.	
	Rey que de nadie se fía,	
	entre los vasallos buenos	130
	poco vale, y vale menos	
	el que de todos confía.	
	De un hombre me de fiar;	
	¿cuál destos eligiré	

---

116 *cortarán la cabeza:* así le pasó a don Rodrigo Calderón, marqués de Siete Iglesias, uno de los privados de Felipe III, que sería degollado acusado de múltiples crímenes a la subida de Olivares al poder. Quevedo le dedicó el soneto de *Poesía original*, núm. 252; gran resonancia tuvo su muerte. Blecua lo recuerda a propósito del soneto mentado y remite al *Romancero de don Rodrigo Calderón*, de A. Pérez Gómez, Valencia, 1955. Otro soneto famoso compuesto con el mismo motivo es el del conde de Villamediana «Este que en la fortuna más subida», que fue editado en el *Romancero nuevo compuesto a la muerte de don Rodrigo Calderón*, Lisboa, Pedro Craesbeek, 1622. Este personaje nació en Amberes en 1577 o 1578, hijo de Francisco Calderón, capitán de los tercios de Flandes. En 1614, después de una vida política intensa, se le concede el título de Marqués de Siete Iglesias y sube bajo la protección del duque de Lerma. A la caída de Lerma es detenido y acusado de numerosos cargos, desde soborno a hechicería. Fue ejecutado el 21 de octubre de 1621 ante la emoción general por la gallardía mostrada en el cadalso. Quevedo escribió también el núm. 811 «Epitafio a don Rodrigo Calderón, marqués de Siete Iglesias, que murió degollado en pública plaza», vv. 1-4: «Yo soy aquel delincuente, / porque a llorar te acomodes, / que vivió como un Herodes, / murió como un inocente».

125-126 *temido, amado:* las dos emociones que el rey ha de despertar en sus súbditos son estas de temor y amor.

127 Gentilli omite la acotación del ms., aunque pone el texto entre paréntesis, indicando bien el aparte.

	de talento, amor y fe?	135
	Yo los quiero examinar.)	
	Si uno de vosotros fuera	
	valido de un rey ¿en cuál	
	virtud, como principal,	
	más eminencia tuviera?	140
ALMIRANTE.	Yo amara la vigilancia,	
	porque así, en cualquiera ación,	
	el cuidado y atención	
	ayudara a la sustancia.	
CONDE.	Yo fuera el más verdadero	145
	y con gran fidelidad	
	hablara a mi rey verdad,	
	no engañara lisonjero.	
MARQUÉS.	Virtudes son el cuidado	
	y la verdad del prudente,	150
	pero yo fuera eminente	
	en ser desinteresado.	
	Con esta sola virtud	
	todas las demás tuviera	
	porque vigilante fuera	155
	sin mirar a mi salud,	
	y no siendo codicioso	
	también fuera verdadero:	
	honras quiere el lisonjero,	
	el descuidado reposo,	160
	y quien del proprio interés	
	se desnuda, a nada atiende	
	de gusto: solo pretende	
	a la virtud por quien es.	

---

148 *lisonjero:* escribe Quevedo sobre los ministros lisonjeros: «Señor, este género de alabanzas en los oídos de los príncipes de la tierra son peste que les pronuncian con las palabras estos lisonjeros; son ensalmo de veneno; no dejan que el príncipe sea señor de sus sentidos y potencias; no sabe sino lo que ellos quieren, y solo eso se ve, cree y entiende. De manera que la voluntad del lisonjero le sirve de ojos, de orejas, de lengua y de entendimiento» *(Política de Dios,* pág. 194).

REY.	El marqués de Valisero	165
	me ha agradado y concluido:	
	vos, marqués, sois escogido	
	por mi Atlante verdadero,	
	cuyos hombros han de ser	
	mi descanso y compañía.	170
MARQUÉS.	Aunque es, señor, honra mía	
	que no llego a merecer,	

(Llega a besar la mano al rey.)

               es linaje de castigo,
               que me das, con merced tal,
               todo el reino por fiscal   175
               y con fiscal, enemigo.
               Por un escudo me pones,
               sin que haya excepción, en quien
               rigurosos golpes den
               comunes mormuraciones.   180
               No es otra cosa el privado
               que un sujeto en quien la gente
               culpe cualquier acidente
               o suceso no acertado.
               Con invidia o con pasión   185
               le censuran de mil modos
               y aunque más le alaben todos,
               todos sus émulos son.

---

166 *concluido:* «Concluir a uno es convencerle y atarle con razones» (Cov.).

168 *Atlante:* «Voz muy usada de los poetas y algunas veces en la prosa para expresar aquello que real o metafóricamente se dice sustentar un gran peso, como cuando para elogiar la sabiduría de un ministro o la valentía de un general, se dice que es un Atlante de la monarquía. Introdújose esta voz con alusión a la fábula de Atlante, rey de Mauritania, que los antiguos fingieron haber sustentado sobre sus hombros el cielo» *(Aut.).* La imagen de Atlante para Olivares es muy frecuente en la iconografía política de la época. Comp. *Discurso de las privanzas,* pág. 205: «el bien de la república pide privado como el gran peso del cielo un Alcides, no que le sustente, sino que descanse al que le sustenta a ratos».

188 *émulos:* 'envidiosos'; «El contrario, el envidioso en un mesmo arte y ejercicio, que procura siempre aventajarse» (Cov.).

Rey.	¡Cómo! ¿Quien eso ha mirado
	y así su daño temido 190
	desinteresado ha sido?
Marqués.	*[Aparte.]* (A razones me ha alcanzado.)
	Señor, otros hombros fieles
	de más fuerza que los míos...
Rey.	No me repliquéis; cubríos 195
	y tomad esos papeles

(Vuelve a besarle la mano.)

	que en la bolsa están
Marqués.	Obliga,
	señor, tu precepto a más,
	pues anticipado das
	el honor a la fatiga. 200
	Pero, señor, a mi tío,
	el duque de Sartabal,
	de experiencia sin igual,
	de más talento que el mío,

---

195 *cubríos:* solo los Grandes de España podían llevar el sombrero delante del rey; *cubrir a alguno:* «Es hacerle el rey merced de la grandeza; y cubrirse es tomar la posesión de ella. Díjose así, porque los que tenían esta dignidad se ponen el sombrero delante del rey» *(Aut.);* véase *Estebanillo,* I, pág. 279: «quiso premiar mis servicios haciéndome grande de España, pues mandó que me cubriese». Son comunes los juegos burlescos con los significados de cubrir y grandes, véase Quevedo, *Poesía original,* núm. 736, vv. 137-140: «Y a ser tan grandes mis deudos, / como son grandes mis deudas, / delante del rey sin duda / cubrirse muy bien pudieran», comp. *Grandes anales de quince días,* ed. Roncero, pág. 262: «Mandole cubrir su majestad e hízole tres mercedes: una hacerle grande, otra el modo de hacerlo y la tercera consentir que las hazañas de su modestia hiciesen otro ministro si no mayor, más ocupado».

196 acot. «versale la mano» ms., por lapsus del copista.

202 *Sartabal:* anagrama de *Baltasar,* alusión a don Baltasar de Zúñiga, tío de Olivares, que compartió la privanza con su sobrino. Había sido embajador en Bruselas, París y Praga, y era hombre de gran experiencia diplomática y cortesana. Comp. *Grandes anales,* ed. Roncero, págs. 261-262: «El duque de Uceda [...] llevó a su majestad todos los papeles que tenía. [...] Su majestad [...] le ordenó los entregase a don Baltasar de Zúñiga. [...] Era don Baltasar hombre de todos tiempos y de su negocio [...] tal elección aconsejó a su majestad la modestia del conde de Olivares».

	fiar estos papeles puedes,	205
	y yo para acompañarte	
	podré tener una parte	
	del favor que me concedes.	
Rey.	Tú eres el que se los das;	
	lleve el duque lo pesado	210
	del despacho, tú el cuidado	
	de mi servicio tendrás,	
	que por instantes apruebo	
	el cuidado que te dejo	
	pues a este primer consejo	215
	mayores mercedes debo.	
Conde.	¡Gran dicha! La enhorabuena	
	muchos siglos os la den.	
Almirante.	Al rey y al reino también	
	por eleción que es tan buena.	220
Rey.	Para el bronce que perfeto	
	ha de mostrar a mi padre	
	a los siglos, que le cuadre	
	¿qué alabanza, qué epiteto,	
	qué renombre de famoso	225
	más proprio se le pondrá?	
Marqués.	Pienso que sabido está:	
	de casto y de virtuoso.	

---

221 *bronce:* alude a la estatua ecuestre de Felipe III, proyectada por Giovanni Bologna (1529-1608) y terminada por Pietro Tacca (1577-1640) en 1614. Bologna trabajaba en Florencia para los Medici, y allí realizó sus más famosas obras (El rapto de las sabinas, la estatua ecuestre de Cosme I, Hércules y el Centauro, etc.). El éxito de la estatua de Cosme provocó numerosos encargos para obras similares: estatua de Ferdinando I (Gran Duque de Toscana), de Enrique IV de Francia, y esta de Felipe III. Quevedo le dedica, entre otras observaciones, los sonetos 56 y 57 de *Un Heráclito*.

224 *epiteto:* esta acentuación es común en la lengua clásica.

228 «y de venturoso», escrito primero y luego corregido. Felipe III tuvo fama de rey virtuoso, casto, religioso, en exceso a veces para su tarea de reinar. Comp. *Sueños,* págs. 159-160: «Dichosos vosotros, españoles, que sin merecerlo sois vasallos y gobernados por un rey tan vigilante y católico, a cuya imitación os vais al cielo» (se refiere a Felipe III). En el *Sueño del infierno* llama Villena a Felipe III «santo rey, de virtud incomparable»; en *Grandes anales de quince días (Prosa,* págs. 818, 820) lo evoca Quevedo de nuevo: «la santidad

Rey.	Bien le están.	
Marqués.	A la oración se dio; con ella vencía y gobernaba.	230
Rey.	Tenía celo de la religión.	
Almirante.	Igualó al gran rey don Juan en arrimarse a la ley y a lo justo.	
Marqués.	Fue gran rey el rey don Juan, mas le dan culpa todas sus historias.	235
Rey.	¿Cuál?	
Marqués.	Haberse sujetado con extremo a su privado.	
Almirante.	Con todo, alcanzó mil glorias.	240
Rey.	¡Cómo, marqués!, ¿siendo vos mi privado, estáis opuesto a que se haga un compuesto de la amistad de los dos y que en estrecha amistad estén el rey y el valido y en dos pechos repartido un ser y una voluntad?	245
Marqués.	Sí, señor, porque un privado, que es un átomo pequeño junto al rey, no ha de ser dueño de la luz que el sol le ha dado.	250

---

inculpable del difunto, la inocencia constante de su vida», «Quién, acordándose de su santidad, llamaba a los sucesos en la conservación de su monarquía milagro continuado»; Gracián dice que «el bueno, el casto, el pío, el celoso de los Filipos españoles, no perdiendo un palmo de tierra ganó a varas el cielo, y de verdad que venció más monstruos con su virtud que Alcides con su clava» *(El héroe, Obras completas,* pág. 33).

233 *don Juan:* Juan II de Castilla y León, que dio excesivo poder a su privado, el malogrado don Álvaro de Luna.

252 *luz que el sol le ha dado:* los límites del poder del valido son muy claros: es solo un medio entre el pueblo y el rey. La imagen de la luz participada la repite Quevedo en varios lugares: la desarrolla en el *Discurso de las privanzas,* por

| | Es un ministro de ley,
| | es un brazo, un instrumento
| | por donde pasa el aliento   255
| | a la voluntad del rey.
| | Si dos ángeles ha dado
| | Dios al rey, su parecer
| | más acertado ha de ser
| | que el parecer del privado,   260
| | y así se debe advertir
| | que el ministro singular,
| | aunque pueda aconsejar
| | no le toca decidir.
Rey.   Epilogó su lealtad.   265
Almirante.   Notable sentencia ha dado,
| | y con rey tan avisado
| | es gran arte o gran bondad.

(Vase el Rey, *el* Almirante *y el* Conde.)*

Marqués.   Fortuna, expuesto me dejas
| | en el teatro del mundo   270
| | a ser blanco sin segundo
| | de sus invidias y quejas.
| | Sé que enemigos provocas
| | contra una condición noble,
| | pero como suele el roble   275
| | sobre alcázares de rocas

---

ejemplo: «Milagrosa viene aquí la comparación del sol y la luna. Ansí ha de ser el privado y el rey, que, como la luna, se esconde delante del sol y tanto más luce con sus mismos rayos cuanto más se aparta de él» (pág. 205).

257 *dos ángeles:* era idea corriente que el rey tenía dos ángeles de la guarda. Comp. Mendo, *Príncipe perfecto,* pág. 86: «Tan a cargo de Dios están los reyes que aun de su vida es protector con especial cuidado. [...] Asisten a cada uno dos ángeles de la guarda». Gentilli recuerda el texto de Quevedo en *Execración contra los judíos:* «por eso, señor, dio a vuestra majestad Dios dos ángeles suyos», y el de Fernández de Navarrete: «los reyes, prelados, príncipes y gobernadores tienen mayores socorros del cielo, con asistencia de dos ángeles custodios» (Gentilli, en su ed. de *Cómo ha de ser el privado,* pág. 172).

265 *epilogó:* 'resumió, recapituló'.

	resistir airados vientos	
	así un constante varón	
	no ha de sentir turbación	
	a los discursos sangrientos	280
	del vulgo. Deste cuidado	
	el cielo me desempeñe,	
	porque a los siglos enseñe	
	cómo ha de ser el privado.	

(Sale VIOLÍN.*)*

VIOLÍN.	Ya por valido os aclama	285
	el palacio; si así es,	
	pedidme albricias, marqués,	
	y si ha mentido la fama	
	es una burla grosera.	
MARQUÉS.	Pues mintió.	
VIOLÍN.	Quien miente, miente,	290
	marqués; porque vuestra frente	
	de contenta está parlera.	
	¡Cuál andarán las quimeras	
	en el molino del viento!	
	Pues mayor es mi contento	295

---

284 acot. Sala Violin ms.

293-294 Interpretamos 'cómo andarán las fantasías rondando por tu cabeza', como burla del bufón al marqués; el viento y el molino de viento es símbolo conocido en la emblemática de la época para expresar la vanidad y la locura. Un molino de viento trae Horozco en *Emblemas morales,* libro II, emblema 3, con la glosa: «La vanidad que en todo el mundo mora / y en lo más principal quiere su asiento / una gran suma dicen que atesora / con lo mucho que gana en un momento / con un molino, que aunque sea a deshora / cuanto quisieren muele con el viento».

295-296 *flauta y tijeras:* alusión a las habladurías y murmuraciones, que las gentes y el mismo Violín harán sobre el marqués; con las tijeras se corta la tela para hacer vestidos, y *cortar de vestir:* «Metafóricamente se toma por murmurar y decir mal de alguno» *(Aut.).* Comp. *Estebanillo,* II, pág. 244: «yo y mis criados polacos nos gloriábamos en irle siempre cortando de vestir, porque obligará un figurón de estos a que murmure dél del más capuchino»; Santos, *Obras selectas,* pág. 177: «córtase entre ellas largamente de vestir. La una dice que su ama tiene mala condición»; *Fruela,* pág. 161, imita otro pasaje quevediano de los *Sueños:* «—Aquestos sastres ¿por qué / están con los maldicientes / penando? —Lo mismo es, / todos cortan de vestir».

| | con la flauta y las tijeras.
| | Así, en descanso y en paz
| | tendremos al rey los dos,
| | trabajando por él vos
| | y yo dándole solaz;   300
| | aunque se me ha entremetido
| | un competidor bufón,
| | que por tibio y socarrón
| | temo que me ha des-valido.
| | No hay cosa firme en la vida,   305
| | porque en la común mudanza
| | hasta a bufones alcanza
| | el riesgo de la caída,
| | mas tiéneme reducido
| | a paciencia y a sufrir   310
| | ver que poco ha de vivir
| | bufón que da en ser podrido.
MARQUÉS.   Tú, Violín, si estás contento,
              serás más gracioso que él.
VIOLÍN.   Soy Violín y soy rabel   315
              y alegre como instrumento.
MARQUÉS.   No disuenes indiscreto
              diciendo mal.
VIOLÍN.   ¿Yo? ¿De quién?
              Soy bufón hombre de bien:
              soy lusitano, en efeto.   320
              Verdad es que un mote agudo

---

312 *podrido:* pudrirse es molestarse por todo, protestar de todo, tomar fastidio, como en el entremés de *El hospital de los podridos*. Comp. Benavente, *Jocoseria, El abadejillo*, vv. 145-148: «A lo que aquí le han entrado, / señor hablante perpetuo, / ni es a podrirse de nada, / ni a echar a perder el tiempo»; Vélez, *Cojuelo*, pág. 238: «suplicando a quien la leyere que se entretenga y no se pudra en su leyenda»; *Criticón*, II, pág. 377: «los alegres junto a los tristes, los consolados a par de los podridos»; *íd.*, III, pág. 63: «allí no hay podridos ni porfiados, ni temáticos, desabridos, desazonados, malcontentos».

315 *rabel:* «Instrumento músico de cuerdas y arquillo; es pequeño y todo de una pieza, de tres cuerdas y de voces muy subidas. Usan dél los pastores» (Cov.). Pero en registro vulgar 'trasero' (véase *Léxico*). Apunta Gentilli que alude a Manuel Rabelo de Fonseca, bufón portugués con el cual se estaría identificando Violín.

>   a quien lo dice no acusa
>   porque el truhán que lo escusa
>   nació zurdo y vivió mudo,
>   y, remedo de bufones,   325
>   mormura sin mormurar.
>   A una sortija vi entrar
>   de diversas invenciones
>   a un caballero pelón
>   desde la planta al cogote,   330
>   y se valió de este mote:
>   «Por excusar la invención
>   no saco invención alguna,
>   que los buenos caballeros
>   no han de ser invencioneros».   335
>   Mas volviendo a la fortuna
>   que el cielo os da, procurad,
>   pues tenéis quien os herede,

---

327 *sortija*: «Un juego de gente militar, que corriendo a caballo apuntan con la lanza a una sortija que está puesta a cierta distancia de la carrera» (Cov.). En estos juegos cortesanos los caballeros llevaban divisas, con motes y leyendas alusivas (las «invenciones» del texto).

329 *pelón*: 'pobretón, probablemente un falso caballero'.

332-335 Interpretamos de distinto modo que Artigas, Astrana, Blecua o Gentilli, que disponen sus textos como si el mote fuera solo el v. 332, y colocan los tres versos siguientes en el discurso narrativo de Violín: *«Por excusar la invención. No sacó invención alguna, / que los buenos caballeros / no han de ser invencioneros»*. Nos parece evidente que la excusa ridícula es parte del mote que saca el tal caballero, y el verbo está en presente: «saco». La broma es que al fin y al cabo saca cierta «invención» con este chiste que hace: a fin de cuentas «se valió de este mote».

335 *invencionero*: «El que idea, hace u discurre invenciones. [...] Vale también embustero o que dispone u discurre ficciones y engaños» *(Aut.);* es decir, 'que inventa cosas raras'; tiene en la época un matiz peyorativo, de extravagancia y fraude; Romera Navarro define el término como 'embustero', a propósito del siguiente texto de Gracián, *Criticón*, III, pág. 93: «Pero lo más es que, en viendo a cualquiera, le atinaba la nación; y así de un invencionero dijo: —Este, sin más ver, es italiano». Liñán, *Guía y avisos,* pág. 184: «hombres ociosos y sobrados, invencioneros y cavilosos».

337 os dad ms.

338 *herede:* Olivares tenía una hija, doña María de Guzmán, que murió el 30 de julio de 1626 tras dar a luz una niña muerta, suceso que aparecerá aludido más adelante en la comedia en la referencia al hijo del marqués.

       cebaros antes que ruede
    el juego a otra voluntad.   340
    Si no bebéis presto el Río
    de la Plata —no hay pasquín—,
    sin duda que es más ruin
    aún vuestro oficio que el mío.
    Ser bufón y ser valido   345
    oficios son de pesar
    pues se tienen de templar,
    y por dicha a mal oído.
    Obligación hacen mía
    que aunque acabe de perder   350
    conjuro tengo de ser
    contra toda hipocondría;
    vos, aunque quiera romper
    el alma por un costado
    habéis de estar bien guisado   355
    para el que os quiere comer.
    De piedra habéis de esperar
    y de azúcar disponeros
    para el que quiera lameros,
    para el que os quiera tragar,   360
    y triste de vos, si acaso,
    aunque os sobre la razón,
    osáis picar al frisón
    para que apresure el paso;

---

339 *cebaros:* el gracioso insta al marqués a enriquecerse antes de que cambie su fortuna. A lo mismo alude el juego siguiente con «Río de la Plata».

342 *no hay pasquín:* 'esto no es criticar malintencionadamente, ni es broma de bufón maldiciente'; *Pasquín:* «Una estatua en Roma donde se fijan los libelos infamatorios; de donde vino llamar pasquines los tales libelos» (Cov.).

347-348 *templar:* 'regir bien y con moderación e inteligencia', cosa difícil; de ahí el juego con el sentido musical: «Vale acordar y poner en su punto las cuerdas de las vihuelas, los caños de los órganos y de los demás instrumentos» (Cov.), lo que mal podrá hacer quien tenga mal oído.

363 *frisón:* caballo de Frisia, de gran corpulencia; metáfora de las dificultades del valido: si quiere apresurar los negocios (picar al frisón) le dirán que es un maltratador del caballo y despreciador violento de lo que es justo.

	que sois estrapazador	365
	dirán y que dais espanto	
	y seréis culpa de cuanto	
	soñare un murmurador:	
	si no hay pan tiene el valido	
	la culpa —¡abrásele un rayo!—,	370
	porque no llovió por mayo,	
	porque por mayo ha llovido;	
	si está sin tratos la tierra	
	el privado lo ha causado,	
	si hay paz es mandria el privado,	375
	es un violento, si hay guerra.	
	En fin, si al vulgacho modo	
	todas las cosas no van,	
	habéis de ser un Adán	
	que tiene culpa de todo.	380
Marqués.	Las quejas di, no la culpa,	
	y mereceré con eso.	
Violín.	Marqués, la privanza es hueso,	
	y si la hay, es poca pulpa.	
	Nunca fue infiel consejero	385
	quien lo que aconseja hace;	
	guíate por mí.	
Marqués.	Me place;	
	seguir tus preceptos quiero.	
	Solo tú me mandarás	
	en mi valia.	
Violín.	Jura.	
Marqués.	Juro.	390
Violín.	¿Yo solo?	
Marqués.	Yo te lo juro	
	que ninguno pueda más.	

---

365 *estrapazador:* de estrapazar, «hacer mofa y desprecio de uno maltratándole de obra y palabra, desdeñándose de él y cargándole de injurias con irrisión y tropelía» *(Aut.).*

373 *tratos:* 'negocios, operaciones comerciales'; si el comercio va mal.

379 *Adán:* tiene culpa de todo por haber cometido el pecado original, causa de la expulsión del hombre del paraíso.

(Vase.)

VIOLÍN.	Si no me venden malsines	
	y no muda parecer	
	el marqués, yo vendré a ser	395
	el tronco de los violines.	

(Salen SERAFINA *y* PORCIA.*)*

SERAFINA.	¿Vase el marqués?	
PORCIA.	Sí, y quería	
	darle agora el parabién.	
SERAFINA.	Y yo al rey, porque también	
	esa obligación es mía.	400
PORCIA.	Siendo príncipe solía	
	galantearte.	
SERAFINA.	Es verdad.	
PORCIA.	Él mudará voluntad	
	con el reinar.	
SERAFINA.	No lo creo,	
	porque un cortés galanteo,	405
	hijo de la honestidad,	
	bien lícito y permitido	
	a cualquier estado fue.	
PORCIA.	Desa suerte bien podré	
	si es el marqués su valido	410
	no esperar mudanza.	
SERAFINA.	Ha sido	
	una acertada eleción.	
VIOLÍN.	Dos damas célebres son.	
	¿Qué locura haré mía?	

---

393 *malsines:* «El chismoso mal intencionado que solicita hacer o poner mal a otros» *(Aut.). Poesía original,* núm. 550, vv. 9-11: «no me acompaña fruta de sartén, / taza penada o búcaro malsín, / jarro sí, grueso, y el copón de bien».

396 *tronco:* «En los árboles de genealogías, llaman tronco el fundador de la casa y del linaje y los que dél van procediendo en la primogenitura» (Cov.).

406 «onestidad» añadido al margen, tras tachar lo que parece leerse «voluntad».

| | Vaya de la montería. | 415 |
| | Pero no, va de gruñón. | |

(Aquí hace su frionera.)

SERAFINA.	¿Estás más loco, Violín?,	
	¿qué es eso que estás haciendo?	
VIOLÍN.	Estoyme a mí entreteniendo.	
PORCIA.	¡Buen gusto!	
VIOLÍN.	Más alto fin	420
	llevo que agradaros quiero	
	porque desde hoy en palacio	
	he de celebrar de espacio	
	personaza del terrero.	
	Una mondonga me han dicho	425
	que tiene humor y es mujer	
	que presume de tener	

415-416 Alusiones que no apuramos con precisión a bufonadas de Violín que no se especifican en la acotación; *frionera*: como frialdad «un dicho que quiso ser gracioso y no salió con ello su dueño» (Cov.); es decir, 'ridiculez que quiere ser graciosa sin serlo'. Comp. *Quijote*, II, 72: «y ese Sancho que vuestra merced dice, señor gentilhombre, debe de ser algún grandísimo bellaco, frión y ladrón juntamente, que el verdadero Sancho Panza soy yo, que tengo más gracias que llovidas».

420-424 Interpretamos de manera distinta a Blecua o Gentilli: Violín no quiere agradar a las damas (les dice una impertinencia típica de bufón): lleva más alto fin, porque quiere agradar a otra dama a la que cortejará en el terrero, una mondonga o criada de palacio.

424 *personaza del terrero*: 'una persona de palacio; alude a una criada'; *terrero*: es el espacio llano delante de las casas; desde ese lugar los galanes hablaban por las noches a las damas a través de las rejas; comp. Góngora, *Sonetos*, núm. 153, vv. 5-6: «En el terrero, ¿quién humilde ruega, / fiel adora, idólatra suspira?»; Tirso, *Privar contra su gusto*, vv. 1211-1213: «que la infanta me ha mandado / que hable al rey por el terrero / esta noche».

425 *mondonga*: 'nombre dado en palacio a las criadas'; en las fiestas del Retiro de 1637, según cuenta una gaceta, para el viernes 19 de febrero «hay en el salón en presencia de su majestad academia de poetas, que de repente, incitados de un furor poético, han de hablar versos sobre las materias propuestas. Refieren que dos de ellas son ¿Por qué a Judas pintan con barba rubia? y ¿Por qué a las mujeres o criadas de palacio llaman mondongas, no vendiendo mondongo? Espérase que Luis Vélez y don Pedro Calderón serán los que más se señalarán». Véase Rodríguez Villa, 1886, pág. 103.

	igualdad con mi capricho:	
	servirela.	
PORCIA.	Y haré yo	
	que te dé mucho favor.	430
SERAFINA.	¿Qué es eso?	

(Tiene en la mano un retrato.)

VIOLÍN.	El embajador	
	de Dinamarca me dio	
	este retrato.	
PORCIA.	¿De quién?	
VIOLÍN.	De su príncipe.	
SERAFINA.	Querrá	
	que lo enseñes por acá	435
	y que nos parezca bien.	
PORCIA.	Con ansia y resolución	
	pide a la infanta.	
SERAFINA.	Su mano	
	también quiere el transilvano.	
VIOLÍN.	Y entrambos tienen razón.	440
PORCIA.	Cuando mi voto declare,	
	del dinamarqués seré.	
VIOLÍN.	Y yo siempre antepondré	
	a aquel que se la llevare.	
SERAFINA.	Porcia, opuesta es mi opinión;	445
	el de Dacia me ha agradado,	
	por relación que me han dado.	
VIOLÍN.	Entrambos hidalgos son	
	y alimentos no les da	
	su padre.	
PORCIA.	Este es gentil hombre;	450
	no me acuerdo bien su nombre.	

---

428 igualad ms.

449 *alimentos:* los hijos segundones, que no heredaban el patrimonio familiar, como el mayorazgo, tenían derecho a una pensión básica o «alimentos»; quiere decir que los pretendientes tienen suficientes riquezas, no dependen de esa pensión.

Violín.	Solo sé que empieza en Ca.
Serafina.	Buenas señas.
Violín.	Pues yo vi
	un sepulcro, donde había
	epitafio que decía 455
	lo que referiré aquí:
	«Aquí yace Federico,
	o Ludovico o Enrico,
	no me acuerdo el nombre que
	tuvo el difunto; mas sé 460
	que acababa el nombre en -ico».
Porcia.	Culto epitafio.
Serafina.	Acordeme
	de su nombre: Carlos es.
Porcia.	Busca un retrato después
	del transilvano.
Violín.	Pues deme 465
	cualque presea garrofal,
	no porque en retratos trato;
	iré a buscar el retrato,
	hasta el mismo original.
Porcia.	Toma y más te deberemos. 470
Violín.	Tomo porque debas más.

(Vase.)

Serafina.	¿En fin, Porcia, que tú estás
	por Dinamarca?

452-453 Omitido en Artigas, así como «Buenas señas». Omitidos también en Astrana, que anota que falta algo.

457-461 Blecua no señala con comillas el texto del epitafio; Gentilli señala solo entre comilla el v. 457; el epitafio completo es la tontería y el v. 457 solo no es ninguna tontería: lo absurdo es el pasaje completo, de un epitafio que no sabe ni cómo se llama el muerto al que se refiere.

466 *presea garrofal:* 'regalo grande'; *garrofal:* «Éste epíteto dan a cierto género de guindas que llaman garrofales; son mayores que las ordinarias y no tienen tanto agrio. Debiéronse decir así por haber enjerido las púas del guindo en el algarrobo. Decimos garrofal todo aquello que excede de su ordinaria forma y cantidad, aludiendo a estas guindas, como mentira garrofal, uvas garrofales» (Cov.).

PORCIA.   Dejemos
            competencias que serán
            de poco fruto a su amor,   475
            que el rey hará lo mejor.

(Están las dos mirando el retrato y sale el REY.*)*

REY.   Serafina y Porcia están
            al paso; fuerza ha de ser
            llegarme a hablar Serafina,
            a quien la vista se inclina   480
            por un oculto poder
            de las estrellas, y así,
            a las suyas me arrojé:
            príncipe la festejé,
            rey he de vencerme a mí.   485
            No quiero que el galanteo
            aumente la inclinación,
            la inclinación la afición
            y la afición el deseo.
            Cuán grande este afecto fue   490
            decir la lengua no sabe
            porque es tanto que no cabe
            en lo que decir no sé.
            Mirando están un retrato.
            ¡Qué graciosa cosa, cielos!,   495
            amagos hacéis de celos
            para acusarme de ingrato.

---

473 *Dinamarca:* el príncipe de Dinamarca representa en clave al príncipe de Gales, Carlos Estuardo, cuya boda con la infanta se trataba. El de Transilvania representa a Fernando, rey de Hungría y Bohemia.

482 *estrellas:* era idea corriente que el influjo de los astros determinaba la inclinación amorosa.

485 *vencerme a mí:* el más alto dominio es el vencerse a sí. Baste recordar a Platón, *Leyes,* 626e: «el vencerse a sí mismo es la primera y mejor de las victorias»; o Séneca, *Epístolas,* CXIII, 50: «imperare sibi maximum imperium est», etc., que glosarán entre otros muchos Quevedo, Gracián, Mateo Alemán y el mismo Calderón...

497 «avisarme» en Artigas y Astrana, que leen mal una *c* muy abierta, y que fácilmente se confunde con una *u/v*.

>   Ya me han visto, pasar quiero
>   como que voy divertido;
>   podré decir que hoy he sido,   500
>   si mis afectos modero,
>   otro romano Scipión;
>   con poder, galantear
>   no es otra cosa que dar
>   causa a la mormuración.   505

(Pasa el Rey *leyendo un papel.)*

Serafina.	Vuestra majestad empieza
	hoy a reinar, y le doy
	muchas norabuenas hoy.
Rey.	*[Aparte.]* (¡Gran tirano es la belleza!
	Si en mí ha presumido enojos 510
	poco el interior penetra;
	no es quien me ocupa la letra
	sino el temor de sus ojos.
	El principio de triunfar
	es los peligros temer; 515
	ver bien es no querer ver.)
Serafina.	Otra vez os vuelvo a dar
	del nuevo reino heredado,
	gran señor, el parabién.
Rey.	Bien está *[Aparte.]* (... porque está bien 520
	que esté este deseo templado.)

(Vase.)

Serafina.	¿«Bien está»? Porcia, ¿qué dices?
	¡Si ha pasado divertido!

---

499 *divertido:* 'distraído'.

502 *Scipión:* no se trata solo de una referencia general, sino muy precisa a un suceso que narra Tito Livio en su *Historia de Roma,* 26, 50, y otros historiadores, según el cual Escipión respetó a una hermosa muchacha rescatada y la devolvió a su prometido. El episodio, que se hizo arquetipo de la continencia (junto con otro atribuido a Alejandro Magno: véase v. 905), pasó a numerosas representaciones pictóricas como *La continencia de Escipión* de Baldassare Peruzzi, del Museo del Prado.

| PORCIA. | El imperio causa olvido. | |
| SERAFINA. | ¡Oh memorias infelices! | 525 |

(Salen el MARQUÉS *y el* CONDE.*)*

CONDE.	Marqués, ¿un negocio mío	
	de esa suerte dificultas?	
MARQUÉS.	En materia de consultas	
	se acude al duque mi tío,	
	que yo no me meto en ellas.	530
CONDE.	Bien. *[Aparte.]* (¡Paciencia, cielos!, pues	
	le han repartido al marqués	
	tal dicha vuestras estrellas.)	

(Vase.)

PORCIA.	Veros, marqués, deseaba.	
MARQUÉS.	Merecer ese deseo	535
	entre cuantas dichas veo	
	es la que sola faltaba.	
	Con aquesta no me queda	
	esperar dicha mayor	
	y así será este favor	540
	clavo insigne de la rueda	
	de mi próspera fortuna.	
	Ya me ve vuestra belleza,	

---

528 *consultas:* proposición que hacen tribunales, jueces o consejos para conceder un cargo, premio o solicitud a alguno.

531-533 Artigas, Astrana y Blecua no señalan ningún aparte; Gentilli solo indica como aparte la exclamación «Paciencia, cielos». Debe ser aparte todo lo que indicamos: es apóstrofe a los cielos: 'Paciencia, cielos, pues vuestras estrellas han repartido tal dicha a este marqués que me trata ahora de mal modo'. Blecua, por error, numera el v. 531 como 530 y a partir de aquí su numeración yerra en uno.

541-542 *clavo:* echar un clavo a la rueda de la Fortuna es conseguir que no cese en sus favores; comp. Cov.: «Rueda de la fortuna se dijo por su inconstancia, que pocos aciertan a retenerla echándole el clavo de la constancia»; *Quijote,* II, 19: «¿por ventura habrá quien se alabe que tiene echado un clavo a la rodaja de la Fortuna?».

	y con la misma firmeza	
	que un monte, parda coluna	545
	de los cielos...	
PORCIA.	Parabién	
	no os doy, que yo los recibo.	
MARQUÉS.	Y yo a vuestra sombra vivo,	
	(Aparte) (aunque a vuestro sol también).	
SERAFINA.	Porcia y yo este memorial	550
	os queremos dar, marqués,	
	porque causa común es.	
MARQUÉS.	¿Quién ha visto error igual	
	al que cometéis las dos?	
	Al rey se lo dad, señora.	555
	¿Quién mejor intercesora	
	para vos misma que vos?	
PORCIA.	Pues en una competencia	
	estamos ambas. Mirad	
	el retrato.	
MARQUÉS.	Majestad	560
	obstenta y grata presencia.	
	¿Quién es?	
SERAFINA.	Carlos, heredero	
	de Dinamarca.	
PORCIA.	Desea	
	Serafina que este sea	
	dueño de la infanta.	
SERAFINA.	Espero	565
	que el marqués ha de ayudar	
	esta causa que es ya mía.	
PORCIA.	Empeño es de tu porfía.	
SERAFINA.	Eso es querelle enmendar	
	y que lo quieres quiera.	570

---

545 Aunque el ms. trae la grafía culta «columna», la rima certifica, como en otros casos que no anotamos, la simplificación.
549 Este aparte omitido en Gentilli; Blecua lo recoge pero no señala a qué texto corresponde. Es precisión de tono amoroso, y ha de ser dicha aparte.
560 «este retrato» en ms. y ediciones, pero hace verso largo. Enmendamos.

(Vanse las dos.)

MARQUÉS.　　Y ¿qué importa mi opinión,
　　　　　　cuando ha de ser la razón
　　　　　　ley absoluta y severa?

(Salen CARLOS, PRÍNCIPE DE DINAMARCA, *y un* CRIADO.*)*

CRIADO.　　Vuestra alteza se ha venido
　　　　　　a la posta casi solo　　　　　　　575
　　　　　　desde su reino, que el polo
　　　　　　por su cenit ha tenido.
　　　　　　¿Qué piensa hacer disfrazado?
CARLOS.　　Ser mi proprio embajador
　　　　　　con finezas de un amor　　　　　580
　　　　　　tan ardiente, que abrasado
　　　　　　me turbó, vecino al norte,
　　　　　　y ser con ansia exquisita
　　　　　　girasol de Margarita
　　　　　　en los campos desta corte,　　　585
　　　　　　porque es mi amor sin segundo
　　　　　　aunque cabe en estas salas,
　　　　　　tan grande que con sus alas
　　　　　　puedo obscurecer el mundo.
CRIADO.　　El marqués de Valisero,　　　　590
　　　　　　que es el valido, es aquel
　　　　　　que está leyendo un papel.

---

575 *posta:* quiere decir que ha venido con prisa y rapidez, muestra de su interés; posta «se llama la persona que corre y va por la posta a alguna diligencia» *(Aut.).* Existe la frase hecha «por la posta», que indica la «presteza y velocidad con que se ejecuta alguna cosa» *(Aut.).* En la realidad histórica el príncipe de Gales entró, en efecto, en Madrid el día 16 de marzo de 1623, disfrazado y por la posta.

578 Omitido en Artigas y Astrana, el cual anota que falta un verso.

579-580 *embajador:* Gentilli (ed. de *Cómo ha de ser el privado,* pág. 175) cita una relación de González Dávila: «Salió el príncipe de Londres, corte del rey su padre, haciéndose a sí mismo embajador de su demanda».

584 *girasol:* imagen habitual para el amante, relacionada con la de la amada como sol; comp. Calderón, *La nave del mercader,* vv. 70-73: «¿Qué intentas, que ya la errada / senda de tus voces sigo, / girasol de tu hermosura / que siempre idolatré?».

CARLOS.	Por mí mismo hablar quiero.
	Señor marqués, yo he venido
	a esta corte embajador 595
	del príncipe mi señor
	y amplio poder he traído
	para que su pretensión
	efecto tenga: él os ruega
	que la amparéis.
MARQUÉS.	No se niega 600
	a nadie mi intercesión,
	y así, mal faltar pudiera
	a su alteza, si importara.
	(Aparte.) (¿No es esta una imagen rara
	de su retrato? Sí, y fuera 605
	un suceso peregrino
	a ser el príncipe.)
CARLOS.	Antier
	llegué encubierto, y a ser
	muy vuestro, marqués.
MARQUÉS.	Si vino
	a tratar vueseñoría 610
	cosas de tal calidad,
	hablar a su majestad.
	Elija la hora y el día.
	(Aparte.) (Es él mesmo, al rey aviso.)

(Vase.)

---

593 hablarle Artigas, Astrana, Blecua y Gentilli. Podría ser buena corrección, aunque no es absolutamente necesaria para el cómputo silábico si no se introduce licencia métrica.

604 La acotación de aparte aquí y en el v. 614 la omite Gentilli, aunque la marca con los paréntesis.

607 *Antier*: 'anteayer'.

610 Nos parece mejor resolución de la abreviatura «vueseñoría» (como Artigas, Astrana y Blecua) que «useñoría» (Gentilli), aunque podría ser.

612 Artigas, Astrana y Blecua enmiendan «hablad», pero no lo está voseando, sino tratando de «vueseñoría»: «hable» debería ser en todo caso, pero se trata de un uso del infinitivo como exhortativo bastante habitual: 'hay que hablar al rey'.

CRIADO.	Pienso que han de conocerte.	615
CARLOS.	Echada está ya la suerte	
	que amante a mi empleo quiso.	
	Cuando a la gloria en que insisto	
	falten los efectos buenos	
	no faltará por lo menos	620
	la dicha de haberla visto.	
CRIADO.	Si vinieras a otorgar	
	cuanto pida el rey discreto,	
	que era de tu amor efeto	
	llegaras a asegurar,	625
	mas si has de hacer resistencia	
	a su demanda, señor,	
	menos creerán de tu amor	
	y más de tu conveniencia.	
	Para lograr tu intención	630
	veo dificultad terrible,	
	que el rey no ha de ser vencible	
	en punto de religión,	
	y el privado va tan horro	

---

617 *empleo:* en el sentido amoroso, pretensión al matrimonio, dama cortejada con pretensiones matrimoniales, o caballero previsto como novio firme o marido; comp. *Estebanillo*, II, pág. 215: «no porque ella me tuviese amor ni sintiese verme divertido en nuevo empleo»; Gracián, *Criticón*, I, pág. 157: «juntándose la hacienda y la hermosura, doblaron su estimación, creció mucho en solo un día, y más su fama, adelantándose a los mejores empleos de esta corte».

625 llegarás Artigas, Astrana y Gentilli. Pero todo el pasaje está en hipótesis que se va a negar enseguida.

627 *su demanda:* las demandas de la corona española a Inglaterra se referían sobre todo a su actitud religiosa; Gentilli (pág. 176) recoge una cita de Vera y Figueroa: «¿Quién no diera por concedido que un príncipe que tan prevenidamente se le había advertido en su reino, y lo mismo a su padre, que la causa final para la plática de su casamiento era solo por mejorar el partido de la religión católica en su reino [...] no venía resuelto a concedello y ejecutallo?».

634 *horro:* 'libre'; quizá esté usando lenguaje del juego de naipes en el que ir horro con alguien significa «estar o ponerse de acuerdo para ir contra otros» *(Léxico);* Quevedo, *Buscón*, pág. 78: «Hízonos gran fiesta y, como él y los ministros del carretero iban horros (que ya había llegado también con el hato antes, porque nosotros veníamos de espacio), pegose al coche, diome a mí la mano para salir del estribo y díjome si iba a estudiar».

                    con él —sea vario o estable—,   635
                    que no ha de ser conquistable,
                    que era el último socorro.

(Miran adentro, y después sale MARGARITA, *infanta.)*

CARLOS.	Allí Margarita viene.
CRIADO.	¿Conociste...
CARLOS.	¡Oh dulce calma!

          Si en las láminas del alma 640
          pintada el amor la tiene
          no fue mucho conocella:
          memoria tiene quien ama,
          pero el pincel y la fama
          han mentido, que es más bella 645
          en su mismo original.
          Si la sombra me abrasó
          ¿qué hará la luz? Quien vio
          belleza tan celestial
          ¿cómo ciego no se admira? 650
          Dejémosla, pues, que pase:
          retirémonos, no abrase
          los ojos de quien la mira.

(Vanse y sale la INFANTA *y las dos damas,* PORCIA *y* SERAFINA.)*

INFANTA.	Con las dos me enojaré
	si os oigo hablar en retratos 655
	y en competencias.
SERAFINA.	Señora,
	solamente deseamos
	el gusto de vuestra alteza.
INFANTA.	Pues es silencio y recato.

(Sale el REY *y el* MARQUÉS.*)*

---

655 *hablar en:* era régimen normal del verbo *hablar* en la lengua clásica.

REY.	Margarita, como atiendo	660
	a dar a tus verdes años	
	con amor y obligación	
	feliz y eminente estado,	
	contigo y con el marqués	
	quiero conferir despacio	665
	un pensamiento, una duda	
	que sin resolverla traigo.	
INFANTA.	Señor, vuestra majestad	
	es mi dueño y es mi hermano;	
	su voluntad es la mía,	670
	mi corazón es su esclavo.	
	No hay que conferir conmigo	
	esas cosas, que los labios	
	y las mejillas se tiñen	
	del color grave y rosado	675
	de aquella honesta vergüenza	
	que se debe a mi recato.	
	Vuestra majestad ordene,	
	como rey prudente y sabio	
	lo que convenga.	
REY.	Me mueve	680
	la novedad de este caso	
	a no ser dueño absoluto	
	de tu voluntad. Pongamos	
	esta cuestión en su punto.	
	Dos príncipes soberanos	685
	pretenden vida y valor	
	de tu generosa mano;	
	cada cual quiere ser tuyo,	
	a este fin aspiran ambos;	
	sus embajadores tienen	690
	en mi corte, porfiando	
	con este intento, y ahora	
	he sabido cómo es Carlos,	
	príncipe de Dinamarca,	

670-671 Artigas, Astrana: «tu voluntad... tu esclavo».
687 *generosa:* 'noble'.

> el que viene disfrazado 695
> embajador de sí mismo:
> efectos extraordinarios,
> pretensiones nunca oídas,
> finezas de enamorado
> nunca vistas son las suyas. 700
> Solamente en los teatros
> y en los libros fabulosos
> estos ejemplos hallamos.
> Un príncipe poderoso
> en mi corte y mi palacio 705
> se me ha entrado peregrino,
> pretendiente declarado
> de nuestra amistad y deudo.
> Justo es que me dé cuidado,
> hermana, esta obligación, 710
> demás que razones hallo
> de conveniencia a mis reinos
> en su pretensión, que es claro
> el político provecho
> que les viniera si entrambos 715
> deudos y amigos, conformes,
> a los piélagos salados
> diéramos leyes, uniendo
> el Tirreno y el Oceano.
> El transilvano, también 720
> príncipe altivo y gallardo
> de nuestra sangre, te pide
> para sí; aquí discurramos
> sobre esta duda, marqués;
> vuestro parecer aguardo, 725
> porque la infanta resuelva
> después de haber informado
> su entendimiento.

---

719 *Oceano:* en este contexto el mar Oceano (palabra llana) es el Atlántico.
722 *nuestra sangre:* Fernando de Hungría era de una rama de la familia de los Habsburgo.

MARQUÉS.   Señor,
            pues que libertad me has dado,
            mi sentimiento diré   730
            con respeto de vasallo,
            con atención de ministro
            y con valor de cristiano.
            Bien que es muy en su principio,
            señor, aqueste tratado,   735
            y que podrá dar de sí
            lo que bastase a honestallo,
            por si acaso no lo diere,
            entra en él, señor, pensando
            que la religión te mira   740
            como al que es solo su amparo.
            Considera que no siendo
            católico Carlos ¿cuándo
            habrá paz en esta unión,
            habrá unión en este lazo?   745
            Una hace el matrimonio
            dos almas, si el soberano
            sacramento se recibe
            con la fe que profesamos.
            Si esta en una de las partes   750
            faltase, señor, es claro
            que han de tener aversión
            almas de pechos contrarios
            en la religión. Advierte
            qué hermosura tiene un árbol   755
            que consta de dos especies:
            admiración dan sus ramos
            pareciendo monstruosos,
            y en efecto, en breves años
            aquella vistosa unión   760
            niega el fruto sazonado
            y yace la planta seca.
            Mira que tu padre, santo

---

737 *honestallo:* 'hacerlo honesto, adecuado, honrado, conveniente'.

rey, y tu abuelo el Prudente
con odio mortal miraron 765
los no católicos que
al pontífice romano
niegan. Pues ¿han de mirar
nietos suyos declarados
enemigos de la Iglesia? 770
Allá en el Imperio Sacro
clamarán a Dios; advierte,
señor, que destos contratos
todo el útil ha de ser
ganar el alma de Carlos. 775
Aquí la unión de los mares
consiste, aquí tus contrarios
hallan su mayor peligro
y tu mayor gloria hallo.
Señor, sin este seguro, 780
no hay razón de que expongamos
a su alteza a los combates
del aquilón y del austro,
vientos contrarios que es fuerza
que pretendan, aunque en vano, 785
pervertir la fortaleza.

---

783 *aquilón:* viento del norte; *austro:* viento del sur. El aquilón tiene connotaciones negativas y diabólicas y el austro sirve a veces para aludir a la casa de Austria. El aquilón es el norte, el lugar de la oscuridad de donde vienen reyes destructores en diversos pasajes de la Biblia: Daniel, 11, 8: «ipse praevalebit adversus regem aquilonis»; Daniel, 11, 11: «Et provocatus rex austri egredietur et pugnabit adversus regem aquilonis»; Daniel, 11, 15: «Et veniet rex aquilonis et comportabit aggerem». Lucifer piensa colocar su trono en el lado del aquilón: véase Isaías, 14, 11-14: «super astra Dei exaltabo solium meum, / sedebo in monte testamenti, / in lateribus Aquilonis». El rey del aquilón representa al demonio y del aquilón viene todo el mal: el Demonio y sus ángeles, separados de la luz y el calor de la caridad quedaron entorpecidos por una dureza glacial, por lo cual son figurados en el viento del norte o aquilón, mientras Cristo es representado por el viento del sur o austro: «Diabolus igitur et angeli eius a luce atque fervore charitatis aversi [...] velut glaciali duritia torpuerunt. Et ideo per figuram tamquam in aquilone ponuntur» (San Agustín, cit. en Arellano, 2000). En el contexto parece simplemente reflejar dos posturas encontradas que no pueden conciliarse.

            Yo confieso que obligado
            tiene a vuestra majestad
            la novedad de este caso,
            que para huésped es mucho   790
            príncipe tan soberano;
            en festejarle se cumpla
            la obligación en que estamos:
            en tu corte le recibe
            debajo de un mesmo palio,   795
            y digno aposento suyo
            le dé albergue en tu palacio.
            No haya en tu reino festín,
            cañas, toros, ni saraos,
            que no goce, y cada día   800
            con presentes y regalos
            del hospedaje se agrade,
            pero hacelle tu cuñado
            sin ser hijo de la Iglesia,
            ni lo apruebo ni lo alabo.   805
INFANTA.   Marqués, dejad que prosiga,
            porque ya está reventando
            el sentimiento en mi pecho,
            que me matará si callo.
            ¿Yo tengo de ser esposa,   810

---

797 *tu palacio:* el príncipe de Gales se alojó en el Alcázar de Madrid.

799 *cañas, toros:* cañas y toros eran espectáculos indispensables en las fiestas del Siglo de Oro. En los toros intervenían sobre todo los caballeros que toreaban a caballo. Las cañas era una especie de torneo de cuadrillas de caballeros que usaban cañas en vez de lanzas de verdad, las cuadrillas eran comúnmente de ocho, con un color distinto cada una; comp. *Guzmán*, I, pág. 235: «Viéndola don Luis en tal extremo de melancolía y don Rodrigo, su hijo, ambos por alegrarla ordenaron una fiesta de toros y juego de cañas»; *El Hamete de Toledo,* vv. 537-540: «Pues conforme las marañas / van enlazando los moros, / ya que son ciertos los toros / ha de haber toros y cañas»; Bernardo de Quirós, *El hermano de su hermana,* vv. 1104-1107: «Córranse toros y cañas, / y dadme, por Dios, hermanos, / para ayuda de enterrar / este zamarro...». Quevedo cuenta uno de los juegos de cañas de estas celebraciones (el del 21 de agosto de 1623), a través del relato del jaque Magañón en el poema 677 de *Poesía original* «Las cañas que jugó su majestad cuando vino el príncipe de Gales».

                    yo tengo de dar la mano
                    a hombre de otra religión?
                    Cierto, señor, que me espanto
                    que tu majestad lo escuche,
                    si bien veo que consultallo   815
                    no es querello, y no es forzoso,
                    rey y señor, ese estado.
                    Conventos tiene tu corte,
                    bueno es el de tu palacio,
                    donde a hijos que te espero   820
                    críen y sirvan mis cuidados.
                    Vuestra majestad perdone
                    si la esfera del recato
                    y debido sentimiento
                    han excedido mis labios   825
                    y si a mis ojos se asoma
                    con el sentimiento el llanto.
                    Tu esclava soy, no me culpes,
                    que más de lo dicho callo.

         (*Vase con* PORCIA.)

REY.   Valor de mi heroica sangre   830
            ha mostrado; más despacio
            quiero que de esto se informen
            los Consejos y letrados.
MARQUÉS.   Consultarelo con ellos.

         (*Vase.*)

---

818 *conventos:* recuerda Gentilli, en su nota a este pasaje, un texto de Vera y Figueroa que menciona la intención de la infanta de ingresar en el convento de las Descalzas Reales: «haberle enviado a decir su alteza con doña Margarita de Tavora, su dueña de honor, que en todo caso buscase alguna salida decente a este negocio, porque antes se entraría monja descalza que efectuarlo con su voluntad, pero que el no haberlo repugnado desde el principio solo había sido por las esperanzas del bien público de la religión católica que tanto la aseguraban que se había de seguir».
834 consutarello ms.

Rey.   Siempre me he visto inclinado   835
        a resolución tan justa
        y de nuevo me ha alentado
        Margarita. Yo os ofrezco,

(Quítase el sombrero.)

        Señor divino y humano,
        por la fe vuestra, que vive   840
        en mi pecho y en mis labios,
        que no solo no me venza
        ser el príncipe don Carlos
        embajador de sí mismo,
        que pudiera obligar tanto,   845
        ni todos los intereses
        que tiene representados
        su deudo para mis reinos,
        su unión para mis contratos,
        pero si pensara ser   850
        de cuanto tenéis criado
        tan único y raro dueño
        como el sol entre los astros,
        no me hiciera apartar
        jamás del precepto sacro   855
        que me ordena vuestra ley
        y advierte vuestro vicario.
        Esto es cierto. Serafina
        para hablarme se ha quedado;
        algo me quiere decir,   860
        en trance fuerte me hallo.

---

837 *alentado:* 'animado, comunicado valor y esfuerzo'.

839 *Señor:* se dirige a Dios; Gentilli cita de nuevo un texto muy pertinente de *Noticias de Madrid* en págs. 179-180 de su edición: «Su majestad quedó suspenso [...] y llegándose a la imagen de un Santo Cristo que estaba a la cabecera de su cama, dijo: "Señor, yo os juro por la unión divina y humana que en vos adoro, en cuyos pies mis labios, que no solo no baste la venida del príncipe de Gales para que exceda un punto en lo tocante a vuestra religión católica conforme a lo que vuestro vicario pontífice de Roma resolviere, pero ni tampoco si pensase perder cuantos reinos que por vuestra misericordia poseo, no lo haré de lo que es temporal y mío"».

SERAFINA.	Ahora examinaré
	si fue desprecio el pasado
	o si el alma le ocupaba
	la gravedad de algún caso. 865
REY.	Turbado se ha y yo también:
	ella tropieza en sus pasos;
	vencereme, aunque a los ojos
	dé la inclinación asaltos.
SERAFINA.	*[Acercándose.]* Señor, mi hermano pretende 870
	por sus servicios un cargo
	en la guerra.

(El REY *mira a otro lado.)*

	[Aparte.] (No me mira;
	yo tengo al rey enojado.
	¿Qué es esto?)
REY.	Decid.
SERAFINA.	Señor, 875
	la pretensión de mi hermano
	consta de este memorial;
	ya sabéis que es gran soldado.
REY.	*(Aparte.)* (No debo poco a ser rey;
	con mis afectos batallo, 880
	los ojos quieren mirar,
	la razón los ha enfrenado.
	Ojos, no habéis de vencer.)
SERAFINA.	*[Aparte.]* (¡Oh, qué presto que pasaron
	a enojos los galanteos 885
	y a gravedad el agrado!)
	Suplico a tu majestad
	se sirva de ver de espacio
	este memorial.
REY.	*[Aparte.]* (No quiero
	recebirlo de su mano,

879-883 Gentilli no transcribe la acotación de aparte, aunque la señala con paréntesis.

| | que el contacto es peligroso. 890
¿También muero cuando mato?)
Daldo al marqués. |
|-----------|---|
| Serafina. | *(Aparte.)* (¿Es posible
que no esté el rey enojado?
¿Pues de qué? De mi desdicha.) |
| Rey. | *[Aparte.]* (Así, victoria, os alcanzo.) 895 |
| Serafina. | El mismo marqués me ha dicho
que a él no le toca el despacho
de ningún negocio. *[Aparte.]* (¡Cielos,
su sequedad me ha turbado!) |
| Rey. | *[Aparte.]* (No hay cosa que ya no venza.) 900
Decilde que yo le mando
que lo reciba y lo acuerde. |
| Serafina. | *[Aparte.]* (Aun esperanza no ha dado;
no hay qué decir, esto es hecho.) |
| Rey. | *[Aparte.]* (No hizo más Alejandro: 905
vencedor soy de mí mismo.) |
| Serafina. | *[Aparte.]* (Ignocencia, sed mi amparo,
porque el enojo de un rey
tiene calidad de rayo.) |
| Rey. | *[Aparte.]* (Descuideme y vila. ¡Ay, cielos! 910
Venzamos, razón, venzamos.) |

(Vase.)

| Serafina. | Parece que me miró.
¡Qué poco alienta a un engaño! |
|---|---|

(Vase.)

Fin del acto primero

---

892 Gentilli no transcribe la acotación de aparte, aunque la señala con paréntesis.

905 *Alejandro:* alude a otro conocido episodio en el que Alejandro respeta a la mujer de Darío, al cual había vencido, significándose así Alejandro como otro ejemplo de continencia y dominio de sus inclinaciones. Recogen la anécdota muchos autores, como Aulo Gelio, Plutarco, etc., y pasó a las poliantas y misceláneas de hechos memorables.

ACTO SEGUNDO

Salen el Conde *y el* Marqués.

Conde.	Ya sabéis a qué jornada	
	por mandado del rey fui	915
	con que a mi pesar perdí	
	las grandes fiestas y entrada	
	del de Dinamarca.	
Marqués.	Gusto	
	del rey en ellas se vio;	
	y así, por tenerle yo,	920
	de referíroslas gusto.	
	De Dinamarca el príncipe heredero,	
	que tiene por cenit a los Triones,	
	a quien el polo sirve de lucero	
	que sin eclipse alumbra sus blasones,	925
	huésped augusto del monarca ibero,	
	asombro de magnánimas naciones,	
	en alas de su amor vino a esta corte	
	de los helados piélagos del norte.	
	Para triunfar del Asia le previno	930
	el cielo, cuando a Palas obediente	
	la fugitiva Troya abrió camino	
	por los unidos reinos de occidente;	
	amor de nuestra infanta peregrino	

---

923 *Triones:* la constelación de la Osa Mayor.

930 y ss. Según algunas versiones legendarias, un nieto de Eneas (príncipe troyano fundador de Roma) llamado Hércules, de sobrenombre Bruto, expulsado de Italia por matar en una cacería a su padre Silvio, tras guerrear en África, Grecia y Asia conquistó las tierras que se llamarían Bretaña en honor al nombre de su rey Bruto. Véase, por ejemplo, Gutierre Díez de Games, *Crónica de don Pedro Niño*, págs. 88-89.

932 *fugitiva Troya:* la flota de Eneas, que salió de Troya destinada a fundar Roma por designios de Palas.

            sacó este joven Príamo valiente,   935
            a discurrir por climas, como Apolo,
            en pardas nubes embozado y solo.
            Difícil es que esté disimulada
            la majestad en quien cierto linaje
            de ser divino y de deidad sagrada   940
            nos arrebata el alma a su homenaje.
            ¿Cuándo a Febo eclipsó nube morada
            sin que dé rosicler algún celaje?,
            porque bordando los extremos de oro
            un rayo se descubre en cada poro.   945
            Supo su majestad que Carlos era
            el mismo embajador que solicita
            trasladar a las líneas de su esfera
            el católico sol de Margarita,
            y admirando afición tan lisonjera,   950
            donde quiso esperalle le visita;
            fue en la casa sagrada de aquel santo
            a quien guarda el león y hiere el canto.
            En su palacio aposentarle quiso
            y así le recibió solemnemente;   955
            la corte, emulación del paraíso,

---

935 *Príamo:* último rey de Troya; insiste en el origen troyano mítico de Britania.

936 *como Apolo:* el sol (Apolo) recorre diversos climas a veces envuelto en nubes, aquí metáfora del disfraz del príncipe.

942 ecipso nube ms.

943 algul ms.; *rosicler:* color rojo claro, como en el amanecer; *celajes:* «Colores varios que aparecen en las nubes, causados de los rayos del sol que las hieren, y según la postura en que se hallan forman unos ramos más o menos densos a proporción también de su densidad, por cuya raridad se transparenta la luz» *(Aut.).*

948 *esfera:* «Llamamos esferas todos los orbes celestes y los elementales» (Cov.). De ahí el sentido frecuente de 'región, lugar, habitación' (imagen que procede de la concepción de Tolomeo sobre el Universo, al que creía formado por una serie de esferas concéntricas en las que giraban los cuerpos celestes). La esfera de Carlos es Inglaterra.

952 *santo:* San Jerónimo, a quien se representa dándose golpes penitenciales con una piedra y acompañado de un fiel león, agradecido porque el santo le había curado una herida. Se refiere al convento de San Jerónimo, donde se encontraron el príncipe y Felipe IV.

      en galas y placer vistió su gente
      y el joven que, a manera de Narciso,
      vio a Margarita en su nativa fuente,
      cuando igualan las sombras a los días   960
      amante quiso unir dos monarquías.
      Anticipó el abril amenidades,
      colores desplegó varias y bellas
      y vimos en un solio dos deidades
      y en un mismo epiciclo dos estrellas,   965
      debajo de un dosel dos majestades
      que la tierra y el mar temblaban dellas,
      porque es gallardo Júpiter el uno
      y el otro el heredero de Neptuno.
      Ejércitos de flores desafía   970
      la pompa de la rosa y la violeta,
      desvanecidas ya porque vestía
      los dos monarcas su color discreta;
      dos Alejandros son los que este día
      el alma de Bucéfalo respeta   975

---

958 *Narciso:* como se sabe, se enamoró de sí mismo al verse reflejado en una fuente; es símbolo, según los contextos, de la belleza.

960 *igualaban las sombras a los días:* el príncipe vio a la infanta en el Paseo del Prado el 19 de marzo de 1623, fecha próxima al equinoccio. Quevedo recoge en estos detalles muchos de la realidad histórica, aunque no es necesario precisarlos todos para comprender la acción dramática.

962 *abril:* la entrada oficial de Carlos en Madrid fue el 26 de marzo, adelantando flores y pompas al abril, mes arquetípico de los brillos primaverales *(abril:* «Metafóricamente se usa para dar a entender que una cosa está florida y hermosa», *Aut.).*

965 *epiciclo:* 'círculo que se supone tener su centro en la circunferencia de otro'.

968-969 *Júpiter, Neptuno:* Júpiter es el rey español y Neptuno el rey inglés, del cual es heredero el príncipe de Gales Carlos.

972-973 'su color discreta vestía a los dos monarcas' («los dos monarcas» es objeto directo de persona sin preposición; el sujeto es «su color discreta»).

973 *color:* según relaciones de la época, que cita Gentilli en sus notas al pasaje (pág. 182), Felipe IV vestía de color noguerado bordado de oro, y Carlos, de rosa seca.

974 *Alejandros:* en este caso se refiere al dominio de dos briosos caballos que rigen los príncipes; como es sabido, el caballo Bucéfalo solo permitía a Alejandro que lo montase. Los que ahora montan Felipe y Carlos tienen el alma de Bucéfalo, y respetan a sus jinetes, dos nuevos Alejandros.

en dos caballos que del viento nacen
y dulce ambrosía en los Elíseos pacen.
El gusto popular era un retrato
de los antiguos triunfos de Belona,
que aunque este no fue bélico aparato   980
con alentado espíritu blasona.
Iba la guardia solo para ornato,
que en esta fidelísima corona
aun las cosas que son inanimadas
defendiendo a su rey están armadas.   985
Las calles eran selvas donde había
teatros con que Amor representaba
el aplauso común y el alegría
que el extranjero príncipe causaba.
¿Qué grande, qué señor, en este día   990
el palio con libreas no acompañaba?,

---

977 Hay que hacer sinéresis en «ambrosia», como en otros casos de la comedia que no señalamos. Se refiere al tópico de los caballos andaluces de las riberas del Betis, que se decían engendrados en las yeguas por el viento céfiro; los campos Elíseos se identifican a veces con Andalucía. Comp. *Poesía original,* núm. 677, vv. 32-40: «Los caballos, ya se sabe: / de los que el céfiro engendra, / donde fue el soplo rufián / adúltero de las yeguas. / Todo el linaje de el Betis / y toda su descendencia, / primogénitos del aire, / mayorazgos de las yerbas»; Espinel, *Marcos de Obregón,* I, descanso 14, pág. 236: «se descubrieron aquellos fértiles campos de Andalucía, tan celebrada en la antigüedad por los Campos Elíseos, reposo de las almas bienaventuradas».

978 *gusto popular:* no apuramos el sentido.

979 *Belona:* diosa de la guerra.

987 *teatros:* en cinco partes del trayecto había tablados donde representaron piezas teatrales cinco autores de comedias (Morales, Antonio de Prado, Vallejo, los Valencianos y Valdés); en llegando el palio con el rey y el príncipe cesaban la comedia y hacían bailes: véase la *Relación de lo sucedido en esta corte sobre la venida del príncipe de Inglaterra,* cit. por Gentilli, nota al pasaje en su edición, pág. 183.

988 *el alegría:* el artículo femenino *el,* procedente del latín *illam,* se usa corrientemente en la lengua clásica ante palabras que empiezan en *a-.*

991 *librea:* «Vestuario uniforme que los reyes, grandes, títulos y caballeros dan [...] a sus guardias, pajes y a los criados» *(Aut.).* Comp. *Quijote,* II, 43: «Toma con discreción el pulso a lo que pudiere valer tu oficio, y si sufriere que des librea a tus criados, dásela honesta y provechosa más que vistosa y bizarra»; Quevedo, *Poesía original,* núm. 514, v. 3: «tela fina en lacayos fue librea»; *Sueños,* pág. 175: «tanta carroza cargada de competencias al sol en humanas hermosuras, y gran cantidad de galas y libreas».

a quien seguimos, casi semejantes,
los dos ministros de los dos Atlantes.
Esperaban —y entonces la mañana
malogros de la tarde solicita—   995
la reina, que es la flor más soberana
y la inmensa beldad de Margarita,
el laurel y la púrpura romana
de sus hermanos, cuando el sol se quita
y trémulas bajaron, aunque bellas,   1000
para ser luminarias las estrellas.
El cielo quiera dar prósperos fines
a aquesta ación, y vuelva agradecido
Carlos a los servicios y festines
que en todo este palacio ha recebido.   1005
Ya vieron ese parque, esos jardines,
las lanzas y estafermos que han corrido
y a la costumbre, al fin, de las Españas

---

993 *dos ministros:* el propio Valisero (Olivares) y el duque de Buckingham.
994-995 'La mañana solicita malogros de tarde, porque al aparecer la reina, bella como el sol, la misma mañana palidecerá como si fuera el atardecer, declinará la luz matinal en comparación con la reina'. Esta reina que aparece aquí incoherentemente desde el punto de vista de la acción dramática obedece a la alusión histórica: es Isabel de Borbón. No se vuelve a mencionar en la obra porque no hay papel para la reina en la trama.
997 *Margarita:* en la realidad histórica la infanta no participó en esta entrada solemne, mostrando su renuencia a las bodas proyectadas, aunque sí participó en otros actos festivos en honor de Carlos.
999 su hermanos ms.; su hermano Artigas, Astrana; alude al cardenal infante («púrpura romana») don Fernando de Austria (hermano de Felipe IV), y al infante Carlos.
1001 la Estrellas ms.
1007 *lanzas y estafermos:* juegos de destreza militar y cortesana; *estafermo:* «Es una figura de un hombre armado, que tiene embrazado un escudo en la mano izquierda y en la derecha una correa con unas bolas pendientes o unas vejigas hinchadas; está espetado en un mástil, de manera que se anda y vuelve a la redonda. Pónenle en medio de una carrera, y vienen a encontrarle con la lanza en el ristre, y dándole en el escudo le hacen volver y sacude al que pasa un golpe con lo que tiene en la mano derecha, con que da que reír a los que lo miran. Algunas veces suele ser hombre que se alquila para aquello. El juego se inventó en Italia, y así es su nombre italiano, sta fermo, que vale está firme y derecho» (Cov.).

quiso su majestad jugar las cañas.
Los clarines, que son liras de Palas, 1010
se oyeron con horrísonos clamores
cuando el mayo pasmó viendo las galas
de quien pudo admirar y copiar flores.
Allí los ojos de Argos y las alas
del Fénix han cedido sus colores, 1015
y en esa insigne plaza y breve esfera
desprecios padeció la primavera.
De los que eran al juego contrayentes
pasaron antes tropas separadas
de andaluces caballos y lucientes 1020
familias entre sí diferenciadas
a quien seguían de pieles diferentes
número de cometas animadas
que al céfiro debieron nacimiento,
al Betis cuna y hospedaje al viento. 1025
Eran todos del rey y los seguía
número de ministros, en el grado
desiguales, que de otra jerarquía
superior fue seguido y rematado;
con suma reverencia guarnecía 1030
este escuadrón y aquel el bruto alado,
de la persona tan severo y grave,

1009 *cañas:* parece referirse exactamente a las cañas del 21 de agosto, a las que dedica el poema 677 de *Poesía original,* ya mencionado. Véase también el núm. 723, dedicado al primer juego de cañas en estos festejos. Ruiz de Alarcón, con colaboración de otros ingenios, le dedicó un *Elogio descriptivo,* criticado por el mismo Quevedo en su *Comento contra setenta y tres estancias...*

1014-1015 *ojos de Argos, alas del Fénix:* imagen de lo colorido; los ojos de Argos, cuando este fue muerto por Mercurio, los colocó Juno en la cola del pavo real, de modo que «ojos de Argos» es metáfora de los colores del pavo real; el ave fénix se consideraba la más brillante y colorida de las aves.

1016 *plaza:* la Plaza Mayor de Madrid.

1021 *familias:* en el sentido de 'conjunto de servidores' de los nobles.

1023-1025 *cometas:* imagen para los caballos andaluces, del Betis, engendrados en las yeguas por el viento céfiro, veloces como el mismo viento, según se ha anotado ya.

que da a entender que a lo que sale sabe.
Cuando la puerta que antes el oriente
saluda de la luz que viste el día   1035
de tanta majestad se vio luciente
que a pesar de la tarde amanecía,
en uno y otro aplauso de la gente
vencida la atención de la alegría,
bien que en confusa voz, el regocijo   1040
viendo asomar al rey, «Víctor», le dijo.
De un bizarro alazán la espalda oprime,
que fogoso los vientos estrapaza
sin desmentir, si en el manejo gime,
del céfiro andaluz la noble raza;   1045
apenas mano o pie ligero imprime
la breve huella en la arenosa plaza,
dándole, si lo ajusta o si le bate,
el freno ley, impulso el acicate.
Despide el rey la caña y luego, dando   1050
los ojos a la espalda, al mundo muestra
que es sol, que es luz esférica, y cambiando
las manos los oficios, en la diestra
pone el gobierno de las riendas cuando,
abreviado en la adarga, la siniestra   1055
lo asegura y lo cubre, así que en vano
fuera blanco de ejército africano.
El arte culto, el aire no aprendido,
así la lengua de la Fama encarga
a extranjeros y propios, repetido   1060

1034 *puerta que antes el oriente:* Felipe IV entró a la plaza por la puerta oriental, que da a la calle de Atocha.

1042 *alazán:* de color rojizo; eran considerados caballos de gran categoría «Alazán tostado, antes muerto que cansado» (Correas, refrán 1961).

1055 *abreviado en la adarga:* recogido detrás de la adarga que sujeta ahora con la mano izquierda, mientras ha cogido las riendas con la derecha, que antes había usado para tirar la caña. Son todo rasgos del dominio que tiene el rey del caballo y el ejercicio de las cañas.

1058 *no aprendido:* el oficio del rey y sus destrezas no las aprenden; son infusas en los reyes.

	de todos: «Dete el cielo vida larga».	
	Córdoba cuerpo y pies tales no vido,	
	Orán no celebró más firme adarga,	
	y a no ser imposible el imitalle,	
	Euro corría tras él por alcanzalle.	1065
CONDE.	Gran fiesta, y a vuexcelencia	
	le da el decirla contento.	
MARQUÉS.	Dame vida, dame aliento	
	ver del rey la suficiencia.	
CONDE.	Goce su edad sin desvelo,	1070
	pues vuexcelencia trabaja.	
MARQUÉS.	Pudiera el rey con ventaja	
	a mí, a su padre y abuelo	
	aventajar en razón	
	de entender y despachar.	1075
CONDE.	Sí, mas no se ha de cargar	
	esa buena inclinación.	
MARQUÉS.	Al duque de Sartabal	
	se llevó el cielo, y así	
	ha vuelto a cargar en mí	1080
	un trabajo sin igual.	
	Las consultas me entregó	
	el rey: ya me ha aprisionado.	
CONDE.	Pensiones son del privado:	
	su majestad acertó.	1085

1061 *vida larga:* comp. *Relación de las fiestas reales*, cit. por Gentilli (pág. 187): «corrió su majestad mejor que todos [...] alzó la voz la plaza diciendo: "Viva su majestad muy largos años"».

1065 *Euro:* «Viento que los latinos llaman vulturno, vulgarmente se llama jaloque» (Cov.); es decir, 'viento', el rey iba más veloz que el viento.

1066 vexelencia Artigas, Astrana, Blecua, Gentilli, sin resolver la abreviatura.

1071 vexelencia Artigas, Astrana, Blecua, Gentilli.

1084 *pensiones:* 'pena, coste, obligación'. «Metafóricamente se toma por el trabajo, tarea, pena o cuidado, que es como consecuencia de alguna cosa por el que le logra, y la sigue inseparablemente» *(Aut.)*. Comp. *Criticón*, II, pág. 199: «Falta la gracia —dijo el gran Padre celestial—: serás hermosa, pero con la pensión de tu flaqueza»; *Criticón*, II, pág. 357: «Leyéronle las leyes y pensiones de su cargo, que decían: la primera, no ser suyo, sino de todos...».

	Vuexcelencia me ha debido,	
	demás de mucha afición,	
	haber, en grande ocasión,	
	sus aciones defendido;	
	porque el duque...	
MARQUÉS.	Paso, paso,	1090
	dígame vueseñoría	
	el error o culpa mía	
	que por descuido o acaso	
	cometí, porque lo enmiende;	
	pero no me diga el nombre	1095
	o señas, jamás, del hombre	
	que mormurando me ofende,	
	porque decirme la ación	
	me basta para castigo,	
	mas decirme el enemigo	1100
	es ponerme en ocasión	
	de odio, enojo y sentimiento.	
CONDE.	La mormuración ha sido	
	que por su culpa han subido	
	los precios de todo.	
MARQUÉS.	Siento	1105
	que hombre de discurso sano	
	incurra en esos errores.	
	Ministros inferiores	
	tiene el rey, por cuya mano	
	pasa ese gobierno, y más	1110
	que esos tan comunes daños	
	no proceden de estos años:	
	su corriente traen de atrás.	
	El pueblo tenga paciencia,	
	porque a daños que han traído	1115

1086 ma ha deuido ms.; «Vexelencia» Artigas, Astrana, Blecua, Gentilli.

1091 useñoría Gentilli; interpretamos, como en otros casos, la abreviatura.

1113 *atrás:* Felipe IV, cuando entró a reinar, encontró que las rentas que no estaban enajenadas a perpetuidad estaban ya gastadas hasta el año 1627. Véase Roncero, 2000, pág. 144, o *El chitón de las tarabillas* de Quevedo.

                    los tiempos no se ha podido
                    dar remedio con violencia.
                    Tiempo al tiempo se ha de dar;
                    y cuando de este accidente
                    tuviera culpa el presente,   1120
                    yo ¿qué puedo remediar?
                    ¿Por ventura mi tesoro
                    es causa del común daño?
                    ¿Recibo, vendo o engaño?
                    También yo estos males lloro.   1125
                    Bien mi nombre me disculpa:
                    Vali-sero; valí tarde
                    dice mi título; aguarde
                    el pueblo sin darme culpa.

(Dice un PORTERO *recio a la puerta del vestuario, como que habla con los de adentro.)*

PORTERO   Esperen, que audiencia habrá.   1130
MARQUÉS.   ¿Qué es eso?
PORTERO   Si vuexcelencia
            hoy tiene de dar audiencia
            preguntan.
MARQUÉS.   Sí.
CONDE.   Tiempo es ya.
MARQUÉS.   Conde de Castelomar,
            como obremos bien nosotros   1135
            y estén las culpas en otros
            dejémoslos mormurar.

(Vase el CONDE *y sale el* ALMIRANTE.*)*

1116 han podido ms.
1127 *Vali-sero:* juego de disociación con la palabra latina *sero:* 'tarde'.
1129 acot. *recio:* 'en voz alta'.
1131 Vexelencia Artigas, Astrana, Blecua, Gentilli; desarrollamos lo que interpretamos como abreviatura.
1134 Castelamar ms.

ALMIRANTE.	Marqués, si la fineza del diamante
	se resiste al buril, no de otra suerte
	el que es varón magnánimo y constante 1140
	en el bien y en el mal ha de estar fuerte.
	Mostrar debe un aspecto y un semblante
	a la próspera vida y a la muerte;
	buril es para el hombre la Fortuna,
	que labrándole va desde la cuna. 1145
	De la mano de Dios procede todo,
	el mal y el bien reparte con su mano;
	vida dulce espiró en el frágil lodo
	haciéndole viviente soberano,
	su mano le quebró del mismo modo, 1150
	y así debe el prudente y el cristiano
	recebir los trabajos mientras vive
	con la misma igualdad que el bien recibe.
MARQUÉS.	¿Está el rey malo acaso? ¿Es esta nueva
	la que aguardo? ¿Cayó acaso corriendo? 1155
	Que si en este trabajo no me prueba
	Fortuna, los demás por él le ofrendo.
ALMIRANTE.	Antes que el rayo de mi voz se atreva
	a fulminar tu espíritu, pretendo
	que el trueno te prevenga en el desmayo, 1160
	porque menos efecto haga el rayo.
	El curso de la vida es una fuente
	que anhelando con ansias de ser río
	tan apriesa duplica su corriente,
	que sufre en sus espaldas un navío. 1165
	Otra camina a paso negligente
	y apenas llega a su sepulcro frío,
	y alguna tan vecina del mar nace
	que en viendo luz en sus espumas yace.
	Destas últimas es la fuente hermosa 1170
	hija que de ese pecho ha promanado;

1141 Omitido en Artigas y en Astrana, que anota su falta.

1148 *espiró:* según el *Génesis,* Dios inspiró en un muñeco de barro el soplo de la vida.

1152 *trabajos:* 'penalidades'.

                            al alba se cortó la blanca rosa
                            que apenas a tres lustros ha llegado:
                            el único heredero —¡oh lastimosa
                            acción de la desdicha! ¡Oh ley del hado!— 1175
                            Murió tu hijo; en un caballo fuerte
                            corrió para alcanzar su misma muerte.
                            Relámpago andaluz, monte de hueso,
                            tropezando en su misma ligereza,
                            sufrir no pudo aquel amable peso. 1180
                            ¡Oh frágil, oh mortal naturaleza!
                            De la invidia fue parto aquel suceso,
                            al sol precipitó de la belleza,
                            que de alma racional desamparada
                            lo que ayer todo fue se abrevia en nada. 1185
MARQUÉS.   ¡Válganme los cielos, y hayan
                            en tanto dolor clemencia!
PORTERO   Ya no puede haber audiencia.
                            ¡Váyanse todos!
MARQUÉS.   No vayan.
                            Súfrase el dolor en tanto 1190
                            que yo cumplo con mi oficio;
                            acudamos a el servicio
                            del rey primero que al llanto.
                            Entren todos.
ALMIRANTE.   ¡Gran valor!
                            No vi más heroico celo. 1195

(Vase. Salen tres, de audiencia.)

MARQUÉS.   Tened paciencia, consuelo;
                            disimulemos, dolor.
1.º   Yo soy Arnesto, un soldado
                            que ha servido en Lombardía
                            y con una compañía... 1200

1176 *murió tu hijo:* la hija de Olivares murió el 30 de julio de 1626. En la comedia es un hijo del valido el que muere de una caída del caballo.

MARQUÉS.	¿Vuesamerced ha hablado a su majestad?
1.º	Señor, no hasta agora.
MARQUÉS.	Siendo así, ¿de qué importa hablarme a mí? Al rey, deidad superior, se ha de suplicar primero, que el dueño de todo es; mi recuerdo entra después con los papeles.
1.º	No quiero cansar más a vuexcelencia; hablaré a su majestad.

(Vase.)

MARQUÉS.	Piedad, ¡oh dolor!, piedad. Paciencia, cielos, paciencia.
2.º	Señor marqués, yo he servido en Nápoles.
MARQUÉS.	Es verdad, bien lo sé.
2.º	Su majestad con este me ha remitido a vuexcelencia.
MARQUÉS.	Me place; acordarelo y haré cuanto pudiere.
2.º	Bien sé que si lo que puede hace vuexcelencia, que contento seré presto.

1205

1210

1215

1220

1210 vexelencia Artigas, Astrana, Blecua, Gentilli; pero en v. 1201 «Vssamerced» transcriben «vuesamerced», como nosotros; nos parece que es la misma abreviatura para otras formas de tratamiento y desarrollamos en todos los casos.
1218 vexelencia Artigas, Astrana, Blecua, Gentilli.
1222 vexelencia Artigas, Astrana, Blecua, Gentilli.

MARQUÉS.	Le prometo
	que tiene rey tan discreto
	y, aunque liberal, atento, 1225
	que aunque el Consejo replique
	que uno mercedes merece,
	si justo no le parece,
	y aunque yo se lo suplique,
	no lo ha de hacer por mí. 1230
2.º	Vuexcelencia de ese modo
	se escusa; dueño es de todo.
MARQUÉS.	Dueño no, ministro sí;
	no me hable en tal lenguaje
	vuesamerced y haré 1235
	cuanto pudiere.

(Vase el 2.º)

                        Ya sé
que es peregrino linaje
de tormento el encubrir
la pena y el sentimiento.
¡Oh reprimido tormento,   1240
ya no te puedo sufrir!

(Llega el 3.º)

MARQUÉS.	Señor capitán, no tiene
	que cansarse: ya ha salido
	su despacho.
3.º	Agradecido
	vengo a esos pies.
MARQUÉS.	Si a eso viene, 1245
	gracias solamente dé
	a Dios y a su majestad,
	que su heroica voluntad
	solamente ejecuté.

1231 vexelencia Artigas, Astrana, Blecua, Gentilli.

3.º	Su intercesión y favor de vuexcelencia...	1250
MARQUÉS.	Provecho ni daño en esto le he hecho.	

(Vase el 3.º)

	¿Quedan otros?	
PORTERO	No, señor.	
MARQUÉS.	Cierra, pues.	

(Vase el PORTERO.)

Agora, agora
podéis embestir, pesares; 1255
vengan piélagos y mares
de lágrimas; mas quien llora
en sus ansias las mejora,
porque exhalado el dolor
a manera de vapor, 1260
queda el pecho sin enojos.
Siendo así, no lloréis, ojos,
será el tormento mayor.
¿Para qué, Fortuna escasa,
me diste dichosa suerte 1265
si me ha quitado la muerte
la sucesión de mi casa?
Si esto lloro, si esto pasa,
¿dónde subir, pensamientos?
¿Por qué trepáis en los vientos 1270
al cóncavo de la luna?
¿De qué sirve mi fortuna?
¿Para quién son mis augmentos?
Llevose el cielo la rosa
hija de esta humilde planta; 1275
a un tiempo el rey me levanta

1251 vexelencia Artigas, Astrana, Blecua, Gentilli.

             y me derriba invidiosa
             la muerte: no es otra cosa
             que una exhalación mi suerte.
             Relámpago ha sido fuerte   1280
             mi gloria, sin duda alguna;
             el trueno fue la fortuna,
             el rayo ha sido la muerte.
             Adiós, siempre malogrado
             anhelo de más crecer,   1285
             que es forzoso obedecer
             a golpe tan declarado.
             Con uno solo ha quitado
             el cielo cuanta ocasión
             pudo cebar la ambición   1290
             y ser disculpa a la culpa,
             y así pecar sin disculpa
             fuera pecar sin perdón.
             No temáis, corazón, vos;
             hasta agora al rey serví   1295
             por Dios, por él y por mí;
             ya por el rey y por Dios
             me he de fatigar; los dos
             solo serán mi cuidado
             y seré el primer privado   1300
             que por solo este interés
             ponga grillos a sus pies,
             ponga espuela a su cuidado.

(Sale un AYUDA DE CÁMARA.*)*

AYUDA   A vuexcelencia le invía
             este el rey.
MARQUÉS.   Gracias al cielo;   1305
             que este es el mayor consuelo
             que tendrá la pena mía.

1277 imbidossa ms.
1304 vexelencia Artigas, Astrana, Blecua, Gentilli.

(Lee.)

> «A consolarte no voy
> en la pena con que estás,
> por no enternecerte más,   1310
> porque infinito lo estoy.
> Temprano, marqués, es hoy
> para aliviar tu tormento;
> parte de tu sentimiento
> conmigo y esperaremos   1315
> que templen justos extremos
> mi amor y tu entendimiento».
> Vengáis, papel, norabuena;
> en vos mi consuelo fundo
> pues el mayor rey del mundo   1320
> me ayuda a sentir mi pena.

(Vase. Salen SERAFINA *y* PORCIA.*)*

SERAFINA.   Ignorando los enojos
           del rey los temo de suerte
           que no me espanta la muerte
           como la ira de sus ojos.   1325
           Mas ¿qué mucho?; es sol, y así
           me causa melancolía
           que para todos es día
           y tinieblas para mí.
PORCIA.   Enojo no puede ser,   1330
           aborrecimiento ha sido,
           aunque parece ofendido
           el que llega a aborrecer.
           Mas pienso que esto no es
           sino olvido solamente   1335
           y tu corazón lo siente
           por la mudanza que ves.

1312 es oy corregido sobre otras palabras escritas antes («que ay») en el ms.
1318 «papel en buen ora», corregido luego como queda en el ms.

(Sale VIOLÍN.)

VIOLÍN.	Yo he hecho lo que he podido
	pero no lo que vos habéis querido.
	Señora Porcia, es en vano
	buscar con porte o sin porte
	en toda esta inmensa corte
	un retrato transilvano.
	Está acabado el lugar
	de retratos y me pesa,
	que ha sido tanta la priesa
	de las Porcias a buscar
	retratos, que no hallarán
	alguno por un rubí;
	uno me dan del Sofí
	y otro del Gran Tamorlán.
	Vuestras dos señorías vean
	por cuál les da parasismo,
	que en retratos es lo mismo
	que se digan o que sean.
	A mí me han dicho que tengo
	de transilvano aparato;
	ved si queréis mi retrato.
PORCIA.	¿No ves que no me entretengo
	con chistes que son tan rudos?
VIOLÍN.	Aunque lo callo lo veo.

1340
1345
1350
1355
1360

1350-1351 *Sofí, Tamorlán:* sofí: «Título que hoy se da comúnmente a los reyes de Persia» *(Aut.);* Tamerlán: «Tamorlán y corruptamente Taborlán, y en su verdadera pronunciación Tamerlán. Este fue un valeroso tirano, el cual se hizo cabeza de los tártaros, gente bárbara, dichos tamerlanes, de donde él tomó nombre» (Cov.). Se trata de dos menciones ridículas de Violín a propósito de los retratos principescos.

1353 *parasismo:* «Accidente peligroso o cuasimortal en que el paciente pierde el sentido y la acción por largo tiempo» *(Aut.).*

1358 ved, si queréis, mi retrato Gentilli, como Artigas, Astrana y Blecua, con puntuación que falsea el sentido. Violín no les dice que miren, si así lo desean, su retrato (él no enseña ningún retrato suyo). Se burla de los retratos que quieren ver ellas y les ofrece varias posibilidades para que elijan: «ved si queréis» significa 'decidíos, considerad, y decidme si queréis que os traiga mi retrato'.

SERAFINA.   Violín, que trates deseo
            en géneros más agudos.
VIOLÍN.   Cierto fraile fue llamado
            para que su bien decir   1365
            bien ayudase a morir
            a un enfermo desahuciado.
            Dos noches de dilación
            tuvo el fin, y cuando daba
            un rato al sueño, llegaba   1370
            el hermano motilón,
            a quien dulzuras pidió
            que ir repitiendo el paciente
            al Cristo que era presente,
            y el motilón respondió: 1375
            «Esta divina presencia
            es comida dulce y varia,
            es almíbar de Canaria,
            es azúcar de Valencia,
            miel de la Alcarria en naciendo,   1380
            es turrón y manjar blanco,
            es arrope de Polanco».
            Mas al caso respondiendo,
            para que te satisfagas
            de agudezas traigo hechas   1385
            agujas, punzones, flechas,

1371 *motilón:* «El fraile que está todo motilado por igual, sin señal de corona, por no tener ni aun prima corona» (Cov.). El motilón o lego es la ínfima categoría en los grados religiosos; una especie de criado. Comp. *Estebanillo,* I, pág. 210: «Era esta diosa [...] medio motilona o picaseca de la compañía, porque no hacía en ella más de una parte, que era cantar».

1372 *dulzuras:* el grosero motilón lo interpreta literalmente y de ahí las menciones chistosas del almíbar, miel, etc.

1381 *manjar blanco:* «cierta suerte de guisado, que se compone de pechugas de gallina cocidas, deshechas con azúcar y harina de arroz, lo cual se mezcla y mientras cuece se le va echando leche y después de cocido se le suele echar agua de azahar» *(Aut.).* Comp. Alemán, *Guzmán,* pág. 832: «Dejemos esta gente non santa, de quien lo que más en grueso se puede sacar es un pastel de a real o dos pellas de manjar blanco»; *Estebanillo,* I, pág. 214: «me daba [...] empanadas y pellas de manjar blanco».

                    alesnas, judíos y dagas.
                    Pero este el retrato es
                    del transilvano; las dos

(Dale un retrato.)

                    le desmenuzad, y adiós,   1390
                    que voy a ver al marqués.
PORCIA.   ¿Comes con él?
VIOLÍN.   Más dichoso
                    fuera en casa de un figón.
PORCIA.   ¿Por qué?
VIOLÍN.   Porque su porción
                    es un caballo rijoso   1395
                    y no sufre ancas. Más barato
                    y mejor fuera ayunar.
                    Yo vi hidalgo de lugar
                    comer con más aparato.
                    Un refetorio es su mesa   1400

1387 *alesnas:* leznas, instrumento de zapatero para coser los zapatos; *judíos:* no creemos que haga al caso la mención de Gentilli de la bestia Behemot; alude al tópico de la agudeza de los judíos, jugando con los sentidos literales y figurados de la agudeza. Véase Herrero (1966, pág. 607) donde cita este texto de Lucas Hidalgo: «Un galán harto discreto, aunque dotado de cierta raza, que por la mayor parte hacen matrimonio los nietos de Jacob con la sutileza del ingenio».

1393 *figón:* 'figonero, hostalero, bodegonero'.

1395-1396 *rijoso:* «Rijoso, el que siempre está aparejado para reñir. Caballo rijoso, el inquieto, particularmente cuando ven las yeguas, y siempre se lleva mal con los otros caballos» (Cov.); estos caballos no permiten a nadie en las ancas y de ahí el juego de palabras con la frase hecha «no sufrir ancas» alusiva a la moderación de la comida del privado: «No sufre ancas. Decimos esto de las personas de dura condición, como de algunas cabalgaduras y de olla, comida o cena que no puede admitir compañero» (Correas, refrán 16883); «No son, ni sufre ancas. Dícese de la olla y comida ordinaria para admitir otro» (Correas, refrán 16862); «Las traseras de los caballos y mulas llamamos ancas por la semejanza de las del hombre. Y algunas bestias maliciosas, que no sufren vayan sobre ellas, decimos que no sufren ancas; y transfiérese a la comida, cuando es tan corta la ración que no puede sustentar a dos se dice que no sufre ancas» (Cov.).

1398 «del lugar», tachada la ele primera; *hidalgo de lugar:* 'hidalgo de un pueblo pequeño'; *lugar:* 'población pequeña'.

	pero no hay taza sin pie,
	mas a pedirle voy...
PORCIA.	¿Qué?
VIOLÍN.	Dificultosa es la empresa,
	si tú, industria, no me vales.
SERAFINA.	¿Con tanta escaseza vive? 1405
VIOLÍN.	¿Qué ha de dar quien no recibe
	sino pena y memoriales?

(Vase.)

PORCIA.	Hablar oigo al rey; él viene.
SERAFINA.	Dame el retrato y lugar
	de que pueda averiguar 1410
	qué enojos son los que tiene.

(Vase [PORCIA]. Siéntase SERAFINA y hace que duerme, puesta la mano en el rostro. Salen el REY y el ALMIRANTE.)

ALMIRANTE.	En fin, señor, cuando supo
	el tránsito de su hijo
	el semblante entristeció
	con tanto valor y aviso 1415
	que apenas vi su tristeza,
	y tan dado a tu servicio
	prosiguió con los negocios
	que como si sucedido
	no hubiera tan triste caso 1420
	—¡raro ejemplo de ministro!—
	comenzó la audiencia viendo
	la gente que hablarle quiso
	y luego, en lo retirado,
	aunque ellos lo han resistido 1425
	sabiendo el caso, escuchó
	tres embajadores; hizo

1404 *industria:* 'ingenio, maña, diligencia'.
1415 *aviso:* 'discreción, sensatez'.

	antes de comer dos juntas	
	con los que por proprio oficio	
	tienen tomar tus gabelas	1430
	y anticipar sus corridos,	
	con que dicen que el socorro	
	para Calabria previno,	
	que es provincia, como Flandes,	
	donde como a Federico	1435
	los rebeldes movimientos	
	te ocupan acá, y ha sido	
	medio de conducir gente	
	para Milán a tu primo	
	el duque Esforcia, en la guerra	1440
	que tiene con sus vecinos.	
Rey.	Estoy tierno del trabajo	
	del marqués, porque no ha visto	
	el mundo mejor criado.	
	Vete, almirante.	

(Vase el Almirante.)

               Dormidos   1445
dos linces he visto allí;
el sueño, ladrón esquivo
de la mitad de la vida,
invidioso o atrevido

1430-1431 *gabelas, corridos:* se refiere a los asentistas y negociantes a los que se daban concesiones para recoger ciertos impuestos (gabelas) y adelantaban dinero a la corona *(corridos:* 'intereses ya devengados'). Los asentistas hacían «contrato con el rey o la república sobre las rentas reales u otras cosas, como provisiones de ejércitos, armadas, plazas y otros negociados» *(Aut.);* cfr. *Buscón,* pág. 182: «un hombre de negocios rico, que hizo agora tres asientos con el rey»; *Sueños,* págs. 125-126: «Llegaron tres o cuatro ginoveses ricos pidiendo asientos, y dijo un diablo: —¿Piensan ganar ellos? Pues esto es lo que les mata. Esta vez han dado mala cuenta y no hay donde se asienten, porque han quebrado el banco de su crédito».

1446 *linces:* 'ojos'; era proverbial la aguda vista del lince. Suárez de Figueroa, *Pasajero,* pág. 63: «Habeisme parecido lince sutil de mi pensamiento, pues de tal manera penetraste mi inclinación como si fuera vuestra».

>   sirve de nube a sus soles　　　　　1450
>   y ellos, dueños de sí mismos,
>   vuelven sus luces al alma
>   que fue su hermoso principio.
>   Si imagen llaman al sueño
>   de la muerte, ¿cómo miro　　　　　1455
>   en el retrato belleza
>   si al original, impío,
>   borra siempre los colores
>   más hermosos y más vivos?
>   Pero la muerte en su ensayo　　　　1460
>   con la vida ha competido,
>   que hay beldad a quien la Parca
>   ha muerto y no deslucido.
>   Que no es mortal su hermosura
>   este sueño nos ha dicho,　　　　　1465
>   pues no la vence la muerte,
>   que inexorable deshizo
>   toda fábrica mortal.
>   ¿Mas qué es esto? ¿Así resisto
>   mis afectos? Mas ¿qué importa?　　1470
>   Que cuando una cosa admiro
>   ni me ofendo ni la quiero.

1450 *soles:* los ojos de la dama.

1454-1455 *sueño imagen de la muerte:* el sueño es imagen o hermano de la Muerte en la tradición mitológica. Es motivo tópico. San Agustín escribe que el sueño de la muerte vendrá, quiérase o no (sermón 93, 8); o sermón 98, 2; *id.*, 361, 10 donde compara al dormir con el morir y al despertar con el resucitar; 362, 29. En su *Genealogía de los dioses paganos,* Boccaccio señala que el Sueño es el decimoséptimo hijo del Erebo, y la Muerte la decimoctava hija del Erebo, y lo mismo en Pérez de Moya, *Filosofía secreta,* Libro VII, cap. X: «El Sueño es hijo de la Noche y hermano de la Muerte»; comp. Quevedo, *Poesía original,* núms. 875, vv. 865-868: «El hermanillo de la Muerte luego / se apoderó de todos sus sentidos, / y soñoliento y plácido sosiego / los dejó sepultados y tendidos»; 398, vv. 5-6: «Pues no te busco yo por ser descanso, / sino por muda imagen de la muerte» (poema «Al sueño»), y ya en el soneto XVII de Garcilaso, 9-11: «Del sueño, si hay alguno, aquella parte / sola que es ser imagen de la muerte / se aviene con el alma fatigada», entre muchos textos clásicos y modernos; Zabaleta, *Día de fiesta por la mañana,* ed. Cuevas, pág. 163: «El sueño necesario es imagen de la muerte, pero el sueño excesivo es la muerte misma».

	Mas si no me engaño miro	
	en sus manos un retrato.	
	La primera vez que invidio	1475
	a nadie es esta; mas no,	
	no es invidia, mal he dicho.	
	Si el rosicler a los cielos,	
	si a la pureza el armiño,	
	si lo cándido a la nieve	1480
	mis afectos han seguido,	
	¿por qué envidioso me culpo?,	
	¿por qué celoso me estimo?,	
	¿por qué libre no me voy?,	
	¿qué burlas o veras finjo?	1485
SERAFINA.	*(Aparte.)* (Mirándome está, y parado;	
	mal penetro sus disignios.)	
REY.	La curiosidad lo causa	
	y no pasión; yo le quito	
	el retrato y se lo trueco	1490
	con este que me han traído	
	del príncipe transilvano.	
	Si despierta va perdido	
	el pasado vencimiento.	
SERAFINA.	*[Aparte.]* (Lince es el sueño que finjo.)	1495
REY.	¡Caso notable! He tomado	
	en este el retrato mismo	
	que le di del transilvano.	
	¿Es ilusión o es prodigio?	
	No es sino que la razón	1500
	desta suerte me ha advertido	
	que ni lleve nada suyo	
	ni le deje nada mío.	

1479 *armiño*: símbolo de la pureza y limpieza; «Dicen deste animalito que si al rededor de donde tiene su estancia lo cercan de barro, estiércol o cosa que se haya de ensuciar, se deja primero tomar del cazador que manchar su piel. [...] Para encarecer la blancura de alguna cosa decimos ser blanca como un armiño» (Cov.).

1486-1487 Gentilli no transcribe la acotación, pero señala el aparte con paréntesis.

SERAFINA.	¡Jesús! ¿Vuestra majestad	
	hurta a los que están dormidos?	1505
	¿Águila tan remontada	
	a un retrato se ha abatido?,	
	¿rey tan severo y tan grave,	
	por quien se ven excedidos	
	los Trajanos y los Nervas	1510
	en lo cuerdo y en lo altivo,	
	quien tiene con el imperio	
	tan suspensos los sentidos	
	que por no escuchar remite	
	y lee por no ver, ha visto	1515
	un breve naipe? Señor	
	[Aparte.] (he de vengarme), suplico	
	a tu majestad me vuelva	
	lo que no es suyo y es mío.	
REY.	Serafina, si los reyes	1520
	son unos imperios vivos,	
	de infinitos acechados,	
	de pocos comprehendidos,	
	no culpéis sin oír. Lo oscuro	
	deste aposento sombrío	1525
	y el embozo que la mano	
	hacía en vuestro rostro mismo	
	me trocaron el sujeto	
	a los ojos: desvaríos	
	de la vista fueron. Yo	1530
	por la infanta os he tenido	
	y por eso descompuse	
	mi autoridad; no permito	
	a mi juventud errores.	
	(Aparte.) (Vencimos, valor, vencimos.)	1535

1510 los Taxanos ms. Trajano y Nerva son ejemplos de emperadores prudentes y sabios.

1516 *naipe:* cartoncillo en que se pintaban las figuras para el juego de cartas y hacían los retratos miniaturas.

1535 Gentilli no transcribe la acotación pero señala el aparte con paréntesis.

>   Con la infanta, me burlaba
>   y bien lo prueba el delito,
>   pues un retrato que ahora
>   de Transilvania ha venido,
>   pretendiendo de su agrado   1540
>   algunos breves indicios,
>   se le trocaba con otro
>   que pensé ser suyo o mío.
>   Mirad si para vos fuera
>   a propósito este brinco,   1545
>   cuando del de Dinamarca
>   abrazáis el patrocinio.
>   *[Aparte.]* (Valor, de victoria vamos.)

(Vase.)

SERAFINA.   Mi proprio daño examino,
            mi propria muerte pretendo,   1550
            mi proprio fin solicito;
            aunque oigo estos desengaños
            entro en nuevo laberinto.
            Este, aunque en otra materia,
            es aquel retrato mismo;   1555
            su descuido a mi cuidado
            tiene en extremo corrido;
            engaño fue de la vista,
            por la infanta me ha tenido:
            mal en despertar anduve,   1560
            porque durmiendo recibo
            favores en mi opinión
            que despierta hallo peligros.
            ¡Dura confusión! Engaño,
            yo quiero darme a partido: 1565

1545 *brinco:* «También llaman las damas brinco ciertos joyelitos pequeños que cuelgan de las tocas» (Cov.): 'joya, presente', aludiendo al retrato que le ha trocado.
1557 *corrido:* 'avergonzado'.
1565 *darme a partido:* 'rendirme'.

| | como el rey no tenga enojo
              mas que no tenga cariño. |

(Sale la INFANTA *y las damas que pudieren.)*

INFANTA.	Perdonara la visita
	del príncipe.
SERAFINA.	Yo no hallo
	cómo pudiera excusallo	1570
	su majestad.
INFANTA.	Solicita
	el príncipe en mí y el rey
	un imposible invencible,
	porque en mí será imposible
	consentir de ajena ley	1575
	ni un portero.
PORCIA.	Ya han llegado.

(Salen el REY, PRÍNCIPE *y* ALMIRANTE, *y otros.)*

INFANTA.	Hallará en mi corazón
	sobresalto y turbación.
	¡Dios cuide de mi cuidado!
	No he de miralle: los ojos	1580
	mi confusión mostrarán
	que si a Carlos se los dan
	él salvará estos enojos.
PRÍNCIPE.	*(Aparte.)* (Amor, turbado me siento;
	al encuentro de estos rayos	1585
	el alma siente desmayos,
	la voz está sin aliento.)

1567 «más que», acentúa Gentilli; es la frase «mas que», 'aunque', 'me conformaré con que el rey no esté enojado conmigo aunque no me tenga cariño'.

1568 *visita:* la primera visita oficial la hizo el príncipe a la infanta el 16 de abril de 1623.

1575 *ajena ley:* 'otra religión'. El inglés es para la infanta un hereje.

1584-1587 Gentilli no transcribe la acotación, pero señala el aparte con paréntesis.

Rey.	A verte el príncipe viene.
Infanta.	*(Aparte.)* (Ceremonias excusadas;
	¡oh, cuánto me sois pesadas!) 1590
Príncipe.	Viene a veros quien no tiene
	ya más que ver.
Infanta.	Vuestra alteza
	sea bien venido.
Príncipe.	Si hoy
	he llegado adonde estoy
	a contemplar la grandeza 1595
	de méritos soberanos,
	¿qué más dicha he de tener?
Infanta.	*[Aparte.]* (No le pienso responder
	a propósito.)
Príncipe.	Las manos
	me dé vuestra alteza.
Infanta.	Pienso 1600
	que no se ha de hallar muy bien
	en esta corte.
Príncipe.	Si quien
	llega a favor tan inmenso,
	término pone al deseo
	y al ansia más inmortal, 1605
	¿cómo puede hallarse mal?
Rey.	Turbada a la infanta veo.
Almirante.	No pienso que es turbación
	sino modestia forzosa
	y antipatía religiosa. 1610
Rey.	Oigamos otra razón.
Príncipe.	*(Aparte.)* (Gloria y tormento me ordena
	amor en sus ojos hoy.
	¿Cómo, si en el cielo estoy,
	puedo padecer tal pena? 1615
	¿Cómo, si es cielo la infanta,

1589-1590 Gentilli no transcribe la acotación, pero señala el aparte con paréntesis. No la consignan Artigas ni Astrana.

1612-1618 Gentilli no transcribe la acotación, pero señala el aparte con paréntesis.

	glorias en mis ojos siento	
	y en el corazón tormento?)	
	¿Vuestra alteza no levanta	
	los ojos a dar favor	1620
	al rey, de quien se desvía?	
INFANTA.	¿Es Dinamarca muy fría?	
PRÍNCIPE.	¡Si tuviese el resplandor	
	de dos soles, se hará	
	cándida Etiopía!	
INFANTA.	Aquí	1625
	más calor se siente.	
PRÍNCIPE.	Sí,	
	que vecino al sol está.	
ALMIRANTE.	La metáfora está buena.	
REY.	Extranjera gentileza.	
PRÍNCIPE.	Que vuestra alteza, señora,	1630
	se halle tan buena ahora,	
	nos da salud.	
INFANTA.	Vuestra alteza	
	¿qué ha sabido del rey?	
PRÍNCIPE.	*(Aparte.)* (Sé	
	que en vano mi venir fue.)	
	Que vuelva presto me ordena;	1635
	mas mi jornada depende	
	de diversa voluntad...	
INFANTA.	¿Cómo está su majestad?	
PRÍNCIPE.	*(Aparte.)* (Con cuidado no me entiende.)	
	Deseando una respuesta	1640

1625 *Etiopía*: lugar quemado por el sol, de negros habitantes. Es la acentuación usual en el Siglo de Oro para esta palabra.

1628 y ss. Hay varias lagunas en el texto, Gentilli pone línea de puntos y numera los versos faltantes. Nosotros solo numeramos los que hay; no es segura la extensión de la falta de texto. A partir de este momento nuestra puntuación difiere de la de Gentilli. La metáfora es la tópica de llamar soles a los ojos de la dama o sol a la misma dama.

1633-1634 Gentilli omite la acotación y los paréntesis del aparte.

1636 *jornada*: 'viaje'.

1639 Gentilli no transcribe la acotación, pero señala el aparte con paréntesis. Interpretamos 'no me entiende adrede, finge no quererme entender'.

| | del rey, a quien deseamos
| | por señor.
| REY. | Así os pagamos.
| INFANTA. | ¿Qué le pareció la fiesta
| | a vuestra alteza?
| PRÍNCIPE. | En ella
| | el más feliz rato tuve,   1645
| | porque atento imán estuve
| | del sol, no de ártica estrella.
| | Vi al rey tan galán y fuerte
| | que me causó invidia honrada.
| REY. | Fiesta extraña siempre agrada.   1650
| PRÍNCIPE. | *[Aparte.]* (Que ya soy largo me advierte
| | con mil señales; que soy
| | suyo dirá mi obediencia;
| | para dar gusto licencia
| | no se pide: yo me voy.)   1655

(Levántase el PRÍNCIPE *y hace una reverencia.)*

(Hase alegrado. Presumo
que ha de resolver amor
las esperanzas en flor,
mis pensamientos en humo.)
| REY. | Despidiole con silencio.   1660
| ALMIRANTE. | Respondió con no mirar.
| PRÍNCIPE. | *[Aparte.]* (¡Oh belleza singular!
| | Más tu desdén reverencio.)

(Vanse el REY *y todos los* HOMBRES.)

| PRÍNCIPE. | Serafina, no he ignorado
| | cuánto os soy deudor.

1655 acot. un reverencia ms.

1663 acot. Gentilli omite «príncipe», que viene en la acotación «Vanse el Rey, Principe, y todos los hombres»; Artigas, Astrana y Blecua lo mantienen en la acotación, pero el príncipe no se va; la acotación es errónea y Gentilli enmienda bien. El príncipe se va tras pronunciar el v. 1667.

SERAFINA.	Señor,	1665
	sois grande para deudor.	
PRÍNCIPE.	Siempre os estaré obligado. *[Vase.]*	
INFANTA.	Gracias a Dios que se fue.	
SERAFINA.	¡Que así el irse solemnices!	
INFANTA.	¿Es viejo o mozo?	
PORCIA.	¿Qué dices?	1670
INFANTA.	Cierto que no lo miré.	

(Vanse. Sale el MARQUÉS, *y habrá un bufete con recado de escribir.)*

MARQUÉS.	Aunque me retiro a ver	
	papeles, bien puede entrar	
	el que me quisiere hablar:	
	para todos he de ser.	1675
	Repartamos los sentidos:	
	dense atentos y fieles	
	los ojos a los papeles	
	y al que entrare los oídos.	

(Siéntase a ver los papeles y sale un portero, y VIOLÍN *con capuz y antojos.)*

1669 *solemnices:* 'celebres'.

1671 acot. *bufete:* «Mesa grande, o a lo menos mediana y portátil, que regularmente se hace de madera, o piedra, más o menos preciosa, y consta de una tabla, u dos juntas, que se sostienen en pies de la misma, u otra materia. Sirve para estudiar, para escribir, para comer, y para otros muchos y diversos usos» *(Aut.)*.

1679 acot. *capuz:* ropa de luto «a modo de capa cerrada por delante, que se ponía encima de la demás ropa y se traía por luto, [...] y tenía una cauda que arrastraba por detrás» *(Aut.)*. Comp. *Sueños*, págs. 285-286: «al viudo que, anegado en capuz de bayeta [...] e impedidos los pasos con el peso de diez arrobas de cola que arrastraba»; y el pasaje del entierro del Marqués del Gasto en el *Crótalon*, pág. 283; *antojos:* las gafas no solo eran utilizadas en el Siglo de Oro para mejorar la visión, sino por aquellos que tenían pretensiones de sabiduría e importancia, tal como indica Deleito y Piñuela, 1966, págs. 220-221: «Complemento ornamental del traje masculino solían ser los anteojos y los relojes. Los anteojos, aunque no fueran menester para la vista, daban empaque de distinción e intelectualismo. En *La Garduña de Sevilla* aparece el estudiante Jaime "calzándose unos anteojos grandes, requisito de poetas". En

Portero.	No se enojará. ¿Qué dudas?	1680
Violín.	Entremos juntos yo y vos	
	y así seremos los dos	
	uno Simón y otro Judas.	
Portero.	Vos sois el último.	
Violín.	Es cierto,	
	que un Judas fue despensero	1685
	y no quiso ser portero;	
	pero con razón advierto	
	que siendo cada día tantos	
	a los que abrís y cerráis,	
	de todos bienquisto estáis.	1690
	O sois bueno o ellos santos,	
	y así tengo por más llano	
	ser vos bueno que beatos	
	tantos hombres mojigatos.	
Marqués.	¿Quién es?	
Violín.	Un huérfano, hermano	1695
	de Violín el singular.	

El diablo Cojuelo, este y don Cleofás, para entrar en una Academia sevillana, se pusieron "dos pares de anteojos, con sus cuerdas de guitarra para las orejas" (forma de sostenerlos entonces)»; ya en la pág. 174 había explicado que estos anteojos «de cristal ordinario» eran habitualmente «grandes, redondos y con montura de asta, y constituían entre las gentes del gran mundo un diploma de distinción». Caracterizan a las dueñas, a los pedantes, a las viejas, a las figuras grotescas, etc. Comp. *Quijote,* II, 48: «tenía dos dueñas de bulto con sus antojos y almohadillas al cabo de su estrado»; anónima de *La ventura sin buscarla,* vv. 498-502: «Diose un pregón en la plaza / por el alcalde Zamudio: / que nadie fuese al entierro / sin antojos y ninguno / fue sin ellos a aquel acto».

1683 *Simón:* juega con el nombre del apóstol y el del portero de Olivares. Lo menciona Quevedo en el poema núm. 752, v. 133, como vigilante de la puerta de Olivares.

1685 *despensero:* Judas era el despensero de los apóstoles, y aparece en los textos satíricos como patrón de los despenseros. Véase *Sueños,* pág. 219: «veréis en la parte del infierno más hondo a Judas con su familia descomulgada de malditos dispenseros». Comp. *Poesía original,* núm. 172, v. 8 «ingrato despensero»; núm. 540, «A Judas Iscariote», v. 7: «Este fue despensero y sacerdote»; núm. 674, vv. 21-22: «No habrá en Madrid despensero / a Judas más obligado»; *Buscón,* pág. 93: «Yo era el despensero Judas, de botas a bolsa, que desde entonces hereda no sé qué amor a la sisa este oficio»; véase Vilar, 1978, págs. 108-109, para el motivo de Judas despensero.

1694 *mojigatos:* 'hipócritas'.

MARQUÉS.	¿Dónde está?
VIOLÍN.	No lo sé cierto. De enterralle vengo.
MARQUÉS.	¿Es muerto?
VIOLÍN.	¿Pues vivo había de enterrar a aquel ángel? ¡Qué pregunta!
MARQUÉS.	Y ¿de qué murió?
VIOLÍN.	De parto, y sin dejar solo un cuarto para misas de difunta.
MARQUÉS.	¿Qué es difunta, si hablas dél?
VIOLÍN.	A una parida tenía y la comadre decía: «¡Haga fuerza, apriete!», y él por sí mesmo lo entendió y con fuerzas tan valientes apretó manos y dientes que, en efecto, reventó.
MARQUÉS.	¡Jesús! ¿Que eso pudo ser? Cuanto tengo, cierto, diera porque vivo Violín fuera.
VIOLÍN.	Pues empiezo a recoger.

1700

1705

1710

1715

(Quítase los antojos y capuz.)

MARQUÉS.	Violín, muerto estoy. ¿Qué quiere tu gracia?
VIOLÍN.	Merced con fin.
MARQUÉS.	Pues pídela al rey, Violín, que yo haré lo que pudiere.
VIOLÍN.	Esa respuesta y doctrina aprendió un poeta de vos: hablaba un ángel con Dios en una farsa divina

1720

1697 El marqués pregunta dónde está Violín, y este, disfrazado, dice que no sabe (puede que en el cielo, puede que en el infierno).
1707 agra fuerza ms.; Gentilli enmienda «Ahora fuerza».
1723 *farsa divina:* una comedia de santos o auto sacramental.

	y para un alma pedía	
	que dejaba el mortal velo,	1725
	no menos cosa que el cielo;	
	y Dios Padre respondía:	
	«Sépase cierto si es muerta	
	que yo haré lo que pudiere».	
	Pero venga cuanto hubiere	1730
	en vuestro cuarto.	
MARQUÉS.	Concierta	
	el rescate. ¿Cien escudos	
	bastarán? ¿Es cosa poca?	
VIOLÍN.	Cerrarán la más vil boca	
	y harán hablar mil mudos.	1735
	¿Cosa poca? Serán santos.	
MARQUÉS.	Dénselos.	
VIOLÍN.	Y sean en oro.	
MARQUÉS.	Pues a fe que en mi tesoro	
	no me quedan otros tantos.	
PORTERO.	Vete, Violín, que el rey viene.	1740

(Sale el REY.)

MARQUÉS.	Venga en muchas horas buenas.	
VIOLÍN.	Di, rey, ¿por qué no despenas	
	a este príncipe, que tiene	
	cosas de Amadís de Gaula?	
	Entriégale a Margarita	1745
	que parecerá muy bien.	
REY.	¿Y al transilvano?	
VIOLÍN.	También	
	y deste enfado te quita;	
	porque es gran lástima vellos	

1725 *mortal velo:* el cuerpo. *Quijote,* I, 40: «Almas dichosas que del mortal velo / libres y esentas, por el bien que obrastes, / desde la baja tierra os levantastes / a lo más alto y lo mejor del cielo».

1735 En ms. se había escrito «muertos» que lee Artigas, y se corrigió encima «mudos»; en Astrana «cornudos».

1744 y ss. Aquí hay otra laguna de al menos tres versos.

	uno ausente y otro aquí;	1750
	y si no, dámela a mí,	
	pues tengo más tierra que ellos.	
Rey.	¿Cómo?	
Violín.	Vergüenza no tengo.	
Rey.	Así lo dice el refrán.	
	Salte de aquí.	
Violín.	¿Soy yo can?	1755

(*Vase.*)

Rey.	Marqués, con cuidado vengo;
	mucho el príncipe desea
	brevedad y buen despacho.
	¿Qué se ha resuelto en la junta?
	¿Qué en el Consejo de Estado? 1760
Marqués.	Los diversos pareceres,
	señor, ya los has notado,
	y si me engaño en el mío,
	no con la intención me engaño.
	Católico rey que hizo 1765
	con otro de ley contrario
	amistad o parentesco

1754 *refrán:* comp. Cov.: «hay algunos desvergonzados que con mucha libertad piden lo que se les antoja a los hombres honrados y vergonzosos, los cuales muchas veces no osan negar lo que estos tales les piden; y es lo mesmo que salir a saltear a un camino, porque aunque lo pidan prestado no tienen ánimo de volverlo. A éste se consigue otro, que dice: Quien vergüenza no tiene toda la villa es suya».

1755 *can:* porque le ha mandado salir y la frase «sal aquí» se usaba con los perros. Comp. Lanini, comedia burlesca *Darlo todo y no dar nada,* v. 2447: «*Alejandro.*—Sal aquí, Campaspe. *Efestión.*—Es perro?».

1759 *junta:* la que tuvo lugar el 17 de mayo de 1623 o la junta de teólogos que dictaminó el 2 de junio que el matrimonio sería conveniente si el rey inglés cumplía las condiciones pedidas por Roma, pero recomendaba demorar la marcha de la infanta un año para comprobar la actitud inglesa respecto de la tolerancia con los católicos. Véanse más detalles de estos sucesos en las notas de Gentilli.

1760 *Consejo de Estado:* los Consejos eran los órganos de gobierno (especie de ministerios) de los Austrias: al Consejo de Estado incumbía la dirección de la política exterior.

    por conveniencias de Estado,
    rarísima vez dejó
    de perder el deseado   1770
    logro por el mismo medio
    que facilitó su engaño.
    ¿Qué político ha creído
    que entre reyes soberanos
    puso freno el parentesco   1775
    a la codicia o agravio?
    Conveniencias de intereses
    sin el seguro resguardo,
    estas enemigos unen,
    estas separan hermanos.   1780
    Y si a vuestra majestad
    de la religión el santo
    celo le hace aspirar
    a útiles poco inmediatos,
    como es que el fuego extinguido 1785
    de la religión, que tanto
    ya lució en ella, reviva
    Dinamarca por tu mano,
    ¿qué esperanza nos cultiva
    el príncipe en este caso,   1790
    si tan tasadas ofrece
    las cosas que le rogamos?
    Si recatean, como vemos,
    a la infanta y sus criados,
    y a su pueblo cuanto mira   1795
    a su religioso aplauso
    ¿qué seguridad fingimos
    al discurso de los años

1797 y ss. Comp. el pasaje de Vera y Figueroa citado por Gentilli, en sus notas, pág. 197: «pero deseando el rey de la Gran Bretaña este negocio [...] dice que no puede en su reino hacer más que una tolerancia de los católicos, esta sin fuerza de ley ni mayor firmeza, aunque es muy grande sola su palabra y la de este príncipe, siendo contra aquello que juzgan sus vasallos que es bueno, no les obliga cumplirlo en la observancia. [...] ¿Cómo se da a creer que han de obrar después de conseguido el matrimonio lo que ahora por ningún caso les es posible?».

       de que dará siendo dueño
       lo que niega enamorado? 1800
       Pero, en fin, cuando esto pase,
       en aceptar lo tasado,
       cediendo lo conveniente,
       tomando lo necesario,
       ¿qué seguro nos da desto? 1805
       ¿Qué discurso hay que sea sano
       que crea que guarde su reino
       lo que tiene por contrario?
       Dice que lo jurará;
       ¿es fiador muy abonado 1810
       un juramento en quien cree
       que lo que promete es malo?
       Si declara que no puede
       vencer más con sus vasallos
       neguemos su pretensión 1815
       y su afecto agradezcamos.
       Cuando el pontífice pide
       por fiador deste tratado
       a vuestra majestad mismo
       y a su espada y a su brazo, 1820
       ¿es muy buena conveniencia
       para hallada al primer paso
       ser la paz causa final
       y ser la guerra el amago?
       Si el príncipe se resuelve 1825
       a ser católico, dando
       bastante prenda a la Iglesia
       y a su pontífice santo,
       o por lo menos dejar

1810 *abonado:* 'acreditado, de garantía probada'.
1817 *pontífice:* la Santa Sede envió instrucciones al respecto el 12 de abril de 1623, que no dejaron de provocar algunas protestas en España por la injerencia excesiva del papa en los negocios políticos de la nación. Véase Gentilli, notas a su edición, pág. 198.
1823 *causa final:* aquella por cuya consideración se hace alguna cosa; terminología escolástica.

	libertad a sus vasallos	1830
	de elegir para salvarse	
	el camino bueno o malo,	
	vuestra majestad le dé	
	la prenda que estima tanto	
	y en dote cuanto posee	1835
	de Gaeta hasta Otranto.	
	Menos que esto, yo protesto	
	para aqueste siglo y cuantos	
	corrieren con leve pie	
	los minutos de los años,	1840
	que es mi dictamen opuesto,	
	señor, a aqueste tratado	
	que con la razón resisto	
	y con el afecto abrazo.	

(Sale el PORTERO.*)*

PORTERO.	Por el pasadizo, abriendo	1845
	las puertas de aqueste cuarto,	
	viene el príncipe.	
MARQUÉS.	A estas vistas	
	desde hoy me tiene citado.	
REY.	Marqués, vuestro parecer	
	es el que apruebo y alabo;	1850
	Carlos viene por respuesta:	
	respondelde vos a Carlos.	

(Sale el PRÍNCIPE.*)*

PRÍNCIPE.	Señor, vuestra majestad	
	mire que el término paso	
	debido ya a mis deseos.	1855
REY.	El marqués tiene a su cargo	
	resolución y respuesta.	

1844 acot. Sale Port. ms.

PRÍNCIPE.	*(Aparte.)* (Mis intentos saldrán vanos si al privado lo remite.)	
REY.	Testigo a los cielos hago que inclinación me debéis.	1860

(Vase.)

MARQUÉS.	Todos, señor, deseamos el gusto de vuestra alteza; pero Consejos, letrados, religiosos y seglares todos aclaman que estando rebelde a las condiciones que el papa pide y negando vuestra alteza libertad de conciencia a sus vasallos, no se debe efectuar este notable tratado en que ambos dueños se ajustan y se desconforman ambos. Esto es resuelto, si bien con afecto extraordinario el rey y reino lo quieren.	1865 1870 1875
PRÍNCIPE.	Siempre he entendido que estamos opuestos los dos.	
MARQUÉS.	Señor, vuestra alteza advierta...	
PRÍNCIPE.	*(Aparte.)* (¿Cuándo a un príncipe sucedieron tales desaires? Ya paso a mayores sentimientos; disimulemos.) El caso es digno de conferirlo con mi padre y mis vasallos.	1880 1885

1858-1859 Gentilli no transcribe la acotación, pero señala el aparte con paréntesis.
1880-1884 Gentilli no transcribe la acotación, pero señala el aparte con paréntesis.

| | Iré allá. *(Aparte.)* (¡Viven los cielos,
que he de tomar con el brazo
de mi poder la venganza!) | |
|-----------|---|------|
| MARQUÉS. | Vuestra alteza está enojado | 1890 |
| | sin razón. | |
| PRÍNCIPE. | Yo no me enojo. | |
| | *(Aparte.)* (Bien dice, que estoy rabiando.) | |
| MARQUÉS. | Mal se encubre una pasión. | |
| PRÍNCIPE. | Ya este reino ha visto airado | |
| | mi poder. Taranto puede, | 1895 |
| | a quien algunos llamaron | |
| | Cádiz por la semejanza | |
| | que tienen mar y peñascos, | |
| | decirlo bien. | |
| MARQUÉS. | De mi rey | |
| | admiran los mismos astros | 1900 |
| | reinos y poder. | |
| PRÍNCIPE. | ¡Pues tiemblen | |
| | el Tirreno y el Oceano | |
| | de mis bajeles! Venganza | |
| | me ha de dar el cielo santo. | |
| MARQUÉS. | Y él acudirá al buen celo | 1905 |
| | con que en esta ación mostramos | |
| | cómo ha de ser el buen rey, | |
| | cómo ha de ser el privado. | |

Fin del acto segundo

1887-1889 Gentilli no transcribe la acotación, pero señala el aparte con paréntesis. Carlos abandonó Madrid el 9 de septiembre para regresar a Inglaterra.

1892 Gentilli no transcribe la acotación, pero señala el aparte con paréntesis.

1903 *Venganza*: comp. las palabras que Malvezzi atribuye a Olivares en las circunstancias históricas, citadas por Gentilli, pág. 199: «Pues si vuestra alteza puede con seguridad y brevedad salir con reputación, honra y provecho de este empeño, ¿por qué no querer excusar un desaire, confiado solamente en la incertidumbre de una guerra? Las instancias de partir son estimuladas por las esperanzas de vengarse [...] mas en el pecho generoso de su majestad puede el amor y no pueden nada las amenazas».

1905 audira al buen ms.

ACTO TERCERO

Salen el ALMIRANTE *y el* EMBAJADOR *de Transilvania.*

ALMIRANTE.	Esta es, en suma, señor	
	embajador, la respuesta	1910
	al de Dinamarca dada,	
	su retirada y sus quejas.	
EMBAJADOR.	Del estado de las cosas	
	del nuevo gobierno resta	
	que me informéis, porque está	1915
	Transilvania muchas leguas	
	distantes para venir	
	muy informado, y es deuda	
	debida a nuestra amistad	
	antigua.	
ALMIRANTE.	Señor don César:	1920
	murió el rey, que el cielo goza	
	según fue bueno en la tierra,	
	y del príncipe igualmente	
	fue el reino y el celo herencia.	
	Salió como el sol al día,	1925
	con blandura tan severa	
	que la virtud halló lauros	
	y la malicia cadenas;	
	los aparatos felices	
	de la privanza a la puerta	1930
	del marqués de Valisero	
	trasladó fortuna nueva.	
	Él ocupó bien la silla,	
	porque a su naturaleza	
	—unos llaman presunción	1935
	y otros traducen soberbia—,	

1929 Después de «aparatos» había escrita una palabra tachada que no desciframos, y luego «felizes».

en lo exterior, que al gobierno
opinión da mala o buena,
con la práctica igualó
la teórica más perfecta.   1940
Al interés borró el paso
para no acertar su puerta,
y la hallaron sin llaves
cuantos quisieron audiencia.
Incomunicable hizo   1945
del rey la común hacienda,
siendo su empleo con todos
la más grave resistencia,
pero sin que el patrimonio
del rey, oh César, lo diera   1950
de augmentos para su casa,
fabricó pujante idea.
En las dolencias del gusto,
bien que deben ser secretas,
su recato no alcanzó   1955
la loa que su limpieza.
Pasiones propias el vulgo
entre virtudes le cuenta,
porque no esté sin lunar
ninguna humana excelencia.   1960
Tal el marqués se hallaba
y en su proseguir diversas
opiniones prometían
cuál ambición, cuál modestia,
cuando su único heredero,   1965
breve edad, amable prenda,
para quien de su fortuna
pudo cudiciar las medras,
con dolor —esto es sin duda,

1953 *dolencias del gusto:* alusión a inclinaciones amorosas, que según el texto quedaron controladas por el valido. Al parecer había algunas murmuraciones sobre la conducta de Olivares en este sentido, al menos hasta que la muerte de su hija lo redujo a un comportamiento más ascético y severo. Véase Gentilli, notas a su v. 1964 en pág. 201.

de todo lo ilustre es pena—,
dejando al suelo lo frágil,
transplantó al cielo su herencia.
¡Oh miseria de lo humano!
¡Oh miseria nuestra! Efecto
de causa que se desea,
ocasionó que dejase
el ser flor por ser estrella.
Paso en silencio del padre
el dolor en tal tragedia;
claro es que sería en él muerte,
si en sus émulos fue pena.
En este día, en este punto,
don César, trocados vieras
los ditámenes altivos,
las acciones opulentas.
Terminó su línea el día;
el principio a la tragedia
comenzó y en nuevo mundo
descubrió máximas nuevas.
De tanta pena el alivio
buscó en no aliviar su pena,
y dándose todo a todos
hacer que suyo no sea,
y antípoda de sí mismo,
cuando solicitó medras
solo inorancia practica
de su estado y de su hacienda,
y, sobre todo, rendido
al cielo con obediencia,
en muda tristeza halla
consuelo de su tristeza.
Viste más común que yo,
tiene tan escasa mesa,
que si a indecente no pasa

1973-1974 Aquí falta un verso de rima *é-a*.
1980-1981 'En él sería muerte si hasta los envidiosos sintieron pena de su tragedia'.

                a indigna de suya llega.   2005
                A Dios da parte del día
                y tan cabal la que resta
                a todos, que es un ministro
                que a los demás avergüenza.
                Así dispusiera el rey   2010
                que tan fáciles oyeran
                los que en oficios de oír
                tienen sordas gana y puertas,
                y aunque digo que oye a todos,
                a ninguno le da audiencia   2015
                si antes no ha hablado al rey
                y de ello tiene certeza,
                porque dice que es gran culpa
                que esté cercada su puerta
                de pretendientes y al rey   2020
                falte quien hablarle quiera.
                Ya no replica a ninguno
                a su engaño o a su queja,
                porque fiereza llamaban
                la que era buena advertencia,   2025
                y un esclavo, sin salir
                del espacio de una celda,
                de medio día a media noche
                nota, escribe, oye y espera,
                o con ministros en juntas,   2030
                ocupado en mil materias,
                secretarios cuyas plumas
                siguiendo su acento vuelan.
                En esto se acaba el día

2023 Artigas, Astrana y Blecua enmiendan «a su empeño o a su queja», considerando errata del copista «su engaño». Podría ser, pero también podría pensarse en que algunos solicitantes quisieran conseguir sus propósitos con engaños, a los que ahora el marqués no replica ni reprende con aspereza, porque calificaban esa actitud de fiereza.

2026 *esclavo:* en muchos otros textos se identifica al valido como esclavo; en especial era famosa la infatigable dedicación de Olivares a las tareas de gobierno. Para su organización del trabajo diario, véase la cita de Vera y Figueroa en Gentilli, nota a sus vv. 2036 y ss., pág. 202.

y aun de la noche la media, 2035
y tras leve cena y sueño
el nuevo reloj comienza.
Encuadernada es su vida,
sus días de una estampa mesma,
su despacho sin ejemplo, 2040
sin igual su suficiencia;
sin pasión al que es indigno
al premio acorta la rienda
y al que es digno, con pasión
los merecimientos premia. 2045
No cuando el rey sale, sale
y altivo poder obstenta,
dando a unos pública invidia
y a otros invidia secreta,
que, cercenando al lugar 2050
que ocupa las apariencias
todo lo dulce remite,
todo lo penoso lleva,
y con todo es murmurado:
que no sabe dar le niegan 2055
y que da mucho le acusan;
conformad la diferencia.
Dicen que a juntas reduce
casi todas las materias,
y en otra parroquia oirás 2060
que con nadie se aconseja.
Pues ¿qué es juntar hombres sabios
sino querer que su ciencia
informe su entendimiento
y su voluntad detenga? 2065
¡Gran trabajo del que priva,
que sobre una cosa mesma
le culpen de ardiente y frío,

2045 «premia» sobre la línea, encima de una palabra tachada que no desciframos.
2052 *remite:* lo remite al rey y a otras instancias para que reciban el agradecimiento de las mercedes, mientras él se queda con lo penoso.

| | le acusen cólera y flema!
| | Dicen que, porque no sabe, 2070
| | se dificulta y se niega,
| | y era mejor argumento
| | quien no sabe siempre espera.
| | Ayer, don César, llegasteis,
| | y hoy el valido os espera 2075
| | y a todos cuantos miráis
| | que aquel corredor pasean.
| EMBAJADOR. | ¡Notable ministro!
| ALMIRANTE. | Vamos,
| | que el rey por aquella puerta
| | se muestra, y por esta sale 2080
| | el marqués a dar audiencia.

(Vase el EMBAJADOR. *Salen por una puerta el* REY *y por otra el* MARQUÉS.*)*

| MARQUÉS. | Señor, con un impulso de alegría
| | pasaba a verte, porque ya tu armada,
| | que triunfó del isleño en la Bahía
| | dejando su soberbia castigada, 2085
| | partió de Brindes en felice día,
| | brindis del cielo, tierra tan amada,
| | que los riscos de aquellos horizontes
| | azúcar son y son brasil sus montes.
| | Esta, pues, cudiciada por sus señas 2090
| | y porque con blasón de sí blasona,
| | oprimida se vio; naves isleñas

2084 *Bahía:* alude a la recuperación de Bahía (mayo 1625), que había invadido la flota holandesa.

2086-2087 *Brindes:* Brindis, cerca de Nápoles. Las formas *Brindes* o *Bríndez* eran usuales. Juego de antanaclasis con brindis 'incitación a beber'.

2089 *azúcar, brasil:* parece una contaminación, porque se refiere a la tierra de Brindis, pero la mención de azúcar y brasil se refiere a tierras brasileñas (el Pan de Azúcar de Río de Janeiro y los árboles de palo de brasil, *caesalpinia echinata),* que son las codiciadas por los holandeses y las que se sitúan en la zona ardiente o ecuatorial.

| | osaron embestir su ardiente zona.
| | Iscla y Prógita son islas pequeñas
| | que rebeldes están a tu corona, | 2095
| | y tal sitio y tal mar las fortalecen,
| | que a Gelanda y Holanda se parecen.
| | Rebeldes a la ley y al homenaje
| | que a la Iglesia y a ti tuvieron hecho,
| | esta tierra asaltaron con ultraje | 2100
| | nuestro, que con usura han satisfecho;
| | tu armada la cobró y, con buen viaje,
| | a despecho del mar y aun a despecho
| | de mucho mundo, espero brevemente
| | verla preñada de tu invicta gente. | 2105
REY. | A tu cuidado, marqués,
| | se deben tales extremos;
| | pero otra armada tenemos
| | en nuestras costas.
MARQUÉS. | ¿Cuál es?
REY. | Volviendo ingratitudes y pesares | 2110
| | por amor, agasajo y cortesía,
| | que en mí fueron afectos singulares,
| | fieras venganzas Dinamarca invía.
| | Las velas que coronan esos mares,
| | de Taranto pretenden la bahía, | 2115
| | que por la semejanza del terreno
| | llaman el Cádiz deste mar Tirreno.
| | Ochenta son las bien dispuestas naves

2093 *ardiente zona:* llamaban zona a cada una de las cinco franjas en que dividían la esfera terrestre «dos formadas por los círculos polares, hacia uno y otro polo, que llaman frías, por estar sumamente apartadas de la eclíptica o camino del sol, una formada por la distancia que hay de un círculo solsticial al otro, dividida por la eclíptica en dos partes, una septentrional y otra austral, que llaman tórrida o muy ardiente [...] y las otras dos que llaman templadas» *(Aut.).*
2094 *Iscla y Prógita:* Ischia y Prócida, islas del golfo de Nápoles. Se imagina una rebelión que permite compararlas a Gelanda y Holanda, provincias de los Países Bajos.
2117 *el Cádiz:* alude en realidad al ataque anglo-holandés contra Cádiz el día 1 de noviembre de 1625. De ahí la reiterada mención de Cádiz en el texto.

                    que infestando este mar de las sirenas
                    vuelan ligeras y amenazan graves,   2120
                    dejando de temor las costas llenas;
                    águilas son del mar, rapantes aves,
                    que buscando la presa en las arenas
                    parecen en lo crespo de las olas
                    las velas alas, los timones colas.   2125
                    Creyendo que han de ser caballo griego,
                    ufanas han llegado y arrogantes,
                    desperdiciando máquinas de fuego
                    por campos de zafiros y diamantes,
                    y así abortaron en mis playas luego   2130
                    soldados con soberbia de gigantes,
                    que piensan, animosos y crueles,
                    a la tierra dar ley con sus bajeles.
                    Pero ya mis vasallos se previenen
                    en la costa vecina a la defensa;   2135
                    no hay parche ni clarín que allí no suene
                    anunciando a su rey victoria inmensa;
                    coléricos apenas se detienen
                    los caballos del Betis; el mar piensa
                    ser el de Tiro y en su espuma cana   2140
                    producir esta vez púrpura humana.
MARQUÉS.   Gran señor, esos navíos,
                    ni fieles ni ocasionados,
                    entre mar y viento airados
                    perderán fuerzas y bríos.   2145
                    El de Dinamarca huya,
                    que el cielo mismo le embiste;

2119 *mar de las sirenas:* el de Nápoles, fundado sobre el sepulcro de la sirena Parténope según la leyenda.

2126 *caballo griego:* el caballo de Troya (de madera, como las naves, lleno de soldados, como las naves), instrumento de la destrucción de la ciudad.

2131 *gigantes:* osaron atacar al cielo y fueron fulminados por Júpiter.

2140 *Tiro:* porque era famosa la púrpura de Tiro, y el mar se teñirá de sangre.

2143 *ocasionados:* 'provocativos, peligrosos'; el marqués quita importancia a los enemigos.

	la causa de Dios hiciste,
	Dios ha de hacer la tuya.
	Si armada Carlos invía, 2150
	él temblará de tus mares,
	que a Carlos diste pesares
	y al cielo diste alegría,
	y él dará favores tantos,
	que se vuelva destrozada. 2155
Rey.	Así recibió su armada
	el día de Todos Santos.
Almirante.	Si a ver sus velas no voy
	faltaré a mi calidad;
	suplico a tu majestad 2160
	me dé licencia.
Rey.	Sí doy;
	que yendo vos me promete
	el caso feliz efeto.

(Vase el Almirante. *Sale* Violín.)

Violín.	Nunca hay mal que esté secreto,
	que camina en un cohete. 2165
	Pardiós, señor, que tenéis
	lindos vasallos: en postas
	se deslizan a las costas
	señores de seis en seis.
	Vuestra corte van dejando 2170
	aunque más los cielos llueven
	y como son los que deben

2157 *Todos Santos:* fue el día (1 de noviembre de 1625) en que entró la flota enemiga en la bahía de Cádiz.

2166 y ss. pardies ms. Muchos nobles acudieron al socorro de Cádiz. Las relaciones de la época subrayan esta reacción de los cortesanos.

2172-2173 *deben... dejan llorando:* juego de palabras alusivo a un chiste tradicional del estudiante que se marcha sin pagar sus deudas, que también usa en el *Buscón,* pág. 105: «yo salí tan bienquisto del pueblo, que dejé con mi ausencia a la mitad dél llorando, y a la otra mitad riéndose de los que lloraban»; véase Chevalier, 1976, págs. 24-25, con otros testimonios, entre ellos este de Juan de Arguijo: «Echaron de su convento los frailes agustinos a un

>   a muchos dejan llorando.
>   Tan fino, aunque con desastre,
>   señor hubo en el lugar   2175
>   que no queriendo esperar
>   a las mentiras de un sastre
>   dijo: «Válgame un ropero».
>   Mas también no faltarán
>   muchos que se esconderán,   2180
>   y no por falta de acero

---

novicio porque se averiguó que les robaba cuanto hallaba desmandado por las celdas. El padre del mozo vínose a quejar fuertemente al maestro Farfán, que era prior, diciéndole que personas que querían mal a su hijo le habían desacreditado con su paternidad, etc. Respondió muy mesurado: —Nadie, señor, en este convento le quiso mal; antes aseguro a v. m. que desde el día que entró les tenía robados a los más hasta los corazones, y así el día que él salió quedaron llorando muchos frailes. ¡Tal quedaron sin él!».

2174 y ss. *desastre, sastre:* otro chiste tradicional: comp. Chevalier, 1976, págs. 27-28; se halla en Torres Naharro, Castillejo, Cervantes, Lope, Pérez de Montalbán y muchos más; *Siglo pitagórico*, pág. 245: «yo conocí su agüelo por desastre, / tan fino remendón como fue sastre», y pág. 297: «Vístete deste sastre. / —No pretendo perderme por desastre»; *Criticón*, II, pág. 172: «todos son mecánicos y los más sastres. —Eso creeré yo, que de sastres siempre hay muchos»; *Sueños*, pág. 335: «para llamar a la desdicha peor nombre, la llaman desastre, del de sastre», etc.

2177 *mentiras de un sastre:* los sastres son acusados tópicamente de mentirosos y chismosos; comp. Benavente, *Jocoseria, El mago*, v. 92: «—¿Hay tal mentir? —Este es sastre». Sobre la mala fama de los sastres, véase Quevedo, *Sueños*, págs. 75, 94, 96-97: «lo que más sentimos es que hablando comúnmente soléis decir: "¡Miren el diablo del sastre!", o "¡Diablo es el sastrecillo!". ¿A sastres nos comparáis?, que damos leña con ellos al infierno y aun nos hacemos de rogar para recibirlos, que si no es la póliza de quinientos nunca hacemos recibo, por no malvezarnos y que ellos no aleguen posesión»; *Sueños*, pág. 276: «y parece tan poco a sastre, que aun parece que dice verdad»; *Poesía original*, núm. 579, vv. 1-2: «Mal oficio es mentir, pero abrigado, / eso tiene de sastre la mentira»; *Hora*, pág. 116: «En el tormento no tenemos riesgo los mentirosos, pues toda su tema es que digan la verdad, y nosotros jamás la decimos. Con "Hágome sastre" se asegura la persona»; Gracián, *Criticón*, I, pág. 229: «las almas de los oficiales, especialmente aquellos que nos dejan en cueros cuando nos visten, las daba a cuervos, y como siempre habían mentido diciendo "Mañana, señor, estará acabado; para mañana sin falta"»... Más datos sobre el sastre en Arellano, 1984a, pág. 100; Nolting-Hauff, 1974, págs. 118-119; Chevalier, 1982, págs. 96-106.

2178 *ropero:* ropavejero, vendedor de ropa usada, ya hecha.

	sino de los hijos fieles	
	del cerro de Potosí.	
	También otros partir vi	
	con guedejas y broqueles,	2185
	que echando bravatas van	
	y diciendo: «¡Voto a Cristo,	
	que si allá llego y embisto...!»,	
	pero estos no llegarán,	
	y si llegaren yo soy	2190
	fiador que no han de embestir;	
	yo, por lo menos, he de ir,	
	y no sin máquina voy,	
	porque he de helar al Oceano	
	con sola una gracia mía.	2195
Rey.	¿Y al jugar la artillería?	
Violín.	Haré lo que un cortesano	
	que a una señora ha hallado	
	jugando con su marido,	
	—par de monstruos nunca oído,	2200

2181-2182 'no irán a la batalla por falta de dinero'; las monedas, los dineros, son los hijos fieles del cerro de Potosí, de donde venía abundante plata. Potosí, en la actual Bolivia, es mención muy reiterada a propósito de las riquezas de las Indias, por sus famosas minas: solo en *Poesía original*, núm. 75, v. 3: «no pudo el Potosí guardar la plata»; núm. 145, vv. 124-125: «Juntas grande tesoro, / y en Potosí y en Lima»; núm. 651, vv. 62-63: «mas su mujer de hilar trata / el cerro de Potosí»; núm. 749, vv. 13-16: «doncellas que en un instante, / hilarán a su candil / con su huso y su costumbre, / el cerro de Potosí»; núm. 853, vv. 59-60: «y con la plata del cuello / daré al Potosí limosna».

2185 *guedejas*: esto los denuncia como lindos, afeminados; abundan las burla de los pelos largos y peinados, o postizos comp. Quiñones, *Jocoseria, Los cuatro galanes*, vv. 11-15: «Mira, si me faltara / un mes el ajigolio de la cara, / o por mayor mancilla, / las guedejas, el moño o la jaulilla, / ya con el diablo fuera»; véase Quevedo, *Un Heráclito*, núm. 251, «Una figura de guedejas se motila en ocasión de una premática», alusivo a la premática del 13 de abril de 1639 en que se pregonó que «ningún hombre pueda traer copete o jaulilla, ni guedejas con crespo u otro rizo en el cabello, el cual no pueda pasar de la oreja».

2196 *jugar la artillería*: 'disparar la artillería'.

2197 y ss. Adaptación de un cuentecillo tradicional recogido en Gaspar Lucas Hidalgo, *Diálogos de apacible entretenimiento*. Véase Chevalier, 1976, págs. 18-19.

	ella vieja, él corcovado—	
	con unos tantos de huesos,	
	y viendo que naipes daban	
	preguntó lo que jugaban,	
	y el horoba dijo: «Besos».	2205
	Levantose el cortesano	
	con priesa, diciendo: «Bien,	
	voyme, por que no me den	
	barato». Esto mismo, hermano,	
	diré a las bocas de fuego.	2210
	¿Daisme licencia?	
Rey.	Sí; idos.	
Violín.	¿Licencia sola?, por Dios,	
	que lo vi en dármela luego.	
	Tan liberal no os quisiera	
	en semejante licencia.	2215

(Vase.)

Rey.	¿Qué espera esa gente?	
Marqués.	Audiencia.	
Rey.	Dalda, pues. *[Aparte.]* (De aquí quisiera	
	averiguar lo que he oído,	
	si los que le hablan son	
	dueños de la imperfeción,	2220
	o el marqués el mal sufrido.)	

2202 *tantos:* «Las pedrezuelas con que se suele jugar, *latine calculi,* porque vale tanto como la cantidad que le señalan, como si dijésemos a cuatro reales el tanto» (Cov.). Usan huesecillos, en vez de piedrecillas. Astrana: «güesos».

2205 *horoba:* más que forma arcaica o rústica, que sugiere Gentilli, nos inclinaríamos a ver en esta grafía, que conservamos para no borrar el efecto, una aspiración de tipo germanesco.

2209 *barato:* «Dar barato, sacar los que juegan del montón común, o del suyo, para dar a los que sirven o asisten al juego» (Cov.); como juegan besos no quiere el mirón que se los den a él como propina o barato estos jugadores tan feos.

2217 de qui quisiera ms.

(Escóndese el Rey *y sale el* Embajador.)*

Embajador.	Que el rey se fuese he esperado.
Marqués.	¿Hay en qué os pueda servir?
Embajador.	¿Qué otra cosa ha de pedir
	de Transilvania el legado, 2225
	faltando el competidor
	de mi rey, sino el suceso
	de su casamiento?
Marqués.	En eso
	hablaré al rey mi señor,
	en cuya resolución 2230
	sé cierto que no habrá pausa.
Embajador.	Esta sola es una causa,
	aunque dos las partes son,
	pues la ley, sangre y estado
	nos causa un mismo interés. 2235
Marqués.	¿Así, useñoría es
	consejero, y no legado
	en esta corte?
Embajador.	Es verdad,
	según recibo el favor.
Marqués.	Pues, señor embajador, 2240
	espere en su majestad.

(Vase el Embajador.)*

Rey.	Su modo me satisface,
	un Séneca español veo.
1.º	Señor, conocer deseo
	a los que mercedes hace 2245
	su majestad, cuando a mí
	con más justicia y razón...
Marqués.	¡Extraña resolución!

2236 En el ms. «Vseñoria». Podría leerse «vueseñoria» con sinéresis, o en este caso «useñoría», como imprimen Artigas, Astrana, Blecua y Gentilli, que eligen esta misma forma en otros muchos casos que nosotros hemos interpretado como abreviatura. Ambas posibilidades son aceptables.

1.º	... a su majestad serví	
	más que algunos que han tenido	2250
	ventura; señor marqués,	
	¿el rey premia indignos?	
Marqués.	Es	
	vuesa merced atrevido;	
	diga de mí cuanto mal	
	quisiere y cualquier defecto,	2255
	pues hay tantos, y el respecto	
	a la persona real	
	debido no se le pierda,	
	que a no estar en este puesto	
	no me viera tan modesto.	2260
	Diga: ¿qué persona cuerda	
	da culpa a un rey que es el sol	
	en la piedad y pureza	
	de tan gran naturaleza	
	que del árbol español	2265
	de los reyes no ha nacido	
	otro de más bizarría?	
	Veralo el cielo algún día.	
1.º	Error de la lengua ha sido,	
	que a vuexcelencia, por Dios,	2270
	iba a culpar, y culpé	
	al rey.	
Marqués.	Si ese el yerro fue,	
	perdonémonos los dos	
	y porque tan liberal	
	anduvo en desengañarme	2275
	de su causa he de encargarme.	
	Deme acá ese memorial.	

(Vase el 1.º)

2270 «vexª» ms.; Artigas, Astrana, Blecua y Gentilli «vexelencia».
2276 Falta este verso en Artigas y en Astrana, que anota: «Debe de faltar el verso que seguía a este y consonaba con él». Una vez más se confirma que Astrana copia a Artigas.

Rey.	No es la entereza esquivez;	
	él obra con grande amor	
	a mi servicio.	
2.º	Señor...	2280
Marqués.	Vuesa merced otra vez	
	me habló ayer.	
2.º	Tan poco fío	
	del tiempo, que si intentara	
	nueva merced la dejara.	
	Solo pido lo que es mío:	2285
	porque así debo llamar	
	la gracia que ya tenía.	
Marqués.	Pues no será culpa mía	
	el dejarla de lograr,	
	pero con causa sospecho	2290
	que tan hecha no quedó.	
2.º	Si ahora no se me trocó,	
	mi negocio quedó hecho;	
	vea vuexcelencia si es bien,	
	pues que no me da, quitarme.	2295
Marqués.	*(Aparte.)* (No quisiera declararme	
	porque no crea es desdén.)	
	El rey, que haya gloria, pudo	
	dar, mas hoy su majestad	
	ajusta...	
2.º	Mi calidad	2300
	es...	
Marqués.	Yo no soy linajudo,	
	y a entrambos está mejor	
	no salir del prosupuesto.	
2.º	Aunque no con tanto puesto,	
	algún día di yo favor	2305
	y entonces...	

2281 buesarced ms.
2294 vexelencia Artigas, Astrana, Blecua y Gentilli.
2296-2297 Gentilli no transcribe la acotación pero señala el aparte con paréntesis.

Marqués.	Tenga creído	
	vuesamerced que si fuera	
	hoy ese día le sufriera	
	menos de lo que he sufrido.	
	A su pretensión dé poco	2310
	cuidado esto que ha pasado,	
	que aunque no la ha adelantado	
	no la ha atrasado tampoco.	

(Vase el 2.º)

Rey.	¿Esto es tener siempre enojos	
	y ser siempre mal sufrido?	2315
	¡Oh, cuánto engaña el oído!	
	Más verdad dicen los ojos.	
3.º	Dos consultas he tenido,	
	y ambas las he visto dar	
	a dos que en postrer lugar	2320
	consultados han venido.	
	Tercera vez vengo a ser...	
Marqués.	Paseémonos.	
3.º	... consultado	
	en la armada.	
Marqués.	No ha llegado	
	tal despacho a mi poder;	2325
	hable al rey vuesamerced.	
3.º	El rey, la resolución	
	la remite a su eleción.	
	Si se arrima a la pared	
	vuexcelencia por decir	2330
	que se cansa de escuchar,	
	no suele menos cansar	
	a uno venir a pedir.	
	Ireme y descansará	
	vuexcelencia.	

2318 *consulta:* véase v. 528.
2330 vexelencia Artigas, Astrana, Blecua y Gentilli.

MARQUÉS.	Ni aun eso	2335

        me cansa, porque profeso
        que el que más causa me da
        la victoria no consiga
        de que me ha visto enojado.
        Ya yo estoy desarrimado,   2340
        en su discurso prosiga,
        pero crea vuesamerced
        que si, como es don Juan, fuera
        el rey —Dios le guarde—, hiciera
        descanso de esta pared;   2345
        porque, y cierto que no es vicio,
        me aflige una pierna tanto,
        que no sufre —y no me espanto—
        aqueste ruin edificio.
        El tiempo que a otras les quito   2350
        doy a esta satisfación.
        Diga vuesarcé.

3.º   Es razón
        que el cargo que solicito
        se dé a hombres de mi conceto.

MARQUÉS.   Si el rey darlo delibera   2355
        a vuesamerced, Dios quiera
        que al brío le iguale el efeto.

(Vase el 3.º Sale el PORTERO.)

PORTERO   Con este llega un correo.
MARQUÉS.   Gusto en su vista sentí.
        ¡Plegue a Dios que venga aquí   2360
        una nueva que deseo!

2335 vexelencia Artigas, Astrana, Blecua y Gentilli.
2347 *pierna:* Olivares sufría de gota.
2350 a otros ms.
2352 diga vuesarced. —Es razon ms., Blecua, Gentilli; hace verso largo. Proponemos la enmienda de Astrana.
2357 Artigas y Astrana suprimen «le» para facilitar el cómputo silábico.

Rey.	Apenas tiene sosiego,	
	su vigilancia es suprema,	
	con susto rasga la nema,	
	con turbación abre el pliego.	2365
	En empezando a leer	
	alegre se ha suspendido:	
	por los ojos ha vertido	
	los indicios del placer.	
	Nuevas de precio y valor	2370
	son las que le han avisado	
	pues que tanto se ha alegrado.	

(Ahora sale.)

	¿Qué es esto?	
Marqués.	¿Aquí estáis, señor?	
	Ya tu soberbio enemigo,	
	que osó echar gente en la playa	2375
	de nuestro Cádiz de Italia,	
	temeroso del castigo	
	huyó buscando el abrigo	
	de su armada; de tal suerte	
	halló resistencia fuerte	2380
	que cediendo su furor	
	en las alas del temor	
	fue tropezando en la muerte.	
	Cuando embarcarse querían	
	con pavor y con recelos,	2385
	para ayudarte los cielos	
	sus cataratas rompían;	

2364 *nema:* Cov., *s. v. hilo:* «Llámase en griego nema, de do se ha de advertir que la cerradura de las cartas o de los instrumentos cerrados, como testamentos, se cierran con hilo, como hoy día lo hacen los escribanos y los mercaderes; y de allí nos quedó llamar nema de carta a la lengüeta con que ordinariamente las cerramos»; Cov., *s. v. nema:* «La cerradura de la carta. Hase de considerar que los antiguos cerraban las cartas con hilo, y después las sellaban. Esta costumbre ha quedado en los tribunales y la usan los mercaderes»; Cascales, *Cartas filológicas,* I, pág. 39: «descifrémosla, rompámosle la nema».

2387 ropian ms.

	montes de lluvia caían,	
	que no quisieron romper	
	en rayos para vencer,	2390
	que para darles desmayos	
	sobraron, señor, los rayos	
	de tu brazo y tu poder.	
	Embarcáronse, y los vientos	
	soplaron con tanta furia	2395
	que segunda vez tu injuria	
	vengaron los elementos.	
	Por esos mares violentos	
	su armada imoble se mueve,	
	que en efecto se les debe	2400
	piras de espuma fatal,	
	sepulturas de cristal	
	y pirámides de nieve.	
Rey.	Dame los brazos, marqués.	
Marqués.	Dame tú, señor, la mano,	2405
	o por favor soberano	
	déjame besar tus pies.	
Rey.	En albricias darte intento...	
Marqués.	Hartas tengo en mi placer.	
Rey.	Con todo...	
Marqués.	No he menester	2410
	cosa alguna.	
Rey.	De avariento	
	me podrá el mundo culpar,	
	porque nadie ha de decir	
	que no queréis recebir	
	sino que yo no sé dar.	2415
	Mirad que a la majestad	
	no ofende menos tal vez	
	el defecto de escasez	
	que de prodigalidad,	

2403 *pirámides:* por la altura y forma de las olas, pero también porque pirámide es 'sepulcro, monumento funeral'.
2418 el efecto de ms; Artigas, Astrana y Blecua enmiendan «el defecto», que damos por buena corrección.

	y aun mayor de la escaseza	2420
	es la culpa en su ejercicio	
	por medirse esotro vicio	
	más con la naturaleza,	
	y en fin, nadie habrá, marqués,	
	que niegue a su fantasía	2425
	que no es la cortedad mía	
	la que templanza vuestra es.	
	Los que tienen a su cargo	
	mi justicia y mi conciencia	
	no creen vuestra resistencia	2430
	y me hacen este cargo.	
	Para las necesidades	
	que pasáis tenéis librados	
	desde ayer cien mil ducados,	
	que mayores cantidades	2435
	han dado reyes menores	
	a menos útil criado;	
	y porque con vuestro estado	
	la villa de los Azores	
	con toda su baronía	2440
	alinda, a ser vuestra pasa	
	desde hoy, porque vuestra casa	
	tenga alguna cosa mía.	
Marqués.	Señor, por merced, que tantas	
	junta, de honra y interés,	2445
	dame a besar, no los pies,	
	sino el suelo de sus plantas.	
	Pero, porque sea, señor,	
	este favor más cumplido,	

2421 *su ejercicio:* Gentilli interpreta referido al ejercicio de la prodigalidad, pero creemos que lo que dice es: 'es mayor la culpa en el ejercicio de la escaseza'; la prodigalidad es más propia de la naturaleza de un rey y más disculpable.

2425 fatasia ms., con una «e» interlineada, como si quisiera escribir «fatesía».

2426 que no la cortedad mia ms.; Artigas, Astrana, Blecua y Gentilli suplen «es».

	la gracia y el sí te pido	2450
	de otra merced que es mayor.	
Rey.	Nunca más gusto me has dado;	
	yo la concedo.	
Marqués.	Pues es	
	que no hagas al marqués	
	merced de ser mal criado.	2455
	Cuando a tu liberal mano	
	escrúpulos te amonesto	
	porque sea tu patrimonio	
	intacto como los cielos;	
	cuando en el puesto que ocupo	2460
	descubiertamente niego	
	al servicio más lucido	
	de tu caudal corto premio,	
	¿me has de mandar que reciba	
	millares de ciento en ciento	2465
	y villas en tu corona	
	tan antiguas como el reino?	
	¿Esto es mirar por mi honor?	
	¿Premiar, gran señor, es esto	
	servicios de aqueste esclavo	2470
	que tan bien sirve el deseo?	
	No quiera Dios que en corrillos	
	de aqueste presente tiempo	
	ni en las historias guardadas	
	para siglos venideros	2475
	se diga que tu criado,	
	el marqués de Valisero,	
	recibió de ti tesoros	
	ni una almena de tu imperio.	
	No es vanidad, no es modestia,	2480
	señor, la que represento	
	es razón, es no tener	
	para qué haber menesterlo.	
	Los réditos de mi casa,	

2474 la Historias ms.

	de mis oficios los sueldos	2485
	—aunque acortados en mí—,	
	tus favores y tu aliento	
	me sustentan; y si bien	
	vivo con algún empeño,	
	parte dél traje a servirte,	2490
	no eres de su causa dueño.	
	Pues si esto que tengo basta	
	para sobrarme sustento,	
	¿para qué hijos, señor,	
	las sobras cudiciar debo?	2495
	Ya no soy hombre de casa,	
	este afán me quitó el cielo;	
	ni necesito de más	
	pues otros viven con menos.	
	Tu grandeza es conocida	2500
	por sus divinos efectos;	
	parte sea de ella tener	
	criado que responde aquesto.	
Rey.	Tomar debes por mi honor	
	ayuda de costa alguna.	2505
Marqués.	Bástame a mí la fortuna	
	de merecer tu favor,	
	pero por no parecer	
	modesto de afectación,	
	doce mil ducados son	2510
	los que acepto, para hacer	
	mi sepulcro. Hijos no tengo:	
	heredero soy de mí,	
	casa levantaré así	
	en aquesta que prevengo.	2515
	¿Qué más puedo recebir	
	que merced para labrar	

2505 *ayuda de costa:* «Es el socorro que se da en dinero, además del salario o estipendio determinado» *(Aut.)*.

2514 assi ms.; «yo» Artigas; «aquí» Astrana, que anota: «Los ms. dicen "yo"; pero la palabra "aquí" está pedida por la rima y el sentido»; Astrana maneja a Artigas directamente, no «los manuscritos».

	la casa donde he de entrar	
	para nunca más salir?	
Rey.	Replicarte no pretendo;	2520
	y pues sabes que me inclina	
	algún astro a Serafina,	
	y sabes que la suspendo	
	fingiendo con ella enojos	
	para resistir con arte,	2525
	quiero, marqués, preguntarte:	
	¿qué he de hacer?, ya que mis ojos	
	se ven libres y seguros.	
Marqués.	No pienso, señor, que son	
	en un discreto varón	2530
	amores castos y puros	
	impedimento al valor.	
	A Porcia un tiempo serví,	
	pero este gusto perdí	
	cuando perdí otro mayor	2535
	y el aliento; mas si estáis	
	libre de esa inclinación,	
	no finjáis indignación:	
	merced es bien que la hagáis,	
	porque semejanza tiene	2540
	con un tirano desdén	
	querer bien y no hacer bien.	
Rey.	Vete, marqués, que ella viene.	

(Vase [el Marqués]. *Sale* Serafina.)

Serafina.	Vuestra majestad, señor,	
	es sol que a todos alumbra,	2545

2543 acot. Artigas, Astrana, Blecua y Gentilli no consignan la acotación «Vase», que figura en el ms. al final del v. 2543, y que recolocamos un verso más tarde, donde corresponde.

2545 es Rey, que a todos alumbra ms., como en las ediciones, pero lo creemos error del copista. Hay en el pasaje un juego de correlaciones: sol/padre/juez (vv. 2548 y ss.), y lo que corresponde al alumbrar y a las menciones posteriores es «sol» y no «rey».

                    padre que a todos ampara,
                    juez que a todos escucha.
                    Sois padre, sol y juez:
                    sol ilumine mis dudas,
                    padre atienda a mis tristezas,   2550
                    juez oiga mis disculpas.
                    Salir tiene desta vez
                    el alma triste y confusa
                    de una Creta de sospechas
                    y de una Troya de angustias.   2555
                    Yo, señor, en otro tiempo,
                    como nuestra edad es una
                    y en palacio me crié,
                    no a la sombra, a la luz pura
                    de vuestros rayos, dichosa   2560
                    recebí mercedes muchas,
                    inclinando las estrellas
                    a esa majestad augusta
                    a favorecer mis causas.
                    ¡Oh, nunca mi dicha, oh, nunca   2565
                    los cielos me hubieran dado
                    esta próspera fortuna!
                    Porque ahora, cuando el sol
                    otras esferas ilustra,
                    deja mi región humilde   2570
                    entre tinieblas confusas,
                    porque ahora, cuando el padre
                    con voz y lengua sañuda
                    rigor muestra en las palabras
                    y el blando amor disimula,   2575
                    porque ahora, cuando el juez
                    es el mismo que me acusa,
                    y para dar mi sentencia
                    toma con pasión la pluma,
                    menor espanto sintiera,   2580
                    que quien en riqueza suma

2554 *Creta:* metonimia por 'laberinto'.
2257 *es una:* 'tenemos la misma edad'.

nunca se ha visto no tiene
la pobreza por injuria.
Quien no ha visto el sol hermoso
no se entristece ni turba   2585
como el ciego que ya vio
su resplandor y hermosura.
Pasé de la Libia ardiente,
donde el sol mares enjuga
a la Scitia, en quien la nieve   2590
los altos montes sepulta.
De un extremo pasé en otro,
porque ya ni me saluda
su majestad, ni me habla
ni me responde ni gusta   2595
que le sirva o le suplique.
No hay ación que no descubra
enojos en su semblante
y los ojos, que acostumbran
lo risueño y lo apacible,   2600
la piedad y la blandura,
cansancio me pronostican
y como son lenguas mudas
que nos dicen las pasiones
que en el alma están ocultas,   2605
todo es miedo cuanto veo,
no hay rigor que no presuma,
no hay desdicha que no espere,

2590 a la Creta ms., como todas las ediciones; proponemos de nuevo una enmienda. Era tópica la contraposición de Libia ardiente y Scitia helada en la literatura del Siglo de Oro, y la mención de Creta no tiene sentido aquí; se trata sin duda de una repetición de la Creta anterior. Comp. Lope, *Obras poéticas*, pág. 107: «que no hay Scitia cruel como tu invierno»; pág. 170: «y en la nevada Scitia no le vieses»; pág. 1339: «de Scitia tu desdén los hielos bebe». Véase también el *Viaje del Parnaso* de Cervantes, ed. Herrero, pág. 773, comentario a los vv. 199-200 del capítulo VI, «Desde la ardiente Libia hasta la helada / Citia», donde se recuerda un texto de Vasco Díaz Tanco que precisa su situación: «Esta región de Scitia confina de la una parte con el reino de Tartaria y de otra con el mar Caspio o Hircano», y otro de Villegas: «Vete, vete a la Citia / donde continuamente / se hielan hondos ríos, / se cuajan altas nieves».

	no hay tormento que no sufra.	
	Y como es la majestad	2610
	viva ley donde están juntas	
	la igualdad y la constancia,	
	es fuerza y razón que arguya	
	culpa en mí o error alguno,	
	porque tal vez se descuida	2615
	el Argos más vigilante,	
	y por esto con industria	
	examino mis aciones	
	en quien átomo de culpa	
	que te pudiera ofender	2620
	no diviso; pues sin duda	
	arrancara el corazón	
	del pecho, cuando en alguna	
	convencidos estuvieran	
	mis pensamientos, coluna	2625
	en quien la fábrica hermosa	
	de las virtudes se funda.	
	Y tanto temor me dais	
	que aun si os miro en la pintura	
	que honra aquestas galerías	2630
	pienso que sus ojos usan	
	de vuestro mismo rigor	
	y el corazón me atribulan,	
	y con asombro y respeto	
	es fuerza que el rostro huya.	2635
Rey.	Serafina, yo recibo	
	por gran lisonja el cuidado	
	que mi descuido te ha dado,	
	muerta ación de efecto vivo.	

2616 *Argos:* gigante mitológico que tenía, según las versiones más difundidas, cien ojos; cuando dormía conservaba abiertos la mitad. Juno le encargó vigilar a Ío, asediada por Júpiter, pero fue muerto por Mercurio. Juno colocó sus ojos en la cola del pavo real. Argos pasó a ser símbolo de la vigilancia. Véase Pérez de Moya, *Filosofía secreta*, ed. Gómez de Baquero, II, pág. 74: «Era Argos un pastor que tenía cien ojos a la redonda de la cabeza, y cuando unos dellos dormían, otros velaban».

2624 *convencidos:* término jurídico; convicto, con culpa demostrada.

    Ni enojado estoy esquivo 2640
    ni ha habido delito tuyo,
    pero un rey debe ser suyo,
    y si otros suelen vencer
    siguiendo, yo pienso ser
    vencedor de mí si huyo. 2645
    A estimarte me inclinó
    el cielo, en la juventud;
    tu hermosura y tu virtud
    como rara me admiró.
    Tú me temes, y soy yo 2650
    quien te ha temido, de suerte,
    que escuso el hablarte y verte,
    finjo desdenes y enojos,
    porque dicen que tus ojos
    —y es verdad— dan vida y muerte. 2655
    Cuando las alas despliega
    el bajel más atrevido
    por un mar no conocido
    con la sonda se navega
    para ver a cuánto llega 2660
    su profundidad, y así,
    cuando el piélago anteví
    de Amor, que es rey soberano,
    tomé la sonda en la mano
    para no perderme allí. 2665
    Hallé que un bajel real
    no debe engolfarse ciego
    por mares de nieve y fuego,
    de rayos y de cristal.
    Escollo huyen mortal 2670
    mis ojos, ya centinelas
    del mar, que abrasas y hielas;
    y así el arte y la razón
    han suspendido el timón
    y han amainado las velas. 2675

2640 Así en ms.

SERAFINA.	Cuando el mar se puede ver
	seguro, manso y en calma,
	y los afectos del alma
	generosos deben ser,
	escusado es el temer;	2680
	prudencia escusar el daño;
	pero en lo ajeno y estraño
	de peligro y de violencia,
	no será el temer prudencia
	sino ignorancia y engaño.	2685
	Si era mi voz la sirena
	y el peligro de ese mar,
	bien la pudiera escusar
	vuestra majestad sin pena.
	¿Cómo ha de dar en la arena	2690
	ese bajel vencedor
	navegando con favor
	su bizarra juventud
	abismos de mi virtud
	y piélagos de mi honor?	2695
	Cuanto más que diferencia
	hay entre amor y amistad:
	él manda la voluntad,
	ella ordena la prudencia
	con pura correspondencia	2700
	y con honesto favor;
	confundillos es error,
	y así infiero que los hombres
	o no distinguen sus nombres
	o no saben qué es amor.	2705
REY.	El bueno siempre es hermano
	de la amistad.

2706 *bueno:* hay un amor malo, concupiscente, de apetito, y otro bueno, espiritual, cercano de la amistad. La distinción entre amor sensual y espiritual es doctrina muy fatigada en las teorías amorosas; como escribe León Hebreo: «Hay dos clases de amor. Una de ellas la origina el deseo o verdadero apetito sensual, por el que cuando un hombre desea a alguna persona, la ama; es un amor imperfecto porque depende de un principio vicioso y frágil, y viene

Serafina.	Es verdad;
	mas no siempre la amistad
	tiene su fin soberano.
Rey.	Ya será el amor tirano. 2710
Serafina.	Y aun más.
Rey.	¿Qué será?
Serafina.	Indiscreto.
Rey.	¿En la causa?
Serafina.	En el efeto.
Rey.	Y el mío, ¿qué te parece?
Serafina.	No sé qué nombre merece.
Rey.	Ya se lo dio este soneto. 2715
	Si viste verdes montes coronados
	de guirnaldas, de nubes y de velos;
	si viste las campañas de los cielos,
	si viste las esferas de los prados,
	y el mar verde y azul, con matizados 2720
	colores, de esperanzas y de celos,
	ya has visto por iguales paralelos
	lo inmenso de mi amor y mis cuidados.
	Dirás que es corto amor, pues ha cabido
	en breve corazón; ¿qué hermosa estrella, 2725
	pulsando resplandores singulares,
	un átomo de luz no ha parecido?:

---

a ser un hijo engendrado por el deseo, tal como fue el amor que sintió Amnón hacia Tamar. [...] La otra clase de amor [...] no proviene del deseo o apetito; por el contrario, como se ama primero perfectamente, la fuerza del amor hace que se desee la unión espiritual» *(Diálogos de amor,* páginas 150-151).

2718-2719 Nótese el trueque ingenioso: *campañas* 'campos' correspondería a los prados y *esferas* 'orbes celestes' a los cielos.

2720 *verde, azul:* el verde es color símbolo de la esperanza y el azul de los celos. Comp. *Dechado de amores,* citado por Wilson y Sage, 1964, pág. 45: «Si sale la dama de color blanco, denota castidad. Si sale la dama de azul, denota celos»; Calderón, *La primer flor del Carmelo,* ed. Plata, vv. 857-858: «—Yo azul. / —Y aquesa ¿qué sinifica?— Celos».

2725-2727. La puntuación, sin interrogación retórica, de Blecua o Gentilli, nos parece errónea: una estrella parece mirándola de lejos precisamente un punto o átomo de luz, como podría parecer al que no lo mira de cerca el amor que cabe en breve corazón; pero si se acerca uno advierte su magnitud.

	llega cerca y verás que una centella	
	es mayor que los montes y los mares.	
Serafina.	Bien lo encarece, y podía	2730
	responder con otro mío.	
Rey.	Ya lo aguardo.	
Serafina.	Desconfío.	
Rey.	Más me parece falsía.	
Serafina.	¿Viste de un monte las espaldas llenas	
	de rizos ampos de la intacta nieve?	2735
	¿Viste una fuente, donde el alba bebe	
	escondida en celajes de azucenas?	
	¿Viste en espumas, viste en las arenas	
	reflejos del rubí, que el cielo mueve,	
	o al cisne en su candor cuando se atreve	2740
	a competir la voz con las sirenas?	
	Pues más puro, más blanco, más honesto,	
	más limpio, más intacto, más brillante,	
	es el amor que anima el alma mía.	
	Poco lo encarecí, que poco es esto:	2745
	sombras son de mi amor puro y constante,	
	la nieve, el sol, la fuente, el cisne, el día.	
Rey.	¡Gran poetisa! Consiento	
	que la amistad nos dé ley,	
	no el amor.	
Serafina.	Airado un rey,	2750
	aun fingido, da tormento.	
	En mí he vuelto.	
Rey.	Es justo acuerdo.	
Serafina.	¿Qué?	
Rey.	No temer.	
Serafina.	¿Puedo?	
Rey.	Sí.	
	¡Gracias a Dios que vencí!	
Serafina.	¡Gracias a Dios que no pierdo!	2755

2735 *ampo:* «Voz con que se expresa la blancura, albura y candor de la nieve, y así para ponderar el exceso de alguna cosa blanca se dice que es más blanca que el ampo de la nieve» *(Aut.).*

(Vase cada uno por su puerta. Y salen Porcia *y el* Embajador.*)*

Porcia.	Vueseñoría no ignora
	la inclinación que he mostrado,
	con afecto y con cuidado
	a su pretensión. Agora
	es lance de la embajada 2760
	dar priesa a la conclusión.
Embajador.	Como ha sido, y con razón,
	de mi rey tan deseada
	y al de Dinamarca vio
	venir con tal gentileza, 2765
	que ha de acompañar su alteza
	su ejemplo malicio yo,
	y que lo mismo hará,
	pues es mayor su deseo,
	y así pienso que lo veo 2770
	cada instante.
Porcia.	Pues ¿vendrá
	rebozado también?
Embajador.	Sí,
	si es que viene.
Porcia.	He sospechado
	que está ya determinado
	el casamiento.

(Sale Violín.*)*

Violín.	No oí 2775
	cosa que no la dijese.
	Un chisme os traigo.
Embajador.	¿Cuál es?
Violín.	El rey le dijo al marqués
	que una máscara se hiciese
	esta noche. Embajador, 2780
	vos entráis en ella.

2779 *máscara*: «La invención que se saca en algún regocijo, festín o sarao de caballeros, o personas que se disfrazan con máscara» (Cov.).

Embajador.		¿Cómo lo has sabido?
Violín.		Porque tomo vuestras cosas con amor, mas ninguna me dais vos y así no tomo ninguna.	2785
Embajador.	Pues empieza a contar.	

(Dale una sortija.)

Violín.		Una. Haced que el reloj dé dos.
Porcia.	Andará desconcertado si las horas no divide.	
Violín.	Nunca ayudas al que pide; siempre he sido desdichado con roncas bermejas.	2790

(Sale la Infanta *y* Serafina.)

Infanta.		Hoy nuestra máscara ha de ser, porque el rey la quiere ver.

2792 *roncas bermejas:* puede aludir a la frase *echar roncas:* 'maldecir, decir palabras insultantes, amenazas jactanciosas', o simplemente a la voz de Porcia; los bermejos o pelirrojos tenían muy mala fama; era el color del pelo de Judas según la tradición. Comp. Gillet, 1925, págs. 317-320; González Ollé, 1981. Los textos aducibles serían innumerables y remitimos al artículo, muy documentado, de González Ollé. En Correas, por ejemplo, hay numerosos refranes sobre los pelirrojos: «Barba roja y mal color, debajo del cielo no le hay peor» (Correas, refrán 3397); «Pelo bermejo, mala carne y peor pellejo» (Correas, refrán 18071); Cov.: «son tenidos por cautelosos y astutos»; *Poesía original,* núm. 540, v. 5: «Bien está lo bermejo a lo ahorcado»; núm. 856, vv. 145-148: «Jeldre está en Torre Bermeja, / mal aposentado está, / que torre de tan mal pelo / a Judas puede guardar». Cascales dedica la epístola I, década II, de *Cartas filológicas,* «Contra los bermejos».

2792 acot. Astrana, Blecua y Gentilli «Salen», pero no es necesaria la enmienda. En las acotaciones del Siglo de Oro es frecuente la forma «sale» para varios personajes.

SERAFINA.	Siendo así, atrevida doy	2795
	parabién a tu grandeza.	
	Capitulaciones son	
	las que dan esa ocasión.	
PORCIA.	Retírate, que es su alteza.	
EMBAJADOR.	Quiera el cielo soberano,	2800
	pues de amor es justa ley,	
	que llegue a gozar mi rey	
	tanta dicha con su mano.	

(Vase.)

VIOLÍN.	Venís a buen tiempo, infanta;	
	y pues sois, como hermosa	2805
	discreta, ved esta glosa	
	de una copla que se canta	
	de gran musa.	
INFANTA.	¿Cúya es?	
VIOLÍN.	Eso es mucho preguntar;	
	oír y ver y callar.	2810
SERAFINA.	Dinos el autor.	

(Dale un papel y lee SERAFINA.)

| VIOLÍN. | Después. |

(Lee.)

SERAFINA.	«Estoy para me matar,
	pero no lo quiero hacer
	solo por daros pesar;

2797 *capitulaciones:* «En plural ordinariamente se entienden los pactos que preceden entre el esposo y la esposa, debajo de los cuales se ajusta y hace el matrimonio. Es término forense» *(Aut.).*

2811 Dino ms.

2812 y ss. No sabemos en conclusión de quién es esta copla; la misma en *Hero y Leandro* de Mira de Amescua, acto III. Según Violín, es del de Dinamarca, o sea, del príncipe de Gales en la correspondencia histórica.

mas ¡cuál debo yo de estar,   2815
   pues no os quiero dar placer!
   Nunca hay desdicha fatal
   que en la muerte fin no vea,
   mas un desdichado es tal
   que si con ansia desea   2820
   no vivir, será inmortal.
   Y así, viendo que la gloria
   de la muerte es el tardar,
   para afligir mi memoria,
   por quitarte esta victoria   2825
   estoy para me matar.
   Mas, dándome muerte esquiva,
   gusto os doy que no deseo:
   no habrá mal que no reciba
   viviendo y así me veo   2830
   morir que viva o no viva.
   Ofenderos es error,
   pero forzoso ha de ser,
   que si os da pena mi amor
   olvidar fuera mejor,   2835
   pero no lo quiero hacer.
   Mas ¿qué importa que quisiera,
   si Amor de poder me priva?
   Bien sé que imposible fuera
   olvidaros aunque viva   2840
   y obligaros aunque muera.
   Vida me fuera el olvido,
   si es vuestra muerte el amar;
   pero vivir no he querido
   y así el amaros no ha sido   2845
   solo por daros pesar.
   ¿De mi cuidado y de mí,
   Amor qué pretende hacer,
   señora, si cuando os vi

2817 Nuna ay ms.
2843 muerte el Amor ms. y Artigas.

	ni me dio muerte el placer	2850
	ni el pesar cuando os perdí?	
	Vida en mi muerte tenéis	
	y así me muestra el pesar	
	no solo cuál vos debéis	
	de estar si mi muerte veis,	2855
	mas cuál debo yo de estar.	
	Si vuestra gloria se empieza	
	del dolor que mi alma siente,	
	perdiendo vuestra belleza	
	vivirán eternamente	2860
	vuestra gloria y mi tristeza.	
	Si el placer vuestro ha de ser	
	mi vida, por no tener	
	ese contento, no quiero	
	dárosle yo; ved si muero,	2865
	pues no os quiero dar placer.»	
INFANTA.	¿Violín, cúyo es esto?	
VIOLÍN.	¿Cúyo?	

¿Pues yo las musas no invoco?
Del de Dinamarca.

INFANTA. ¡Loco!
Rómpelo.
¿Qué atrevimiento es el tuyo?   2870
No entres aquí.

VIOLÍN. Si pesar
recebís, podré decir:
estoy para me morir,
estoy para me matar.

(Vase. Salen el REY y el ALMIRANTE.)

REY. Estas bodas que deseo   2875
hoy capitular se deben;
prevente, hermana.

INFANTA. Señor,
mi voluntad te obedece.

(Vanse las damas y INFANTA y sale el MARQUÉS.)

Rey.	Marqués, ¿qué tristeza es esta?
	Dime, marqués, lo que tienes. 2880
Marqués.	Yo quisiera, rey invicto,
	darte nuevas más alegres;
	pero todos los monarcas,
	emperadores y reyes,
	han tenido alguna vez 2885
	infelices accidentes,
	que la constancia y fortuna
	no los da prósperos siempre.
	Tu abuelo, césar glorioso,
	digno de eternos laureles, 2890
	de las naves y del mar
	tal vez fue vencido. Dente
	más ejemplos los romanos,
	vencedores tantas veces,
	y una de viles piratas 2895
	oprimidos. Tus rebeldes,
	tus isleños, atrevidos
	a los cielos y a sus leyes,
	con armada acechadora
	en los mares de Occidente 2900
	han asaltado las naos
	que de la Toscana vienen,
	que son tus Indias; y ahora,
	llevado deste acidente,
	a ti y a mí nos murmura 2905
	el vulgo, que no discierne
	con razón tales sucesos,
	y toda la culpa ofrece
	al gobierno, sin mirar
	que en reinos que no son breves, 2910
	sino imperios dilatados,

2889 *abuelo:* Felipe II fue vencido sobre todo en la empresa de la Armada Invencible.

2892 *tal vez:* 'alguna vez'.

2901 *las naos:* la flota de Indias fue capturada el 18 de septiembre de 1628 por los holandeses, en Cuba.

        es imposible, no puede
        ajustar las prevenciones,
        prevenir los accidentes,
        siendo, a toda monarquía   2915
        desunida defenderse
        más difícil que cobrarse
        lo que alguna vez se pierde,
        como lo han visto en tus días;
        pero la memoria es siempre   2920
        en lo que acusa constante,
        en lo que disculpa débil.

REY.   Pésame por mis vasallos,
        pero no ha de entristecerme
        suceso de quien espero   2925
        sacar útil. No se quejen
        mis reinos de mi descuido,
        que quejarse de accidentes
        que ya en los siglos pasados
        tienen su ejemplo, no ofende,   2930
        marqués, a nuestro cuidado;
        quejáranse injustamente;
        y si hay pérdidas dichosas
        porque despiertan y advierten
        para añadir más cuidado,   2935
        dichosa llamar se debe
        esta nueva. Ofrezco al cielo
        que han de poblar mis bajeles
        esos mares: varias selvas
        habitadas de la gente,   2940
        ciudades han de formar
        en cimientos que se mueven.
        Dueño he de ser de dos mares.
        Cuando bien los cielos quieren
        a un hombre, para avisalle   2945
        le suelen dar una fiebre.

2938 ploblar ms.
2946 les suelen ms.

León soy con la cuartana:
de hoy más con cuidado velen
mis ministros y soldados
hasta que la ofensa venguen.　　　　　　　2950
El poder da confianza,
la confianza da siempre
descuido; con esto agora
vivirán atentamente.
Estén ciertos mis vasallos　　　　　　　　2955
y con esto se consuelen,
que ha hecho atención en mí
este suceso de suerte
que he de ser Trajano y Numa.
A todos mis presidentes　　　　　　　　　2960
se escriba que la justicia
se administre sin que ecepten
aun a mis proprios hermanos;
que castiguen y que premien
pecadores y servicios.　　　　　　　　　　2965
Vívase ajustadamente
en mis reinos, porque así
no habrá que temer si llueven
desdichas, aunque las guerras
por todas partes nos cerquen,　　　　　　2970
que entonces harán seguros
casos prósperos y alegres.

2947 *león, cuartana:* el león es el animal heráldico de la monarquía española; *cuartana:* especie de fiebre malárica que hace crisis cada cuatro días; es enfermedad asociada al león, propenso a las cuartanas. Comp. Quevedo, *Un Heráclito*, núm. 255, vv. 21-22: «Diome el León su cuartana, / diome el Escorpión su lengua»; *Poesía original*, núms. 680, vv. 34-36: «el León envergonzante, / que con cuartanas y cuartos / brama siempre por trocarse»; 847, vv. 29-32: «—Sola la imaginación / me da cuartana y me aqueja. / —Ten roña, marido oveja, / y no enfermes de león».

2959 *Numa:* Numa Pompilio, segundo rey de Roma, padre de la legislación y la religión romanas. Plutarco en sus *Vidas paralelas* escribe asociadas la de Licurgo y Numa.

2960 *presidentes:* «llamamos presidentes los que son cabezas en los consejos y chancillerías» (Cov.).

                    Mi timbre de aquí adelante
                    ha de ser guardar las leyes
                    y mandamientos del cielo.   2975
                    Y por quedar libre en todo
                    de la obligación presente,
                    de Margarita, mi hermana,
                    pues tiene César poderes
                    de su rey, cásese luego,   2980
                    porque al Danubio la lleven.

(Sale el ALMIRANTE.*)*

ALMIRANTE. Prevenido está el festín.
            ¿Proseguirase?
REY.   Pues ¿quieres
            que no celebre sus bodas
            y que dé a entender que tiene   2985
            confuso aqueste suceso
            mi valor? Di que comiencen.
ALMIRANTE. Solo licencia esperaba
            el festín. Sentarte puedes.
REY.   Burlas y veras en mí   2990
            tienen lugar diferente.

(Aquí es la máscara.)

REY.   Fenezca, pues, el festín,
            para ser del todo alegre
            en dar al embajador
            tu mano; besarla puedes   2995
            ya a la infanta.

(Quítase la máscara el príncipe transilvano.)

2973 *timbre:* 'blasón, divisa, insignia'.
2979 *poderes:* la infanta se desposó por poderes con el rey de Hungría el 25 de abril de 1629.

Transilvano.	No es
	mi embajador quien merece
	tanta dicha, sino yo,
	pues quiso el amor traerme
	a tiempo que en su lugar 3000
	la máscara me pusiese.
Rey.	¡Señor, vuestra majestad
	está en mi palacio! Deme
	los brazos y a Margarita
	la mano, pues la merece 3005
	por gran galán y gran rey.
Transilvano.	Premio es, señor, que se debe
	a mis inmensos deseos.
Rey.	Ya estará mi corte alegre
	con esta unión deseada, 3010
	que felices años cuente,
	y con que, menguando estorbos,
	fuerzas y amigos le crecen.
Transilvano.	Vuestras son todas las mías.
Almirante.	Si pregunto a los oyentes 3015
	cómo ha de ser el privado,
	creo dirán: «desta suerte».

Fin de la comedia intitulada
«Cómo ha de ser el privado»

3003 Dedme ms.
3010 *deseada:* la deseaba particularmente Olivares, que veía en esta boda un acercamiento de las ramas de la casa de Austria. Véase la cita de Elliott que aduce Gentilli en la nota a su v. 3019 (pág. 213).

Pero Vázquez de Escamilla
(fragmento)

REPRESENTACIÓN ESPAÑOLA
POR DON FRANCISCO QUEVEDO VILLEGAS,
SEÑOR DE LA VILLA DE JUAN ABAD

JORNADA PRIMERA

(Empiezan ARGOMEDO *y* MONTES, *de noche, con espadas y broqueles)*[1].

MONTES.	Argomedo, esta rencilla,	
	a mi ver, es sin razón.	
ARGOMEDO.	Busqué un amigo riñón	
	y vínele a hallar morcilla.	
MONTES.	En la ocasión tengo manos	5
	y en el discurso cordura.	
ARGOMEDO.	Parecemos asadura:	
	yo hígados, vos livianos.	

---

[1] «Empiezan Tablares, y Montas» en el manuscrito, lectura que sigue Artigas; los demás enmendamos.

3 *riñón:* nótese la dilogía de 'reñidor' y 'víscera', que hace juego chistoso en este segundo sentido con *morcilla:* 'embutido'.

7-8 *asadura, hígados, livianos:* el chiste se basa en la dilogía de *hígados, tener hígados:* «ser valiente y arrojado» *(Léxico);* «tener hígados, tener brío, ánimo

MONTES.	Soy bravo y honrado yo,	
	y en esto no hay duda alguna.	10
ARGOMEDO.	Seréis Bravo de Laguna,	
	pero de pendencia no.	
	Solo he salido a bregar	
	con Tablares, a quien sigo:	
	reportorio sois, amigo;	15
	lluvias podéis señalar.	
	La lujuria ha de ser mía	
	u nos hemos de trinchar	
	los cuerpos.	
MONTES.	Quiero callar,	
	que es muda la valentía.	20
	En mí el aconsejar	
	no es excusa del hacer,	

---

y valor» (Cov.). Comp. Quevedo, *Poesía original*, núms. 862, vv. 13-16: «Pesia al hígado que tengo, / ¿eso me dice con sorna? / Morir de tres puñaladas / es muertecita de mosca»; 866, vv. 33-34: «Luego, acedada de rostro / y ahigadada de cara»; en *livianos* 'pulmones', puede jugar con las connotaciones de liviano: «fácil, ligero y de poca consistencia» *(Aut.)*.

9 *bravo y honrado*: usos burlescos de germanía: en este lenguaje *bravo* significa 'valentón', «vulgar y comúnmente se entiende y dice el que es preciado de valentón, guapo, jactancioso y que gasta mucha fanfarronería y bravura» *(Aut.)*; *honrado* en germanía es «Valiente, pícaro» *(Léxico)*: «irónicamente se toma por bellaco, pícaro, travieso» *(Aut.)*; *bravo*: comp. *Buscón*, pág. 224: «Llegó la hora de cenar; vinieron a servir unos pícaros que los bravos llaman cañones»; en *Poesía original*, núm. 858, vv. 23-24 Calamorra es «bravo de contaduría, / de relaciones valiente».

11 *Bravo de Laguna*: del chiste onomástico hay muchos ejemplos análogos: *Entremés de la Venta*, vv. 208-212: «al seor Guevara démosle la cena, / y será calidad, si se repara, / pues seremos ladrones de Guevara. / *Estudiante*.—En esta pobre choza / todos somos hurtados sin Mendoza». Para este tipo de chistes onomásticos en Quevedo, véase Arellano (1984, págs. 150-152).

13 *bregar*: «Luchar, contender y reñir forcejeando unos con otros» *(Aut.)*.

15 *reportorio*: juego dilógico: Montes parece querer reportar («Refrenar, reprimir o moderar alguna pasión de ánimo o al que la tiene» *(Aut.)*, a Argomedo, y este le dice chistosamente que si es reportorio puede anunciar las lluvias, ya que reportorio es «lo mismo que calendario o tratado de los tiempos» *(Aut.)*; otro chiste semejante en *Poesía original*, núm. 858, vv. 57-64: «Manzorro, cuyo apellido / es del solar de los equis, / que metedor y pañal / de paces ha sido siempre, / preciado de repertorio / y almanaque de caletre, / quiso ensalmar la pendencia / y propuso que se cuele».

17 *lujuria*: metonimia por la prostituta que es la causa de la riña.

| | y quien no sabe temer
| | no teme poder errar.
| | ¿Quién conmigo compitió?   25
| | Mal debéis de conocerme:
| | no temo el mal que han de hacerme;
| | temo el mal que he de hacer yo
| | en llegando la ocasión.
| ARGOMEDO. | Pues la ocasión es llegada: 30
| | estos los contrarios son.

(Entran TABLARES *y* BARCO. *Sacan las espadas y riñen despacio.)*

| MONTES. | A mi valor acomete.
| TABLARES. | Calla y brega como honrado.
| ARGOMEDO. | ¿Sóbrate el alma, cuitado?
| BARCO | ¿Hiédete el alma, pobrete?   35

(Disparan dentro un arcabuz y dan voces.)

| DENTRO | ¡Matalde dentro del río
| | antes que llegue a la orilla!
| ESCAMILLA. | *(Dentro.)* Con solo ver a Sevilla
| | se me dobla fuerza y brío.
| DENTRO | No hay un arráez que le siga,   40
| | que ha muerto a dos en Triana.

---

31 Falta un verso para la redondilla.

34-35 Son dos muletillas que se cruzan los valentones, para atemorizar al rival aludiendo a la muerte que piensan dar al contrario ('¿te sobra o te huele mal el alma, que la quieres abandonar al matarte yo?'). Comp. la descripción de la riña de otros jaques en *Poesía original*, núm. 858, vv. 9-16: «Hubo palabras mayores / de lo de "No como liebre"; / "Ni yo a la mujer del gallo / nadie ha visto que la almuerce" / "¿Tú te apitonas conmigo?" / "¿Hiédete el alma, pobrete?" / "Salgamos a berrear, / veremos a quién le hiede"». Estos dos versos los puntúan Artigas, Astrana y Blecua sin interrogaciones, como oraciones aseverativas.

40 *arráez*: «Patrón o maestro de gabarra, barco u otra embarcación» *(Aut.)*.

41 *greguescos* (acotación): «Lo mismo que calzones» *(Aut.)*. Véase *Un Heráclito*, núm. 175, vv. 3-4: «háseme vuelto la cabeza nalga; / antes greguescos pide que sombrero»; *Poesía original*, núm. 703, vv. 25-29: «Hay calvas asenta-

(Sale Pedro Vázquez Escamilla *con la espada en la boca, desnudo en greguescos de lienzo, y muy mojado, y dice:)*

Escamilla.	Si vuelvo, gente villana,
	no dejaré quien lo diga.
Montes.	Disparen, y acá riñamos.
Tablares.	¡Válame Nuestra Señora! 45
Escamilla.	¿Danza de espadas ahora?
	A buena ocasión llegamos.
	Rapaces.
Argomedo.	Con otros modos
	es bien que su espada saque.
Escamilla.	¡Voto a Dios que os desataque 50
	y os abra a azotes a todos!
	¿Por qué se ha de ceñir hierro
	un valiente como vos
	de los de «válame Dios»

---

deras, / y habían los que las usan / de traerlas con greguescos / por tapar cosa tan sucia». *Pedro Vázquez de Escamilla:* a este famoso valentón sevillano lo menciona Quevedo otras veces: *Poesía original,* núm. 865, vv. 81-84: «De enfermedad de cordel / aquel blasón de la espada, / Pero Vázquez de Escamilla, / murió cercado de guardas»; *Buscón,* pág. 224: «Tratose de la buena memoria de Domingo Tiznado y Gayón; derramose vino en cantidad al ánima de Escamilla».

44 *disparen, y acá riñamos:* es decir, 'no nos importe que disparen; riñamos acá, que es a lo que hemos venido'.

46 *danza de espadas:* «Se llama la que se ordena con espadas en la mano, con las cuales al compás de los instrumentos se dan algunos golpes [...] vale también pendencia o riña. En este sentido es voz jocosa e inventada» *(Aut.); danza de espadas:* «Esta danza se usa en el reino de Toledo, y dánzanla en camisa y en greguescos de lienzo, con unos tocadores en la cabeza, y traen espadas blancas y hacen con ellas grandes vueltas y revueltas, y una mudanza que llaman la degollada, porque cercan el cuello del que los guía con las espadas, y cuando parece que se la van a cortar por todas partes, se les escurre de entre ellas» (Cov.).

50 *desatacar:* «Soltar las agujetas o cordones con que está cerrada y ajustada alguna cosa» *(Aut.),* es decir, les amenaza con soltarles las calzas y azotarles en el trasero como a niños malcriados; *Buscón,* pág. 62: «mandome desatacar, y, azotándome, decía tras cada azote».

51 *abrir a azotes:* es frase hecha que recoge Correas: «Abrir a azotes. Por mucho azotar: abriole a azotes; abrirete a azotes» (refrán 1165).

	y de los de «tente perro»?	55
	Humillad la valentía.	
Montes.	Dos diablos sus manos son.	
Barco	¿Viose tal resolución	
	en toda la germanía?	
Escamilla.	¿Fue por cosa que amancilla	60
	el honor?	
Tablares.	No topa en eso.	
Escamilla.	Será resquiebro travieso	
	por daca y toma putilla.	
Argomedo.	Eso hue.	
Escamilla.	Honrada pelea.	
Barco.	Es muchacha de los cielos.	65
Escamilla.	Pues para que no dé celos,	
	de todos los cinco sea;	
	ninguna réplica abono,	
	y porque sepáis quién es	
	el que os ha puesto a sus pies,	70
	dad mirlas a lo que entono.	

---

55 *tente, perro:* insulto; quiere decir Pero Vázquez que Argomedo es valiente de palabra y que se limita a dirigir insultos a sus contrarios, sin pelear con la espada; «y de los de detente perro» en el manuscrito de base, verso largo que acepta Blecua (Artigas y Astrana enmiendan, lo mismo que Arellano). *Perro* es insulto tópico.

59 *germanía:* «El conjunto de la gente de mala vida, sobre todo rufianes y valientes, y todo lo que hacen» *(Léxico).*

62 *resquiebro travieso:* interpretamos 'una enemistad enconada por causa de una prostituta'; el sentido de *requiebro:* 'dicho amoroso y regalado', como define Cov. no parece venir bien aquí, y mejor el de *requebrar* o *resquebrar:* «Empezar a quebrarse, hendirse o saltarse alguna cosa» *(Aut.):* ruptura (por ejemplo de la amistad). Artigas y Astrana «requiebro».

63 *daca y toma:* 'será una pendencia por dame o toma la putilla; si la putilla es para ti o para mí'.

64 *hue:* lo mismo que «fue», con la relajación grotesca de la pronunciación germanesca. Comp. *Buscón*, pág. 223: «haga vucé de las j, h y de las h, j. Diga conmigo: jerida, mojino, jumo, pahería, mohar, habalí y harro de vino». Astrana «fué», estropeando el efecto.

71 *mirlas:* en germanía «orejas»; *dar mirlas:* «Dar oídos, escuchar con atención; prestar atención» *(Léxico,* donde se recogen otros textos de germanía). Comp. Quevedo, *Poesía original*, núm. 853, vv. 141-142: «A la Monda la ra-

> Discípulo soy del guro
> que mejor engibó el cambio,
> y que en la bola y salud
> entraba con red de payo. 75
> Bien me entenderéis, pues sois
> polluelos de lo germano,
> mas yo quiero clarearme

---

paron / una mirla por tomona»; cortar las orejas era castigo dado a los ladrones: otros textos de Quevedo, *Poesía original*, núms. 861, v. 8 menciona a «Andresillo el desmirlado», y 864, v. 9 a «Culillos la desmirlada».

72 *guro*: aquí corresponde la acepción de 'fullero, tramposo'; véase *Léxico* y el texto del *Soldado Píndaro* que aporta: «vio por desdicha en mis desnudas carnes tres sellos de ladrón, ratero y guro»); y *Poesía original*, núms. 856, vv. 45-48: «Todo cañón, todo guro, / todo mandil y jayán, / y toda iza con greña, / y cuantos saben fuñar»; 856, vv. 12-15: «Yo que fui norte de guros, / enseñando a navegar, / a las godeñas en ansias, / a los buzos en afán».

73 *engibar el cambio*: en germanía 'percibir las ganancias del burdel («cambio»), cobrar de las prostitutas'; *engibar*: 'guardar o recibir, pagar y también comprar algo a uno a manera de tributo, sea el rufián a la prostituta o viceversa, sea los rufianes de menor categoría a aquel que está por encima de ellos' *(Léxico)*; en *Aut.*: «voz de la germanía que vale guardar y recibir» y *engibador* define como «Voz de la germanía que significa rufián»; *cambio* en germanía es «Mancebía» *(Léxico*, con numerosos testimonios). Otro testimonio un romance de germanía del *Romancero general*, de Durán, núm. 1757, «Testamento de Maladros»: «Porque tratan todos dentro, / al burdel le llama cambio». Las ediciones citadas, menos Arellano, «engibo», pero se refiere al maestro que evoca: pretérito debe ser.

74-75 Interpretamos: 'en las ferias —donde podía robar a su gusto— y en la iglesia —donde también podía robar, como otro lugar multitudinario; o bien donde podía acogerse al asilo si era perseguido por la justicia— entraba haciéndose el tonto para robar mejor y pasar desapercibido'. Estos dos versos evocan otros dos de un romance de germanía que trae Hill en su colección: «en la salud y las bolas / entraba con red de payo» (cit. por *Léxico*). *Bola*: «Feria [...] Feria de mayor importancia que las habituales; lugar donde se exponen en la calle los animales y cosas que se quieren vender» *(Léxico); salud*: en germanía «Iglesia» *(Léxico); red de payo*: «Capa o capote de sayal que generalmente utilizaban los campesinos [...] metafóricamente significa hacerse el tonto o pasar desapercibido. Táctica empleada por los ladrones que acuden a donde hay concurso de gente introduciéndose entre ella como si fueran uno más y aprovechando para desvalijar a los que se descuidan» *(Léxico)*. Recuérdese que *red* en germanía «metafóricamente vale ardid o engaño de que alguno se vale para atraer y conquistar a otro» *(Aut.)*.

77 *polluelos de lo germano*: 'hablo en germanía que es lenguaje que vosotros podéis entender porque a ella pertenecéis'; *polluelo*: jovenzuelo, aprendiz, inexperto todavía.

y entrevaréis lo que garlo.
No vieron cosa sus ojos 80
que no cogiesen sus manos;
mondador de faltriqueras,
pelliscador en guardado,
gran trasponedor de prendas,
pillador de todo grano, 85
sacabolsas como muelas,
metededos como gato,

---

79 *entrevar*: Artigas y Astrana «entreveréis», como si derivara de *ver*; mala lectura que borra un término de germanía; *entrevar* es en germanía «Darse cuenta, comprender. Conocer» *(Léxico); garlar:* hablar, sobre todo hablar mucho y sin parar; comp. Quevedo, *Poesía original,* núm. 869, vv. 53-54: «y por no callar con sorna, / sin que se entreven avispas»; Alemán, *Guzmán,* pág. 292: «mas como se las entendía, y les entrevaba la flor», pág. 368: «el que nueva flor entrevare, la manifieste a la pobreza», pág. 592: «Y como les entrevaba la flor, burlábame dellos»; *Romancero general,* de Durán, núm. 1764: «Habla nueva germanía / porque no sea descornado, / que la otra era muy vieja / y la entrevan los villanos»; *garlar* es voz germanesca. Comp. *Poesía original,* núm. 866, vv. 46-50: «y con postura bizarra, / desembrazando a las dos / en esta manera garla: "Llamo uñas arriba / a cuantos llamo"», en *Hora,* pág. 64: «¡Pesia tu hígado, oh grande coime, que pisas el alto claro, abre esa boca y garla».

82 *mondador de faltriqueras*: ladrón de los bolsillos; metáfora reiterada, a veces con variantes análogas como las de los versos siguientes: comp. *Poesía original,* núm. 853, vv. 141-144: «A la Monda la raparon / una mirla por tomona, / y pues monda faldriqueras / no es nísperos lo que monda».

83 *pelliscar:* «Metafóricamente se toma por hurtar» *(Aut.);* comp. *Poesía original,* núm. 867, vv. 15-16 un galeote ha sido condenado «porque arremangó una tienda, / porque pellizcó unos cuartos»; *Un Heráclito,* núm. 282, vv. 113-114: «Mas si retozando bolsas, / quiere vivir de pellizco».

84 *trasponer:* germanía «Hurtar, robar» *(Léxico),* u «ocultar o esconder alguna cosa con maña y presteza» *(Aut.).* Comp. Alemán, *Guzmán,* pág. 286: «Muchas cosas que hurtaba las escondía en la misma pieza [...] y si la sospecha cargaba en otro, allí me lo tenía cierto y luego lo trasponía».

85 *pillar:* en germanía «Robar, hurtar» *(Léxico). Grano,* en el mismo lenguaje es «Ducado de once reales» *(Léxico).*

86 *sacabolsas como muelas:* chiste fácil con «sacamuelas»; la imagen la elabora Quevedo con más amplio despliegue de recursos en el poema *Poesía original,* núm. 734, vv. 1-8, donde una buscona se presenta en figura de médica: «Aquí ha llegado una niña / que, examinada en buscón / por las madres protoviejas, / saca bolsas sin dolor. / Con dos dedos, sin gatillo, / al más guardoso señor / saca el mayorazgo entero, / y no le deja raigón».

87 *metededos como gato:* mete los dedos en las bolsas para robar, y por eso se le compara con el gato, que en germanía es vocablo que significa 'ladrón'; comp. la

avizor de cualquier presa,
guiñarol, polinche y maco,
demanda para sí mismo, 90
en todas veredas salto,
gran jugador de la chica,

---

expresión «mete dos y saca cinco» en *Léxico*, con el testimonio de Cervantes, *Rinconete y Cortadillo, Nov. ej.*, I, pág. 244: «Yo —respondió Cortadillo— sé la treta que dicen mete dos y saca cinco, y sé dar tiento a una faldriquera con mucha puntualidad y destreza»; en el *Buscón*, pág. 56: «malas lenguas daban en decir que mi padre metía el dos de bastos para sacar el as de oros». Para *gato*, véase Castro (1926) o numerosos testimonios quevedianos en *Un Heráclito*, núms. 231, v. 13: «es zorra que al vender se vuelve miz»; 244, vv. 19-20: «que pudiendo maullar / prender al ladrón intente»; *Poesía original*, núms. 853, vv. 17-18: «maullones de faldriqueras / cuyos ratones son bolsas»; 855, vv. 129-31: «Por decir "¿A dónde va / mi querido?", equivocose, / y me dijo "miz querido"».

88 *avizor*: «El que vigila para avisar de algo a alguien» *(Léxico)*: actividad ladronesca; comp. *Poesía orignal*, núm. 855, vv. 161-64: «Tuve dos mozos de silla / por noticia y avizores / de la entrada de las casas, / puertas, ventanas y esconces». Alemán, *Guzmán*, pág. 637: «Estuve avizorando por todo aquello si podría sacar aquella prenda sin costas ni daño de barras, y en toda la casa ni parte alguna sentí haber quien impedírmelo pudiese».

89 *guiñarol*: «Voz de la germanía que vale aquel a quien hacen señas con los ojos» *(Aut.)*; *polinche*: «El que encubre a los ladrones o les abona y fía» *(Léxico)*; *maco*: «Bellaco [...] Astuto» *(Léxico)*. En el manuscrito trae «giñarol polinche» (como las ediciones de Artigas, Astrana y Blecua) pero procede la enmienda; comp. *Romancero general*, de Durán, núm. 1757: «Entrevado el guiñarol, / en alto bramo así empieza»; *poliche* es 'garito'; *polinche*: «El que encubre a los ladrones o les abona y fía» *(Léxico)*, que parece mejor en el contexto; *maco*: «Se suele muchas veces tomar por el que es advertido, astuto, sagaz y de no muy ingenua intención, difícil de engañar» *(Aut.)*. M. Herrero, en su comentario al pasaje cervantino del *Viaje del Parnaso*, pág. 711, no cree que sea voz de germanía y aduce que lo usan escritores que nunca usaron este lenguaje, como Juan de Castellanos en *Varones ilustres de Indias*. Cervantes lo vuelve a utilizar en *El laberinto de Amor*, pág. 477: «Villano es el morlaco. / ¿Quieres que le tentemos las corazas / y veremos si es maco?». La etimología de la palabra es oscura (ver Corominas y Pascual, *Diccionario crítico etimológico*), pero en todo caso el vocablo es frecuente en romances germanescos.

90 *demanda para sí mismo*: forma irónica de decir que roba; comp. *Poesía original*, núm. 857, vv. 1-4: «Añasco el de Talavera, / aquel hidalgo postizo / que en los caminos, de noche, / demanda para sí mismo».

91 *en todas veredas salto*: es ladrón de caminos; *salto* parece funcionar aquí como metonimia de 'asaltador'.

92 *jugador de la chica*: 'manejador de la daga, arma típica de valentones'; *chica*: «Germ. La daga» *(Léxico)*; véase *Poesía original*, núm. 869, vv. 55-56: «a Juan Malliz pone al lado, / que es mohador de la chica».

>   gran sosquinero de amagos,
>   y para balcón abierto
>   hombre de gran garabato;   95
>   cierto de ballesta y morro,
>   hombre de tan lindas manos
>   que se encuentra con los reyes
>   y huye con los caballos,
>   y con la flor de las tías,   100

---

93 *sosquinero:* experto en el sosquín «golpe o ataque a traición» en germanía *(Léxico);* comp. *Un Heráclito,* núm. 284, vv. 41-42: «Con sosquines y antuviones / vine a campar de valiente»; *Poesía original,* núm. 858, vv. 69-70: «Mojagón, que en el sosquín / ha sido zaino eminente». En el ms. «sosquineros», que reproducen Artigas, Astrana y Blecua.

94-95 Chiste alusivo al robo; juega con la dilogía de *garabato:* «Se llama también un cierto aire, garbo, brío y gentileza» *(Aut.);* aunque se suele aplicar a las mujeres, aquí se aplica al ladrón); *mozo de garabato* significa «ladrón», y en lenguaje del hampa *garabato* 'gancho de hierro que sujeto a una cuerda se lanza a lo alto de un muro para engancharlo a él y poder escalarlo' y 'ganzúa'; comp. *Poesía original,* núm. 855, vv. 49-52: «Di en guardarropa de otros, / llevándome muchos hombres / por mozo de garabato / de balcones en balcones».

96 *cierto de ballesta y morro: cierto* en germanía define *Léxico* «Fullero en el juego de naipes que preparaba con trampa varias barajas para el juego por si era descubierta una de ellas o la perdía»; en el *Buscón,* pág. 169, escribe Quevedo: «Porque él era jugador y lo otro (ciertos los llaman, y por mal nombre fulleros)», y dedica un capitulillo de las *Capitulaciones de la vida de la corte y oficios entretenidos en ella* a los ciertos: «Hay en cada cuadrilla tres interlocutores: el primero es el cierto, el cual anda siempre prevenido con naipes hechos unos por la barriguilla, otros por la ballestilla, otros por morros, y otros por todas partes, para que si el bueno no come de uno y se escalda, se le dé con el otro» *(Prosa festiva,* pág. 239); *ballesta* y *morro:* clases de trampas en los naipes; comp. *Buscón,* pág. 220: «llevaba gran provisión de cartones de lo ancho y de lo largo para hacer garrotes de morros y ballestilla»; Espinel, «Sátira contra las damas de Sevilla»: «La ballestilla, el lápiz, el humillo, / y otras flores que yo no las entiendo» (cit. por J. P. Étienvre, 1987, pág. 185); *Estebanillo,* I, págs. 53-54: «echándoles el garrote y la ballesta para las pintas, sin otra infinidad de flores».

98-99 *reyes, caballos:* alusión a las trampas que hace con los naipes; además alude probablemente a que se encuentra con los reyes porque es perseguido por la justicia real, y huye con los caballos porque también es cuatrero.

100-103 El pasaje plantea alguna dificultad; interpretamos 'el maestro de Escamilla fue también proxeneta: utilizaba prostitutas para sacar el dinero de los incautos'; hay bastantes juegos léxicos y alusiones chistosas. En «flor de las tías» puede entenderse el sentido 'usó la misma trampa o añagaza que

que son las niñas, antaño,
niñeando con las uñas
despelotó muchos blancos.
Dos jueces entregadores,

---

usan las viejas alcahuetas, es decir, utilizó busconas': *flor* «entre farsantes y burladores llaman aquello que traen por ocasión y excusa cuando quieren sacarnos alguna cosa [...] y desas flores son tantas las que hay en el mundo que le tienen desflorado» (Cov.); «engaño o astucia que se emplea para robar o sablear a alguien sea con trampas en el juego [...] sea utilizando tácticas especiales en cualquiera de las especialidades de los ladrones y buscones» *(Léxico)*. La palabra se usa mucho en el lenguaje naipesco (véase Étienvre, 1987, págs. 182-192, o los testimonios de *Léxico)*; en Quevedo se documenta a menudo, como en otros escritores del Siglo de Oro: *Buscón*, pág. 187: «ya me iban dando en la flor de lo rico»; Cervantes, *Rinconete y Cortadillo, Nov. ej.*, I, 244: «todas esas son flores de cantueso viejas, y tan usadas que no hay principiante que no las sepa». Si se interpreta *flor* como 'trampa', la trampa que usan las tías es la de sus pupilas: *tía* tiene el sentido de 'alcahueta': Quevedo, entremés de *La vieja Muñatones*: «¿Es alcahueta? —Ya pereció ese nombre, ni hay quien le oiga. No se llaman ya sino tías, madres»; en *flor* puede haber otra alusión chistosa al sentido de 'virginidad', irónicamente asociado en este contexto. *Niña*: «Prostituta» *(Léxico*, con otros testimonios); *niñear con las uñas:* 'robar'; en germanía es frecuente el eufemismo «niñería» para designar las fechorías, y la uña es símbolo tópico del robo, innumerablemente reiterado (cfr. testimonios aportados en *Léxico), o Buscón*, pág. 56, donde el narrador dice de su padre ladrón: «por estas y otras niñerías estuvo preso»; y *Sueños*, pág. 97: «dos o tres mercaderes que se habían calzado las almas al revés y tenían todos los cinco sentidos en las uñas de la mano derecha». En el v. 103 se ha reiterado en las ediciones hasta hoy una lectura errónea: en el manuscrito pone «blancos», no «flancos», y el verbo *despelotar* debe estar en pretérito, aunque no se escriba la tilde en el manuscrito, ya que se refiere siempre al maestro evocado de Escamilla: usa, por lo demás, otra vez vocablos de germanía: *pelota*, entre otras acepciones tiene la de «bolsa con dinero» en germanía *(Léxico); despelotar* es pues 'robar la bolsa', y *blanco* 'tonto o simple, hombre sin malicia, novato en el juego, inocente' (ver muchos testimonios con diversos matices en *Léxico)*. Comp. Quevedo, *Buscón*, pág. 222: «blanco llaman al sano de malicia y bueno como el pan».

103 Artigas, Astrana y Blecua «despeloto muchos flancos».

104 *juez entregador:* chiste dilógico: alude a los que dan el soplo o denuncian al delincuente entregándolo a la justicia; pero juez entregador es «Oficio en la Mesta, que el que le ejerce, llevando su audiencia y mudándola en diversos lugares de los partidos, compele y obliga a guardar las leyes y privilegios de la mesta y multa a los transgresores» *(Aut.)*. Comp. Quevedo, *Poesía original*, núm. 855, vv. 155-156: «y era juez entregador / de fulleros y de flores».

>   por el partir de unos tantos 105
>   le soplaron en Madrid
>   sin quemar y sin ser caldo.
>   Fue penitente de arre
>   y disciplinante de asno,
>   peonza de medio arriba, 110
>   jinete de medio abajo.
>   Iba echando a el rey la culpa

---

105 *por el partir de unos tantos:* puede querer decir 'por disputas de juego' *(tanto:* 'piedra, moneda u otro objeto para marcar los puntos ganados en un juego', véase *Aut.);* o bien 'por vengarse de los golpes recibidos en una riña' («Tanto. Se toma también por golpe», *Aut.).*

106 *soplar:* «Descubrir o delatar a alguien» *(Léxico).* Chistes dilógicos como el del verso siguiente se repiten en Quevedo. Comp. *Poesía original,* núm. 865, vv. 5-8: «Son nuestras vidas un soplo, / hácennos grande ventaja / las vidas de los corchetes, / que de cien mil soplos pasan»; otro jaque ha tenido «más soplos que lo caliente» *(Poesía original,* núm. 856, v. 75).

108-109 *penitente de arre, disciplinante de asno:* en *penitente* hay juego dilógico, como en otro vocablo muy común en estos contextos, *disciplinante,* en los que se juega con el sentido literal y el alusivo a los castigos dados a los delincuentes: en germanía el *disciplinante* es el azotado por justicia, como el penitente: Quevedo, *Un Heráclito,* núm. 287, vv. 105-108: «Cespedosa es ermitaño / una legua de Alcalá, / buen diciplinante ha sido, / buen penitente será». *Arre,* vocablo para hacer andar a las caballerías, remite inequívocamente al asno (v. 109) en que se sacaba al reo para cumplir el castigo: véase en *Léxico* «asno». Esta situación de los azotes en el asno es tópica en el género de las jácaras.

110 *peonza de medio arriba:* la metáfora de la peonza se basa en que azotan al reo en la espalda con un látigo que recuerda al cordel con el que se baila la peonza; comp. *Poesía original,* núms. 856, vv. 149-152: «Ciento por ciento llevaron / los inocentes de Orgaz, / peonzas que a puro azote / hizo el bederre bailar»; 867, vv. 35-36: «graduados de peonza / que andan a puro azotazo».

111 *jinete de medio abajo:* la parte inferior del cuerpo va encima del asno; comp. *Un Heráclito,* núm. 288, vv. 75-78: «Por arremangar un cofre / fueron los desventurados, / la mitad diciplinantes, / jinetes de medio abajo».

112-115 *pregonero, manda hacer el rey:* cuando sacaban a la justicia al reo iba precedido del pregonero que gritaba sus delitos y el castigo; la fórmula se refería «a la justicia que manda hacer el rey», de la que se burla Escamilla, al aplicarla literalmente; comp. semejante chiste en *Poesía original,* núm. 855, vv. 195-200: «docientos y diez de remo / me cantaron los pregones. / Dicen que lo manda el rey; / no lo creo aunque me ahorquen, / que no le he visto en mi vida / ni pienso que me conoce».

el pregonero borracho
diciendo «que manda hacer
el rey», y él está en palacio.   115
Sentáronle cien azotes,
y fueron tan bien sentados,
que para darles lugar
cien cardenales se alzaron.
Para ordenarse de remo   120
estuvo el pobre rapado,
prebendado en las galeras,
licenciado en el banasto.

---

116 *sentar:* como *sentar* o *asentar la mano:* 'golpear, azotar' (ver testimonios en *Léxico* de *asentar la mano,* s. v. *mano).* Comp. *Un Heráclito,* núm. 287, vv. 5-8: «recibí en letra los ciento / que recibiste, jayán, / de contado, que se vían / uno al otro al asentar»; *Poesía original,* núm. 852, vv. 29-30: «Luego el rigor de justicia / me hizo ruido detrás, / asentábanme un capelo / y alzábase un cardenal». Cien azotes era el castigo usual.

119 *cardenales:* chiste tópico con la dilogía de cardenal 'dignatario de la Iglesia', 'roncha cárdena que sale del golpe'. Para otras variaciones del chiste con *cardenal,* véase *Un Heráclito,* núms. 286, vv. 65-68: «inclinada la cabeza / a monseñor cardenal, / que el rebenque, sin ser papa, / cría por su potestad»; 287, vv. 125-128: «pues sin respetar las tocas, / ni las canas, ni la edad, / a fuerza de cardenales / ya la hicieron obispar»; estudia la tradicionalidad del chiste, ya presente en *Tinellaria* de Torres Naharro o en el *Diálogo de la lengua* de Valdés, M. Chevalier (1976, pág. 31).

120-121 *ordenarse de remo, rapado:* uso jocoso de metáforas del lenguaje eclesiástico para referirse a los galeotes; la relación conceptista se establece también en el hecho de que tanto galeotes como clérigos, se rapaban el pelo y la barba. Comp. *Poesía original,* núms. 852, vv. 61-62 donde dice un jaque: «más raso voy que día bueno, / con barba sacerdotal»; 867, vv. 1-2: «Juan Redondo está en gurapas [galeras] / lampiño por sus pecados»; 852, vv. 77-84: «Es canónigo de pala / Perico el de Santo Horcaz, / y lampiño de navaja / el desdichado Beltrán. / Entre los calvos con pelo / que se usan por acá, / Londoño el de Talavera / lleva una vida ejemplar»; 855, vv. 85-86: «Muy remachado de barba / salí de los eslabones».

122 *prebendado en las galeras:* sigue con los chistes; *prebendado* es «El dignidad, canónigo o racionero de las Iglesias catedrales» *(Aut.),* este jaque es prebendado de galeras, manera irónica de decir que ha sido condenado a ellas. El mismo chiste en *Poesía original,* núm. 867, vv. 13-14: «por pedigüeño en caminos / es prebendado del charco».

123 *licenciado en el banasto:* en *licenciado* hay un juego parecido al anterior; *banasto* en germanía es «cárcel» *(Léxico);* comp. Quevedo, *Poesía original,* núm. 856, vv. 1-2: «Zampuzado en un banasto / me tiene su majestad».

> Rescatole la Maruja
> a puro pescar barato,   125
> y por cierta niñería
> segunda vez agarrado,
> vació en finibus terrae,
> graduose de colgajo,
> y el jinete de gaznates   130
> anduvo con él muy malo.
> Ahogado en zaragüelles
> murió en la letra de palo
> de un garrotillo de soga,

---

125 *pescar barato:* puede ser una aplicación figurada de los sentidos de *pescar:* 'coger dinero', y *barato:* 'porción de dinero que el jugador gananciso da a los mirones' (cfr. *Léxico),* que en este contexto vendría a significar 'Maruja rescató al jaque con el dinero conseguido con la prostitución y busconería'.

128 *vaciar en finibusterrae:* 'morir en la horca'; *vaciar:* parece variante de «vasir»: «Morir» en germanía (también 'matar', según el contexto) *(Léxico); finibusterrae:* «Horca» en germanía *(cfr. Léxico).* Cervantes, *Rinconete y Cortadillo, Nov. ej.,* I, pág. 224: «no han padecido sino cuatro en el finibusterrae y obra de treinta y dos envesados y de sesenta y dos en gurapas». En el *Romancero general,* de Durán, núm. 1757: «Puesto en el último paso / para vasir por sentencia», «Que obligación es que cumpla / a vasidos las promesas, / y principalmente aquellos / que quedan por albaceas», «Con una cruz en las cerras / y a su lado el confesor, / pónenlo en finibusterre / cual la sentencia mandó».

129 *graduarse de colgajo:* morir en la horca; los juegos con la expresión escolar «graduarse de» son típicos en Quevedo.

130 *jinete de gaznates:* el verdugo, que para ahorcar mejor al reo, se subía a los hombros de este, «cabalgando» sobre él para hacer peso y estrangular con más eficacia; comp. otro pasaje muy parecido en *Un Heráclito,* núm. 287, vv. 119-120: «el jinete de gaznates / lo hizo con él muy mal»; *Poesía original,* núm. 865, vv. 77-80: «Mandáronle encordelar / los señores la garganta, / y oliendo las entrepiernas / del verdugo, perdió el habla».

132 *ahogado en zaragüelles:* véase la nota anterior; *zaragüelles:* «Especie de calzones que se usaban antiguamente, anchos y follados en pliegues» *(Aut.).* Comp. *Un Heráclito,* núm. 288, vv. 83-84: «Ahogado con zaragüelles / murió Lumbreras el bravo».

133 *letra de palo:* llamaban en germanía a la horca «la ene de palo». Comp. *Un Heráclito,* vv. 117-120: «Murió en la ene de palo / con buen ánimo, un gañán, / y el jinete de gaznates / lo hizo con él muy mal».

134-135 *garrotillo, corrimiento:* chistes dilógicos; *garrotillo:* «Enfermedad de la garganta» *(Aut.);* metáfora muy apropiada para la muerte en la horca que recuerda la del garrote vil; *corrimiento:* acción de correr el lazo al apretar la garganta del ahorcado y «Vale también fluxión de humor que cae a alguna

de un corrimiento de lazo. 135
Nadie le viera, compadres,
en aquel cabo de Palos,
hecho racimo con pies,
con el Cristo entre los brazos,
que de lástima y enojo 140
no se deshiciese en llanto.
Quedó el rostro desabrido,
ni muy negro ni muy bajo;
cercó la horca de ciegos
su amiga la de Camacho, 145
y en su casa, aquella noche
le hizo el cabo de tragos.
Mas, por Dios, compadres míos,
que el sereno me hace daño.

---

parte, como a las muelas, a los oídos, a los ojos» *(Aut.)*. Las metáforas dilógicas de este tipo se repiten con variantes en Quevedo: *Un Heráclito*, núm. 288, vv. 35-38: «Diole en llegando a Madrid / pujamiento de escribanos, / y murió de mala gana / de una esquinencia de esparto».

137-138 *cabo de Palos:* dilogía chistosa con el topónimo y la alusión a la horca, hecha de palos, donde muere el reo, colgado como un racimo con pies. Comp. *Poesía original*, núm. 865, vv. 57-60: «Después en cabo de Palos / dio el pobrete con su barca, / y hecho racimo con pies / se meció de mala gana».

139 *Cristo:* los reos cuando iban a ser ahorcados eran precedidos con imágenes de Cristo y se les ponía en las manos un crucifijo. *Buscón*, pág. 102: «nadie le veía con los cristos delante que no le juzgase por ahorcado». Véase Herrera Puga (1974, pág. 214).

144 *ciegos:* los ciegos iban a rezar por el ajusticiado, contratados por los deudos. Comp. *Un Heráclito*, núm. 288, vv. 88-90: «su amiga la Velasco / llenó la horca de ciegos / que le juntaron muchachos»; *Poesía original*, núm. 859, vv. 45-48: «Si ahorcaron a Pablillos / la culpa tuvo la soga; / por lo menos murió bien / y con ciegos a mi costa».

147 *cabo de tragos:* hace un chiste con la alusión a «cabo de año. El oficio que se hace por un difunto en el día en que se cumple el año de su fallecimiento» *(Aut.);* la prostituta no espera un año, y el oficio que le hace es emborracharse; *Poesía original*, núm. 865, vv. 93-96: «y entre lágrimas dormidas / por sus cuerpos y sus almas, / hacen el cabo de tragos, / y el túmulo de las tazas».

149 *sereno:* «Comúnmente llamamos sereno el aire alterado de la prima noche» (Cov.), o «Humor que desciende sobre la tierra después de puesto el sol» *(Aut.)*, es decir, la humedad nocturna, considerada peligrosa para la salud.

                Dame, hijo, ese sombrero,   150
                proseguiré todo el caso.

(Quítale a uno el sombrero.)

ARGOMEDO.   Pagué el escote del cuento.
            ¡Bueno quedo sin tejado!
ESCAMILLA. ¡Conmigo, por caridad,
            que he venido a remediarlos!   155
            Heredé, pues, de este amigo,
            a quien al cabo de un año
            en cuartos hecho moneda
            los cofrades le enterraron,
            las costumbres y las flores   160
            que nadie me ha descornado
            tras haber corrido el mundo
            desde el principio hasta el cabo.
            En Utrera hendí a Robles,

---

153 *tejado:* sombrero; en un romance que comenta los términos de germanía se lee: «A la capa llama nube, / dice al sombrero tejado» *(Romancero general* de Durán, núm. 1764).

156 Hereded ms.

158 *en cuartos:* dilogía con el sentido «Especie de moneda de cobre que corre y pasa en Castilla [...] se toma regularmente por el dinero en común» *(Aut.);* y «se llaman también las partes en que dividen los cuerpos de los facinerosos y malhechores, que comúnmente se colocan en los caminos para escarmiento» *(Aut.);* así hacen al padre de Pablos en el *Buscón:* «Cayó sin encoger las piernas ni hacer gesto; quedó con una gravedad que no había más que pedir. Hícele cuartos, y dile por sepultura los caminos. Dios sabe lo que a mí me pesa de verle en ellos, haciendo mesa franca a los grajos» (pág. 103).

159 *cofrades:* parece tener el sentido de germanía «Pícaro o rufián, aludiendo a todos los que pertenecen a la cofradía de los pícaros, rufianes, tahúres y gente de mal vivir en general» *(Léxico,* con numerosos testimonios); *Romancero general,* de Durán, núm. 1757: «Item mando que mi farda / se venda en una almoneda, / y den a la cofradía / que está aquí dentro en la trena». En Artigas y Astrana «los cofrades enterraron».

161 *descornar la flor:* «Descubrir cualquier tipo de trampa, engaño, y ponerlo al descubierto públicamente» *(Léxico).* Alemán, *Guzmán,* pág. 368: «Que ninguno descorne levas ni las divulgue ni brame al que no fuere del arte profeso en ella; y el que nueva flor entreabre, la manifieste a la pobreza»; pág. 869: «como sabía mis causas viejas, a dos por tres descornara la flor».

>   vacié dos y mohé a cuatro, 165
>   desporqueroné dos almas
>   por vengar un cañutazo,
>   tuve no sé qué mohína
>   en la güexca con Maladros:
>   levantó, y de un sopetón 170
>   pidió confesión en vago.
>   A chirlo por barba di

---

165 *vaciar:* matar: cfr. v. 128; *mohar:* 'herir con una daga o puñal'; *mohada:* 'herida de puñalada'; *Poesía original,* núms. 856, vv. 35-36: «nos mojamos yo y Vicioso / sin metedores de paz»; 862, vv. 21-22: «muérase de tres mohadas / un calcillas y una monja». Artigas y Astrana leen mal «y maté a cuatro».

166 *desporqueronar:* neologismo chistoso: 'saqué a dos almas de la cárcel que tenían en el cuerpo de sendos porquerones' («el corchete o ministro de justicia que prende los delincuentes y malhechores y los lleva agarrados a la cárcel», *Aut.).* El mismo chiste lo repite en *Poesía original,* núm. 856, vv. 29-32: «Allí me lloró la guanta / cuando por la Salazar / desporqueroné dos almas / camino de Brañigal».

167 *cañutazo:* soplo, delación; *cañuto:* 'soplón, delator'.

168 *mohína:* «Enojo» *(Léxico).*

169 *güexca:* 'mancebía, prostíbulo'. *Maladros:* nombre de un famoso jaque que aparece en varios textos. *Poesía original,* núms. 856, vv. 21-24: «Dios perdone al padre Esquerra, / pues fue su paternidad / mi suegro más de seis años / en la cuexca de Alcalá»; 864, vv. 1-4: «Estábase el padre Ezquerra / en la cuexca de Alcalá, / criando como buen padre / las hijas de Satanás». *Maladros:* ver el índice de nombres de Alonso Hernández (1979). Quevedo, *Poesía original,* núm. 865, vv. 161-62: «En el nombre de Maladros, / nuestro padre fundador», dice un rufián. Cfr. el romance «Testamento de Maladros», de Juan Hidalgo (Durán, *Romancero general,* núm. 1757), entre otros ejemplos de abundante documentación.

170 *levantó:* puede ser elipsis de la frase «levantar el bramo», «Vale faltar en el modo y tono de hablar que se debe» *(Aut.);* véase «levantó Marica el bramo» (romance «Periquillo el de Madrid», Durán, *Romancero general,* núm. 1766); *sopetón:* «Se toma por el golpe fuerte y repentino dado con la mano» *(Aut.);* a veces se refiere a un golpe o herida con armas varias; *Poesía original,* núm. 858 («Desafío de dos jaques»), vv. 65-69: «Bramaban como los aires / del enojado noviembre, / y de andar a sopetones / los dos están en sus trece». Artigas, Astrana y Blecua «levanto», en presente histórico referido al narrador, lectura posible también.

171 *pidió confesión:* porque lo dejó moribundo; *en vago:* «metafóricamente significa en vano, u sin el logro del fin u intento que se deseaba, o engañándose en lo que se juzgaba» *(Aut.).*

172 *chirlo:* fue primitivamente voz de la germanía, con el significado de 'golpe' *(Léxico).* Comp. *Un Heráclito,* núm. 282, vv. 29-32: «seis mil reales que

> una noche a no sé cuántos:
> entendí que eran personas
> y después eran mulatos, 175
> y sobre que no me dio
> Zaramagullón un jarro,
> le metí luz a los sesos
> por en medio de los cascos.
> Don Felipe en provisión 180
> anduvo tras mí dos años,
> magullé uno, dos, tres
> alcaldes... ¿Qué digo? Cuatro.
> Pasé a Córdoba y en ella
> sobre entrar en el cercado, 185
> a el taita de las mujeres,
> hombre de poleo y garbo,
> las narices le rasqué
> y al bederre, su cuñado,
> a poder de cuchilladas 190
> le hice ser buen cirujano.

---

cobró / en Ronda del sexto virgo, / cuando por testigo falso / me endilgaron ese chirlo»; *Buscón,* pág. 134: «Traía la cara de punto, porque a puros chirlos la tenía toda hilvanada».

177 *Zaramagullón:* este jaque aparece también en *Un Heráclito,* núm. 288, vv. 55-56.

180 *en provisión:* quiere decir que la justicia del rey lo anda buscando; *provisión:* «el despacho u mandamiento que en nombre del rey expiden algunos tribunales» *(Aut.).* A juzgar por la posterior referencia a la batalla de Lepanto, este don Felipe debe de ser Felipe II.

183 *alcaldes:* debe de referirse a los alcaldes de casa, corte y rastro, o a los del crimen, diversos tipos de funcionarios encargados de la represión de hurtos y crímenes.

185 *cercado:* en germanía «La mancebía» *(Léxico).*

186 *taita:* es la voz infantil para llamar al padre, y por metonimia 'padre', que en lenguaje germanesco es como se llama al encargado de la mancebía.

187 *poleo:* «Jactancia y vanidad en el andar o hablar» *(Aut.).* Cervantes, *Coloquio de los perros, Nov. ej.,* III, págs. 276-77: «Señor alguacil y señor escribano, no conmigo tretas, que entrevo toda costura; no conmigo dijes ni poleos; callen la boca y váyanse con Dios».

188 Artigas y Astrana «rasgué».

189 *bederre:* en germanía «verdugo» *(Léxico).*

190 «puder» en el ms.

```
              Acudió la gurullada
              a las voces y a el reclamo,
              acepillé dos corchetes,
              di de cenar a los diablos,                    195
              y porque se me acordó...

       (Quítale la capa a TABLARES.)

              ¡Qué digo, señor hidalgo,
              porque no me arromadice
              préstenme esa capa un rato!
TABLARES.     Es corta.
ESCAMILLA.              No lo sea él.                        200
              Amigo, ¿sois de Duraznos?
              ¿Conmigo, por caridad,
              que he venido a remediarlos?
              Salí de Córdoba huyendo,
              lleguéa Sevilla cansado,                       205
```

---

192 *gurullada:* «Tropa de corchetes y alguaciles» *(Léxico).* Cervantes, *Rinconete, Nov. ej.,* I, pág. 246: «El alguacil de los vagabundos viene encaminado a esta casa, pero no trae consigo gurullada».

194 *corchete:* ministro inferior de justicia, que acompañaba al alguacil para prender a los delincuentes. Tienen pésima fama en los textos de Quevedo; de ahí que sus almas condenadas sirvan de cena a los diablos.

198 *arromadizarse:* coger un catarro o *romadizo.*

200 *corta:* Tablares se refiere a la longitud de la capa; Escamilla hace un juego de zeugma dilógico, dándole a *corto* la interpretación «el que es miserable y mezquino» *(Aut.).* «No lo sea él»: quiere decir 'no sea usted, Tablares, miserable', con tratamiento de *él* despectivo para la segunda persona interlocutora. Para el tratamiento de *él* comp. *Un Heráclito,* núm. 284, vv. 69-72: «Él me dijo "¿Qué me añusga?" / Yo le dije: "¿Quién le mete?" / Asímonos de los túes / cansados ya de los eles».

201 *Duraznos:* chiste alusivo a la poca generosidad y tacañería; es duro. La forma usual es «Es de Durango. Para decir que uno es duro y miserable» (Correas, refrán 9307), pero conoce otras, como «Durán», y esta del texto (a menos que sea una modificación del copista: de «duraznos» no hallamos documentación). Véase para diversas formulaciones de estos motivos Bershas (1961). Estos vv. 200-201 los leen Artigas, Astrana y Blecua: «No lo sea el / amigo, ¿sois de durasnos?» (Blecua «duraznos»). Preferimos la lectura con nuestra puntuación según la interpretación anotada.

	híceme allí jardinero
	del Corral de los Naranjos.
	Ya ni hay corral ni ladrones,
	ni cosa buena: acabaron
	Gayoso y el Tonelero,				210
	Bayanduces y Buharro;
	allí como a el mar soberbio
	bajan los arroyos claros,
	las pobres fuentes, los ríos
	a dar el tributo usado,				215
	bajaban a darme el suyo
	albaneseros, lagartos

206-207 *jardinero, corral de los Naranjos: jardinero* es metáfora de las actividades ladronescas, sugerida por los «naranjos» del «Corral de los Naranjos». El Corral o Patio de los Naranjos de la catedral de Sevilla aparece como frecuente lugar de reunión y refugio de maleantes y pícaros. Lope de Vega, *Gatomaquia*, silva III, vv. 285-286: «y la que le di a Garrido, / que del Corral de los Naranjos era». Cfr. Deleito y Piñuela (1967, págs. 198-199) para otros detalles.

208 *corral:* puede jugar con el sentido del «corral de los Naranjos» y el general en germanía de «burdel» *(Léxico):* estas lamentaciones de «cualquiera tiempo pasado fue mejor» son comunes en los jaques.

210 *Gayoso, Tonelero:* nombres de jaques conocidos en otras jácaras quevedianas. Gayoso puede derivarse de *gaya* 'ramera' *(Léxico)*. Quevedo, *Un Heráclito*, núm. 288, vv. 48-49: «al mar se llegó Gayoso / por organista de palos»; *Poesía original*, núm. 865, vv. 41-44: «¡Quién vio a Gonzalo Jeñiz, / a Gayoso y a Ahumada, / hendedores de personas / y pautadores de caras»; vv. 65-66: «el Tonelero acabó, / y el Afanador de Cabra».

211 *Bayanduces, Buharro:* otros nombres de posibles sentidos alusivos; sobre *Bayanduces* no hallamos explicación satisfactoria si es que tiene algún sentido más allá del sonido expresivo; *buharro* puede relacionarse con la familia germanesca de *buhado, buhar, buhardo, buharro:* 'el que soplan o descubren, soplar, descubrir alguna cosa, descubierto', o *buharra:* 'prostituta' *(Léxico)*. A Buharro y Gil Buitrera se nombra albaceas en el romance del testamento de Maladros al que nos venimos refiriendo.

216 Porque Escamilla se hace el jefe de todos los rufianes, que le rinden tributos. Lo que sigue es una lista de los sujetos a la dominación de Escamilla y los tributos que le dan.

217 *albaneseros, lagartos:* los albaneseros eran los jugadores de dados, derivados de *albaneses:* 'dados'. *Lagarto:* «Ladrón del campo. Ladrón que se cambia frecuentemente de traje para no ser reconocido. Bellaco y ladrón en general» *(Léxico)*. En el manuscrito viene «albanaseros», lectura que siguen los editores modernos, excepto Arellano, que enmienda como hacemos ahora:

261

> brechadores, astilleros,
> los peinabolsas y macos.
> Garrampiés me dio vestidos; 220
> Ahorcaborricas cuatro,
> Cerbellón joyas de oro,
> Centellas piezas de paño...
> Arañábame sustento
> Perotudo el envesado, 225
> que murió a doce de octubre
> con el saltarén en vago.

---

no documentamos la forma «albanaseros» para este tipo de tahúres a los que aquí hace referencia. Los albaneseros eran los jugadores de dados, derivados de *albaneses* 'dados', llamados así, según Gili Gaya (1953), por el color blanco: sería un cultismo derivado de *albus*. Otras formas usuales eran «albanejero» y «albaneguero».

218 *brechador, astillero: brechador* se aplica al tercero en el juego, o al que mete dado falso (cuasi sinónimo aquí de *albanesero*), o bien al «ladrón en sentido general». *Astillero*: «Fullero que usa astillas en el juego. Ladrón» *(Léxico); astilla*: «trampa hecha en la baraja de cartas» *(Léxico)*. Véase *Léxico*, donde se cita un texto publicado por Cotarelo: «Ladrones, hoy es el día / que salís de cautiverio, / dadme albricias, brechadores, / lagartos y cicateros»). Los vv. 217-218 están en un romance de germanía de la colección de Hill, que cita *Léxico*: «Alvaneseros, lagartos, / brechadores, astilleros, / calcatiferos, reclamos». Artigas, Astrana y Blecua leen «bruhadores».

219 *maco*: véase v. 89. Blecua «marcos».

220 *Garrampiés:* es nombre de un jaque, que le tributa vestidos a Escamilla. La lectura de las ediciones de Artigas, Astrana y Blecua: «garrampiés medio vestidos» carece de sentido. Este antropónimo está documentado repetidamente en el lenguaje germanesco: véase el índice onomástico de Alonso Hernández (1979).

221 *Ahorcaborricas:* otro nombre de jaque; en *Poesía original*, núm. 866, v. 39 se menciona a Ahorcaborricos: «Maripizca la Tamaña, / por quien Ahorcaborricos / murió de mal de garganta»; interpretamos el verso: 'el jaque Ahorcaborricas me dio cuatro vestidos'. Artigas imprime «ahorca borricas cuatro», y Astrana y Blecua, «ahorcaborricas cuatro».

224 *arañar:* en germanía «hurtar, robar» *(Léxico)*.

225 *Perotudo el envesado:* Perotudo aparece en otras jácaras; *envesado*: azotado en el envés o espalda. Véase *Un Heráclito*, núm. 286, vv. 41-43: «Sobre el pagar la patente / nos venimos a encontrar / yo y Perotudo el de Burgos».

227 *saltarén en vago:* 'salto dado en el aire, ahorcamiento'; *saltarén* es «un cierto son o tañido que se tocaba en la guitarra, que también se bailaba con él» *(Aut.):* alude al salto del colgado. *En vago* es aquí probable evocación de «golpe en vago» 'dado al aire, sin tocar a su objeto', como es en el aire el salto del ajusticiado.

Téngale Dios en el cielo,
que me enternezco en nombrarlo.
Era ladrón de gran honra,   230
grande honrador de bellacos.
Contribuyome la Pérez,
la Pava del cotón blanco
y la Coscolina goda,
la Chillona y la Carrasco.   235
Tuve la Maldegollada
y fueme canonicato
su cara, cuyas faiciones
me destilaban ochavos.
Descornáronme la flor   240

---

229 «me estremezco» en Artigas y Astrana.
232 *contribuyome:* porque se quedaba con el dinero que sacaban estas prostitutas. *Pérez:* nombre connotado vulgarmente.
233 *Pava:* apodo de prostituta reiterado en otras ocasiones. Cervantes, *El rufián dichoso*, en *Teatro completo*, pág. 289: «La Salmerona y la Pava, / la Mendoza y la Librija, / que es cada cual por sí brava, / ganaciosa y buena hija». En *cotón*, 'cierto tipo de tela de algodón', no encontramos connotaciones particulares, aunque *cotón colorado* llamaban a las marcas de los azotes: aquí se habla, sin embargo, del «cotón blanco», sintagma del que no hallamos más documentación significativa. Artigas y Astrana leen «la Pata del cotón».
234 *Coscolina:* otro nombre usual de prostituta; *goda:* significa aquí, en lenguaje de germanía, «prostituta de categoría» *(Léxico)*, como *godeña.* Comp. *Un Heráclito,* núms. 286, vv. 33-34: «su amiga la Coscolina / se acogió con Cañamar»; 287, vv. 77-78: «Aquí derrotaron juntos / Coscolina y Cañamar»; *goda: Poesía original,* núms. 858, vv. 137-140: «A puñaladas se abrasan; / unos con otros se envuelven; / andaba el moja la olla / tras la goda delincuente»; 856, vv. 9-12: «Yo que fui norte de guros, / enseñando a navegar, / a las godeñas en ansias, / a los buzos en afán».
235 *Chillona, Carrasco:* nombres típicos de prostitutas; una «Carrasca» aparece en *Poesía original,* núm. 866; una Chillona en *Poesía original,* núm. 857, v. 57 y otra que «puso la gatesca a real» en núm. 864. Lo mismo sucede con el apodo de «Maldegollada», que viene en el verso siguiente: *Poesía original,* núm. 857, vv. 61-64: «¿Quién vio la Maldegollada / rodeada de lampiños, / cobrar el maravedí / después de los dos cuartillos?».
237 *canonicato:* alude a los muchos beneficios que sacó explotando la belleza de la Maldegollada; *canonicato* es «La prebenda que goza el canónigo» *(Aut.).* Nótese la ironía de aplicar semejante metáfora a la ocupación poco piadosa del Escamilla.

los de los ropones largos;
   acechome el arco seco,
   quise avispar otro rancho,
   metiéronme en la tristeza,
   juntáronme los pecados,   245
   condenáronme a congojas,
   sentáronme en el trabajo,
   apretome el fatigoso,
   y yo apreté más los labios,

---

241 *ropones largos:* alude a las togas de los jueces. *Buscón,* pág. 180: «Llevábale el compás en las costillas el verdugo, según lo que le habían recetado los señores de los ropones». En *Poesía original,* núm. 860 un jaque encarcelado llama *ropas* a los jueces: «Porque no pueda salir / me engarzaron en las cormas, / y siempre mandan que siga. / ¿Quién entenderá las ropas?» (vv. 9-12).

242 *arco seco:* suponemos que alude a la horca, a menos que sea error de copia por «árbol seco», que es como en germanía llamaban al alguacil.

243 *avispar:* la acepción que mejor nos parece aquí es una de *Aut.:* «En germanía vale también lo mismo que inquirir o avizorar»: Escamilla busca otros territorios al verse acosado por la justicia; *rancho:* la acepción pertinente de las varias germanescas de este vocablo es la de «La casa donde viven y se recogen los maleantes» *(Léxico).*

244 *tristeza:* en germanía «calabozo». Cita *Léxico* un romance de germanía que explicita el vocabulario de los jaques, que llaman «al calabozo tristeza».

245 *juntáronme los pecados:* alude a la costumbre del «juntar las causas», o sea, reunir todas las acusaciones y procesos contra un delincuente para juzgarlo en un sitio por todo. En *Marta la piadosa* de Tirso (vv. 1798-1801): «En fin, señor, yo venía / a juntarle los procesos, / estilo antiguo en los presos / que se usa cada día», y en Quevedo, *Poesía original,* núm. 855, vv. 181-184: «Reconociome un portero / y el procesado enojose, / y juntáronme las causas / el papel y los cañones».

246 *congojas:* alusión a las torturas a que lo someten para que confiese. En este sentido es cuasi sinónimo de *ansias,* vocablo muy frecuente para la tortura.

247 *trabajo:* metonimia por el potro: véase v. 252.

248 *apretome el fatigoso:* probablemente se refiere al tormento del trato de cuerda. «Al trato de cuerda, aprieto» es como llaman los jaques: véase *Léxico, s. v. aprieto.* El trato de cuerda lo define *Aut.:* «Castigo militar que se ejecuta atando las manos hacia atrás al reo, colgándole de ellas en una cuerda gruesa de cáñamo, con la cual le suben a lo alto mediante una garrucha y luego lo sueltan para que baje de golpe sin que llegue a tocar el suelo».

pues pasé todas las ansias 250
con lo de «Iglesia me llamo».
El potro fue Valenzuela,
Argel por la vida y flaco,
yo tuve muy buena boca
si él tiene muy malos brazos. 255
No quise ser confesor

---

250 *ansias*: aquí en general 'tormentos', aunque las ansias eran también una tortura específica sobre la cual Rodríguez Marín comenta en su edición de *Rinconete y Cortadillo*: «consistía en extender sobre la cara del paciente un paño de lino que le tapaba las narices para que no pudiese respirar por ellas, e ir destilando el agua por la boca por medio del paño y a chorro, para que lo arrastrase consigo hasta lo profundo de la garganta», paño que se sacaba luego de un tirón (cfr. *Léxico*).

251 *Iglesia me llamo*: «Frase que usan los delincuentes cuando no quieren decir su nombre» *(Aut.)*: es decir, el preso se niega a confesar en absoluto; *Poesía original*, núm. 853, vv. 81-84: «Tienen la tirria conmigo / los confesores de historias, / mas solo Iglesia me llamo / pueden hacer que responda».

252 *potro Valenzuela*: chiste dilógico; potro es, por un lado, el conocido instrumento de tortura; por otro, juega con el valor 'caballería', aludiendo a los caballos valenzuelas, casta famosa seleccionada por don Juan de Valenzuela, caballerizo del duque de Sesa. *Buscón*, pág. 198: «subí en el caballo [...] aprieta a correr y da conmigo por las orejas en un charco [...] empecé a decir: —¡Oh, hideputa! ¡No fuérades vos valenzuela!»; Lope, *Obras poéticas*, pág. 1358: «Yo, Bragadoro, valenzuela en raza»; *ibíd.*, pág. 1134: «Este tenía cuenta de los caballos del coche y de otros dos en que paseaba, de los Valenzuelas de Córdoba, que también hay linaje de caballos con su nobleza».

253 *Argel*: «Algunos caballos que por lo regular son poco leales, los cuales tienen ciertas señales como encontradas, en que son conocidos, como el pie derecho solamente blanco, y todo lo demás de otro color» *(Aut.)*. *Guzmán*, pág. 521: «se hubiesen visto caballos argeles, hijos de otros muy castizos»; «Caballo argel, ni en él, ni a par dél. Argel llaman al que tiene blanco el pie derecho solamente, y son caballos reprobados» (Correas, refrán 4088). Sigue con el chiste dilógico alusivo al potro del tormento. Interpretamos el sintagma «por la vida» equivalente a «de por vida»: 'siempre; este potro siempre es Argel'.

254 *buena boca*: juega con la frase que se aplica a las caballerías: «Tiene buena boca. El caballo sujeto al freno y blando de boca» (Correas, refrán 22250); y con otra variante significativa: «Tiene buena boca. Por no decir mal de nadie, y porque no es goloso» (Correas, refrán 22251). Aunque correspondería al potro ser de buena boca, en este caso en que el potro es instrumento de tortura, el que tiene buena boca es el reo, porque no confiesa sus delitos (irónicamente puede aplicarse el segundo sentido apuntado en Correas de «no decir mal de nadie»).

256 *confesor*: confesor de sus delitos: se negó a confesar; juega con el sentido religioso, como en el siguiente «mártir».

> por no ser mártir en gafo;
> desterrome el juez y el sepan
> con las penas del quebranto,
> a hacer cosquillas a el mar, 260
> a mecer cunas al charco,
> y apaleando sardinas
> he estado en ella seis años
> que almohazando los golfos,
> las playas y puertos rasco, 265
> hasta que el señor don Juan,
> con los príncipes cristianos,
> como gorrión, al turco
> cogió con liga sin lazo
> cuando se dio la batalla 270
> en Helesponto; por bravo

---

257 *gafo:* «Se llama también el que tiene contraídos los nervios, de suerte que no puede mover las manos o pies» *(Aut.).* Resultado de las torturas: comp. *Un Heráclito,* núm. 288, vv. 11-12: «hombre gafo de los potros / y aturdido de los asnos».

258 *sepan:* metonimia alusiva a los pregones en que se publicaban las penas a que eran condenados los delincuentes; puede referirse en ocasiones al mismo pregonero o al pregón. Comp. *Un Heráclito,* núm. 288, vv. 79-82: «Iba delante el bramón / y detrás el varapalo, / y con su capa y su gorra, / hecho novio, el sepancuantos»; *Poesía original,* núm. 853, v. 75: «dos resistencias del sepan».

259 *penas del quebranto:* los azotes.

260 *hacer cosquillas a el mar:* después de los azotes lo mandan a galeras. La perífrasis burlesca tiene otras análogas en las jácaras: *Poesía original,* núm. 867, vv. 47-48: «desde que empujo maderos / y todos los golfos rasco».

262 *apaleando sardinas:* perífrasis chistosa para aludir a la tarea remera del galeote; comp. *Un Heráclito,* núm. 286, vv. 93-96: «Para batidor del agua / dicen que me llevarán, / y a ser de tanta sardina / sacudidor y batán»; *Poesía original,* núm. 861, vv. 61-63: «y porque no te arrojasen / a apalear los lenguados, / vendí catorce sortijas».

264-265 *almohazando, rasco:* presentación de la tarea del galeote a través de metáforas que lo asimilan a un mozo de caballos: el mozo almohaza los caballos y los rasca; el galeote almohaza y rasca los mares. *Golfo* 'alta mar'.

266 *don Juan:* don Juan de Austria, general de la armada cristiana en la batalla de Lepanto a la que se alude en el texto.

269 *liga:* dilogía entre el sentido 'materia pegajosa con que se cazan los pájaros', que permite la comparación burlesca con el gorrión, y 'alianza entre los príncipes cristianos que se enfrentaron al turco'. La Liga Santa, promovida por el papa Pío V se formó con el Estado Pontificio, Venecia y España.

	remaba yo en las galeras	
	de España, y con estas manos;	
	viendo muertos en la mía,	
	mi capitán, los soldados,	275
	soltome de la cadena	
	y a pesar de los contrarios	
	libré mi galera, y solo	
	pasé por todos sus vasos,	
	y por esta hazaña y otras	280
	me dio libertad en pago	
	el señor don Juan. Llegué	
	a Triana, topé acaso	
	dos hombres, reñí con ellos,	
	matelos, líbreme a nado,	285
	halleos en el Arenal	
	como sabéis, peleando	
	con las espadas desnudas...	
MONTES.	Y desnudaste a los cuatro.	
ESCAMILLA.	Socorrime con vosotros;	290
	yo pagaré lo prestado,	
	y allá sobre mi palabra	
	se sacará seda y paño	
	que en cas de los mercaderes	
	no habrá cédula de cambio	295

---

279 *vasos:* «buque y capacidad de las embarcaciones, y figuradamente se toma por la misma embarcación» *(Aut.);* «bajos» en las ediciones, excepto Arellano; es lectura errónea; no hay bajos o bajíos en esta alta mar de la batalla; lo que quiere decir Escamilla es que fue tan valiente que él solo consiguió sacar su galera entre todos los barcos del enemigo.

286 *Arenal:* el famoso Arenal de Sevilla, puerto de vida abigarrada y pulular de pícaros. Comp. *Poesía original,* núms. 864, vv. 21-24: «Ginesa culo de hierro, / la que enseñó a pregonar / a diez y seis y rapado / el gusto, en el Arenal»; 856, vv. 37-38: «En Sevilla el árbol seco / me prendió en el Arenal». Artigas y Astrana: «el trenal».

294 *cas:* «Lo mismo que casa, y aun así se dice en muchos lugares hablando con poco reparo y abreviando la pronunciación» *(Aut.).* Artigas y Astrana «en las de los».

295 *cédula de cambio:* «La letra o vale que se da en un lugar para percebir en otro la cantidad que contiene; ya es más común llamarla letra de cambio» *(Aut.).*

	que a letra vista se acepte	
	más puntual en el banco	
	que mi palabra, sabiendo	
	que lo pido y que me llamo	
	Pero Vázquez de Escamilla.	300
ARGOMEDO.	No os hubiérades cansado	
	a haber dicho vuestro nombre.	
	Pero Vázquez es el diablo;	
	Montes, para que acompañe	
	estas noches a mi amo	305
	por si riñe con don Pedro	
	ha venido de milagro.	
BARCO.	¡Que sois vos con quien destetan	
	en Sevilla los muchachos!	
TABLARES.	Venid, hareisnos amigos	310
	y compondréis el agravio;	
	cenaréis alegremente.	
ESCAMILLA.	Hoy con todos me emborracho.	
	Cada cual tome su espada,	

(Dales las espadas.)

	sin rumor y sin resabio,	315
	que les meteré en el cuerpo	
	lo buido del mostacho.	

---

296 *a letra vista:* «Además del sentido recto, que explica el modo de librar los comerciantes sin plazo, traslaticiamente vale puntual o inmediatamente» *(Aut.).* Escamilla usa el lenguaje comercial aquí en su sentido preciso: su palabra es tan de fiar que los comerciantes la aceptan a letra vista, sin esperar plazos de garantía: darán inmediatamente las telas que él reclame.

308-309 *destetan:* «destetar con ello» es «frase ponderativa con que se explica haber tenido alguna noticia desde niño o por lo menos de mucho tiempo atrás» *(Aut.);* es decir, de lo primero que oyen hablar los niños sevillanos es de Pero Vázquez, tal es la fama del hombre.

312 *alegremente:* juega con la alusión a la borrachera (cfr. verso siguiente); en germanía «alegría» es la taberna, y «alegre», el borracho *(Léxico).*

317 *lo buido del mostacho: buido* es «lo así acicalado y hecho punta, que con particularidad y común uso se dice del puñal de tres esquinas» *(Aut.);* bromea Escamilla amenazando con ensartarlos con lo afilado de sus bigotes. Los bigotes aparatosos eran signo tópico para caracterizar a los jaques y valentones:

MONTES.	Como quiera es el negocio.
ARGOMEDO.	¡Pero Vázquez!; ya soy rayo
	solo con verle; yo quiero 320
	tocar a él mi rodancho.
BARCO.	Toquemos la espada todos,
	cuál al muslo, cuál al brazo.
ESCAMILLA.	Tus, pasá aquí valentillos,
	que he venido a remediaros. 325

(Éntranse todos con él y salen DON PEDRO, *y a un balcón* DOÑA ANA.)

DON PEDRO.	Pues quita primavera al tiempo el ceño
	y el verano risueño
	restituye a la tierra sus colores
	y donde vimos nieve vemos flores
	y las plantas vestidas 330
	gozan las verdes vidas
	dando a la voz del pájaro pintado
	las ramas sombras y silencio el prado,
	sal, doña Ana, que quiero
	que viéndote primero 335

Un Heráclito, núm. 288, vv. 25-26: «corchete fondos en zurdo, / barba y bigotes de ganchos»; en el *Buscón* se describen unos valientes con «bigotes buidos a lo cuerno» (pág. 223).

320 «no quiero» en el ms., corregido luego.

321 *rodancho:* en germanía el broquel o pequeño escudo defensivo *(Léxico);* quiere que al tocar a un valiente como Escamilla se le comunique su valentía. Comp. Durán, *Romancero general,* núm. 1763: «Las armas que el jaque lleva / diré en breve relación: / baldeo largo y tendido, / rodancho y remollerón».

324 *tus, pasá aquí:* apelación chistosa que asimila a los jaques a perrillos; *tus* es «interjección con que se llama a los perros para que vengan» *(Aut.,* que aduce el refrán «a perro viejo no hay tus, tus»); *pasá* es forma usual en la época del imperativo, con caída de la *-d* final. En el manuscrito y ediciones de Artigas y Blecua: «Tus, passad aqui valentillos», pero la caída de la *-d* final en el imperativo es habitual, y es lo que sin duda escribió Quevedo, pues resulta la única forma verbal que permite conservar la medida del verso (Astrana y Arellano enmiendan).

326 y ss. Grandes partes de lo que sigue coinciden con la silva de *Poesía original,* núm. 389, a Aminta.

>   agradezca sus flores este llano
>   más a tu blando pie que no al verano;
>   sal por verte a el espejo desta fuente,
>   pues suelta la corriente
>   del captiverio líquido del frío   340
>   perdiendo el nombre augmenta el suyo al
>   [río.
>   Las aguas que han pasado
>   verás por este prado
>   llorar no haberte visto, con tristeza,
>   mas en las que mirares tu belleza   345
>   verás alegre risa
>   y cómo las dan prisa
>   mormurando la suerte a las primeras
>   por poderte gozar, las venideras.
>   Si te detiene el sol ardiente y puro   350
>   sal, que yo te aseguro
>   que si te ofende le has de vencer luego
>   porque pelea con luz y tú con fuego,
>   mas si gustas de sombra
>   en esta verde alfombra   355
>   una vid tiene un olmo muy espeso

---

337 *a tu blando pie:* es el tópico del pie de la bella que hace crecer las flores a su contacto, y que no hace falta documentar. Baste remitir a Góngora, *Obras completas*, ed. Millé, págs. 64: «y el mismo monte se agravia / de que tus pies no le pisen, / por el rastro que dejaban / de rosas y de jazmines»; 165: «Flores le valió la fuga / al fragoso verde suelo, / varias de color y todas / hijas de su pie ligero», 196: «émulos lilios aborta / del pie que los engendró», o 231, 442, 455, 485...

339-340 Quiere decir que se ha deshelado (el cautiverio es el hielo).

347 la dan ms. Las ediciones enmiendan, pero Artigas «las dan priesa», rompiendo la rima. Las aguas venideras dan prisa, apresuran a las que sirven de espejo a la bella doña Ana, para poder a su vez reflejar la belleza de la dama y así poderla gozar.

353 Blecua suple «él pelea», que parece innecesario, pero podría ser aceptable.

356 *vid, olmo:* es de gran tradición iconográfica la representación de la vid apoyada y anudada al tronco de un viejo olmo. En el emblema CLIX de Alciato «Amicitia etiam post mortem durans» la imagen simboliza la amistad duradera. El tema del olmo y la vid se encuentra también en relación con la unión marital. Sobre el tratamiento del topos por parte de los clásicos latinos,

—no sé si diga que abrazado o preso—
y a sombras de sus ramas
les darán nuestras llamas,
ya les digan abrazos o prisiones,   360
invidia al olmo y a la vid pasiones.
Sal, que te aguardan ya los ruiseñores
y los tonos mejores
porque los oigas tú, dulce tirana,
los dejan de cantar a la mañana.   365
Tendremos invidiosas
las tórtolas dichosas,
pues viéndonos de gloria y gusto ricos
imitarán los labios con los picos.
Aprenderemos de ellas   370
soledad y querellas
y en pago aprenderán de nuestros lazos
su voz requiebros y su pluma abrazos.
¡Ay, si vinieses ya, qué tiernamente
a el ruido de esta fuente   375
gastáramos recíprocos acentos
en suspiros de amor y en sentimientos!,
y tantos te diría
que los igualaría
a las rosas que viste en este suelo   380

---

véase Ripa, *Iconología*, 1987, I, págs. 134-135: «Benevolencia y unión matrimonial», de donde proceden los siguientes textos: «Ulmus amat vites, vitis no deserit ulmum» (Ovidio); «Ut vidua in nudo vitis quae nascitur arvo nunquam se extollit [...] At si forte eadem est ulmo coniucta marito» (Catulo); «Amano ancora gli arbori, verder puoi con quanto afetto et con quanti iterati abbracciamenti la vite s'avviticchia al suo marito» (Tasso), etc.

371 *soledad y querellas:* en la tradición lírica la tórtola se caracteriza por simbolizar la fidelidad amorosa y se representa sin beber agua clara ni posarse en ramo verde a causa del duelo por la muerte de su compañero: véase, por ejemplo, el famoso romance de «Fonte frida, Fonte frida» *(Romancero* de Durán, núm. 448): «Fonte frida, Fontefrida, / Fonte frida y con amor, / do todas las avecicas / van tomar consolación, / si no es la tortolica / que está viuda y con dolor. / Por ahí fuera a pasar / el traidor del ruiseñor; / las palabras que le dice / llenas son de traición: / —Si tú quisieses, señora, / yo sería tu servidor. / —Vete de ahí, enemigo, / malo, falso, engañador, / que ni poso en ramo verde, / ni en prado que tenga flor».

> y a las estrellas que nos muestra el cielo.
> Sal y saldrá a porfía
> al día antes del día,
> que bien puedes tener, bella tirana,
> por aprendiz de luz a la mañana. 385
> Hallaraos aquí la blanca aurora
> riyendo cuando llora,
> la noche alegre cuando en cielo y tierra
> tantos ojos nos abre como cierra.
> Hurte el sol a tu ceño 390
> el ser del mundo dueño,
> amanezcan los rayos a el abismo
> y amanezcan tus ojos a el sol mismo,
> que de producir flores
> y de inventar colores, 395
> si en esta soledad salieres antes
> los abriles tendrás por platicantes.

---

387 Las ediciones «riendo», suprimiendo una forma usual en el Siglo de Oro. Es tópica la contraposición del alba y la aurora, una que ríe y otra que llora; reír el alba se llamaba al rayar el alba (véase *Aut.*). Comp. Calderón, *El gran Duque de Gandía. Autos*, pág. 102: «despierta a la dulce salva, / y sale riyendo el alba / de ver llorar a la Aurora. / Risa y lágrimas agora / con que iguales en belleza / descubren gusto y tristeza»; *id.*, *El arca de Dios cautiva*, pág. 1363: «que en menudos granos cuaja / o bien de la aurora el llanto, / o bien la risa del alba».

389 «tantos ojos abrirá como en si cierra» en el ms., con verso largo, que respeta Artigas. Enmendamos como Astrana y Blecua, apoyados en la versión de «Pues quita al año primavera el ceño» *(Poesía original,* núm. 389). Astrana apostilla: «El texto dice erradamente: "tantos ojos abrirá como en sí cierra". Sustituimos este verso por el correcto que aparece en la *Segunda parte de Flores de poetas ilustres de España*, ordenada en 1611 por don Juan Antonio Calderón, donde se inserta esta poesía como composición suelta. También fue incluida por González de Salas en *El Parnaso Español* (Musa IV)». La noche abre tantos ojos (las estrellas) como cierra (de la gente que se va a dormir).

390 Hurta ms., lectura que siguen todas las ediciones, pero que enmendamos como pide la serie en subjuntivo del pasaje, y el sentido: el sol no hurta ni le quita luz a la bella (porque es menos luminoso que los ojos de doña Ana), pero se le puede sugerir que si quiere ser verdaderamente luminoso podría hurtar del ceño o frente de la dama su luz: 'si quiere ser dueño del mundo hurte su luz de los ojos de doña Ana'. El sol al iluminar los abismos los amanece, pero al mismo sol lo amanecen los ojos de la dama.

397 *platicante:* lo mismo que practicante el «que ha oído medicina y acompaña al doctor a las visitas, para concordar la teórica con la prática» (Cov.):

(Sale Doña Ana *a la ventana.)*

DOÑA ANA. Divina noche, madre del sosiego,
que escondiendo entre ceños mis despojos,
miras con tantos ojos 400
los robos del amor, sin ellos ciego,
por dar más plazo al bien del alma mía
tiranizas sus términos al día.
En tus brazos a el sol, aurora pura,
detenle con caricias, dile amores; 405
vosotros, ruiseñores,
olvidad de los cantos la dulzura,
no hagáis que por oíros se desvele
el sol, y que madrugue como suele.
Entretengan mis voces y mis ruegos, 410
honra de las estrellas de la noche,
de tu sagrado coche,
¡oh, blanca luna, los caballos ciegos!,
no vengan los del sol con furia suma
vertiendo luces en lugar de espuma. 415

---

los abriles, tiempo de flores, serán aprendices de la dama, que engendra más flores y colores que todos los abriles.

401 *sin ellos ciego:* la noche está llena de ojos (las estrellas) para mirar los robos del Amor, que sin ojos es ciego, según es habitual representarlo. Cupido, dios pagano del amor, se representaba con una venda en los ojos para significar la ceguera de los amantes. Pérez de Moya, *Filosofía secreta,* ed. Gómez de Baquero, I, lib. 2, pág. 251: «Trae Cupido [...] una venda de paño; esto es por significar que Cupido no ve. [...] Tales son los amadores [...] que tienen los ojos tapados y que no ven». Véase, también, el análisis de Cupido que hace León Hebreo en sus *Diálogos de amor,* págs. 153-154: «Debido a que el amor, cuando ha nacido, está privado de razón, se le representa ciego, sin ojos. [...] También se suele representar a Cupido desnudo, ya que un gran amor no puede disimularse con la razón ni se le puede ocultar con la prudencia [...] es pequeñito, porque le falta la prudencia, y no puede gobernarse con ella».

413 *caballos de la luna:* los que tiraban del carro (biga) la Luna o Selene: dos caballos blancos. Los que tiraban del carro del sol eran cuatro: Pirois, Flegón, Etón y Eoo. Ver el curioso comentario de Cascales, *Cartas filológicas,* II, págs. 160-161: «las mujeres de hoy son muy leídas y versadas en escritura humana y saben que el sol tiene un coche dorado, de cuatro caballos, y saben de Tomás Radino que el caballo Pirois era bayo; y el Eoo blanco, y el Etón dorado, y el Flegón morcillo».

DON PEDRO.	No hay palabra, no hay hoja
	ni rumor tan secreto y recatado
	que no tenga en el pecho enamorado
	un eco que responde
	que a el que más ciego menos se le esconde, 420
	al rey Amor, que con los dioses lucha,
	ve lo invisible y el silencio escucha.
	Sin duda que doña Ana
	está enseñando luces a Diana.
DOÑA ANA.	Un hombre arrebozado 425
	está en aquella esquina, y yo sospecho
	que es el que está a cansarme vinculado,
	don Pedro, el presumido,
	el que tomando en esta calle puestos
	tiene mi casa consumida a gestos. 430
	No será don Enrique, a quien deseo,
	que mi poca ventura lo resiste
	y el hombre que merece nunca asiste.
DON PEDRO.	Bien sé que la parezco
	cansado y enfadoso, 435
	mas quiero porfiar por ser dichoso.
DOÑA ANA.	No hay plaga que no tenga;
	es lindo, es godo, es necio, es porfiado,
	gestero, entremetido,
	cobarde, miserable y presumido, 440

---

435 *cansado:* «Hombre cansado, el pesado en sus razones y trato, que cansa y muele a los que han de tratar y conversar con él» (Cov.).

438 Astrana «es gordo», que altera el verdadero chiste; *lindo:* presumido de elegante, ridículo; véase Moreto, *El lindo don Diego* para una buena caracterización del tipo; Vélez, *Cojuelo*, pág. 85: «Mira aquel preciado de lindo o aquel lindo de los más preciados, cómo duerme con bigotera»; *godo: hacerse de los godos* significaba 'presumir de linaje y sangre limpia', como descendiente de los godos; ver para el tema Clavería, 1960; comp. *Guzmán*, pág. 356: «quise hacerme de los godos, emparentando con la nobleza de aquella ciudad»; *íd.,* pág. 440: «a quererse igualar, haciéndose de los godos»; *íd.,* 841: «acudí a él, formando quejas de semejante agravio, haciéndome de los godos»; *porfiado:* doblemente necio, por tanto: «Hombre porfiado, necio consumado» (Correas, refrán 11523).

440 En el ms. «cobarde valenton, miserable, y presumido», verso largo en el que sobra un calificativo. Aceptamos la propuesta de Astrana Marín que recoge Blecua.

	y culto sobre todo, y si se queja	
	más quiero dos alanos a la oreja.	
DON PEDRO.	Si bien descaecida	
	fe, erigiéndote aras	
	construye mauseolos,	445
	émulos si del sol no, de esos polos,	
	poco premio conduce	
	mucha firmeza que en candor reluce.	
DOÑA ANA.	Según muele en conduces y luceros	
	esto es hablar batanes y morteros.	450
	No responder es despedirle claro.	
DON PEDRO.	No purpuráis razones	
	con los corales que en precioso arcano	
	en claustro de rubí guardan preciosos	

---

441 *culto:* una burla más del estilo culterano o culto, gongorizante, tema muy frecuente en Quevedo. Baste remitir a *La culta latiniparla,* o el poema «Receta para hacer Soledades en un día» *(Prosa festiva,* págs. 437 y ss.).

442 *alanos:* «Especie de perros muy corpulentos, bravos y generosos, que sirven en las fiestas de toros para sujetarlos, haciendo presa en sus orejas, y en la montería a los ciervos, jabalíes y otras fieras» *(Aut.);* y en Cov.: «Y porque tienen enseñados a estos perros a que asgan el toro o el jabalí de la oreja, cuando alguno va molestando a otro, y persuadiéndole lo que quiere, decimos que va como alano colgado de la oreja». Comp. *Poesía original,* núm. 639, vv. 172-174: «Ya, por tanto ladrar, me llamas perro; / yo cuelgo, cual alano de tu oreja»; *Estebanillo,* II, pág. 78: «dejelo de hacer porque no me desjarretasen o me echasen alanos a la oreja».

443-447 'Aunque mi fe amorosa maltrecha por tu desprecio, te levanta altares y construye monumentos tan grandes que si no rivalizan con el sol rivalizan con los polos del mundo, poco premio consigo de tu firmeza que reluce en tu blancura hermosa'. Aunque quizá quiera decir lo que sugieren Artigas y Astrana para el v. 446 'émulos del sol, no de esos polos': poco va de disparate a disparate. Es un texto igual a otro de la *Aguja de navegar cultos.* Véase Introducción.

446 Artigas y Astrana dan otra interpretación: «émulos sí del sol, no de esos polos».

450 *batanes y morteros:* el batán es una máquina para golpear los paños. Comp. *Quijote,* I, 21: «no me mentéis ni por pienso más eso de los batanes —dijo don Quijote—, que voto, y no digo más, que os batanee el alma»; el mortero útil de cocina para machacar condimentos: lo mismo hace este presumido pesado, que machaca a quien lo oye.

451 *claro:* frente a lo oscuro del lenguaje culterano.

452-456 'No habláis palabras con vuestros labios rojos como la púrpura y el coral, que guardan celosamente en sus claustros de rubíes (otra metá-

	no orbes que el día llora,	455
	perlas sí, que riendo muestra aurora.	
Doña Ana.	¿Hay lenguaje tan duro?	
	No vi entender un culto sin conjuro.	
Don Pedro.	Si Harpócrates os sella...	
Doña Ana.	Él pone nombres. Lindo hablador...	460
	¿Quién a el callar replica?	
	Pócrates suena a cosa de botica,	
	que en orejas castellanas	
	es acompañamiento de tercianas:	
	ya se acabó el «queremos a vuestedes»	465
	y vinieron las piras y los cedes.	

---

fora de los labios rojos) no orbes luminosos (eso serían vuestros ojos) sino perlas (los dientes) tan blancas que al reír mostráis una verdadera aurora'. Es pasaje de conceptismo algo ridículo pero de correspondencias y antítesis metafóricas bastante rigurosas.

455 «orbes, que el dia llora», en el ms. y ediciones. Creemos que el juego de antítesis exige suplir la negación.

459 *Harpócrates:* «Cerca de los egipcios fue tenido por dios del silencio; pintábanle muchacho y desnudo, con el dedo en la boca» (Cov.); «Los gentiles tuvieron un dios del silencio al cual llamaron Harpócrates, y le figuraban con el dedo en la boca» (Cov.).

459-460 En este lugar hay una deturpación. O sufre el cómputo silábico o la rima. Astrana y Blecua proponen otra distribución de versos que no arregla el problema.

462 *cosa de botica:* por la rareza y extravagancia de los términos boticarios. Comp. *Sueños,* pág. 318: «ensartan nombres de simples que parecen invocaciones de demonios: buphthalmos, opopanax, leontopetalon, tragoriganum, potamogeton, senipugino, diacathalicon, petroselinum, scilla, rapa. Y sabido qué quiere decir tan espantosa barahúnda de voces tan rellenas de letrones, son zanahoria, rábanos y perejil, y otras suciedades».

463 así en el ms., verso largo para heptasílabo y corto para endecasílabo. Astrana lo deja como está; Blecua suple «por aquí».

464 «en acompañamiento» en el ms. Las ediciones, salvo Artigas, corrigen. No parece muy ingenioso: estas palabras dan fiebre al que las oye; las tercianas son fiebres que causan accesos de tres en tres días. Comp. Quiñones, *Jocoseria, Los muertos vivos,* vv. 197-198: «¿De qué murió, caballero? / —De tercianas. —Yo de hambre».

465 «a ustedes» en el ms., que hace corto.

466 *piras, cedes:* dos palabras típicas de las sátiras anticulteranas.

Fragmento[1]

Salen Don Juan *y* Don Rodrigo.

Don Juan.	¡De ayer casado!
Don Rodrigo.	De ayer,

                que para estar disgustado
                un solo ayer de casado
                mil antaños viene a ser.
Don Juan.   ¿Tan grande ha sido el engaño?   5
                (Aparte.) (¡Que así de un ángel se hable!)
Don Rodrigo. Lo proprio, no lo culpable,
                vuelve el anoche en antaño.
Don Juan.   Según lo que habéis mostrado
                estaréis arrepentido.   10
Don Rodrigo. No estoy, mas estoy marido
                y ayer no estaba casado.
Don Juan.   Cumplimientos de deseo
                son malditos cumplimientos,
                pues en arrepentimientos   15
                pagan el mejor empleo.
Don Rodrigo. Luego que el gusto fue dueño
                y dejó de ser amante

---

[1] Es un fragmento quizá de comedia de capa y espada. El motivo recogido es el del hastío del casado que consigue la posesión de su esperanza. En otro tono el motivo se reitera en poesías burlescas como el soneto «Antiyer nos casamos, hoy querría, / doña Pérez, saber ciertas verdades; / decidme, ¿cuánto número de edades / enfunda el matrimonio en solo un día?».

	tuvo tirano el semblante,
	vio la hermosura con ceño. 20
Don Juan.	*(Aparte.)* (Despreció mi estimación
	por este que la desprecia.)
Don Rodrigo.	Don Juan, la cosa más necia
	de amor es la posesión.
Don Juan.	De tan súbita mudanza 25
	bien poco gusto se infiere.
Don Rodrigo.	Quien alcanzó lo que quiere
	nunca quiere lo que alcanza.
	Hoy quiero menos que ayer
	lo mismo que ayer quería, 30
	ayer porque no tenía,
	hoy porque llego a tener.
	El querer siguiendo va
	la pretensión por aviso;
	lo que se tiene se quiso 35
	pero no se quiere ya,
	y así juzgaré por mí
	que cualquiera el mesmo día
	que alcanza lo que quería
	empieza a quererse a sí. 40
	El hoy, ayer y mañana
	no son quien mi fe atropella,
	ni es doña Ana menos bella,
	mas es más propria doña Ana.

Entremeses

Entremés primero de Bárbara[1]

PERSONAS DÉL

BÁRBARA, dama
ÁLVAREZ, dueña
ARTACHO, galán
ASCANIO, italiano

SILVA, galán
TRUCHADO, galán
CURA y ALCALDE
Música y baile

Salen BÁRBARA *y* ARTACHO.

ARTACHO.—Señora Bárbara, y no, no soy yo tan bárbaro y loco que me persuada a creer sus engaños de vuesa merced, tan llenos de convalecientes mentiras cuanto faltos de arteficios, y enredos[2]. Habrá cosa de un mes que pidiéndole yo a vuesa merced no sé qué dinerillo que había menester, me dijo: «Artacho mío, yo tengo necesidad de que te ausentes deste lugar, que en sabiendo que una mujer está amancebada, y más con hombre de la hoja[3], no hay quien la regale ni

---

[1] Entemes ms. de Évora; en la lista de personajes figura el alcalde, pero no tiene papel en la pieza.
[2] No parece que los engaños de Bárbara estén faltos de enredos; interpretamos un fuerte hipérbaton: 'no creo los engaños —tan faltos de artificios o ingenio, tan burdos— ni los enredos'.
[3] *hombre de la hoja*: valentón, manejador de la espada u hoja; es lenguaje germanesco; comp. *Poesía original*, núm. 866, vv. 25-28: «De las de la hoja / soy flor y fruto, / pues a los talegos / tiro de puño»; 853, vv. 1-2: «Mancebitos de la carda, / los que vivís de la hoja»; 860, vv. 77-80: «Tu donaire es de la hampa, / tu mirar es de la hoja, / tus ojos en matar hombres / son dos Pericos de Soria».

contribuya». Yo creí a vuesa merced y metime en el barco de la vez[4] con doce reales u trece que tenía. Llegué a San Lúcar donde me entretuve cosa de un mes juzgando suertes[5] y acomodando pendencias, hasta agora que he venido a ver el fruto de sus enredos de vuesa merced, y con lo que me recibe es con decirme que tiene el collarejo de oro o la sarta de perlas empeñada. Señora Bárbara, no trae bien los dedos para organista[6]. Y crea que yo nací en Madrid y me crié en Toledo y estudié en Salamanca, y lo mejor de mi mocedad he gastado en esta insigne ciudad de Sevilla. Pues sería engañarme a mí quererle quitar su agudeza al Tajo, la fineza a Manzanares, las letras y bellaquerías al Tormes y la generalidad[7] al Betis. Demás que a esto se llega[8] un poco de buen natural que el Hacedor fue servido de darme. ¡Pues mire vuesa merced qué cursos y calidades estas para echarme dado falso!

BÁRBARA.—¿Ha dicho vuesa merced, señor Artacho?
ARTACHO.—Sí, señora Bárbara.

---

[4] *barco de la vez:* no apuramos el sentido. Parece haber tomado un barco para hacer el trayecto que menciona hasta llegar a San Lúcar.
[5] *juzgando suertes:* parece que se ha dedicado a ser mirón de los jugadores de naipes, actividad propia del que no tiene dinero para jugar él; una de las cosa que hacían era juzgar suertes disputadas y acomodar pendencias (o incitarlas); Comp. J. Zabaleta, *Día de fiesta por la mañana*, pág. 341: «A las casas de juego van los hombres con tres fines: unos a jugar, otros a entretenerse, y otros a que les den barato. A los últimos llaman mirones»; Cervantes, *El juez de los divorcios, Entremeses*, pág. 66: «allí sirve de número a los mirones, que, según he oído decir, es un género de gente a quien aborrecen en todo estremo los gariteros».
[6] *no traer bien los dedos para organista:* es refrán «No trae bien los dedos para organista. Del que no anda a derechas ni hace lo que debe; varíase: No traes, no traéis bien» (Correas, refrán 16980).
[7] *generalidad:* en todas las partes citadas sus habitantes destacan por una virtud (en la perspectiva del valentón), y en Sevilla por todas. Sevilla era ciudad abundante en valentones, rufianes y gente de mala fama: «Hijos de Sevilla, uno bueno por maravilla» (Correas, refrán 11351); «Al andaluz, hacelle la cruz; al cordobés, hacelle tres. Algunos dicen: al sevillano, con toda la mano; al burgalés, con el envés» (Correas, refrán 1522).
[8] *se llega:* 'se allega, se añade'. A la educación rufianesca se suma la buena disposición natural de Artacho para las bellaquerías.

Bárbara.—Pues, señor Artacho, quien quisiere gozar y que le pechen[9], ha de tener un pecho a prueba de calamidades. Ha de sufrir[10], y si viniere a casa y estuviere otro dentro, se vuelva o se esconda, y cuando estuviere triste me alegre; cuando llorosa me acaricie; cuando ofendida me vengue; cuando fría me abrigue y cuando calurosa me airee[11].

Artacho.—¿Ha dicho vuesa merced, señora Bárbara?

Bárbara.—No, señor Artacho.

Artacho.—Pues prosiga.

Bárbara.—Es menester que con unos se haga vuesa merced mi hermano, con otros mi primo, con otros mi tutor o mi curador[12] o que me solicita mis negocios. Aquí ha de ser soberbio, allí manso; y a maldecir[13], acullá loco o manco u tonto, y si fuese menester que se destierre, y ausentarse.

Artacho.—Huélgome que no tiene vuesa merced más que decir, que hasta enterarme puede muy bien decir, que pues hallo tan filósofa a vuesa merced, señora Bárbara, en esta larga ausencia donde veo mi desengaño y su mentira[14]...

---

[9] *pechar:* todo el pasaje, en lenguaje prostibulario 'quien quiera gozar de una mujer y en vez de pagar, recibir tributo, como hace el rufián, debe tener mucha paciencia'; «Pecho, en otra significación, vale cierto tributo que se da al rey» (Cov.). Juega luego con *pecho:* 'corazón, valentía'.

[10] *sufrir:* 'aguantar'; pero también en el sentido malicioso de consentir ser cornudo por dinero; *sufrido*, el marido cornudo, que en Quevedo siempre es interesado e industrioso: baste con los testimonios de *Vida de corte, Prosa festiva*, pág. 245: «los sufridos, gente de gran prudencia y sagacidad y que con más comodidad y estimación pasan su vida. [...] Si tienen mujer hermosa son conocidísimos [...] duermen, a fuer de príncipes, en cama aparte», etc. Hace un catálogo bastante elaborado de sufridos, vanos, estadistas, rateros.

[11] ayre ms.

[12] *curador:* «En lo forense es el que tiene a su cargo por nombramiento de juez el cuidado de la hacienda y la defensa de las causas o pleitos de alguno que por ser menor de edad o falto de juicio no puede defenderse por sí» *(Aut.)*.

[13] Aquí debe de haber una deturpación: es una serie de antítesis: aquí / allí; para *acullá* falta el *acá*; y *maldecir* no se corresponde con otra pareja ni es coherente en la serie sintáctica; tampoco vemos muy claro lo de *manco*. Seguramente falta texto.

[14] mentera ms. Asensio y Blecua corrigen.

Bárbara.—Acaba mi paciencia el ver en mi juventud tan triste historia como es ganar la vida y quedar tú contento y yo perdida.

Artacho.—Ta, ta, ta. ¡Qué poeta se ha hecho vuesa merced! También no he visto mes de ausencia más bien empleado. Ansí lo hubiera sido como de elocuencia[15].

Bárbara.—Ahí leí cómo[16] a vuesa merced, señor Artacho. Y sepa vuesa merced que no ha caído un hombre como ha de caer, que en un mes ni en dos, ni más caminando como yo camino, que ha ocho días que le dificulto la entrada y doce a la puerta. Y porque vea lo que he hecho en este mes de ausencia, sepa que me he hecho preñada y he parido y está viva la criatura y aquí en casa.

Artacho.—Vendrá a ser unmesino. Pues ¿cómo ha podido ser?

Bárbara.—Bien te acuerdas de Ascanio Gentil, aquel italiano que estuvo ocho meses ha.

Artacho.—Sí, bien me acuerdo.

Bárbara.—Pues ha venido en compañía de un capitán de galera, que es sigundo padre de mi hijo, contemporáneo suyo[17] y contribuyente mío; y cada uno piensa que es él solo el querido. Y a estos, cuando se fueron les di a entender que quedaba preñada, que soy gran mujer de fingir vómitos, que me toman desmayos y quitárseme la gana de comer, antojárseme de lo uno y de lo otro. Y ahora les he dado con el hijo en las barbas[18].

Artacho.—¿Luego dos padres tiene el chiquillo?

---

[15] Entendemos 'ojalá hubiera empleado tan bien este mes como habla: ojalá tuviera los hechos como la charlatanería'.

[16] Entendemos: 'ahí acabo de enseñarle, y ahora se lo explicaré mejor, le daré más detalles sobre lo que he aprovechado este mes'. Lo que sigue, con la observación de caer un hombre como ha de caer y un mes o dos, no lo entendemos, a menos que quiera decir 'aún no ha caído un hombre que tengo engañado, como ha de caer enseguida; y no en un ni en dos, que a mi ritmo lo consigo mucho antes; ahora mismo le hago esperar para hacer mejor mi ardid, y lleva ya doce días a la puerta, consumido de impaciencia, para que caiga mejor en la trampa'.

[17] *contemporáneo:* 'segundo padre al mismo tiempo que Ascanio'.

[18] *en las barbas:* «Dar con ello en la cara, en las barbas, en los hocicos, en rostro, en tierra» (Correas, refrán 6423).

BÁRBARA.—¿Cómo dos padres? Bueno está mi pobre hijuelo con dos padres no más. Sin estos, tiene otros dos, y a servicio de vuesa merced se bautizó, y cada padre ha dado colación para su bateo[19] y para pañales y mantillas y juguetillos de plata, y más seis meses adelantados al ama, sin otros adherentes de importancia y lo que Dios ha sido servido a la madre.

(Sale ÁLVAREZ, *dueña)*[20].

ÁLVAREZ.—Oh, señor Artacho, ¿y ha venido vuesa merced?
ARTACHO[21].—¿No me ve? Diga, señora consejera de estrado[22]. *[Aparte.]* (No hay cuchillada más bien empleada que en una vejecita destas.)

---

[19] *bateo:* bautizo; «En algunas partes dicen por bautismo bateo» (Cov.); «A boda ni a bautizado, no vayas sin ser llamado. Es bautizo o bateo» (Correas, refrán 28).

[20] *dueña:* la dueña (mujer de edad que acompañaba a las damas) es figura satirizada a menudo en el Siglo de Oro. En Quevedo es motivo favorito. Para la sátira de la dueña véase Ricardo del Arco, 1953; Mas, 1957, págs. 63-69; Nolting-Hauff, 1974, págs. 148-53; Arellano, 1984a, págs. 55-56. Comp. Quevedo, *Sueños*, pág. 375: «—¿Que dueñas hay entre los muertos? —dije maravillado—. Bien hacen de pedir cada día a Dios misericordia más que requiescant in pace, descansen en paz; porque si hay dueñas meterán en ruido a todos. Yo creí que las mujeres se morían cuando se volvían dueñas, y que las dueñas no tenían de morir, y que el mundo está condenado a dueña perdurable que nunca se acaba; mas ahora que te veo acá, me desengaño, y me he holgado de verte, porque por allá luego decimos: "Miren la dueña Quintañona, daca la dueña Quintañona"».

[21] Atribuido a Álvarez en el ms. Asensio y Blecua corrigen.

[22] *consejera de estrado:* juego irónico, dilógico y paronomástico; los *consejeros de Estado* eran una especie de ministros en la estructura política de los Austrias; estos consejos podían reunirse en *estrados* («Las salas donde los consejeros y oídores del rey oyen las causas, por el adorno que tienen y majestad», Cov.), y estrado, además es «El lugar donde las señoras se asientan sobre cojines y reciben las visitas» (Cov.), que es el que mejor corresponde literalmente a la dueña. Comp. *Criticón*, III, pág. 231: «Vieron ya en un estrado una muy desvanecida hembra sin título». En la habitación de recibir visitas estaba el estrado propiamente dicho o tarima, de madera o corcho, separado del resto de la sala por una barandilla. Una útil descripción de los varios tipos de estrados en Juan de Zabaleta, *Día de fiesta por la tarde*, ed. Cuevas, capítulo «El estrado», y más datos en J. Deleito y Piñuela, 1954.

(Dentro ASCANIO, *italiano, habla.)*

BÁRBARA.—Este es Ascanio, ilde abrir. Y tú, Artacho, escóndete allí, que yo le despacharé presto.
ARTACHO.—Para que te Dios dé[23] mi mucho sufrimiento.
BÁRBARA.—¿A mí? No lo sufra y deme todo lo que hubiere menester, que no le daré jamás pesadumbre.
ARTACHO.—Con aqueso me tapa la boca.

(Escóndese ARTACHO *y sale* ASCANIO.)

ASCANIO.—¡Oh mi soror, mi esperanza, mi comi! ¿Cómo si trova vueseñoría[24]?
BÁRBARA.—A tu servicio, Ascanio[25] mío, aunque no muy buena, por cierto disgustillo que me ha dado un hombre impertinente.
ASCANIO[26].– ¿Por qué causa, señora Bárbara?
BÁRBARA.—Los días pasados tomé fiada una sarta de perlas de un platero y ha venido por el dinero, y porque no se le di no ha faltado sino llevársela.
ASCANIO.—¿Y cuánto es la monta, señora Bárbara?
BÁRBARA.—Diez escudos no más.
ASCANIO.—¿Y por aquesto no más pilia cóllera vueseñoría? Orsu pillate os diez escuti[27].

---

[23] Así en el ms.
[24] Italiano macarrónico: 'mi hermana, mi esperanza, mi [comi?]. ¿Cómo se encuentra vueseñoría?'. Hay que notar que el tratamiento de «vueseñoría», que naturalmente es absurdo para Bárbara, es burla de los pomposos tratamientos italianos; «señoría» en España era tratamiento que solo se daba a los nobles de título; comp. *Estebanillo*, II, 230: «ellos no saben de la nuestra sino el dar señoría a uso de Italia, por haber en aquellos países muchos mercadantes italianos»; *Siglo pitagórico*, pág. 274: «espero una señoría, título que en Italia se da a un sastre».
[25] escanio ms. Asensio y Blecua corrigen.
[26] Osca ms. Asensio y Blecua corrigen.
[27] Así en ms.; «Ora pillate os diez escudos» en Asensio y Blecua, que cambian la expresión «orsu», que sin embargo vuelve a usar Ascanio enseguida; además, en español existe «Ora sus, ahora sus», que puede contaminar al italiano macarrónico de Ascanio o el que interpreta el copista. Es difícil saber exactamente qué palabras quiere usar el personaje: interpretamos 'ahora, arriba —el ánimo—; tomad diez escudos'.

BÁRBARA.—¡Oh, Ascanio mío! Dios te me guarde mil años para regalo mío y de Ascanio[28].
ASCANIO.—E lo mi filloli[29], ¿cómo estati?
BÁRBARA.—Como una perla, que es contento verlo. ¿Y haste acordado de la colación, bien mío?
ASCANIO.—Lo mio servitori lo portará.
ÁLVAREZ.—Yo lo pilliaré.
ASCANIO.—Orsu, yo mi vo. ¿Mandare la vueseñoría un altri cosa?
BÁRBARA.—Que te guarde Dios mil años, vida mía.
ASCANIO.—Señora Álvarez, me ricomendo[30] a vueseñoría.

(Vase ASCANIO *y sale* ARTACHO.*)*

ÁLVAREZ.—Antati con Dio, patroni mio caro.
ARTACHO.—Jesús, válate el diablo, ¡qué bien y liberalmente has negociado! Y dime, ¿era verdad lo del platero?
BÁRBARA.—Como lo del hijo.
ARTACHO.—Vive Dios, que te puedes dar la borla[31] de astuta entre todas las mujeres que cursan tu arte.

(Llama SILVA.*)*

SILVA.—¿Quién está acá?
BÁRBARA.—Este es Silva, el capitán. Ilde abrir, Álvarez. Y tú, Artacho, tórnate a tu lugar.

---

[28] *de Ascanio:* debe de ser el nombre del supuesto hijo.
[29] «El lo mi» en las ediciones; 'y mi hijito, ¿cómo está?'. Las siguientes intervenciones, llenas de incorrecciones lingüísticas, se entienden bien.
[30] *me ricomendo*: de *raccomandarsi*, 'encomendarse'; literalmente 'me encomiendo a vueseñoría'; es fórmula de salutación y despedida, pero aquí podría entenderse literalmente en tanto la dueña es a la vez alcahueta o ayudante en los negocios de Bárbara.
[31] *borla:* atributo de los doctores en alguna facultad. «Borla en los bonetes; de dotores. Tiene forma de capilla de fraile; parece que fue el bonete de libertad de los libertos» (Correas, refrán 3754). Quevedo, *Un Heráclito*, núm. 290, vv. 41-42: «doctor a quien por borla dio cencerro / Boceguillas, y el grado de marrano».

ARTACHO.—Señora Bárbara, ¿jugamos al escondite o hace burla de mí? Porque si es ansí habrá un decendimiento de manos[32] que deshaga todas estas quimeras.

BÁRBARA.—En verdad que hace vuesa merced muy bien y le sobra mil veces la razón para no pasar por estas cosas, y si vuesa merced gusta de que le despida yo lo haré. Y si mañana me pidiere el valón y la ropilla[33] y la una y otra gala, y no tuviere para dársela, no me culpe, que yo no hago moneda en mi casa si no me la traen los que acuden a ella.

ARTACHO.—Con aquesto me tapa la boca.

(Escóndese y sale SILVA.*)*

SILVA.—¡Oh Bárbara mía, bárbaro será quien no te amase!

BÁRBARA.—¿Y qué mujer habrá tan loca que como ovejuela mansa no acuda a tus silbos, Silva mío? Y si no, júzgalo por mí, que estaba hecha una leona y en viéndote me he amansado.

SILVA.—Déjate deso y dime la ocasión del enojo.

BÁRBARA.—¿No quieres que lo esté si ha más de ocho días que se cumplió el tercio de la casa[34] y no ha faltado sino echarme della porque no se ha pagado puntualmente?

SILVA.—¿Y cuánto será?

BÁRBARA.—Quince escudos.

SILVA.—¿Y toda esa es la pesadumbre? Tome vuesa merced y déselos a ese inorante y quíteseme de pesadumbres, que no es hoy día de tenerlas.

---

[32] *decendimiento de manos:* porque le dará de bofetadas.

[33] *valón:* «Un cierto género de zaragüelles o greguescos, al uso de los valones, gente alemana del Ducado de Borgoña, valonotes. Y porque estos mesmos traen unos cuellos de camisas, extendidos y caídos sobre los hombros, llamaron en España valonas las que han empezado a usar a este modo» (Cov.); *ropilla:* «Vestidura corta con mangas y brahones de quien penden regularmente otras mangas sueltas o perdidas y se viste ajustadamente al medio cuerpo, sobre el jubón» *(Aut.). Quijote,* II, 24: «traía puesta una ropilla de terciopelo con algunas vislumbres de raso, y la camisa, de fuera; las medias eran de seda, y los zapatos cuadrados, a uso de corte».

[34] *tercio de la casa:* «Pagar el tercio de la casa, cuando se alquila a pagar de cuatro en cuatro meses» (Cov.).

BÁRBARA.—¡Oh Silva mío, Dios te me guarde mil años! ¿Qué valía yo sin ti, que todo lo cumples[35] con esa realeza de condición?

SILVA.—Déjate de agradecer miserias y dime cómo está mi hijo.

ÁLVAREZ.—Aquí vinieron unas amigas mías a visitarme y como vieron[36] al niño dijeron: «A fe que no niegue[37] a su padre».

SILVA.—Es cosa extraña lo que me parece, señora Álvarez. Mire dónde se ha poner la colación que está ahí fuera.

ÁLVAREZ.—Yo la pilliaré[38].

SILVA.—Yo me voy, si no mandas[39] otra cosa. Que importa, mi bien, que esto esté muy bien aderezado, porque he de convidar a unos caballeros y músicos, y que esté muy oloroso. Y quiero que esté esto como de tu mano, y con esto adiós.

(Vanse. Sale ARTACHO.*)*

ARTACHO.—Si desta manera va negociando vuesa merced con los que aquí vienen no es mucho tener ahorrados dos mil ducados.

BÁRBARA.—Pues, señor Artacho, da ocasión un hijo con cinco padres.

ARTACHO.—Todo fuera que te pusieras a ello, que estos señores[40] lo confirmarán.

BÁRBARA.—Ahí verá vuesa merced que no hay hombre que no sea[41] un grandísimo mentecato en llegando a querer bien.

---

[35] lo cumbes ms.; Asensio apunta *sic;* Blecua enmienda como queda arriba.

[36] *como vieron:* 'nada más verlo'.

[37] Blecua enmienda en «niega», que no parece necesario.

[38] *pilliaré:* Silva no es italiano; puede ser arrastre de las escenas anteriores o burla de la dueña.

[39] si mandas ms., lección que mantiene Asensio; Blecua enmienda.

[40] *estos señores:* parece indicación metateatral, a los espectadores, con ruptura jocosa de la ilusión escénica, o quizá se refiera a los «señores» que está engañando Bárbara.

[41] que sea ms.; Asensio y Blecua enmiendan.

Artacho.—Ni mujer que no sea una grandísima bellaca en llegando a conocer eso de un hombre.

(Llama Truchado.)

Truchado.—¿Quién está acá?[42].
Bárbara.—Álvarez, este es Truchado. Ilde[43] abrir. Y tú, Artacho, tórnate a tu lugar, que es de mala condición y buena contribuición[44], que por lo uno se le puede perdonar lo otro, que son más de treinta escudos que me trae para un faldellín[45] en señal de que parí hijo.
Artacho.—¡Oh pese al faldellín y a vuesa merced que lo ordena y a mí que lo sufro, señora Bárbara! Una es ninguna y dos es una[46], pero tantas es demasiado sufrimiento.
Bárbara.—A mí no lo sufra vuesa merced, que hace muy mal en sufrillo. Que mañana le correrá las rentas y acudirá a todo con mucha puntualidad, como ha hecho hasta aquí. Que treinta escudos es cosa de aire[47] para quien tiene tantos como vuesa merced.
Artacho.—Con aqueso me tapa la boca.

---

[42] Quien esta'ca ms., como transcribe Blecua. En Asensio «¿Quién está?».
[43] La edición de Blecua enmienda en «Idle», pero la metátesis se ha repetido otras veces en este texto, lo mismo que el fenómeno de la *a* embebida *«a abrir»*.
[44] contribuycion ms.; la edición de Blecua enmienda.
[45] *faldellín:* «Faldillas y faldetas y faldellín, la mantilla larga que las mujeres traen sobre la camisa, que sobrepone la una falda sobre la otra, siendo abiertas, a diferencia de las basquiñas y sayas, que son cerradas y las entran por la cabeza» (Cov.). Comp. *Quijote*, II, 49: «No traía sino un faldellín rico y una mantellina de damasco azul con pasamanos de oro fino».
[46] *una es ninguna:* «Una no es ninguna, dos es una» (Correas, refrán 23147). Se trata de una alusión maliciosa, de sentido erótico, que se ve clara en esta otra versión: «Una es escaseza, dos gentileza, tres valentía, cuatro bellaquería. Habla del acceso a la mujer» (Correas, refrán 23135). En el contexto es una aplicación figurada chistosa.
[47] *cosa de aire:* 'sin importancia'; hay muchos juegos dilógicos con la expresión; comp. Quevedo, *Buscón*, pág. 174: «Decía que estaba preso por cosas de aire, y así sospechaba yo si era por algunos fuelles, chirimías y abanicos y decíale si era por algo desto»; *Guzmán*, II, pág. 480: «Ninguno viene a ella que no sea molinero y muela, diciendo que su prisión es por un poco de aire, un juguete, una niñería»; Lanini, *Darlo todo*, vv. 786-790: «Quedamos los dos al vernos / como suelen los amantes / cuando les da madrugón / la justicia, tan neutrales, / que al articular las voces, / como era cosa de aire, / nos pasmaron de tal suerte».

(*Escóndese y sale* TRUCHADO.)

TRUCHADO.—Aunque tuviera su casa de vuesa merced más candados que la cueva que abrió el rey don Rodrigo[48], no se tardara tanto en abrir.

BÁRBARA.—Jesús, ¿y no se te ha de quitar esa mala condición?

TRUCHADO[49].—¿Era más bien acondicionado su galán, el que está ausente? Pues sepa que si Artacho[50] gusta de ser infame, que yo no, porque yo gasto mis dineros y vuesa merced se los daba a él. Ahora bien, tome estos treinta escudos y ponga esta casa muy olorosa, que han de venir unos amigos indianos al bateo, que ya Álvarez queda con la colación.

BÁRBARA.—Jesús, y ¡qué malo eres en metiéndote en cólera! Plega a Dios que no se te parezca tu hijo en la condición como se te parece en la cara.

TRUCHADO.—Ahora quédese con Dios, y hágase lo que digo.

[*Vase.*] (*Sale* ARTACHO *con la espada desnuda.*)

ARTACHO.—¡Que se me ha de ir[51] esta gallina sin dalle mil bofetadas! ¿Está vuesa merced contenta, señora Bárbara, que me ha hecho sufrir esto a mis oídos?

BÁRBARA.—Ahora bien, Artacho mío, porque no veas más ilusiones que te obliguen a hacer algún disparate por donde tú y yo paguemos hecho y por hacer[52], vete con Dios, y a las

---

[48] *la cueva que abrió el rey don Rodrigo:* se refiere a la leyenda de la cueva de Hércules de Toledo. Cada rey iba añadiendo un nuevo candado a la cueva hasta que don Rodrigo la abrió, descubriendo figuras de guerreros moros y la profecía de la pérdida de España. Según distintas variaciones de la leyenda, la cueva tenía veinticuatro candados.
[49] Atribuido a Bárbara en el ms.
[50] artaçio ms. Asensio indica *sic;* Blecua enmienda.
[51] Así en ms.; en las ediciones: «de reír»; Artacho sale, después de que se haya ido Truchado, claro, echando bravatas.
[52] *hecho y por hacer:* comp. «Decir lo hecho y por hacer. Como se suele en el tormento» (Correas, refrán 6802); «Pagar hecho y por hacer» (Correas, refrán 17557).

cuatro de la tarde puedes estar aquí, que ha de ser el bateo a esa hora, y rebozado y con la bula[53] no te conocerán ni echarán de ver.

ARTACHO.—Señora Bárbara, mucho me ha perdido el respecto y no querría que fuese ocasión de algún terremoto por donde sea menester llamar a la sancta de su nombre[54].

BÁRBARA.—Pues, Artacho mío, esto no ha de ser más de hoy. Y desde mañana nos regalaremos tú y yo con lo que estos han contribuido, y para que hoy te huelgues llévate este dobloncillo de a cuatro[55].

ARTACHO.—Con aquesto me tapa la boca. Ahora bien, yo me voy y vendré arrebozado a la hora que dices.

(Vase.)

BÁRBARA.—¿Qué les parece a vuesas mercedes[56] en lo que estoy metida? Pues muy bien pienso salir de todo, porque la colación que los padres del niño han traído, que como hijo de la ignorancia han contribuido, ha de servir para mi desposorio. Que yo y otra amiga tenemos concertado de irnos a desposar a Gelves[57], y ha de ser el desposorio hoy. ¡Pues decir es malo el que yo tengo escogido para marido! Sino que es un mocito que canta y baila que no hay más que desear, y no estar su-

---

[53] *rebozado y con la bula:* 'cubierto con la capa y disimulado con la bula'; *bula:* «era una cierta insignia y ornamento que los que entraban triunfando traían colgada al cuello, inclusos dentro ciertos remedios contra la invidia; de allí vino después a que a los niños les pusiesen estas bulas, que vulgarmente llamamos nóminas, que por tener dentro de sí nombres de santos, tomaron este nombre; pero habiéndose mezclado a vueltas muchas supersticiones, están vedadas. Era esta bula o nómina casi redonda a modo de corazón, colgada en los pechos, para que mirándola se acordasen que eran hombres y debían tener razón, discurso y ser hombres cuerdos; y a esto atendieron los romanos cuando la concedieron a los hijos de los nobles en la edad de la niñez» (Cov.).
[54] *Santa Bárbara:* es la abogada protectora contra las tormentas, rayos, etc.
[55] *doblón de a cuatro:* moneda de oro que valía cuatro doblones.
[56] *vuesas mercedes:* nueva apelación al público.
[57] *Gelves:* «Isla del mar Mediterráneo, en la costa de África» (Cov.).

jeta a un alguacil[58], a un escribano que os encarte[59] y al caballero que os burle y al rufián que os estafe, y más como este bellacón que se acaba de ir ahora. Ahora bien, yo quiero llamar a Álvarez y darle aviso de lo que ha de hacer. ¡Álvarez, Álvarez!

ÁLVAREZ.—Sin dar voces, ¿qué hay? Aquí estoy.

BÁRBARA.—Álvarez, yo me voy a casar a Gelves. Si vinieren los padres del niño, decildes que un tío mío regidor[60] de Carmona vino por mí y me llevó por fuerza, y que todo lo demás es burla, sino casarse una mujer. Y ¡por amor de Dios!, el secreto; que yo os prometo de gratificaros lo que hiciéredes por mí muy bien.

ÁLVAREZ.—Vaya vuesa merced y déjelo a mi cargo, que yo me sabré dar tan buena maña en todo como vuesa merced verá.

BÁRBARA.—Quedá con Dios.

(Vase.)

ÁLVAREZ.—Vaya vuesa merced con Dios. ¡Y miren este gorgojo los que ha traído engañados y el pago que les da! Yo he dicho que esforzaré su enredo, pero no querría que cargasen sobre mis espaldas estos negocios.

(Sale ASCANIO.*)*

ASCANIO.—¿Do la siñora Bárbara, siñora Álvarez?

ÁLVAREZ.—Ahora se acaba de ir con un tío suyo regidor de Carmona que se la lleva por fuerza.

ASCANIO.—Ah, siñora Álvarez, ¿falo vueseñoría per burla de mí? Diga vueseñoría Álvarez, e pillate aquesta dupla di a cuatro[61].

---

[58] *a un alguacil:* falta el verbo que designa la acción del alguacil, que llevan todos los demás términos de la enumeración; parece haberse perdido alguna palabra.

[59] *encarte: encartar* es «condenar a uno en rebeldía por algún crimen grave y confiscarle sus bienes; y díjose así por la carta que se fija en los lugares públicos para que venga a noticia de todos y ninguno dé favor ni ayuda al tal encartado, o para que conste haberle llamado por pregones» (Cov.).

[60] *regidor:* «la persona destinada en las ciudades, villas y lugares para el gobierno económico» *(Aut.).*

[61] *dupla*: un doblón de a cuatro, que ya hemos anotado.

ÁLVAREZ.—Verémonos, señor Ascanio, aunque no por el interés sino por la obligación que tengo de servir a vuesa merced. Pues, señor Ascanio, mi señora se ha ido a casar a Gelves.

ASCANIO.—¿A ser maridata a Chelve?

ÁLVAREZ.—Sí, señor Ascanio, ha ido.

ASCANIO.—¿E lo mi filliolo?

ÁLVAREZ.—Que no tenemos fillolo.

ASCANIO.—¡Oh astata, mapina, española marrana![62]. Pertita la ánima sua[63], qui a de far que se le recorde per tuta la vita sua. Adio, siñora Álvare.

(Vase y sale SILVA, capitán.)

SILVA.—¿Cómo está esta casa tan sola, señora Álvarez? ¿Hásenos caído encima?

ÁLVAREZ[64].—Muy descuidado viene vuesa merced de lo que ha sucedido. Mi señora se acaba de ir de aquí con un tío suyo regidor de Carmona que se la lleva por fuerza.

SILVA.—Bueno está el picón[65], Álvarez. ¡Bárbara, Bárbara; ah, Bárbara!

ÁLVAREZ.—¿Cómo picón? No es sino pura[66] verdad.

SILVA.—Mas no debe de ser sino puro enredo. Señora Álvarez, ya vuesa merced sabe que la deseo servir, y en señal desto tráigase este anillo en mi nombre y dígame la verdad.

---

[62] *astata, mapina, marrana:* 'astuta, [¿mapina?], judía'; *marrano:* «Es el recién convenido al cristianismo, y tenemos ruin concepto dél por haberse convertido fingidamente» (Cov.). La expresión es en este contexto muy precisa, porque era insulto típico de los italianos contra los españoles, y es frase proverbial: «Español marrano. Dícelo el italiano, porque allá todos se hacen nobles, dando a entender que no lo son todos, sino que algunos guardan los marranos» (Correas, refrán 9720); «Marrano. Al español dice el italiano; porque ellos todos se hacen caballeros» (Correas, refrán 13547).

[63] rrua ms.; la edición de Asensio de 1965 propone la enmienda, que acepta Blecua. En su ed. de 1971 Asensio elimina este vocablo.

[64] Atribuido a Silva en ms.

[65] *picón:* 'la broma, el chasco'; «Picón, la burla que se hace, fingiendo alguna cosa» (Cov.).

[66] para ms. Asensio y Blecua enmiendan.

ÁLVAREZ.—Pues, señor Silva, lo que hay en esto es que mi señora se ha ido a casar a Gelves con un músico, que lo tenía concertado[67]. Vaya vuesa merced allá y estórbelo si pudiere.

SILVA.—¿Y mi hijo adónde está?

ÁLVAREZ.—Con su madre.

SILVA.—¿Adónde, en Gelves?

ÁLVAREZ.—No, sino en Sevilla, que no era hijo suyo ni de vuesa merced, sino buscado para este efecto.

SILVA.—¡Oh hideputa, hombres que tal oyen! Pues, señora Álvarez, ¿cómo me parecía tanto?

ÁLVAREZ.—Como estabas tú ciego y él mamón.

SILVA.—Quede vuesa merced con Dios, que yo abriré los ojos y aun se los sacaré algún día, porque no haya más embustes.

(Vase.)

ÁLVAREZ.—En verdad que haría yo muy mal en no me saber aprovechar de la ocasión, que medraría yo mucho con el provecho que sacaré de mi ama.

(Salen ARTACHO *y* TRUCHADO.*)*

TRUCHADO.—Señor Artacho, yo no me meto en antigüedades, haya lo que hubiere. ¿Que vuesa merced la trata? Ella gusta agora de mi amistad, y para que vuesa merced lo oiga de su boca le traigo aquí.

ARTACHO.—Señor Truchado, aunque la honra de un hombre de bien no se ha de poner en manos de una mujer, mas por estar cierto de lo que hay en esto lo dejaré en lo que ella dijere.

TRUCHADO.—¿Dónde está Bárbara, Álvarez?

ÁLVAREZ.—Muy descuidados vienen vuesas mercedes de lo que ha sucedido. Mi señora va camino de Carmona con un tío suyo regidor que se la acaba de llevar ahora.

---

[67] *concertado:* nótese el burlón juego de palabras en tener *concertado* un músico.

Artacho.—Déjeme vuesa merced con ella.
Truchado.—¡Ah Bárbara, Bárbara!
Álvarez.—No hay Bárbara.
Truchado[68].—Vieja, decidme la verdad, o por vida del diablo que os he de quitar la cara.
Álvarez.—Paso, señor Truchado, que yo les diré adónde está. Sepan vuesas mercedes que mi señora se ha ido a casar a Gelves con un músico, que lo tenía concertado días ha. Vayan vuesas mercedes allá y lo podrán estorbar.
Truchado.—No lo creo.
Artacho.—Yo sí, que sé lo que son todas estas señoras. Y pues me parece que corre la obligación por entrambos, que vamos allá y podremos estorbarlo.
Truchado.—Vamos.
Álvarez.—Yo me quiero ir antes que venga, que de aquí no se puede esperar otra cosa.

(Vanse. Sale la boda[69], Bárbara y el Músico. Hay baile, y sale el Cura de la aldea.)

Músico.—Cucambé que el Amor me ha preso,
 cucambé que me liberté.

(Sale Ascanio y dice.)

Ascanio.—E yo lo vollo videre per lo ochio mío. ¿Qué es acuesto, señora Bárbara?
Bárbara.—¿Qué es esto? Estar casada
 en nuestro común lugar
 es quitarme de engañar
 y quedar desengañada.

---

[68] Artacho ms., lectura que mantienen Asensio (en 1965) y Blecua. Pero la respuesta de Álvarez se dirige a Truchado; Asensio en 1971 lo enmienda. En efecto, o se hace esa enmienda, o en el parlamento de Álvarez habría que leer «señor Artacho».
[69] Así en el ms.; las ediciones enmiendan «boda de Bárbara», creemos que erróneamente: 'sale a escena la fiesta de la boda, sale Bárbara y sale el músico, etc.'.

> Fingí que quedé preñada[70]
> y parida me fingí,
> porque con esto adquirí
> dote con que me casé.
> *(Cucambé*[71] *que el Amor me ha preso,*
> *cucambé que me liberté.)*

(Sale SILVA.*)*

SILVA.—Yo tengo de ver que los están desposando y no lo tengo de creer. Mas vive Dios que es esta la boda. ¿Qué es esto, señora Bárbara? ¿Ansí engaña a los hombres como yo?

BÁRBARA.—Si vuesarced[72] ha gastado
> yo entiendo que está desquito[73];
> y es propio dar buen grito[74]
> el que come buen bocado.
> Si dice que está engañado,
> lo que puedo asigurarle
> es que en dejar de engañarle[75]
> desengañado le he.
> *(Cucambé*[76] *que el Amor me ha preso,*
> *cucambé que me liberté.)*

ASCANIO.—Ah, siñor españole, ¿ha ganato[77] a vueseñoría la siñora Bárbara?

---

[70] finxi que preñada quede ms.; enmienda de Asensio que aceptamos, como Blecua, para mantener la rima.

[71] Desarrollamos «Cucambé etc.» del ms.

[72] vmd. ms., que leemos como *vuesarced* para mantener la medida del verso.

[73] *desquito:* 'en paz, sin ganar ni perder'.

[74] Asensio y Blecua enmiendan «no es propio», que creemos lectura errónea. Bárbara se burla de los gritos de Silva, que ha 'comido buen bocado' (ha mantenido relaciones previas con la buscona), apelando al refrán (que se aplica a los enfermos de gota y otras dolencias): «A buen bocado, buen grito. Contra la golosina y gula, que trae dolor y gemido» (Correas, refrán 37); «A buen bocado buen grito; suelen algunos tocados de la gota no guardarse de lo que les ha de hacer daño, y después lo pagan cargándoles la enfermedad que les hace dar gritos de dolor» (Cov.).

[75] que dexar de ms.; aceptamos la enmienda de las ediciones.

[76] Desarrollamos «Cucambé etc.» del ms.

[77] Blecua enmienda «[in]ganato», enmienda que no parece necesaria dado el italiano macarrónico en que se expresa Ascanio.

SILVA.—Sí señor, engañado me ha.
ASCANIO.—Cusi fato a me e non solamente a vueseñoría manco solo pillo fastidio, qui cuesto es cosa de fimenas[78].

(Salen ARTACHO *y* TRUCHADO.*)*

ARTACHO.—Aquí ha de estar la boda sigún nos han informado.
TRUCHADO.—Hacia aquí suena ruido de música; lleguémosla a ver.
ARTACHO.—Paréceme, señor Truchado, que la duda se ha difinido. Pero déjeme vuesa merced tomar la mano[79], que por la antigüedad me tendrá más respecto. Pues, señora Bárbara, ¿ansí se engañan los hombres como yo, y olvidar una amistad tan larga y llena de obligaciones?
BÁRBARA.—Esto ha sido, en conclusión,
dejar en distancia poca
de ser bárbara y ser loca
y haberme puesto en razón.
Mientras le duró el bolsón
que fui fuego le respondo;
mas luego que le vi el fondo
confiésole que me holgué.
Cucambé[80] *que el Amor me ha preso,
cucambé que me liberté.*
ARTACHO.—¿Oyen vuesas mercedes, señores galanes? Gasten largo con estas señoras al principio de su amistad. ¡Y qué ducientos ducados tan bien empleados! Y agora que estaba confiado de que me había de remediar y acudir, miren lo que ha hecho.
BÁRBARA.—Oigan, ¿deso se atribula?

---

[78] Mantenemos «fimenas» del ms.; la edición de Blecua lee «féminas». 'A mí me ha hecho lo mismo, no solo a vueseñoría le ha hecho esta molestia, que esto es cosa de mujeres'.
[79] *tomar la mano:* «Tomar la mano. Frase que además del sentido recto significa comenzar a razonar y discurrir sobre alguna materia que se ventilaba» *(Aut.).* Comp. *Quijote,* I, 30: «antes que Dorotea respondiese, tomó el cura la mano y dijo».
[80] Desarrollamos «Cucambé etc.» del ms.

Artacho.—Pues dime, ¿puédese hacer
  engañarme ansí mujer?
Bárbara.—Creo que sí, con la bula.
Artacho.—Coz me ha dado como mula.
Bárbara.—Pues ¿qué querría? ¿Quedarse contento y yo perdida? No se irá riendo más vuesa merced.

Cucambé[81], que el Amor me ha preso,
cucambé, que me liberté.

Ascanio.—Ah, siñor españolo, ¿ha ganato a vueseñoría la siñora Bárbara[82]?
Artacho.—Sí, señor, engañado me ha.
Ascanio[83].– Non solamente vueseñoría manco si la pillo fastidio, que acuesto es cosa di feminas.
Truchado.—Ahora los hombres como yo, que han gastado tan largamente con vuesa merced y nunca ha[84] tenido quien tan bien haya acudido a sus necesidades como yo...
Bárbara.—Yo te confieso que has sido
  un pechero singular,
  mas ¿quién no habrá de dejar
  por un galán un marido?
  El haberme ansí servido
  es propio de quien tú eres
  y es propio de las mujeres
  no guardar a nadie fe.
  Cucambé[85] que el Amor me ha preso,
  cucambé que me liberté.
Ascanio.—Siñor español, ¿ha ganato[86] a vueseñoría la siñora Bárbara?

---

[81] Desarrollamos «Cucambé etc.» del ms.
[82] a gauto a Vsa. la siñora barbara ms.; la edición de Asensio lee «a gusto a Vsa.»; la edición de Blecua «a [in]ganato a Vsa. la siñora doña Bárbara».
[83] Atribuido a Artacho en el ms.
[84] an tenido ms., lectura que siguen Asensio y Blecua, pero la que no ha tenido nunca un pretendiente como Truchado es Bárbara: 'nunca ha tenido vuesa merced quien tan bien le haya acudido como yo'.
[85] Desarrollamos «Cucambé, Cucambé, etc.» del ms.
[86] gauato ms., que la edición de Asensio mantiene; la edición de Blecua lee «[in]ganato».

TRUCHADO.—Sí, señor, engañado me ha, y como se engañe nadie...[87].

ASCANIO.—Cusi fato a me, non solo dimente a vueseñoría, manco[88] solo pillo fastidio, qui acuesto es cosa di feminas.

TRUCHADO.— Y ya que con el demonio
te has querido desposar,
tiénesme de ver y hablar.
BÁRBARA.— Traslado a mi matrimonio[89].
TRUCHADO.— Tomen por fe y testimonio,
señores contribuyentes,
estos agravios patentes.
BÁRBARA.— Eso cadaldía se ve.
Cucambé[90] *que el Amor me ha preso,
cucambé que me liberté.*
EL CURA.— Pues desta maraña toda
se ha deshecho ya la red,
llámelos vuesa merced
y bailarán en la boda.
SILVA.— Pues el cura lo acomoda
yo bailaré mi mudanza
y mi engaño bailaré[91].
*Cucambé que el amor me ha preso,
cucambé que me liberté.*

Finis.

---

[87] Así en el ms.; «[no] se engaña nadie» en ediciones de Asensio y Blecua, que podría ser buena lectura, aunque podría también iniciarse un juego de palabras interrumpido.

[88] manco manco ms., duplicación que suprimen Asensio y Blecua.

[89] *traslado:* parodia lenguaje jurídico, como si ordenase el traslado de la causa a otro tribunal: 'den traslado de esa reclamación a mi matrimonio'. Truchado responde en el mismo registro.

[90] Desarrollamos «Cucambé etc.» del ms.

[91] y yo mi engaño ms., que hace verso largo: Asensio propone suprimir el «yo» y Blecua suprime la conjunción.

Segunda parte del entremés de Bárbara

LAS PERSONAS QUE HABLAN EN ÉL
SON LAS SIGUIENTES[1]

BÁRBARA
ANAMARÍA
ÁLVAREZ
ARTACHO
JULIO
OCTAVIO

EL CURA
MÚSICOS
UN GANAPÁN
ASCANIO, napolitano
CORNELIO

Entra ARTACHO *con una cadena.*

ARTACHO.—¡Amor, amor! Venturoso se puede llamar el que se viere libre de tus niñerías. Tres cosas dicen que destierran al amor: ausencia, necesidad e ingratitud, pero en mí es tan al contrario que ni un año[2] de ausencia ni necesidad ni ingratitud han sido parte para poder olvidar a Bárbara, antes estimo el venir ahora con hacienda para poderla querer y regalar. Aquí vive, llamar quiero. Aunque acordándome del trato desta mujer en solo mirar su puerta me tiemblan las carnes[3]. ¡Ah de casa!

---

[1] Regularizamos «Octavio» que en el ms. se encuentra «Octauio» y «Otauio», así como «Anamaría», escrito a veces junto y a veces separado.

[2] que en ni a un año ms.; «que ni en un año» en edición de Asensio; seguimos la enmienda de Blecua.

[3] *tiemblan las carnes*: es frase proverbial, usada aquí en el sentido de 'me entran temblores de apuro'; «Tiémblanme las carnes. Oyendo palabras desesperadas» (Correas, refrán 22216).

(Responde ÁLVAREZ *de adentro.)*

ÁLVAREZ.—¿Quién llama?
ÁLVAREZ.—Esta es Álvarez. ¿Pusible es que no es muerta esta buena vieja? Salga acá, señora Álvarez.

(Sale ÁLVAREZ.*)*

ÁLVAREZ.—Señor Artacho, ¿a qué bueno en esta tierra?
ARTACHO.—¿A qué puedo yo venir sino a ver a su ama de vuesa merced? Ella me trae de Granada a Sevilla con el amor que de antes y con alguna más hacienda para poderla regalar.
ÁLVAREZ.—Vuesa merced sea mil veces bien venido.
ARTACHO.—*[Aparte.]* (La cudicia y el miedo la hacen a esta que me reciba[4] bien). Su ama, ¿cómo está?
ÁLVAREZ.—¿Luego no sabe vuesa merced lo que pasa? Ya mi señora es viuda.
ARTACHO.—¿Tan presto acabó con el marido?
ÁLVAREZ.—Él se tomó la muerte con sus manos[5], pues se embarcó para Indias con todas las joyas de mi señora, y en esto se anegó a vista de la Florida, dejando a la triste en notable pobreza.
ARTACHO.—*[Aparte.]* (Ya esta comienza a pintarme necesidades). Señora Álvarez, donde está Aurelio y Marco Antonio[6] poca falta le hará su marido.
ÁLVAREZ.—Ya, señor Artacho, pasó ese tiempo, ya mi señora es otra. Pues en todo el día no se abren sus puertas y ven-

---

[4] rescibia ms. Corrigen Asensio y Blecua.

[5] *se tomó la muerte con sus manos:* «Tomar la muerte con las manos, por sus manos. El que se pone en peligro o hace excesos» (Correas, refrán 22635); «Con sus manos se mató» (Correas, refrán 5469); «Es tomar la muerte con sus manos; sería tomar la muerte con sus manos. Lo que tentar a Dios; cuando uno, sin mirar por su vida, se mete en peligro» (Correas, refrán 9449).

[6] *Aurelio y Marco Antonio:* nombres italianos, que connotan posición adinerada y por tanto útil para las busconas. Coinciden con nombres de emperadores romanos.

tanas ni sale de casa si no es a misa, que esa ningún día la pierde.

ARTACHO.—Güélgome en el alma que está tan recoleta. De lo que toca a mí, no estoy poco mejorado, pues traigo hacienda con que poder regalar a Bárbara.

ÁLVAREZ.—Y si no, dígalo esa cadena.

ARTACHO.—No la eche el ojo, que le hará mal[7].

ÁLVAREZ.—¿Es de oro?

ARTACHO.—Pesa ducientos ducados.

ÁLVAREZ.—Estremado bocado.

ARTACHO.—No es muy grande para los apetitos de su ama. Llámela, que vuesa merced terná[8] para tocas.

ÁLVAREZ.—Harelo por lo que quiero a vuesa merced y con título de que es un primo de su marido, porque de otra suerte no saldrá.

(Vase.)

ARTACHO.—¡Interés, lo que puedes! La vieja «Porque de otra suerte no saldrá»... La vieja me quiere dar papilla[9], con

---

[7] *echar el ojo:* juego con los sentidos de 'mirar' y 'aojar' (alusión chistosa a la rapacidad de la vieja): «dañar con mal de ojo [...] cuestión es entre los físicos si hay mal de ojo, pero comúnmente está recibido haber personas que hacen mal con solo poner los ojos en otra [...] hoy día se sospecha en España hay en algunos lugares linajes de gentes que están infamados de hacer mal poniendo los ojos en alguna cosa, y alabándola, y los niños corren más peligro» (Cov.). Comp. Vélez, *Cojuelo*, pág. 204: «Dios le bendiga —replicó Rufina— y mi ojo no le haga mal». Muchas páginas sobre esto escribe Nieremberg en *Oculta filosofía*, fols. 26 y ss., capítulos «Si hay aojo natural. Dícense algunos particulares ejemplos», «Prosigue lo mismo con notables propiedades de los animales. Trátase de la catoblepa», «Muchos han negado el aojo natural atribuyéndolo al demonio», «Tres maneras de aojos: supersticioso, natural y mixto», etc. Ahí se pueden acopiar toda clase de noticias sobre la cuestión.

[8] *terná:* 'tendrá'; *tocas:* son vestimenta típica de las dueñas, tocas y monjil constituían el vestido habitual de las dueñas y viudas; comp. Quevedo, *Un Heráclito*, núm. 290, vv. 15-16: «Galalón de Maganza, par de Judas, / más traidor que las tocas de viudas»; *Sueños*, 374: «unas tocas muy largas sobre el monjil negro»; *Guzmán*, I, pág. 145: «que por ellas mejorarse de monjiles y mantos y tener en sus casas otras de mermelada, no habrá traición que no intenten».

[9] *dar papilla:* 'engañar a otro' (véase *Aut.*); comp. «dar papitas a uno es engañarle; también se dice dar papilla» (Cov.). Asimismo la recoge Correas,

estar examinado del mayor tahúr que hay en el juego de amor.

(Sale BÁRBARA, *de viuda, con manto.)*

BÁRBARA.—¿Primo de mi marido decís que es? ¡Jesús, señor Artacho!, ¿en esta tierra? Jurárelo yo que no había de hacer menos Álvarez.

ARTACHO.—¿Tras un año de ausencia me recibe desa suerte, señora Bárbara?

BÁRBARA.—Perdone vuesa merced, que me han hecho falta una gaita y chirimías y una danza de espadas[10] para recibirle.

ARTACHO.—Ya podrá ser que la haya dentro en su casa y que algún danzante[11] salte por la ventana y se la haga angosta.

BÁRBARA.—Señor Artacho, ¿sabe qué ha de hacer? No atravesarme estas puertas, porque no gusto de que nadie me traiga cuchilladas[12] a casa, sino reparos[13]. Basta la hacienda que me ha gastado.

ARTACHO.—Hasta hoy ¿me dio vuesa merced un real que no me costase ciento?

«Dar papilla. Engañar» (refrán 6520). *Estebanillo*, I, pág. 172: «Y [éramos] todos tan diestros en la vida poltrona que podíamos dar papilla al más entendido gitano, y en efeto trinca que se escaparon muy pocos de nuestras garatusas».

[10] *chirimías:* «Instrumento músico de madera encañonado a modo de trompeta, derecho, sin vuelta alguna, largo de tres cuartas, con diez agujeros para el uso de los dedos, con los cuales se forma la armonía del sonido según sale el aire» *(Aut.);* para danza de espadas, véase *Pero Vázquez de Escamilla,* v. 46; comp. *Poesía original,* núm. 858, vv. 73-76, donde un jaque que se dirige a una pelea dice «en bajando a lo llano / que está entre el Parque y la Puente: / "Para una danza de espadas / el sitio dice coméme"», con el mismo juego alusivo a peleas que utiliza Artacho enseguida.

[11] *danzante:* 'bailarín' y 'sujeto de poco peso y madurez, entremetido y alocado' *(Aut.).*

[12] cullilladas ms. Corrigen Asensio y Blecua.

[13] *reparos:* juego de palabras; 'ayudas, provechos', y en el lenguaje de la esgrima *reparos* se contrapone a *cuchilladas: s. v. esgrima* escribe Cov.: «es el efeto de la esgrima reparar y detener los golpes del contrario y rechazárselos y apretarle y refrenarle con los suyos».

BÁRBARA.—Los hombres están obligados a dar a las mujeres.
ARTACHO.—¿Y ante qué escribano pasa esa obligación?
BÁRBARA.—Ante uno que llaman ser honrado.
ARTACHO.—Y en efecto, ¿si no da, no lo es?
BÁRBARA.—Y merece que le pongan de paticas en la calle.
ARTACHO.—No viene mal con el recogimiento que esas reverendas tocas[14] publican, aunque sobre ellas mejor dijera un gran rosario[15].
BÁRBARA.—Y a falta no asentara mal esa cadena.
ARTACHO.—Antes no, porque eso fuera dar que mormurar a las vecinas. Pero dejémonos desto, señora Bárbara, pues yo he de ser como el nadador que al fin viene a morir en el agua. Yo no te vengo a enojar sino a que me tengas por tuyo y mandes toda mi hacienda.
BÁRBARA.—Ya me pierde el respeto. No me ha dado nada y llámame de tú.
ARTACHO.—Pues ¿qué tengo yo que no sea tuyo?
BÁRBARA.—Veamos esa cadena.
ARTACHO.—Vesla ahí a tu servicio.
BÁRBARA.—Bien pesa, riquillo vienes. ¿Qué ganga[16] has

---

[14] *reverendas:* epíteto correspondiente a las tocas de las viudas: *Quijote*, I, 49: «me acuerdo yo que me decía una mi agüela de partes de mi padre, cuando veía alguna dueña con tocas reverendas»; Calderón, *Céfalo y Pocris*, vv. 1352-1354: «Viendo que Carnestolendas / son para que se hagan rajas / estas tocas reverendas».

[15] *rosario:* las caricaturas auriseculares de los hipócritas siempre incluyen un gran rosario: basten algunos textos: *Buscón*, pág. 95: «Traía un rosario al cuello siempre, tan grande que era más barato llevar un haz de leña a cuestas»; *Buscón*, pág. 127: «el ermitaño rezando el rosario en una carga de leña hecha bolas»; *Buscón*, pág. 169: «Traía todo ajuar de hipócrita: un rosario grande con unas cuentas frisonas»; *Justina*, pág. 258: «Llevaba un rosario de coral muy gordo, que si no fuera moza me pudiera acotar a zaguán de colegio viejo, y tuviera la culpa el rosario, que parecía gorda cadena»; Bernardo de Quirós, *Fruela*, pág. 75: «entró una beata [...] con [...] un rosario con cuentas de no dar ninguna, tan gordas que eran cuentas de cabe», etc.

[16] *ganga:* juega con la aplicación literal de la frase hecha, ya que ganga es un tipo de ave que se puede pelar. «Andar a caza de gangas. Gangas son aves no buenas, y por el sonsonete del vocablo se entiende por mujercillas ruines y por cosas baladíes: andar a caza de cosas de poco momento» (Correas, refrán 2413); «Es ganga. Por ironía, el astuto en el juego; sin ella por el que se

pelado? ¿A quién dejas llorando?[17]. Porque yo sé que no llueve el cielo sobre cosa tuya[18].

ARTACHO.—Dejemos eso y advierte que vengo a que me mandes, y tornándonos a la antigua amistad como estábamos...

BÁRBARA.—Eso no, ya se pasó ese tiempo, ya se acabaron las mocedades[19]. Yo estoy en título de honrada y ningún hombre del mundo me entrará por aquella puerta si no fuere para ser mi marido.

ARTACHO.—Bueno es eso. Mucho me güelgo de verte tan virtuosa. Eso de casar es negocio grave, tengo blandas las cervices para yugo tan pesado[20].

BÁRBARA.—Pues ven acá, traidor. ¿Con qué me puedes tú pagar lo que me has gastado si no es casándote conmigo y apartándote[21] de tan malos pasos como has traído?

ARTACHO.—*[Aparte.]* (No dice mal la mujer, y si ella quisiere usar de libertad no pretendiera casarse). Bárbara, yo estimo tu buen propósito, y pues tú lo quieres gusto de ser tu marido. A la posada voy a traer mi ropa y en viniendo nos iremos en casa del vicario para que, dándonos las manos, llegue nuestra santa intención a efeto.

BÁRBARA.—Sea muy enhorabuena.

---

deja perder» (Correas, refrán 9336); «Esta ganga no se nos vaya, que ella pagará la posada. Dícese a muchos propósitos, y más propiamente cuando algún jugador motolito y picón cae en manos de tahúres taimados que le chuparán la sangre, si no le deja» (Correas, refrán 9770), refrán este último que es el que mejor cae al contexto del rufián y tahúr Artacho.

[17] *dejas llorando:* porque se ha ido después de robarles o estafarles; alude a un cuentecillo tradicional anotado en *Cómo ha de ser el privado*, vv. 2172-2173.

[18] *no llueve el cielo sobre cosa tuya:* porque no tiene nada suyo, es un pobrete. Es proverbial.

[19] *mocedades:* 'calaveradas, desarreglos propios de la mocedad'; comp. Quiñones de Benavente, *Jocoseria, La Puente Segoviana*, 1, vv. 55-58: «—El Jordán soy milagroso / que mocedades esparce. / —¿Para qué, cuando está lleno / el mundo de mocedades?».

[20] *yugo tan pesado:* comp. *Quijote*, II, 19: «La de la propia mujer no es mercaduría que una vez comprada se vuelve, o se trueca o cambia, porque es accidente inseparable, que dura lo que dura la vida: es un lazo que si una vez le echáis al cuello, se vuelve en el nudo gordiano, que si no le corta la guadaña de la muerte, no hay desatarle».

[21] apartate ms., lectura que aceptan Asensio y Blecua, pero que no vemos con sentido; enmendamos.

Artacho.—Hola, mujer[22].
Bárbara.—¿Qué queréis, marido?
Artacho.—Entraos en casa y no me abráis a nadie la puerta, que me enojaré mucho.

(Vase Artacho.*)*

Bárbara.—Yo lo haré ansí, marido. Por celos empieza, perecerá su justicia. ¡Hola, Álvarez!

(Sale Álvarez.*)*

Álvarez.—¿Qué hay, señora? ¿Despediste a Artacho?
Bárbara.—Antes me caso con él, que viene riquillo y me ha dejado esta cadena, ¿Qué te parece?
Álvarez.—¿Qué puedo yo decir siendo tu gusto?

(Entra Anamaría.*)*

Anamaría.—Bárbara, dadme albricias. Ascanio el napolitano queda en mi casa. Viene cargado de riquezas, ha sabido que estás viuda y dice quiere casarse con vos.
Bárbara.—Sin duda llueven maridos. Amiga, ya yo estoy casada.
Anamaría.—¿Con quién?
Bárbara.—Con Artacho. Viene rico y quiéreme bien. Hame dado esta cadena, no puedo hacer menos.

---

[22] *Hola:* empieza a tratarla con severidad; *hola* es tratamiento para criados e inferiores, como anotamos en otros lugares de estos entremeses. Véase enseguida cómo llama Bárbara a la dueña Álvarez; «Modo vulgar de hablar usado para llamar a otro que es inferior» *(Aut.).* Era una forma de llamar a los criados, que llega a convertirse en una fórmula tópica de la comedia del Siglo de Oro, hasta el punto de que en la comedia burlesca de Suárez de Deza *Amor, ingenio y mujer,* la criada se llama Hola. Comp. Tirso de Molina, *Don Gil de las calzas verdes,* ed. Arellano, vv. 254-261: «*Doña Juana.*—Hola. ¿Qué es eso? *Caramanchel.*—Oye, hidalgo: / eso de hola, al que a la cola / como contera le siga / y a las doce solo diga: / "olla, olla" y no "hola, hola". / *Doña Juana.*—Yo, que hola agora os llamo, / daros esotro podré. / *Caramanchel.*—Perdóneme, pues, usté»; Quevedo, *Prosa festiva,* pág. 451: «Cuando llamare a las criadas, no diga "¡hola, Gómez!, ¡hola, Sánchez!", sino "¡unda, Gómez!, ¡unda Sánchez!", que unda y hola son lo propio».

ANAMARÍA.—¿Estáis loca? ¿Con ese bellacón redomado? ¿No escarmentáis de sus libertades? ¡Jesús, amiga, sin duda os dará la más mala vida del mundo!

BÁRBARA.—¿Pues qué puedo hacer si ya le dije[23] sí?

ANAMARÍA.—Que ese sí le volváis en no y os vais[24] conmigo a mi casa, donde Ascanio os espera. Casaros heis con él y quedarase ese bellaco para quien es[25].

ÁLVAREZ.—La traza es milagrosa. Las dos os podéis ir, que yo me quedaré a desengañarle si viniere.

BÁRBARA.—Con todo, temo, si eso no se efetúa, lo que Artacho ha de decir.

ÁLVAREZ.—Diga lo que quisiere. No es tan bravo el león como lo pintan[26], que acostumbrado está a sufrir[27].

BÁRBARA.—¡Pues alto[28]! Vámonos a ponerlo por obra.

ÁLVAREZ.—Eso es lo que conviene, y entretanto yo resistiré los golpes de fortuna.

(Vanse y sale ARTACHO con un mozo que le trae un lío de ropa.)

ARTACHO.—Álvarez, mirá[29] adónde se ha de poner esta ropa. ¿Qué me decís? ¿No me respondéis? ¡Álvarez, acabá, que vive Dios que si me enojo, que...

---

[23] *diçe* ms. Asensio indica *sic*; Blecua corrige «dije que sí».

[24] *os vais:* 'os vayáis'; es subjuntivo etimológico, de *vadatis*.

[25] *para quien es:* «dejar a alguien para quien es» es expresión despectiva, aplicada a quien no merece la pena tener en cuenta por su mala condición o inutilidad: *Lazarillo*, ed. Rico, pág. 86: «como le sintieron la enfermedad dejáronle para el que era»; *Guzmán*, pág. 349: «solo se sustentan para conseguir con ellos el fin que se pretende, dejándolos despues para quien son». Comp. «Dejarle para majadero, para ruin, para lo que es» (Correas, refrán 6846).

[26] *no es tan bravo el león como lo pintan:* «No es tan bravo el león como lo pintan. Acomódase a los que nos encarecen de gentileza, hermosura, valentía o riqueza» (Correas, refrán 15947).

[27] *sufrir:* en el sentido, ya anotado, de 'ser cornudo'.

[28] *alto:* formulilla que sirve de apoyo a una exhortación a hacer algo o ejecutar un movimiento; «Alto, sus, tirón. Para dar prisa; y cada una de estas palabras solas dice lo mismo» (Correas, refrán 2089). Comp. Benavente, *Jocoseria, Jácara que se cantó en la compañía de Olmedo*, v. 129: «Alto, yo quiero estrellarle»; Enríquez, *Siglo pitagórico*, pág. 13: «Alto, a nacer segunda vez».

[29] *mirá:* 'mirad'; imperativo con caída de la *-d* final, frecuente en el Siglo de Oro.

Álvarez.—No asamos y ya empringamos[30]. ¡Oh, qué lindo, aún no ha tomado vuesa merced la posesión y ya tenemos voces!

Artacho.—¿Deso os espantáis? ¡Vive Dios que os rompa la cabeza! Dejadme vos desposar con Bárbara, que yo reformaré la casa, y por lo menos vos no estaréis un punto en ella. Tomá esa ropa y mirá dónde se ha de poner.

Álvarez.—¿Sabe qué puede hacer, mi señor Artacho? Menos bravear y tornarse a llevar la ropa a la posada.

Artacho.—¿Cómo a la posada? ¿Todavía sois necia?

Álvarez.—Por no serlo y esa buena voluntad que me ha mostrado le quiero dar unas muy buenas nuevas.

Artacho.—¿Qué son? ¿Hale venido a Bárbara algún dinero de Indias con este navío de aviso[31]?

Álvarez.—¿Y cómo? Aviso ha sido de que no se case con vuesa merced, y ella lo ha tomado de tal manera que esta es la hora que está ya casada con otro.

Artacho.—¿Burlaisos[32] conmigo? Debéis de querer que se me acabe la paciencia. Acabad de decir adónde porná[33] esta ropa.

Álvarez.—¿Burlaisos? Paréceme que la puede poner en la calle.

Artacho.—¡Mas que si me acabo de rematar[34] que os he de dar cien palos! ¡Hola, Bárbara! ¡Ah, mujer, salí acá!

---

[30] *No asamos y ya empringamos:* «Proverbio: Aún no asamos, ya empringamos; dícese de los que muy antuviados quieren empezar a sacar el fruto de la cosa que aún no está en sazón» (Cov.); «No asamos, y ya empringamos» (Correas, refrán 15688).

[31] *navío de aviso:* «El que se despacha por el Consejo Supremo de Indias con órdenes y despachos del rey para el gobierno de aquellos reinos, y vuelve a España y trae noticias del estado en que se hallan. También se llama así el que viene despachado en derechura por el virrey, y porque llevan y traen noticias y avisos se llaman navíos de aviso u absolutamente avisos» *(Aut.).*

[32] *burlaisos:* 'os burláis'.

[33] *porná:* 'pondrá'.

[34] *Mas que:* 'a que'; *mas que* con valor 'a que...' es usual en el Siglo de Oro: Lope, *Dorotea*, pág. 110: «¿Mas que piensas que te he burlado?», y nota de Morby; *ibíd.*, pág. 312: «¿Mas que si voy por él, que le quito la capa y le hago sentar aquí, aunque le pese?». Véanse A. Lenz, 1929; Templin, 1929; Brooks, 1933; *si me acabo de rematar:* 'si me pone loco, si acaba con mi paciencia'; *rematado:* «Se aplica al que, en cualquier línea, se halla en estado en que no

ÁLVAREZ.—No se quiebre la cabeza y váyase poco a poco, que mi señora está ya casada. No haga algo por donde le pongan por sus bellaquerías de modo de que le dé el aire en todo el cuerpo[35].

ARTACHO.—*[Aparte.]* (Lo mejor será callar, que estas me pueden hacer una mala burla). ¿Dónde está la cadena que di a esa honrada?[36]. ¿Se ha de perder?

ÁLVAREZ.—Eso no le dé pena, que mi señora la traerá en su nombre.

ARTACHO.—¿Y dónde está vuestra señora?[37].

ÁLVAREZ.—En casa de Anamaría.

ARTACHO.—Pues yo iré allá y me dará la cadena, o sobre eso juntaremos el cielo con la tierra[38].

ÁLVAREZ.—Y yo voy a darla aviso de todo.

(Vanse y salen JULIO *y* OCTAVIO.*)*

JULIO.—Torname abrazar, hermano Octavio, que aún no creo que sois vivo. ¿Es pusible que hay hombres que escriban que otros son muertos sin saberlo?

OCTAVIO.—Sabed que quien lo escribió fui yo por ver lo que tenía en Bárbara.

JULIO.—¿Y si, sabida vuestra muerte, se hubiera casado?

---

tiene recurso u modo de salir de él» *(Aut.)*. Comp. Tirso, *El caballero de Gracia*, en *Obras dramáticas completas*, III, pág. 303: «¿Inés, fregoncilla mía? [...] mira que estoy rematado; / háblame, mi corazón!»; *Quijote*, I, 1: «En efeto, rematado ya su juicio, vino a dar en el más estraño pensamiento que jamás dio loco en el mundo».

[35] *que le dé el aire en todo el cuerpo:* a los reos castigados a la vergüenza pública y azotes los paseaban en un burro desnudos de cintura arriba, de modo que les podía dar el aire por todo el cuerpo. Álvarez le amenaza con este peligro si continúa con sus violencias.

[36] *honrada:* 'puta'; «Honrada, se dice de la mujer; pero algunas veces el honrado y honrada se toma en mala parte, según el tono y sonsonete con que se dice» (Cov.).

[37] señoria ms.; Asensio y Blecua corrigen.

[38] *sobre eso:* comp. «Sobre ello nos oirían los sordos; o sobre eso. Es amenaza» (Correas, refrán 21581); «O sobre ello, morena, amenaza en burla; o sobre eso, morena. Entiéndese haré, o aconteceré, si no se hace lo que digo; tómase de amonestación del amigo a su morena» (Correas, refrán 17225).

OCTAVIO.—No me quiere mi Bárbara tan mal que había de hacer una cosa como esa, pues sé yo que es tanta la fuerza de nuestro amor que recelo que la tengo de hallar en algún convento de recoletas.

JULIO.—Vamos, que os he de acompañar hasta vuestra casa, que quiero ver cómo os recibe la señora Bárbara.

OCTAVIO.—Antes que vaya a verla me quiero llegar en casa de Anamaría a saber della cómo está mi Bárbara y cómo ha sentido las nuevas de mi muerte.

JULIO.—Decís bien. Vamos[39], que en todo me quiero hallar.

(Vanse los dos y salen CORNELIO *y* ELVIRA[40] *y los* MÚSICOS, ANAMARÍA, ASCANIO *y* BÁRBARA *que son los novios. Cantan los* MÚSICOS.)

> No desmaya por penas
> ni por desdenes
> esta fe que en el alma,
> señora, tienes.

ASCANIO.—Dulcísima Bárbara, la mía consorta. Vusiñoría se pille aquesti joyel, que lo era portato de Nápoles dedicado a la vostra gracia.

BÁRBARA.—Guárdete Dios mil siglos, Ascanio mío.

CURA.—Gócense los novios largos años, dándoles Dios el deseado fruto de bendición[41].

CORNELIO.—Cierto, mi señora Bárbara, que ha hecho vuesa merced la novia más hermosa y más graciosa que he visto en toda mi vida.

BÁRBARA.—No me puede dar menos favor que ese quien como vuesa merced es la prima[42] de la discreción y gallardía.

---

[39] bamo ms.; Asensio indica *sic* y Blecua corrige.
[40] Así en el ms.; pero Elvira no aparece en el texto.
[41] *fruto de bendición:* «el hijo nacido de legítimo matrimonio. Llámase así por ser fruto del matrimonio, donde se usan las bendiciones de la Iglesia» *(Aut.).*
[42] ques es la prima ms. Las ediciones leen «es la prima». *Ser la prima:* «La prima; es la prima. Dícese de tal o tal ciencia o gracia» (Correas, refrán 12106).

Ascanio.—¡Oh corpo de Dio, en la mía presencia se tirano baricas! No me piache molto.

Cornelio.—Hago lo que debo, como tan criado de vuesa merced, señor Ascanio, y de mi señora Bárbara.

Bárbara.—Estimo esa merced, señor Cornelio.

Ascanio.—¿«Estimo esa merced, señor Cornelio»?[43]. Miño curato, ¿mí no sono maridato con la siora Bárbara?

Cura.—Sí, señor. ¿Por qué lo dice vuesa merced?

Ascanio.—Sinior Cornelio, vádase de la casa mía.

Cornelio.—¿Yo, señor Ascanio? ¿Por qué?

Ascanio.—Porque mí non vollo Cornelio en la mía casa[44].

Cornelio.—Yo he venido aquí a acompañar a vuesa merced en su boda, y no tiene razón.

Ascanio.—No me dica niente, que non vollo Cornelio, juro a Dio.

Bárbara[45].—Sor Cornelio, esto es gusto del novio. Por su vida se vaya vuesa merced y le dé este contento, que otro día estará de diferente humor.

Cornelio.—Baste mandármelo vuesa merced. Yo me iré y yo me entiendo[46].

(Vase.)

Anamaría.—Cierto, señor Ascanio, que no entendí que vuesa merced hiciera tal con Cornelio, porque Cornelio es muy honrado y no merece que le traten ansí.

Ascanio.—Señora Anamaría, vádase de la casa mía.

---

[43] En el ms. se repite esta frase, que acaba de pronunciar Bárbara, atribuida la segunda vez a Ascanio, que mantenemos porque éste lo hace en son de burla. Las ediciones de Asensio y Blecua la suprimen.

[44] *Cornelio:* es fácil el chiste de por qué no quiere a Cornelio en su casa un recién casado. Comp. *Poesía original,* núm. 721, vv. 1-4: «Ansí a solas industriaba, / como un Tácito Cornelio, / a un maridillo flamante / un maridísimo viejo».

[45] Atribuido a Ascanio en el ms.

[46] *yo me entiendo:* adapta frases como «Yo me entiendo. Él se entiende. Cuando no piensa que se entiende o le retraen de algo. Él se entiende; créese del que se entiende» (Correas, refrán 24064).

Cura.—Escombrando va los convidados[47].

Anamaría.—Pues yo, señor Ascanio, ¿cómo o por qué?

Ascanio.—Porque mi non vollo piú de una muller en la casa mía.

Anamaría.—¿Eso merece la que ha hecho lo que yo por vuesa merced?

Ascanio.—No me dica niente[48], vádase de la mía casa.

Cura.—Señora Anamaría, el señor Ascanio está enojado. Por amor de mí que vuesa merced se vaya y le deje.

Anamaría.—Harelo por mandármelo vuesa merced. Yo me iré y yo me entiendo.

(Vase.)

Bárbara.—Señor, no os puedo entender. ¿Desa manera tratáis a Anamaría, que es a quien quiero como a mí misma, y en resolución la tengo por hermana?

Ascanio.—Mi non vollo en la mía casa hermana de la mía mujer.

Bárbara.—Otro día me echaréis a mí.

Ascanio.—Por eso mi son marito. Señores sonatores[49], vádanse de la casa mía.

Cura.—Yo me vengo a quedar solo con los novios.

Músicos.—¿A nosotros, señor Ascanio? Pues ¿quién ha de regocijar la boda?

Ascanio.—En la mia boda mí non vollo altro rigucijo e alegrece de la mía consorta.

Músicos.—Si ese es su gusto, adiós, que ya nos vamos.

(Vanse los Músicos.*)*

Cura.—Por cierto, señor Ascanio, vuesa merced ha hecho muy discretamente, porque en las bodas y convites no ha de

---

[47] *escombrar:* «Desembarazar, desocupar, quitar de delante, cuasi desumbrar, quitar sombra; porque todo cuerpo opaco hace sombra, y desocupando cualquier lugar de lo que está en él, queda con menos sombra y más claridad. Escombrado, lo que está limpio y desembarazado» (Cov.).

[48] miente ms.; Asensio y Blecua «niente».

[49] *sonatores:* 'músicos'.

haber sino pocos y bien avenidos[50]. Nosotros comeremos como padres y hijos.

Ascanio.—¿Cómo comeremos? Juradio que no le faga astío. Señore cura, vádase de la casa mía.

Cura.—¿Yo, señor Ascanio? Pues ¿por qué?

Ascanio.—Porque lo señore cura parece muito bene en la su eclesia, e mí non vollo cura en la casa mía.

Cura.—Si ese es su gusto de vuesa merced no le quiero replicar. Quédese con Dios y vuesa merced me mande, mi seora Bárbara.

Bárbara.—Vuesa merced perdone, que no sé lo que diga de la sinrazón deste hombre.

(Vase el Cura.)

Vení acá, señor ¿qué os ha movido hacer lo que habéis hecho?

Ascanio.—¿Non pude que mi sun maridado con ti e ti con mí? Non vollo hóspedes en la casa mía.

(Entra Anamaría.)

Anamaría.—Bárbara, dadme albricias. Octavio vuestro marido está en esta tierra.

Bárbara.—¡Jesús, hermana! ¿Cómo puede ser, que tengo carta de su muerte?

Anamaría.—Ea, fue fingida. Él, en efeto, ha resucitado y viene ahí con una camarada[51] de amigos.

Bárbara.—Venga mil veces enhorabuena, que también he resucitado yo en saber que he salido del poder deste figonazo[52].

---

[50] *pocos y bien avenidos:* adapta frases como «Compañía de malos vecinos, pocos y mal avenidos» (Correas, refrán 5271); «Tres vecinos y mal avenidos» (Correas, refrán 22885).

[51] *camarada:* «Se toma también por la misma compañía y los que la componen o constituyen» *(Aut.).*

[52] *figonazo:* comp. Cov.: «Por alusión y similitud llaman los latinos higos a las almorranas, y ficosos a los que tienen esta enfermedad. Ordinariamente proviene de causa natural y malos humores del cuerpo, y en tal caso no es

(Entran OCTAVIO *y* JULIO *y* ARTACHO *embozado, y cantando la música.)*

MÚSICOS.—Vente a mí, casadilla hermosa[53],
   vente a mí, que primero fui.
OCTAVIO.—Tú sola eres la esperanza
   del puerto de mi deseo.
BÁRBARA.—¡Oh mi Octavio!, que te veo,
   gran dicha mi alma alcanza.
OCTAVIO.—Aunque en ti hallo mudanza,
   te traigo una fe guardada
   en plata fina empastada
   y en oro del Potosí[54].
MÚSICOS.—Vente a mí, casadilla hermosa,
   vente a mí que primero fui.
OCTAVIO.—Vente a mí que soy tu esposo
   y tu amor primero soy.
BÁRBARA.—A ti, mi Octavio, me voy
   dejando al figón[55] celoso.

---

afrentosa, aunque es trabajosa y asquerosa; pero dicen suele recrecerse a los pacientes abominables del pecado nefando. [...] De lo dicho se entenderá lo que significará esta palabra figón, cuando por afrenta dicen a uno: Sois un figón».

[53] *Vente a mí:* expresión que aparece en distintas variantes de una cancioncilla en que se incita a un toro (véase Frenk, 1987, núms. 2178C y 2179): «Ucho ho, torillo hosquillo, / toro hosco, vente a mí, / vente a mí que aquí te espero», «Uchoó, torillo, torillejo, / uchoó, que va corrido». Véase Quiñones, *Jocoseria, El Tiempo,* vv. 48-53: «Vente a mí, presumida mozuela, / poca edad, y vente a mí; / vente a mí, que aquí te espero. / ¡Huchohó! que te llama el dinero, / gustos y galas de mil en mil. / Vente a mí, vente a mí».

[54] *Potosí:* Potosí, en la actual Bolivia, es mención muy reiterada a propósito de las riquezas de las Indias, por sus famosas minas: solo en *Poesía original,* núm. 75, v. 3: «no pudo el Potosí guardar la plata»; núm. 145, vv. 124-25: «Juntas grande tesoro, / y en Potosí y en Lima»; núm. 651, vv. 62-63: «mas su mujer de hilar trata / el cerro de Potosí»; núm. 749, vv. 13-16: «doncellas que en un instante, / hilarán a su candil / con su huso y su costumbre, / el cerro de Potosí»; núm. 853, vv. 59-60: «y con la plata del cuello / daré al Potosí limosna».

[55] fixon ms., como transcribe Asensio; Blecua «fijón». Enmendamos por coherencia con «figonazo» de más arriba, y el sentido. Tanto Asensio como Blecua leen «el»; en el ms. «al».

Artacho.—Y aqueste es cuento donoso
 y mi cadena no viene.
Bárbara[56].—Otra cadena me tiene
 atada y rendida aquí.
Músicos.—Vente a mí, casadilla hermosa,
 vente a mí que primero fui.
Ascanio.—Per Dio vero, que me ha bandonato la mía consorte. Oh despeto, ela fato dela potranería.
Artacho.—Señora Bárbara, bastan las burlas de antaño. Deme la cadena si no quiere que suelte la maldita[57] y gomite lo que nunca pensé.
Bárbara.—Mejor será que se dé cuatro puntos en la boca si no quiere que despliegue al mundo su vida y milagros.
Artacho.—Con aquesto me tapa la boca.
Ascanio.—Mi sor españoli, a gabato a visiñoría la señora Bárbara.
Artacho.—Dos veces me ha engañado y me engañará ciento.
Ascanio.—Lo medesimo[58] ha fato a me dui voltas, mai[59] mi faró qui se recorda di me pir tuta la vita sua.
Anamaría.—Ah, mi sior Ascanio, vádase de la casa mía.
Ascanio.—Juro a Dio, que di tuti son bandonato.
Artacho.—Pues tan desgraciado fin
 tuvo todo mi querer,
 hermano de Antón Martín[60].

---

[56] Atribuido a Hartacho en el ms.
[57] *soltar la maldita:* 'la lengua'; «Soltar la maldita. Por la lengua; hablando mucho» (Correas, refrán 21651).
[58] comodesimo ms.
[59] may ms.; las ediciones leen «mas».
[60] Antes de este verso falta uno; Asensio propone: «desde hoy me quiero hacer»; Blecua: «tendré que volver a ser»; *Antón Martín:* hospital donde se curaban los bubosos, enfermos sifilíticos o del mal francés; comp. Quevedo, *Poesía original*, núms. 712, vv. 21-24: «Más preciado de la llaga / que pobre demandador, / pues requebrar con el asco / es para Martín Antón»; 749, vv. 97-98: «Franceses son por la vida / mis huesos de Antón Martín»; 791, vv. 73-76: «Envíanla a Antón Martín, / donde yace y donde creo / que purga la humana escoria / en una fragua de lienzo».

OCTAVIO.—Y yo con mi serafín
 echaré a mi amor el sello[61].
BÁRBARA.—Y vos, marido, sin sello[62],
 haceldo también asín[63].
MÚSICOS.—Vente a mí, casadilla hermosa,
 vente a mí que primero fui.

(Con esto se da fin al segundo entremés.)

---

[61] *echaré el sello:* «Echar el sello. Confirmar y concluir de acabar una cosa» (Correas, refrán 7758).
[62] serlo ms.; enmendamos por la rima.
[63] ansi ms.; enmendamos por la rima.

Entremés de Diego Moreno

PARTE PRIMERA

FIGURAS

DIEGO MORENO Y UN CAPITÁN
GUTIÉRREZ Y EL DOCTOR
LICENCIADO ORTEGA Y DON BELTRÁN
DOÑA JUSTA

Sale DON BELTRÁN *de negro, y el* CAPITÁN *de color, con plumas y cadena, cintillo y banda y sortija*[1].

DON BELTRÁN.—No trae vuesa merced bien los dedos[2], señor capitán. Traer menos galas y dar más galas, que en la

---

[1] *plumas, cadena, cintillo, banda, sortija:* es bien sabida la brillantez indumentaria que caracterizaba a los soldados en el Siglo de Oro. En una época con numerosas leyes antilujo, los soldados tenían derecho a las plumas y otras vistosidades: recuérdese la descripción de Vicente de la Rosa en el *Quijote* (I, 51): «volvió el mozo [...] vestido a la soldadesca, pintado con mil colores, lleno de mil dijes de cristal y sutiles cadenas de acero. Hoy se ponía una gala y mañana otra». Comp. Pineda, *Diálogos*, 1963, II, pág. 177: «nos las pintan con crestas, porque las crestas son insignias belicosas [...] y los que presumen de muy bravos guerreros traen penachos o plumajes (que es todo uno), y Homero pinta muy empenachados a los valientes guerreros». El cintillo es el adorno del sombrero, que a menudo se ilustraba con piedras preciosas o cosa que lo pareciera.

[2] *traer bien los dedos:* parece expresión semejante a «poner bien los dedos» en el instrumento 'tocarlo con habilidad y destreza', *(Aut.)* y por extensión, 'manejar bien un asunto'.

corte el soldado[3] que se quiere holgar [...] aunque venga más emplumado que un buboso. No conoce vuesa merced bien la gentecita[4]: úsanse hembras tomajonas[5], mujeres de uña como sortijas[6], y damas barberas que sirven de rapar.

CAPITÁN.—Bien conozco la gente, señor don Beltrán, y sé[7] que en paseando sin dar envían a pasear[8]. Fuera de que he gastado mucha hacienda en este mundo, haya a quien dar y verá vuesa merced.

---

[3] Asensio propone suprimir la conjunción y leer «el soldado se quiere holgar», lectura que acepta Blecua, creyendo eliminar un anacoluto. Pero el sentido y la sintaxis siguen malos: ¿se quiere holgar aunque venga más emplumado que un buboso? ¿Qué tiene que ver una cosa con la otra? Nos inclinamos a pensar que falta alguna línea donde se dijera algo así como «el soldado que se quiere holgar tiene que dar dineros y no plumas, y si no da dinero no tiene nada que hacer aunque traiga más plumas que un buboso». Y no alcanzamos el sentido de este emplumamiento del buboso. Nos parece que este pasaje está corrompido en la transmisión.

[4] *la gentecita:* en general 'no conoce la gentuza que hay en la corte'. Como es habitual, el diminutivo tiene valor despectivo.

[5] *tomajonas:* que toman, que buscan sacar el dinero a los hombres. Es figura favorita de la poesía satírica quevediana. Comp. *Poesía original,* núm. 710, en que procura introducir la doctrina del no dar a las mujeres, vv. 37-41: «Y si de vos se riere / todo el bando tomajón, / dadme, y dejadlas que digan, / pues que dijeron de Dios».

[6] *mujeres de uña como sortijas:* la uña es símbolo habitual del robo y alude a las mujeres tomajonas y rapiñadoras; juega luego con la alusión a la uña de la gran bestia, que se creía de propiedades curativas, y se colocaba en sortijas. La uña de la gran bestia era la pezuña del alce, que se consideraba medicinal para la gota coral o ataques de epilepsia y de corazón. Comp. Quiñones, *Los alcaldes encontrados,* 4, *Colección,* II, pág. 674 y *Estebanillo,* II, págs. 231-232: «Diole a su Majestad deseo de ir a caza de las grandes bestias que tienen virtud en la uña del pie izquierdo», con erudita nota de Carreira y Cid, que citan al P. Pedro Cubero: «la particular virtud está en las puntas de la uña del pie derecho, aunque en todo lo demás de las uñas dicen tener virtud». Véase también, *Viaje de Turquía,* pág. 476: «¿Las sortijas de uña de la gran bestia, me decís? La más probada cosa que en la gota coral se hace son, como sean verdaderas»; Torquemada, *Jardín de flores curiosas,* pág. 460: «en las uñas no dejan de tener virtud, porque también dicen que aprovechan para la epilepsia o gota coral».

[7] y se y se ms.; enmendamos; también corrigen Asensio y Blecua.

[8] *en paseando sin dar envían a pasear:* juego de antanaclasis: 'si una galán pasea —corteja paseando su calle y acudiendo a su ventana— a una dama, pero no le da dinero o regalos, la dama lo envía a paseo, lo despide'. Comp. algunas fórmulas paremiológicas: «Los que amores han, en andar se conocen y en pasear» (Correas, refrán 12941); «Enviarle a pasear. Por despedir con desdén» (Correas, refrán 9215).

Don Beltrán.—No se engañe[9], que hasta puñetes[10] toman por tomar y gustar de que gasten con ellas, aunque sea prosa, cuanto más dineros; que hay mujer tan amiga de plata que, en saliendo, toma píldoras solo porque ve la tienen[11]. Más hay[12]: que no mirarán si[13] vuesa merced trae buen vestido, que juzgan más del que está desnudo a puro dar. Cada una tiene un discreto[14], un valiente[15] a quien teme, un poderoso[16] a quien respeta, un pícaro a quien manda, un avariento a quien quita, un ginovés[17] a quien pide, un necio a quien

---

[9] *engañen* ms., lectura que aceptan Asensio y Blecua y que nos parece errada. Interpretamos que se dirige al capitán.
[10] *puñetes:* puñetazos.
[11] *píldoras:* era usual cubrir las píldoras con plata u oro. Comp. Correas: «Si la píldora bien supiera, no la doraran por de fuera» (Correas, refrán 21147); Quevedo, *Poesía original*, núm. 639, vv. 373-375: «Muéstrasmela vestida de oro puro, / y como he visto píldoras doradas, / en ella temo bien lo amargo y duro». No vemos si hay algún detalle de interés en la precisión «en saliendo», que no entendemos bien. ¿Por qué en saliendo? ¿En saliendo a la calle a dejarse cortejar por los galanes? ¿Hay corrupción textual?
[12] *Más hay:* este pasaje admite varias posibilidades. Nos inclinamos por interpretarlo como una afirmación ponderativa de la corrupción de las pidonas: 'todavía hay más: estas mujeres de la corte no considerarán el buen vestido que traiga, sino que lo preferirán desnudo si ha llegado a esa situación a fuerza de darles dinero o regalos'. En la lectura de Asensio «Más ay que no mirarán...» ('hay más mujeres que no mirarán... que otras que sí tendrían esa preocupación de la buena apariencia', pero no aparece este otro término de comparación en el texto); y en Blecua «Mas hay que...» con partícula adversativa que nos parece poco probable.
[13] *miraron esi* ms.; corrigen Asensio y Blecua.
[14] Debe de faltar algo: de todos los demás de la serie saca su beneficio la pidona. ¿Para qué le sirve el discreto? Debería ser: «Cada una tiene un discreto a quien engaña...», o lo que sea que le haga al tal discreto.
[15] *valiente:* en el sentido de rufián, valentón, con connotaciones de germanía. Comp. Quevedo, *Poesía original*, núm. 865, vv. 1-4: «Todo se lo muque el tiempo, / los años todo lo mascan, / poco duran los valientes, / mucho el verdugo los gasta»; y vv. 86-87: «Francisco López Labada, / valiente de hurgón y tajos»; *Sueños*, pág. 403: «en viendo entrar en mi casa poetas decía "¡malo!", y en viendo salir ginoveses decía "¡bueno!"; si vía con mi mujer galancetes decía "¡malo!"; si vía mercaderes decía "¡bueno!"; si topaba en mi escalera valientes decía "¡remalo!"».
[16] *a vn poderoso* ms.; Asensio y Blecua enmiendan.
[17] *ginovés:* los genoveses eran los banqueros de la corona en tiempo de los Austrias menores y son personajes favoritos, por tanto, de las pidonas. De los genoveses hay abundantes testimonios satíricos: en Quevedo ver, por

engaña, un bellaco a quien entretiene, un querido a quien sustenta de lo que pela a todos. Y tras esto quieren paje que las obedezca, escudero que las acompañe, coche[18] que las lleve, mercader que las vista, poeta que las celebre, soldado que las pasee. Y ansí lo hace doña Justa, la que he dicho a vuesa merced.

CAPITÁN.—¿Y que talle tiene?

DON BELTRÁN.—¿Cómo qué talle? Talle tiene de no dejar a vuesa merced con blanca en un hora. Linda mujer, unos ojos rasgados, negros... de los dineros[19] que alcanza a ver; tanta boquita, pero pide con ella como si tuviese boca[20].

---

ejemplo, *Buscón,* pág. 130: «Topamos con un ginovés, digo con uno destos antecristos de las monedas de España»; *Poesía original,* núms. 654, vv. 37-44: «Más vale para la rueda / que mueve los intereses, / el bajar los ginoveses / que no subir la moneda. / No se siente, estese queda, / que en los asientos que ve / su caudal estará en pie / y el nuestro se sentará»; 660, vv. 11-14: el dinero «Nace en las Indias honrado, / donde el mundo le acompaña, / viene a morir en España, / y es en Génova enterrado»; o Suárez de Figueroa, *Pasajero,* I, pág. 81; Gracián, *Criticón,* I, págs. 214, 298, 378; II, págs. 107, 111, 247; Herrero, 1966, págs. 325-369; Pike, 1963.

[18] *coche:* la afición a los coches es motivo satírico constante en el Siglo de Oro y en particular en Quevedo. Comp. *Sueños,* pág. 181: «espantado de que mujer se fuese al infierno sin silla o coche, busqué un escribano que me diera fe dello»; *Poesía original,* núm. 582: «Buscona que busca coche para el Sotillo»; núm. 770: «Sátira a los coches»; véase el entremés de Barrionuevo, *El triunfo de los coches* (hacia 1611) o *Los coches,* de Quiñones de Benavente: «¿Coche sonome? —¡Coche!, ¡gran vocablo! / —¡Coche!, ¡sabroso embuste! —Dulce hechizo» *(Colección,* II, pág. 654); *La dueña,* vv. 38-42: «*Bernardo.*— Yo doy músicas y versos. / *Viejo.*—Yo coches y faldellines. / *La dueña al paño / Dueña.*—A lo postrero me atengo. / Más vale un coche quebrado / que un romance sano y bueno».

[19] *negros...:* dilogía: los ojos son negros; pero el calificativo se aplica, con la entonación adecuada, a los dineros: «Negro y negra. Se juntan a muchas cosas para denotar en ellas afán y trabajo, y hacen una graciosa frase: este negro comer; negro casamiento él hizo; esta negra honrilla nos obliga a todo» (Correas, refrán 15249): los dineros que alcanzan a ver los ojos de doña Justa son «negros» 'desgraciados'.

[20] La adversación no parece muy ingeniosa 'tiene boca pequeña pero pide por ella como si tuviera boca (grande se supone)': creemos que hay deturpación del texto y el copista no ha prestado atención a algún juego de palabras no transcrito correctamente. Ahora bien, en lengua de germanía, *boca* es 'el real, campo grande donde está acampado un ejército', y la adversación podría ser con este significado de boca.

Capitán.—¿Qué hace vuesa merced de repetir que pide? ¡Eso es bueno[21] para mí que no estimo el dinero en lo que piso![22]. Conténteme ella y verá si la descontento. ¿Tiene buenas manos? Que hay mujer que las tiene como la nieve.

Don Beltrán.—Es hecha a su gusto, que a puro tomar blancas tiene las manos blancas[23]. Toda ella es como una nieve, porque no llega a hombre que no le deja frío. Vamos allá y advierta vuesa merced que todos los requiebros de «mi vida», «mi ángel», «mi cielo», «mi luz», «mi contento» se encierran en dos, que son: «toma, mi vida» y «darete, amores»[24].

Capitán.—Cosas son estas de que yo gusto más de cortarme las uñas. ¿Es casada?

Don Beltrán.—Casada es, y así fuera yo cual es su marido.

Capitán.—En siendo casada es para mí un infierno. Bonito soy yo para oír «¡Que viene mi marido!», «¡Ay!, ¿quién llama?», «¡Vete presto, es un demonio!», «¡Bonita es su condición; es más celoso que otro tanto!», «No te vea entrar», «Recátate al salir», «¿Qué dirán, qué dirán los vecinos?»... No

---

[21] *eso es bueno para mí:* interpretamos como frasecilla irónica; 'no me importa'; comp. Correas: «¡Qué bueno era eso para mi humor! o ¡qué bonito es eso para mi humor!» (Correas, refrán 19323): el capitán vendría a decir que las observaciones de don Beltrán no hacen al caso.

[22] *en lo que piso:* véase Correas, «En cosas que se desestiman: no daría por él lo que piso» (Correas, refrán 15781); «No se me da lo que piso» (Correas, refrán 16773).

[23] *blancas:* juego con los significados de blanca, color apreciado de las manos, y moneda. Es hecha a gusto del capitán no solo porque este aprecia las manos blancas, sino porque se muestra proclive a soltar el dinero y dando blancas blanqueará las manos de Justa. Un juego parecido en Quevedo, *Poesía original*, núm. 726, vv. 21-24: «Tendrás muy hermosas manos, / si dieres mucho con ellas, / blancas son las que dan blancas, / largas las que nada niegan».

[24] Todos los requiebros que el galán dirige a la pidona pueden encerrarse en dos (alusión irreverente a los diez mandamientos que se encierran en dos): 'toma' y 'darete'. Las expresiones «mi vida», «amores» son vocablos cariñosos que el galán dirige a la damisela en este caso. Pero las importantes para Justa son las relativas al dar, que hacen innecesarios otros requiebros como «mi vida», «mi ángel», etc.

quiero placeres penados[25], sino cosa tan ancha que me la calce sin calzador.

Don Beltrán.—¿Dice vuesa merced? No debe de conocer a Diego Moreno, que es su marido el hombre más cabal[26]. Bueno es eso para mí. El otro que en su vida dio[27] pesadumbre a una mosca. No hay tratar deso, que Diego Moreno no es de los hombres de agora.

Capitán.—Bien estoy con eso. Pero entra y veme con su mujer y hételo el pelotero.

Don Beltrán.—Que ni entra, ni ve... Bonito es el otro para pensar mal de nadie. Fuera de que siempre que entra en casa es como el rayo con trueno, haciendo ruido primero desde una legua[28]. Vamos allá, que por acompa-

---

[25] Pendos ms.; corrigen Asensio y Blecua. *Penado*: «vaso, copa o taza que da la bebida con dificultad o escasez, y por extensión se dice de otras cosas» *(Aut.)*. Para entender la alusión completa hay que recordar que *calzar, calzarse*, en lenguaje marginal, significa 'copular, ejercer el acto sexual'. Comp. los testimonios de *Poesía erótica*, lugares indicados en el vocabulario, especialmente el poema 76, o el citado en la nota al v. 37, pág. 132 de esa antología: «No me quejo, Gila, yo / de que me hayas olvidado, / sino de haberme calzado / zapato que otro dejó [...] Mudándolo en varias formas / vendes a escondido rato / el desbocado zapato / cursado de tres mil hormas»; Enríquez Gómez, *Siglo pitagórico*, pág. 163: «¿Holgarse sin matrimonio? Está engañado; no merece descalzar a doña Ángela, cuanto y más calzalla»; *Estebanillo*, I, págs. 212-213: «Tenía cada noche mi amo mil cuestiones con ella sobre que yo la descalzaba, por presumirse que no era yo eunuco, y por verme algo bonitillo de cara y no tan muchacho que no pudiera antes calzar que descalzar».

[26] Todo el pasaje que empieza aquí parece deturpado: «Bueno es eso para mí» no se ve qué función tiene en el contexto y la sintaxis «El otro...» (que se refiere a Diego Moreno) no se ve tampoco bien, aunque luego se vuelve a referir a él con la misma expresión. Hay también demasiada reiteración de *eso*: *bueno es eso, tratar deso, estoy con eso*... que parece un estilo poco elaborado o estropeado por el copista.

[27] me dio ms.; corrigen Asensio y Blecua.

[28] Es una técnica propia del cornudo consentido, para evitar situaciones incómodas que puedan perjudicar a su negocio, guardando de este modo las apariencias. Comp. *Sueños*, pág. 501: «mírale por debajo de la cuerda encarecer con sus desabrimientos los encierros de su mujer. Mírale amodorrido con una promesa, y los negocios que se le ofrecen cuando le ofrecen, cómo vuelve a su casa con un esquilón por tos, tan sonora que se oye a seis calles»; *Poesía original*, núm. 760, vv. 65-66: «¿Abro puerta sin toser / y sin decir "Yo soy c'abro"?».

ñar a vuesa merced, dejo yo de ir a ver las paredes de Aminta[29].

CAPITÁN.—Vamos, no entienda que lo dejo de medroso o de miserable.

> (*Vanse, y sale*[30] *doña* JUSTA *y* GUTIÉRREZ.)[31] *[También sale enseguida* DIEGO MORENO*].*

JUSTA.—¡Desdichada de mí, Gutiérrez, que ha topado Diego Moreno con la espada y el broquel[32] que se dejó anoche acá el licenciado. ¿Qué haremos?

GUTIÉRREZ.—¿Cómo qué? Hacelle creer que es suya. Aunque, si no, calle vuesa merced y verá cómo hago la deshecha[33].

DIEGO.—¿Paréceos bien esto, Justa?[34].

JUSTA.—*[Aparte, a* GUTIÉRREZ.] ¡Cierra con él y abrázale![35]

GUTIÉRREZ.—¡Ay, señor, tente por Dios! ¿Has tenido pesadumbre? ¿Con quién vas a reñir? *[A Justa.]* (Finja vuesa merced apriesa).

---

[29] *las paredes de Aminta:* pondera su amistad; por acompañarlo deja de ir a cortejar a su dama, a quien le atribuye el nombre poético, muy frecuente en la poesía áurea, de Aminta. El nombre aparece, por ejemplo, en numerosos poemas de Quevedo: *Poesía original,* núms. 305, 308, 312, 343, etc. Véase Fernández Mosquera y Azaústre, 1993.

[30] *sale:* en las acotaciones teatrales es muy usual la forma singular aunque se refiera a varios personajes.

[31] *Gutié*rrez: es nombre usualmente atribuido a dueñas, como Rodríguez —la famosa del *Quijote*— y otros semejantes.

[32] *broquel:* 'broquel, escudo redondo, arma defensiva típica de los que salen por la noche'. Comp. *Poesía original,* núm. 858, vv. 141-144: «cuando se vieron cercados / de alguaciles y corchetes, / de plumas y de tinteros, / de espadas y de broqueles».

[33] *la deshecha:* «Disimulo, fingimiento y arte con que se finge y disfraza alguna cosa» *(Aut.);* «hacer la deshecha» es frase recogida por Correas, «Hacer la deshecha. Cuando por notar algo, se intenta hacer cosa diferente» (Correas, refrán 10753).

[34] Falta la acotación que da entrada a Diego Moreno, que hemos señalado entre corchetes.

[35] *cierra:* «Cerrar con alguno. Metafóricamente, arremeter con denuedo y furia una persona a otra o a muchas» *(Aut.):* Justa quiere que Gutiérrez detenga la reacción de Diego, al haber encontrado este una espada y broquel ajenos en su casa.

JUSTA.—¡Diego hermano, amigo, marido, regalo! ¿Vos armado? ¿Vos con broquel? ¿Con quién ha sido el enojo? Reportaos. ¡Ay Jesús, que estoy preñada y malpariré! *[Aparte a* GUTIÉRREZ.*]* (¿No embusto bien, Gutiérrez?)

DIEGO.—¡Bueno en verdad! ¿No me queréis entender, doña Justa? Pues, ¡por vida de mi madre, que no ha de pasar esto ansí!

GUTIÉRREZ.—¡Ay qué juramento, amo mío, dueño mío! Repórtese, que tiene qué perder. Ya está quitada. Vaya vuesa merced y reporte a los que le aguardan. ¡Noramala sea, escupa bellacos[36]!

JUSTA.—¡No puedo de ansia! Tenelde, Gutiérrez, que estoy preñada y malpariré.

DIEGO.—¡Que no voy a reñir[37] con nadie!

GUTIÉRREZ.—Más vale ansí, hijo. ¡Ay Jesús, y qué tal eres enojado!

JUSTA.—¡Dios me libre, mal lograda de mí! Si riñeras y te mataran, ¿qué habría de hacer la pobre viuda de Diego Moreno? Que estoy preñada y malpariré.

GUTIÉRREZ.—No lo diga vuesa merced, que aun burlando suena mal. Dios me le guarde a mi Diego Moreno, que calla lo malo y dice lo bueno[38].

---

[36] *escupa bellacos:* no aclaramos exactamente el sentido; escupir es signo de desprecio; puede significar que escupa a los supuestos bellacos que han causado el enfado de Diego, pero puede dirigirse a Justa o al mismo Diego. Algunas frases o refranes se refieren a este significado del escupir: «Escúpote por que no me escupas. Ganar por la mano, adelantarse y prevenir el daño que otro puede hacer; dicen esto los muchachos encontrando con algún sapo o escuerzo, creyendo que haciéndolo así quedan libres de que los sapos los escupan a ellos y los dañen» (Correas, refrán 9605); «Escupir se usa oyendo nombrar diablo, demonio, cosa infernal» (Correas, refrán 9603).

[37] rrenir ms.; corrigen Asensio y Blecua.

[38] *Dios me le guarde...:* adaptación de una muletilla popular, estribillo de una vieja cancioncilla que se aplicó al personajillo folclórico de Diego Moreno. Comp. Quevedo, *Sueños,* pág. 403: «Mi mujer era una picaronaza, y ella me disfamaba, porque dio en decir "Dios me le guarde al mi Diego Moreno, que nunca me dijo malo ni bueno", y miente la bellaca, que yo dije malo y bueno ducientas veces. Y si está el remedio en eso, a los cabronazos que hay agora en el mundo decildes que se anden diciendo malo y bueno a sus mujeres, a ver si les desmocharán las testas y si podrán restañar el flujo del hueso. Lo otro, yo dicen que no dije malo ni bueno; y es tan al revés, que en viendo

Diego.—Por esta cruz[39], que lo hacía adrede.

Justa.—¡Así, otro juramento! ¡Ese vicio le faltaba agora! «Por esta cruz», agora y «por vida de mi madre», denantes... No hay carretero como él[40].

Gutiérrez.—Es un desalmado. Las carnes me tiemblan en oírle.

Diego.—Esta espada y este broquel no son míos. Yo los hallé a la cabecera de mi cama. Esto es inconviniente a la honra de los Morenos.

Justa.—¿Qué hay ahora?[41]. ¿Celitos son, Diego? Debéis de querer que yo os desenoje y os haga amores. Antes os sequéis que tal haga. ¡La espada dice que no es suya, Gutiérrez!

Gutiérrez.—Dícelo burlando, que ya sabe que solía estar colgada en el aposento de la ropa sobre la rima[42] de los colchones.

Diego.—¿Y lo jurará[43], Gutiérrez?

Gutiérrez.—Y lo jurará Gutiérrez.

Diego.—Juráralo yo, Gutiérrez[44]... ¿El broquel diréis que es mío?

---

entrar en mi casa poetas decía "¡malo!", y en viendo salir ginoveses decía "¡bueno!"; si vía con mi mujer galancetes decía "¡malo!"; si vía mercaderes decía "¡bueno!"; si topaba en mi escalera valientes decía "¡remalo!"; si encontraba obligados y tratantes decía "¡rebueno!". ¿Pues qué más bueno y malo había de decir?»; se repetirá en otras ocasiones en estos entremeses de Diego Moreno.

[39] *esta cruz:* la hace con los dedos. Quiere decir que viene en serio, que no bromea, que habla con intención deliberada (véase *adrede* en *Aut.*).

[40] *carretero:* era proverbial la afición de los carreteros a los juramentos: «Echa mantas como un carretero. Para decir que jura mucho» (Correas, refrán 7692); «Jura como carretero y renegado» (Correas, refrán 11899). Todo es burla, porque los juramentos de Diego Moreno son bastante moderados.

[41] cropa ms. Según Asensio «aopa»; Blecua enmienda «ahora».

[42] *rima:* conjunto de cosas puestas en orden, unas sobre otras *(Aut.);* arrimar «Es llegar una cosa a otra. [...] Y cuando arrimamos unas cosas a otras las componemos, y de aquí se dijo rima de colchones y de otras cosas, porque allí están todas compuestas y apañadas» (Cov.).

[43] yo lo jurara ms. Asensio transcribe «ya» que enmienda en «y» (enmienda igual Blecua). La enmienda se confirma con el resto de las repeticiones de la muletilla. Diego se dirige a Gutiérrez, con ironía.

[44] *Juráralo yo...:* pero ¿qué es lo que juraría Diego? Creemos que sigue el floreo verbal irónico: 'yo (Diego) juraría que Gutiérrez sería capaz de jurar cualquier cosa'. Examinado el asunto de la espada, pasa Diego a tratar del broquel.

JUSTA.—Pues ¿cúyo habrá de ser? Dejadme, mal hombre, que después que entré en vuestro poder estoy flaca[45] y no tengo hora de salud. Dejadme, que estoy preñada y malpariré.

GUTIÉRREZ.—Dos días ha que me riñó vuesa merced porque topó con él en la tinaja[46], diciendo que había sido de su padre.

DIEGO.—¿Yo?

GUTIÉRREZ.—Vuesa merced.

DIEGO.—¿Y lo jurará, Gutiérrez?

GUTIÉRREZ.—Y lo jurará Gutiérrez. Pues a fe que no estoy loca ni falta[47] de memoria. Abrir el ojo, que asan carne[48].

DIEGO.—Harto abierto le tengo, que si no me le rasgo no le puedo abrir.

JUSTA.—Yo callo, porque, si hablo, ha de ser para tratallo como él merece. ¡Mal haya quien con él me juntó, mal haya y remal haya!

GUTIÉRREZ.—Amén, amén y reamén.

DIEGO.—Y el que me juntó con vos ¿merece bendiciones, Justa? ¿Habéisme sabido dar una hora de contento, Justa? Que me habéis cogido, Justa...[49].

JUSTA.—Malos años para vos, Diego[50]. Tomad, tomad[51]. ¿Soñolo vuestro linaje? ¿No he hecho harto en sufriros, Diego? El cura cuando nos casó, Diego, me dijo que me daba marido que amase y no pícaro que cosiese, Diego.

---

[45] *flaca*: enferma. «Flaco Lo que está débil y con poca fuerza» (Cov.).

[46] *en la tinaja:* es una broma ridiculizadora de Gutiérrez; el broquel, de forma redonda, se ha degradado a tapadera de tinaja.

[47] loco ni falta ms.; corrigen Asensio y Blecua.

[48] *abrir el ojo, que asan carne:* refrán que seguramente acompaña Gutiérrez con un gesto burlón, tirando del párpado con el dedo: «Abrir el ojo, que asan carne» (Correas, refrán 1168); «Abrir el ojo, que asan carne. Tirando el párpado con la mano o dedo» (Correas, refrán 1169); «Abrir el ojo, que carne asan» (Correas, refrán 1170).

[49] No sabemos qué iría a decir Diego aquí; puede que haya deturpación o solamente el estilo de la discusión en la que uno interrumpe al otro.

[50] *Malos años:* maldición usual; «Mal año, y mal para vos» (Correas, refrán 13208).

[51] *Tomad, tomad:* «Toma o tome. Voces del verbo tomar que se usan por modo de interjección, para significar la extrañeza que hace alguna especie» *(Aut.).*

DIEGO.—También dijo el cura, Justa, que me daba justa esposa, y no[52] batalla justa, y pecadora justa.

GUTIÉRREZ.—No juste tanto, Diego.

DIEGO.—Esto tengo malo, que enojándose ella, me ablando yo. Deje el manto[53], que yo he hablado colérico. Estas son cosas de casa y no es bien dar que mormurar. Haya recato de aquí adelante, que la espada y el broquel deben de ser míos, que yo no me acuerdo.

JUSTA.—¿Cómo que «no me acuerdo»? Pues hase de acordar luego al punto, Diego.

DIEGO.—Ah, sí, ya me acuerdo, mías son las armas. ¡Jesús y qué flaqueza de memoria! *[Aparte.]* (Miento en conciencia, que de miedo lo hago). Ea, háganse las paces, abrázame.

GUTIÉRREZ.—*[Aparte]*[54]. (¿De qué han servido tantos juramentos, borrego?)

JUSTA.—Eso cheriba yo agora[55], pero al fin eres mi dueño. *[Aparte.]* (¿Y irá contento el descaradazo?)

DIEGO.—Yo me voy a cobrar unos dineros y no volveré hasta la noche. Tengan cuenta con la casa, y adiós.

(Vase.)

---

[52] Añadimos esta negación que parece necesaria, y que no traen Asensio ni Blecua. La repetición de *justa* puede jugar con el sentido de nombre propio (vocativos con los que hace eco a las reiteraciones que Justa ha hecho, con retintín, del nombre de Diego) y el adjetivo aplicado irónicamente. Mantenemos la minúscula para permitir la lectura dilógica.

[53] *manto*: Justa hace gesto de coger el manto para irse de casa, enojada por la actitud de Diego.

[54] Podría decírselo a la cara, pero el contexto y el juego escénico parece requerir el aparte.

[55] Pio cheriua ms., como transcribe Asensio; Blecua «Pío cheriba». Interpretamos como antífrasis: 'Eso quería yo hacer ahora... pero'; «cheriva» 'quería' es un remedo caricaturesco de la pronunciación afectada infantil de las damiselas melindrosas. Comp. Quevedo, *Entremés del niño y Peralvillo de Madrid*: «¿Para qué chero yo esta campanilla?... No cheriba... Cheriba yo saber...» en boca del niño; Tirso de Molina, *Marta la piadosa*, ed. Arellano, vv. 1639-1640: «¿mas que este chapín le arrojo? / No cheo... ¡A fe si me enojo!»; Quiñones, *Las burlas de Isabel*, en *Entremeses*, ed. Andrès, pág. 214: «Apártese, que no chero»; *Guzmán*, pág. 130: «Bien sabía la vejezuela todo el cuento, y era de las que decían: no chero, no sabo»; con la nota de Rico, en que aduce otros textos de Quevedo, Suárez de Figueroa y Góngora...

GUTIÉRREZ.—Dios te lo perdone[56], ¡la pesadumbre que nos has dado! Bueno es como el buen pan Diego[57]. Va con el abrazo como la pascua. Bien lo hemos pelado. ¡Qué de cosas destas hice yo tragar al que pudre[58], cuando Dios quiso!

(Hacen ruido dentro como que abren puerta.)

JUSTA[59].—¿Quién abre esa puerta? Gutiérrez, mira allí fuera.
DIEGO.—Yo soy c'abro para irme[60]. Abierto queda para si viene alguien.
GUTIÉRREZ.—Hija, ya que estamos solas, oye una lición[61]. Y es que tú no has de desechar ripio. De cada uno toma lo que te diere; así, del carnicero carne[62], como del especiero especias, del confitero dulces, del mercader vestidos, del sastre hechuras, del zapatero servillas[63], del señor joyas, del ginovés dineros, del letrado regalos, del médico curas, del alguacil amparo, del caballero oro, del hidalgo plata y del oficial cascajo[64]; de unos reales y de otros blancas. Todo abulta. Solo

---

[56] «Dios te perdone la pesadumbre» en Asensio. Blecua propone una puntuación diferente de la nuestra, con otro matiz de sentido.
[57] *bueno:* «Es bueno como el buen pan. Alabando a un hombre de bueno, y por ironía» (Correas, refrán 9255). No se olvide que «Esta palabra buen hombre, algunas veces vale tanto como cornudo, y buena mujer, puta; solo consiste en decirse con el sonsonete, en ocasión y a persona que le cuadre» (Cov). Véase testimonios en *Léxico*.
[58] *al que pudre:* se refiere a su marido difunto.
[59] justaa ms.; corrigen Asensio y Blecua.
[60] *c'abro:* calambur chistoso que alude a la condición de cabrón del marido; ya hemos citado el texto de *Poesía original*, núm. 760, vv. 65-66: «¿Abro puerta sin toser / y sin decir "Yo soy c'abro"?». Se repite hacia el final del entremés.
[61] Compárese esta lección con las que da la vieja Muñatones, en su entremés, a las pupilas.
[62] Falta en el ms. «carne»; Asensio y Blecua suplen como nosotros.
[63] *servillas:* «Es un calzado de unas zapatillas, de una suela muy a propósito para las mozas de servicio» (Cov.).
[64] *cascajo:* moneda suelta, de cobre, de poco valor, propia dádiva de los oficiales o trabajadores de un oficio, menestrales; comp. Quevedo, *Poesía original*, núm. 5512, vv. 1-4: «Rostro de blanca nieve, fondo en grajo, / la tizne

has de huir⁶⁵ de valientes, que te regalarán con estocadas y te darán en votos y juros lo que tú has⁶⁶ menester en censos⁶⁷; de apartarte de los músicos, porque ya no se come con pasos de garganta, sino con qué tener que pasar por ella. ¿Pues poetas? Gente apestada⁶⁸: con un soneto te harán pago si los quieres y con una sátira si los dejas. De unos mayorazguitos lechales y dóciles que se creen de sus ayos, unos viejos verdes, estos son los que importa al arte rapativo⁶⁹ que profesas. Llaman a la puerta.

---

presumida de ser ceja, / la piel que está en un tris de ser pelleja, / la plata que se trueca ya en cascajo».

⁶⁵ tu no has de huir ms., enmienda de Blecua.

⁶⁶ tu no as ms.; corrigen Asensio y Blecua.

⁶⁷ *votos y juros .... censos:* los valentones solo dan votos y juramentos; juega con el sentido de *juro* 'cierto tipo de rentas', sinónimo aquí de *censos;* dos modalidades de rentas: el censo es «El derecho de percibir cierta pensión anual cargada o impuesta sobre alguna hacienda o bienes raíces que posee otra persona, la cual se obliga por esta razón a pagarla», y el juro «se entiende hoy regularmente por cierta especie de pensión anual que el rey concede a sus vasallos, consignándola en sus rentas reales, o alguna de ellas, ya sea por merced graciosa, perpetua o temporal, para dotación de alguna cosa que se funda o por recompensa de servicios hechos, o ya por vía de réditos del capital que se le dio para imponerse. También se solía tomar por censo» *(Aut.).* Comp. *Poesía original,* núm. 686, vv. 33-34: «Holgareme que te den / joyas y juros y censos»; núm. 730, vv. 51-54: «Solían en otro tiempo / las damas del interese / tener en un ojo negro / un juro de los de a veinte»; *Sueños,* pág. 296: «Estos tienen sus censos sobre azotes y galeras y sus juros sobre la horca»; Suárez de Figueroa, *Pasajero,* pág. 599: «Lo que tenía fundado en censos y juros pasaba de cuarenta mil ducados».

⁶⁸ apestado ms.; Asensio indica *sic;* Blecua corrige sin indicarlo en su aparato; *poetas:* de todos estos que viene citando los poetas son de los menos provechosos para las pidonas; se caracterizan siempre como gente pobre y de poca sustancia.

⁶⁹ a la ventera patiuo ms., que sería lectura desatinada por «al arte rapativo», sugiere Asensio. Nos parece una enmienda muy acertada y la incorporamos a nuestro texto (Blecua parece concordar con Asensio, pero no pasa la enmienda al texto). Todo el pasaje: 'los que te interesan son unos mayorazguitos ingenuos y poco expertos, como corderillos lechales, casi sin destetar, y que se creen las cosas que les dicen sus ayos, viejos verdes, porque de esos sacarás dineros'. Algo anacolútica es la sintaxis, pero no vemos si es rasgo oral o habrá alguna deturpación más de la señalada y enmendada.

JUSTA.—¡Oh qué lisión, madre mía! Mira quién llama[70] agora. Si es, madre, el licenciado Ortega, entre[71].
GUTIÉRREZ.—Calla, finjamos recogimiento. No lo conozco[72]: ¿quién es?[73].

(Sale ORTEGA.)

ORTEGA.—El licenciado Ortega. ¡Jesús, qué recogidas[74] que son!
GUTIÉRREZ.—¿Tú eres, hijo? Buena sea tu venida. No te espantes, que temblamos de la condición de Diego Moreno, que es un mismo demonio y si halla aquí alguno suele bramar.
JUSTA.—Habrásele olvidado a vuesa merced el estuche. *[A* GUTIÉRREZ.] (No se le puede cargar nada a estos zotes.) Encajésela[75].

---

[70] maqui en llama ms.; corrigen Asensio y Blecua.
[71] Las ediciones de Asensio y Blecua añaden la conjunción y leen «que entre»; *madre:* Cov.: «[las alcahuetas] para engañar a las pobres mozas las llaman hijas [...] y las bobas, creyéndolo así, la llaman madre»; Quevedo en el *Entremés de la vieja Muñatones:* «—¿Es alcahueta? —Ya pereció ese nombre ni hay quien le oiga. No se llaman ya sino tías, madres, amigas»; *Sueños,* pág. 268: «Había madres postizas y trastenderas de sus sobrinas y aun suegras de sus nueras por mascarones alrededor».
[72] conozco ms.; corrigen Asensio y Blecua en «conozca»; interpretamos que se dirige hacia quien llama y, como damisela modesta y encogida, dice que no lo conoce, que no abrirá la puerta hasta que no se identifique satisfactoriamente.
[73] Así es ms., como transcriben Asensio y Blecua. Enmendamos.
[74] recogidos ms.; *recogidas:* no hay que descartar un juego dilógico obsceno en *recogida:* 'cogida muchas veces' *(coger:* 'cubrir el macho a la hembra', véase *DRAE).* Comp. *Poesía original,* núm. 716, vv. 41-44: «La primera fue doncella / después de mi desposorio, / recatada ya se entiende, / recogida... en casas de otros».
[75] Le habían pedido un estuche, que no ven. Justa se queja aparte; la palabra final de la intervención parece dirigirse de nuevo a Ortega: el estuche es una caja pequeña de herramientas, entendemos en este caso por el contexto, para el aseo y aliño de las damas; *encajar:* 'engañar'; «se la encajé» 'se lo creyó, le engañé' (pero es disimulo de Justa, porque aunque aseguran que todo era broma, en realidad esperaban el estuche); es posible que aluda a la frase hecha «encajar la saya. Frase con que se da a entender que uno ha tenido oportunidad y logrado la ocasión para pedir lo que desea y necesita» *(Aut.).* Véase

ORTEGA.—¡Oh qué puntual[76] es vuesa merced! A no le traer, había caído en buena falta. Vele aquí.

GUTIÉRREZ.—¡Ay!, como creo en Dios que lo trae. Y luego entendió que se lo pedíamos de veras. [A JUSTA.] (Échale la garra.)

JUSTA.—Como nací para morir, que no entendí que le trujera[77]. ¡Bonita es mi condición para pedir nada! ¡Jesús, qué negro recogido[78]! ¿No ve que nos burlamos?

ORTEGA.—Esto no es nada. Perdone vuesa merced que no le hallé mejor.

(Dale el estuche.)

GUTIÉRREZ.—¡Oh qué gracia tan grande!
JUSTA.—¡Qué donaire ha tenido tan extremado! *[Aparte.]* (Es moscatel)[79].
GUTIÉRREZ.—El pobrete irá sin pluma.

Cov.: «Encajar la saya, haber alguno tomado ocasión para pedir lo que deseaba y tenía necesidad. Deste proverbio usa la comedia dicha Celestina, cuando la vieja dijo a Calixto de su manto rojo, y respondió uno de los criados: Encajado ha la saya». El sentido, de todos modos, no queda muy claro. La divergencia de lecturas entre los editores es muestra de ello: Asensio «Encáxesela»; Blecua «Encájasela».

[76] *puntual*: «El ajustado y cierto» (Cov.); aquí parece más bien 'puntillosa, que no perdona detalle ni da tiempo a que el otro se explique'. Porque resulta que Ortega sí trae el estuche.

[77] *trujera*: forma que alternaba con *trajera*; comp. *Quijote*, I, 43: «puesto en hábito de mozo de mulas, tan al natural que si yo no le trujera tan retratado en mi alma fuera imposible conocelle».

[78] *recogido*: aquí parece aludir burlonamente a la condición de persona seria, de fiar, modesta, de Ortega.

[79] *moscatel*: 'ingenuo, bobo'; «Llaman al hombre que fastidia por su falta de noticias e ignorancia» *(Aut.)*. Comp. Quevedo, *Un Heráclito*, núm. 275, vv. 21-24: «En dos cuévanos los ojos, / que parece, cuando ven / que en vez de mirar vendimian / todo amante moscatel»; Tirso, *Marta la piadosa*, ed. Arellano, vv. 145-146: «Serán amantes felpados, / destos rubios moscateles»; *Don Gil de las calzas verdes*, vv. 471-72: «Serví a un moscatel, marido / de cierta doña Mayor»; Lope, *El villano en su rincón*, vv. 34-37: «Villana es a toda ley, / que en traje de dama vino / a burlar en la ciudad / un moscatel como vos»; *El caballero de Olmedo*, ed. Arellano y Escudero, vv. 47-48: «No te aflijas, moscatel, / ten ánimo», etc. Comp. Aníbal, 1934.

(Llaman a la puerta.)

JUSTA.—¿Qué es esto hoy, tanto llamar[80] a la puerta? Que no suele llegar a ella moro ni cristiano.
GUTIÉRREZ.—Entre quien es, que aquí nos hallarán.

(Sale el DOCTOR MUSCO[81].*)*

DOCTOR.—Sea Dios en esta casa.
JUSTA.—Doctor Amusco, esté vuesa merced en su asiento. Doctor mío, ¿cómo viene? Que le deseábamos ver en esta casa más que si nos trujera algo cada vez que viene.
ORTEGA.—El señor doctor basta que traiga su persona.
DOCTOR.—*[Aparte.]* (Algo enfermas son de pedir estas mujeres. Achaques tienen agarrativos)[82].
JUSTA.—Mirad qué, madre. Más le queremos a secas que a otros... Bueno es eso. ¿Cómo le va de salud, señor doctor?
DOCTOR.—Ando algo némulo y corrompido[83], que tengo en el estómago una dureza[84] y queríalo gastar.
JUSTA.—¿Qué es dureza? Me diga, porque cosa de gastar no puede ser mala.
DOCTOR.—Como oyó[85] de su gastar, entendió que eran monedas. Es una redundancia de la biles[86] mal colta.

---

[80] llama ms; corrigen Asensio y Blecua.
[81] *Musco:* nombre chistoso; «Musco o almizcleña. Es un género de ratoncillo que tiene la piel olorosa» (Cov.). Después en la forma «amusco» 'especie de color pardo, como el del almizcle'.
[82] agraticos ms., que sugiere enmendar Asensio como aceptamos en nuestro texto.
[83] *némulo y corrompido:* latinismos y alusiones escatológicas chistosas; no documentamos «némulo»; *corrompido:* 'descompuesto, con diarrea'.
[84] *dureza:* o sea, que tiene una opilación: comp. Cov.: *s. v. apilar:* «opilación la dureza que se hace en el estómago»; aquí juega dilógicamente con la alusión a la tacañería (duro, el tacaño) y *gastar* en sentido médico 'consumir, hacer que desaparezca' y económico.
[85] como yo ms.; corrigen Asensio y Blecua.
[86] dela Abiles ms.; Blecua transcribe «de las viles mal colta». Entendemos, en el latín macarrónico de Musco 'es una redundancia o exceso de la bilis mal proporcionada'. Parece referirse a la *bilis flava* o *cólera adusta*. No entendemos lo que quiere decir exactamente con *colta*.

Justa.—¡Pues sí!... eso gástelo en otras cosas; pensé que eran dineros.

Doctor.—Aquí traigo una docena de guantes de jasmines que les[87] oí decir el otro día que los deseaban.

Gutiérrez.—¿Hay tal? ¡Y de la vejez que se acordó!

Doctor.—Ea, sírvanse dellos, que todo es nada.

Gutiérrez.—¿Hay tal gracia? Donaire ha tenido el doctor, no se le niegue.

Doctor.—Voto a Dios, que en esta casa todo es donaire el dar, y gracia diz que traerlas cositas. ¡Mal haya el ánima, que quiere ser graciosa[88]! Ea, madre, envíe por este escudo de algo, y muramos como nobles.

(Dale un escudo.)

Gutiérrez.—¿Hay tal gracia?

Justa.—Píllalo, madre. No sé qué he de creer del[89] donaire del doctor.

(Llaman a la puerta.)

Gutiérrez.—Noramala venga quienquiera que llama.

Don Beltrán.—Don Beltrán es y un amigo suyo.

Gutiérrez[90].—¡Qué primo tan cansado tienes aquí, hija! Dios me libre dél, encoge el parentesco.

(Sale[91] el Capitán con banda, cintillo, cadena y sortijas y plumas [y Don Beltrán].)

Don Beltrán.—Dios las guarde, señoras mías. ¿Acá es tan buena gente?

---

[87] los oy ms.; Asensio indica *sic* y Blecua no corrige. *Guantes de jasmines:* perfumados con olor a jazmín. R. del Arco, 1941, pág. 522 comenta distintos tipos de guantes adobados (de achiote, de ámbar, del polvillo...).
[88] gracioso ms.; corrigen Asensio y Blecua.
[89] el ms., como Asensio. Blecua imprime «del», añadiendo la d.
[90] Atribuido a D. Beltrán ms.
[91] Salen ms.

Doctor.—Buena es la que viene, señor don Beltrán.

Justa.—Válele el diablo, y como se entró de repente, si no me dio un susto. Que entendí que era el platero a quien debo treinta escudos.

Capitán.—¿Esa deuda aflije a vuesa merced? *[Aparte.]* (Buena[92] es la mujer.)

Don Beltrán.—¡Mire el platero cómo la enojó! *[Aparte.]* (Váyase despacio, que ellas saben lo que han de hacer)[93].

Justa.—No vi cosa más parecida a un hermano que quise más que a las niñas de mis ojos.

Gutiérrez[94].—¿Ha estado en Flandes y en la toma de Ostende[95]?

Justa.—*[Aparte, a* Gutiérrez.*]* (Madre, muy hecho está a tomar este soldado. Todo es tomar y más tomar y no le he oído[96] decir que se halla en un dar tan solo).

Gutiérrez.—*[Aparte.]* (Con este es lo fino, embístele, hija.)

Justa.—¿Qué pretende vuesa merced agora?

Capitán.—Un hábito por los muchos servicios que tengo hechos a su majestad.

Gutiérrez.—¡Ay que mal olerá vuesa merced, si trae muchos servicios![97].

---

[92] *buena:* irónico; ya hemos anotado que en ciertos casos se entiende 'puta'.

[93] Interpretamos que esto se lo dice al capitán. Todos son taimados, unos más que otros.

[94] Atribuido a doña Justa en el ms.; corrigen Asensio y Blecua.

[95] *Flandes y la toma de Ostende:* lugares de famosos hechos militares en la época. Ambrosio Spínola tomó Ostende el 22 de septiembre de 1604, tras un año de asedio. El juego con *tomar* y *dar* es tópico en estos contextos de pidonas.

[96] no le oydo ms.; corrigen Asensio y Blecua.

[97] *servicios:* juego con la dilogía de *servicios:* 'los profesionales realizados por el capitán' y 'orinales'; es chiste tópico; comp. Quevedo, *Sueños,* pág. 313: «La vista asquerosa de puro pasear los ojos por orinales y servicios»; *Hamete de Toledo,* vv. 162-165: «viendo la ocasión presente / y habiendo de mí entendido / que sin ser alfaharero / le he hecho muchos servicios»; Calderón, *Céfalo y Pocris,* vv. 1255-1260: «*Gigante.*—¡Que desprecie mis servicios / el rey de aquesta manera! / *Rosicler.*—Y aunque los vacía, parece / mucho más que los desprecia; / que no hueles bien, Gigante».

Capitán[98].—Servicios se llaman[99] esta cadena quitada a un alférez del enemigo.

Gutiérrez.—¡Ay, señor! Véala yo[100], que debe de ser linda.

Don Beltrán.—*[Aparte.]* (Ánimo, hijo, que ya empiezan a desnudarle.)

Justa.—¡Y qué buena es! Estoy por colgármela. No tema[101], ¿no ve que me burlo?

Capitán.—*[Aparte.]* (Hame parecido del cielo la mujer). No me congojo yo de tan pocas cosas[102], que quiero mucho a vuesa merced.

Justa.—Ahora yo quiero, por más que me quiera, desenamorarle de mí; parecerele peor que el diablo. ¿Y cómo le desenamoraré, cómo? Pidiéndole algo.

Gutiérrez.—¡Oh qué gracia ha tenido!

Ortega.—Gran donaire. *[Aparte.]* (¡Oh, quemada muera ella y sus gracias! ¡Y cuál has de ir, pobre soldado!)

Capitán.—Pida vuesa merced.

Don Beltrán.—Linda hembra.

Gutiérrez.—Linda bobería. ¿Y a quién querría probar con pedirle? Que debe de haber esperdiciado más que valemos. Esto es tentarle por la vanagloria.

Doctor.—*[Aparte.]* (¡El contrapunto de la vieja! En los infiernos descanse la bellaca hechicera sacaliñera)[103].

Justa.—Tengo vergüenza de pedir más. Al fin pido y pediré. Pido la banda que trae al cuello.

Capitán.—¡Jesús!, ¿esa niñería? Hónrela vuesa merced y sírvase della. *(Pónesela.)*

---

[98] Atribuido a Gutiérrez ms.
[99] llaman en ms.; corrigen Asensio y Blecua.
[100] bealeyo ms.; corrigen Asensio y Blecua.
[101] Falta la negación en el ms., que suplen Asensio y Blecua.
[102] *pocas cosas:* cosas de poca importancia. Comp. *Quijote,* I, 30: «con los amigos no se ha de mirar en pocas cosas».
[103] Las ediciones de Asensio y Blecua no recogen «hechicera». *Sacaliñera:* pidona, que ejerce el arte de la sacaliña; véase *Poesía original,* núm. 727 «Responde a la sacaliña de unas pelonas»; 745, vv. 125-128: «Diógenes, que no había sido / sacaliña ni demanda, / agente ni embestidor, / ni busconа cortesana...».

GUTIÉRREZ.—¿Hay tal gracia en el mundo?

JUSTA.—Donaire tiene en cuanto dice y hace[104] el señor capitán. No sé qué tiene. ¿Y cómo es tan hechicero?

DOCTOR.—*[Aparte.]* (¡Los demonios carguen con los güesos de la vieja! A todos nos asaetea callando)[105].

LICENCIADO.—*[Aparte.]* (Es sanguijuela de bolsas[106]. ¡Mal fin hayáis, mala hembra!)

GUTIÉRREZ.—¿No lo dije yo? Lo mismo fuera que le hubieras pedido la cadena, cintillo y sortijas. Es un Alejandro[107].

DON BELTRÁN.—*[Aparte.]* (Niega, perro, que te dejan *en puribus*)[108].

CAPITÁN.—¿Cómo sortijas? Desta se ha de servir vuesa merced.

JUSTA.—¿Hay tal gracia en el mundo? Eso no, que es dádiva. Bonito es Diego Moreno para eso.

GUTIÉRREZ.—¿Cómo no? Tome[109] esta mano y póngasela en este dedo. Amiguita soy yo de melindres.

(Dale el dedo, sácale la sortija y pónesela.)

---

[104] oy haçe ms.; corrigen Asensio y Blecua.
[105] *callando:* en realidad la vieja no calla. Hay que entenderlo en su valor lexicalizado 'disimulando', como en frases del tipo «Mátalas callando y tómalas a tiento, y pálpalas a tiento o a ciegas. Dícese del que con sosiego y secreto hace las cosas cautamente» (Correas, refrán 14033).
[106] *sanguijuela de bolsas:* metáfora tópica; comp. Quiñones, *Jocoseria, La capeadora*, 2, vv. 102-104: «Gusarapa o sanguijuela, / bruja de todo vellón, / tarasca de toda hacienda».
[107] *Alejandro:* «Es un Alejandro. Por liberal y magnífico, y con ironía» (Correas, refrán 9457).
[108] *en puribus:* «En púribus o in púribus; está en púribus; quedose en púribus; dejole en púribus. Por quedar y estar en el extremo de necesidad, y por quedarse y estar desnudo. En cueros se dice: está o quedó in puribus naturalibus» (Correas, refrán 8876).
[109] teme ms.; Asensio indica *sic* y Blecua enmienda. Gutiérrez se refiere a la mano del capitán, donde lleva la sortija: 'tome la mano del capitán, sáquele la sortija del dedo [del capitán] y póngasela en este dedo [de Justa]'.

Doctor.—*[Aparte.]* (Malos tronchos[110] te agrumen[111], vieja dañada, que ya vería a esta yo[112] dando qué hacer a los niños[113]).

Ortega.—Tosen de afuera, gargajean y dan patada frisona[114].

Capitán.—¿Quién viene? ¿Hémonos[115] de ir?

Justa.—¡Cuitada de mí, que es Diego Moreno! En el toser y hacer ruido antes de entrar le conozco. ¿Qué haré? Que estamos reñidos y me matará si me ve con tanta gente.

Gutiérrez.—Todo tiene remedio. Fíngete mortecina y con mal de corazón, da voces y saltos. El doctor te tomará el pulso, el capitán te apretará con la sortija el dedo del corazón[116], el licenciado te dirá evangelios y don Beltrán te ten-

---

[110] *tronchos:* la califica de bruja alcahueta y le desea el castigo de las hechiceras y alcahuetas, a las que tiraban tronchos y verduras cuando las sacaban a la vergüenza pública; comp. *Poesía original*, núm. 774, vv. 77-80, referidos a una alcahueta: «Y no paró aquí / este fiero monstro, / digno por la mitra / de obispar con tronchos»; *Buscón*, pág. 61: «Yo le tiré dos berenjenas a su madre cuando fue obispa».

[111] *agrumen:* entendemos 'abrumen', con un fenómeno fonético habitual.

[112] *que yo vería yo a esta dando* ms.; corrigen Asensio y Blecua.

[113] *niños:* puede referirse a los niños que tiraban tronchos a las alcahuetas, como se ha anotado, o puede desearle la muerte por alusión a los niños de la doctrina, que iban cantando en los entierros. «Niños de la doctrina. Son los muchachos huérfanos que se recogen en algún colegio con el fin de enseñarlos y criarlos hasta que estén en edad de ponerlos a oficio; y en este tiempo ayudan a la casa asistiendo a los entierros y procesiones públicas» (*Aut.*); *Poesía original*, núm. 862, vv. 85-88: «A niños de la dotrina / no pienso pagar la solfa, / música que no he de oílla / que la pague quien la oiga»; Bances, *Obras líricas*, pág. 302: «los niños de la doctrina / que en funerales chillidos / son sufragios de alquiler / en cualquiera entierro rico»; Santos, *Obras selectas*, pág. 135: «ha quedado con niño de la doctrina después de un entierro, que nunca les falta cera que vender». Véase también Arco y Garay (1941, págs. 35, 635) para este oficio funeral de los niños de la doctrina, que tenían su asilo en la Carrera de San Francisco.

[114] *patada frisona:* todas estas son señales que hace el cornudo consentido para que sepan que regresa y disimulen para que no se vea en compromiso de exhibir el punto de honra. El adjetivo *frisón* es muy usado por Quevedo en el sentido de 'grande', por alusión a los caballos de Frisia, de gran corpulencia. Comp. *Buscón*, pág. 169: «Traía todo ajuar de hipócrita: un rosario grande con unas cuentas frisonas».

[115] *amanos* ms.; corrigen Asensio y Blecua.

[116] *apretar con la sortija el dedo del corazón:* era creencia que apretando un miembro, o tirando de él (muslo, dedo...) se ayudaba a volver de un desmayo. Comp.

drá la cabeza. Y déjame a mí dar voces y fingir. ¡Ay, ay, ay cuitada, malograda, mal lograda, mal logradilla mía, ay, ay!

(Ruido de puerta dentro.)

GUTIÉRREZ.—¿Quién anda en esa puerta? ¡Ay, ay, ay bien mío, mi señora!

(Entra DIEGO MORENO.)

DIEGO.—Yo soy c'abro. ¿Qué tiene Justa, Gutiérrez?
DON BELTRÁN.—No la puedo tener.
DOCTOR.—Ya le vuelve el pulso.
LICENCIADO.—*Super egros, super egros*.
GUTIÉRREZ.—¡Ay, ay, ay! Ténganla, señores. No se mate la mal lograda.
CAPITÁN.—Efeto hace la sortija.
DIEGO.—Gutiérrez, ¿qué es esto? Que no hallo por dónde asir a mi mujer.
ORTEGA.—*Lumen de lumen, deum verum*[117].
GUTIÉRREZ.—¿Qué ha de ser, mal hombre? Mal hombre, ¿qué ha de ser? Que quedó[118] el angelito tan angustiada de vuestras palabras de denantes, que le dio un mal de corazón, que a no llegar el señor doctor y este caballero con la sortija de uña, y el señor don Beltrán que la ha tenido, y yo no hubiera llamado al señor licenciado para que la confesase... Mal hombre, ¿qué ha de ser?

(Da ella gritos y vuelve los ojos en blanco.)

Buscón, pág. 91, cuando Pablos se hace el desmayado: «—¡Pobre dél! —decían los bellacos (yo hacía del desmayado)—; tírele V. Md. mucho de ese dedo del corazón. [...] Los otros trataron de darme un garrote en los muslos. [...] ¡Quién dirá lo que yo sentía, lo uno con la vergüenza, descoyuntado un dedo, y a peligro de que me diesen garrote!». El dedo del corazón se consideraba unido al corazón: «en la sección del cuerpo humano hallaron los anotomistas un nervecito delicado que va desde aquel dedo al corazón, y por él comunica» (Cov.).

[117] *lumen de lumen...:* como el médico, el licenciado suelta latines macarrónicos, en este caso, como si rezara el credo, donde se dice de Jesucristo «Lumen de lumine, Deum verum de Deo vero».

[118] que quando ms.; corrigen Asensio y Blecua.

Diego.—Yo tengo la culpa. ¡Ay angelito mío de negro[119], honradita! ¿Qué es? Llevémosla a la cama.

Don Beltrán.—Llevemos. Pero, señor, ¿no ve que ojazos echa?

Ortega.—¡Oste![120]. Perdone vuesa merced, que no tuvo razón.

Diego.—¡Huy, un mal hombre!

(Levántanla y llévanla andando como que estaba [agonizando][121], y ella da gritos y el licenciado cruces y como que reza.)

Gutiérrez.—Mirad, mal hombre, lo que hicisteis. ¡Ay de mí, sin mi señora y sin mi regalo y sin mi paloma y sin mi cordera!

Doctor.—Digo que va mejor. Señor licenciado, ¿oye vuesa merced?

Ortega.—Apriétele esa sortija.

Capitán[122].—Quiero quitársela.

Don Beltrán.—Cuerdo, porque no se te quede con ella.

Justa.—Apriétenme la sortija, que me da la vida.

Gutiérrez[123].—Hasta muriendo tiene gracias. Cierra la mano con ella.

Diego.—¡Qué donaire ha tenido, válame Dios!

Justa.—¡Apriétenme la sortija! Y, si hay otra, también, porque estoy preñada y malpariré.

(Y con esto se van y dan fin.)

---

[119] *de negro:* no vemos el significado. Creemos que todo el pasaje tiene alguna deturpación. Véase, por ejemplo, problemas de atribución de parlamentos.

[120] *oste:* «Oxte, aparta, no te acerques, quítate. Úsase de esta voz con alguna vehemencia y muy comúnmente cuando tomamos en las manos alguna cosa que está muy caliente o la probamos» *(Aut.).* Comp. *Quijote,* II, 10: «—¡Oxte, puto! ¡Allá darás, rayo!». Ortega recrimina a Diego y le dice que no tuvo razón en reñir con Justa.

[121] Suplimos esta palabra; parece que falta algo, con el sentido aproximado que proponemos.

[122] Atribuido a Ortega en el ms. Asensio y Blecua enmiendan como nosotros.

[123] Atribuido a Justa en el ms. Asensio en este caso no enmienda el evidente error, pero Blecua sí.

Segunda[1] parte del entremés de Diego Moreno, hecha por don Francisco de Quevedo

ENTREMÉS SEGUNDO DE LA VIDA
DE DIEGO MORENO

PERSONAS

VERDUGO
LEOCADIA
JUSTA
GUTIÉRREZ
DOÑA PAULA

DON PABLO
GUEVARA
LANDÍNEZ
UN PAJE
MÚSICOS

Salen VERDUGO *y* LEOCADIA.

VERDUGO.—Y como digo a vuesa merced, querémonos los dos con mucho estremo. Murió anoche su marido y queda rica. Es hermosa y muchacha y aunque no tiene la mejor opinión del mundo, corren en él las cosas de manera que ha de haber mil golosos que la pidan por mujer y podría ser que presunciones pudiesen tanto que olvidándose de mí se casase con otro. Pues para que esto no tenga lugar he querido ser el primero que trate dello, valiéndome de vuesa merced para

---

[1] secunda ms.

este efecto. A quien suplico vaya luego y lo trate con doña Justa, que así se llama esta señora.

LEOCADIA.—Doña Justa ¿es mujer de Diego Moreno?
VERDUGO.—Esa misma.
LEOCADIA[2].—Conózcola[3] muy bien.
VERDUGO.—Señora conocida es mucho, y bien sé que ha dado ocasión la condición de su marido a muchas lenguas del lugar, y algunas debían glosar más de lo que era. Pero no es más la mujer de como la tiene el marido y yo sé que mudará de costumbres conmigo de suerte que borre todas las cosas pasadas. Y en conclusión, estoy resuelto en casarme con ella, y no pido consejo sino ayuda.
LEOCADIA.—Pues, señor, lo poco que valiere la mía esté cierto que no le ha de faltar. Dígame vuesa merced cómo quiere que le proponga el caso. Déjeme a mí.
VERDUGO.—Que me place, porque no pierda tiempo. Vamos hacia su casa que yo aguardaré a vuesa merced a la puerta y por el camino le iré diciendo lo que ha de significar.
LEOCADIA.—Mucho en buen hora. Vamos.

(Vanse. Sale JUSTA *y* GUTIÉRREZ *con bravas tocas[4] de viudas.)*

GUTIÉRREZ[5].- Bendito sea Dios que han parado un poco las visitas y las lágrimas. No sé dónde tenía vuesa merced tanta represa dellas que llorar y tantas palabras tiernas que decir. Pues los suspiros y desmayos han sido con tanta propiedad dichos y hechos que muchas veces los tuve por más ciertos que fingidos, con saber el intento a que se decían.
JUSTA.—Amiga Gutiérrez, todas estas deligencias son necesarias para cumplir con el mundo, y yo os prometo que aun-

---

[2] Atribuido a Verdugo en el ms. Asensio y Blecua corrigen todos los casos de malas atribuciones; no consignaremos en lo sucesivo este detalle de sus ediciones, aunque corregimos esas atribuciones indicando los errores del manuscrito de Évora.
[3] Conozcala ms.; corrigen Asensio y Blecua.
[4] *bravas tocas:* exageradas tocas, signo de hipocresía; ya se han anotado.
[5] Atribuido a Justa en el ms.

que yo nunca fui enamorada de mi marido, que he sentido su muerte, y la sintiera más a no entender soldar esta falta con Diego Verdugo[6], a quien quiero como sabéis.

GUTIÉRREZ.—Plega Dios que no nos haga caer en ella, porque no hay peores maridos que los que han sido primero galanes, porque como saben las flaquezas de las mujeres y los modos de dar trascantones[7], están en el caso y no hay echalles dado falso. No topará vuesa merced condición como la de Diego Moreno, que esté en el cielo.

JUSTA.—Amiga Gutiérrez, eso es ansí. Pero también Diego Verdugo es un angelito. Y cuando fuera muy áspero de condición, yo me atreviera a domar sus bravezas en breve.

([Llama[8]] DOÑA PAULA.)

D.ª PAULA.—¡Ah de casa!
JUSTA.—Gutiérrez, mirad quién es.
GUTIÉRREZ.—Visitas deben de ser. ¡Jesús, si nos dejasen ya!

(Sale DOÑA PAULA.)

D.ª PAULA.—Señora Gutiérrez, ¿qué hace doña Justa?
GUTIÉRREZ.—¿Qué ha de hacer sino llorar su mal logrado?
D.ª PAULA.—Por cierto que tiene razón, que perdió un marido muy bueno[9]. Téngalo Dios en su gloria y guarde a vuesa merced muchos años, mi señora doña Justa. Y pues vuesa merced es tan discreta, muéstrelo en esta ocasión.

JUSTA.—¡Ay, señora mía, que es muy fuerte y yo muy flaca para tan gran golpe! ¡Ay marido mío, bien mío, regalo mío! ¿Y qué ha de ser de mí sin vos?

---

[6] *Diego Verdugo:* también se llama *Diego* este marido, lo cual caracteriza de nuevo al tipo de maridillo.

[7] *dar trascantones:* 'engañar'; «Frase que vale esconderse u ocultarse detrás de una esquina o trascantón para huir de quien le busca o sigue» *(Aut.).*

[8] Sale ms.; Asensio y Blecua enmiendan la acotación, como nosotros; doña Paula sale después.

[9] *muy bueno:* recuérdese el sentido malicioso de *bueno* 'cornudo', ya anotado.

D.ª Paula.—Señora, señora, mire que es tentar en eso a Dios. ¿Quiere echar la soga tras el caldero?[10]. Sosiéguese, que Dios que le ha dado el mal[11], le dará el remedio.

Justa.—Ya yo lo veo[12], señora doña Paula. Pero cuando me pongo a considerar aquella bondad de mi marido, aquel echallo todo a buen fin sin que hubiese rastro de malicia en él, y no puedo consolarme[13]. ¡Luego me hablara él una mala palabra y desabrida aunque faltase el día y la noche de casa! Que como él hallase puesta la mesa a sus horas con buen mantenimiento, no decía «esta boca es mía», y yo como le sabía la condición procuraba tener cuidado, y en esto y en que su persona anduviese bien puesta. Y aunque él echase[14] un vestido hoy y otro mañana, nunca se metía en inquirir de dónde venía ni de dónde no, porque decía él que los hombres muy curiosos estaban cerca de necios. Y decía muy bien porque era él la honra del mundo.

D.ª Paula.—¿Y a qué hora murió, señora?

Gutiérrez.—Ayer a las cuatro de la tarde se nos quedó en las manos como un pajarito[15]. Y desde entonces no ha comido señora[16] bocado ni aun dejado sus ojos de llorar. Há-

---

[10] *echar la soga tras el caldero:* ««Echar la soga tras el caldero. Es tras lo perdido soltar el instrumento y remedio con que se ha de cobrar y echar lo menos tras lo más» (Correas, refrán 7779); *Lazarillo*, pág. 20: «Por no echar la soga tras el caldero, la triste se esforzó y cumplió la sentencia».

[11] le ha dado ms., pero parece que falta algo; suplimos apoyados en fórmulas paremiológicas como «Dios que da el mal, da su remedio cabal», «Dios, que da la llaga, da el remedio», «Dios, que da la llaga, da la medicina», «Cuando Dios da la llaga, da el remedio que la sana» (Correas, refrán 5835)...

[12] la veo ms., lectura que siguen Asensio y Blecua. Enmendamos como nos parece mejor sentido.

[13] Debe de faltar algo en el pasaje: la conjunción copulativa no tiene función tal como está el texto.

[14] echose ms.; Asensio conserva la lectura del manuscrito indicando *sic*; Blecua la conserva sin indicación particular. No vemos muy claro este verbo de todos modos, aunque el contexto parece exigir en todo caso un subjuntivo.

[15] *como un pajarito:* «Quedarse como un pajarito. El que muere con sosiego, y el niño que se queda dormido» (Correas, refrán 19529).

[16] *no ha comido señora:* 'no ha comido la señora' (se refiere a Justa). La omisión del artículo con *señor, señora,* es rasgo vulgar.

gala vuesa merced que coma algo, que está traspasada[17] la pobrecita.

D.ª PAULA.—Señora, ¿no comerá vuesa merced por amor de mí alguna cosa? ¿Hase de dejar traspasar? Vaya vuesa merced, señora Gutiérrez, y traiga algo que coma y beba.

JUSTA.—No ha menester comer quien perdió lo que perdió. Porque cuando me acuerdo de aquella consideración y cordura que tenía mi marido en todas las cosas, pierdo el juicio. ¡Y luego entrara él en casa como otros, a la sorda, sin gargajear o hablar recio primero en el zaguán! Y si acaso hallara alguna visita, con la desimulación y la crianza que entraba era para dar mil gracias a Dios, porque él era la honra del mundo.

(Sale GUTIÉRREZ con una caja de conserva[18] y un poco de jamón, servilleta, cuchillo, vino y taza.)

GUTIÉRREZ.—Ea, señora, coma vuesa merced un bocado desta conserva.

JUSTA.—¿Que quiere que coma? ¿Y qué parecería, de ayer muerto mi marido? No ha menester comer cosas dulces la que quedó tan amarga, y a mí un poco de jamón y una vez de vino[19] me basta.

(Comen del jamón.)

D.ª PAULA.—Coma vuesa merced y alégrese, que ansí hacen ellos cuando quedan viudos. Échela vino, Gutiérrez.

GUTIÉRREZ.—Helo aquí. ¿Quiere vuesa merced agua en ello?

---

[17] *traspasada:* «Traspasarse de hambre es estar en suma necesidad. El traspaso significa, o el gran desmayo o el trance y agonía de la muerte» (Cov.).

[18] *caja de conserva:* comp. Alemán, *Guzmán*, pág. 820: «Hiciéronme descansar un poco, y sacando una caja de conserva me trujeron con ella un jarro de agua, que no fue poco necesaria para el fuego de veneno que me abrasaba el corazón».

[19] *una vez:* «Vale también la cantidad que se bebe de un golpe; y así se dice una vez de vino, caber buena vez» *(Aut.).* Véase *Prosa festiva,* pág. 150.

Justa.—Agua, ni por pienso. Ágüenlo las casadas y las que tienen[20] contento, que no ha menester aguallo quien perdió lo que perdió.

(Llama dentro Don Pablo.)*

Don Pablo.—¡Ah de casa!
Justa.—Gutiérrez, mirad quién es.
Gutiérrez.—A don Pablo parece en la voz.
D.ª Paula.—Pues, señora, yo quiero desocupar. Quede con los ángeles, que es muchacha y aún no ha empezado a gozar de su juventud. Y no está tan olvidada que no sé yo a quién le pesara de que vuesa merced le admitiera en su servicio.
Justa.—Jesús, señora. Ya se acabaron los hombres para mí. ¿Y quién es el atrevido que a vuesa merced le ha revelado eso?
D.ª Paula.—No se lo quiero decir, que parece que se ha disgustado.
Justa.—¿Yo, por qué? ¿Quién le puede quitar a un hombre que no ponga los ojos donde le diere gusto? Hola[21], Gutiérrez, echalde otro traguito a la señora doña Paula.
Gutiérrez.—Que me place.
Justa.—¿Y es rico ese hombre?
D.ª Paula.—Ta, ta, ta. Sal quiere este güevo[22]. Y muy galán.
Justa[23].—Pues ¿qué ha visto en mí que le movió a quererme? ¿Y es liberal?[24].

---

[20] que no tienen ms.; corrigen Asensio y Blecua.
[21] *hola:* voz para llamar a los criados, ya anotada. Véase *Entremés de Bárbara*, segunda parte.
[22] guego ms.; *Sal quiere este huevo:* frase hecha con varios matices; comp. «Sal pide este güevo. Al que desea que le alaben algo de sus partes haciendo de ellas muestra, y parece que lo pide con alabar a otros, y también cuando uno cuenta algo con mala gracia y es soso» (Correas, refrán 20592); «Sal quiere el güevo y gracia para comello» (Correas, refrán 20593). Aquí parece aludir al interés que muestra Justa por el pretendiente.
[23] Atribuido a Paula en el ms.
[24] *liberal:* 'dadivoso, generoso'.

D.ª PAULA.—¿No digo que es un Alejandro?[25].

JUSTA.—Pues hágame un brindis a su buena gracia.

D.ª PAULA.—Pues, ¿no decía que ya se habían acabado los hombres para vuesa merced?

JUSTA.—Entiéndese[26] los pobres y feos, que ricos y galanes son rico bocado y más con la salsa de ser liberales.

D.ª PAULA.—Pues no lo es poco el que digo. Ahora bien, quédese vuesa merced con Dios, que después trataremos desto.

JUSTA.—Váyase vuesa merced con los ángeles, y veámonos[27]. *(Vase.)* Id [a] abrir y meted dentro ese aderezo de consolar.

(Vase GUTIÉRREZ *y sale* DON PABLO.*)*

DON PABLO.—En este punto me acabaron de decir su desgracia de vuesa merced, que la he sentido, como es justo, por tres razones. La primera ya la entenderá vuesa merced; la segunda no es bien que se diga; y la tercera que se dé al buen entendedor.

JUSTA.—Por cierto, señor, que estoy muy cierta deso.

GUTIÉRREZ.—¿Hay tan confuso modo de dar pésame?

DON PABLO.—Bien puede vuesa merced estallo. Porque es de manera que leyendo esta siesta la historia del Minotauro[28], me enternecía acordándome[29] de vuesa merced.

GUTIÉRREZ.—Pues ¿qué tiene que ver el niño Tauro con eso?

DON PABLO.—Algo parece que acude, que al fin queda una mujer viuda como en un laberinto[30]: «daca la hacienda, toma el acreedor», «si me casaré, si no me casaré»...

---

[25] *un Alejandro:* 'muy generoso'; ya se ha anotado.
[26] entiendes ms., Asensio indica *sic*; Blecua enmienda en «entiende».
[27] *y veámonos:* puede haber alusión chistosa a la frase «A Dios y veámonos, y eran dos ciegos» (Correas, refrán 189).
[28] niño Tauro ms.; aunque Asensio mantiene el texto del manuscrito, Blecua propone enmendar en *Minotauro* para que haga juego chistoso la deturpación posterior de Gutiérrez. Nos parece bien la enmienda y la adoptamos.
[29] cordandome ms.; corrigen Asensio y Blecua.
[30] en un barbesito ms.; enmienda de Asensio. La viuda queda como si estuviera en un laberinto, perdida, y por eso la historia del Minotauro le recordaba a la viuda Justa, dice este Pablo.

JUSTA.—Deso, señor, ninguna confusión me queda a mí, porque la poca hacienda que hay yo la había adquirido, y en lo que es casarme, ¿cómo ha de tratar deso quien perdió lo que yo perdí?

DON PABLO.—Tiene vuesa merced razón, que perdió un marido muy amigo de todos, y tenía muchos.

JUSTA.—Es de manera que con tener yo tantos me excedía, que todo lo atribuía a ser él tan honradazo. Por cierto que no había[31] un mes que nos habíamos[32] casado cuando, viniendo de fuera, se entró de rondón por la sala y me halló abrazada a un galán. Y cuando entendí que hiciera alguna demostración, le dijo al que me abrazaba: «En verdad que ha de abrazar a mí también, que le soy muy servidor». Y a mí me dijo: «¿Cómo estaba esta puerta abierta, señora? ¿Qué os parece si como yo entré entrara otro?». Y desde entonces mandó que estuviese cerrada y hizo una llave para sí, y que hiciese ruido al abrir. Y cuando venía de fuera, abríase él, y en preguntando la moza «Quién es», respondía con el mayor agrado del mundo: «Yo soy c'abro»[33]. Pues ¡luego se metiera él en preguntar «¿a qué iglesia vais a misa?» o «¿en qué visita habéis estado?» ni «¿quién estuvo allá?» ni «¿qué hicisteis?» ni «¿qué tornasteis?»[34], como otros enfadosos que hay. Porque decía él que era gente cansada[35] los que inquerían mucho las cosas, y decía bien. Porque era la honra del mundo.

DON PABLO.—¿Y dejola bien parada a vuesa merced?

JUSTA[36].—¡Señor, lo que me dijo vuesa merced! Todo es muebles de casa, colgaduras, sillas, bufetes[37], vestidos míos y

---

[31] *no había:* 'no hacía'.

[32] nos sabíamos ms.; corrigen Asensio y Blecua.

[33] *c'abro:* otra vez el mismo chiste ya repetido en la primera parte de este entremés.

[34] jornasteis ms.; corrigen Asensio y Blecua.

[35] *cansada: cansado* en el sentido «Hombre cansado, el pesado en sus razones y trato, que cansa y muele a los que han de tratar y conversar con él» (Cov.).

[36] Atribuido a don Pablo en el ms.

[37] *bufete:* «Es una mesa de una tabla que no se coge, y tiene los pies clavados y con sus bisagras, que para mudarlos de una parte a otra o para llevarlos de camino se embeben en el reverso de la mesma tabla» (Cov.).

suyos, y ropa blanca y una rima[38] de colchones. Desde esta noche los echaré todos en mi cama, porque[39] todo ha menester la que quedó tan desarrimada. *(Llora.)*

DON PABLO.—Señora, señora, ¿adónde está su discreción de vuesa merced?

GUTIÉRREZ.—Señor, cosa notable es su intento, y no solo llora pero no hay quien la haga atravesar un bocado. Hágale comer alguna cosa, por su vida.

DON PABLO.—Tráigaselo vuesa merced, que por amor de mí la comerá.

JUSTA.—Jesús, señor, ¿cómo ha de comer quien perdió lo que perdió?

(Sale GUTIÉRREZ con la merienda.)

GUTIÉRREZ.—¡Ah, señora, coma vuesa merced un bocado[40] y beba un trago!

JUSTA.—¿Y qué parecería una viuda?

DON PABLO[41].- Échele de beber, acabe, y beba vuesa merced...

JUSTA.—Echa, Gutiérrez, aunque cierto que es dar mucha nota.

(Échale de beber y llama LEOCADIA de adentro.)

LEOCADIA.—¡Ah de casa!

GUTIÉRREZ.—Esta voz[42] extraño. Beba vuesa merced, señor don Pablo; iré a ver quién es.

DON PABLO.—¿Y vuesa merced no beberá otro traguito?

JUSTA.—¿Y qué parecía ya? Ya una vez aún parece.

---

[38] *rima:* «llamamos rima la compostura de algunas cosas, que están unas sobre otras, como rima de colchones, y de allí rimero y arrimar» (Cov.). Nótese el juego con «desarrimada»: 'viuda sin arrimo'.

[39] porque no ha menester ms.; enmienda de Asensio.

[40] coma vmd. vn y veva ms.; enmienda de Asensio. Se trata del final de la página 795, así que es fácil que el copista se haya comido una palabra.

[41] Atribuido a doña Justa en el ms.

[42] vez ms. Asensio mantiene esa lectura del manuscrito con una advertencia de *(sic)*. Blecua trae «voz», sin ninguna observación.

Don Pablo[43].– Pues si una vez parece mire vuesa merced qué harán dos. *[Aparte.]* (Consolándose parece que va la señora.) Ahora bien, agora que la dejo a vuesa merced un poco alentada me quiero ir por dar lugar a esotra visita.

Justa.—Vaya vuesa merced con Dios y veámonos, señor don Pablo.

Don Pablo.—Que me place.

(Sale Leocadia.)

Leocadia.—¿Podré[44] hablar a vuesa merced una palabra a solas?

Justa.—Que me place. *[Aparte.]* (¿Qué me querrá esta mujer?)

Leocadia[45].—Señora, bien veo cuán fuera de propósito es, de ayer enterrado el marido, venille a tratar de otro. Pero la mucha afición y deseo que[46] Diego Verdugo tiene de merecer este nombre[47], me ha hecho tomar a mi cargo la conclusión deste caso. Él se ha descubierto y me ha dicho que si lo ha de ser de[48] vuesa merced de ahí a un año, que más vale que no pase de hoy. Que antes es quitar la ocasión que se suele[49] dar a mormuraciones, y más las que quedan mozas y hermosas como vuesa merced...

Gutiérrez.—¿Podré entrar, señora?

Justa.—Sí, Gutiérrez, que vos sois de mi Consejo de Estado[50]. Basta que Diego Verdugo me envía a decir se quiere casar conmigo y que ha de ser luego[51].

---

[43] Falta en el ms. el locutor.
[44] padre ms.; corrigen Asensio y Blecua.
[45] Atribuido a Gutiérrez en el ms.
[46] desseo que de ms.; corrigen Asensio y Blecua.
[47] *este nombre:* 'este nombre de marido' y 'este nombre de Diego, o sea, cornudo'.
[48] Suplimos esta preposición, entendiendo que 'si ha de ser marido de vuesa merced dentro de un año, mejor es que lo sea ya'. Ni Asensio ni Blecua reparan en este pasaje, y transcriben como el manuscrito.
[49] suelen ms., lectura que aceptan Asensio y Blecua.
[50] *Consejo de Estado:* «Consejo de Estado, el supremo de todos, en el cual particularmente es cabeza y preside la persona real, y en él se tratan las cosas gmvísimas de paz y guerra y Estado Real» (Cov.).
[51] *luego:* en el sentido clásico habitual de 'inmediatamente'.

GUTIÉRREZ.—¿Y vuesa merced qué dice a eso?

JUSTA.—¿Qué os parece a vos?

GUTIÉRREZ.—Yo, señora, ya le he dicho a vuesa merced que pocos galanes son buenos para maridos.

JUSTA.—Verdad es, pero yo leeré la cartilla[52] primero. ¿Dónde queda?

LEOCADIA.—Tan cerca de aquí que desde la ventana se puede llamar.

JUSTA.—Pues entrémonos a mi retrete[53] y llamarémosle, y quedará dentro o fuera.

GUTIÉRREZ[54].—¿Esta tarde bodas, llena de lágrimas y sin comer desde ayer nada?

JUSTA.—Allá dentro comeré un bocado, que no veo la hora de quitarme esta sobrepelliz y aqueste ambulario[55] de a cuestas.

GUTIÉRREZ.—Sí, señora, que ha gran tiempo que le trae vuesa merced. Entre, señor, por sí a la trocada[56].

(Vase. Salen GUEVARA, LANDÍNEZ *y un* PAJE.*)*

LANDÍNEZ.—Esta es la casa. Entra y pregunta por la señora doña Justa y llégate al oído y dale el recado que te he dicho.

---

[52] *leer la cartilla:* «Leer la cartilla; leile la cartilla. Decir lo que ha de hacer: reñir a uno» (Correas, refrán 12387).

[53] *retrete:* «El aposento pequeño y recogido en la parte más secreta de la casa y más apartada, y así se dijo de *retro*» (Cov.).

[54] Atribuido a doña Justa en el ms.

[55] *ambulario:* «Género de vestidura larga o talar que cubre las piernas, que cuando está vieja y hecha andrajos se llama así por desprecio» *(Aut.)*, con una definición que saca de otro texto de Quevedo *(Poesía original,* núm. 763, v. 124 «horrendos ambularios», en la matraca de los paños y las sedas), por aproximación poco segura, ya que añade que «Usó de esta voz Quevedo y parece puede ser yerro de imprenta y que en lugar de andularios, voz vulgar en castellano, pusiesen ambularios». Puede ser una mezcla de *andularios* y *ambular*. La del entremés es la segunda documentación quevediana del término. Se refiere, sin duda despectivamente, a las tocas y monjil de viuda.

[56] Entendemos que le invita a entrar a obtener el sí de parte de la viuda, trocada su tristeza (fingida) en ganas declaradas de casarse.

GUEVARA[57].— Mira que me parece muy presto para tratar de visitalla, y agora estará con las lágrimas en los ojos llorando a su marido.

LANDÍNEZ.—Pues agora es necesario el consuelo, y con nadie lo tendrá ella como conmigo por lo mucho que me quiere. Y a fe que me ha pesado de la muerte de Diego Moreno, porque nunca me dijo malo ni bueno, aunque más a menudo me viese en su casa.

(Sale el PAJE.)

PAJE.—Señor, hasta agora he estado[58] por ver si hallaba ocasión de poder dar el recaudo y no ha sido pusible.

LANDÍNEZ.—No me espanto, que hasta agora todo será pésame y lloros y monjil.

PAJE.—Bailando estaba y vestida de verde y de alegría[59].

LANDÍNEZ.—¿Quién, mozo? ¿Qué decís?

PAJE.—La señora doña Justa.

LANDÍNEZ.—Este ha perdido el juicio. ¿Tú sabes lo que dices? Tú estás soñando. ¿Vestida de color y bailando diz que había de estar la otra, de ayer muerto su marido?

PAJE.—Pues ¿qué mucho si tiene ya otro?

LANDÍNEZ.—¿Otro marido? ¿Y conócesle tú?

PAJE.—Sí, señor. Diego Verdugo es, aquel de quien anduvo vuesa merced celoso.

---

[57] Atribuido a Gutiérrez. Asensio sugiere que el copista interpretó mal Gu. que servía para Guevara, pero en el ms. figura «gutie.». De cualquier modo aceptamos la enmienda de Asensio para las siete ocasiones seguidas en que esto se produce.

[58] agora estado ms.; Asensio «e'stado»; Blecua suple el auxiliar.

[59] *de verde y de alegría:* la figura de la viuda verde, hipócrita, es tópica en la literatura satírica: cfr. Quevedo, *Prosa*, pág. 104: «Mujer viuda, que se fue a lo del siglo, con talle de bayeta, espíritu carmesí, cuerpo de réquiem y alma de aleluya»; *Poesía original,* núm. 668, vv. 45-50: «Y que la viuda enlutada / les jure a todos por cierto / que de miedo de su muerto / siempre duerme acompañada; / que de noche esté abrazada / por esto de algún valiente, / ¡mal haya quien lo consiente!»; Bernardo de Quirós, *Fruela,* pág. 133: «Arrojando lo de réquiem / los viudos se aleluyan. [...] Los viudos de hogaño / ya todos usan / réquiem por defuera / y dentro aleluya».

LANDÍNEZ.—Y de quien ella siempre me dijo que le aborrecía como al diablo. ¡Ah, mujeres!
PAJE.—Luego ¿da vuesa merced crédito a palabras destas señoras?
LANDÍNEZ.—Con todo eso no lo creo. Y si ella se ha casado con Verdugo, ella ha buscado quien lo sea de su juventud, porque yo le... Y a fe que él la haga andar tan justa como el nombre.

(Suenan guitarras.)

GUEVARA.—Oigan, que al patio baja toda la trulla[60].
LANDÍNEZ.—¿Hay tal brevedad de viudez en el mundo? Moríos por ahí. Ahora bien, arrebocémonos y veremos lo que pasa.

(Salen los novios con música, y DON PABLO *y* DOÑA PAULA *como padrinos, y cantan esto los músicos)*[61].

> *Pedir firmeza en ausencia*
> *es pedir al olmo peras*[62].
> Pedir que la que enviudó
> al tercero o cuarto día
> no dé entrada a la alegría
> por do el marido salió;
> pedir que el que se ausentó
> no le haga trampa su dama
> con incomparables veras
> *es pedir al olmo peras*[63].

---

[60] *trulla:* «Bulla y ruido de gente» *(Aut.).* El *DRAE* trae la acepción de 'turba, multitud de gente', que parece mejor en muchos contextos. Comp. Villalón, *Crótalon,* págs. 151-152: «siempre andaba en compañía de una trulla de clérigos»; y pág. 370: «Estaban por allí religiosos apóstatas, falsos profetas, divinadores [...] y otra gran trulla de gente perdida»; Quevedo, *Sueños,* pág. 114: «y en el ruido con que venía la trulla dijo un ministro».
[61] Canta esto ms., que repite esta misma indicación delante de los versos.
[62] *pedir al olmo peras:* «Es pedir peras al olmo, que no las suele llevar» (Correas, refrán 9422); «Mas pedí peras al olmo» (Correas, refrán 13681)...
[63] En el ms. falta este verso.

GUEVARA.—¿Qué dice desto, señor Landínez?
LANDÍNEZ.—Que no fiaré ya de mujer en mi vida.
JUSTA.—Ahora bien, toque vuesa merced un correnderico[64], que aún no ha visto mi marido mis gracias.
VERDUGO.—Señora mujer, ya no es tiempo dellas y de bailar; no lo son para mí, que mejor me parece una mujer con la rueca en la mano que con las castañetas.
JUSTA.—Donaire ha tenido. ¡Y está rabiando por verme bailar!
VERDUGO.—Mire que tan rabiando estoy que no me ha de quedar instrumento bailarino hoy en casa que no le queme.
JUSTA.—¿Hablas de veras, amigo?
VERDUGO.—Ya no soy sino marido, y de los que no sufren cosquillas[65].
GUEVARA.—¿Oyes aquello?
LANDÍNEZ.—Yo me estoy bañando en agua rosada[66] de que le haya venido a esta su pago.
GUTIÉRREZ.—¿Ve vuesa merced lo que yo le dije? *[A Justa.]* (Déjale, que en verdad que los ha de tragar aunque más sepa.)
VERDUGO.—¿Qué estais hablando en secreto?
JUSTA.—Estábale diciendo a Gutiérrez que quemase luego las castañetas, sonajas y pandero, porque no pienso bailar más en mi vida.
VERDUGO.—¿Cómo no? Toque vuesa merced, que ha de bailar.
JUSTA.—No hayáis vos miedo.

---

[64] *correnderico:* un tipo de baile; se cita en el *Códice de autos viejos* un «Baile correndero a lo llano»; véase Becker, 2005, y llega hasta coplas populares actuales, como esta de Porcuna (Jaén): «Vamos a echar un correndero/ hasta que se rompa el suelo, / si se rompen los zapatos/ pa eso están los zapateros».
[65] *no sufren cosquillas:* «Suelen decir de un hombre grave, y que no sabe de burlas, que no sufre cosquillas» (Cov.); «No sufre cosquillas. Del que es riguroso y no consiente que le sopeen» (Correas, refrán 16884); «Conmigo pocas burlas, que yo no sufro cosquillas» (Correas, refrán 5533); «Yo no sufro cosquillas» (Correas, refrán 24083).
[66] *bañarse en agua rosada:* «Bañarse en agua rosada. Por alegrarse, y más si es a pesar de otro» (Correas, refrán 3377).

VERDUGO.—Salid, digo. *(Amágale.)*
JUSTA.—¿No dijestes agora que no queríades que bailase más?
VERDUGO.—Era que entonces queríades vos bailar. Y agora que no queréis quiero yo que bailéis por el mismo caso.
JUSTA.—*[Aparte.]* (El diablo lleve a quien no te hiciere ciervo[67] por el mismo caso.) Toque vuesa merced.

(Cantan.)

MÚSICOS.—*Pedir firmeza en ausencia*
es pedir al olmo peras.
(Baile.) Pretender que una mujer
mude de[68] su natural,
y que llevada por mal
peor no tenga de ser;
pretendella recoger
si ella ha sido algo salida[69];
querella ver reducida,
si ella fue burlona, a veras,
es pedir al olmo peras.
GUEVARA.—¿Hemos de aguardar a más?
LANDÍNEZ.—Sí, a darle la norabuena de su boda.
GUEVARA.—¿Delante de su marido?
LANDÍNEZ.—No importa, que no me[70] conoce. Goce[71] vuesa merced muchos años, mi señora doña Justa. Y huélgome que ha topado con quien hará que lo ande.

---

[67] *ciervo:* referencia tópica para el 'cornudo'.
[68] Suplimos la preposición, como Asensio y Blecua; es necesaria para el cómputo silábico. Sin duda el copista se confundió al haber escrito ya «de» en la palabra «mude».
[69] *salida:* juego de palabras con el sentido de 'aficionada a salir de paseo', y el obsceno de 'en celo', peyorativo por ser aplicado sobre todo a los animales. Comp. Cov. *s. v. cachonda:* «la perra que está salida y se va a buscar los perros»; *s. v. salir:* «salida, la perra que está cachonda»; *Buscón,* pág. 180: «una moza rubia y blanca, miradora, alegre, a veces entremetida y a veces entresacada y salida».
[70] «me» omitido en el ms. y Asensio. Suple Blecua, a nuestro juicio acertadamente.
[71] goço ms.; corrigen Asensio y Blecua.

JUSTA.—Por tu vida, que ha de ser sigundo Diego Moreno ya por vengarme dél.
LANDÍNEZ.—Norabuena.

(El marido habla con DON PABLO *mientras ella dice esto.)*

VERDUGO.—¿Quién es este caballero, mujer?
LANDÍNEZ.—Muy servidor de vuesa merced y de mi señora doña Justa, y como tal no quise ser el postrero en dar la norabuena.
VERDUGO.—Pudiera vuesa merced ahorrar el entrarse[72] en casa ajena tan redondón[73], sin pedir licencia.
LANDÍNEZ.—Sé yo muchos días ha esta casa.
VERDUGO.—Pues no lo sepa de hoy más vuesa merced y déjela[74] desde agora, que yo me doy por dado la norabuena.
JUSTA.—Váyase vuesa merced, señor Landínez, que me hará mucha merced y me dará mucho gusto.
VERDUGO.—Pues no se vaya por el mismo caso.
LANDÍNEZ[75].—Norabuena, yo me quedaré, y pues el día es de regocijo mande vuesa merced que se baile.
D.ª PAULA.—Que sí, señor.
DON PABLO.—Que sí, señor.
VERDUGO.—Que no, señor.
JUSTA[76].—*[Aparte.]* (Pues vive Dios que te la he de dar a tragar.) ¡Ay, ay, ay!

(Cáese en los brazos de LANDÍNEZ.*)*

---

[72] al entrarse ms.; corrigen Asensio y Blecua.
[73] *tan redondón:* pudiera ser error por «de rondón» o un juego paronomástico con *redondón,* que pudiera interpretarse 'tan ancho'; *de rondón:* 'sin consideración, de golpe'; «vale intrépidamente y sin reparo» *(Aut.). Poesía original,* núm. 646, vv. 26-27: «que llame estrecho aposento / donde se entró de rondón»; es término coloquial: Quevedo, *Prosa,* pág. 427: «Harto estrujó en vuestra paternidad la palabra rondón; que gusto me dió la palabra de rondón; solo faltó traque barraque y troche moche».
[74] y dejala ms.
[75] Atribuido a Verdugo en el ms.
[76] Atribuido a Verdugo en el ms.

GUTIÉRREZ.—¡Jesús, Jesús, helo aquí! Esto ha querido vuesa merced, que le dé mal de corazón.

(Fingió tener desmayo y diole la mano a LANDÍNEZ*)*[77].

VERDUGO.—No importa, que yo sé un bonísimo remedio para este mal. Traedme una vela encendida, Gutiérrez, que no me desagrada el malecillo de corazón, reina, pues yo soy muy a propósito para atajallo.
GUTIÉRREZ.—Hela aquí la vela.
VERDUGO.—Mostrad.

(Hace que le va a poner la mano en la vela)[78].

JUSTA[79].—Que ya estoy buena, que ya estoy buena.
VERDUGO[80].– Yo lo creo, porque este remedio es famoso. Señores, cuando a sus mujeres o a sus damas les tome este mal, ya saben la medicina.
MÚSICOS.— ¿Podrémonos ir nosotros, señora?
JUSTA.—Sí, que ya ni hay que[81] tañer ni que bailar.
VERDUGO.—¿Cómo no? Toquen vuesas mercedes y báilese, que no se ha de hacer cosa que ella quiera, sino al revés.
MÚSICOS.— Norabuena.
Pedir firmeza en ausencia
es pedir al olmo peras.
Por Dios que ha andado arrogante
el novio en esta ocasión.
GUTIÉRREZ.—Todas estas cosas son
humillo de principiante.
JUSTA[82].— Señoras, de aquí adelante
escarmienten en mí todas.

---

[77] Este tiempo verbal sugiere que el copista o el modelo del cual copia ha visto una representación y está describiendo las acciones realizadas por los actores.
[78] O sea, que se dipone a quemarle con la vela.
[79] Justi ms., y las veces que siguen.
[80] Atribuido a Justa en el ms.
[81] que ya ni que ay que ms.; corrigen Asensio y Blecua.
[82] Justina ms.

VERDUGO.— No diréis que soy[83] cruel,
 pues ya os consiento bailar,
 mas mañana habéis de hilar.
JUSTA.— Mejor lo quemen a él.
VERDUGO.— Quien quisiere el arancel
 para gobernar su casa
 desde el día que se casa,
 le hace en mi condición;
 que es ser[84] un hombre Anteón[85]
 no tratar desto con veras.
MÚSICOS.— Pedir firmeza en ausencia
 es pedir al olmo peras.

(Y dando fin con esto, repiten la letra y vanse)[86].

Finis laus Deo.

---

[83] soys ms.; corrigen Asensio y Blecua.
[84] que el ser ms.; corrigen Asensio y Blecua.
[85] *Anteón:* o Acteón fue convertido en ciervo por Diana en castigo de haberla visto bañándose con sus ninfas, y perseguido y devorado por sus perros. Aquí es alusión a cornudo. Comp. *Poesía original*, núm. 77, vv. 12-13: «El pelo de Acteón, endurecido [por los cuernos de ciervo] / en su frente, te advierte tu pecado; / oye, porque no brames, su bramido».
[86] «Repiten la letra y vanse», vuelve a escribir el copista.

Entremés de la vieja Muñatones[1]

Salen Cardoso *y* Pereda.

Cardoso[2].—Teníanme quebrada la cabeza con este Madrid: «Daca Madrid, toma Madrid»[3]. Y llegado a Madrid es

---

[1] *Muñatones:* Asensio (1965, págs. 215-216) indica que pensó en un principio que se refería a una persona real condenada por la Inquisición, apoyándose en el epitafio satírico del mismo Quevedo «Por no comer la carne sodomita» *(Poesía original,* núm. 598), epitafio que Mas (1957, pág. 70) cree dirigido contra una bruja real, la «madre Muñatones de la Sierra». Para Asensio, *Muñatones* pudiera ser el nombre profesional de cualquier hechicera «de las que la sierra albergaba». Pero como el mismo erudito apunta *Muñatones* y *Muñatón,* además de apellidos reales, designaban en determinados contextos, a los brujos y brujas contiguos a la alcahuetería; recuerda el sabio Muñatón del *Quijote.* Nombre, en suma, elocuente, y significativo de una vieja alcahueta y medio bruja.
[2] *Cardoso:* es también nombre sugeridor. Connotaciones de *cardo,* que en germanía significa 'látigo' y a veces 'delincuente azotado'. En germanía significa también 'bellaco, malintencionado', en relación con la *gente de la carda:* 'gente del hampa'. Hay muchos testimonios sobre la base del término básico. Véase *Léxico.* Otros rufianes se llaman *Cardón (Poesía original,* núm. 609), o *Cardoncha* (núm. 856), cwwon iguales sugerencias.
[3] *Daca Madrid, toma Madrid:* adapta frases como «Daca acá; toma allá; vuelve acullá. Dícese contando canseras y excusas e importunidades, y varíase esta frase» (Correas, refrán 6310); «Daca el gallo, toma el gallo, quédanse las plumas en la mano» (Correas, refrán 6311); «Jugar luego daca, luego toma» (Correas, refrán 11873), etc. En el contexto alude a las ponderaciones de Madrid que cansan a los que las oyen, y cuando van a Madrid todo es «daca y toma»: 'interés, gente pedigüeña, gastos', con especial alusión a la venalidad de las mujeres: «Juega a daca y toma. Dícese de los que de nadie se fían»

todo Madrid daca y toma. La arena con puente, el río con polvo[4]; mujeres que piden, hombres que arrebatan un fardo por cuello, un cuello por puño[5]; más barrigas en los hombres que en las mujeres, colchones por pantorrillas[6]. Pues las

---

(Correas, refrán 11852); «Jugar a daca y toma. De los interesados» (Correas, refrán 11860).

[4] *arena con puente:* la escasa agua del Manzanares es motivo de burlas innumerables en el Siglo de Oro. Véase Fradejas, 1992, págs. 49-110. Quevedo, *Poesía original,* núm. 719, vv. 1-2: «Manzanares, Manzanares, / arroyo aprendiz de río» y *passim* para otras burlas; Lope, *Santiago el Verde:* «Manzanares claro, / río pequeño, / por faltarle el agua / corre con fuego»; Tirso, *Cigarrales de Toledo:* «Manzanares soy tan pobre / que para pagar mi censo / una mohatra de agua / de la fuente tomar quiero»; Castillo Solórzano, *Tiempo de regocijo:* «Aquel átomo de río, / encogido y pasicorto, / almacén de tantas ranas / entre el cielo pecinoso, / aquel pobre vergonzante / con menos caudal que toldo...» (todos los últimos cits. por Fradejas, 1992, págs. 53-55).

[5] *fardo por cuello:* es frecuente la sátira de los grandes cuellos que se usaban en la época: comp. el soneto de Quevedo «Al haber quitado los cuellos y las calzas atacadas, y ver esgrimir por entretenimiento» *(Poesía original,* núm. 607, vv. 1, 9-10): «Rey que desencarcelas los gaznates [...] miente quien se quejare por la gola, / pues son cabezas las que fueron coles»; el soneto celebra la prohibición de tales cuellos en los capítulos de reformación en marzo de 1623; otro poema quevediano importante al respecto es el núm. 720, en el que los cuellos acuden al juicio con ocasión de la premática citada. En *El chitón de las tarabillas* (cit. por Blecua en *Poesía original): «*Dime, desventurado, ¿cómo no te vuelves de todo corazón, de toda valona [...] a rey que desencarceló los pescuezos, a rey que desvalió las nueces?»; *Sueños,* pág. 126: «Vino un caballero tan derecho que, al parecer, quería competir con la misma justicia que le aguardaba. Hizo muchas reverencias a todos y con la mano una ceremonia usada de los que beben en charco. Traía un cuello tan grande que no se le echaba de ver si tenía cabeza»; *cuello por puño:* comp. *Sueños,* pág. 197: «veo dos hombres dando voces en un alto, muy bien vestidos con calzas atacadas. El uno con capa y gorra, puños como cuellos y cuellos como calzas. El otro traía valonesy un pergamino en las manos».

[6] *barrigas... colchones:* burla de los petos y pantorrillas postizas, artificios de relleno para mejorar la figura y que las piernas parecieran más robustas y redondas. Comp. Quevedo, *Buscón,* pág. 57: «resuscitaba cabellos encubriendo canas, empreñaba piernas con pantorrillas postizas; *Poesía original,* núm. 652, vv. 11-19: «Ayer sobre dos astillas / andaba el señor Bicoca, / y hoy, la barriga a la boca, / lleva ya las pantorrillas. / Eran todas espinillas / ayer las piernas de Antón, / y la una es hoy colchón / y la otra es hoy costal»; 749, vv. 65-72: «Más lana hubiera en Segovia / si desquilara Madrid / los petos y pantorrillas / de galán tanto arlequín. / Con la barriga a la boca / anda en días de parir / y sus tripas de pelota / todo jubón varonil»; 869, vv. 155-158: «Cosquillas se usan postizas, / como pantorrillas ya; / quien de suyo no las tiene / las compra donde las hay».

mujeres, ¡están apacibles! ¡Fuego[7], señor Pereda! Como antes iban a la maestra hoy van las niñas a la castañeta y en lugar de decillas oraciones dícenlas[8] bailes. Solo es que el trajecito[9] lo adoba. Hasta en los chapines gastan sangre de bolsas[10], y hay orejas que merecen alanos[11] y piden arracadas. Y por dar

---

[7] *fuego:* imprecación execratoria: «Fuego en él, en ella» (Correas, refrán 10130).

[8] dicen los vayles ms. Corrigen Asensio y Blecua. Las mujeres van a aprender a tocar las castañuelas y a bailar. Comp. *La destreza*, vv. 183-184: «Estaba yo instruyendo estas muchachas / en toda perfección de castañeta».

[9] *trajecito:* alusión irónica a los lujos y vanidad de los vestidos femeninos.

[10] *chapines:* «Calzado propio de mujeres, sobrepuesto al zapato para levantar el cuerpo del suelo [...] el asiento es de corcho» (Cov.). Comp. Quevedo, *Poesía original*, núm. 614, vv. 9-11: «Quien no fuere de Marte matachín / te incline solo a que le quieras bien, / rindiéndote del manto hasta el chapín»; y en *Prosa festiva*, pág. 455: «A los chapines llamará posteridades de corcho, adiciones de alcornoque, tara de la persona»; o la «Sátira a los chapines» de Maluenda (véase Arellano, 1987b, págs. 119-20); Quirós, *El hermano de su hermana*, vv. 1460-1461: «en zapatillas de esgrima / y chapines de Toledo». Muchas referencias en Terrón, 1990. Podían ser muy altos. Gastan *sangre de bolsas*, es decir, oro y plata, porque se adornaban con virillas, «Adorno en el calzado, especialmente en los zapatos de las mujeres, que le servía también de fuerza entre el cordobán y la suela» *(Aut.)*. Estas virillas podían ser de plata u oro. Comp. Tirso, *La huerta de Juan Fernández*, en *Obras dramáticas completas*, III, pág. 601: «No gastara la mulata / manto fino de Sevilla, / ni cubriera la virilla / el medio chapín de plata»; véase Sempere, *Historia del lujo*, II, págs. 108-109.

[11] *alanos:* véase *Pero Vázquez de Escamilla*, v. 442; los alanos cogían a su presa por las orejas; estas mujeres merecerían ser echadas a los perros y en vez de eso reclaman para sus orejas pendientes o arracadas ('aretes con adornos colgantes'). Probablemente alude a la expresión *dar perro* o *dar perro muerto*: Correas, núm. 6523: «Dar perro muerto. Dícese en la corte cuando engañan a una dama dándola a entender que uno es un gran señor»; es decir, como 'estafar'. A juzgar por los textos de la época, significa irse con una prostituta y no pagarle; comp. Quevedo, *Poesía original*, núm. 537, vv. 5-8: «Él os quiere gozar, a lo que entiendo, / si os coge en esta selva tosca y ruda: / su aljaba suena, está su bolsa muda; / el perro, pues no ladra, está muriendo»; núm. 609, vv. 12-14: «Puta sin daca es gusto sin cencerro, / que al no pagar, los necios, los salvajes, / siendo paloma, le llamaron perro»; núm. 734, vv. 49-52: «Hace inmortales a los perros, / que tan muertos andan hoy, / y a los muertos de dos meses / ofrece resurrección»; núm. 744, vv. 73-76: «Dices que no tienes perro / que te ladre; y es verdad, / porque a los perros difuntos / nadie los oye ladrar».

muñecas dan muslos[12], y parece que van a fregar, según llevan arremangados los brazos. Señor Pereda, yo quiero poco don y mucho barato[13] y Cazorla me fecit[14].

PEREDA.—¿En un mes quiere vuesa merced haber penetrado los secretos desta máquina[15]? Señor Cardoso, si vuesté[16] se encarna en el pueblecillo[17], no hay Cazorla que tenga. Ojos andan

---

[12] *muñecas... muslos:* no apuramos el sentido de la antítesis, más allá de la contraposición anatómica y la alusión erótica de los muslos.

[13] *poco don y mucho barato:* las prefiere plebeyas, sin tratamiento de don, y baratas. Comp. *Poesía original*, núm. 609: «Quiero gozar, Gutiérrez, que no quiero / tener gusto mental tarde y mañana; / primor quiero atisbar y no ventana, / y asistir al placer y no al cochero. / Hacérselo es mejor que no terrero; / más me agrada de balde que galana; / por una sierpe dejaré a Dïana / si el dármelo es a gotas sin dinero. / No pido calidades ni linajes, / que no es mi pija libro del becerro, / ni muda el coño, por el don, visajes. / Puta sin daca es gusto sin cencerro, / que al no pagar, los necios, los salvajes, / siendo paloma, le llamaron perro».

[14] *Cazorla me fecit:* 'me precio de ser de Cazorla, y no de la capital; prefiero las costumbres rústicas'; *me fecit* era la formulilla que se usaba para marcar la autoría en cuadros, espadas, etc. Comp. *Ramillete*, pág. 85: «Sazón, sazón no más, gusto me fecit»; *Sueños*, pág. 83: «pues ellas proprias se traen consigo la recomendación y alabanza y el Quevedo me fecit».

[15] *máquina:* alusión a la complejidad de Madrid. Es palabra con muchos matices en el Siglo de Oro, conjunto de cosas más o menos organizadas, pero de algún modo admirables o llamativas. Comp. *Criticón*, I, pág. 114: «la variedad y máquina de cosas, según lo que yo había concebido»; *Criticón*, III, pág. 46: «¿No reparas en aquel otro que, estando para caer aquella gran máquina de coronas, llega él y arrima su carcomido báculo y con segura firmeza las sustenta?».

[16] *vuesté:* alomorfo de *vuestra merced,* fórmula de cortesía usual en el Siglo de Oro. Estos alomorfos tienen siempre connotaciones jocosas o agermanadas. Comp. Quiñones de Benavente, *Jocoseria, La capeadora,* v. 67: «Quiérame vuesasted como la quiero»; v. 72: «¿No me ha oído vuested?»; v. 91: «Son muy de vuesastedes los antojos»; vv. 112-13: «No se cansen vuesastedes / en pedir, señoras damas»; Quevedo, *Poesía original,* núm. 753, vv. 5-6, 13-14: «Vusted está bien fardada/ con su moño jacerino [...] / Vusted se sienta en estrado / como togado ministro»; véase Plá Cárceles, 1923, y Torres, 1989.

[17] *se encarna en el pueblecillo:* 'se aficiona a Madrid', o 'se prenda de alguna mujer en Madrid'; *pueblecillo* se refiere por antífrasis irónica a Madrid; *encarnar* en una de sus acepciones («cebarse el perro en la caza que coge», *DRAE)* es sinónimo de *encarnizarse,* que según Cov. también «se dice del que está cebándose en el vicio de la deshonestidad», que puede ser alusión viva en el contexto.

por esas calles serniéndose por el tapado de un manto[18] que hablan de misterio[19]. Pues ¿qué cuando esgrimen la chica y en chinela cosquillosa[20], con manto travieso y pasos mortales[21],

---

[18] *serniéndose, tapado, manto:* integra sentidos de *cerner:* 'atalayar, observar, examinar' *(DRAE); cernerse:* 'andar o menearse moviendo el cuerpo a uno y otro lado, como quien cierne' *(Aut.).* Lo aplica a los movimientos incitantes de los ojos a través del manto; Quevedo satiriza a menudo lo mantos y la práctica de taparse medio ojo: modo de colocarse el manto las damas del Siglo de Oro, de manera que dejaran descubierto un ojo: *Poesía original*, núm. 872, vv. 81-82: «Tapada de medio ojo / en forma de acechona»; Salas Barbadillo, *La hija de Celestina, Picaresca femenina*, pág. 136: «¡Oh, qué mujer, señores míos! Si la vieran salir tapada de medio ojo con un manto destos de lustre de Sevilla»; Deleito y Piñuela, 1966, págs. 63-70, que en pág. 64 cita a León Pinelo: «El taparse embozarse [...] de medio ojo, doblando [...] y prendiendo el manto, de suerte que descubriendo uno de los ojos, que siempre es el izquierdo, quede lo restante del rostro aún más oculto y disfrazado».
[19] *hablan de misterio:* frase hecha «Hablar cautelosa y reservadamente o afectar oscuridad en lo que dice para dar en que entender y que discurrir a los que oyen» *(DRAE).* Alusión a las miradas de las coquetas.
[20] *esgrimen la chica, chinela cosquillosa:* todo el pasaje es bastante denso de alusiones satíricas. La chica es la daga, en lenguaje de germanía. Comp. Quevedo, *Un Heráclito*, núm. 289, vv. 91-92: «gran jugador de la chica, / gran sosquinero de amagos»; *Poesía original*, núm. 869, vv. 55-56: «a Juan Malliz pone al lado, / que es mohador de la chica». Quevedo usa la terminología de esgrima para aludir a la habilidad de las pidonas: esgrimir la chica es un modo de decir que sacan el dinero a los galanes como si les dieran una puñalada. Véase solamente el entremés de *La destreza*; *chinela:* «Un género de calzado, de dos o tres suelas, sin talón, que con facilidad se entra y se saca el pie dél» (Cov.). Es *cosquillosa* porque el pie tiene connotaciones eróticas y cosquillas se usa a menudo en sentido obsceno: véase *Poesía original*, núm. 865, vv. 135-138: «Todo hombre es concebido / en cosquilla original; / quien no las tiene en los lados, / las tiene en el espaldar»; núm. 690, vv. 57-60, cuando Elvirilla se contonea: «Cantáridas toma el yelo / para mostrarse muy hombre, / los berros arrojan chispas, / sienten cosquillas los montes».
[21] *manto travieso y pasos mortales:* prosigue la alegoría de la esgrima: *travieso* es en esgrima lo mismo que «atravesado», y aquí juega con el sentido de 'deshonesto', además de aludir a la colocación del manto en la cara «de medio ojo»; los pasos son mortales porque le permiten atacar mortalmente (en la esgrima y en las incitaciones que provocan con su meneo, para perdición de los hombres y de sus bolsas).

363

una quincena jarameña[22] a lo zaíno[23], zangotean un portante[24] y hacen una visita de madrugón[25] y entre dos luces mudan una casa? Vuesté trae acazorlado el gusto[26]. Suelte ese dinero y hágale bravo[27] y engáñese por mí.

CARDOSO.—Vengo en eso. Mas veo que si hombre[28] habla a una casada, luego dice: «Cata mi madre, cata mi tía, cata mi

---

[22] quinzeta garameña ms., lectura que respeta Asensio; Blecua enmienda como queda arriba; *quincena jarameña:* 'mujer de quince años tan peligrosa como un toro del Jarama'. Eran famosos los toros que pastaban en las riberas del Jarama: Fradejas, 1958, págs. 124-136, trae abundantes testimonios literarios de los toros del Jarama, entre otros, textos de Góngora («fulminó rayos Jarama / en relápagos de toros»), Lope («súfralo, amor, un toro de Jarama», «Como en el coso el toro jarameño»), Quevedo («El blasón de Jarama, humedecida / y ardiente la ancha frente en torva saña»), Tirso («Corren toros jarameños»), Mira de Amescua («Sale a la plaza el toro de Jarama / como fiera cruel de los infiernos»), etc.

[23] *a lo zaíno:* sigue la imagen del toro jarameño. *Zaíno* es el ganado de color negro sin ningún pelo blanco; significa también 'traidor, falso' («dícese del caballo castaño escuro, que no tiene ninguna señal de otra color. Argumento de ser traidor, porque el humor adusto no esta templado con otro que le corrija; y de allí al que es disimulado y que trata con doblez llamamos zaíno», Cov.).

[24] *zangotean un portante:* 'se mueven con el paso de portante': *zangotear* o *zangolotear* es «moverse una persona de una parte a otra sin concierto ni propósito» *(DRAE),* nueva alusión a los meneos de la pidonas; *portante:* «marcha o paso apresurado. Dícese regularmente de las caballerías» *(Aut.).* También puede integrar el sentido germanesco de 'llevar o traer' por alusión a la rapacidad de las mujeres: 'se mueven con pasos que se llevan los dineros de los hombres'.

[25] madrigón ms. Asensio omite la frase «y hacen una visita de madrugón»; *madrugón:* alude a la rapidez con la que toman el dinero: en el entremés de *La destreza* «llevan la madrugona los pobretes»; *Poesía original,* núm. 868, vv. 69-72, el estudiante que se escapa sin pagar: «... para dar madrugón / en la posada que habita, / mejor entiende en España / las leyes de la Partida». Mudan una casa porque se llevan todo lo que hay en ella.

[26] *gusto:* en los textos satíricos y burlescos de Quevedo indica a menudo el trato carnal. Véase el soneto citado antes «Quiero gozar, Gutiérrez, que no quiero / tener gusto mental tarde y mañana».

[27] *hágale bravo:* 'hágalo útil'; siguiendo los juegos 'hágalo valentón', para que se pueda enfrentar con las que esgrimen la chica; y 'hágalo rufián'.

[28] *si hombre:* usado como impersonal 'si uno'; caracteriza casi siempre el lenguaje desgarrado de hampones y rufianes; en todo caso es registro coloquial. Véase Cervantes, *Rufián dichoso, Teatro completo,* pág. 285: «Quiso Lugo

marido, cata los criados, cata los vecinos». Y es un gusto tan catado[29] que no se puede sufrir. Lo otro, señor mío, hallo que no se hace caso del paseo; músicas es cosa perdida. Y yo quisiera entretener[30] de vestir, dar gusto y gala y talle, y que no hubiera de por medio salsa de Indias[31].

PEREDA.—Tenga punto[32]. Vuesté pretende morir casto, porque no hay aquí otro camino sino ése. Bueno es venirse vuesa merced a gastar canticio[33] a la corte, donde no hay voz buena sino la que dice «toma». El talle y las demás gracias se toman en dinero, que no son golosas de perfeciones, y aun no toman plata por talle, si no es ocho[34] por ciento, como cuartos. Véngase vuesa merced conmigo y llevarele en casa de una vejecita que recibe pupilos.

CARDOSO.—¿Es alcahueta?

PEREDA.— Ya pereció ese nombre ni hay quien le oiga. No se llaman ya sino tías, madres, amigas, conocidas, comadres,

---

empinarse sobre llombre [...] teniendo al lombre aquí por espantajo»; *Sueños*, pág. 82: «—¿Qué pierde el hombre en ser bien criado? ¿Qué sé yo a quién habré de menester ni en qué manos he de dar?».

[29] *tan catado:* alusión maliciosa 'muy catada es esta mujer'. El juego de palabras es obvio.

[30] *entretener:* dilatar, dar largas, ahorrarse los regalos a las mujeres; quiere dar gusto pero no dinero.

[31] *salsa de Indias:* dinero, por alusión a las riquezas que venían de América.

[32] *Tenga punto:* expresión germanesca: 'tenga aviso'. Todo el pasaje: 'si no da dinero morirá casto, porque no hay modo de lograr a una mujer sin darle'.

[33] *canticio:* «canto frecuente y molesto» *(DRAE)*. La única voz buena que aceptan las mujeres es la que dice «Toma».

[34] «sino eso ocho» Asensio. Prefieren el oro; la plata la aceptan con un añadido del ocho por ciento; interpretamos talle como variante de *talla* 'tributo, rescate, recompensa'.

criadas, coches y sillas[35]. Persínese bien[36], que la vieja tratante en niñas y tendera de placeres es mujer que con un bostezo hace una jornada de aquí a Lisboa y con el aliento se sorbe un mayorazgo.

CARDOSO.—Buena cosa me endilga vuesa merced. Con todo quiero ir a probar esta aventura. Vamos a Madrid. Dinerito alerta, ojo avizor, que tocan a vieja como a muerto.

(Vanse. Entra la madre MUÑATONES, *con tocas y sombrerillo y báculo y antojos y rosario, y* CRISTINA *con ella)*[37].

---

[35] El pasaje es una sátira a la hipocresía de los nombres, tema frecuente en la literatura del género; los coches y sillas de manos son en este sentido un motivo privilegiado en el contexto de acusaciones de alcahuetería. Comp. Quevedo, *Poesía original,* núm. 779, «Sátira a los coches», vv. 17-32, en boca de un coche: «Acúsome en alta voz / dijo, que ha un año que sirvo / de usurpar a las terceras / sus derechos y su oficio. / Que he sido caballo griego / en cuyo vientre se han visto / diversos hombres armados / contra Helenas que han rendido. / Que cien fembras y varones / he llevado y he traído, / de día por los jarales, / de noche por los caminos. / Que he visto quitar la pluma / a mil tiernos palominos, / y sin que lleguen al sexto / penallos en tercio y quinto»; *Hora,* pág. 102: «Tía, [...] toma otro oficio, que los coches se han alzado a mayores con la coroza, y espero verlos tirar pepinazos por alcahuetes». Para las sillas de manos, véase *Poesía original,* núm. 515 «A las sillas de manos cuando van acompañadas de muchos gentiles hombres»; *Sueños,* pág. 182: «Vi una mujer que iba a pie, y espantado de que mujer se fuese al infierno sin silla o coche, busqué un escribano que me diera fe dello»; *Hora,* pág. 88: «iban en figuras de camarines en una alacena de cristal con resabios de hornos de vidrio, romanadas por dos moros, o cuando mejor, por dos pícaros. Llevaban las tales transparentes los ojos en muy estrecha vecindad con las nalgas del mozo delantero, y las narices molestadas por el zumo de sus pies». Comp. Cervantes, *El licenciado Vidriera,* en *Nov. ej.,* II, pág. 126: «Hallose allí uno de estos que llevan sillas de manos, y díjole: —De nosotros, licenciado, ¿no tenéis qué decir? —No, —respondió Vidriera—, sino que sabe cada uno de vosotros más pecados que un confesor».

[36] persinese vilen ms. Asensio y Blecua corrigen.

[37] *tocas:* prenda usual de viudas y viejas respetables. Con el báculo, anteojos y rosario, es figura grotesca de la hipócrita. Comp. otra vieja en *Sueños,* pág. 374: «con un rosario muy largo colgando, y ella corva, que parecía con las muertecillas que colgaban dél que venía pescando calaverillas chicas».

CRISTINA.—Madre Muñatones, si tu doctrina no esfuerza nuestro modo de vivir, no hay qué esperar. Danos pistos embustes[38], que perecemos.

(Entra BERENGUELA.*)*

BERENGUELA.—¿Vengo tarde, madre?
MUÑATONES.—Hija, *sero venis, cito vadis*, etc. No tenéis cudicia de cosa de virtud. ¿En qué quedamos ayer, Cristina?
CRISTINA.—Señora, acabó vuesa merced el párrafo de las nueve mil y seiscientas maneras de pedir, y empezó la materia de «hoy no fían aquí, mañana sí tampoco».
MUÑATONES.—Attendite[39]. Los hombres se han vuelto ganados.
CRISTINA.—¿Qué dices, madre?
MUÑATONES.—Todos andan cercados de perros[40], y así las más andáis aperreadas: las mujeres dadas a perros[41] y los perros dados a mujeres. Perro he visto yo que parecía que podía vender salud, y se le murió a una entre las manos. De veinte años a esta parte ha sido grande en esta tierra la mortandad de perros. También, en mi tiempo vivían más que los cuervos[42] y se contaba «Al perro muerto echarle en el huerto», y ahora os le echáis en las faldriqueras. Triste de mí que

---

[38] *pistos embustes:* interpretamos como pareja de sustantivos del tipo «clérigo cerbatana»; los embustes son para estas damiselas pistos alimenticios; *pisto:* «La sustancia que se saca del ave, habiéndola primero majado y puesto en una prensa; y el jugo que de allí sale volviéndole a calentar se da a comer al enfermo que no puede comer cosa que haya de mascar» (Cov.). Comp. *Sueños*, págs. 383-384: «esforzando con pistos de cerote y ramplones desmayos del calzado, animando a las medias a puras substancias de hilo y aguja».

[39] Atendite ms. Blecua enmienda mal en «Atendiste». Muñatones está usando de nuevo el latín: 'atiende'.

[40] *cercados de perros:* avisa del peligro del perro muerto, que ya hemos anotado; motivo con el que juega en todo el pasaje.

[41] *dadas a perros:* «Está dado a perros; estoy dado a perros. Cuando uno está mohíno o malparado» (Correas, refrán 9752); y están malparadas precisamente porque les dan perros, como expresa el retruécano.

[42] *cuervos:* «Dan al cuervo larga vida, porque según Hesíodo, a quien refiere Plinio, lib. 7, cap. 48, a la corneja atribuyen nueve edades de las nuestras, cuatro a los ciervos y tres a los cuervos» (Cov.).

cuando yo estaba en el siglo[43] usábanse perros de falda y agora se usan faldas de perros[44]. Harto lo lloro yo: ¡«*Quis talia fando temperet a lacrimis*»[45], hijas mías!
  Ellas gatos y ellos perros[46]:
  harto os he dicho, miraldo[47].
  Lo demás deste capítulo, por si viene gente peligrosa, árbol seco, cañuto[48] barbado o algún abanico de culpas, se

---

[43] *en el siglo:* en la vida mundanal, como si se hubiera retirado; por oposición a la «vida eterna» («Llamamos comúnmente al respeto de la vida religiosa, siglo a la vida secular y mundana», Cov.).

[44] *perros de falda...:* retruécano con perro de falda 'animal de compañía' y faldas de perros, como antes faltriqueras llenas de perros: las de las mujeres que sufren los engaños citados contra los que pone en guardia la vieja Muñatones a sus pupilas.

[45] talia fundo ms.; no parece que sea prevaricación de la vieja, sino error del copista. *Quis talia fando:* parodia de Virgilio, *Eneida*, II, 6-8: Eneas llora la destrucción de Troya y no puede contener las lágrimas en el recuerdo: «Quis talia fando Myrmidonum Dolopumve aut duri miles Ulixi temperet a lacrimis? Et iam nox umida caelo praecipitat, suadentque cadentia sidera somnos»; la expresión se usaba con cierta frecuencia en clave paródica: comp. *Quijote*, II, 39: «Muerta, pues, la reina, y no desmayada, la enterramos; y, apenas la cubrimos con la tierra y apenas le dimos el último vale, cuando, —quis talia fando temperet a lachrymis?—, puesto sobre un caballo de madera, pareció encima de la sepultura de la reina el gigante Malambruno».

[46] *gatos, perros:* ofrece una primera antítesis animal; juega con los sentidos germanescos de *gatos:* 'ladrones', y *perros:* 'perros muertos, engaños'. Para *gato*, véase Castro (1926) o numerosos testimonios quevedianos en *Un Heráclito*, núms. 231, v. 13: «es zorra que al vender se vuelve miz»; 244, vv. 19-20: «que pudiendo maullar / prender al ladrón intente»; o en *Poesía original*, núms. 853, vv. 17-18: «maullones de faldriqueras / cuyos ratones son bolsas». Comp. Benavente, *Jocoseria, El mago,* vv. 219-222: «En este soto que ves / vengo a ser gato montés / con los descuidados, pues / araño todo bolsillo».

[47] *harto os he dicho:* versillo romanceril de «Oíd, señor don Gaiferos» (Durán, núm. 378), que se hizo proverbial con el sentido de 'tened aviso, ojo avizor' (véase Correas «Harto os he dicho, miraldo», refrán 11002). Comp. Benavente, *Los alcaldes encontrados*, 4, *Colección*, II, pág. 674: «Pues, señor, quien calla otorga, / harto os he dicho, miraldo».

[48] Así figura en el ms; Asensio lee «canuto»; *árbol seco:* la vara del alguacil y por metonimia el mismo alguacil; *Poesía original*, núms. 865, v. 12: «árbol seco de la guanta»; 853, vv. 75-76: «dos resistencias del sepan / y del árbol seco otras»; núm. 856, vv. 37-38: «En Sevilla el árbol seco / me prendió en el Arenal»; *cañuto barbado:* soplón, el alguacil que denuncia los delitos para que prendan al delincuente; hay muchas metáforas sobre esta idea del soplar en el sentido de denunciar: llama Quevedo, por ejemplo, fuelles, abanicos, cañutos, etc., a estos alguaciles. Véase el pasaje de *Sueños*, pág. 195: «se estaban

dirá en figura de bailar. Esté a mano la herramienta del disimulo.

BERENGUELA.—Sí, madre.

MUÑATONES.—Diga Berenguela de bailes y danzas lo que sabe.

BERENGUELA.—En esta escuela, ¡oh reverendísima y espantable y superlativa madre nuestra!, es mejor danza el rey de oros que el rey don Alonso[49]; el marqués de Cenete, si no tiene título de comite y todo es medio marqués[50]; el conde Claros no se debe admitir, porque conde que con amores no pudiendo reposar[51] daba saltos de la cama[52] en lugar de dar dineros de la bolsa, es maldito conde.

MUÑATONES.—La *alta*, niña[53].

---

abrasando unos hombres en fuego inmortal, el cual encendían los diablos en lugar de fuelles con corchetes, que soplaban mucho más, que aun allá tienen este oficio ellos y los malditos alguaciles»; *Poesía original,* núm. 865, vv. 13-16: «alguacil que de ratones / pudo limpiar toda España, / cañuto disimulado / y ventecito con barbas». Lo mismo significa *abanico de culpas,* 'soplón'.

[49] *rey don Alonso:* canción y danza; véase Alonso y Blecua, 1992, núm. 83, pág. 44: «Rey don Alonso, / rey mi señor, / rey de los reyes, / el emperador. / Cuatro monteros / del rey don Alonso, / cuatro monteros / mataron un oso. / Rey don Alonso, / rey mi señor, / rey de los reyes, / el emperador»; véase las págs. III-LIII de la Introducción para la historia de la reconstrucción de la canción original; Cov. *s. v. baile:* «Cuando queremos significar lo poco que estimamos alguna cosa, solemos decir "No lo estimo en el baile del rey don Perico", por no decir en el baile del rey don Alonso; que entre otros había uno que tenía este nombre, por ser la canción del dicho rey». Pero mejor el de oros, por el dinero que pretenden.

[50] Todo el pasaje: 'el marqués de Cenete —un título de nobleza— si no es también de comite —juego con *cenar* y *comer*— es solo medio marqués'; el marquesado de Cenete lo concedió Isabel la Católica en 1491 a Rodrigo Díaz de Vivar y Mendoza; *y todo* 'también'; lo de *comite* es un chiste.

[51] Así figura en el ms.; Asensio: «en lugar de reposar». Alusiones al romance del conde Claros (Durán, núm. 362): «Conde Claros por amores / no podía reposar [...] / salto diera de la cama / que parece un gavilán».

[52] Así en el ms.; Asensio y Blecua leen «en la cama», con lo que se pierde el paralelismo con «de la bolsa»; las versiones habituales suelen traer «de la cama»; comp. *Poesía original,* núm. 759, vv. 177-180: «Empreñar quiere la manta, / que marimanta la juzga; / saltos daba de la cama, / Conde Claros con arrugas».

[53] *alta:* véase Cov.: «Alta y baja. Dos géneros de danzas que trujeron a España extranjeros, que se danzaban en Alemaña la Alta la una, y la otra en Alemaña la Baja, que es en Flandes»; Cov. *s. v. escuela:* «También llamamos

BERENGUELA.—Con el que habla mucho, promete más y da poco, ha de ser tan alta que no nos alcance a ver; y la *baja* nunca se ha de danzar en el precio.

MUÑATONES.—Agora me pareciste a tu tía la Carrasca, cuando embelecaba[54] algún barbiponiente[55]. Hijas, ¿cuál pensáis que en el bailar es el mejor aire[56]? El mejor aire es el que trae el dinero hacia acá. Los brazos se han de alargar todo lo que fuere necesario para llegar a las faldriqueras. Vuestros cruzados[57] han de ser portugueses, vuestras floretas flores nuevas[58], vuestras mudanzas[59] del que entretiene al

---

escuela de danzar donde los mancebos van a deprender las danzas y los bailes, como la alta y la baja, el canario, la gallarda, y el rey don Alonso, etc.».

[54] enbeleçava ms. Asensio señala *sic*. Podría también ser «embelesaba», como prefiere Blecua; pero en este contexto preferimos *embelecar; embeleco*: «Embuste, fingimiento engañoso, mentira disfrazada con razones aparentes» *(Aut.)*; comp. Quiñones de Benavente, *Jocoseria, Entremés famoso de Turrada*, vv. 191-192: «¿Hembra y con barbas? ¡A fe / que es sazonado embeleco!»; cit. *La capeadora*, 1, vv. 33-34: «¿Todo ha de ser pedir con embeleco? / ¿No habrá amor por amor?»; Quevedo, *Sueños*, pág. 235: «estos tratantes en santiguaduras, mercaderes de cruces, que embelecaron el mundo, y quisieron hacer creer que podía tener cosa buena un hablador».

[55] *barbiponiente*: «el mancebo que aún no le ha salido la barba» (Cov.); 'inexperto, fácil de engañar'.

[56] *aire*: juega con 'aire', 'melodía y también en el sentido de *tener buen aire;* «se dice de aquel que se maneja con brío, garbo y gentileza y que en los movimientos del cuerpo tiene proporción y gravedad, como es en el andar, danzar y otros ejercicios» *(Aut.)*.

[57] *cruzados*: movimientos de la danza y moneda de Portugal.

[58] *floretas, flores:* juega con *floretas*: «En la danza española es el movimiento de ambos pies en forma de flor» *(Aut.)*, asociado al vocablo de germanía *flores*: 'trampa de cualquier clase, fullería'; *flor*: «entre farsantes y burladores llaman aquello que traen por ocasión y excusa cuando quieren sacarnos alguna cosa [...] y desas flores son tantas las que hay en el mundo que le tienen desflorado» (Cov.); «engaño o astucia que se emplea para robar o sablear a alguien sea con trampas en el juego [...] sea utilizando tácticas especiales en cualquiera de las especialidades de los ladrones y buscones» *(Léxico)*. La palabra se usa mucho en el lenguaje naipesco (Étienvre, 1987, 182-192, o los testimonios de *Léxico);* en Quevedo se documenta a menudo, como en otros escritores del Siglo de Oro, *Buscón*, pág. 187: «ya me iban dando en la flor de lo rico»; *Poesía original*, núm. 855, vv. 155-156: «era juez entregador / de fulleros y de flores»; *Prosa festiva*, pág. 237: «a los ciertos y fulleros [...] les avisan para que prevengan sus garrotes o pongan en razón la flor que usan».

[59] *mudanzas:* son frecuentes los juegos con los sentidos relativos a la danza del «movimiento que se hace para pasar de un lugar a otro, trocando el uno

que regala, del que promete al que invía, del gracioso al mercader; vuestros pasos hacia el dinero, y bailar sobre mi alma pecadora.

(Entran CARDOSO *y* PEREDA. *Llaman primero a la puerta.)*

MUÑATONES.—Colérico llamado, suena a rigor de justicia. Hijas, venga la herramienta del disimulo.

(Sacan[60] una rueca, un aspa y una devanadera.)

BERENGUELA.—¡Qué malas madejas!
CRISTINA.— ¡Jesús, qué trabajo!
MUÑATONES.—¿Quién está ahí? ¿Quién es? ¿Quién llama? ¿Quién se acuerda de la descarnada viuda y de las afligidas doncellas? Entre quien es. Si voy a vosotras, hacé[61] que gruñís.
CRISTINA.—¡Válanos Dios, señora!
BERENGUELA.—Jesús, todo el día hemos de... ¡Válame Dios![62].

(Entran los dos.)

---

por el otro» y el relativo a la «inconstancia o variedad de los afectos» *(Aut.);* comp. Vélez, *Cojuelo,* pág. 172: «La primera es la Necedad, camarera mayor suyas, y aunque fea, muy favorecida. La Mudanza es esotra, que va dando cédulas de casamiento, y no cumpliendo ninguna»; comp. Quiñones de Benavente, *Jocoseria,* pág. 636, vv. 19-21: «Yo soy el mundo en forma de baile / y en traje de dama, / porque los tres somos todos mudanzas»; Quevedo, *Poesía original,* núm. 778, vv. 9-12: «quiero dar sanos consejos / a cierta Marifulana, / que al son de un amor trompero / me baila dos mil mudanzas»; véase Wilson y Sage, 1964, pág. 3: «A la gaita bailó Gila, / que tocaba Antón Pascual: / si es bailar hacer mudanzas, / ¡oh que bien que bailarán!».

[60] Cacan ms.
[61] *hacé*: 'haced', forma imperativa usual, con caída de la *-d* final. Estas últimas palabras se dirigen a las muchachas.
[62] Esta intervención de Berenguela la omite Asensio; Blecua suple «hemos de gruñir», enmienda que nos parece innecesaria, porque no se queja de lo que le manda la vieja, ya que todo es fingimiento: hace como que se queja para que la oigan los que entran, como si estuvieran trabajando en exceso.

PEREDA.— Madre, ¿no me abraza?
MUÑATONES.—Por el siglo de mis entenados[63] que no te había conocido. ¿Cómo estás, hijo? Pan perdido, toma una higa[64]. Tanta cara tienes.
PEREDA.— Madre, ¿conoce al señor Cardoso?
MUÑATONES.—Dios nos conozca.
CARDOSO.—Téngame vuesa merced por su criado.
MUÑATONES.—De Dios lo sea vuesa merced, que yo soy un pobre gusano. No sé dónde le he visto.
CARDOSO.—En Sevilla. Yo[65] soy de aquella ciudad.
MUÑATONES.—Ansí, ansí, ansí, en Sevilla. Eso tiene más, de Sevilla es. Siéntese vuesa merced. Niñas, no mirar allá. Cristinilla, ojo a la labor. Nora negra[66], señor mío. Son Dios nos libre de monillos.
CRISTINA.—Pues ¿no hemos de merendar?
CARDOSO.—*[Aparte.]* (En campaña está la vieja merendando)[67].
MUÑATONES.—Todo el día comen, yo no sé dónde les cabe. Muchachas, sor Carlotos[68].

---

[63] Asensio lee «mi entenado»; *entenados:* antepasados.
[64] *pan perdido:* «Pan perdido, vuélvete a casa. O trocado: Vuélvete a casa, pan perdido; llaman a uno que se va a casa, y no conoce el bien que en ella tiene» (Correas, refrán 17697); *toma una higa:* «Dios le bendiga, y tome una higa. Varía personas: Dios te bendiga, y toma una higa; Dios la bendiga, Dios os bendiga. Al que está bueno y gordo» (Correas, refrán 7203). La higa, gesto obsceno, viene a ser una pulla, imitando al miembro viril. Pero, como indica Covarrubias, «también es cosa usada al que ha parecido bien darle una higa, diciendo: tomá, porque no os aojen» (Cov.). La higa se hacía también en azabache y se colgaba a los niños para contrarrestar el mal de ojo, según extendida superstición a que se refiere Covarrubias. Cuando se alababa a alguien, para que no fuera a tener mala suerte, se le hacía la higa. Comp. Simón Aguado, *Los niños de la Rollona*, en *Colección*, I, pág. 224: «en la plaza me han dado / las fruteras pan y queso, / y una me puso esta higa / porque me miró tan bello / y dijo que me podían / matar de ojo»; Calderón, *El desafío de Juan Rana*, en Calderón, *Teatro cómico breve*, pág. 182: «... sois hermoso. / ¡Qué cintura tenéis! Tomá una higa».
[65] Y io ms. Asensio y Blecua leen «Yo».
[66] *Nora negra:* 'en hora negra en hora mala'.
[67] Esta intervención de Cardoso omitida en Asensio.
[68] *sor Carlotos:* sor es contracción germanesca de «señor»; *Carlotos* es aquí nombre jocoso, de la tradición romanceril, connotado de grandeza, pues es el nombre del infante Carlotos, hijo de Carlomagno: *Quijote*, I, 5: «trújole su

CARDOSO.—Cardoso me llamo a servicio de vuesa merced.
MUÑATONES.—A servicio de Dios. Soy algo teniente[69] de oídos. Hazte una poca de arrope de medio pan.
BERENGUELA.—No chero[70] arrope. Ea, siempre arrope.
CARDOSO.—Ahora ya es más hora de cenar que de merendar.
MUÑATONES.—Pues, si vuesa merced las hace esa merced de darlas de cenar y de merendar, no cabremos con ellas en casa.
PEREDA.—*[Aparte.]* (Trasoye[71] la vieja, a la oreja la tienes.)
CARDOSO.—No me ha entendido vuesa merced, antes digo que agora no habrá qué dallas.
MUÑATONES.—¿Qué habrá que dar? Los dulces en las confiterías, regalos en las despensas, perdices[72] en la plaza, frutas, sabandijas del Señor en el repeso[73], chucherías en los figones. Y si no trae criado, deme el dinero, que yo enviaré por ello. ¿Ha visto cómo le trato como si fuera de casa? Pues no quiero que se ensanche[74] porque le pido.

---

locura a la memoria aquel de Valdovinos y del marqués de Mantua, cuando Carloto le dejó herido en la montiña, historia sabida de los niños».

[69] *teniente:* sorda.
[70] *chero:* pronunciación afectada infantiloide y melindrosa. Se ha anotado en otros lugares de estos entremeses.
[71] *trasoye:* trasoír es «oír con equivocación o error lo que se dice» *(DRAE).* Es un juego paradójico: la vieja oye al revés a pesar de estar a la oreja, como asida de la oreja de Cardoso, igual que un perro alano de caza.
[72] *perdices:* no pide poco la vieja; la perdiz era manjar muy apreciado; véase la frase «o perdiz o no comerla» («significa que cuando se pretenden las cosas con razón se debe poner la mira en lo más útil y glorioso», *Aut.)* o Quevedo, *Un Heráclito,* núm. 203, vv. 1-4: «Dícenme, Don Jerónimo, que dices / que me pones los cuernos con Ginesa; / yo digo que me pones casa y mesa / y en la mesa, capones y perdices».
[73] *sabandijas del Señor:* animales comestibles, que se pueden comprar en el mercado; *repeso:* «se llama también el lugar destinado para repesar» *(Aut.).* Era una de las oficinas en que se pesaban y registraban los víveres destinados al consumo en la corte; en Madrid se situaba en el Rastro: «era una caseta de madera levantada en medio de la plaza, adonde asistían un alcalde de corte, un contador, dos alguaciles, un escribano y algunos porteros, funcionarios subordinados a los alguaciles» (Herrero, 1963, págs. 98-99). Comp. *Bodas de Orlando,* vv. 363-366: «—Esto es decirte, señor, / que ocupes tu solio regio / —¿Pues soy regidor del mes / para llevarme al Repeso?».
[74] *ensanche:* ensancharse es 'engreírse, ponerse presumido y vanidoso'; «Ensancharse. El que quiere vender caro algo, y por presumir» (Correas, refrán 9078); comp. Benavente, *Jocoseria, El soldado,* vv. 22-24: «Si este es el mundo,

CARDOSO.—*[Aparte.]* (Mala ensanchadura te dé en el corazón. ¡La sarta que ha metido la vieja! Teniente[75] se hace de un oído y yo de dos manos. Quiero mudar plática.) Achacoso anda el tiempo.

MUÑATONES.—Sí, por cierto, hijo. Y vos tenéis hartos más achaques[76] para no dar.

CARDOSO.—¡Qué bien y qué delgado lo hila[77] vuesa merced! *(Tose.)*

CRISTINA.—Harto más delgado hila quien guarda.

MUÑATONES.—Malo es el hombre. ¡La tos que le dio!

(Llaman a la puerta.)

MUÑATONES.—¿Quién es?

(De dentro ROBLEDO.*)*

ROBLEDO.—¿Vive aquí la conchabadora, la organista de placeres? ¿Vive aquí la juntona?[78].

MUÑATONES.—Es menester sufrir los negociantes. ¿Qué es menester, hijo?

ROBLEDO.—¿Ha habido respuesta de aquella persona? ¿Hay billete?[79].

---

y es propio de ruines / querer ensancharse, / no hay que fiar deste mundo, galanes».

[75] *teniente... de dos manos:* sigue el juego con el sentido familiar de *teniente:* 'miserable y escaso'.

[76] *achaques:* Cov.: «La excusa que damos para no hacer lo que se nos pide o demanda, de do nació el proverbio: "Achaques al viernes, por no ayunarle"»; comp. *Sueños*, pág. 364: «Diréis que de puro verdad es necedad: ¡buen achaquito, hermanos vivos!»; *Estebanillo*, I, pág. 205: «me inviaban, en achaque de dar de beber a las damas, a darles recados amorosos».

[77] *hilar delgado:* «ser un hombre demasiado de menudo, que mira en cosas muy pocas» (Cov.); «Hila delgado; hila muy delgado. Para decir que es mísero o está flaco» (Correas, refrán 11361).

[78] *conchabadora, organista de placeres, juntona:* todas son perífrasis por 'alcahueta', típicamente quevedianas. Comp. *Buscón*, pág. 58: «Unos la llamaban zurcidora de gustos; otros, algebrista de voluntades desconcertadas; otros, juntona; cuál la llamaba enflautadora de miembros y cuál tejedora de carnes, y, por mal nombre, alcagüeta»; *Poesía original*, núm. 853, vv. 129-132: «Ayer salió la Verenda / obispada de coroza / por tejedora de gentes / y por enflautar personas». Véase otro pasaje parecido más abajo.

[79] *billete:* amoroso, se entiende.

Muñatones.—A ciento y dos[80] está en la estafeta; de porte son ocho y pongo dinero de mi casa, porque firma «Tuya hasta la muerte» y en el sobreescrito dice: «A quien quiero[81] más que a mi hijo». No chiste: bajos los ojos, pasos concertados y el papel en el seno por el qué dirán[82].

(Llaman y vase.)

Muñatones.—¡Cómo menudean! Perdonen vuesas mercedes, que este negro oficio tiene estas cargas, y todo lo paso por sustentar esta negra honra[83]. Éntrense allá, mientras despacho.
Cardoso.—Entremos, Pereda. La brevedad se le encomienda.

(Vanse.)

Dentro.—¿Vive aquí la encuadernadora, la señora embajadora, la masecoral[84] de cuerpos humanos, la trasponedora

---

[80] *ciento dos:* maravedís (tres reales); es el coste del mensaje; Muñatones va a cobrar el porte, y es mensaje de tan buenas noticias, que ese dinero es cobrar poco.

[81] quien guarde ms. Asensio y Blecua leen «quiero».

[82] El pasaje recomienda disimulo al galán: 'no diga ni «chis», los ojos bajos, modestos, los pasos mesurados y el papel bien oculto, sin presumir de los amoríos'. En *pasos concertados* hay juego de palabras con el sentido musical de *pasos:* 'inflexión de la voz o trinado en el cantar', que son los que se pueden *concertar:* 'acordar, templar algún instrumento músico, concertarlo con otro o con la voz que acompaña a la música' *(Aut.).*

[83] *negra honra: negro, negra:* «Se juntan a muchas cosas para denotar en ellas afán y trabajo, y hacen una graciosa frase: este negro comer; negro casamiento él hizo; esta negra honrilla nos obliga a todo» (Correas, refrán 15249). Recuérdese la famosa reflexión de *Lazarillo,* pág. 84: «¡Oh, Señor, y cuántos de aquestos debéis tener Vos por el mundo derramados, que padescen por la negra que llaman honra lo que por Vos no sufrirían»; *Buscón,* pág. 102: «si algo tiene malo el servir al rey, es el trabajo, aunque se desquita con esta negra honrilla de ser sus criados»; *Sueños,* pág. 350: «Si hurtan dicen que por conservar esta negra honra y que quieren más hurtar que pedir. Si piden dicen que por conservar esta negra honra y que es mejor pedir que no hurtar».

[84] *masecoral:* juego de manos; la alcahueta hace prestidigitación con los cuerpos de sus clientes. *Aut.* define el juego de manos: «se llama asimismo la habilidad o agilidad de manos con que los titiriteros engañan y burlan la vista,

de personas, la enflautadora de gentes, la figona de culpas que las da guisadas?

Muñatones.—Gracia has tenido. ¿Qué les parece? Donaire has tenido. ¡Hin[85] Jesús, hin Jesús!, si no me ha hecho reír.

Don Toribio.—¿Dio vuesa merced aquel papel a mi señora doña Justiniana?

Muñatones.—Dila el papel y leyole aquel ángel con aquella boca de perlas y dijo: «Sí hace». Mire lo que dijo: que era discretísimo el papel si como iba batido fuera dorado[86]. Y dijo que las razones eran estremadas si fueran escritas con una pluma de diamantes. Y dijo que en la firma echó menos[87] un talegón, y en el sello las armas del rey. Y dijo que la

---

con varias suertes de entretenimientos, con que hacen creer una cosa por otra. Llámase también de maesecoral u de pasa pasa»; véase *Un Heráclito*, núm. 249, vv. 65-68: «He sido trampa de vistas, / y cataratas de Argos, / rebozo de travesuras / y masicoral de agravios» (un manto que tapa las caras); *Poesía original*, núm. 867, vv. 39-40: «masicorales de bolsas / y jugadores de manos». A los ejemplos anotados en el pasaje anterior añádanse: *Hora*, pág. 101: «Abuela, endilgadora de refocilos, engarzadora de cuerpos, eslabonadora de gentes, enflautadora de personas, tejedora de caras»; *Discurso de todos los diablos*, *Quevedo esencial*, pág. 295: «encañutadora de personas y enflautadora de miembros, encuadernadora de vicios, endilgadora de pecados, guisandera de los placeres»; *Poesía original*, núm. 681, vv. 81-84: «La enflautadora de cuerpos, / la madre Masicoral, / engarzadora de muslos, / endilgona de empreñar».

[85] *Hin:* onomatopeya de la risa.

[86] *batido, dorado:* clases de papel; la alusión al dinero que hubiera sido bien recibido con el papel amoroso es evidente; el papel dorado parece que se empleaba, entre otras cosas, para envoltorios de lujo especial, como papel opuesto al papel pardo, de calidad grosera. Comp. *Pragmática de tasas de 1680:* «cada resma de papel de Génova, batido [...] a veinticuatro reales» (cit. *Aut.*); *Justina*, pág. 265: «Mirad, por vuestra vida, qué billetes en papel dorado», *Sueños*, pág. 185: «Un rótulo que decía "Aquí se vende tinta fina y papel batido y dorado" pudiera condenar a otro que hubiera menester más apetitos por ello».

[87] *echar menos:* portuguesismo usual en el Siglo de Oro. La forma española «echar de menos» procede del portugués «achar menos» (donde achar es el hallar castellano), que significa 'notar la falta de alguien o de algo', transformado por los españoles en «echar menos» y más tarde en «echar de menos». Comp. *Quijote*, II, 24: «¡Ah bodas de Camacho y abundancia de la casa de don Diego, y cuántas veces os tengo de echar menos!»; Tirso, *Marta la piadosa*, ed. Arellano, pág. 142: «Como he dejado / cosas del mundo que ignora /

letra[88] fuera mejor sobre el cambio. Y dijo que se le había olvidado a vuesa merced el «ahí te envío» entre renglones. Y dijo que no iba de buena tinta[89], pues no llevaba nada. Y dijo que pesaba poco el papel, y que allí estaba ella y su casa para recibir lo que las inviase, y si no, para inviarle noramala. Señor mío, esto es cosa de mil la onza. Doña Justiniana es muy larga de nombre, es tomona[90] y más querrá. No tiene vuesa merced hacienda para sustentarla de almendrucos y zarzamoras. Déjese de altanerías. Yo le tengo medio mogate[91], cosa entre moza y vieja, de entre once y doce, mantellina y «agua va»[92], que esotro es negocio para desmoronar un Fúcar[93].

---

las de Dios, no le eché menos», con otros testimonios pertinentes en la nota a ese lugar.

[88] *letra:* siguen los juegos de palabras alusivos a términos económicos, aquí a las letras de cambio que hubiera preferido a las letras amorosas.

[89] *de buena tinta:* «Modo adverbial que vale con eficacia [...] habilidad o viveza» *(Aut.).*

[90] *tomona:* aficionada a tomar, rapaz.

[91] *de medio mogate:* «Es nombre arábigo y significa cobertura o baño que cubre alguna cosa; y así particularmente llamamos mogate el vidriado basto y grosero con que los alfareros cubren el barro de los platos y escudillas, y porque algunas veces no cubre más que sola la una haz, se llamó esta obra de medio mogate» (Cov.); «con descuido o poca advertencia; sin la perfección debida» *(Aut.);* Quevedo, *Cuento de Cuentos, Prosa festiva,* pág. 402: «que él no se había de casar a medio mogate». Le sugiere cambiar a Justiniana, que es dama cara, por otra más modesta, una fregona.

[92] *entre once y doce, mantellina y agua va:* se trata de una fregona; entre las once y doce las fregonas (cuya prenda usual era la mantellina) tiraban las basuras por las ventanas al grito de «agua va». Comp. Quevedo, *Hora,* pág. 108: «Con el pellejo en brazos se subió a una ventana y empezó a gritar, derramando el vino: —¡Agua va, que vacío! Y los que iban por la calle respondían: —Aguarda, fregona de las uvas»; a eso mismo alude Quevedo en *Poesía original,* núm. 745, vv. 77-80: «Por lo espeso y por lo sucio / cabellera que se vacia, / melena de entre once y doce / con peligros de ventana»; y en núm. 771, vv. 169-72, dice de Hero: «Y deshecha en llanto, / como la que vacia, / echándose, dijo: / "Agua va", a las aguas»; Santos, *Obras selectas,* pág. 187: «Contando las horas estaban Juanillo y Onofre, a tiempo que un agua va de una fregona [...] los hizo detener con algún temor».

[93] *Fúcar:* poderosa familia de banqueros alemanes; fueron banqueros de la corona imperial; comp. *Quijote,* II, 23: «Decid, amiga mía, a vuesa señora que a mí me pesa en el alma de sus trabajos, y que quisiera ser un Fúcar para remediarlos».

Don Toribio.—Lo barato es caro. ¿Tiene buenos bajos[94]?
Muñatones.—¿Ha de tener música? Pediralé unos buenos bajos a la capilla del rey. Señor mío, quien no derrama, con tiples y cordellate[95] se puede contentar.
Don Toribio.—¿Eso había de gastar un hombre como yo que se llama don Toribio?
Muñatones.—Con licencia del don, por lo Toribio puede vuesa merced ser pregonero o aguador[96]. Déjese gobernar, que aquí se mira por lo que le conviene. Componga esa capa, entorne esos ojos, amortezca la cara, y el rosario en la mano columpiando las cuentas. Y al salir de la puerta, por los vecinos, una retahíla de amenes.
Don Toribio.—Gran máquina es la desta casa.
Cardoso.—¿Ha escampado?[97].
Pereda.— Gran priesa hay a vestir el apetito de nuevo.

---

[94] *bajos*: dilogía: 'vestidos o ropa que van debajo de la saya'; Muñatones hace un chiste con la voz de 'bajo', que es la que se pudiera pedir a la capilla 'conjunto de músicos' del rey.

[95] *tiples, cordellate*: el que no derrama dinero se contentará con la voz fina de tiple (en lo referido a la música) y el tejido basto del cordellate (en lo referido a telas); *cordellate* «Cierta especie de paño delgado, como estameña; dicho así por un cordoncillo que hace la trama» (Cov.).

[96] *don Toribio:* 'si perdona el don, que es tratamiento incoherente con el nombre, por el nombre de Toribio, tan bajo y plebeyo, podría ser pregonero o aguador, que son oficios infames'. La burla del falso don es otro tópico de testimonios innumerables: Vélez, *Cojuelo*, págs. 107 y ss.: «esta es, don Cleofás, en efeto, la pila de los dones, y aquí se bautizan los que vienen a la corte sin él»; Quevedo, *Sueños*, pág. 329: «es de advertir que en todos los oficios, artes y estados se ha introducido el don, en hidalgos, en villanos, y en frailes, como se ve en la Cartuja; yo he visto sastres y albañiles con don, y ladrones y galeotes en galeras». Pinheiro, *Fastiginia*, pág. 212: «en Castilla es el abuso excesivo en esta parte, que decía la otra que hasta al aire le ponían don, llamándolo donaire, [...] y los hidalgos son los que tienen algo, y quien tiene algo tiene don, hasta el algodón». Toribio es nombre vulgar: véase Lanot, 1980, pág. 135; Quevedo, *Poesía original*, núm. 753, vv. 1-4: «Hagamos cuenta con pago, / señora Maricomino, / ya que al comino añadió / el ajo con don Toribio». Un don Toribio hay en el *Buscón* y otro es el figurón de *El agua mansa* de Calderón. Sobre los oficios de pregonero y aguador baste recordar que los desempeña el pobre Lazarillo de Tormes.

[97] Blecua «escapado»; pero *escampar:* 'cesar la lluvia'; y por extensión cesar alguna situación difícil.

(La justicia.)

ALGUACIL.—Abran a la justicia.
MUÑATONES.—La cabeza, hija. Venga la desimulandera, niñas. Abrí a la justicia de Dios, que ella conserva en paz la tierra. Así lo dice Fray Luis[98].
BERENGUELA.—¿Y cómo? ¿Que lo dice fray Luis?
ALGUACIL.—¿Qué es esto, madre? ¿Qué hacen estas niñas?
BERENGUELA.—Urdimos, señor[99].
ALGUACIL.—Embustes y mentiras ¿Y estos hidalgos?
MUÑATONES.—Eso ya está urdido.
ESCRIBANO.—Es la vieja entre diablo y zorra. No la cogeréis jamás descuidada.
MUÑATONES.—Quiero, ¿qué piensan que quiero? Ello es una vez en el año. Niñas, quiero que entretengáis a estos señores, que no ha de ser todo hacer labor. Bailad algo con que se divierta el señor «Dios nos libre» y su merced el señor «Arredro vayas»[100].
ESCRIBANO.—Más quisiera una causa[101] que cien bailes.

---

[98] *Fray Luis:* no localizamos un pasaje exacto en Fray Luis, aunque muchas observaciones parecidas hay en *De los nombres de Cristo.*
[99] *urdir:* Berenguela lo dice en sentido literal 'urdir los hilos de una tela'; y el alguacil lo interpreta «disponer o prevenir medios ocultos o cautelosos a algún fin malo o contra la voluntad de alguno» *(Aut.);* comp. Quiñones de Benavente, *Jocoseria,* pág. 142, vv. 66-68: «Mundo, yo soy tejedora / de voluntades ajenas, / y de cuantas telas urdo, / no saco un jubón de medra»; Quevedo, *Un Heráclito,* núm. 290, vv. 70-71: «recibe estas maldades y traiciones / con la benignidad que urdirlas sueles».
[100] Es mejor la puntuación de Asensio que la de Blecua. «Dios nos libre» y «Arredro vayas» son motes que pone a los funcionarios de la justicia. Estas frases se aplicaban frecuentemente al diablo, con el que asimila burlescamente al alguacil y escribano: «Arriedro vayas, diablo, déjame rezar» (Correas, refrán 2988); «Arriedro vaya el diablo; arriedro vayas, diablo; arriedro vaya Santanás. Dícese reprobando hecho malo y mal dicho» (Correas, refrán 2987); «Arriedro vaya el diablo. Arriedro vayas, diablo. Arriedro vaya Satanás. Dícese espantado de algún mal, y es como *vade retro, Satana*» (Correas, refrán 2986).
[101] cassa ms.; enmienda de Asensio. El escribano prefiere una causa judicial de la que sacar dinero; alusión a la venalidad de los escribanos, motivo satírico habitual. El escribano aparece siempre como ladrón y rapaz; véase Arellano (1984, págs. 83-86); Quevedo, *Poesía original,* núms. 786, vv. 69-72: «De solos los escribanos / no traigo conocimiento, / porque cuando van de acá / ya van demonios perfectos»; 639, v. 82: «También los siempre inicuos

ALGUACIL.—Pues se puede hacer, entretengámonos. Vaya por vida de nuestra madre.

CARDOSO.—Diablo es la vieja de Leganitos. Hasta las sabandijas del procesado[102] se embazan[103] en viéndola.

PEREDA.— Pues esta es la primera hoja de la vieja.

BERENGUELA.—¿Bailaremos fruncido o desarrapado?[104]

MUÑATONES.—Mescolanza, hijas. Haya de todo jergueado y Rastro[105] a todo bullir, que así hacía yo antes que la viudez me estriñera los bamboleos.

MÚSICOS.—Un reloj da cada hora
y aún no le tienen por largo.
¿Qué harán al caballero
que da una vez en el año?
Quien no lo tiene, lo hurte,
pues suena mejor al gasto
«Toma esas cosas hurtadas»
que «Perdona, que no hallo».
A los ángeles de guarda
encomendarte y rezarlos

---

escribanos»; *Sueños,* pág. 297: «Muchos hay buenos escribanos, y alguaciles muchos; pero de sí el oficio es con los buenos como la mar con los muertos, que no los consiente, y dentro de tres días los echa a la orilla»; *Lo más corriente de Madrid, Prosa festiva,* pág. 263: «Escribanos cuya pluma pinta según moja en la bolsa del pretendiente».

[102] *sabandijas del procesado:* modo despectivo de señalar a los funcionarios de la justicia.

[103] *embazan:* embazarse «pasmarse, turbarse, perder la respiración y suspenderla de espanto, empacho o miedo; así como los enfermos del bazo que andando algunos pasos se cansan y respiran con dificultad» (Cov.).

[104] *fruncido o desarrapado:* alusiones a los bailes de movimientos más moderados o descompuestos y populares, desgarrados; *fruncido* se aplicaba al melindroso, algo soberbio y pedante o con fingida timidez; véase Quevedo, *Un Heráclito,* núm. 270, vv. 91-94: «El que se mete a ministro / por lo grave y lo enfadoso, / muy atusado de calzas, muy fruncido y muy angosto». Son metáforas sacadas del lenguaje del vestido.

[105] *jergueado, Rastro:* sigue en *jergueado* las metáforas vestimentarias; *jerga* es «Una tela gruesa como de sayal» (Cov.): los bailes serán de todas las clases de tejidos, o sea, de todas las modalidades, entre ellas el Rastro: baile de movimientos muy descompuestos; *Poesía original,* núm. 676, vv. 13-15: «no mueran con mil enojos, / el Rastro en tus castañetas, / el Matadero en tus ojos»; cfr. Cotarelo, *Colección de entremeses,* I, pág. CCLVIII para este y otros bailes.

y a los hombres de la guarda
encomendarlos al diablo.
Para los que tienen
hondo el dinero,
soga larga de mozas
hasta cogerlo.
El que tiene someros[106]
los talegones,
una herrada tras otra[107]
porque le ahogues.

---

[106] *someros:* cerca de la superficie.
[107] *herrada:* «Cierto género de cubo con que sacan agua de los pozos, y aunque es de palo, se dijo así por los cercos que tiene de hierro» (Cov.).

Entremés de los enfadosos[1]
Reprehensión cómica que llaman entremés, de don Francisco de Quevedo

[PERSONAS][2]

JUEZ	ALGUACIL
CARASA	DOÑA LUISA
DON GONZÁLEZ	DOÑA LORENZA
MÚSICOS	

Sale PELANTONA, *que es el juez, con una ropa de mujer por sotana, cuello de clérigo italiano, ferreruelo más corto, sombrero de verdulera: figura redícula;* CARASA, *que es el huésped, muy tieso*[3].

CARASA.   La mayor comisión es que se ha visto.

---

[1] Véase la nota textual para los detalles de los dos testimonios manuscritos principales. Seguimos el texto de Évora (E) y en nota damos las lecciones distintas del manuscrito sevillano (S). Título: Entemes E; entremes del Zurdo S.

[2] Suplimos las personas dramáticas, que no figuran en E. «Juez, don gonçales, Zaraça, Luisa, Lorença, Alguacil» S.

[3] Acot. ques E; sale el Juez y Zaraça S; *ferreruelo:* «Capa algo larga, con solo cuello, sin capilla» *(Aut.). Quijote,* II, 71: «Pues vuestra merced, señor mío, lo quiere así —respondió Sancho—, sea en buena hora, y écheme su ferreruelo sobre estas espaldas, que estoy sudando y no querría resfriarme»; *Sueños,* pág. 499: «Y aquel que estaba allí tan ajustado de ferreruelo, tan atusado de traje, tan recoleto de rostro».

1 sea visto E.

JUEZ.	Estuve consultado en Antecristo.
CARASA.	Siendo vuesa merced, como publica,
	el juez pesquesidor contra enfadosos,
	ejercerá en poblados y desiertos 5
	y juzgará los vivos y los muertos.
JUEZ.	Hasta en las almas puedo hacer procesos
	y sacar enfadosos de los güesos.
	Traigo por alguaciles zahoríes

---

2 *consultado en Antecristo*: 'nombrado para el cargo de Antecristo'. *Consultar*: «proponer al rey u a otro superior personas capaces e idóneas para algún empleo, oficio u dignidad» *(Aut.)*. Comp. Quiñones, *El Tiempo*: «Mortales que estáis mirando / este bulto barbiluengo, / gradüado de fantasma, / consultado en esqueleto» *(Jocoseria*, pág. 179). Probablemente se trate de una alusión a la comedia de Juan Ruiz de Alarcón, *El Anticristo*, representada en 1618, cuyo estreno fue muy sonado. Quevedo hace otras alusiones a esta comedia en el entremés de *El niño y Peralvillo de Madrid*.

4 juez pesquisidor S, con lo que deja el verso corto; Astrana y Blecua, también, a pesar de que este último afirma seguir el texto de Évora. *Juez pesquesidor*: era el que se enviaba para hacer jurídicamente la pesquisa de un delito o reo. Contra los enfadosos de todo tipo tuvo Francisco de Quevedo particular inquina. De ellos dice en el *Sueño de la muerte*: «Mucha más gente enferma de los enfadosos que de los tabardillos y calenturas...» *(Los sueños*, pág. 329).

5 poblado y en S, Astrana y Blecua.

6 a los vivos y a los muertos S, Astrana y Blecua; a pesar de que ya en el siglo XVI se había extendido el uso de la preposición *a* ante el acusativo de persona y cosa personificada, y de que Juan de Valdés reprueba su omisión en casos como «el varón prudente ama la justicia» por la ambigüedad a que da lugar, los autores del siglo XVII la omiten en bastantes ocasiones.

8 y casar S, Astrana.

9 *zahoríes*: «Llaman a la persona que vulgar y falsamente dicen ve lo que está oculto, aunque sea debajo de la tierra, como no lo cubra paño azul» *(Aut.)*. Una de las supersticiones acerca de los zahoríes era la de que los nacidos en viernes santo tenían esta habilidad: «La fábula de los que llamamos zahoríes está en primer grado de parentesco con la vara divinatoria. [...] Dase el nombre de zahoríes a una especie de hombres de quienes se dice que con la perspicacia de su vista penetran los cuerpos opacos, haciéndose de este modo patente cuanto a algunas brazas de la tierra está oculto. [...] El vulgo está en la simple aprehensión de que Dios dispensa esta gracia a los que nacen el día de Viernes Santo. [...] Algunos la limitan a la circunstancia de nacer en aquel tiempo preciso en que se está cantando la Pasión ese día» (Feijoo, *Teatro crítico universal*, II, págs. 39-42). *Poesía original*, núm. 693, vv. 25-28: «que como su Majestad, / Dios le guarde, nació en viernes, / tiénenle por zahorí / y temen que las penetre». *Sueños*, pág. 369: «Nació viernes

| | que ven el enfadoso que se encierra   10
| | siete estados debajo de la tierra.
| | ¿Úsanse todavía antojicalvos?
| CARASA. | Mucho se usa coronilla en cueros.
| JUEZ. | Conviene restañar la calva luego;
| | que se introducen todos en Calvinos   15
| | y se vuelven los hombres perros chinos,

---

de Pasión / para que zahorí fuera». Recuérdese el título que da Quevedo a uno de sus opúsculos políticos: *Lince de Italia u zahorí español*.

10 que van... enciera S.

11 siete varas S, Astrana; *estados:* medida de longitud tomada de la estatura regular de un hombre, que se usaba para medir alturas o profundidades.

12 antijicalvos E. Cualquiera de las dos lecturas, *antojicalvos* o *antijicalvos*, parece neologismo de Quevedo. De las infinitas referencias y bromas o anécdotas y creencias sobre los calvos, baste remitir a la entrada *calva* de Cov.: «Hay linajes de hombres que desde muy mozos son calvos, y todos los moradores de la isla dicha Micone, una de las Cícladas, no lejos de Delo, son calvos. Julio César, por encubrir la calva, traía en ella la corona de laurel; y sus soldados entrando él triunfando, le daban la vaya: *Mariti servate uxores, ecce calvus venit.* Y lo mesmo dijo Ovidio: *Servate uxores, calvus adulter adest.* El santo profeta Eliseo era calvo, de quien se escribe en el lib. 4 de los Reyes, cap. 2, que subiendo a Betel, yendo por el camino unos muchachos pequeños salieron a él, y por afrentarle le decían: "Ascende, calve, ascende, calve". Permitió el Señor que bajasen de la montaña dos osos, los cuales despedazaron cuarenta dellos, que por ventura eran echadizos de sus padres, para que burlasen del santo profeta. [...] Dice un proverbio: "De hoy en cien años todos seremos calvos", lo que lloró Jerjes, cuando desde un lugar alto puso los ojos en la multitud de su ejército innumerable. [...] De Sócrates se escribe haber sido calvo, y su mujer Jantipa le daba en rostro con ello. Y Zópiro, astrólogo fisionómico, le juzgó por esto y por otras señales ser lujuriosísimo, riéndose de los que conocían su integridad...». Quevedo, *Poesía original*, núm. 703 «Varios linajes de calvas», donde se reiteran algunas imágenes presentes en el entremés.

14 restallar S, Astrana; *restañar:* 'detener', sobre todo la sangre de una herida; aquí, 'detener el crecimiento de la calva'.

15 se traducen S, Astrana. Introducirse o convertirse en Calvinos era mala cosa en el Siglo de Oro; el chiste alusivo al hereje Calvino se repite: *Poesía original*, núm. 527, vv. 1-5: «Pelo fue aquí, en donde calavero; / calva no solo limpia, sino hidalga; / háseme vuelto la cabeza nalga: / antes greguescos pide que sombrero. / Si cual Calvino soy, fuera Lutero...».

16 peros S. *Perros chinos:* se trata de una variedad de perros que carecen completamente de pelo. *Poesía original*, núm. 689, vv. 33-36 don Lesmes se rapa el pelo: «El rostro, perro de agua, / ya de perro chino sale; / no enseña menos ser hombres / el parecer más a frailes».

	y como al hombre quieren las mujeres	
	(llévese esta doctrina)	
	solo para pelalle,	
	sienten al repelar todo cristiano	20
	que las gane la calva por la mano.	
CARASA.	Digo señor, que hay calvos y calvarios,	
	calvones y calvísimas calvudas,	
	calva Anás, calva Herodes, calva Judas.	
JUEZ.	Hijo Carasa, en buena calvería,	25
	calva teñida, sucia y con ribete,	
	ha de llamarse chúrrete calvete.	
	¿Qué tenemos de viejas?	
CARASA.	¿Qué son viejas?	
JUEZ.	Unas niñas añejas	
	que, untadas y añadidas,	30

18-19 (como es cierta dotrina) por pelallo S, Astrana.

21 les gane S, Astrana; el chiste con *pelar* y *repelar* (el dinero) es fácil.

22 y ss. Comp. el entremés de *Los sacristanes burlados* de F. Bernardo de Quirós: «¿Pues con tu calva quieres que te quiera?, / licenciado rapado de galera?, / que en la churre y lo calvo eres pobrete, / el Licenciado chúrrete calvete; / y es huevo de avestruz tu calva rasa, / Laín Calvo, Peláez, arroz con grasa, / [...] calvino, calvatrueno, calva Anás, / calva de Herodes, calva de Caifás; / calavera del diablo, al campanario / con tu calva le haces un calvario» *(Fruela,* pág. 259).

23 calvinos y calvissimos caluudos S, Astrana.

24 Ana E; *Anás, Herodes, Judas:* personajes símbolos de la maldad, enemigos de Cristo. Se trata de calvas espeluznantes.

25 Padre Zaraça S, Astrana.

26 calua sucia y tenida S; calva lucia Astrana.

27 *chúrrete calvete:* «Chúrrete calvete. Por chúrrate, ásate; es la castaña asada, mondada» (Correas, refrán 6297). La calva se parece a una castaña mondada, pero alude además a la suciedad, pues *churre* es «La pringue que corre de alguna cosa grasa, y tomó nombre del sonido que hace cayendo sobre las brasas» (Cov.). Lo principal en el pasaje es el juego fónico y el floreo con los derivados y neologismos en torno a las 'calvas'.

28 que tenemos de viejas y de añejas? / que son viejas añejas? S, Astrana, Blecua.

29-30 vnas niñas que juntadas S; las niñas que pintadas Astrana. *Untadas y añadidas:* llenas de potingues y de postizos. De las viejas que pretenden pasar por jóvenes, se pueden recoger numerosas referencias en las obras de Quevedo. Véase *Prosa festiva,* págs. 179, 222, 349, 428, 454; *Los sueños,* pág. 208.

	carreteras del tiempo	
	quieren hacer cejar atrás las vidas,	
	dando a entender que pueden con engaños	
	hacia la cuna recular los años;	
	unas que, rucias, canas y desiertas,	35
	se remiendan las sienes con las muertas	
	y pelando difuntas,	
	se ponen rizos y se añaden puntas,	
	y me dicen que está la corte llena	
	de guedejas en pena.	40
CARASA.	Mucho se usa y mucho se mormura	
	el tocado que llaman sepoltura.	
JUEZ.	A los rizos que veis hechos culebros	
	decidles misas pero no requiebros.	
	Comisión traigo yo de la otra vida	45

---

31 *carreteras:* porque los carreteros a veces hacen retroceder (cejar) a las caballerías; estas viejas quieren hacer recular al tiempo; como siempre, Quevedo es extraordinariamente preciso, porque *cejar* es «Término de carreteros, cuando quieren que las mulas del carro vuelvan atrás o reculen, y díjose así porque al enseñarlas les dan con la vara o látigo en la frente y en las cejas» (Cov.). La enmienda de Blecua «cesar atrás las vidas» es mala en este caso.

33-34 Casi las mismas palabras repite Quevedo en el poema «A un viejo teñido»: «Este que con engaños / quiere hacer recular atrás los años / y volverse al nacer por donde vino» *(Poesía original,* núm. 632, vv. 5-7).

34 retirar los años S; retrasar los años Astrana.

35 que canas rucias y disiertas S, Astrana y Blecua; *rucias:* de color pardo blanquecino; alusión a las canas, peyorativa, porque es término usado con las caballerías; *desiertas:* de dientes en las encías y también de pelo en la cabeza, que tienen que remendar con pelo postizo.

36 se remedian S, Astrana. Quevedo, en los versos que siguen, alude a la costumbre de hacer postizos y pelucas con pelo de muertos. Comp. Quiñones, entremés de *El Tiempo:* «Unas guedejas y puntas / que, topando con sus dueños, / se quisieron hacer fuertes / al pasar de un cimenterio» *(Jocoseria,* págs. 181-182). Un moño postizo se expresa así en el poema satírico de Quevedo: «Fénix soy de las molleras / renaciendo de mí mismo, / que apenas en unas muero / cuando en otras resucito. / Y es de fe que, si sonara / hoy la trompeta del Juicio, / dejaran los moños muertos / las calvas en cueros vivos» *(Poesía original,* núm. 742, vv. 33-40).

38 Ricos E; se añaden rizos y se ponen puntas S, Astrana.

40 *guedejas en pena:* porque pertenecen a los difuntos, almas en pena.

43 *hechos culebros:* serpenteantes, en tirabuzones.

44 decildes S, Astrana; hay que decirles misas por ser cosa de difuntos y en pena.

	para que restituyan las rizadas
	pelambre a cimenterios y finadas.
CARASA.	Tan protervas están, que a ser pecados
	los años, las mujeres que se usan
	todas se condenaran, 50
	porque ni al propio Dios los confesaran.
JUEZ.	A eso es mi venida, a que los años,
	los meses y los días y las horas
	los confiesen por fuerza, aunque no quieran,
	que traigo, en mi instrucción y mis [poderes, 55
	por moriscos del tiempo a las mujeres;
	porque hay vieja orejón encarrujada
	que se viste de noche, muy secreta,
	sobre caraza agüela cara nieta.
	Mas, haciendo paréntesis la historia, 60
	vuesarced me parece figurazo;

---

47 *y a finadas* S, Astrana.
48-59 Nuevamente se habla de las viejas que quieren quitarse años. Enlazan, en cuanto al tema, con los versos 28-34.
49 *que esto usan* S, Astrana.
51 *ni aun al mismo* S, Astrana.
52 *a esto* S, Astrana.
54 *las* E.
55-56 Faltan en S, Astrana, probablemente por su alusión a los moriscos; se conservan en el manuscrito de Évora. Las mujeres son moriscos del tiempo, porque no confiesan sus años.
57 *encarujada* S; *encamisada* Astrana; *orejón:* 'pedazo de melocotón seco al sol'; por su aspecto reseco y arrugado Quevedo lo aplica reiteradamente a las viejas en su poesía satírica; véase *Poesía original*, núms. 691, 749, 797; *encarrujada*: «retorcida, ensortijada, como sucede en el hilo cuando está muy torcido, y en el cabello cuando es muy crespo o está rizado y encrespado» *(Aut.)*.
59 *sobre caraza agüela, cara nieta*: alusión al cambio que se produce en la mujer con los afeites.
61 *figurita* S, Astrana. *Vuesarced:* alomorfo de *vuestra merced. Figurazo:* el término *figura* —o derivados—, clave en la caricatura aurisecular designa una apariencia ridícula física o moralmente. Véase Asensio, 1965, págs. 77-86; Romanos, 1982. Recuérdese el catálogo de figuras naturales y artificiales que hace Quevedo en *Vida de corte* o la concepción ridícula del figurón de las comedias. Comp. Quevedo, *Sueños*, págs. 94-95: «diome risa ver la diversidad de figuras»; Quiñones de Benavente, *Jocoseria, La maya*, vv. 82-83: «Para la maya dé el señor figura, / y téngalo a ventura»; *ibíd.*, vv. 154-155: «Pues, figu-

              que cuando entré no me quitó el sombrero,
              quitándoselo yo y he sospechado
              que tiene doncellez su cortesía.
              ¡Ea!, por vida mía,   65
              y ninguno se corra,
              ¿es gorra fija u regatón de gorra?
CARASA.   Yo soy de las figuras
              que llevan en Madrid la calva a escuras;

---

rilla encima de escritorio, / ¿qué es lo que has intentado?», y el entremés de *La paga del mundo* para otras ocurrencias con diversas formas de la palabra, que se repite en pasajes siguientes.

62 *quitar el sombrero*: 'para saludar con respeto'. Era gesto de cortesía al que se niegan en la literatura satírica algunos presumidos, o exigen los pagados de su importancia. Sobre el quitar el sombrero habría muchos testimonios: *Sueños*, pág. 342: «Solo un disparate hizo, que fue, siendo calvo, quitar a nadie el sombrero, pues fuera menos mal ser descortés que calvo, y fuera mejor que le mataran a palos porque no quitaba el sombrero, que no a apodos»; *Sueños*, pág. 298: «no sabía por dónde volverse a hacer una cortesía ni levantar el brazo a quitarse el sombrero, el cual parecía miembro sigún estaba fijo y firme». Otros testimonios en *Prosa festiva*, págs. 199, 214, 227. Ya el escudero del Lazarillo reclamaba semejante cortesía como esencial a su honra: «si al Conde topo en la calle y no me quita muy bien quitado del todo el bonete, que otra vez que venga me sepa yo entrar en una casa, fingiendo yo en ella algún negocio, o atravesar otra calle, si la hay, antes que llegue a mí, por no quitárselo» (Tratado III). Para entender la importancia que en la época tenía el hecho de saludar quitándose el sombrero y no ser correspondido, ver el siguiente texto que recoge E. Asensio: «El de Salazar se quitó el sombrero a don Jerónimo y don Jerónimo pasó de largo sin quitar el suyo, de lo cual indignado Salazar vino por detrás, quitó el sombrero a don Jerónimo y le dio con él un sombrerazo en la cara. En un instante empuñaron entrambos sus espadas...» *(Itinerario*, pág. 242).

63 quitandoselo S, Astrana.

65-66 digame por su vida y no se corra S, Astrana; *correrse*: 'avergonzarse'.

67 *regatón*: «El que compra del forastero por junto y revende por menudo. [...] Regatear, procurar abajar el precio de la cosa que compra; es muy del regatón» (Cov.): le acusa de regatear las cortesías y no quitarse nunca la gorra.

68 y ss. Parecidas ideas expone Quevedo en el soneto «Calvo que se disimula con no ser cortés»: «y, por cubrirle, a descortés apelo, / porque en sombrero perdurable muera. / Porque la calva oculta quede en salvo, / aventuro la vida: que yo quiero / antes mil veces ser muerto que calvo» *(Poesía original*, núm. 528, vv. 7-12). Y en *El libro de todas las cosas*: «Ten sombrero perdurable

| | en mi vida quité el sombrero a nadie,   70
| | y soy tan estreñido de sombrero
| | que no hago sombrero en todo el año.
| JUEZ. | Picarazo notable.
| CARASA. | Todos me llaman gorra perdurable.
| JUEZ. | ¡Desdichado de vos!; en el infado   75
| | gorra eternal es caso reservado,
| | ni puedo, por razón de buen gobierno,
| | absolver de bonete sempiterno.
| | Sois un infinitísimo pandero.
| CARASA. | Óigame, señor juez.
| JUEZ. | Decid, sombrero.   80
| CARASA. | Yo, señor, me gobierno extrañamente,
| | y aunque estoy gordo, fresco y colorado,
| | soy un hidalgo yo muy mal criado,
| | y con dos repelones de faldilla

---

y de por vida, y no te le quites aun para dormir; y si otro te quitare el sombrero, remítete a la cabezada y a la reverencia; y si por esto te dijeren que eres descortés, di que más vale ser descortés que calvo; y si por descortés riñeren contigo y te mataren, también vale más ser muerto que calvo, y procura morir con tu sombrero como con tu habla» *(Prosa festiva,* página 417).

70 nadia E. Comp. Quevedo, *Premática del tiempo:* «Declaramos que sean tenidos por figuras los que a nadie quitan la gorra, y más si es de puro arrogantes» *(Prosa festiva,* pág. 214).

72 que ni aun uno gasto en todo el año S, Astrana; pero *hacer sombrero* parodia *hacer cámara:* 'defecar'.

74 llaman agora S.

75 que en el enfado S, Astrana; Blecua enmienda añadiendo «que» como S, pero no es necesario ni para la medida ni mejora el sentido. *Infado:* 'enfado'; no le vemos mucho sentido.

76 garra E; guera S; *caso reservado:* «la culpa grave que solo puede absolver el superior, y ningún otro sin licencia suya» *(Aut.).*

77 y no puedo por uia de S, Astrana.

79 *pandero:* «Metafóricamente se llama el hombre necio y que habla mucho con poca substancia» *(Aut.).*

80 oiga señor S, Astrana.

81 eternamente S; externamente Astrana.

84 que con dos refregones S, Astrana; Blecua enmienda «que con dos repelones»; *repelón:* 'tirón'; *faldilla:* «parte que cuelga de los cuartos de la ropilla, jubón o casaca, de la cintura abajo» *(Aut.).*

	y hacer las lechuguillas al sombrero,	85
	pellizcar el cairel de tenacilla,	
	figura que yo hago	
	paso por el *qui toles* el amago.	
	Si dos gorras de piedra nos topamos,	
	nos vamos alargando de rebozo,	90
	vista en arpón, mirando cada uno	
	quién empieza primero,	
	solfeando ademanes de sombrero.	
JUEZ.	Apostaré un millón que habéis tenido	
	con la misa y la iglesia remoquete.	95

---

85 y alçar S, Astrana; Blecua acepta esta lectura. *Lechuguillas:* adornos dispuestos por medio de moldes en forma de hojas de lechuga. Además de en el sombrero, se podían llevar en los puños, y fue moda que se estiló mucho durante el reinado de Felipe III. Se llamaron también *lechuguillas* ciertos cuellos, almidonados, en forma de hojas de lechuga. Aquí se refiere a gestos y arreglos de la ropa, sombrero, etc.

86 pelliscar S; *cairel:* «Un entretejido que se echa en las extremidades de las guarniciones, a modo de pasamanillo, salvo que el pasamano se teje en el telar, y el cairel en la mesma ropa dividiendo el aguja lo que habla de hacer la trama en la lanzadera y los hilos de los lizos traen los dedos de las manos trocándose» (Cov.): todo el pasaje 'me estiro la faldilla y pellizco con los dedos, como si fueran una tenacilla, el cairel del sombrero, de manera que el que se cruza conmigo cree que me lo voy a quitar'.

88 pago con el qui tolis S, Astrana y Blecua; *qui toles:* 'paso el gesto amagado, el pellizco del sombrero, por el acto de quitármelo, aunque en realidad no me lo quito; *qui toles:* parodia de la expresión «Agnus Dei qui tollis peccata mundi»; si Cristo quita los pecados del mundo, este hace como se quita el sombrero, sin llegar a quitarlo.

89 *gorras de piedra:* 'dos caballeros que llevan el sombrero tan duro como la piera, es decir, que no se lo quitan nunca': en ese caso van haciendo gestos, como si se fueran a quitar el sombrero, a ver quién obliga al otro a saludar el primero.

90 de pescueso S; de pescuezo Astrana y Blecua.

91 *vista en arpón:* no sabemos exactamente cómo es esta mirada.

93 volteando S, Astrana.

95 con la yglesia y la misa S, Astrana. *Remoquete:* 'dicho agudo, galanteo', en sentido irónico, pues lo que ha tenido son problemas como se ve en los versos siguientes. Quizá aluda a que no se quita el sombrero en señal de respeto ni estando en misa ni al pasar por una iglesia. O quizá que ha merecido una coroza.

CARASA.	Usado he de la escofia y del birrete
	y por ciertos barruntos
	con una procisión anduve en puntos.
JUEZ.	Quítateme de aquí, que tienes traza,
	enfadoso aciago... 100
CARASA.	¿De dormir con sombrero? Ya lo hago.

(Vase apretando el sombrero. Entra DON GONZÁLEZ, *zurdo, con listoncillo al cuello, antojo y muleta.)*

D. GONZÁLEZ.	Yo, señor licenciado de mi alma,
	yo, señor licenciado de mi vida,
	yo, juez de mis entrañas, pido expreso
	un previlegio.
JUEZ.	Yo pensé que un beso 105
	según me requebrábades de veras.
D. GONZÁLEZ	Yo no soy enfadoso de traseras.
	Yo me acuso a mí propio de enfadoso

---

96 e usado de la cofia S, Astrana; Blecua enmienda en «cofia» innecesariamente; *escofia:* «De cofia decimos escofia. Es cierta cobertura de la cabeza hecha de red, dentro de la cual las mujeres recogen el cabello» (Cov.). No vemos claro el sentido de estos versos: quizá todo el pasaje aluda a ciertos sombreros que a causa de la iglesia y la misa ha llevado: sería entonces alusión a la coroza de los penitenciados por la Inquisición. Pero también podría ser que hubiese andado *en puntos* 'disputado' con una procisión por no quitarse el sombrero a su paso.

98 prosesion S.

100 de enfadoso S, Astrana y Blecua.

101 acot. aprentando E. En S y Astrana siguen aquí los versos 194 a 241. En esta acotación: «Vase el alguacil y sale don Gonçales con antojos y muleta y zurdo» S; «Don Bonzales» Astrana; *antojo:* 'gafas'; las gafas no solo eran utilizadas en el Siglo de Oro para mejorar la visión, sino por aquellos que tenían pretensiones de sabiduría e importancia, según hemos anotado en *Cómo ha de ser el privado*, v. 1679.

102-105 Los vv. 102-104 y parte de 105 se atribuyen en E a «D. Gutie».

105 yo entendi S, Astrana. El juez contesta a tono con las frases con que le interpela don González, propias de un galanteo.

107 si no soys S, Astrana atribuye este verso al parlamento del juez, con lo cual pierde el texto toda la intención, ya que es don González quien tiene que explicar que, a pesar de sus frases melosas, no es un homosexual.

108 a mi mismo S, Astrana.

	y soy enfadoso en superlativo,	
	pues antes de engendrado	110
	enfadaba a mis padres, pues reñían	
	porque no tenían hijos, de manera	
	que ya yo era enfadoso antes que fuera.	
	Soy zurdo y zambo.	
Juez.	¿Nunca os han [quemado?	
	No debe de saber de vos el fuego.	115
D. González.	Llámome don González.	
Juez.	De oír González con el don me aturdo:	
	peor es lo González que lo zurdo.	
D. González.	Cuando me meto a casi caballero	
	y se me entran los condes en el cuerpo,	120
	llevo por esas calles	
	cara de comezón que a puros gestos	

---

109 y en los enfados soy superlativo S, Astrana; y soy enfados en superlativo E, a quien sigue Blecua.

111 y reñían S, Astrana.

113 que soy siempre enfadoso dentro y fuera S, Astrana.

114 Y nunca S, Astrana y Blecua; *zurdo, zambo:* los zurdos, como los zambos, fueron objeto de las sátiras de Quevedo. Comp. *Poesía original,* núm. 725, vv. 13-16: «No se hiciera con un calvo / lo que conmigo se ha hecho, / ni con un zurdo que sirve / a todos de mal agüero»; 704, vv. 45-46: «Más me ha valido ser zambo / que a ellos sus valentías»; *Buscón,* pág. 153: «un mulatazo [...] zambo de piernas, a lo águila imperial»; en el *Sueño del infierno* suelta Quevedo contra los zurdos una andanada: «¿Quién son? —le pregunté. Y dijo el diablo: —Hablando con perdón, los zurdos, gente que no puede hacer cosa a derechas, quejándose de que no están con los otros condenados, y acá dudamos si son hombres o otra cosa, que en el mundo ellos no sirven sino de enfados y de mal agüero...» *(Sueños,* pág. 213); en el *Libro de todas las cosas:* «El hombre zurdo sabe poco, porque aún no sabe cuál es su mano derecha [...], es gente de mala manera, porque no hace cosa a derechas» *(Prosa festiva,* pág. 428). La hoguera era el castigo que se aplicaba a los homosexuales.

116 Gonçales S; Bonzales Astrana, y así siempre que parece el nombre.

117 Tened amigo con S, Astrana; *don:* el don se contradice con el apellido vulgar. Ya ha quedado nota de los abusos del tratamiento del *don.*

119 acaso a cauallero S, Astrana. Los gestos del «casi caballero» ya habían sido esbozados por Quevedo en el *Buscón,* pág. 165*:* «Y para que me tuviesen por hombre de partes y conocido, no hacía sino quitar el sombrero a todos los oidores y caballeros que pasaban, y, sin conocer a ninguno, les hacía cortesía como si los tratara familiarmente».

122 comeson haciendo gestos S, Astrana y Blecua.

se concome a sí mesma de faciones,
sordo de gorra, rostro rempujado,
marqués de habla, duque de persona,   125
barba cola de pato juguetona,
y por más devoción de caballero
me voy disciplinando de sombrero.
Voy caballereando a todos lados:
«Bésoos las manos, bésote las manos;   130
servitor, servitor, servitorísimo»,
y voy besoteando de manera
que se enfadan el Prado y la Carrera.
¡Pues qué!, cuando a mis solas jineteo
y zancajo de fuera, en estribado,   135

---

123 Falta este verso en S, Astrana y Blecua; *concome:* concomerse es hacer gestos como para rascarse de una comezón o picor. Alude a las expresiones presuntuosas que toma el personaje.

126 *barba cola de pato:* es decir, redondeada y no puntiaguda. Comp. *Estebanillo,* I, pág. 203: «di la vuelta a Sevilla, y encontrando un día un aguador que me pareció letrado, porque tenía la barba de cola de pato...».

127 deuosion S.

128 disiplinando S.

129 Rey cauallereando E.

130 S, Astrana repiten «besoos las manos».

131 No figura este verso en E. Lo tomamos de S. Con las deturpaciones que abundan en el texto no sabemos si realmente ese verso sobra o hay que incluirlo.

133 *el Prado y la Carrera:* Paseo del Prado y Carrera de San Jerónimo, paseos de Madrid.

134 *jinetear:* «andar a caballo, principalmente por sitios públicos, presumiendo de gala y primor» *(Aut.).* A juzgar por el contraste que hace luego con el cabalgar a la brida, en este caso se refiere exactamente al montar a la *jineta:* «Cierto modo de andar a caballo, recogidas las piernas en los estribos» *(Aut.);* cabalgar a la jineta era hacerlo con estribos cortos, y la brida en silla con estribos largos. Comp. Quevedo, *Un Heráclito,* núm. 54, vv. 145-146: «¡Qué cosa es ver un infanzón de España / abreviado en la silla a la jineta»; *Poesía original,* núm. 828, vv. 77-80: «De la brida a la jineta, / estribos cortos y largos / remataran de tus chistes / los conceptillos de asco»; comp. la frase «Traer el juicio, el corazón, o los cascos a la jineta. Que se dice de los bulliciosos, con locura y sin asiento en nada, que todo lo ríen y celebran, sin método ni juicio» *(Aut.).* Todas las que menciona en el pasaje son acciones simuladoras de nobleza.

135 cancajo E; doy sancajo de fuera a lo S; voy zancajo Astrana.

               a lo manga de cruz me zangoteo.
               Pues a la brida, ¿hay diablo que me espere?
               Estirado de piernas como muerto,
               en las meras puntillas afirmado,
               arremedando comezón los hombros,   140
               «hola» acá y «hola» allá y «holas» y «holillas»,
               y viendo a mis criados
               siempre tan oleados,
               me llaman propiamente
               el Caballero Extremaunción la gente.   145
               Pensará el señor juez...

JUEZ.   No pienso nada.
D. GONZÁLEZ.   Dirá vuesa merced...
JUEZ.   No digo cosa.
D. GONZÁLEZ.   Sospechará a sus solas...
JUEZ.   No sospecho.
               No quedaré, si le oigo, de provecho.
D. GONZÁLEZ.   Viendo que el torear es sumo grado   150
               de la caballería arremedona,
               me fui el año pasado

---

136 y qual manga de cruz me banboleo S, Astrana; *manga:* «se llama por semejanza la vestidura o adorno que cae desde la cruz en el guión de las iglesias» *(Aut.);* en las procesiones se bambolean estas mangas.

137 ques E, que enmendamos; a la brida el diablo S, Astrana; ya se ha anotado *a la brida,* que explica el rasgo de «estirado de piernas».

138 como muerte S, Astrana.

139 las mismas S, Astrana.

140 y remedando comeson S, Astrana.

141 olla E; *hola:* interjección que generalmente se usaba para llamar a los inferiores, ya anotada.

143-145 *oleado:* se dice de la persona que ha recibido los Santos Óleos, es decir, la Extremaunción. Aquí se juega con este significado y con el de ser tratados repetidamente con la interjección «hola».

144 propriamente S.

146 Pensara vuesarced S, Astrana.

149 si os oigo S, Astrana.

151 remendona S, Astrana. La acción de torear, como propia de nobles, es el sumo grado de los remedadores o imitadores de caballeros.

152 pasados S.

    con dos hacia hidalgos entre dones
    a la fiesta del Hoyo con rejones.
    También estoy de encierros graduado   155
    por Cinos y Peinado.
    Soy de los que se salen a la plaza
    y torean todo el año
    a la jineta de un Balán castaño.
    Llámanles «la verdad» a mis rejones   160
    los que más los celebran,
    pues, por más que adelgazan, nunca
        [quiebran.
    No se llega a los toros mi caballo
    ni yo soy muy goloso de llegallo.

---

153 *hacia hidalgos:* los que no eran hidalgos pero pretendían pasar por serlo. Los falsos caballeros son caricaturizados por Quevedo en varios lugares de sus obras. Comp. Quevedo, *Pregmática de aranceles generales:* «habiendo visto las vanas presumpciones de los medios hidalgos y de atrevidos hombrecillos que con poco temor se atreven a hurtar las ceremonias de los caballeros [...], mandamos que a los tales, siendo como va dicho, los llamen caballeros chanflones, motilones y donados de la nobleza y hacia caballeros» *(Prosa festiva,* págs. 177-178).

154 a las fiestas de Vtrera S, Astrana. En este verso se cambiaría el nombre del lugar, según donde se llevara a cabo la representación. En la no encontrada impresión segoviana se dice que el entremés se representó en Sevilla. Un Hoyo está en Ciudad Real, otro en Córdoba, etc.

156 *Cinos y Peinado:* no apuramos la referencia.

158 y toreo S, Astrana.

159 en un balcon castaño S, Astrana. *Balán:* parece metonimia por la cabalgadura del profeta Balán (Números, 22-24), es decir, una burra o burro, lo que contradice las pretensiones de nobleza.

162 *por más que adelgazan nunca quiebran:* recoge Correas «La verdad adelgaza, mas no quiebra su hilaza» (Correas, refrán 23521). Es un chiste porque no quebrar el rejón era mala actuación: este caballero falso no sabe quebrar los rejones en los toros y hace el ridículo.

163 y ss. Don González es falso toreador, como es falso caballero; remeda los gestos de los verdaderos toreadores. Comp. Quevedo, *El libro de todas las cosas:* «Para ser toreador, sin desgracia ni gasto, lo primero caballo prestado, porque el susto toque al dueño y no al toreador; entrar con un lacayo solo, que por lo menos dirán que es único de lacayo; andarse por la plaza hecho caballero antípoda del toro. Si le dijeren que como no hace suertes, diga con esto de suertes está vedado. Mire a las ventanas que en eso no hay riesgo. Si hubiere socorro de caballero, no se dé por entendido. En viéndole desjarretado entre pícaros y mulas, haga puntería y salga diciendo siempre: "No me quieren"» *(Prosa festiva,* págs. 435-436).

	Si rueda algún infausto caballero	165
	y andan las cuchilladas,	
	tercio la capa, encájome la gorra,	
	y aguardo a que la Virgen le socorr;a	
	ajústome en la silla,	
	muéstrome relumbrante de cuchilla,	170
	y como si llegara	
	me demudo de pulsos y de cara,	
	y siendo yo el postrero de la sarta	
	sin menearme digo: «¡Aparta, aparta!».	
	El caballo, discreto, que conoce	175
	cuán poco entremetido soy con toros,	
	de parte de mi miedo y su pellejo,	
	toma el «aparta, aparta» por consejo,	
	y apártase del toro	
	con saltos y carreras,	180
	y yo se lo agradezco muy de veras	
	y, por cumplir con plaza y con ventanas,	
	le echo la culpa y voy diciendo a gritos:	
	«¡Ah, qué maldita bestia desbocada!	
	Al fin argel». Pero en llegando a casa,	185
	en la caballeriza yo y el potro	
	nos pedimos perdón el uno al otro.	
JUEZ.	¿Tenéis don de lanzada?	
D. GONZÁLEZ.	Es de manera	
	que me llaman los niños lanzadera.	
	Soy hombre que voy a dar lanzada	190

---

165 y ss. Finge que quiere salir a socorrer al caballero derribado por el toro, pero no se atreve.

167 y encajome S.

168 los socorra S, Astrana.

172 me desnude E; enmendamos con S.

181 agradesco S.

182 *por cumplir con plaza y con ventanas:* por quedar bien ante el público, parte del cual veía los toros desde las ventanas y balcones que daban a la plaza.

185 Al fin angel E; argel en fin S, Astrana; Al fin, Argel Blecua. Aceptamos la enmienda de Blecua; *argel:* para caballo argel, véase *Pero Vázquez de Escamilla,* v. 253.

	con una lanza al hombro	
	a pie por los caminos.	
JUEZ.	Pues entrá a graduaros de Longinos.

(Éntrase. Sale un ALGUACIL *con* DOÑA LUISA *y* DOÑA LO-
RENZA, *presas.)*

D.ª LUISA.	No nos ha de comer su reverencia	
	del señor juez.	
JUEZ.	De mozas de tal brío	195
	no me acuerdo de haber tenido hastío.	
	¡Qué bien guisados talles!	
ALGUACIL	Pues encubren con ellos muchas tachas.	
JUEZ.	Yo tengo hambre canina de muchachas.	
	Tengan lo que quisieres	200
	como no tengan años las mujeres.	
ALGUACIL	Doña Luisa, señor, tiene enfadada	
	toda la corte a puro manotada.	

---

192 y por los caminos S, Astrana y Blecua.
193 entrad» S, Astrana. S y Astrana continúan en el verso 242. *Longinos:* la tradición suele fundir dos episodios de la Pasión de Cristo en uno: el del centurión y el del soldado romano que traspasa el costado de Jesús con su lanza (Juan, 19, 33-34). En la tradición más general Longinos es el nombre atribuido al «centurión que con otros soldados, por orden de Pilatos, hizo guardia ante la Cruz del Señor, y quien personalmente atravesó con su lanza el costado de Cristo; pero luego al presenciar el oscurecimiento del sol, el terremoto y otros fenómenos extraños, se convirtió. Dicen algunos que [...] tenía la vista muy debilitada, y que al traspasar con su arma el pecho de Jesús, algunas gotas de la sangre que brotó del corazón divino saltaron hasta sus ojos, y que al sentir la salpicadura comenzó a ver con perfecta claridad» (Santiago de la Vorágine, *La leyenda dorada,* I, pág. 198). Aunque es personaje romano en cualquier caso, funciona como connotativo de 'judaísmo', rasgo peyorativo en la mentalidad áurea y que continúa la denuncia satírica de la falsa nobleza del figurón.
193 acot. vase don gonçales y sale el alguacil y doña lorença S, Astrana.
197 aguisados E; guisado talle S, Astrana; guisados Blecua, que responde a la medida adecuada del verso.
198 Encubre muchas tachas S, Astrana.
203 a pura S, Astrana; *a puro:* 'a fuerza de dar manotadas'; *manotada:* la figura de la manoteadora o mujer que presume de manos se encuentra en otras obras de Quevedo. Comp. *Libro de todas las cosas:* «Si tiene buenas manos, tanto las esgrime y las galopea por el tocado, tecleando de araña el pelo

JUEZ.	Debe de dar entre mozuelos legos
	pescozones a cofres y talegos. 205
D.ª LUISA.	Señor, yo lo diré sin faltar punto:
	han dado en enfadarse unos mozuelos
	destos que para el gasto nos dan celos,
	de que yo saque a pasear mis manos
	unas veces puliéndome el tocado, 210
	otras para mirar con tejadillo
	haciendo un gateado en el soplillo,
	porque hago la araña sobre el manto;
	otras por teclear los aladares
	y si me enfadan mucho 215
	haré que salgan a tomar consuelo
	de bolsa en bolsa no, de pelo en pelo.

---

y haciendo corvetas con los dedos por lo más fragoso del moño, que amohinará los difuntos» *(Prosa festiva,* págs. 425-426); *Buscón,* págs. 180-181: «preciábase de manos y, por enseñarlas, siempre despabilaba las velas, partía la comida en la mesa, en la iglesia siempre tenía puestas las manos, por las calles iba enseñando siempre cuál casa era de uno y cuál de otro; en el estrado, de contino tenía un alfiler que prender en el tocado; si se jugaba a algún juego, era siempre el de pizpirigaña, por ser cosa de mostrar manos. Hacía que bostezaba, adrede, sin tener gana, por mostrar los dientes y hacer cruces en la boca. Al fin, toda la casa tenía ya tan manoseada, que enfadaba ya a sus mismos padres».

204-205 Pertenecen al parlamento del Alguacil en S, Astrana.

205 y a talegos S, Astrana.

206 Señor lo dire sin falta alguna S, Astrana.

210 vnas peçes E.

211 *con tejadillo:* «llaman también la postura del manto de las mujeres encima de la frente, dejándola descubierta» *(Aut.).*

212 *haciendo un gateado en el soplillo:* haciendo trepar los dedos en el *soplillo,* tela de seda muy ligera con la que se hacían los mantos.

213 las señas sobre S, Astrana. *Hacer la araña sobre el manto:* comp. *Buscón,* pág. 218: «Unas hablaban algo recio, otras tosían; cuál hacía la seña de los sombrereros, como si sacara arañas, ceceando».

214 y porque quiero alçar los aladares S, Astrana.

215 que si S, Astrana.

217 Astrana y Blecua puntúan: «de bolsa en bolsa, no de pelo en pelo», que significa lo contrario que nuestro texto: entendemos que irónicamente los va a mandar a tomar consuelo no de bolsa en bolsa (que se la habrán vaciado), sino de pelo en pelo, es decir, pelados; «En cerro; en pelo. Dícese de una cabalgadura sin aparejos» (Correas, refrán 8487).

Juez.	Salgan a todos cabos
	y guarde Santantón nuestros ochavos.
Alguacil	En esto del pedir...
D.ª Luisa.	Tenga, confieso. 220
Alguacil	Antes de conocer pide a la gente
	y es una pedidora supitaña.
D.ª Luisa.	Bien dice el alguacil, mas de cobarde
	con pedir antes me parece tarde,
	que como al fin, al fin, somos mortales, 225
	si me detengo en vanos cumplimientos
	y en el pedir no soy muy diligente,
	puede morirse un hombre de repente,
	mas si se muere habiendo yo embestido,
	ya que viene a morir muere pedido, 230
	y si antes de pedir muere el cuitado,
	siempre en el corazón queda aquel ansia
	y aquel dolor y lástima primera
	de «¡Ay, perdónele Dios! ¡Quién le pidiera!»,
	y estoy en el pedir tan divirtida 235
	que ayer por preguntar a un caballero
	que vino a visitarme

---

219 guarden E; San Anton S, Astrana; *Santantón:* «Santantón le guarde» (Correas, refrán 20778).

220 Falta este verso en S, Astrana.

221 señor sin conocer pide a la gente S, Astrana. La mujer pedidora o tomajona es uno de los grandes riesgos que se corre en la corte, según Quevedo. Trata el tema en el entremés *El Niño y Peralvillo de Madrid*, y en los romances «A la corte vas, Perico» y «A buen puerto habéis llegado», entre innumerables textos.

222 *supitaña:* 'repentina', «lo mismo que subitánea. Es voz anticuada que solo se usa en el estilo familiar» *(Aut.)*.

226-227 Cambiados de orden en S, Astrana.

229 *embestido:* 'acometido', en la acepción de «acometer a uno pidiéndole limosna o prestado, o bien para inducirle a alguna cosa» *(DRAE)*.

231-239 En E puestos en boca de doña Lorenza. El sentido requiere que pertenezcan como continuación del parlamento de doña Luisa, que es, por otra parte, la pedidora; la tacha de Lorenza es otra. Enmendamos por S.

232 mi coraçon S, Astrana y Blecua.

237 vino avisarme E.

| | «¿Cómo está vuesarced», equivoqueme,
| | y le vine a decir: «¿Cómo está deme?».
| Juez. | Si el remedio decís me hacéis cosquillas   240
| | y haré el padre del alma en seguidillas.
| Alguacil | Doña Lorenza viene por doncellas.
| Juez. | ¿Quién la ha dicho que suelo yo tenellas?
| Alguacil | Que no, señor; es caso nuevo y grave:
| | ella se hace doncella cuando quiere   245
| | y ha sido cien doncellas en diez años
| | y lo tiene por trato .
| Juez. | Tributo puede ser de Mauregato.
| D.ª Lorenza.| Eso me debe España, que la honro,
| | y en viniendo extranjeros   250
| | mudando nombre y barrio

---

238 equivocarme E; vuesarce equivoqueme S; equivoqueme Astrana y Blecua.

240 si a mi me lo decis me hareis S.

241 era E; y haré al padre S, Astrana y Blecua. En S y Astrana sigue el texto a partir del verso 102. Parece aludir a una canción que tuviera en su letra la expresión «padre del alma», pero no apuramos la cita. «Vase don Gonçales y sale el alguacil y doña Lorença» acotan S, Astrana.

245 y ss. *doncellas:* la sátira contra el engaño de la mujer que se hace pasar por doncella es constante en la obra festiva de Quevedo. Comp. *Premáticas destos reinos:* «Otrosí mandamos [...] que algunas mujeres con nombre de doncellas no sirvan de lo que no son», que reitera en *Pregmática de aranceles generales* y *Premática del Tiempo (Prosa festiva,* págs. 162, 180 y 225). Estos versos del entremés tienen su paralelismo en *Cartas del Caballero de la Tenaza:* «Donaire has tenido; no he visto virgen postiza tan graciosa. Dime, ¿cuántas veces puedes ser doncella en este mundo. Una mujer, a quien me dicen han pagado el virgo décimo cuarto, y que el último está de puntillas sobre un peinado. [...] Doncella de siete y llevar, si fueras en tiempo de Almanzor, [...] contigo sola se pudiera abreviar el número de las cien doncellas que le pagaba Mauregato, que, si en dos años has sido catorce veces doncella, en ocho fueras ocho mil» *(Prosa festiva,* págs. 299-300). En poesía es aún más frecuente, véase Arellano, 1984a, pág. 52, y A. Mas, 1957, págs. 81-84.

247 *por trato:* por contrato, por oficio: es una prostituta que vende falsos virgos.

248 *Mauregato:* alusión al tributo de las cien doncellas, que hubieron de pagar los reyes cristianos desde tiempos de Mauregato: «Cuando los moros estaban apoderados de la mayor parte de España, siendo rey de Oviedo y de León Mauregato, les daba cien doncellas nobles en parias, cada un año; cosa lastimosísima; y esto duró hasta el tiempo del rey don Bermudo» (Cov.).

249 Parlamento atribuido a doña Luisa en E; las honro S, Astrana.

	y con madres postizas,
	me hago dos docenas de doncellas
	y van diciendo todos a sus tierras
	que hallan baratas y con poco porte 255
	doncellas como barbas en la corte
	y dicen la verdad, si el caso escarbas,
	pues se hacen doncellas como barbas.
D.ª Luisa.	Y dejando esta plática cansada,
	que ya basta de audiencia, 260
	vuesasted sepa que las dos bailamos
	sin demigajamiento de personas.
	Si hay músicos verá cosas notables.
Juez.	Más de siete millones hay de músicos;
	todos por enfadosos están presos. 265
	Alguacil, yo dispenso, vengan luego
	con instrumentos músicos galantes,
	que me empalaga en baile trastornado
	tanto incensar de cuerpo quebrantado.
D.ª Lorenza.	Enteras y derechas 270
	verá bailar vuesa merced dos flechas.

(Salgan los Músicos. *Cantan.)*

---

257 y dices S, Astrana, que ponen los versos 257-260 en boca del juez; y también Blecua.

258 *hacen... como barbas:* juego de palabras con la expresión *hacer la barba,* «Hacer la barba y el cabello, afeitarse. Proverbio: Hazme la barba, y hacerte he el copete» (Cov.).

259 mas dejando esta platica por otra S, Astrana.

260 me parece que es hora ya de audiencia S, Astrana.

261 Vuesarced S, Astrana, que atribuyen los versos 261-263 a doña Lorenza.

262 «desmigajamiento» S, Astrana y Blecua.

266 salgan luego S, Astrana.

267 galanes S, Astrana y Blecua.

268 el baile S, Astrana.

269 y lleuar tanto el cuerpo mareado S, Astrana. Parece que la imagen del incensar (que se hace balanceando el incensario de un lado a otro) sirve para reflejar el movimiento de los bailes descompuestos.

270-271 Pues enteras, diestras y perfetas / vera que aun en baylar sabemos tretas S, Astrana.

271 acot. Salen los musicos y ellas bailan S, Astrana.

                    Rastreras de castañetas,
                    aulladeras de dedos,
                    ved cómo van vuestros bailes
                    derechitos al dinero.   275
                    El Rastro ya se acabó
                    y, por diferencia, quiero
                    bailar la Carnicería
                    de bolsas y de talegos.

        (Bailen todos.)

D.ª LUISA.   Yo soy carnicería   280
                    de corazones,
                    pues que tienen mis ojos
                    tajón de hombres.
TODOS.   Jesús, ¿qué tengo?
                    Asco de los pobres   285
                    en solo verlos.
D.ª LORENZA.   *(Sola.)* Yo mato los hombres
                    y los desuello
                    y los hago cuartos
                    para vendellos.   290
TODOS.   Jesús, ¿qué tengo?
                    Más deseo de escudos
                    que de mancebos.

272-279 Faltan en S, Astrana; *rastreras:* que bailan el rastro, baile que se acompañaba de las castañuelas: *Poesía original,* núm. 676, vv. 13-15: «no mueran con mil enojos, / el Rastro en tus castañetas, / el Matadero en tus ojos». Y en las «Cortes de los bailes»: «Al Rastro, por presumido / de sabrosos descoyuntos, / ya no le pueden sufrir / las castañetas y el vulgo».

278 *Carnicería:* juega con el sinónimo de *rastro,* matadero de las reses, donde se echaban los despojos. Estas bailan la carnicería de las bolsas, porque son mortales para los dineros.

280 carnicera S, Astrana y Blecua. En S y Astrana faltan los nombres de los interlocutores de los versos siguientes.

283 porque tiran mis ojos tajos de hombres S, Astrana y Blecua; *tajón:* 'tajo para partir la carne'.

286 vellos S, Astrana.

287-290 Blecua atribuye a Luisa y lee «a los hombres», como en E.

D.ª LUISA.	*(Sola.)* Miren lo que compran	
	los que nos quieren,	295
	que siempre les vendemos	
	gato por liebre.	
TODOS.	Jesús, ¿qué tengo?	
	Solos doce galanes	
	y quiero ciento.	300

---

296 que les E; porque siempre vendemos S, Astrana. Blecua lee como nosotros.

Entremés de la venta

PERSONAS[1]

GRAJAL, moza de la venta
CORNEJA, ventero
UN ESTUDIANTE
MÚSICOS que cantan

UN MOZO DE MULAS
UNA MUJER
GUEVARA y su compañía

Sale CORNEJA, *vejete, con un rosario, y canta dentro* GRAJAL[2].

CORNEJA.   Mas líbranos del mal, amén, Jesús.
GRAJAL.   *(Canta.)* ¿Es ventero Corneja?
           Todos se guarden,
           que hasta el nombre le tiene

---

[1] Véase nota textual para los testimonios. Nuestro texto base es la edición de *Las tres Musas* (TM); completamos con otras fuentes antiguas (manuscrito de Évora, E; edición en *Segunda parte de las comedias del maestro Tirso de Molina*, M; *Entremeses nuevos de diversos autores,* Z). Personas: suplimos este reparto que falta en TM, E.

[2] Acot. Grijal TM; Canta dentro Gatal despues de haber salido Cornejo ventero con el rosario en las manos rezando E; Canta dentro Grajal despues de auer salido Corneja ventero, y dicho este verso M, Z; *rosario*: sirve para caracterizar a los hipócritas y definirlos por tales. Véase *Entremés de Bárbara. Segunda parte*; o el *Entremés de la vieja Muñatones:* «Componga esa capa, entorne esos ojos, amortezca la cara, y el rosario en la mano columpiando las cuentas. Y al salir de la puerta, por los vecinos, una retahíla de amenes».

4-5 que hasta el nombre tiene / con malas aues M, Z. A propósito de los nombres del ventero y de la moza, ya Asensio (1965, pág. 231) ha hecho notar: «Hay una densidad de alusiones a la animalidad del hombre, que em-

	de malas aves.	5
	¿Qué harán las ollas	
	donde las lechuzas	
	pasan por pollas?	
CORNEJA.	Linda letra me canta mi criada.	
	No sé cómo la sufro, ¡vive Cristo!	10
	Ella se baila toda cada día,	
	y siempre está cantando estos motetes,	
	y sisa, y es traviesa y habladora.	
	Moza de venta no ha de ser canora.	
	¡Grajal!	
GRAJAL.	*(Dentro.)* Señor.	
CORNEJA.	¡El tono con que chilla!	15

(Sale GRAJAL, *cantando.)*

>   Quien temiere ratones,
>   venga a esta casa,
>   donde el huésped los guisa
>   como los caza.
>   Zape aquí, zape allí, zape allá,   20

---

piezan con los apellidos». La corneja como ave de mal agüero ya aparece en los primeros versos del *Poema del Cid*.

10 lo sufro M, Z.

12 *motetes:* breves composiciones musicales para cantar en las iglesias, y también es palabra que significa 'denuesto, baldón'; aquí se juega con ambos significados.

14 cantora M, Z, que consideramos una *lectio facilior*. *Canora:* se dice del ave de canto grato y melodioso. Parece esta una condición inherente a la moza de venta de los entremeses. Véase Calderón, *El reloj y genios de la venta*: «Muy canora está Juanilla, / yo también quiero ayudalla» *(Entremeses, jácaras y mojigangas,* pág. 174).

15 acot. Salga E.

18 güesped E; *huésped:* en el sentido clásico de hospedador. Hay una acusación grotesca de guisar los ratones, y juega con la acusación de ladrón al ventero, pues en germanía *gato* significa ladrón, y es el gato el que caza los ratones.

20 çape de aquí M, Z. La expresión *zape* se usaba para despachar a los gatos (y *miz* para atraerlos).

	que en la venta está,	
	que en la venta está.	
CORNEJA.	¡Válgate los demonios por cantora!	
	Ya que cantas de chanza,	
	¿es bueno el villancico en mi alabanza?	25
GRAJAL.	Capítulo segundo, en que se trata	
	en cómo se responde en esta venta,	
CORNEJA.	¿Coronista te haces?	
GRAJAL.	Tenga cuenta.	

(Canta.)

Dicen «señor huésped»,
responde el gato; 30

---

21 *que en la venta está:* es fragmento de una cancioncilla que sirve a Quevedo de estribillo en la jácara «Ya se salen de Alcalá»: «Urruá, urruá, que en la venta está». Comp. Quevedo, *El entremetido y la dueña y el soplón*, en *Obras satíricas y festivas*, ed. Salaverría, 1965, págs. 226-228: «¿tú no eres el poeta de los pícaros, que has llenado el mundo de disparates y locuras? ¿Quién inventó el tengue tengue y don golondrón, y vámonos a chacona, y qué es aquello que relumbra, madre mía, la gatatumba, y naqueracuza? ¿Qué es naqueracuza, infame? ¿Qué quiere decir gandi y hurruá, que en la venta está, y ay, ay, ay (y traer todo el pueblo en un grito)»; y la nota de Salaverría: «De una mojiganga de Vicente Suárez Deza, titulada *Mundi nuevo*, son estos versos: Música.—Urruá, Urruá / Indios.- A rufá y fá. / Valencianos.—Bache, bache de chire. / Negros.- Y gun, gun, guá».

23 valgante E.

24 canta M, Z.

25 Irónicamente se queja el ventero de que lo acuse de las tachas mencionadas en la cancioncilla o «villancico».

27 de como E, M, Z.

28 *coronista:* 'cronista'.

29 y ss. Sisen, señor huesped M, Z. La fama de ladrones de los venteros es lugar común en la literatura áurea; aquí se insiste en las acusaciones a través de la metáfora del gato 'ladrón': cuando llaman al huésped responde el gato y cuando quieren despachar al gato con *zape*, el que se va es el ventero. Comp. *Buscón*, pág. 60: «otro decía que a mi padre le habían llevado a su casa para que la limpiase de ratones (por llamarle gato). Unos me decían zape cuando pasaba, y otros miz». Estos cuatro versos, con una ligera variante en el primero: «En llamando a la venta», se encuentran en el entremés de Calderón *El reloj y genios de la venta (Entremeses, jácaras y mojigangas*, págs. 173-174).

	y en diciéndole «¡zape!»,	
	se va mi amo.	
CORNEJA.	¡Jesús, Jesús! ¡Qué cosa tan estraña,	
	que no es para mí punto lo que dice!	
	¿Has compuesto las camas?	35
	¿Has echado en la olla lo que sabes?	
GRAJAL.	Y lo que sabe mal a quien lo come.	
CORNEJA.	No te pregunto nada;	
	ve a barrer y regar.	
GRAJAL.	Ya lo he entendido:	40
	tú mandas de contino	
	barrer las bolsas y regar el vino.	
CORNEJA.	¡Grajal!	
GRAJAL.	Temple la cholla,	
	que oyó *Grajal* y respondió la olla.	
	(Canta.) Ventero murió mi padre,	45
	Satanás se lo llevó,	
	porque no piense el infierno	
	que hubo solo un mal ladrón.	

(Vase GRAJAL.*)*

CORNEJA.	¡En malos potros de verdugo cantes!

(Vuelve a salir GRAJAL.*)*

---

31 y en diziendo E, M, Z, con lo que dejan el verso corto.

33 Chesus, Chesus M, Z; desas tejas que cosa E.

34 bueno es para mi punto lo que dizes M, Z, TM; también en Blecua y editores siguientes, lo que cambia el sentido. En nuestra opinión quiere decir el ventero que nada de lo que canta la moza le atañe a él: 'ni un punto de lo que dice me afecta a mí'.

40 Ya yo lo entiendo M, Z («Ya lo» Z), E.

41 *de contino:* 'continuamente'.

43-44 *cholla:* cabeza, en lenguaje vulgar; la olla responde, cuando oye la palabra *Grajal* porque en ella se guisaban *grajos.* Véase más adelante el verso 74.

46 se le lleuò TM.

47 no piense mi padre M, Z. Además de llamar al ventero ladrón, hay una alusión en la línea antijudía: el ventero podría ser uno de los ladrones que crucificaron con Cristo, es decir, le moteja de judío.

48 acot. Vase y sale por la otra puerta cantando E; Vase M, Z.

49 verdugos Z; verso omitido en E. En la acot. Sale por otra parte Grajal M, Z; *potros de verdugo cantes:* el potro es el aparato en el que se daba tormen-

GRAJAL.   A ti te lo digo, padre;   50
               óyelo tú, mi señor,
               que a pura paja y cebada
               piensas tu condenación.

(Vase GRAJAL *y sale un* ESTUDIANTE.*)*

ESTUDIANTE.   Sea bendito
               quien echó a cada cuba un taponcito.   55
CORNEJA.   El señor bachiller no peca en berro.
ESTUDIANTE.   Ni el señor licenciado Zape en perro.
CORNEJA.   ¿Oye, señor bribón? Menos parola.
               Coma y calle, que yo así lo hago,
               que le costará caro.
ESTUDIANTE.   Si lo pago.   60
CORNEJA.   ¿Qué hay que contar de nuevo en el camino?
ESTUDIANTE.   De nuevo solo cuentan vuestro vino.
CORNEJA.   ¡Qué mal fundada queja!
               ¿Había de dar a amigos cosa vieja?

---

to a los procesados para obligarles a declarar. Explica Covarrubias *s. v. cantar:* «los de germanía llaman cantar en el potro cuando uno puesto en el tormento confiesa el delito». Comp. «Muchas veces me hubieran llorado en el asno, si hubiera cantado en el potro» *(Buscón,* pág. 59).

50 Falta en TM el nombre de la locutora. *A ti te lo digo, padre...:* deformación del refrán «A ti te lo digo, nuera; entiéndelo tú, mi suegra», y la variante «A ti te lo digo, hijuela; entiéndelo, mi nuera», que explica Correas: «cuando so color de uno, decimos y queremos otro».

52-53 *a pura paja y cebada:* a pura paja y cebada, robándoles a los viajeros en las medidas, piensa (alimenta, da pienso) a su condenación.

55 quien le bio a cada uba E; cada vua M, Z, E. Parece mejor la lectura *cuba* que la de *uva;* una uva es poca cosa para los apetitos vinosos del estudiante. A partir de este verso no coincide nuestra numeración con la de Blecua, porque Blecua da este verso como dos.

56 no peque E; no peca, no en berro M, Z; *no pecar en berro:* porque no quiere tener que ver con el agua; el berro *(nasturtium aquaticum)* es planta que crece en lugares muy acuosos.

57 *Zape* ya se ha explicado como 'ladrón'; no peca en perro porque es más bien un gato, enemigo de los perros.

59 ansi M, Z, E.
63 fundada queda E.
64 habra de E.

Estudiante.	¿Cómo está la veleta del guisado? 65
Corneja.	¿Qué diablo o qué veleta?
Estudiante.	Veleta llamo a aquesa monterilla,
	y en su postura solo
	conozco luego qué avechucho corre.
	Estando encasquetada, corre oveja; 70
	en estando de lado, corre cabra;
	en estando abollada, corre gato;
	en coronilla, como agora, corre
	picaza o grajo para el mediodía
	en borrasca de col o nabería. 75
Corneja.	¡Oh, plega a Dios que otro discurso hagas
	puesto en tierra de moros!
Estudiante.	¿Eso pasa?
	Yo vendré a discurrir a aquesta casa.

[Vase.]

Corneja.	¡Grajal!

(Sale Grajal.*)*

Grajal.	Señor.
Corneja.	Tanto ojo
	con el tal licenciado, 80

---

66 a que veleta? M, Z; que leta E.
67 llamo aquessa M, Z; monterita E.
73 cotre TM, que enmendamos.
74 picara y grado por el E, texto corrupto.
75 con borrasca de col, y nabería M, Z, E.
76 plega al cielo que M, Z; otro discurso hagas plegue al cielo E. El ventero envía al estudiante a echar discursos a tierra de moros y este le contesta que entonces vendrá a la venta que es tanto como motejar al ventero de moro.
77 presto en E.
78 discurrir aquesta M, Z, E. La acotación falta en TM; reponemos por otros testimonios.
79-80 Tanto ojo con el Licenciado M, Z; tanto ojo / al licenciado E; *tanto ojo:* 'mucho ojo'.

	porque hay estudiantillo
	que se lleva un colchón en un bolsillo.
GRAJAL.	No hay que temer, Corneja,

GRAJAL.   No hay que temer, Corneja,
            que hay en casa colchón que, en dos instantes,
            pasa a chinche una escuadra de estudiantes.   85
CORNEJA.   ¿Diste a los arrieros y a los carros
            de cenar?
GRAJAL.   Ya encajé toda la historia;
            comiendo están a tiento sabandijas.
CORNEJA.   Cuéntame aquesa lucha.
GRAJAL.   Oye la comezón.
CORNEJA.   Empieza.
GRAJAL.   Escucha,   90
            Luego que por manteles,
            les puse, con perdón, los arambeles,
            y la sal en un plato,
            un cuchillo sin cabo, un pan mulato,
            un jarro desbocado   95
            tan sucio y sin adorno,

---

83 Cornejo E.

84 porque ay M, Z, lectura hipermétrica.

85 passa chinche M, Z. Parodia de expresiones como «pasar a cuchillo».

86 *carros*: metonimia por los animales que tiraban de ellos. El verso es corto; exigiría una escansión violenta; quizá haya una deturpación. Blecua sugiere diéresis en «arrieros».

90 començon Z, que puede ser mejor lectura, como 'comienzo'. No sabríamos decir si hay una metáfora o un neologismo referido a *comenzar* o a *comer* (la comenzón / la comezón): comienza su relato y va a describir una comida. Probablemente hay un juego entre *comezón* ('comida') y *comezón* 'picor que causa una urticaria o la picadura de un insecto, molestia'.

91 y ss. La relación que hace Grajal de la cena que ha servido a los arrieros es una serie de alusiones tópicas en el contexto de la sátira contra ventas y venteros. Véase García Valdés, 1985, pág. 168.

92 *arambeles*: harapos, trapos; arambel «Vale tanto como colgadura» (Cov.). «Metafóricamente se toma por lo mismo que andrajo o trapo despreciable» *(Aut.)*. Según los contextos tendrá o no sentido peyorativo. Comp. *Quijote*, II, 5: «verás cómo te llaman a ti doña Teresa Panza, y te sientas en la iglesia sobre alcatifa, almohadas y arambeles, a pesar y despecho de las hidalgas del pueblo»; Quevedo, *Un Heráclito,* núm. 181, vv. 5-8: «si acostado en andrajos y arambeles / tan bien enfermo como mal curado, / he de ser un tributo recetado / de el boticario y médicos crueles».

>   que pudo tener vino de retorno,
>   y en el vidrio volviose
>   vinagre de la esponja...
>   «¿Es bueno?», preguntaron. Yo a lo monja   100
>   respondí, muy fruncida de apariencia:
>   «Por bueno se lo dan, en mi conciencia».
>   Sentáronse en arpón en un banquillo,
>   tocaron a colmillo;
>   arremangaron todos los bigotes   105
>   por no los enramar con almodrotes;
>   metiles la vianda;
>   templaron las quijadas los cuitados,
>   para hacer consonancia a los bocados;
>   la mesa parecía matadura,   110
>   con tanta urraca y tanta desventura.

---

97 *de retorno*: mulas de retorno eran las que volvían vacías de un viaje y aceptaban cargas baratas; pero vino de retorno es el orinado, es decir, que el jarro era tan malo que podía servir de orinal.

98 con el bino, y bolbiose E.

99 *vinagre de la esponja:* alude al vinagre que le dan a Cristo en la esponja durante la Pasión. Aquí indica un vino pasado y avinagrado, estropeado.

101 *fruncida:* con falsa apariencia de severidad.

103 *en arpón:* no sabemos exactamente cómo es esta postura que parece en Quevedo típica de borrachos, según el texto de «Los borrachos» (romance «Gobernando están el mundo»), vv. 9-12: «Pierres, sentado en arpón, / el vino estaba meciendo, / que en un sudor remostado / se cierne por el cabello».

106 *almodrotes*: «especie de guisado, o salsa con que se sazonan las berenjenas, que se hace y compone de aceite, ajos, quesos, y otras cosas» *(Aut.)*. Comp. *Lazarillo*, pág. 90: «—Con almodrote —decía— este es singular manjar. —Con mejor salsa lo comes tú, respondí yo paso». A menudo, según los contextos, se usa metafóricamente, sobre todo con referencia a los afeites. Comp. Lope de Vega, *Los sordos*: «¿Con quién vengo enojado? / Ahí es con Juan Cerote, / que ha pretendido hacerme un almodrote, / y cascarme en la cholla, por aquella restilla» *(Voc. Lope);* Quevedo, *Un Heráclito*, núm. 197, vv. 5-8: «Tú juntas en tu frente y tu cogote, / moño y mortaja sobre seso orate, / pues siendo ya viviente disparate / untas la calavera en almodrote».

109 en los bocados M, Z, E.

110 *matadura*: la metáfora se basa en la imagen de las bestias con mataduras o llagas, a las que acuden las urracas a picar. Aquí las urracas están guisadas como si fueran aves comestibles. Comp. el refrán de Correas: «Aventar las pegas. A semejanza de las bestias matadas, que aventan las pegas que se les vienen encima a picar en las mataduras» (Correas, refrán 3258). Pega es lo mismo que urraca.

Hubo unos mazcadores de montante,
que, tirando a dos manos de un pedazo,
devanaban las tripas en oveja.
Hay comedor con pujo que se queja,   115
y, los puños cerrados,
oye crujir los dientes.
Otro, mascujador contemplativo,
con dedos clericales,
del cabritillo de diez y seis años,   120
harto de hacer las barbas en el hato,
a puros estirones le hizo chato.
Mas nada se compara con aquellos
a quien les cupo en suerte la morcilla,
pues cuando vieron entre el pan y el vino 125
por morcilla una bota de camino,
todos, con un *Deo gracias,* se abajaron
a olerla, y con los dedos la tocaron.
«¿Esta es tripa o maleta?

---

112 mascadores M, Z, E; *de montante:* «Espada ancha y con gavilanes muy largos que manejan los maestros de armas con ambas manos para separar las batallas en el juego de la esgrima. Tomose su forma y nombre de las espadas antiguas» *(Aut.).* Comp. *Poesía original,* núm. 866, vv. 29-32: «Tretas de montante / son cuantas juego; / a diez manos tomo / y a dos peleo»; *Sueños,* pág. 211: «donde el médico toma la daga de los lamedores, el montante de los jarabes y el mosquete de la purga maldita».

115 *pujo:* esfuerzo para defecar. Imagen escatológica para evocar una postura forzada en este que intenta comer un pedazo de alimento difícil de masticar.

117 de sus míseros dientes atollados E.

121 *hato:* redil o aprisco.

122 Todos los testimonios «se hizo chato», pero parece mejor referirlo al tal cabritillo pasado de años, de cuya carne arranca un bocado este masticador contemplativo, aunque reconocemos que toda la imagen nos queda muy imprecisa y no sabemos muy bien qué quiere decir.

124 *quien:* con el valor de *quienes.* Este relativo era invariable en la época clásica y no se empleaba el plural antietimológico *quienes;* asimismo se empleaba indistintamente con antecedente de persona y de cosa.

128 le tocaron TM, leísmo que enmendamos por tratarse quizá de una errata como parece sugerir el *olerla* anterior.

	—dijo un mozo bermejo—;	130
	más parece baúl que no pellejo».	
	Metiéronle el cuchillo; aquí fue Troya,	
	que se dividió en ruedas,	
	con algunas colores sospechosas.	
	«No entiendo esta morcilla», dijo el uno.	135
	Otro, santiguador de los mondongos,	
	decía: «A cieno sabe. ¿Si es de estanque?».	
	Y dijo otro, con boca derrengada:	
	«Busquen su descendencia a la morcilla,	
	y darán con un mulo de reata,	140
	que es menester saber de quién deciende,	
	de rocín o de oveja:	
	bástale ser morcilla de Corneja».	
	Y yo, como criada muy severa:	
	«¡Pluguiera a Dios que de sus tripas fuera!»	145
CORNEJA.	Cosas de gentecilla del camino,	
	y palabras ociosas,	
	de que hemos de dar cuenta.	

(Sale un MOZO *de mulas con un jarro.)*

MOZO.	¡Ah, señor prebendado de la venta!	
	Eche un azumbre.	
CORNEJA.	De dos mil amores.	150

---

130 *bermejo:* malicioso, por tanto; el pelo rojo es signo de maldad en la España áurea; era el color del pelo de Judas según la tradición. Véase *Cómo ha de ser el privado,* n. v. 2792.

132 metieronla E; *Aquí fue Troya:* expresión coloquial que se emplea para indicar el momento en que estalla el conflicto o surge la dificultad.

135 No te entiendo morcilla dijo E.

137 si es estanque M, Z.

139 decendencia M, Z; *descendencia:* esto es, busquen de dónde desciende, cuáles son sus antepasados (de qué la han hecho, en suma). La han hecho con carne de mulo, o de rocín, etc.

144 criada, dixe con voz sebera M, Z, E.

145 plubiera M, Z, E.

148 acot. Sale un moço de mulas M, Z, E.

150 una azumbre M, Z; *azumbre:* medida de líquidos, usada especialmente con el vino, de unos dos litros.

(*Vase* CORNEJA.)

MOZO.   ¡Que lindo torbellino de mozona!
              Tempestad de hermosura es esa cara.
              No hay aguardar los rayos que acredita
              sin decir: «Santa Bárbara bendita».
              Voto al cielo, que son arma vedada   155
              tus ojos y que miras
              buido y penetrante;
              y en esta pobre vida que despachas,
              me has clavado la vista hasta las cachas.
GRAJAL.   Poca hazaña me cuenta   160
              para destrozo de hermosura andante;
              tarde llegó el pobrete:
              no cabe un alma más en mi cabello,
              y un mocito de mulas,
              que es gentilhombre al trote,   165
              no es cosa competente
              para este campanario de la gala,

---

154 *Santa Bárbara bendita:* expresión popular que se usa invocando a la Santa como protección contra las tormentas. Aquí el mozo quiere protegerse de los rayos que despiden los ojos de Grajal.

155 armas vedadas E. Dice que son *arma vedada* porque los considera de extraordinaria peligrosidad, armas de ventaja y dignas de estar prohibidas.

158 *despachar:* matar.

159 llevado la vista TM, que enmendamos por el resto de testimonios, y por el sentido: parodia la expresión «clavar una navaja hasta las cachas». Los ojos de la hermosa son como puñales buidos o aguzados y afilados.

161 para despojo E.

162 probete M, Z.

163 Imagen, frecuente en la lírica, del cabello de la hermosa como red en la que caen presas las almas de los enamorados.

164 de un mocito TM, que enmendamos por resto de testimonios y por el sentido de todo el pasaje: un mozo de mulas no es compañero adecuado para la hermosura de Grajal.

165 *gentilhombre al trote:* expresión creada probablemente sobre *panzas al trote* 'gorrones', muy usada por Quevedo. Comp. *Poesía original,* núm. 701, vv. 65-66: «¡Oh, qué de panzas al trote, / han sido mis compañeros».

167 de la gala M, Z, que es la lectura que adoptamos. El resto leen «gola», que no hace sentido.

	y para este tallazo de lo caro,	
	que, con dos miraduras delincuentes,	
	paso a pestaña infinidad de gentes,	170
	y no hay para alfileres	
	en cuatro eternidades de alquileres.	
Mozo.	Las mulas les daré por matadores	
	a tus ojos, que en eso son dotores.	
	¡Muerto estoy!	
Grajal.	Pues no sepa	175
	el huésped que está muerto, porque al punto,	
	si acaso nos escucha,	
	os venderá a los huéspedes por trucha.	

(Sale Corneja *con el jarro.)*

Corneja.	Ahí lleva un azumbre bien medida,	
Mozo.	Muy *de profundis* veo	180
	el zabuco del jarro y el meneo.	

(Vase el Mozo *y sale el* Estudiante.*)*

---

168 *de lo caro*: metáfora sacada del lenguaje de los vinos; vino caro era el de especial calidad. Cuando se decía «de lo caro» se referían al vino caro, pero la expresión se usa a menudo en sentido metafórico, como en este caso.

170 difinidad de gente Z; infinidad de gente M. *Pasa a pestaña* como a cuchillo; ya hemos anotado antes otra expresión semejante en «pasar a chinche».

171-172 Con las ganancias de cuatro eternidades de beneficios con los alquileres de las mulas no saca este mozo ni para los gastos menudos (ni para alfileres) de Grajal, que aspira a más altos pretendientes.

172 de alfileres E, por atracción del verso anterior.

173 la darè TM, que enmendamos por resto de testimonios. Las mulas sufren llagas o mataduras; los más propiamente matadores serían los ojos de Grajal, ponderación chistosa, sobre todo al compararlos con los médicos, que son los asesinos más expertos, en la literatura satírica quevediana.

176 güesped E; estoy muerto TM; estais muerto M, Z.

177 si acaso no se escucha E.

178 güespedes E.

179 vna açumbre M, Z.

181 tabuco E; zabuço TM; *zabuco:* de *zabucar* que, como *bazucar,* significa mover el líquido contenido en una vasija.

181 acot. Vase, sale el estudiante M, Z.

ESTUDIANTE.	En esta santa casa, *Deo gracias*,
	las azumbres que bebo
	son siempre azumbres sobre su palabra.
CORNEJA.	No son.
ESTUDIANTE.	¡Sí son!
CORNEJA.	¡No son! 185
ESTUDIANTE.	¡Sí son! Y acorte de razones,
	que no ha de restañarme los sisones.
	¿Por cuatro albondiguillas como nueces
	me pide veinte cuartos,
	y ayer hizo ocho días, 190
	por cuatro albondigones como el puño,
	me llevó tres cuartillos?
GRAJAL.	Sí haría,
	mas no se muere un asno cada día.
ESTUDIANTE.	No se disimulaban,
	que después de comidas rebuznaban. 195

(Dentro.)

¡Para, rucia rodada!
¿Qué? ¿Aún no quieres llegar a la posada?

(Dentro.)

---

183 los azumbres M, Z, E.

184 *azumbres sobre su palabra:* es decir, porque él lo decía; es cuestión que debe creerse, porque, si se quiere comprobar, saldrá falsa.

185-187 El estudiante moteja al ventero de sisón, chiste tópico. Comp. *Sueños*, págs. 113-114: «Y llegaron unos despenseros a cuentas (y no rezándolas) y en el ruido con que venía la trulla dijo un ministro: —Despenseros son. Y otros dijeron: —No son. Y otros: —Sí son. Y dioles tanta pesadumbre la palabra sisón, que se turbaron mucho»; *íd.*, págs. 221-222: «Miré más atentamente, y fuime llegando donde estaba Judas, y vi que la pena de los despenseros era que, como a Titio le come un buitre las entrañas, a ellos se las escarban dos aves, que llaman sisones. Y un diablo decía a voces de rato en rato: —Sisones son despenseros y los despenseros, sisones».

187 restrañarme Z; restaurarme E.

196 rucia que te dà M, Z; rucia quemada E.

197 acot. Dentro muger M, Z, E.

                    Descuelga las guitarras,
                    el verdugado y caja de valonas.

(Sale GUEVARA *y toda su compañía.)*

CORNEJA.	¡Qué linda bocanada de personas!	200
	¡Oh, mi señor Guevara!	
GUEVARA.	¡Oh, señor huésped!	
CORNEJA.	¿Dónde lleva vuested la compañía?	
GUEVARA.	A representar vamos a Granada.	
CORNEJA.	Fiesta hemos de tener aquesta noche.	
GRAJAL.	Todos hemos de andar de venta en monte;	205
	aguce vuesasted los bailarines.	
GUEVARA.	En cenando, mi reina.	
GRAJAL.	Señor Corneja,	
	al seor Guevara démosle la cena;	
	y será calidad, si se repara,	
	pues seremos ladrones de Guevara.	210

---

199 acot. Sale Guevara y su compañía M, Z. Para la compañía de Guevara, véase nota preliminar; *verdugado:* «es una saya a modo de campana, toda de arriba abajo guarnecida con unos ribetes que por ser redondos como los verdugos del árbol y por ventura de color verde dieron nombre al verdugado» (Cov.); comp. la jácara quevediana «Con un menino del padre», vv. 25-28: «Si tantos verdugos catas, / sin duda que te querrán / las damas por verdugado / y las izas por rufián»; *valonas:* «Adorno que se ponía al cuello [...] el cual consistía en una tira angosta de lienzo fino que caía sobre la espalda y hombros» *(Aut.):* comp. *Quijote,* II, 18: «el cuello era valona a lo estudiantil, sin almidón y sin randas».

200 bocauada TM.

201 güesped E.

202 vusted M, Z; vusté E; *vuested:* ya hemos señalado que esta forma y otros alomorfos como *voacé, vuced, vucé,* etc., caracteriza a criados y bravucones.

206 aguce buce sus bailarines E; sus bailarines M, Z.

207 so corneja E.

210-212 pues sois mos E; siempre son ladrones el ventero y la moza, y cuando roban a Guevara se convierten en *ladrones de Guevara.* Fue aficionado Quevedo a estos juegos de palabras con los apellidos; comp. *Poesía original,* núm. 647, vv. 17-19 y 23-26: «El que bien hurta bien vive; / y es linaje más honrado / el hurtar que el ser Hurtado [...] Mejor es, si se repara, / para ser gran caballero, / el ser ladrón de dinero / que ser ladrón de Guevara»; y en otros lugares. El mismo recurso utiliza Calderón en el entremés de *Los instru-*

ESTUDIANTE.	En esta pobre choza
	todos somos hurtados sin Mendoza.
CORNEJA.	¡Miente, miente, el picaño!
ESTUDIANTE.	¡Ladrón, protoladrón, archiladrillo
	y tátara Pilatos, 215
	casamentero infame
	de estómagos y gatos!
CORNEJA.	¡Infame, espera, calla!
ESTUDIANTE.	Que quien no mata con morcilla rala,
	menos me matará con una bala. 220
GUEVARA.	Sean amigos.
GRAJAL.	Acábese este ruido.
ESTUDIANTE.	¿Sabe vuesa merced lo que he comido?
GUEVARA.	Toquen esas guitarras.
GRAJAL.	Acompañen cantando,
	que yo los quietaré sola bailando. 225
GUEVARA.	¿Sola? Aquí estamos todos.
GRAJAL.	Cuenta con los chapines y los codos.

(Aquí cantan y bailan.)

---

mentos: «Hasta aquí fueron Ladrones, / Hurtados desde hoy serán» *(Entremeses, jácaras y mojigangas,* pág. 239).

213 Astrana enmienda repitiendo la palabra «miente», repetición que introducimos también.

214 Ladron potro, ladron archiladrillo M, Z. *Protoladrón, archiladrillo:* palabras de creación quevedesca; comp.: «Al fin, él era archipobre y protomiseria» con que finaliza la descripción del dómine Cabra en el *Buscón*.

215 tartara E.

218 Infame, espera, calla, calla TM; infame espera M, Z, E, que dejan el verso corto.

219 morcilla rabo TM, donde falta el nombre del locutor y se atribuyen estos dos versos a Corneja; enmendamos por resto de testimonios.

220 menos matarà M, Z.

221 el ruido E.

225 yo lo quietarè solo TM, que enmendamos por resto de testimonios; *quietar:* sosegar, apaciguar.

226 Vno M, Z, E como locutor. En TM «Solo».

227 «Gueuara» como locutor M, Z; *chapines:* «Calzado de las mujeres, con tres o cuatro corchos; y algunas hay que llevan trece por docena, y más la ventaja que levanta el carcañal» (Cov.).

227 acot. Aqui bailan M, Z.

MÚSICOS.   Todo se sabe, Lampuga;
           que ha dado en chismoso el diablo,
           y entre jayanes y marcas   230
           nunca ha habido secretario.

228-231 Son los cuatro primeros versos de la jácara de Quevedo titulada «Carta de la Perala a Lampuga, su bravo»; *Lampuga:* nombre chistoso: «Pescado muy parecido a la langosta marina» *(Aut.)*.
230 *jayán:* en germanía, rufián de importancia; *marcas:* en germanía, prostitutas.
231 secretarios TM; Con esto se acaba el entremes E.

Entremés de la destreza, de don Francisco de Quevedo Villegas[1]

Salen Mari Pitorra *y la* Chillona, *emplazándose[2] en el tablado. Echa el manto por debajo del brazo como capa, y la* Pitorra *hace con él un rebozo a zurdas.*

Pitorra.	Arrojamiento tienes de muchacho.
Chillona.	Yo soy hombre y mujer y marimacho.
Pitorra.	¿Inclinada a las armas?
Chillona.	Tanto cuanto.
	¿No has oído nombrar a la Chillona?
Pitorra.	Ya, ya; eres magnífica persona, 5
	famosa esgrimidora.
Chillona.	El natural alabo, ,
	pues las de puño en un cerrojo clavo;

---

[1] Usamos el ms. de Évora como base. Ver nota textual.

[2] Acotación: emplanzandose ms.; Asensio indica *sic.; emplazarse:* 'citarse, desafiarse'.

4 *Chillona:* aparece este nombre en otros poemas quevedianaos: *Poesía original,* núm. 864, vv. 17-18: «la Chillona, que introdujo / los dácalas y el jurar»; *Pero Vázquez de Escamilla,* vv. 232-235: «Contribuyome la Pérez, / la Pava del cotón blanco / y la Coscolina goda, / la Chillona y la Carrasco».

7 *natural:* la disposición natural para un arte.

8 *las de puño:* término de esgrima. Una estocada de puño es «la que se da cuando es muy corto el medio de proporción, sin mover el cuerpo, con solo recoger y extender el brazo» *(DRAE);* (medio de proporción: la distancia conveniente a la que debe colocarse el esgrimista para dar o evitar una herida). Comp. para este léxico, muy usado en tono de parodia, el baile «Las va-

	soy en la escuela, entre mozuelos legos,	
	insigne aporreante de talegos.	10
	De lo vulgar soy grande embestidora	
	de cualquier faltiquera	
	y pretendo saber la verdadera.	
PITORRA.	Colérica pareces.	
CHILLONA.	Yo soylo, soylo mucho.	15
PITORRA.	Es para la destreza pestilencia,	
	pues por cualquiera cosa	
	se te subirá el humo a las narices.	
	Dícenme que es Morales gran maestro.	

---

lentonas y destreza»: «De las de la hoja / soy flor y fruto, / pues a los talegos / tiro de puño» (vv. 25-28); «Hechas espadas de esgrima / se vinieron todas tres, / en zapatillas, a darle / una de puño a mi argén» *(Poesía original,* núm. 741, vv. 24-32). Como se usa este lenguaje metafóricamente para expresar la habilidad de sacar el dinero a los hombres, clavar la de puño en un cerrojo significa que es capaz de sacar el dinero a un tacaño que aferra su dinero como si lo cerrara con cerrojo. Para todo este sistema léxico de la esgrima, véase Arellano, 1992. Después, este lenguaje sirve también para alabar a las compañías teatrales y actores citados.

9 yo soy ms. Asensio y Blecua enmiendan para mantener la medida del verso.

10-12 'en la esgrima vulgar destaco por mi habilidad, soy grande embestidora; y pretendo conocer la esgrima verdadera o científica'; es frecuente la burla de la esgrima científica, pero no lo es menos la de los esgrimistas profesionales, valientes y otros jugadores de la espada al modo vulgar y tradicional. Hay dos tipos de diestros que Quevedo se complace en contraponer de modo burlesco: en el *Buscón* el loco de la destreza científica se enfrenta al mulatazo de la barba de ganchos, los bigotes de guardamano y la daga con más rejas que un locutorio de monjas, moldeado sobre la caricatura del valentón.

13 *verdadera:* la esgrima científica que propugnaban maestros como Pacheco de Narváez o Carranza: comp.: «de verdadera destreza / soy Carranza» *(Poesía original,* núm. 866, vv. 93-94).

18 *humo a las narices:* «Súbesele el humo a las narices. A un atufado» (Correas, refrán 21749); «Subirse el humo a la chimenea; subirse el humo a las narices. Por enojarse y acabarse la paciencia. Varíase: Subióse el humo a la chimenea, subióseme el humo a las narices» (Correas, refrán 21756).

19 *Morales:* como suele suceder en los entremeses, se mencionan nombres de los actores reales que podían representar estas piezas; hay varios autores de comedias llamados Morales. Parece ser el citado Juan de Morales Medrano —como piensa Asensio, 1965, pág. 219— uno de los autores más importantes de la primera mitad del XVII, con compañía propia de 1601 a 1631. Figura en todos los repertorios de autores sobresalientes: los reconocidos oficial-

CHILLONA.   El maestro mayor es hoy Morales,   20
   que todo lo deshace y lo derrueca
   jugando con su niña de muñeca,
   y aunque es Morales la destreza mesma,
   tiene malos reveses la cuaresma.
   Isabel Ana es toda juego limpio,   25
   y con ella y con Robles se me acuerda

---

mente en 1602, 1603 y 1615, los fundadores de la Cofradía de la Novena. Actuó en Madrid, Sevilla, Toledo, Valencia. Fue marido de la famosa Jusepa Vaca, lo cual lo hizo blanco de muchas sátiras. Es mencionado como autor antiguo en la *Loa para Hurtado* de Quiñones de Benavente (1631).

22 *jugando con su niña:* no sabemos exactamente a qué niña alude, sin duda una actriz niña, mención que da pie al juego de palabras con «jugar de muñeca» 'manejar la espada moviendo la muñeca de la mano'.

24 *malos reveses la cuaresma:* porque en cuaresma no había comedias, lo cual era un revés para las compañías teatrales. El *tajo* es 'golpe de espada de derecha a izquierda', y *revés,* 'golpe de izquierda a derecha'. Comp. *Quijote,* II, 26: «Mas no por esto dejaba de menudear don Quijote cuchilladas, mandobles, tajos y reveses como lloviendo».

25 *Isabel Ana:* hay varias actrices así llamadas. Una sale en *Las civilidades* de Quiñones de Benavente. La de *Las civilidades* y esta del entremés quevediano podría ser la mujer de Bartolomé Calvo de Arce, que trabajaba con Valdés en 1615 y 1616, con Avendaño en 1622 y con Morales en 1624. Entre otras una Isabel Ana fue mujer del autor Antonio de Prado, pero esta no era actriz (Varey, 1985, *Genealogía,* pág. 109).

26 *Robles:* por la mención de la cuerda debe de ser Luisa de Robles, y aludir al estreno del *Anticristo* de Ruiz de Alarcón, que anotaremos en *El niño y Peralvillo de Madrid,* v. 157, donde aducimos las redondillas quevedianas «A Vallejo, cuando no quiso en una comedia bajar en la nube, y bajó su mujer, Luisa de Robles», y el soneto de Góngora «Contra Vallejo, autor de comedias, porque representando en una al Anticristo y habiendo de volar por una maroma, no se atrevió y voló por él Luisa de Robles». Figura Luisa de Robles en una lista de la compañía de Vallejo del 17 de septiembre de 1623 (Bergman, 1965, pág. 556 y nota); *arco, cuerda:* juegos con términos geométricos de la esgrima científica. Comp. Suárez de Figueroa, *El pasajero,* págs. 592-593: «será acertado toméis algunas lecciones de destreza. [...] Será importante mucho la noticia de las tretas y heridas más notables: de los círculos, cuadrángulos y cuadrados que se consideran en el cuerpo; de las líneas diametrales, colaterales, verticales, dimecientes, diagonales y las demás. [...] Tales son las rectas, curvas, mistas, flexuosas, hipotenusas, paralelas. [...] *Isidro.* Tened, por Dios, que me habéis dejado atónito con tales vocablos. [...] Más fáciles eran los modos que en la esgrima se frecuentaban cuando yo, en mis verdes años, acudía a ella. En boca de mi maestro solo se oía amagar, desmuñecar, embeber, vaciar, escurrir, cambiar, envión, remesar, cornada, quiebro, tropezón, tormenta, punta, contrapunta, toque, respuesta y cosas así».

| | que hiere con el arco y con la cuerda,
| | y Treviño es un rayo
| | aunque riñe lo más como lacayo.
| | Jusepa...
| PITORRA. | Es la infalible: 30
| | cuando juega es a tierra, es invencible,
| | que con honestidad tan reservada
| | contra las vidas es arma vedada.
| | De Granados también aprender puedes.
| CHILLONA. | No sabe sino dar por las paredes. 35
| | Avendaño es famoso,
| | pues con María Candado y con Antonia,

---

28 *Treviño:* Francisco de Treviño trabajaba en 1612 con Claramonte, y ese año pasó a la compañía de Morales. En 1617 estaba con Llorente; en 1622, con Avendaño; en 1624 de nuevo con Morales; en 1631 con Figueroa, con quien pasó a Italia en 1635; volvió a España en 1638 y pasó a trabajar con Hurtado; en 1641 estaba con Antonio de Sierra.

30 *Jusepa:* Jusepa Vaca, famosa actriz para la que Luis Vélez de Guevara compuso *La serrana de la Vera* y Lope de Vega *Las almenas de Toro;* Lope la elogia varias veces, por ejemplo en la dedicatoria de *La mocedad de Roldán,* a don Francisco Diego de Zayas por su «gallardo talle en hábito de hombre» y por ser «única representante [...] digna desta memoria, por lo que ha honrado las comedias con la gracia de su acción, y la singularidad de su ejemplo». Véase Mercedes de los Reyes Peña, 1998. La *infalible* quiere decir 'estocada infalible, que no falla'.

33 *arma vedada:* porque es de ventaja, demasiado mortal.

34 *Granados:* Antonio de Granados; en 1632 fue recibido en la Cofradía de la Novena con todos los de su compañía. Véase Shergold y Varey, 1985, págs. 98-99, 84, 85, etc.

35 sabes ms.; lo mismo leen Asensio y Blecua. *Dar por las paredes:* «Dar por las paredes. Con dolor y rabia» (Correas, refrán 6526). Parece mejor atribuir este modo rústico y violento de esgrimir al autor de comedias al que se refiere.

36 *Avendaño:* Cristóbal de Avendaño, actor desde 1601 con Andrés de Heredia y desde 1610 con Pinedo; luego con Tomás Fernández en 1619. En 1619 comienza a ser autor, con representaciones en Madrid, Valencia, Sevilla, también ante los reyes. Fue uno de los fundadores de la Cofradía de la Novena.

37 *María Candado, Antonia:* la primera fue mujer de Cristóbal de Avendaño, trabajó primero en la compañía de Tomás Fernández en 1619. Murió en 1635. Antonia debe de ser Antonia Manuela Catalán, mujer de Bartolomé Romero. Fue actriz en la compañía de Avendaño en 1622 y 1623. Romero formó compañía en 1626; Antonia Manuela estaba en ella cuando fue recibi-

	entrambas de arte y de hermosura rara,	
	es el que mejor juega cara a cara.	
PITORRA.	Por eso es jugador de carantoña.	40
	No se descuida Prado,	
	pues en su compañía	
	tray a la madre Monda,	
	vieja que de don Luis y de Carranza	
	tiene todos los textos en la panza.	45
	Mas veisla aquí que sale	
	a enseñar la destreza verdadera,	
	embutida de ángulos y líneas.	
CHILLONA.	A medida me viene del deseo.	

(Sale la madre MONDA *con sus tocas de viuda, un casco, un montante, dos espadas de esgrimir; y con ella* ANA DE COCA *y* VICENTA.*)*

---

da en la Cofradía de la Novena, en 1631. Disuelta la compañía de Romero en 1636, los dos entran en la de Fernández.

40 *carantoña:* juego con 'cara-Antonia', alusivo a la actriz citada.

41 *Prado:* Antonio de Prado llegó a ser uno de los principales autores, y el cliente preferido de Benavente. Trabajaba de actor en 1614 en la compañía de Juan Acacio, contando unos veinte años. En 1615 estaba con Riquelme. Ya en 1622 había formado compañía propia; dio funciones en Madrid, Valencia, Sevilla, Zaragoza, Salamanca, Valladolid, Granada. Fue uno de los fundadores de la Cofradía de la Novena. Murió en 1644.

43 *madre Monda:* volvemos a los nombres de personajes; *monda* alude a su capacidad de mondar, limpiar o pelar a los incautos. Es tipo de alcahueta.

44 *Luis, Carranza:* alusión a dos famosos teóricos de la esgrima, Luis Pacheco de Narváez, autor del *Libro de las grandezas de la espada, Cien conclusiones o formas para saber la verdadera destreza, Modo para examinarse los maestros,* y Jerónimo de Carranza, *Filosofía de las armas,* en los que preconizan la esgrima científica, que emplea términos matemáticos: ángulos, líneas...

47 en enseñar ms. Asensio y Blecua enmiendan.

49 acot. *montante:* «Espada ancha y con gavilanes muy largos que manejan los maestros de armas con ambas manos para separar las batallas en el juego de la esgrima. Tomose su forma y nombre de las espadas antiguas» *(Aut.).* Comp. *Poesía original,* núm. 866, vv. 29-32: «Tretas de montante / son cuantas juego; / a diez manos tomo / y a dos peleo»; *Sueños,* pág. 211: «donde el médico toma la daga de los lamedores, el montante de los jarabes y el mosquete de la purga maldita». Las espadas de esgrimir eran de hierro, sin filo, con zapatilla o botón en la punta: son las llamadas *espadas negras. Ana de*

MADRE.	Lo que me alegro, niñas, cuando [os veo].	50
	Parece ahigadada la mozuela.	
CHILLONA.	Yo, madre Monda, soy la hija Pela.	
	Llámanme la Chillona.	
MADRE.	Tenéis buen ancantuso de persona.	
	Tomá esa espada; quiero ver el aire	55
	y el juego que jugáis. Partí.	
CHILLONA.	No quiero,	
	que yo con nadie parto.	
MADRE.	Destreza verdadera,	
	no partir con amiga ni tercera.	
CHILLONA.	No partir y tomarlo todo entero	60
	es juego de mi propio calvatrueno.	
MADRE.	Bueno, bueno, rebueno, mucho bueno.	
	Mari Pitorra, hazla preguntillas.	

Coca: casada con Manuel de Coca. En 1632 estaban en la compañía de Roque de Figueroa. Vicenta debe de ser Vicenta López, mujer de Francisco de Sotomayor. Estaban los dos en la compañía de Avendaño en 1626, en la de Figueroa en 1631, y fueron en la de Italia en 1635; en 1632 estaban en la de Prado. En 1638, Vicenta, ya viuda, hacía primeras damas con Rueda, pero fue sustituida por María de Heredia.

50 Falta en el ms. lo señalado entre corchetes; adición de Blecua.

51 ahigada ms.; corrección de Asensio. Asensio lee «ahigada[da] la Chillona», pero se trata de un error pues la madre no sabe el nombre hasta dos versos más adelante. *Ahigadada:* «lo mismo que valiente. Es voz jocosa y voluntaria de que usó Quevedo» *(Aut.)*. Es lo mismo que 'con muchos hígados'. Comp. *Buscón,* pág. 225: «lidiador ahigadado, mozo de manos y buen compañero».

52 *Monda, Pela:* si una es «monda» la otra es «pela»; el juego es fácil.

54 *ancantuso:* derivado de «cantusar». Engaratusar o enganchar a alguno engañándole» *(Aut.); Aut.* recoge las formas *encantusar, encantusado* 'engañar a alguien con halagos, el engañado'. Comp. Quevedo, *Hora,* pág. 91: «El tal señor, encantusado [...], derramó con zollipo estas palabras».

55 Asensio y Blecua «Toma», como si la tuteara, pero en todo el pasaje la vosea. Debe ser «tomá», con caída de la -*d* final del imperativo.

56-57 Juego con los significados de *partir:* 'dividir el espacio de la lucha, colocarse', 'repartir algo'.

61 salvatrueno ms. Asensio y Blecua enmiendan; *calvatrueno:* «Vocablo grosero y aldeano; por la cabeza atronada del que es vocinglero y hablador, alocado y vacío de cascos» (Cov.). Parece referirse burlescamente a su 'cerebro, inteligencia, iniciativa': 'es una técnica de mi propia invención'.

	¡Qué espadas estas para en zapatillas!	
	¿Tomáis vos por de dentro o por de fuera?	65

CHILLONA. Si me afirmo con una faltiquera
por todas partes tomo,
por de dentro y de fuera,
por uno y otro lado,
y hasta el acero está de mí tomado.   70
¿Qué hará el dinero ajeno?
MADRE. Bueno, bueno, rebueno, mucho bueno.
Un águila ha de ser en cuatro días
y en ocho meses ocho mil arpías.
Toma, hija, esa espada.
CHILLONA.   Que me place.   75
MADRE. Medio de proporción más verdadero
es, Chillona, el dinero.
La destreza de todos siempre ha sido
—así vulgares como verdaderos—

---

64 *zapatillas:* las que protegen la punta de las espadas de esgrima, pero las propias busconas son espadas que si van en zapatillas (y más sin ellas) acabarán con cualquiera. No señalaremos todo este continuo doble juego a cada paso; comp. la comedia burlesca de Bernardo de Quirós *El hermano de su hermana*, vv. 1456-1459: «salió calzada la novia / con medias de pelo en pecho, / calcetas de punto en boca / y con dos ligas de reinos / en zapatillas de esgrima»; «Hechas espadas de esgrima / se vinieron todas tres, / en zapatillas, a darle / una de puño a mi argén» *(Poesía original*, núm. 741, vv. 24-32).

66 *afirmarse:* «En el juego de la esgrima y arte gladiatoria, afirmarse vale irse firme para su contrario, teniéndole siempre la punta del espada en el rostro, sin moverla a otro golpe que a la estocada» (Cov.).

70 Asensio y Blecua leen «luçero», pero en el ms. está clara la lección correcta; y es además la que hace buen sentido: *tomarse el acero:* 'oxidarse, enmohecerse', «cubrirse de moho u orín» *(Aut.)*.

74 *arpía:* «persona codiciosa que con arte y maña saca cuanto puede» *(DRAE)*.

76 *medio de proporción:* la distancia conveniente a la que debe colocarse el esgrimista para dar o evitar una herida.

78 y ss. 'Hasta ahora la destreza, tanto de los diestros de la esgrima vulgar como la de los matemáticos o científicos, era dar (heridas) y no recibir; pues ahora, atención, por favor, escuchadme, las mejores esgrimistas serán las que reciban (dineros) pero no den nada'; *que vais:* 'que vayáis conmigo', con el sentido de 'prestadme atención': *ir con alguno* «significa [...] atender a lo que dice o escucharle con cuidado. Y en este sentido suele decirse vaya v. md. conmigo, cuando se habla con otro» *(Aut.)*.

dar y no recibir; pues ten en punto,   80
—por caridad que vais conmigo agora—:
la que esgrimiere el jeme por espada
reciba mucho, pero no dé nada.
En cuanto al afirmarse
la que pidió, si el hombre replicase   85
y mudare de plática dormido,
afirmarse en lo mismo que ha pedido.
Si queréis atajar a un desdichado,
pedilde y le veréis luego atajado.
Llamo necesitar al enemigo   90
el tomalle la hacienda, de manera,
y con tanto cuidado,
que le dejéis después necesitado.
Allá el tocar el casco es el primero;
mas en esta doctrina que yo masco   95
lo postrero ha de ser el tocar casco.
Usábanse en lo viejo
estocadas de puño,
mas estocada puño es cosa poca,
mejor es estocada saya y ropa.   100
Mandoble es deminuto de Mahoma;
yo enseño mandoblón a la que toma.

---

82 *jeme:* «Los muchachos comúnmente llaman jeme lo que se alcanza desde el dedo pulgar hasta el índice, que a mi parecer es lo mesmo que dos palmos, contando el palmo a cuatro dedos» (Cov.). Entendemos que es metonimia por el gesto de coger el dinero: 'las que usen como espada la mano en gesto de coger'.

90 y ss. Blecua yerra en la numeración de los versos: numera como 95 el que es 96 y desde este momento nuestra numeración difiere en uno.

92 Falta en Asensio.

94 y ss. Entendemos que en la esgrima tocar al casco del contrario es acertarle con un golpe; pero en la esgrima de las busconas lo último es tocar el casco (de hierro o acero) símbolo de dureza.

99 *estocada puño:* pareja de sustantivos en la cual el segundo está adjetivado; juego de palabras con la alusión a los puños de los vestidos que las busconas solicitan de los galanes; pero puño es poco: han de pedirles sayas y ropa (ropa en el sentido específico de un tipo de vestimenta, no general).

101 *mandoble es deminuto:* 'diminutivo'; parece un juego paronomástico bastante forzado.

> Codazos se permiten a las viejas
> para que en diferentes coyunturas
> acuerden a las niñas pediduras,   105
> y porque hay hombres, hijas,
> que traen perros de ayuda
> —el demonio sea sordo—
> previniendo sus yerros,
> quiero enseñaros treta contra perros   110
> para que sean los perros inmortales:
> es treta firme el antuvión de reales;

---

105 *pediduras:* comp. *Poesía original,* núm. 708, vv. 33-36, dirigido a unas viejas: «Que servís de enseñar solo, / a las pollitas que nacen, / enredos y pediduras, / habas, puchero y refranes».

107 *perros de ayuda:* alusión a los perros muertos, ya anotados en otros lugares, engaños nefastos para las pidonas y prostitutas; *perros de ayuda:* «El que está enseñado a socorrer a su amo en caso de aprieto y defenderle» *(Aut.).* Cov. *s. v. lebrel:* «Una casta de perros generosa que suelen traer a España de las islas septentrionales; son de ayuda, y defienden a sus amos. También acometen las fieras y las embarazan de manera que puede el cazador llegar con seguridad a matarlas».

108 *el demonio sea sordo:* «El diablo sea sordo. Cuando se dice algo de recato» (Correas, refrán 8001); *Quijote,* 2, 58: «—Dios lo oiga y el pecado sea sordo —dijo Sancho a esta ocasión».

109 que viniendo ms. Aceptamos, como Blecua, la enmienda que propone Asensio.

110 *treta:* «Término de la esgrima. El concepto o pensamiento que forma cualquiera de los batalladores para la defensa propia u ofensa de su contrario, y acción correspondiente a él» *(Aut.).* Comp. Quevedo, *Poesía original,* núm. 866, vv. 29-30: «Tretas de montante / son cuantas juego»; *Buscón,* pág. 109: «se me ofreció una treta por el cuarto círculo con el compás mayor, cautivando la espada para matar sin confesión al contrario»; Suárez de Figueroa, *Pasajero,* pág. 592: «Convendrá sacar la espada en algunas ocasiones. [...] Será importante mucho la noticia de las tretas y heridas más notables»; Santos, *Obras selectas,* 136: «yo mismo me herí al ir a hacer una treta con la daga».

112 en treta ms., y lo mismo Asensio y Blecua, que nos parece mala lectura; entendemos que se trata ya de la primera treta: 'es treta firme el adelantarse a coger el dinero en efectivo'; *antuvión:* es expresión germanesca 'golpe dado repentinamente y traidoramente' (ver *Léxico).* Comp. Quiñones, *Jocoseria, El licenciado y el bachiller,* vv. 10-12: «Todo oyente se haga allá; / que si de antuvión le coge / mi voz, le podrá lisiar»; *íd., El tiempo,* vv. 11-12: «un antuvión de la vida / y de la muerte un jifero»; *Poesía original,* núm. 862, vv. 33-36: «¿De su antuvión no me escapo / y escapeme de la horca, / no siendo vusté y su mula / menos palo y menos soga?».

	la cantidad discreta es la contada,	
	porque la prometida, en el que roba,	
	es la cantidad boba;	115
	ángulo agudo, mano de ricubo:	
	en forma de cuchar uñas de encaje,	
	que todo esotro es ángulo salvaje.	
	El toque, Pitorra.	
PITORRA.	Ha de ser toque franco.	120
CHILLONA.	Que solo el franco toque.	
MADRE.	odréis servir de pestes a San Roque.	
	La conclusión, que llaman treta rara,	
	se hace desta manera	
	—atiendan noramala,	125
	que las daré, por Cristo, dos hurgones—:	
	vase a la espada abriendo ángulo agudo,	
	se ocupa con el cuerpo deste modo	
	y el brazo bien tendido,	
	tomar la guarnición para un vestido.	130

---

113 *cantidad discreta:* la que se opone a la continua («Cantidad continua, y cantidad discreta», Cov.); aquí juego de palabras con el sentido de 'inteligente'.

116 «ricubo» así en el ms. No sabemos qué es esto. Juega de nuevo con el sentido de esgrima de ángulo agudo y el de 'inteligente, ingenioso': comp. *Poesía original*, núm. 866, vv. 129-130: «Ángulo agudo es tomar, / no tomar, ángulo bestia».

119 Blecua lee «El toque está, Pitorra...» quizá para completar el verso, pero no lo aclara.

121 *franco:* dadivoso. Siguen los juegos en todo el pasaje.

122 *San Roque:* entendemos que serán tan mortales que podrán servir de pestes; San Roque es abogado contra la peste, pero además su atributo iconográfico es un perro que le lame una llaga. Como van a impedir que los perros mueran, haciéndolos inmortales (no fiándose de los galanes que no den en el acto el dinero) pueden servir a San Roque de ayudantes, protegiendo su perro.

123 *conclusión:* aquella herida con la que se concluye o derrota al contrario; comp. *Poesía original*, núm. 866, vv. 123-126: «Aguardar es de valientes, / y guardar es de discretas; / la herida de conclusión / es la de la faltriquera».

126 las dare ms. Asensio lee «la» y Blecua «les»; *hurgón:* 'puñalada, golpe con arma blanca'; término germanesco. Comp. Quevedo, *Poesía original*, núms. 865, vv. 86-87: «Francisco López Labada, / valiente de hurgón y tajos»; 862, vv. 25-26: «Dile yo siete hurgonadas / a Palancón el de Ronda»; 861, vv. 86-87: «y tirole un hurgonazo / al barrio de los cuajares».

VICENTA. Entradas y salidas en el juego
es lo más importante
en los esgrimidores.
De los arrendadores
que juegan solamente esas heridas   135
aprenderéis entradas y salidas.
Oíd, aparadores alto y bajo,
que de alforjas servís a los corrales
donde lleva sus tratos infernales;
vieja, que estás tapada   140
con tu boca de abrojo
y esgrimes calavera de medio ojo
cuando entre las dos yemas de los dedos
con que te tapas, de pellizco cubres
la turbamulta de años y de otubres;   145
si en ocasión te vieres, echa mano,
ase a una buida,
pues que todas las viejas
tenéis hijas de ganchos con guedejas,
y para el que se os llega   150
tenéis en la armería

134-173 Se atribuyen en el ms. y ediciones modernas a «Madre», pero el discurso es incoherente con este personaje, pues es sátira precisamente contra las viejas malditas alcahuetas, que no parece verosímil se dirija la vieja a sí misma. Puede haber alguna deturpación textual, porque no vemos clara la sintaxis ni el sentido de los versos siguientes. Se refiere a los arrendadores del teatro, que controlan las entradas y salidas de espectadores.

137 *aparadores:* aparador es «el conjunto de alhajas, fuentes, vasos, aguamaniles y otras piezas ricas que se ponen sobre una mesa con sus gradillas, así para servirse de ellas cuando sea necesario, como para que sirvan de adorno no solo en las mesas de los príncipes, sino también los colaterales de los altares de las iglesias en funciones solemnes» *(Aut.).* Parece referirse a los galanes que guardan estas alhajas.

142 *de medio ojo:* modo de colocarse el manto las damas del Siglo de Oro, de manera que dejaran descubierto un ojo. Ya anotado.

147 Blecua enmienda «asete a una viuda»; *buida:* 'afilada, aguzada', buen adjetivo para el contexto de armas del entremés de esgrimistas. Una buida es modo de referirse a una discípula aventajada en las artes del pelar a los galanes. Véase v. 149.

149 *hijas de ganchos:* adapta la expresión *daga de ganchos:* arma de valentones caracterizada por su enorme guarnición *(Léxico).*

        contra bolsas ariscas
        chicotas ginoviscas
        que del primero bote
        de un mayorazgo hacen un jigote.   155
        Y tú, vieja maldita, que lo ordenas,
        eres hoja de comes y de cenas.
        Para heridas de tomo
        son mejores las pícaras de lomo,
        aunque en otras empresas   160
        valen más las muchachas de tus mesas.
        También jugando juego de floreado
        en fruta y ramilletes
        llevan la madrugona los pobretes,
        porque ya mosquetera de soplillo   165
        no se repara en nada

---

153 *chicotas ginoviscas:* 'muchachas tan capaces de conseguir el dinero como los banqueros genoveses'; los genoveses eran los banqueros de la corona en tiempo de los Austrias menores. De los abusos de estas especulaciones y de los genoveses hay abundantes testimonios; ya lo hemos anotado en *Diego Moreno*. Primera parte.

154 *bote:* golpe dado con una lanza o pica.

155 *mayorazgo, jigote:* 'el patrimonio del mayorazgo hacen pedazos, como el guisado de jigote'; «Carne asada y picada menudo y particularmente la de la pierna del carnero, por ser más a propósito, a causa de la mucha pulpa que tiene» (Cov.); «Especie de guisado que se hace rehogando la carne en manteca y picándola en piezas muy menudas. [...] Por semejanza cualquiera otra comida picada y dividida en piezas muy menudas» *(Aut.).* Comp. Quevedo, *Un Heráclito,* núm. 174, vv. 5-6: «De las encías quiero que te duelas / con que estás el jigote aporreando».

157 *hoja:* 'de espada'.

158-159 No hace falta anotar el juego con la expresión «de tomo y lomo» (aquí alusiva al tomar el dinero y al oficio de la prostitución).

162 *floreado:* floreo es «El preludio que hacen con las espadas los esgrimidores antes de acometer a herir el uno al otro, o cuando dejan las espadas, que llaman asentar» (Cov.).

164 *madrugona:* 'los incautos se gastan el dinero en frutas y flores y se llevan el engaño de las avisadas prostitutas que se adelantan a dejarlos pelados'; esta expresión se ha anotado en el entremés de *Muñatones.*

165-166 'no se puede proteger nadie contra las mosqueteras de soplillo, las buscona'; *mosquetero:* 'soldado que maneja el mosquete'; *soplillo:* un tipo de manto muy fino, ya anotado.

	después que anda por las dos Castillas	
	adobar moños como adobar sillas,	
	y en fardos se pregonan por las calles,	
	como antes esteras,	170
	mercapiernas, colmillos, cabelleras,	
	y a modo de vinagre,	
	por sufrir los barrancos y corcovas,	
	hay quien pregone petos por arrobas.	
ALGUACIL.	¡Abran a la justicia!	
MADRE.	La cabeza.	175
	Esta justicia tiene mal de piedra,	
	pues pide que le abran.	
ALGUACIL.	¿Qué embelecos se forman y se labran?	
MADRE.	Mas líbranos de mal... Sea bien venido	
	su merced del resuello de la cárcel	180
	y el señor vaho de perseguir chiflando.	
	Aquí se trata de virtud en todo.	
	Estaba yo instruyendo estas muchachas	
	en toda perfección de castañeta.	

---

167 andan ms. y editores anteriores (Asensio: «mandan»); proponemos «anda»: 'se acostumbra'.

168 y ss. Artificios y embelecos de las mujeres: moños postizos, petos falsos, etc.

172-174 *vinagre:* no apuramos el chiste; los petos falsos disimulan corcovas y barrancos en la figura de las mujeres contrahechas, pero ¿qué tiene que ver el vinagre? En el cosmético albayalde entraba el vinagre para disolver el plomo (Cov.); otra relación de los barrancos con el vinagre es esta que recoge Noydens (ver Cov.): «Es de tanta fuerza el vinagre que con él quebrantan las peñas, como hizo Anibal yendo a hacer guerra a los romanos. Y para esto han de hacer primero grande fuego encima de la peña, y estando bien caliente echen vinagre encima, y toda se abrirá desmoronándose como tierra»: en este sentido, el vinagre puede allanar barrancos.

175 *la cabeza:* 'que abran la cabeza a la justicia'; juego con los significados de abrir (la puerta) y abrir a uno, rajarle. El mismo chiste en el v. 60 de *Los refranes del viejo celoso.*

176 *mal de piedra:* al que tiene mal de piedra tiene que abrirlo el cirujano para operar y extraerle la piedra. Estaba ya la expresión lexicalizada: «Abrir a uno es curarle de mal de piedra» (Cov.).

179 *líbranos del mal:* finge la vieja que están rezando el rosario y que recita el padrenuestro en el momento de entrar el alguacil.

180-181 *resuello, vaho, chiflando:* imágenes de los soplones y chivatos, alguaciles y corchetes, tópicas, como hemos anotado en otros lugares.

Escribano.	La madre Rastreado es muy perfeta.	185
Madre.	Soy un gusano. Hijas, alto, al baile	
	que tenéis prevenido	
	y con buena intención ande el bullido.	
	Todo se acaba aquí, mundo malo.	
Escribano.	Madre Monda, sin causa tienes queja.	190
Madre.	No puede ser sin causa	
	donde hay pluma y tintero, vara y saya,	
	que harán la causa cuando no la haya.	

(Sale bailando de torneo la Chillona. *Cantan los* Músicos.*)*

Músicos.	Allá va con un sombrero,	
	que lleva, por lo de Flandes,	195
	más plumas que la Provincia,	
	más corchetes que la cárcel.	
	Va con pasos de pasión	
	de crucificar amantes	
	y con donaires sayones	200
	que los dineros taladren.	
	El talle, de no dejar	

---

185 *Rastreado:* le aplica irónicamente este mote porque ha dicho que estaba enseñando las castañuelas, y el rastreado o rastro era un baile: comp. *Poesía original*, núm. 676, vv. 13-15: «no mueran con mil enojos, / el Rastro en tus castañetas, / el Matadero en tus ojos».

186 *alto:* partícula para incitar a una acción, que ya hemos anotado.

189 Blecua lee: «¡oh mundo malo!» para mejorar el cómputo silábico. El discurso de la vieja está lleno de frasecillas ascéticas e hipócritas.

194 y ss. Este baile es el de *Las estafadoras*. Véanse los textos de los bailes más adelante, donde se anota el texto correspondiente. Aquí damos algunas notas elementales para facilidad del lector.

195 *de Flandes:* tierra de campañas militares; los soldados usaban sombreros con muchas plumas.

196 *Provincia:* juego de palabras sobre *plumas,* porque había muchas plumas de escribanos en los tribunales llamados de Provincia.

197 *corchetes:* dilogía 'presilla del sombrero y vestidos', 'un tipo de alguacil'; es chiste tópico.

198-199 Estos versos fueron mandados borrar del baile de *Las estafadoras* por el *Índice expurgatorio* de 1707.

           aun dineros en agraces,
           aire de llevar la bolsa
           al más guardoso en el aire.   205
           En los ojos trae por niñas
           dos mercaderes rapantes,
           que al rico avariento cuentan
           en el infierno los reales.
           Dos demandas por empresa   210
           con una letra delante:
           «Mujer que demanda siempre
           Satanás se lo demande».

(Párase en su puesto y sale MARI PITORRA. *Cantan.)*

[MÚSICOS.] Lleva en sus manos y dedos
           a todos los Doce Pares,   215
           Galalones por las uñas
           y por la palma Roldanes.
           Una pelota en su pala
           lleva, y escrito delante:
           «Ha de quedar en pelota   220
           quien me dejare que saque».
           Y para que se acometan
           y las viseras se calen,
           los pífanos y las cajas
           confusas señales hacen.   225
           Tan, tan, tan,
           tan pobres los tiempos van
           que piden y no nos dan,
           dan, dan, dan.

---

203 *en agraces:* sin dejar que maduren.
208 *rico avariento:* alusión a la parábola evangélica (Lucas, 16).
210 *empresa:* símbolo y leyenda que llevan los caballeros en sus armas o escudo en los torneos.
216-217 'traidores como Galalalón de Maganza, el traidor de los doce pares de Francia, y que siempre piden: Roldán hay que disociarlo en Rol-dan, del verbo dar, alusión a las pidonas'.
224 *pífanos, cajas:* instrumentos de música.
226 Blecua añade un «tan», y en el v. 229 un «dan».

       No de punta en blanco   230
       van armadas ya,
       mas de puño en blanca
       y de puño en real.
       Botes de botica
       no hacen tanto mal   235
       como los de uña
       que en las tiendas dan.
       No sabe en su tajo
       el bolsón nadar:
       viejas remolinos   240
       sorben su caudal.
       Del uñas abajo
       ¿quién se esconderá?
       Del uñas arriba
       no basta volar.   245
       Tan, tan, tan,
       tan pobres los tiempos van
       que piden y no nos dan,
       dan, dan, dan.
       Esta es la justicia   250
       que mandan hacer
       a quien sin dar mucho
       quiere que le den.

---

230 *de punta en blanco:* de todas armas, peparadas para el torneo.

232 *blanca:* juego con «punta en blanco» y 'moneda llamada blanca'.

234 *bote:* es frecuente el juego de palabras entre el bote de lanza o pica y el bote de los boticarios.

238 *tajo:* juega con el sentido de 'río Tajo' que pudiera nadar un nadador, pero este *tajo,* 'cuchillada', no lo puede resistir un bolsón.

240 viejos ms., que mantiene Asensio, pero enmienda Blecua. Son las viejas alcahuetas.

242-243 Faltan en Asensio; *uñas abajo:* un lance de esgrima, como el de uñas arriba.

246 Blecua añade un «tan» y en v. 249 un «dan».

249 Falta en Asensio.

250 ss. Estos cuatro versos finales no figuran en el baile de *Las estafadoras; la justicia que mandan hacer:* imita el pregón de los condenados. Es el estribillo de la letrilla de *Poesía original*, núm. 661.

La polilla de Madrid, por don Francisco de Quevedo Villegas. Comedia Antigua

[PERSONAS][1]

FRANCISCO ROBLES, CARRALERO, rufián. Llámase VILLODRES, escudero.
ISABEL, LA PAVA, hija [de Carralero]. Llámase DOÑA ELENA URIGURI.
ORTILIA, madre [de Elena]. Llámase DOÑA ONOFRIA DE CAMARGO.

---

[1] Basamos nuestro texto en el ms. de Évora. Véase nota textual. Personas: «Franco Robles. Carralero, rufian llamase Villodres escudero. Ysabel. La Paba hija llamase Doñ'Ana de Brigi. Ortica madre llamase D.ª Enofria de Camargo. Luysilla hermana llamase Doña Aldonça de Chirinos. Don Gonçalo galan. Don Lorenço galan. Don Alexo galan. Mondoñedo amigo de D. Alexo ms. Hemos regularizado los nombres del reparto. Además de repetidos yerros, se encuentran juntos en el reparto los nombres de los actores, de los personajes del entremés y de los personajes de una obra que se representa dentro del entremés: delante de Carralero figura el nombre del Francisco Robles, y delante de La Pava, figura el nombre de Isabel, nombres de los actores que representaron estos papeles. «Don Gonçalo», que no actúa en el entremés, tiene que tratarse de un error por «Don García». *Francisco Robles, Isabel:* Francisco Robles formaba parte de la compañía de Morales Medrano en 1624, junto con Isabel Ana, Jusepa Vaca y otros actores como Treviño, vistos en *La destreza*. Estos detalles conducen a pensar que *La polilla* puede ser del mismo año de 1624. Véase Pérez Pastor, 1901, *Nuevos datos acerca del histrionismo español*, pág. 207. Asensio puntualiza las irregularidades de este reparto, que hemos señalado, y lo mismo hace Blecua, que regulariza como nosotros, aunque conserva, como hacía Asensio, el «Don Gonzalo». No constan el *güésped* y *dos regidores* que aparecen al final.

Luisilla, hermana [de Elena]. Llámase Doña Aldonza de
    Chirinos.
Don García, galán.
Don Lorenzo, galán.
Don Alejo, galán
Mondoñedo, amigo de don Alejo.

Salgan de dueñas la Ortilia, *madre de* Luisilla, *hermana [de* Elena], *con mantos y tocas largas;* Carralero, *con vestido de escudero aloritado;* Elena [Isabel-la Pava], *con verdugado y lechuguilla, muy bizarra* .

Ortilia.	Buena has puesto a tu madre y a tu [hermana:
	¿al fin habemos de servir de dueñas?
Elena.	Ya que en este lugar han de tragarnos
	por gentes de tres altos, es forzoso
	que me honre y autorice con vustedes. 5
	Parecéis añagazas

---

[2] Acotación. Blecua «Ortilia». Ortilia es madre de Luisilla, y Luisilla hermana de la Pava (Isabel o Elena), si leemos la acotación en relación con la lista de personas y el texto del entremés; Elena es el nombre ficticio de la Pava, hija de Carralero; *dueñas:* ya se ha anotado en otros entremeses. Las tocas son vestiduras propias de las dueñas; *aloritado:* no hallamos el sentido; quizá fuera «alorigado», reforzado a modo de loriga, especie de armadura, como con cota de malla; *verdugado:* «vestidura que las mujeres usaban debajo de las basquiñas» *(Aut.); lechuguilla:* «el cuello o cabezón que se usaba antiguamente, y se hacía de muchos anchos de holanda u otro lienzo, que recogidos formaban unas ondas semejantes a las hojas de las lechugas encarrujadas» *(Aut.); bizarra:* galana, con elegancia llamativa y brillante.

4 *gentes de tres altos:* juega con la frase «de tres altos» aplicada en los tejidos a los brocados que tenían tres órdenes (el fondo, la labor y un adorno sobre ésta a modo de anillos pequeños): véase *Aut.; Crótalon,* pág. 284: «llevaba una espada dorada con vaina de brocado rico de tres altos [...] un bastón negro cubierto de brocado rico de tres altos [...] un estoque dorado con su vaina de brocado rico de tres altos»; aquí alude metafóricamente a 'gente de importancia': va a hacerse pasar por una dama noble, para sus estafas.

6 *añagaza:* «el señuelo que el cazador pone de la paloma mansa, que atada en lo alto de una encina hace que todas las demás que pasan de vuelo se vengan a sentar allí a donde el cazador les tiene armada la red o las tira con la ballesta» (Cov.).

	para coger responsos o picazas.	
	Tener madre y hermanas	
	es cosa de pobretes y villanas;	
	tener dueñas a pares	10
	es cosa de señoras de lugares.	
	Pues el buen Carralero	
	parece que nació para escudero.	
	Después que de escudero se ha vestido	
	está con solo el nombre enmugrecido.	15
CARRALERO.	¡Picarona sobrada!,	
	basta que sirva de escudero el hombre.	
ELENA.	Déjese deso y venga por un nombre.	
	Escoja destos el que más quisiere:	
	Molina, Pérez, Torres, Valdecilla,	20
	Sánchez, Garlés, Rodríguez, Juárez, Villa,	
	Villodres...	
CARRALERO.	Con Villodres me acomodo.

---

7 *responsos o picazas:* 'vestidas de dueñas parecen reclamos para cazar responsos —porque van vestidas como de luto— o picazas —porque las tocas y manto de color blanco y negro les hacen parecer urracas o picazas—': la imagen de la dueña como picaza, con connotaciones mortuorias a veces, es frecuente en Quevedo. Ver *Poesía original*, núm. 777, vv. 80-82: «vino un sepulcro de dueñas. / Urracas y dominicas / son, por lo blancas y negras»; *Un Heráclito*, núm. 262, vv. 1-12: «Una picaza de estrado, / entre mujer y serpiente, / pantasma de las doncellas / y gomia de los billetes, / tumba viva de una sala, / mortaja que se entremete, / embeleco tinto y blanco / que revienta a quien le bebe, / una de aquestas que enviudan / y en un animal se vuelven, / que ni es carne ni pescado, / dueña, en buena hora se miente».

11 *señoras de lugares:* nobles que tienen posesión de villas y pueblos; *lugar*: población pequeña, como en el comienzo del *Quijote* «En un lugar de la Mancha».

12 Carrelero ms.; enmendado en Asensio y Blecua.

17 *el hombre:* uso como pronombre impersonal, rasgo típico del lenguaje germanesco.

19 y ss. Una de las estrategias para simular nobleza o fingir categorías sociales que no se tienen es el cambio de nombre. Los que le propone Elena son propios de escuderos, pero el que tomará ella es de más pretensiones de hidalguía.

22 *Villodres:* no deja de tener connotaciones vulgares y germanescas, así que no mejora mucho el de «Carralero»; comp. *Poesía original*, núms. 855, vv. 89-92: «Quitándoles dos borricos / desasné cuatro pastores, / con borlas los disfracé / en la recua de Villodres»; 865, vv. 17-20: «Reinando en Andalu-

ELENA.	Los *odres* has querido más que todo.
	Madre, venga por nombre y don, que [importa
	que tengan don las dueñas principales 25
	para que se autoricen de pañales.
ORTILIA.	Digo que tienes gracia; yo querría
	nombre abultado y largo.
ELENA.	Llámate doña Onofria de Camargo.
LUISA.	Hermana, dame un nombre a mi medida 30
	con un par de apellidos de los finos.
ELENA.	Llámate doña Aldonza de Chirinos.
CARRALERO.	¡Qué alegre está la sonza!
ELENA.	Hermana, Dios os haga buena Aldonza.
	Ensayemos primero todo el paso. 35
	¡Hola, Villodres! ¡Ah, Villodres, hola!
	¿Estás sordo, Villodres?
CARRALERO.	Esto es hecho.
ELENA.	Ya no estáis de provecho,
	sois gentil bergantón.

---

cía / Butrón el de Salamanca, / so el poder de la Villodres / floreció el buen Marco Ocaña».

23 Le moteja de borracho.

24 *don:* la burla del falso don es otro tópico de testimonios innumerables; ya lo hemos anotado.

29 *Camargo:* pueblo de Cantabria, es decir, en la montaña, de donde todos se consideraban hidalgos; por eso propone semejante apellido. Comp. *Quijote*, II, 48: «se enamoró de mí un escudero de casa, hombre ya en días, barbudo y apersonado, y, sobre todo, hidalgo como el rey, porque era montañés».

32 *Chirinos:* es nombre muy connotado: recuérdese el *Retablo de las maravillas* de Cervantes; en *Un Heráclito*, núm. 206, vv. 10-13 se mencionan una serie de prostitutas: «A la Pava de el cercado, / a la Chirinos, Guzmán / a la Zolla y a la Rocha, / a la Luisa y la Cerdán». Por cierto que Pava es 'prostituta'.

33 *sonza:* 'bellaca, pícara'; «Zonzo. Fue nombre de un mozo bellaco que se fingió tonto para engañar al amo en un entremés, y llevarle una hija, y de él se varían frases a lo zonzo, y otras» (Correas, refrán 24172); «Hacerse zonzo. So capa de bellaco» (Correas, refrán 10858).

36 *Hola:* voz para llamar a los criados, ya anotada; ensaya como si llamara a su escudero.

Carralero.	Si dese modo
	piensas hablar, daré al traste con todo. 40
Elena.	Villodres, bien mirado,
	tenéis grandes patazas para estrado,
	y cuando os incliáis a reverencias
	parece que os bajáis sobre el borrico
	con alguna cautela 45
	a recibir la bendición de suela.
Carralero.	Si he de servir a Elena en este traje,
	baste la burla y regodeo.

(Vase.)

Elena.	¡Chirinos!
Luisa.	¿Señora?
Elena.	Los sesenta bastidores
	donde están bordando los dos soles 50
	¿están armados? Doña Onofria, luego
	hagan llamar los quince bordadores.
Ortilia.	Ya los van a llamar. Muchos parecen,
	hija, los bordadores.
Elena.	Esta pluralidad es de señores. 55
	Las señoras de media dueña arriba
	—que hay aquí quien tiene una enana—

---

40 daré con todo al traste ms., como conserva Asensio y Blecua; proponemos esta enmienda que conserva la rima; es muy fácil para el copista incurrir en la errata de cambiar el orden apelando a la frase hecha usual.

42 *estrado:* sala de recibir las damas. Carralero-Villodres no es lo suficientemente fino para el servicio del estrado.

45-50 En este pasaje Blecua yerra en la numeración de los versos, y atribuye el núm. 50 al 49; desde este momento divergen nuestras numeraciones en uno.

46 *bendición de suela:* alusión a los azotes que recibían los reos que iban sobre un asno exhibidos a la vergüenza pública. Las reverencias que hace Carralero más bien se parecen a los encogimientos del que recibe un latigazo.

47 si desserbire ms.; si e de serbir Asensio.

49 *sesenta:* son cifras disparatadas estas de los sesenta bastidores y los quince bordadores.

50 Así en el ms.; Asensio supone una laguna; Blecua suple «se»: «donde se están bordando».

y las de dueña entera y de dos dueñas
   siempre han de tener llena en casos tales
   la boca de plateros y oficiales.   60
   Y estad muy advertidas
   que en diciendo yo: «Vayan a tal parte»,
   habéis de responder muy compungidas:
   «Alvarico está malo;
   don Pedro y don Gonzalo   65
   fueron por las libreas;
   de guarda es don Cristóbal de Cortezas».
   Y yo compadecida del lenguaje
   diré: «Es una perla aqueste paje».
   Y aunque no sea a propósito,   70
   sin que yo llame, en viéndome en visita,
   en todas ocasiones
   las dos dueñas saldréis a borbotones.
   Y vos, Villodres, andaréis despacio,
   chinela y borceguí por la canícula,   75
   y para parecer propio escudero
   habéis de andar oliendo los más ratos
   a chamusquina y polvos de zapatos.

---

60 *oficiales:* los que cultivan un oficio: sastres, sombrereros, joyeros, etc.
64 y ss. Parodia del registro propio de los personajes que quieren fingir.
66 *librea:* «Vestuario uniforme que los reyes, grandes, títulos y caballeros dan [...] a sus guardias, pajes y a los criados» *(Aut.).* Comp. *Quijote,* II, 43: «Toma con discreción el pulso a lo que pudiere valer tu oficio, y si sufriere que des librea a tus criados, dásela honesta y provechosa más que vistosa y bizarra»; Quevedo, *Sueños,* pág. 175: «tanta carroza cargada de competencias al sol en humanas hermosuras, y gran cantidad de galas y libreas».
67 *de guarda:* se supone que en el palacio real.
74 Elena se dirige a Villodres que ha salido poco ha, sin que se diga que ha vuelto a entrar.
75 *chinela y borceguí:* chinela es «Un género de calzado, de dos o tres suelas, sin talón, que con facilidad se entra y se saca el pie dél; y tráese de ordinario con borceguí» (Cov.); *borceguí:* «Bota morisca con soletilla de cuero, que sobre él se ponen chinelas o zapatos» (Cov.).
76 para pereçer ms. Asensio y Blecua no hacen ninguna observación y enmiendan.
77 los masuratos ms. Asensio y Blecua no hacen ninguna observación y enmiendan.

CARRALERO.	Que nos digas el nombre que te pones.	
	Recelo que nos hagan mal los dones.	80
ELENA.	Como la tierra es nueva,	
	que un don postizo muchas veces	
	[prueba,	
	llamadme por ahora	
	muy recio «Doña Elena, mi señora».	
CARRALERO.	¿El apellido?	
ELENA.	En esto estoy confusa.	85
	No ha de ser de las casas que se usa,	
	ni yo sé a qué linaje me arremeta.	
	No es malo de Beteta,	
	mas mejor es hacerme vizcaína,	
	pues lo puedo hacer tan fácilmente	90
	fingiendo un apellido en revoltillo:	
	doña Elena Uriguri Jaramillo.	
	En lo de la comedia estemos todos,	
	pues don Gonzalo quiere	

---

79 Suplimos el nombre del locutor; Asensio sugiere que falta un verso, lo cual acepta Blecua en su edición; sin embargo, por la rima no lo parece; en todo caso deberían faltar por lo menos dos. Blecua numera el verso faltante: a partir de aquí nuestra numeración difiere en dos.

80 mal ladrones ms. y atribuido a Elena; enmienda Asensio el texto, lo que acepta Blecua. Pero si lo pronuncia Elena, como viene en el ms. y recogen Asensio y Blecua, no entendemos el sentido: si recela de los dones falsificados, no los vaya a castigar ¿por qué se pone ahora uno? Además, en tierra nueva no la conocen y puede fingir nobleza con más seguridad. Pensamos que este verso corresponde mejor a Carralero, y se lo atribuimos a él.

82 *prueba:* 'sienta perfectamente, conviene'.

86 *casas:* nobiliarias, se entiende; no se quiere poner los apellidos de las grandes casas nobiliarias, como era usual en las prostitutas de la literatura satírica. Quevedo explora este motivo burlesco del cambio de nombres de las busconas con gran intensidad: ver, por ejemplo, *Poesía original,* núm. 633, vv. 15 y ss.: «Era su nombre Juana, / hija de un zurrador y una gitana. / Subió a fregona y se llamó Ana Pérez. [...] Llamose doña Luisa, / cosa que a ella misma le dio risa, / y a caza de apellidos, / por no pagar el don de vacio un hora, / a la corte se vino hecha señora / con joyas y vestidos, / adonde, por lo puta y por lo moza, / se llamó doña Julia de Mendoza».

88 *Beteta:* está en Cuenca; prefiere hacerse vizcaína, porque también se consideraban todos hidalgos.

92 Vriguri de ms.

	darme todas las joyas que tuviere;	95
	lo mismo don Lorenzo y don García.	
LUISA.	Y en juntando tus pellas	
	haremos a Villodres dueño dellas.	
ELENA.	Entrémonos adentro, por si viene	
	algún zorzal al lazo.	100
	Villodres, reverencia, capa y brazo.	
VILLODRES.	De verme en estos hábitos blasfemo.	
ELENA.	Mejor se lleva un brazo que no un [remo.	
	No vengáis juntas, algo más abiertas,	
	que parecéis ansí dueñas injertas:	105
	tan apretadas vais, juntas y mudas,	
	que parecéis ditongo de vïudas.	
	Esponjá los monjiles, mentecatas,	
	que vi en Madrid mujer que porque [abulten	
	en el estrado, siendo muy pequeñas,	110
	hincha con fuelles sus angostas dueñas.	

(*Vase. Salgan* DON ALEJO *y* MONDOÑEDO.)

MONDOÑEDO.	¿Qué más güéspedes viven esta casa?	
D. ALEJO.	Mal conoce voacé al dueño della.	
	Con nadie se acomoda	
	y apenas cabe en la perroquia toda.	115

---

97 *pellas:* «Metafóricamente se toma por la cantidad o suma grande de algunas cosas, especialmente de dinero» *(Aut.).*

100 sorçal ms., y lo mismo Asensio.

101 braços ms. Enmiendan los editores.

103 *remo:* alusión a las galeras.

108 *esponjá:* 'esponjad', con caída de la *-d* final del imperativo, fenómeno que se repite otras veces. *Monjiles*: ropas de viudas, ya anotado.

115 *apenas cabe:* por lo orgulloso y pendenciero; *perroquia:* parroquia, distrito que corresponde a una parroquia: comp. *Poesía original,* núm. 873, 29-32: «De la campaña los sacan, / de donde se van agora / a enterrar en la taberna / más cuerpos que en la perroquia».

	Ni pide ni recibe;	
	no es deste tiempo ni en el mundo vive.	
Mondoñedo.	En esto de pedir hay grandes cosas	
	con que van engañando.	
	Mujer conozco yo que pide dando;	120
	yo conozco mujer en esta tierra	
	que a ninguno despide	
	y pide con decir que nunca pide,	
	y hay mujer tan maldita	
	que a quien la festejaba	125
	le pidió con reñir porque la daba.	
	Ya el pedir está tan bien vestido	
	que parece que dan al que han pedido	
	y usan algunas damas principales	
	pediduras mentales,	130
	que, sin decirle nada,	
	ni hablarle, estando ausente,	
	se siente uno pedir interiormente.	
D. Alejo.	Verá vuestra merced otro lenguaje.	
Mondoñedo.	Para engañarme a mí, sor don Alejo,	135
	no le valdrá al pedir mudar pellejo.	
D. Alejo.	Este es el escudero.	
Mondoñedo.	Ve, aquí viene:	
	pidiendo va por cuantos güesos tiene.	

(Entra Carralero.*)*

D. Alejo.	¿Qué hace su merced?	
Carralero.	Señor, ahora	
	a bordar se sentó tres colgaduras.	140

---

116 lira onipide o rreçibe ms. (¿'lilao ni pide o recibe'?); Asensio propone «ni pide ni recibe», enmienda que recoge Blecua y que aceptamos también nosotros; pero no hay ninguna seguridad: *lilao* es «ostentación vana en las palabras, acciones o en el porte» *(Aut.).* Comp. *Cuento de cuentos:* «¿Para qué es tanto lilao?, sino a ojos cerraditos, déjese de recancanillas y cásese, pues le viene muy ancho» *(Prosa festiva,* pág. 402); puede haber un error de copia y estar deturpado todo el texto.

130 pedi detras mentales ms.; enmiendan Asensio y Blecua.

135 *sor*: contracción germanesca de «señor».

D. ALEJO.	¿Siempre se ocupa en ejercicios tales?
CARRALERO.	¿Cómo ocupar? Es eso de manera
	que a mí, que soy un escudero triste,
	me obliga a que me empeñe
	en buscar un vestido para un pobre. 145
D. ALEJO.	Parte quiero tener en esta obra.
	Tome.

(Dale dineros.)

CARRALERO.	*[Aparte.]* (Sancta palabra, ¡qué [bien suena
	un «tome» a mano y bolsa y boca llena!)
	Es tan escrupulosa mi señora
	que con ser, ya se ve, limosna pura, 150
	si lo supiese, Dios nos libre, quiero...

(Éntrase.)

D. ALEJO.	Brotan honra y buen trato estas paredes,
	soy muy bien recibido en esta casa.
MONDOÑEDO.	No es muy mal recibido aquel dinero
	de aquel ejemplarísimo escudero. 155
	De verle solamente,
	de solamente oíllo,
	se me erizó el dinero en el bolsillo.
	Yo espero ver a vuestra merced quemado,
	pues siendo hombre se precia de [tomado. 160

(Sale VILLODRES, DOÑA ONOFRIA-DOÑA ORTILIA.*)*

CARRALERO.	Ya está aquí doña Onofria de Camargo.

---

160 *tomado:* juega con el sentido obsceno; tomar el macho a la hembra es cubrirla; por sodomita le castigarán a la hoguera, castigo en la época para el pecado nefando: «Quemar, pena de herejes, sométicos y falsarios de moneda. Quemado, el que ha padecido esta pena» (Cov.).
160 acot. Falta en Asensio la acotación. Blecua: «y doña Ortilia».

Mondoñedo.	¡Las bolsas que esta dueña tendrá a cargo!
D.ª Onofria.	¡Jesús, sor don Alejo, no lo creo!
	¿Habíase de acordar? Mire, mal hombre,
	estoy con él, no sé cómo lo diga... 165
	¡Seis días ha sin vernos! ¿Esto pasa?
	¡Ha estado su merced de mi señora
	con tantísima pena! Yo aseguro
	que ha de haber azoticos.
D. Alejo.	He tenido
	forzosa ocupación.
D.ª Onofria.	¡Y qué forzosa! 170
	¡Aún que fuera yo, que me he encargado
	de casar una güérfana estos días!
	En esto nos ocupa mi señora.
	¡En qué me he visto de juntarla el dote!
	Y para hacerla ajuar, de mis andrajos 175
	me he deshecho y aún faltan treinta [escudos
	para una cama. Mire (sin que sepa
	palabra) hágame acá, que quiero que haga
	esta limosna; tome, si le quiere.
Mondoñedo.	Este es el tome daca del dinero. 180
D. Alejo.	No sé cuánto ha quedado en el bolsillo.
D.ª Onofria.	Por limosna, me atrevo a prevenirle...
	Voy a dar a mi ama aquesta nueva.
Mondoñedo.	Vuestra merced es don Alejo Breva.
	Voto a Dios que es la casa barbería 185
	de bolsas y dinero;

---

168 *tantísima:* muchísima.

181 *bolsillo:* «El bolso pequeño para traer dinero en plata u oro, que regularmente es de cuero adobado u de alguna tela y se cierra y abre con cordones o muelle» *(Aut.).* Comp. Lope de Vega, *El sembrar en buena tierra:* «Venga Galindo conmigo, / por que vea lo que compro / y por que os vuelva el bolsillo» *(Voc. Lope).*

184 *Breva:* porque resulta «más blando que una breva», siendo blando lo contrario que duro 'tacaño'. Le están sacando fácilmente el dinero. Véase *Aut.* «estar más blando que una breva», aplicado a otro contexto en el entremés.

185 *barbería:* porque uno de los oficios del barbero era el de sangrador, y estas sangran las bolsas de los incautos.

>   la dueña de la casa es el barbero
>   y sus dueñas, malditas y embusteras,
>   son lancetas, navajas y tijeras,
>   que cuando más honradas se prefilan   190
>   rapan, sajan y sangran y trasquilan.
>   Sus tocas son toballas,
>   y porque quede un hombre bien pulido,
>   aun no le dejan cera en el oído
>   y en estas barberías   195
>   las bolsas necias sirven de bacías.

    (Sale Doña Aldonza de Chirinos.)

D.ª Aldonza.	La camarera dijo a mi señora
	que vuesarcedes han venido a honrarla.
	Suplica la perdonen mientras deja
	la labor que hacía. 200
Mondoñedo.	¿Si pinta aquesta dueña en obra pía?
D.ª Aldonza.	Como ha ser ser agora el negro ensayo
	de la comedia, estoy como una loca.
Mondoñedo.	El tormento de dueña es el de toca.
	Abre los ojos, ciego, 205
	porque tocan a dueña como a fuego.

---

192 *toballa:* forma usual en la época.
194 *cera en el oído:* «No le quedó cera en el oído. Dice de uno que quedó muy pobre» (Correas, refrán 16385).
196 *bacías:* de barbero, pero juega con 'vacías' del dinero. En la comedia burlesca de *El rey don Alonso el de la mano horadada,* las tripas de Celimo, vv. 88-89 «en cas de un barbero pueden / pasar plaza de bacías».
198 Deshacemos la abreviatura *vmds.* en *vuesarcedes* por la medida del verso.
199 perdone ms., como Asensio y Blecua, pero habla en plural con los visitantes.
201 No vemos muy bien el sentido de esta observación de Mondoñedo.
202 *el negro:* «Negro y negra. Se juntan a muchas cosas para denotar en ellas afán y trabajo, y hacen una graciosa frase: este negro comer; negro casamiento él hizo; esta negra honrilla nos obliga a todo» (Correas, refrán 15249).
204 *tormento de toca:* juega con la referencia a las tocas de la dueña y al tormento de toca, que «consistía en dar al reo a beber unas tiras de gasa delgada y una porción de agua, todo junto» *(Aut.),* y luego se extraía de un tirón la gasa o cendal. Véase *Pero Vázquez de Escamilla,* v. 250.

D. Alejo.	¿Hacen estas señoras y otras damas una comedia?
Mondoñedo.	¿Toda entre mujeres? Será cosa de ver.
D. Alejo.	Será gran cosa.
D.ª Aldonza.	Su merced sale en hábitos de hombre. 210 No quiero decir nada. Es lo bueno que hago un capitán en el torneo; soy el mantenedor y no he podido descubrir un penacho y una banda.
D. Alejo.	Yo daré plumas, banda de soldado... 215
Mondoñedo.	Aquí yace sin plumas y pelado: diole escudero pútrido en los güesos con agradecimiento de criados. Murió sin habla, confesó por señas de un pensamiento que le dio de dueñas; 220 y pues parido de las dueñas yace, requiescat in dueñas mas no in pace.

(Entra Doña Elena con muletilla y capotillo.)

Elena.	Muy majadera soy y muy grosera. Bien me perdonarán vuesas mercedes...

---

210 *de hombre:* conocido recurso de la comedia nueva que recomienda Lope en el *Arte nuevo* y que tanto éxito tenía en el Siglo de Oro.

213 *mantenedor:* «El que mantiene. Úsase regularmente por el que mantiene alguna justa, torneo u otro juego público, y como tal es la persona más principal de la fiesta» *(Aut.);* comp. Fernández de Avellaneda, *Quijote,* págs. 216-217: «Nosotros somos caballeros granadinos y vamos a la insigne ciudad de Zaragoza a unas justas que allí se hacen, que teniendo noticia que es su mantenedor un valiente caballero...»; Calderón, *El alcalde de Zalamea,* vv. 394-397: «Señor caballero andante, / que de aventurero entráis / siempre en lides semejantes, / porque de mantenedor / no era para vos tan fácil».

216 y ss. Parodia de un epitafio o inscripción que se pone sobre la sepultura de un difunto.

217 prutido ms.; Asensio apunta *sic.,* pero Blecua transcribe «prútido» sin observaciones. Es término médico parodiado: el escudero es una enfermedad mortal.

221 *parido de las dueñas:* no entendemos este chiste.

222 acot. *muletilla:* no sabemos muy bien si trae una especie de bastón o 'especie de botón largo de pasamanería para sujetar la ropa' *(DRAE).*

	¡Tanto tiempo sin ver a los amigos!	225
	No, no, no ha de poder desenojarme.	
D. ALEJO.	El señor Mondoñedo.	
ELENA.	Para en esta casa	
	cosas de vuesarced no hay que ofrecerle.	
	¡Hola, Chirinos! ¡Doña Onofria, hola!	
	Tanta criada y siempre me hallo sola.	230
D.ª ONOFRIA.	Estábamos...	
ELENA.	Andá, que estáis caduca.	
	¡Ah Villodres!, decid que arrastren sillas.	
	Esto es tener criadas y servillas.	
	Villodres, de aquí a un rato...	
	Siendo sordo se aparta el mentecato.	235

(Pone la mano como sordo.)

	Llegá, señor... *[Aparte.]* (Veníme con [recados	
	de títulos fingidos	
	y visitas de grandes apellidos.)	
CARRALERO.	Direlo luego al ayo de los pajes.	
ELENA.	Sirva, pues lleva acostamiento y gajes.	240
	Dueñas, arredro.	
MONDOÑEDO.	*[Aparte.]* (El verlas me lastima.)	

(Siéntanse apartados a la esquina del tablado. Entra CARRALERO.*)*

---

233 esto tener ms.; Asensio igual; Blecua añade «es».

236 Si lo que ponemos aparte lo oyen los demás no tiene sentido: le da indicaciones para fingir esas visitas de grandes.

239 Don Alexo ms. Asensio y Blecua atribuyen a doña Aldonza, pero parece mejor que sea Carralero, que es quien acaba de recibir las instrucciones. Por el juego escénico se ve que Carralero se va y regresa (véase acotación siguiente).

240 «acotamiento»; enmiendan Asensio y Blecua; *acostamiento:* lo mismo que *gajes:* «El acostamiento que el príncipe da a los que son de su casa y están en su servicio, aunque antes se extendía a significar las pagas que se hacían a los soldados y gente de guerra» (Cov.).

D. Alejo.	Apercibido estoy para el ensayo.
Elena.	Estoy bien disgustada;
	siempre hay dificultad en estas cosas.
Mondoñedo.	*[Aparte.]* (Estas pláticas son muy peligrosas.) 245
Carralero.	El duque está a la puerta.
Elena.	¡Tanto duque!
Mondoñedo.	Esta es buena ocasión, vámonos luego.
Elena.	¿No dijistes estoy aquí en visita?
Carralero.	No le he dicho palabra.
Elena.	He de hacer que la puerta no se abra. 250
	Andad luego y decí a su señoría
	que por hoy le suplico me perdone.
Carralero.	Mejor será decirle que se vuelva
	solo su señoría de aquí a un rato.
Elena.	¡Vos llamalde excelencia, mentecato! 255
	Que en mí corre otra cuenta
	y si alguno la llamo es por pariente.
	Yo apostaré que muestra ya el duque
	los ducientos botones de diamantes
	para la tunicela. 260

(Salga Carralero.*)*

D.ª Aldonza.	Y faltan veinte y seis varas de tela.
Elena.	¡Estuviera muy bien!, por decir eso
	sois muy entremetida.
	¡Delante de personas destaparse,
	de tales caballeros! 265

---

242 alperolado ms.; enmienda Asensio «apercibido»; Blecua: «aparejado».

251 decid ms., que sigue Blecua. Asensio sugiere «decí», que es mejor para el cómputo silábico.

255 Vnos llamalde ms. Asensio enmienda en «mas», enmienda que sigue Blecua.

257 Entendemos 'yo no tengo que darle tratamiento; si a alguno llamo excelencia es por ser pariente mío, que soy también excelencia'; es bastante absurdo el argumento; quizá el texto se halle deturpado.

	Cuando se acuerdan cosas semejantes	
	es pedirlas nombrarlas.	
	¿Entendéisme, señora?	
D. Alejo.	No tuvo culpa en lo que dijo ahora.	
Elena.	Señor, este lenguaje	270
	es de la gentecilla, que es cosa...	
D.ª Aldonza.	Cuando las den, no ha sido gran exceso.	
Elena.	¡Bueno es mi encogimiento para eso!	
	¿No sería afrentarme	
	si el señor don Alejo, majadera,	275
	me enviase la tienda toda entera?	
D. Alejo.	¿Pues qué son veinte varas de esa tela?	
	Si antes de cenar no las envío	
	no entrará la cena en buen provecho.	
Elena.	Chirinos, buena burla me habéis hecho.	280
Mondoñedo.	*[Aparte.]* (No atisbo escapatoria.)	
Elena.	¡Tomar yo nada! En forma estoy corrida.	
	¡Qué cosa para mí, sor Mondoñedo!	
Mondoñedo.	*[Aparte.]* (De que me nombre solo tengo	
	[miedo.	
	Persignándome estoy.)	

266-267 Represión fingida: 'decir que falta algo delante de personas tan importantes y generosas nombrarlas es pedirlas, porque los caballeros se van a sentir obligados a regalarlas, y por eso no se deben mencionar'; claro que con esta fingida represión pone a los galanes en mayor compromiso de hacer los regalos. Todo son técnicas de busconas.

272 *Cuando las den:* 'aunque las den no sería para tanto'; doña Aldonza sigue el juego, como si se disculpara.

277 de tela ms. Enmienda de Blecua para la correcta medida del verso.

278 la ms.; corrigen Asensio y Blecua.

282 y tomar nada ms.; Tomar [...] nada Asensio; «¡Sin tomar nada!» trae Blecua, que parece interpretar que Elena se queja de que el galán se vaya sin tomar ningún refrigerio; pero Elena hace como que se queja de haberla obligado a tomar ella la tela ofrecida; *corrida*: 'avergonzada'. Comp. Lope de Vega, *La estrella de Sevilla:* «Ya no lo puedo sufrir, / que estoy confuso y corrido: / necio, ¿porque me he fingido / el rey, me dejas salir?» *(Voc. Lope); El comendador de Ocaña* (burlesca), v. 34: «De oírlos tocar me corro»; Quevedo, *Un Heráclito*, núm. 274, vv. 57-60: «Si la dijere "Mi alma", / muy bien se puede correr, / pues es llamarla sin gracia, / y pecadora también».

283 Mondañedo ms. Los editores corrigen.

(*Entra* CARRALERO.)

CARRALERO.	Don Luis Machucha,	285
	el marqués y don Cosme de Minchaca	
	y aquel comendador de Calatrava...	
ELENA.	¿Mi primo don Joaquín?	
CARRALERO.	Pide licencia.	
ELENA.	[*Aparte.*] Añadí vuestro aujero a la	
	[patraña.	
CARRALERO.	Hans Hergen Dringen Dron los acompaña.	290
ELENA.	Es imposible el excusar el vellos.	
D. ALEJO.	Vámonos.	
MONDOÑEDO.	[*Aparte.*] (Con la vista solo, pela.)	
ELENA.	Vuesa merced no cuide de la tela.	
D. ALEJO.	Por ella voy derecho.	
ELENA.	Chirinos, buena burla me habéis hecho.	295

(*Vanse* DON ALEJO *y* MONDOÑEDO.)

CARRALERO.	Don Gonzalo venía	
	a traer estas joyas; yo, advertido,	
	dije con un sospiro muy crecido:	
	«¡Ah, lo que ha de sentirlo mi señora!	
	Están ha dos horas enfadándola	300
	el marqués y don Cosme de Menchaca	
	y don Luis de Preaclueca».	
	Y a él le dije que contigo estaban,	
	por si acaso me oían,	
	los que a estotros dije que venían.	305
	Dejome estos botones esmaltados...	

---

288 Jochin ms.; lo siguen Asensio y Blecua.

289 aufero ms. Asensio y Blecua «aujero». No sabemos exactamente qué significa esto como no aluda al refrán «Al ratón que no sabe más de un agujero, el gato le coge presto» (Correas, refrán 1864), aludiendo a la multiplicación de engaños o 'agujeros'.

295 acot. Falta en ms. y en ediciones.

300 estan a dos ms.; Asensio «Están [...] dos»; «hace dos horas» propone Blecua, que puede solucionar la hipometría del verso.

303 le Dicen... estaba ms.; Asensio indica *sic.* para lo primero y transcribe «estaua»; Blecua como queda arriba.

Elena.	Más apacibles cuanto más pesados.
Carralero.	... esta cadena de oro, estas manillas...
Elena.	Mira, tienes donaire en descubrillas.
Carralero.	... apretador y rosas escogidas. 310
Elena.	Mal enviadas pero bien perdidas.
	Parece que han tosido.

(Sale Carrelero *a ver quién es.)*

D.ª Aldonza.	Y me parece provechoso el ruido,
	que todo dadivoso
	cuando trae hace un ruido muy sabroso 315
	y en el que es dadivoso caballero
	los estornudos suenan a dinero.
Elena.	Quien viene a dar conócese por señas.
D.ª Onofria.	Esa es materia muy probada en dueñas.

(Entra Carralero *con* Don Lorenzo *y* Don García.*)*

Carralero.	El señor don Lorenzo y don García. 320
Elena.	¿No me pides albricias? A fe mía
	que os las diera.
D. Lorenzo.	Señora, hemos estado...
Elena.	No hay escusa que admita mi cuidado.
	¿Querrán decir que por buscar las joyas...?
	¡Mas que nunca las haya! 325

---

308 *manillas:* o ajorcas: «Las que por otro nombre llamamos manillas, que son los cercos de oro o plata que se traen en las muñecas y junturas del brazo y la mano» (Cov.). Comp. *Quijote,* 1, 41: «En las gargantas de los sus pies, que descubiertas, a su usanza, traía, traía dos carcajes (que así se llamaban las manillas o ajorcas de los pies en morisco) de purísimo oro».

309 Mera... escubrillas ms.; Asensio y Blecua como dejamos arriba.

310 *apretador:* «cinta o banda ricamente aderezada y labrada que servía [...] de ornamento a las mujeres para recoger el pelo y ceñirse la frente» *(Aut.); rosas:* adornos del vestido y tocado; *Un Heráclito,* núm. 216, vv. 9-11: «Yo temo que se toquen las mujeres, / que denota los moños y arracadas / apretador y cintas y alfileres».

312 acot. a ver quien es ms.; falta en ediciones de Asensio y Blecua.

321 no pides ms.; Asensio indica una laguna; Blecua suple «me».

325 Blecua acentúa «Más»; la expresión significa aquí 'pues que nunca las haya, me da igual'.

D. García.	Estas puntas hallé para la saya.
Elena.	¡Hola!
Dueñas.	Señora.
Elena.	¿No parecen estas a las que di a doña Ana?
D.ª Aldonza.	Jesús, son ellas mismas.
Elena.	*[Aparte.]* (Villodres, en mondando 330 estas dos fatriqueras, entrá con tropezones y carreras diciendo que hay visitas de títulos bienquistos.
Carralero.	Y con marqueses nuevos nunca vistos. 335
Elena.	No hay diablo que os güela, que me dais un olor de pata en suela.
Carralero.	Pues escarpines traigo con calcetas.
Elena.	Vois sois muy veraniego de soletas.)
D. Lorenzo.	Estas son diez sortijas excelentes. 340
Elena.	¡Qué negro de donosa es esta tabla! Con los visos parece que me habla.
D. García.	Esta es la gargantilla.
Elena.	Es muy salada.
D. Lorenzo.	Aqueste cabritillo...
Elena.	Es estremado. Con este se enriquece la comedia. 345
D. Lorenzo.	¿Está ya en orden todo?
Elena.	El dueño de la casa es gran persona. Ha sido comediante y cada día está ensayando fiestas de alegría; y han de hacer el entremés y el baile. 350

---

326 *puntas:* «una especie de encajes de hilo, seda u otra materia, que por el un lado van formando unas porciones de círculo» *(Aut.)*.

341 *negro de donosa:* 'qué donosa'; el mismo uso ponderativo de *negro, negra* que ya se ha anotado; parece que las sortijas van puestas en un soporte a modo de tabla.

344 *cabritillo:* Asensio pone *sic.;* pero interpretamos simplemente que es una joya con forma de cabritillo, como el toisón es un cordero de oro, y muchas joyas tienen formas de animales, etc. Lo de que sea un cabrito puede encerrar alguna alusión maliciosa.

D. Lorenzo.	Serán fiestas famosas.
D. García.	Estremadas.
D.ª Onofria.	¿Arracadas, señor? No hay arracadas.
Elena.	¡Jesús, qué despropósito! ¿Estáis sorda? ¿Han de llegar a verme esas orejas?
D. García.	Yo las traeré muy ricas de diamantes. 355
Elena.	Que no, señor, es sorda y ha entendido que hablamos de arracadas. ¡Jesús, lo que se pasa con criadas!
D. García.	Quiero traerlas luego.
D.ª Onofria.	De las muestras perdiose la una liga. 360
Elena.	Mirá, cosas tenéis... no sé qué os diga.
Carralero.	Quebrado me he una pierna.
Elena.	Vos estáis muy temprano muy taberna.
Carralero.	Los marqueses, los condes, don Anselmo, don Donís, don Ramiro, don Potasio 365 inviaron a decir con dos lacayos que vienen como rayos a cierto caso grave y de momento.
Elena.	Yo perdonara tanto cumplimiento.
D. Lorenzo.	Demos lugar a estos señores.
D. García.	Vamos. 370
Elena.	El ensayo será de aquí a dos horas. Podrán solos venir vuesas mercedes, que yo dispido luego a estos señores.
D. García.	Estaremos más solos y mejores.
D.ª Onofria.	No sean de esmeraldas 375 las arracadas, antes de diamantes.
D. García.	De diamantes y perlas y turquesas.

---

352 *arracadas:* pendientes «son los arillos con sus pinjantes que las mujeres se ponen en las orejas» (Cov.).

353 que de proposito estais sola ms.; enmienda de Asensio que acepta Blecua y nosotros.

360 lega ms.

363 *muy taberna:* 'muy borracho'.

367 que vien ms., corregido por los editores.

368 *de momento:* 'de importancia'.

377 Verso corto en el ms. y Asensio, que Blecua enmienda «y perlas», añadiendo la conjunción que permite restaurar la medida del verso.

ELENA.	Trayose [..................]
D. GARCÍA.	Es doña Onofria muy mi amiga.
ELENA.	Mirad, cosas tenéis... no sé qué os diga. 380
	[Aparte.] (Juntémonos los nobles y
	[los lobos
	a cabildo de embustes y de robos.)
CARRALERO.	Déjame refrescar esta codicia
	en este oro y joyas que amontonas
	pues que son el Jordán de las busconas. 385
	Ya di al güésped la carta
	que ha de dar a los dueños desta hacienda
	cuando a ver el ensayo juntos vengan.
ELENA.	Vámonos antes
	que nos den deceplina 390
	sin ser cofrades.

(Vanse todos. Sale el GÜÉSPED *y dos* REGIDORES.*)*

---

379 muy mi amiga ms., que Asensio lee «muy amiga mía», mejor medida pero no respeta la rima.

381 los lobos y los nobles ms.; Asensio propone cambiar el orden para respetar la rima. Blecua se atiene al ms.; nosotros seguimos la sugerencia de Asensio.

385 *Jordán:* porque rejuvenece; al Jordán se le atribuía la virtud de rejuvenecer a quien se bañase en sus aguas: «a los que habiendo estado ausentes vuelven remozados y lozanos decimos haberse ido a lavar al río Jordán» (Cov.). Ver otras referencias en Quevedo, *Un Heráclito*, núms. 241, vv. 12-13: «¿Quién al avariento viejo / le sirve de río Jordán?»; 242, vv. 19-20: «haciendo Jordán un huevo / que les desmienta los años»; 258, vv. 17-20; *Poesía original*, núms. 692, vv. 19-20: «ni es buen Jordán el tintero / al que envejece la pila»; etcétera.

390-391 Escritos como un solo verso en el ms. y Asensio; *deceplina, cofrades:* alude a los disciplinantes de las cofradías piadosas, que se iban dando azotes como penitencia, pero en el contexto alude a su vez a los azotes dados como castigo a los delincuentes. Había disciplinantes de luz (que llevan un hachón) y de sangre (que se azotan con las disciplinas). Pinheiro, *Fastiginia*, pág. 46: «Puede haber tantos disciplinantes, sin haber faltas en ellos, porque son todos hermanos y cofrades con aquella obligación. Unos se llaman hermanos de luz, porque están obligados a acompañar con luz, que es un hachón de cuatro pabilos; otros hermanos de sangre, que están obligados a disciplinarse, y cuando no pueden dan un criado o amigo, o persona alquilada».

Güésped.	Serán fiestas estremadas, si *El robo de Elena* hacemos.	
Regidor 1.º.	Los regidores queremos que la danza sea de espadas.	395
Güésped.	La danza de más sed es de todas las que hay acá. ¿Cuántas tabernas habrá en el lugar?	
Regidor 2.º.	Habrá tres.	
Güésped.	Tres no es número bastante si se tiene de traer: por lo menos ha de haber a taberna por danzante. Es danza de mucho daño.	400
Regidor 1.º.	Nunca tal entendí yo.	405
Güésped.	De Esquivias se bebió toda la vendimia antaño. La danza de Fierabrás nada a la de espadas debe, y es dancita que se bebe tres tabernas, poco más.	410

(Éntranse.)

Siéntense, que quiero dar
muestra de representantes.
Este que las armas tiene

---

393 *El robo de Elena:* de este título se conocen un auto sacramental atribuido a Rojas Zorrilla, una comedia de Monroy, y otra burlesca. También hay *La manzana de la discordia y robo de Helena* de Antonio Mira de Amescua y Guillén de Castro. Nótese el juego irónico y dilógico porque la comedia va a ser exactamente 'el robo de Elena, pero el que hace Elena a los galancetes'.

395 *danza de espadas:* ya anotada en otros lugares.

396 y ss. Falta la indicación del locutor.

401 pues si se tiene de traher ms. Asensio sugiere enmendar, lo que acepta Blecua.

406 Vn Esquibias ms., Asensio y Blecua, pero no le vemos el sentido y proponemos enmienda; *Esquivias:* lugar famoso por sus vinos.

413 Faltan dos versos para completar la redondilla.

	saldrá allá con añafiles:	415
	es barroso y hace [...]	
	que a cobrar de Elena viene.	

(Sale armado uno graciosamente, y dos con alabardas, y soldados.)

SIL.	Estuvímosle aguardando	
	con chuzos y con venablos,	
	y nunca salió.	
ANDRE.	A los diablos	420
	la encomiendo, y en cenando...	
TREJ.	Quitaos de aquí, sayones,	
	que a Elena la robó Pares y nones.	

(Sale otro armado, que es Hétor.)

GÜÉSPED.	Este es Héctor troyano.	
REGIDOR.	Es un buen personaje.	425
GÜÉSPED.	Pues, rapado el testuz, con su plumaje	
	será cosa de ver. Oigan la musa.	
REGIDOR.	¿Qué gente es esta?	
GÜÉSPED.	¿Mandan alguna cosa, caballeros?	

(Entran MONDOÑEDO, DON ALEJO, DON GARCÍA *y* DON LORENZO.)

| D. ALEJO. | ¿Salió ya mi señora doña Elena? | 430 |
| GÜÉSPED. | Ya salió, ya se ha ido. | |

---

415 *añafiles:* «Género de trompeta, igual y derecha sin vueltas, de que usaban los moros; eran de metal, como las demás, y las reales de plata» (Cov.).

416 Falta una palabra que, por exigencias de la rima, tendría que terminar en *-iles. Barroso:* «se llama el rostro que está muy colorado y sanguino, lleno de las manchas que llaman barros» *(Aut.).*

418 y ss. No sabemos qué locutores son estos. Parecen abreviaturas de nombres de actores.

423 *Pares y nones:* parodia y floreo verbal sobre «Paris», el robador de Elena.

429 acot. «Entran don Gonz.º ms.; Asensio y Blecua «Mondoñedo».

D. García.	¿Pues cómo? ¿Su papel es ya acabado?
Güésped.	Esta carta me dio sin más recado
	y dijo que la diese
	a quien por ella a preguntar viniese. 435
D. Lorenzo.	¿Es paso de comedia?
D. Alejo.	Antes sospecho
	que el paso ha sido de entremés de robo.
D. García.	Yo en aqueste entremés he hecho el bobo.
	Oigan todos la carta.
Cantan dentro.	Elena va robada, aparta, aparta. 440
Mondoñedo.	Calle, cuerpo de Dios, oiga la nota:
	«Yo convido al ensayo a vuesarcedes
	y pues me llevo joyas y vestidos
	y los dejo y me acojo como un rayo,
	miren si el diablo hiciera tal ensayo». 445
D. Alejo.	¡Vive Dios que me lleva
	mi hacienda! Ven tras ella.
D. Lorenzo.	A mí joyas de deudos y de amigos.
D. García.	¿Hay tal maldad?
D. Lorenzo.	¿Se vieron tales robos?
Mondoñedo.	Este ha sido entremés con cuatro lobos. 450
	Guárdese ya la gente,
	que el robo no es de Elena solamente,
	sino de Luisas y Anas,
	de Franciscas, Águedas y Juanas,
	que toda niña que se injiere en lobo 455
	ella es Elena y su galán el robo.

Fin

---

444 *acojo: acogerse* es «Escaparse y ponerse en salvo» (Cov.).
454 Verso corto. Blecua suple preposiciones «de Águedas y de Juanas».

Entremés del marido pantasma[1]

FIGURAS QUE SE INTRODUCEN[2]

MUÑOZ
MENDOZA
LOBÓN

DOÑA OROMASIA
TRES MUJERES
LOS MÚSICOS

(Salen MUÑOZ *y* MENDOZA; MUÑOZ *de novio galán.)*

MENDOZA. Sea el señor Muñoz muy bien venido.
MUÑOZ. Sea el señor Mendoza bien hallado.
MENDOZA. ¿Qué intento le ha traído
con tan bien guarnecido frontispicio?

---

[1] Este entremés se conserva fundamentalmente en cuatro testimonios antiguos, dos manuscritos y dos impresos. Véase nota textual también para las siglas que les atribuimos. Título: fantasma MB, V. *Pantasma:* es pronunciación vulgar procedente de la lectura popular de la forma «phantasma», usual desde el XVI. Comp. Quevedo, *Un Heráclito,* núm. 262, vv. 1-4: «Una picaza de estrado, / entre mujer y serpiente, / pantasma de las doncellas / y gomia de los billetes».

[2] *Figuras que se introducen:* faltan en MB; Hablan en él los siguientes MM que añade «y un hombre»; PERSONAS. *Muñoz, Mendoça, Lobón, un suegro, Una suegra, Una mujer, Criados* V.

1 acot. Sale... MM; Salen Mendoza y Muñoz V.

1-2 V invierte estas dos intervenciones.

3 Falta en MB este verso y la intervención de Mendoza, con lo que pierde todo sentido el diálogo, ya que el «bien guarnecido frontispicio» del verso 4 pasa en MB a ser del señor Mendoza. El v. 3 falta en V.

4 *frontispicio:* 'frente o cara', metáfora cómica repetida varias veces en la obra quevediana. Comp. *Poesía original,* núm. 748, vv. 5-6: «quien mira tan

MUÑOZ.	Vengo a ponerme a oficio;	5
	vengo, señor Mendoza,	
	a ponerme a marido en una moza.	
MENDOZA.	Señor Muñoz, poniéndolo por obra,	
	el *mu* le basta y todo el *ñoz* le sobra.	
	Tiene lindas facciones de casado.	10
MUÑOZ.	La mujer de quien he de ser velado,	
	para quitar de todo enconvenientes,	

---

aliñado / ese magro frontispicio»; núm. 753, vv. 101-102: «Ella aseñoró la cara / y engravedó el frontispicio»; en el contexto puede ser alusión burlesca al sombrero con el que probablemente sale Muñoz, y sobre todo a los cuernos, adornos indispensables de la frente de un novio quevediano. Sería posi-
..... en escena disponer un vestuario grotesco con los cuernos
 e Muñoz. Este verso en boca de Muñoz en MB, y

/uñ. amudar de ofiçio MB, V; falta este verso en
 ridos de Quevedo toman su actividad como una
 cio con estatutos bien definidos, que se especifi-
 ificativos como *Poesía original*, núm. 715 «Doctri-
 6: «Marido que busca acomodo y hace relación de
 ega un marido sufrido sus títulos en competencia
 no: «Mas después que he visto esta materia de los
 o está, soy de parecer que es el mejor oficio que
 endo por acompañado el ser cornudo [...] que es
 el mundo como había de andar, se había de llevar
 átedra, y darse al más suficiente» *(Prosa festiva,*
 n *Premática del Tiempo:* «Otrosí, sabiendo que esto
 ndo honra y granjería, [...] ordenamos que se haga
 dmitido a él sin examen y aprobación» *(Prosa festiva,*

 señor mendoça MB, V.
/ y a po......   .do de una moça MB, V (a oponerme V).
8 pondremoslo V.
9 MB lee «nos» en lugar de «ñoz», errata evidente. *Mu:* alusión trasparente al mugido del toro, símbolo del cornudo.
11-12 El texto de estos dos versos pertenece a MB y V («yo he»; «del todo inconvinientes»), texto que nos parece en esta ocasión mucho más correcto porque Muñoz aún no está «enmaridado» sino que tiene intención de casarse, «de ser velado», y también porque el verso 12 completa el pareado con «parientes». En TM, MM: «Yo estoy enmaridado / mas la muger que quiero»; *velado:* novio, que ha recibido las velaciones, «significa las bendiciones nupciales que previene y manda la Iglesia hayan de recibir a su tiempo los desposados» *(Aut.).* Comp. *Poesía original*, núms. 623, vv. 32-33: «Pobre de tu velado / que entre tanto doblón se ve cornado»; 625, vv. 12-14: «para la espo-

>   no ha de tener linaje ni parientes;
>   quiero mujer sin madre y sin tías,
>   sin amigas ni espías,   15
>   sin viejas, sin vecinas,
>   sin visitas, sin coches y sin Prado,

---

sa traerás lecho / y al infausto velado / piadoso, quitarás de ese cuidado»; 760, vv. 42-44: «¿Puedes escoger velado / que me iguale, aunque le busques / un siglo a moco de Rastro?».

13 linages TM; enmendamos por MB. Comp. *Capitulaciones matrimoniales:* «Los defectos insufribles son: lo primero, que no traiga consigo padre, madre, hermanos, ni parientes...» *(Prosa festiva,* pág. 252). Todos los «defectos» que a continuación se enumeran son sinónimos de alcahuetería.

14-15 madres TM; enmendamos por MB, que a continuación da dos endecasílabos: «sin suegra sin beçinas sin espias / sin bisitas sin coche ni sin prado»; ni sin tias MB; sin madre, sin suegra V; sin tias, sin amigas, sin espias V. Se queja Quevedo en *Cartas del Caballero de la Tenaza* del gran inconveniente de tías, vecinas y parientes: «mientras que tuve qué dar y me duró el granillo, el tiempo fue pecador, no hubo vecinas, tu maldita y descomulgada tía que agora gruñe de día y de noche, entonces de día me comía y de noche me cenaba, y con aquellos dos colmillos, que sirven de muletas a sus quijadas, pedía casi tanto como tú con más dientes que treinta mastines. ¿Qué diré de la bendita de tu hermana? Que, en viéndome, se volvía campana: no se le oía otra cosa que *dan, dan» (Prosa festiva,* págs. 287-288).

15 y espias TM, MB, V; preferimos la lectura de MM.

17 visita V; sin coche ni sin MB, V; *coches, Prado:* en las salidas al Prado y en los coches se producían galanteos y enredos. Es motivo que se reitera constantemente en las comedias de capa y espada, en los entremeses y en la literatura costumbrista del Siglo de Oro. Para el Prado ver Herrero, *Madrid en el teatro,* págs. 190-193, epígrafe «El Paseo de la Calle Mayor al Prado», donde se documenta la presencia literaria de estos lugares. Comp. Calderón, *Hombre pobre todo es trazas, Obras completas,* II, pág. 206: «Por la mañana estaré / en la iglesia a que acudís, / por la tarde, si salís, / en la carrera os veré, / al anochecer iré / al Prado, al coche arrimado»; Quirós, *Aventuras de don Fruela,* págs. 54-56. Sobre los coches, comp. *Sueños,* pág. 181: «Vi una mujer que iba a pie, y espantado de que mujer se fuese al infierno sin silla o coche, busqué un escribano que me diera fe dello»; *Prosa festiva,* págs. 374, 385 («Don Francisco de Marbelle viene en una putería de alquiler...»), pág. 454; *Poesía original,* núms. 582: «Buscona que busca coche para el Sotillo», 770: «Sátira a los coches», 646, vv. 58-63; 682, v. 40; 752, vv. 22-40; entremés de Quiñones de Benavente *Los coches;* entremés de Barrionuevo *El triunfo de los coches;* Santos, *Obras selectas,* págs. 371-382 («bien puede tratar Lucifer de ensanchar estas moradas, porque todo el mundo se ha de venir en coche a los infiernos», cita en pág. 375); Vélez, *Cojuelo,* págs. 60-61, 93; etc.

	y sin lugarteniente de casado;	
	que hay doncella que vende de su esposo,	
	a raíz de las propias bendiciones,	20
	a pares las futuras sucesiones.	
MENDOZA.	Mujer sin madre, ¿dónde podrá hallarse?	
MUÑOZ.	Ella es invención nueva.	
MENDOZA.	Vusted perdió linda ocasión en Eva;	
	mas ya que no tenía	25
	madre, suegra ni tía,	
	tuvo culebra.	

---

18 *lugarteniente:* es aquel «que ocupa y ejerce el cargo o ministerio de otro y es como substituto suyo» *(Aut.).* Comp. *Capitulaciones matrimoniales:* «si (lo que Dios no quiera ni permita) las enfermedades y indisposiciones del marido le hicieren incapaz del ejercicio del matrimonio, la novia pueda nombrar un teniente, con tal que no sea estudiante, ni soldado, ni poeta ni músico» *(Prosa festiva,* pág. 255).

20 *a raíz:* «Modo adverbial que vale junto a alguna cosa, o tan cerca de ella que no media otra entre las dos» *(Aut.):* esto es, que la tal doncelluela vende, inmediatamente de haber sido echadas las bendiciones de la boda, sin esperar más, las sucesiones, los hijos, de su esposo, a pares; debemos inferir que viene ya embarazada al matrimonio, de relaciones anteriores, y que la doncellez es una ficción. Ver v. 21.

21 *sucesión:* «Se toma especialmente por la procreación o generación de los hijos» *(Aut.).*

22 puede MB, V.

23 yo quiero seor mendoça ynbençion nueba MB, V («yo busco» V).

24 Husted V; grande ocasion MB, V. *Vusted:* alomorfo de *vuestra merced* que tiene connotaciones agermanadas. El chiste sobre Eva, sin madre, y por tanto sin suegra que molestara a Adán, lo repite en el romance 699: «Padre Adán, no lloréis duelos; / dejad, buen viejo, el llorar, / pues que fuistes en la tierra / el más dichoso mortal. [...] Tuvistes mujer sin madre, / grande suerte y de invidiar, / gozastes mundo sin viejas / ni suegrecita inmortal» (vv. 1-4 y 25-28); y en las *Cartas del Caballero de la Tenaza:* «soy amigo de huérfanas y a Adán no le invidio otra cosa sino que tuvo mujer sin madre, que quiero más tratar con la culebra y con el diablo» *(Prosa festiva,* pág. 297). Es chiste tradicional: ver Chevalier, 1976, pág. 35.

25-28 y aunque sin madre sin aguela y tia / tubo culebra que bençio a porfia. / Muñ. tenga en buen ora quanta cosa enebras MB, que no deja ningún verso suelto. Los versos 25 y 26 están escritos como uno solo en TM, y ya en la edición de Astrana se encuentran divididos en dos heptasílabos; que aunque sin madre, suegra o tia / tuvo culebras que vencio a porfia. / Tenga en buen hora cuanto enhebras V.

26 abuela ni tia MM.

MUÑOZ.   Tenga norabuena
cuantas cosas enebras:
no tenga madre y llueva Dios culebras;
que una mama de estrado,   30
es chupa y sorbe y mazca de un casado.
A sí propia se arrastra la culebra,
mas la madre, mirad si es diferente,
arrastra al que la tiene yernalmente.
Item más, la culebra se hace roscas,   35
mas de cualquiera moscatel que asome,
la madre se las pide y se las come.
Item más, la culebra da manzana;
la madre pide toda fruta humana.
Item más, que da silbos la culebra,   40
y la madre, me corro de decillo,
hace silbar al triste yernecillo.

---

27 *culebra:* la culebra diabólica que tentó a Eva según relata el Génesis.

30 que una mama de onor coche y estrado MB, V; *mama:* 'madre'. *Estrado:* es «el lugar o sala cubierta con la alfombra y demás alhajas [...] donde se sientan las mujeres y reciben las visitas» *(Aut.);* el estrado o tarima en sí ocupaba una parte de la sala (que también solía llamarse estrado) y tenía barandilla. Comp. *Sueños*, pág. 217: «Las más duermen con una cara y se levantan con otra al estrado, y duermen con unos cabellos y amanecen con otros»; *Criticón*, III, pág. 231: «Vieron ya en un estrado una muy desvanecida hembra sin título»; *Fruela*, pág. 72: «Sentáronse en su estrado pro tribunali y salió la criada con la licencia», o Juan de Zabaleta, *Día de fiesta por la tarde*, págs. 65-91.

31 masca MM; es masca, chupa y sorbe MB, V.

33 y la madre MB, V.

34 cornalmente MB; eternalmente V; *arrastrar a alguno:* «traerle fatigado y ahogado, sin permitirle descanso» *(Aut.).*

35-37 Faltan en V. *Roscas:* juega, después, en el v. 37 con el sentido «bollo de masa de harina como la del pan u otra delicada, como la del bizcocho, formado en círculo» *(Aut.),* en un caso de zeugma dilógico.

36 *moscatel:* tonto, ingenuo, inexperto; véase *Diego Moreno*. Primera parte, donde queda anotado.

40-42 Faltan en V.

41 *me corro: correrse:* 'avergonzarse'. «Vale afrentarse» (Cov.); *decillo:* con la asimilación de la -*r* del infinitivo con la *l* del pronombre enclítico, formas que ya estaban en desuso en la lengua del siglo XVII pero se mantienen en los textos teatrales como recurso de consonancia.

42 el pobre yernecillo MB; *silbar:* 'reprobar alguna cosa'.

Muda el pellejo propio la culebra,
y la madraza, llena de veneno,
si arrugó el propio, desolló el ajeno.   45
Item más, la culebra sabe mucho;
y las madres y viejas que celebras
dicen que saben más que las culebras.
¿No ha de haber una güérfana en el mundo?
¿Para mí se acabaron las expósitas?   50
La mujer del Gran Turco tenga madre,
y la expósita mía
tenga culebra y sierpes, y no tía;
no me tenga parientas ni allegadas,
amigas ni criadas,   55
y tenga tiña y sarna y sabañones,

---

43 arruga V; proprio MM. *Muda el pellejo:* tópico en la descripción de las culebras y sierpes. Baste Cov.: «La mayor parte del invierno está escondida y enroscada, y al verano sale medio ciega y la piel arrugada y quemada del frío. Dicen que busca una hendidura angosta entre dos piedras y entrando por ella desnuda aquella piel y queda con otra lisa y reluciente».

45 si ella amiga el propio V; *desolló: de desollar,* 'robar'. Comp. *Vida de la corte:* «Tienen también su parte cuando se desuella algún bueno, y a este dicen: Vuesa merced se consuele con que perdió su dinero con el mejor tahúr del mundo...» *(Prosa festiva,* pág. 238); no se descarta tampoco el significado de *desollar* como 'murmurar de alguien acerbamente'.

46-48 Faltan en MB, V; *la culebra sabe mucho:* el epíteto que se le da en el Génesis es el de astuta, *callidior:* Génesis, 3, 1: «Sed et serpens erat callidior cunctis animantibus terrae quae fecerat Dominus Deus»; y en los autos de Calderón, *El pleito matrimonial del cuerpo y el alma,* ed. *Obras completas. Autos,* pág. 76: «mañosa serpiente astuta / me introduje en un jardín»; *El gran mercado del mundo, íd.,* pág. 229: «eres astuta serpiente»; *El laberinto del mundo, íd.,* pág. 1576: «hijo de astuta serpiente»...

48 *saben más que las culebras:* «Sabe más que las culebras» (Correas, refrán 20480); *Poesía original,* núm. 699, vv. 41-44: «Las culebras mucho saben, / mas una suegra infernal / más sabe que las culebras: / ansí lo dice el refrán».

49 huerfana MM, V.

52 pero la que a de ser esposa mía MB, V (y la V); quizá hubiera que leer «esposita».

53 culebras, sierpes MB, V.

54 no tenga V; y allegadas MM.

55 ni madrastra amigas ni criadas MB; vezinas, amigas ni criadas V; y criadas TM.

56-57 y tenga peste tiña tabardillo y corcobas V.

>   y corcovas y peste y tabardillo,
>   que estos son males que se tiene ella,
>   y el parentesco es peste en cuarto grado,
>   que le padece el mísero casado.   60
> MENDOZA.   Con el discurso mi tristeza alegras.
>   ¡Que conjuren langostas y no suegras!
>   Como hay *Flagelum demonum*, quisiera
>   que un *flagelum suegrorum* se imprimiera,
>   y como hay abrenuncio, ¿no habría   65
>   abremadre, abrevieja y abretía?

---

57 tabardillos TM; *tabardillo:* tifus exantemático, enfermedad peligrosa que sacaba unas manchas características. *Poesía original*, núms. 544, vv. 13-14: «Yo quiero hembra y vino y tabardillo / y gasten tu salud los hospitales»; 585, v. 5: «Vestís de tabardillo la antipara»; *Sueños,* pág. 329: «Mucha más gente enferma de los enfadosos que de los tabardillos y calenturas»; *Prosa festiva,* pág. 418: «Llama a tu médico cuando estás bueno y dale dineros porque no estás malo, que si tú le das dinero cuando estás malo, ¿cómo quieres que te dé una salud que no le vale nada y te quite un tabardillo que le da de comer?».

58 que los padezen ellas V.

60 lo MB, V.

62 *conjuren langostas:* hace alusión a los conjuros que se echaban contra las langostas. Comp. *Sueños,* pág. 353: «valiera más a España langosta perpetua que licenciados al quitar», donde se alude a los llamados jueces de la langosta, costumbre ya reprobada por Ciruelo en su tratado contra las supersticiones: «vanos hombres que dicen que saben arte y tienen virtud para echar la langosta [...] el conjurador se hace juez, y delante de su audiencia comparecen dos procuradores, el uno por parte del pueblo que demanda justicia contra la langosta; el otro pone el vicario del obispo o la justicia del rey por parte de la langosta. [...] Y a la fin el maldito juez da su sentencia contra la langosta» *(Reprobación,* pág. 124, con más detalles sobre estos juicios y jueces de la langosta).

63 demoneun MB. *Flagelum demonum:* 'látigo contra demonios': se refiere a la obra de Hieronymus Mengus, *Flagellum daemonum, exorcismos terribiles, potentissimos et efficaces...*, Lyón, 1608.

64 sogroriun MB; sogrorum V.

65 aber nunçio y nos, no MB, que en el verso siguiente construye el juego de palabras de acuerdo con esta lectura: «aber madre, aber bieja, y abertia»; abrenuncio, di no V; *abrenuncio:* «Voz con que se significa la oposición que se tiene a las cosas que pueden ser de mal agüero o de daño conocido» *(Aut.).*

66 aber madre, aber suegra, y aber tía TM, MB, V; enmendamos para mantener el juego de palabras con *abrenuncio* del verso anterior. Las ediciones de Astrana y Blecua enmiendan «abrenuncio» en «abernuncio».

MUÑOZ.	Eso no puede ser, Mendoza amigo,
	la cabeza te quiebras:
	no quiero madre, y llueva Dios culebras.
MENDOZA.	Aquí hay una mujer que no se sabe 70
	quién es, ni se conoce
	padre ni madre ni pariente suyo,
	que no trata con nadie y tiene hacienda,
	y no hay en este pueblo quien la entienda,
	y todo lo trabuca. 75
MUÑOZ.	Eso me ha dado en medio de la nuca.
MENDOZA.	Pues no hay sino al momento
	efetuar, Muñoz, el casamiento.
MUÑOZ.	No me puedo casar súpitamente,
	porque yo y otro amigo, 80
	que nos vamos casando por el mundo,
	nos dimos la palabra que primero
	se había de casar él, y al momento
	me avisaría de todo
	lo que padece y pasa 85
	el hombre que se casa;

---

68 y la cabeça en porfiar te quiebras MB, V.

69 no tenga madre V.

70 aqui ay una mujer sin padre y madre MB; Yo tengo una mujer sin padre, madre V.

71-72 tia parienta ni perro que le ladre MB, V.

74 Falta en MM.

75 anda negoçia y todo lo trabuca MB, V.

76 Esa me V.

77 pues no ay sino llamemosla al momento MB; pues no ay sino llamarla y al momento V.

78 y efetuar MB; efectuar señor Muñoz V.

79 quedo, no me puedo casar tan de repente V.

80 porque yo y otro amigo muy del alma MB; que yo y un amigo muy del alma V.

82 las palabras MM.

83 y que al momento MM, MB; se casara el, y que al momento V.

84-87 Versos endecasílabos en MB: «me abisara, de todo quanto pasa / en este siglo el ombre que se casa. / Y asi amigo mendoça en mi es forsoso»; me avisase MM; me avisara de todo lo que pasa / en este siglo el hombre que se casa V.

	y así será forzoso	
	el cumplir mi palabra y aguardallo.	
MENDOZA.	Yo por mi cuenta hallo,	
	según está vusted endurecido,	90
	que ha de madurar tarde de marido.	
	Mujer que tuvo madre y habrá un año	
	que murió, ¿será buena?	
MUÑOZ.	Un año es poco.	
MENDOZA.	Pues no hallaremos cosa que le cuadre. *(Vase.)*	
MUÑOZ.	Diez años dura el tufo de una madre.	95
	Señor, tú que libraste	
	a Susana inocente de los viejos,	
	pues escuchas mis quejas,	
	líbrame de las madres, suegras, tías,	
	que es chilindrón legítimo de viejas,	100
	y como defendiste	
	del lago de los leones al profeta,	
	en las miserias mías	
	defiéndeme del lago de las tías.	

87-93 Faltan en V.
88 aguardarle MB, que pierde la rima con el verso siguiente.
89 por mi cuenta muños amigo allo MB.
90 segun estaba ya de endureçido MB; vuested MM.
92 y avrà año TM; ya habra un MB.
93 bueno MM.
97 que inocente la veias V. *Susana:* se refiere al episodio bíblico narrado en el libro de Daniel, en el que dos viejos acechan a Susana en el baño y pretenden conseguir sus favores, calumniándola al ser rechazados; la joven es salvada por la intervención de un joven llamado Daniel, animado por el espíritu de Dios. Véase Daniel, 13.
98 Falta en V.
99 defiendeme V.
100 ligitimo MB; *chilindrón:* «Metafóricamente se dice de cualquiera cosa que consta de tres diferentes, a imitación del juego del chilindrón, sota, caballo y rey» *(Aut.),* como aquí las madres, suegras y tías. Comp. *Discurso de todos los diablos:* «Soltáronse en el infierno un Soplón, una Dueña y un Entremetido, chilindrón legítimo del embuste» *(Quevedo esencial,* pág. 262).
102 de leones MB; el Profeta TM. El profeta salvado del lago de los leones es Daniel, como se narra en su libro, capítulo 6.
104 acot. Falta en MM, MB, V.

(Échase a dormir.)

          Sueño me ha dado, ¡válganme los cielos!   105
          No puedo resistirme:
          fuerza será dormirme;
          que al entremés ninguna ley le quita
          lo de «sueño me ha dado» y visioncita.

(Dentro a voces LOBÓN.*)*

LOBÓN.   Muñoz, Muñoz, Muñoz, contigo hablo,   110
          cachimarido, como cachidiablo.
MUÑOZ.   ¿Quién eres, que me llamas
          con voz triste y temblando?
          O estás en pena o te estás casando;
          a pantasma le suenas al oído.   115
LOBÓN.   Poco es pantasma: soy hombre marido.
          ¿A Lobón no conoces?
MUÑOZ.   Suegras tienes las voces,
          luego ¿ya te casaste?

---

105 Sueño me ha dado V, con omisión de la última parte.
106-107 Orden invertido en V.
109 acot. Duermese MM; Duermese. Sale Lobon con diges suegro suegra y criadas V; Duermese aparesese lobon ensima del teatro con su mujer la suegra, su suegro, casamentero, una dueña y delante en un cordel una sarten, asador y mortero y demas ajuares de casa MB. Es parodia de un motivo frecuente en las comedias en las que un personaje siente sueño, se duerme y en sueños se le representa una visión. Baste poner el ejemplo de Calderón, *La cisma de Ingalaterra*, que comienza con el rey Enrique durmiendo y una visión.
110 V suprime un Muñoz.
111 *cachidiablo*: dícese de «El que se viste de botarga o diablillo» *(Aut.)*; comp. *Poesía original*, núms. 770, vv. 181-84: «A modo de cachidiablos / me cercan tres cachirríos, / Orbigo, el Castro y Vernesga, / que son del Duero meninos»; 875, v. 663: «hasta los cachidiablos llamó a gritos».
112 que me hablas V.
114 o estas en penas TM, MM, MB, V; enmendamos apelando a la frase hecha de «estar un alma en pena».
115 a fantasma me suenas al oido V; le sabes al oido MB; le hueles al sentido MM.
116 fantasma V.

Lobón.	Caséme (¡ay Dios, ay dote,	120
	ay, ay casamentero!)	
	con mujer tan ardiente y abrasada,	
	que en medio del invierno está templada.	
	Engañóme la entrada del invierno.	
Muñoz.	Encalabrinas con hedor de yerno.	125
Lobón.	Mírame arder agora,	
	aquí entre mi señor y mi señora.	

(Aparécese a su lado suegro y suegra, y casamentero y una dueña.)

>   Este que está a mi oreja
>   es el casamentero,
>   que por darme mujer, pide dinero.   130
>   Ella, que nunca calla,
>   dice: «No merecisteis descalzalla».
>   Él dice cada instante:
>   «Pude casar mi hija
>   con un hombre que ha estado   135
>   para un juego de cañas convidado,

120-121 casome ay Dios este casamentero MB, V («caseme» MB), en un solo verso.

123 ybierno MB.

124 a la entrada V; hibierno MM, MB.

125 *encalabrinar*: «Hinchir el celebro de algún mal olor y tufo, de suerte que llegue a turbar el sentido y casi transtornarle, por lo fuerte del hedor» *(Aut.)*.

126 acot. Falta en MM, MB, V.

131 y ella V.

132 merecistes MM, V; no meresistis descalsalla MB.

133 y el dice MB, V; instante MB.

136 para juego de cañas consultado MB, V, MM. La referencia es irónica y quiere decir que es hombre importante, al que invitaban a las fiestas de cañas y a las encamisadas; *juego de cañas:* ver una descripción en Deleito y Piñuela, 1988, págs. 91 y ss.: «Empezaba el juego con la aparición de una cuadrilla que recorría la plaza entera desfilando ante las que la esperaban apostadas enfrente, y atacando por fin a una de ellas, a la cual arrojaban cañas al aire sin dejar de correr. Los atacados replicaban en igual forma, y unos y otros procuraban evitar el choque de aquellos proyectiles, empuñando con la diestra su adarga como escudo protector [...] a la vez que con la izquierda mano sostenían las

y en el tiempo de calzas atacadas
entró en encamisadas».
Atravesada tengo en las entrañas
esta dueña que miras: 140
las barandillas son flechas y viras,
y por tormento sumo,
me dan dueña a narices como humo.

---

riendas de su corcel». Comp. con el romance *Poesía original*, núm. 677 «Las cañas que jugó su Majestad cuando vino el Príncipe de Gales», en el que se describen estos juegos en tono cómico y en el lenguaje de un bravo, Magañón el de Valencia. *Poesía original*, núm. 723, vv. 1-4: «Yo, el otro juego de cañas, / que en mal estado murió / y estoy en penas eternas / por justos juicios de Dios».

137 y en tiempo V; *calzas atacadas:* signo de un pasado arcaico y anquilosado; las calzas atacadas eran un tipo de calzas muy complicadas de ataduras *(atacar:* atar las calzas con las agujetas o cordones correspondientes). Quevedo escribió un soneto en ocasión de la premática de marzo de 1623 que prohibía las calzas atacadas, *Poesía original*, núm. 607: «rey que sacas los muslos de tudescos, / rey que resucitaste los griguescos» (vv. 2-3) (es decir, 'rey que has liberado a los muslos de su engorrosa prisión de calzas atacadas'). Ver también *Sueños*, pág. 197: «cuando veo dos hombres dando voces en un alto, muy bien vestidos con calzas atacadas», y las referencias a lo mismo en el entremés de *Los refranes del viejo celoso* y en *El chitón de las tarabillas*.

138 salio en V y adelanta aquí los vv. 149-151; *encamisada:* «Es cierta estratagema de los que de noche han de acometer a sus enemigos y tomarlos de rebato, que sobre las armas se ponen las camisas, porque con la escuridad de la noche no se confundan con los contrarios, y de aquí vino llamar encamisada la fiesta que se hace de noche con hachas por la ciudad en señal de regocijo» (Cov.).

139 atravesada en las entrañas tengo MB, MM, V.

140 Falta en MB; *dueña:* la dueña ('damas de edad que servían de acompañantes a las jóvenes en las casas de posición') es uno de los objetos satíricos favoritos del Siglo de Oro, según hemos anotado ya.

141 *viras:* lo mismo que flechas o saetas. Sigue con la imagen de la dueña como arma mortífera.

143 me dan suegra V, que adelanta aquí los vv. 152-154; *como humo:* dar humo a las narices, más que tormento, aunque agradable no debía de ser, era un remedio que se daba para el mal de madre. Aquí es alusión chistosa. Este humazo consistía en «el humo que sale del papel doblado y retorcido, chupándole y recibiendo el humo en la boca, y también el que se da por las narices con lana encendida. Es remedio que se da a las mujeres cuando padecen algún flato o mal uterino» *(Aut.).* Comp. Vélez, *Cojuelo*, pág. 94: «un mal de madre de su mujer, tan terrible que no ha dejado ruda en la vecindad, lana ni papel quemado [...] humazo y trecientas cosas más».

Muñoz.	Muera rabiando el ánima bellaca,	
	que vio una vieja y no tomó triaca.	145
Lobón.	Este es el dote al diablo	
	dado en espectativas,	
	y me piden, Muñoz, las naguas vivas;	
	y de día y de noche,	
	oye como me están pidiendo coche.	150
	(Dentro.) Coche, marido.	
Otra.	Yerno, coche, coche.	
Lobón.	Y para que conozcas	
	lo que padece quien se casa al uso:	
	mujer, suegra, criadas,	
	¿cuál queréis más?, ¿perdices y conejos,	155

---

144 la anima MB.

145 una suegra MB; *triaca:* 'antídoto'. Comp. con el título del auto de Calderón *El veneno y la triaca*. Acerca de *las viejas*, son numerosas las referencias en la obra quevediana; comp. el entremés de *Los enfadosos*: «Carasa.—¿Qué son viejas? / *Juez.*—Unas niñas añejas, / que untadas y teñidas...»; otras referencias en *Sueños*, pág. 208 y *Prosa festiva*, págs. 179, 428, 454.

146 Este es dote TM; enmendamos por MB para completar la medida del verso; faltan en V los vv. 146-148. La frase *dote al diablo* es un floreo verbal basado en la dilogía de *dote* como forma del verbo *dar* o como sustantivo 'aportación de la mujer a los bienes del matrimonio', juego que repite Quevedo otras veces: *Poesía original,* núm. 696, vv. 85-88: «Quise casarme estotro año / por sosegar mi conciencia / y dábanme un dote al diablo / con una mujer muy fea».

147 dado todo en espetativas MB.

148 la naguas MM.

150 pidiendo MB, V; *coche:* ver v. 17.

151 Yerno coche TM. Dentro la suegra mujer y dueña dicen: coche marido yerno coche coche MB. *Todos.* Coche, coche, coche V; *Todos.* Coche. Coche, marido, coche, coche, coche MM. Mantenemos este verso como aparece en MB; Astrana duplica la palabra «coche» en la primera parte para completar el endecasílabo; Blecua duplica la misma palabra en las dos partes y convierte el endecasílabo en dos versos: un heptasílabo y un hexasílabo.

152 y porque veas V.

153 el que se casa V.

154 mujer, suegra y criadas V.

155-157 auian de estar ya todas quemadas V, que trae este único verso para este pasaje.

	galas, joyas, dineros,
	y que duren diez años fiesta y bodas?
Todas.	*(Dentro.)* A coche y agua ayunaremos todas.
Lobón.	Muñoz, en los maridos deste talle,
	el gasto principal es coche y calle. 160
	Si hallares cuenta de perdón de yernos,
	pues has sido mi amigo...
Muñoz.	De oírte me enternezco.
Lobón.	Sácame de la suegra que padezco.
Muñoz.	Haré lo que me ordenas. 165
Lobón.	Sacar de suegras es sacar de penas.

(Desaparécese Lobón *y levántase* Muñoz.)

Muñoz.	Tras el sueño y la visión
	se sigue el «¡Ah de mi guarda!».
	¿Dónde vas, sombra enemiga?
	¿Adónde, amigo pantasma? 170
	A casamiento, a suegro, a suegra, a rabia,
	tenedla, cielos, que me yerna el alma.

(Entra una mujer tapada, que se llama Doña Oromasia.)

---

157 Astrana enmienda «o que duren», pero no es necesario ya que no es esa la disyuntiva, sino entre todo lo que ofrece y el coche; fiestas y bodas MM.

158 En TM falta indicación de locutor; enmendamos por MB. Este verso va después del verso 162 en V.

159 V repite «Muñoz».

161 *cuenta de perdón:* «Es una cuenta a modo de las del rosario, a quien se dice que el Papa tiene concedida alguna indulgencia en favor de las ánimas del Purgatorio» *(Aut.).* Cfr. *Buscón*, pág. 73: «es por demás decir que nos saque vuestro padre, si alguno no nos reza en alguna cuenta de perdones».

162 ha sido MM.

166 de suegros MM; acot. banse MB, V, MM omite.

167 tras del MB; tras el sumo V.

169 donde estas MM.

170 aguarda amiga V.

171 a casamiento a muerte a rabia V; vv. 71-172 a casamiento a suegra suegro y rrabia / tenedla çielos que me enyerna el alma MB, que acota: «Sale doña oromaçia de brinbroques».

172 me enyerna MB, V; acot. Sale una mujer V; Sale una mujer tapada MM.

OROMASIA.   ¿Es vuesasced Muñoz?
MUÑOZ.   ¿Quién lo pregunta?
OROMASIA.   Yo soy doña Oromasia de Brimbronques.
MUÑOZ.   Merece el apellido una alabarda.   175
            Brimbronques suena a cosa de la guarda.
OROMASIA.   No es eso a lo que vengo.
            Yo me quiero casar sin resistencia,
            y tengo hambre canina de marido
            y me casara luego   180
            con una sarta dellos, si los hallo.
            Yo soy una mujer mocha de tías,
            yo soy muy atusada de linaje,
            yo soy calva de amigas y parientas,

---

174 Doña oromacia de Minbroque V.
176 *cosa de la guarda:* juego con los significados de *guarda:* 'guardián', connotados por el arma que suelen llevar, la alabarda, y 'cuidado que se pone en custodiar, en guardar lo que se tiene y no darlo', consejo muy repetido por Quevedo como defensa contra las mujeres pidonas. «A los de la guarda» dedica las *Cartas del caballero de la Tenaza,* a los que dice «que procuren antes merecer el nombre de guardianes que de datarios [...] y sea su abogado el ángel de la Guarda, que con razón se llaman días de guardar los días que son fiesta, y todos son de fiesta para guardar» *(Prosa festiva,* págs. 270-271). Puede aludir también a la sonoridad exótica del nombre, que suena a alemán (eran alemanes los soldados de la llamada guardia tudesca del rey).
178 Yo me vengo a casar V.
179 que traygo anbre canina de maridos MB, V. Comp. entremés de *Los enfadosos:* «Yo tengo hambre canina de muchachas».
180 casare MM, V (V omite «luego»); *luego:* en el sentido usual en la lengua clásica de 'inmediatamente'.
182 V omite «yo»; *mocha: «Latine mutilus,* como el carnero mocho que no tiene cuernos. Árbol mocho, cuando le cortan las ramas, y esto se llama desmochar» (Cov.). Es decir 'privada de tías, sin tías'.
183 TM es el único testimonio que da la forma «ahusada»; en los demás aparece «atusada», cuyo sentido va mejor al texto; *atusada:* lo mismo que mocha; *atusar* es 'esquilar, cortar el vellón o el pelo', «tresquilar o quitar el pelo con tijera» (Cov.). Era término vulgar: «este término atusar no es usado entre gente cortesana» (Cov.). En otras palabras dice que no tiene parientes, lo mismo que, con otra formulación metafórica similar, en el verso siguiente.
184 Blecua enmienda «parientes». MB, MM y V añaden aquí dos versos: «y pues bajo a casarme y casarte / guarte rengo («vengo» V) que vajo guarte guarte», que no incorporamos al texto porque interrumpen la enumeración que hace doña Oromasia. V omite este 184.

no tengo madre, ni conozco padre,   185
ni en mi vida he tenido mal de madre,
y sé que el buen Muñoz me va buscando,
y en mí tiene la esposa que desea.
Soy echada en la piedra, ¿qué más quiere?,
y no soy melindrosa   190
como algunas mirladas:
dos ratones traeré por arracadas;

---

186 *mal de madre:* dilogía chistosa con los sentidos de 'mal de la matriz' (véase v. 143) y 'demasiado afecto de los niños a sus madres, que les suele ser perjudicial a su educación y crianza'.
189 *echada en la piedra:* 'huérfana, expósita'; a los niños que abandonaban sus padres o quedaban huérfanos, los dejaban en una piedra colocada en las puertas de las iglesias, para que los recogieran. Eran los llamados «hijos de la piedra». Comp. Cov.: «Niño de la piedra. Es el expósito en el reino de Toledo, de una piedra que está en la iglesia mayor, donde vienen a echarlos»; *Cartas del caballero de la Tenaza (Prosa festiva,* pág. 294): «Vuesa merced dé con el muchacho en la piedra, que allí se le criará un capellán, que en los niños de la dotrina sirve de criar a las calaveras»; Cortés de Tolosa, *Lazarillo de Manzanares,* cap. I: «en que cuenta dónde nació; cómo Felipe Calzado e Inés del Tamaño, su mujer, le prohijaron de la piedra»; Tirso de Molina, *No hay peor sordo, Obras dramáticas completas,* III, pág. 1026: «Serán niños de la piedra / que arroja quien los parió».
190 no soy V.
191 como otras V; *mirlada:* «Entonada, grave y que afecta señorío en el rostro» *(Aut.).* Comp. *Poesía original,* núm. 728, vv. 75-78: «Saca la otra mirlada / de l'arca o del escritorio, / como pudiera unos guantes, / una garganta y un rostro».
192 traire MM, MB; *dos ratones traeré por arracadas:* signo de sus pocos melindres es este de atreverse a llevar por pendientes dos ratones; el miedo excesivo a los ratones funcionaba como signo de melindre en las damiselas jóvenes sobre todo, bastante codificado, en la España del Siglo de Oro: cfr. Serrano de Paz, *Comentarios a Góngora* (cit. por Dámaso Alonso, 1960, págs. 281-282, nota 6): «en las ciudades es damería huir de un ratón, dar gritos al ver una lagartija, temores propios de damas, y que no se tiene por tal la que no los tiene»; *Sueños,* pág. 166: «El otro día llevé yo una de setenta años que comía barro y hacía ejercicio para remediar las opilaciones y se quejaba de dolor de muelas porque pensasen que las tenía, y con tener ya amortajadas las sienes con la sábana blanca de sus canas y arada la frente, huía de los ratones»; *Poesía original,* núm. 523, «A una fea y espantadiza de ratones», vv. 1-3: «¿Lo que al ratón tocaba, si te viera, / haces con el ratón, cuando, espantada, / huyes y gritas»; *Buscón,* pág. 180: «hallé una moza rubia y blanca, miradora, alegre, a veces entremetida y a veces entresacada y salida. Zaceaba un poco. Tenía miedo a los ratones»; *Estebanillo,* II, pág. 128: «Era tan melindrosa esta

	no grito, ni porfío;	
	siempre trato de entierros,	
	tengo arañas de estrado como perros,	195
	y soy tan recogida,	
	que no ando por la villa, y antes quiero	
	que ande por mí la villa al retortero.	
Muñoz.	¡Estrañas propiedades me repites!	
Oromasia.	En mi vida pedí para confites;	200
	más quiero oro potable que una polla.	
Muñoz.	Y es mejor dar a censo que a la olla.	
	¿Eres doncella o eres ya viuda?	

(Saca Doña Oromasia *muchos memoriales.)*

---

dama que no comía caracoles porque tenían cuernos, pescado porque tenían espinas ni conejos porque tenían colas. Desmayábase de ver salir un ratón».

193-195 Faltan en MB, V.

195 *arañas de estrado como perros:* igual que no muestra miedo a los ratones tampoco a las arañas; en su estrado tiene arañas tan grandes como perros, y también léase: 'en vez de los perrillos falderos que acompañaban en el estrado a las damas, esta tiene arañas'.

196 soy tan V; *recogida:* no hay que descartar un juego dilógico obsceno en *recogida:* 'cogida muchas veces' *(coger:* 'cubrir el macho a la hembra', ver *DRAE).* Comp. *Poesía original*, núm. 716, vv. 41-44: «La primera fue doncella / después de mi desposorio, / recatada ya se entiende, / recogida... en casas de otros».

197 que antes V.

198 *al retortero:* «traer al retortero», Correas: «Es traer a uno de aquí para allí». Comp. Vélez, *Cojuelo*, pág. 73: «porque los traía al retortero a todos, como dice el refrán de Castilla».

201 que quiero oro potable mas que polla MB, V; *oro potable:* «cierta medicina que hacen los químicos del mismo cuerpo del oro, que le quitan lo corrosivo y desatado en espíritu de vino, queda con un color de rubí, y es un remedio muy útil para muchas enfermedades» *(Aut.).*

202 *dar a censo:* el censo es «el derecho de percibir cierta pensión anual cargada o impuesta sobre alguna hacienda o bienes raíces que posee otra persona, la cual se obliga por esta razón a pagarla» *(Aut.).* Comp. *Poesía original*, núm. 686, vv. 33-34: «Holgaréme que te den / joyas y juros y censos»; *Sueños*, pág. 297: «Estos tienen sus censos sobre azotes y galeras y sus juros sobre la horca»; Suárez de Figueroa, *Pasajero*, pág. 599: «Lo que tenía fundado en censos y juros pasaba de cuarenta mil ducados».

203-217 Faltan en MB, V; Saca muchos papeles MM.

OROMASIA. Todo lo soy y en todo tengo duda.
MUÑOZ. ¿Son recetas [o letras de marido]?   205
OROMASIA. Son maridos en letra que he tenido,
  cédulas son de casamiento todas;
  a las comedias puedo prestar bodas;
  diez y siete maridos he amagado,
  pero ningún marido he madurado.   210
  Cansada de casada y de viuda,
  por ser lo que mejor hoy traga el mundo,
  me he vuelto a ser doncella *pro secundo;*
  y para la segunda vez casada,

---

205 Verso corto que completa Astrana con «o notas de marido» y Blecua con «o letras de marido»; adoptamos la enmienda de Blecua porque está más de acuerdo con la respuesta que se da en el verso siguiente.

208 *a las comedias puedo prestar bodas:* alusión al tópico de acabar en dobles bodas, a veces más, las comedias; comp. *Sueños,* págs. 389-390: «Fuile a la mano en los dotes de casamientos para acabar la maraña en la tercera jornada, porque no hubiera rentas en el mundo; y en una comedia, porque no se casasen todos, le pedí que el lacayo, queriéndole casar su señor con la criada, no quisiese casarse ni hubiese remedio, siquiera porque saliere un lacayo soltero»; *Prosa festiva,* pág. 190: «limitando a los [poetas] de las comedias a que no acaben en casamientos»; más referencias en *Sueños,* pág. 149.

211-217 Estos versos constan únicamente en MM; los adoptamos en nuestra edición porque completan acertadamente la respuesta a la pregunta del verso 203.

213 *pro secundo:* parece que ha de interpretarse 'por segunda vez'. Es una doncella múltiple. La burla a las doncellas que no lo son y que se hacen pasar numerosas veces por vírgenes es un tópico de este género y de las obras festivas; comp., por ejemplo, el entremés de *Los enfadosos:* «— Que no, señor, es caso nuevo y grave: / ella se hace doncella cuando quiere / y ha sido cien doncellas en diez años, / y lo tiene por trato. / — Tributo puede ser de Mauregato. / — [...] mudando nombre y barrio / y con madres postizas, / me hago dos docenas de doncellas»; *Cartas del caballero de la Tenaza:* «Linda cosa [...] hacerse doncella de entre manos no siéndolo de entrepiernas. Donaire has tenido; no he visto virgen postiza tan graciosa. Dime, ¿cuántas veces puedes ser doncella en este mundo? Una mujer a quien, me dicen, han pagado el virgo décimo cuarto, y que el último está de puntillas sobre un peinado. [...] Doncella de siete y llevar, si fueras en tiempo de Almanzor (pregunta a tu abuela quién fue este moro, que es docta en Hametes) contigo sola se pudiera abreviar el número de las cien doncellas que le pagaba Mauregato; que, si en dos años has sido catorce veces doncella, en ocho fueras ocho mil» *(Prosa festiva,* págs. 299-300).

	aún me queda doncella reservada;	215
	soy y seré doncella, sin ser rubia.	
MUÑOZ.	¡Vive Dios, que serás doncella lluvia!	
	Doña Oromasia, tú llegaste tarde,	
	que estoy desengañado de mollera,	
	y he visto la visión descasadera.	220
	Soy cofadre del gusto y del contento;	
	no soy capaz de tanto sacramento;	
	yo me casara de prestado un poco,	
	si, como hay redentores de cautivos,	
	fundaran los que están escarmentados	225
	orden de redimir malos casados.	
	Cásese el rico, el virtuoso, el bueno,	
	que yo no quiero entrar en matrimonio,	
	que si bien lo construye quien lo alaba,	
	empieza en «matri» y en el «monio» acaba.	230

(Dentro LOBÓN.*)*

---

217 *doncella lluvia:* es contrafactura de «sangre lluvia» («Enfermedad en las mujeres que pende del despeño uterino de la sangre», *Aut.*), aquí seguramente alusiva a otra lluvia que moja a la doncella. Véase *Poesía erótica,* núm. 126, v. 4. En *La culta latiniparla* emplea Quevedo el sintagma «enigma lluvia» (*Prosa festiva,* pág. 445).
218-219 ya llegaste tarde / ya estoy MB, V.
220 ya he visto vision casamentera V; *visión descasadera:* alusión al pasaje de los versos 110-166 en los que Muñoz cuenta su sueño.
221 cofradre MM; y el contento MB.
222 de santo sacramento MB, V (del V).
223 ya me MM.
224 *redentores de cautivos:* alusión a órdenes como la de los mercedarios, que tenían por misión rescatar a los cautivos que penaban en las prisiones del norte de África, Argel sobre todo. Comp. *Cartas del caballero de la Tenaza:* «Y porque no me suceda lo que sucede a los que se casan, no quiero tener quien me suceda; y perseveraré en este humor, hasta que haya órdenes de redimir casados como cautivos» *(Prosa festiva,* pág. 292).
226 redimir V.
228 que yo no he menester V.
229 que sabiendo construille quien lo alaba MM. *Construir* 'traducir'.
230 y en demonio acaba V; acot. Lobon lleno de luto MM; Sale lobon con capuz y sombrero de luto MB, y falta la acotación que va después del verso siguiente.

LOBÓN.   Detén el paso, soltero.

(Aparécese lleno de luto.)

> Aguarda, amigo Muñoz,
> verás en negro descanso
> a tu querido Lobón,
> el dulcísimo capuz,   235
> el bendito sombrerón,
> la bienvenida bayeta,
> el bien fingido dolor.
> En siendo un hombre viudo,
> ¡a los más los oiga Dios!,   240
> tiene el clamor armonía,
> y el responso linda voz.
> Unas pocas de tercianas,
> con ayuda de un dotor,
> me quitaron a navaja   245
> la esposa persecución.
> Cásate, Muñoz amigo,
> cásate luego de choz,

---

235 *capuz:* el capuz era la ropa de luto, ver *Cómo ha de ser el privado,* v. 1679; la bayeta era una tela negra que se usaba para lutos y otros menesteres. Cfr. *Sueños,* pág. 285: «Detrás seguía larga procesión de amigos que acompañaban en la tristeza y luto al viudo que, anegado en capuz de bayeta...»; *Aventuras de don Fruela,* pág. 127, unos viudos que llevan capuces de bayeta: «Afuera, vil bayeta [...] *Quítanse los capuces»;* Cervantes, *Rufián viudo,* en *Entremeses,* pág. 77: «Mi so Trampagos ¿es posible sea / voacé tan enemigo suyo / que se entumbe, se encubra y se trasponga / debajo desa sombra bayetuna?».
238 y el bien bendito dolor MB.
241 *clamor:* toque de campanas anunciando un muerto.
244 *con ayuda de un dotor:* otro chiste más sobre los médicos asesinos de los pobres enfermos; comp. el entremés de *La venta:* «Las mulas las daré por matadores / a tus ojos, que en eso son dotores». No hace falta documentarlo más en Quevedo, donde sale el motivo infinitas veces: véase solo Arellano, 1984a, págs. 86-90.
245 me rraparon a nabaja MB, V.
248 *de choz:* 'de golpe'; *choz* «equivale a golpe. Díjose así por el sonido que resulta cuando se da» *(Aut.).*

	que todo puede pasarse	
	por ver ir en procesión,	250
	kiriada de los niños,	
	la mujer que nos cansó.	
Muñoz.	Tomar quiero tu consejo.	
Oromasia.	Pues tomémosle los dos,	
	que más tocas que capuces	255
	salen a tomar el sol.	
Muñoz.	Aun no durará esta esposa	
	un año, según yo soy.	
Oromasia.	Para un mes tiene marido	
	en este, mi condición.	260

---

249 llebarse MB, V.
250 por venir en TM, MM, V; enmendamos por MB. En Astrana y Blecua ya figura la enmienda.
251 chirriada MB, MM, V; mantenemos la lectura de TM, que también mantiene Astrana; Blecua enmienda en «chirriada»; *kiriada:* se refiere a que los niños de la doctrina acompañaban a los entierros cantando kiries. Es todo metonimia para indicar el entierro de la mujer. Comp. *Sueños,* págs. 284-285: «Fue un entierro en esta forma: venían envainados en unos sayos grandes de diferentes colores unos pícaros, haciendo una taracea de mullidores; pasó esta recua incensando con las campanillas; seguían los muchachos de la doctrina, meninos de la muerte y lacayuelos del ataúd gritando su letanía», y «Niños de la doctrina. Son los muchachos huérfanos que se recogen en algún colegio con el fin de enseñarlos y criarlos hasta que estén en edad de ponerlos a oficio; y en este tiempo ayudan a la casa asistiendo a los entierros y procesiones públicas» *(Aut.); Poesía original,* núm. 862, vv. 85-88: «A niños de la dotrina / no pienso pagar la solfa, / música que no he de oílla / que la pague quien la oiga»; Bances, *Obras líricas,* pág. 302: «los niños de la doctrina / que en funerales chillidos / son sufragios de alquiler / en cualquiera entierro rico»; Santos, *Obras selectas,* pág. 135: «ha quedado como niño de la doctrina después de un entierro, que nunca les falta cera que vender». La palabra *kyrieleison* es «voz que se usa solo con alusión a los entierros o responsos y para significarlos, por las veces que se repite en ellos» *(Aut.).*
252 la esposa que me canso V.
255 *más tocas que capuces:* las tocas son vestidura de viudas y los capuces de viudos; dice irónicamente Oromasia que hay más viudas que viudos, esto es, que las mujeres acaban antes con los maridos que viceversa.
257 durara a estesposa TM.
259-260 Faltan en V.
260 en esta TM; enmendamos por MB.

LOBÓN. A mi salida y entrada
 mis músicos hagan son,
 que pésame y castañeta
 solo las sé templar yo.

(Sale MENDOZA *con otras mujeres, y cantan y bailan.)*

MÚSICOS.   Señoras, alto a casar, 265
 alto a casar, caballeros.
OROMASIA. Tercianas hay para todos.
MUÑOZ.   Para todas hay entierros;
 capuz tengo prevenido.
OROMASIA. Guardadas las tocas tengo 270
 y heredera pienso ser.
MUÑOZ.   Sin duda seré heredero.
MÚSICOS.   Del gusto del enviudar,
 ¿quién es, Lobón, el testigo?

---

262 los músicos V.

263 que pesame castañetas MB; que ellas y las castañetas V; *sé templar:* sabe templar, hacer acordes *el pésame* y *la castañeta*, la coyuntura luctuosa y las alegrías; alusiones chistosas sobre las ventajas de la viudedad, que causa alegría en vez de pena.

264 solo lo se templar MB. Con este verso acaba el texto de V. La acotación siguiente falta en MB; Entandadas [*sic.:* interpretamos 'entran dadas'; Blecua interpreta «Enlazan»] las manos Muñoz y Oromasia, y sale Mendoza con tres mujeres MM, que añade: «Mendoza. Ya está casada, señoras; / muy tarde he venido hoy; / estas mujeres traía. / Oromasia. Yo gané la bendición. / Mujer. Al sí con que se han casado, / a su luto, al mío no, / toquen un poco a nublado, / que es terremoto esta unión. / Canten y bailen».

265 señores MB; mantenemos la lección de TM que va de acuerdo con «todos», «todas» de los versos siguientes; *alto:* formulilla que sirve de apoyo a una exhortación a hacer algo o ejecutar un movimiento: *Sueños,* pág. 328: «¿Has oído que yo ejecuto sin embargo? Alto, ven conmigo»; *Discurso de todos los diablos (Quevedo esencial,* pág. 267): «Ea, picaños, alto a nacer, alto a nacer». Para vv. 265-274 faltan en TM los nombres de los locutores que reponemos por MB.

268 para todos MM, MB.

271 heredera TM, MM.

273 del gusto ques enbiudar MB, MM.

274 quien es Muñoz MM.

LOBÓN.	Yo que lo sé, que lo vi, que lo digo;	275
	yo que lo vi, que lo digo y lo sé.	
MÚSICOS.	Al fin, ¿el desmujerar,	
	aseguras que es quitar	
	al apetito el castigo?	
LOBÓN.	Sí que lo sé, que lo vi, que lo digo;	280
	sí que lo vi, que lo digo y lo sé.	
MÚSICOS.	¿Quién sabe que es mejor vellas	
	con los responsos a ellas	
	que con enaguas en pie?	
LOBÓN.	Yo que lo sé, que lo vi, que lo digo;	285
	yo que lo vi, que lo digo y lo sé.	
MÚSICOS.	¿Quién dice que me alegraba	
	cuando me despabilaba	
	el tono del *parce mi*?	
LOBÓN.	Yo que lo vi, que lo sé, que lo digo;	290
	yo que lo vi, que lo digo, lo sé.	
MÚSICOS.	¿Quién tan venturoso fue	
	que despachó a tu enemigo?	
LOBÓN.	Yo que lo sé, que lo vi, que lo digo	
	yo que lo vi, que lo digo, lo sé.	295

275-276 Mantenemos estos versos como dos endecasílabos, que es como aparecen las seguidillas antes de regularizar su estructura en versos cortos: «Yo que lo sé, / que lo vi, que lo digo, / yo que lo vi, / que lo digo y lo sé». Es cantarcillo que utilizan Ledesma, en el coloquio «Dios es el que viene aquí», Castillo Solórzano en una ensalada de *Donaires del Parnaso*, Valdivielso, Juan Rodríguez de Abril y otros poetas. Véase Frenk, 1987, núm. 1518.

276 que lo digo lo se MB.

277 En fin MB.

280-281 Completamos la lección de TM: «Si que lo sè etc.», como en los versos 285-286 y 290-291; si que lo digo MB.

282-283 vella / con los responsos della TM; seguimos el texto de MB.

284 que con el moñito en pie MB, MM.

285 Con este verso termina el texto de TM. Los versos que siguen se encuentran en MB.

289 *parce mi*: «La primera lección del oficio de difuntos que empieza con esta voz» *(Aut.)*. Comp. *Poesía original*, núm. 549, vv. 1-4: «Vida fiambre, cuerpo de anascote, / ¿cuándo dirás al apetito "tate", / si cuando el parce mihi te da mate / empiezas a mirar por el virote?»; Bernardo de Quirós, *Fruela*, pág. 27: «¿Hay cosa más cansada que si uno va deprisa le han de mandar detener a oír unos versos de *parce mihi*?».

292 quien tan tan benturoso fe MB.

Entremés famoso del marión[1]
Primera parte

LAS PERSONAS QUE HABLAN SON LAS SIGUIENTES[2]

Don Costanzo
Un viejo, padre de Costanzo
Doña María
Doña Bernarda
Doña Teresa

Doña Andronia
Un hombre
Una mujer
Una criada
Dos músicos

Sale Doña María.

D.ª María.   ¡Oh calles cuyas piedras son diamantes!
             ¿Qué hará mi don Costanzo? Esta pedrada
             de contino será dél almendrada.

---

[1] Título. *Marión:* «Se toma también por lo mismo que maricón» *(Aut.).*
[2] Personas: Figuran aquí las personas que intervienen en las dos partes del entremés. Usamos como texto base la impresión de Cádiz (C).

3 *de contino:* lo mismo que 'de continuo' o 'continuamente'. Comp. *La venta*, vv. 41-42: «tú mandas de contino / barrer las bolsas y regar el vino»; *almendrada:* «bebida compuesta de almendras machacadas de que se saca la leche y puesta al fuego se espesa por sí misma o con una yema de huevo. Es gustosa y muy provechosa para ablandar el pecho y dormir» *(Aut.).* Comp. *Justina*, pág. 908: «El llamarlas mozas o niñas es darlas una almendrada». Interpretamos 'esta pedrada será para él tan sabrosa como si fuera almendrada'.

(Tira y sale Don Costanzo *en lo alto.)*

D. Costanzo.	¿Soy yo San Esteban?	
	¿Soy yo Gonzalo Bustos?	5
	¿Quién tira?	
D.ª María.	Mi bien, yo soy.	
D. Costanzo.	Mi mal, ¿no advierte	
	y que son esas cosas desatinos,	
	que tengo honor y padre y que hay [vecinos?	
	¿Y no halló otro medio	10
	que arriesgar mi salud;	
	que me ha dado jaqueca del sereno?	
D.ª María.	En el alma me pesa, si es de veras.	
D. Costanzo.	¡Bueno saldré mañana con ojeras!	
	¡Desvíese! ¡Desvíese!	
D.ª María.	¿Qué importa	15
	que me vean?	

4-5 Astrana suprime el pronombre en los dos versos y hace uno solo. *San Esteban:* protomártir que murió apedreado. *Gonzalo Bustos:* el menor de los siete Infantes de Lara, del mismo nombre que su padre Gonzalo Gustios que en el romancero aparece como Gonzalo Bustos, al que un criado, por orden de doña Lambra, arroja un cohombro o pepino ensangrentado *(Romancero* de Durán, núm. 669, refundido en el núm. 670).

7 *Mi mal:* «mi mal» es vocativo que Costanzo dirige a María, remedando burlonamente el «mi bien» de la dama cortejadora del marión. Hay que colocar la coma después de «mal». Falta evidentemente al menos un verso donde se dijera qué es lo que no advierte doña María, y que enlaza con la conjunción del v. 8.

11 Este pasaje ha sufrido alguna deturpación. Queda incompleta la sintaxis y el sentido.

12 *sereno:* humedad nocturna; «El aire alterado de la prima noche, con algún vapor que se ha levantado de la tierra» (Cov.). El sereno se creía causa de muchas enfermedades, especialmente de catarros. Comp. Bances Candamo, *Entremés de El astrólogo tunante,* vv. 61-63: «Yo no estoy muy bueno / que andando algunas noches al sereno / flatos me suelen dar algunos ratos»; comp. la comedia burlesca *Comendador de Ocaña,* vv. 66-68: «Aqueso es bueno: / trayme, que hoy hace sereno, / becoquín, sombrero y gorra».

14 saldré yo C, que hace verso largo; Astrana y Blecua suprimen el pronombre, enmienda que aceptamos.

15 y ss. Otro pasaje deturpado, con fallos de rima y sentido. Astrana suprime un «desvíese».

D. Costanzo. ¡No quiero
 que ande por escuchalle dos razones,
 mañana mi opinión en opiniones!

(Sale doña Bernarda.*)*

D.ª Bernarda. ¿Si acaso está dormido
 el hijo del agüelo de mi amado? 20
 Todo está solo, todo está callado.

(Da un silbo.)

D. Costanzo. ¿Soy yo culebra? ¿Soy yo culebrón?
 ¿Bebo en pilón? ¿Soy yo mala comedia?
 ¿Qué silbos son aquestos?

---

18 *andar en opiniones:* «vale ponerse en duda la fama o estimación de alguno» *(Aut.);* en singular, *opinión:* «fama o concepto que se forma de alguno»: 'no quiero que murmuren de mi honor'.
22-23 Blecua edita cada pregunta como un verso; preferimos dejarlos como endecasílabos; a partir de ahora nuestra numeración deja de coincidir con la de Blecua. Alusión al ruido agudo y penetrante que hacen las culebras *(silbo).* Todo el pasaje está corrompido, como muestran los fallos de métrica. No hay modo de arreglarlo.
23 *beber en pilón:* beben en pilón las caballerías y era costumbre incitar a beber al animal con silbidos; también se silbaban las comedias que desagradaban. Véase v. 166 de *El Niño y Peralvillo de Madrid.* Comp. Quiñones de Benavente, *Jocoseria, Loa que representó Antonio de Prado,* vv. 91-92: «si matan / a silbos cualque comedia»; añádase el testimonio de Suárez de Figueroa, entre infinitos textos, referido a la comedia y comediantes en *El pasajero,* págs. 217-218: «Dios os libre de la furia mosqueteril. Entre quien no agrada lo que se representa, no hay cosa segura, sea divina o profana. Pues la plebe de negro no es menos peligrosa, desde sus bancos o gradas, ni menos bastecida de instrumentos para el estorbo de la comedia y su regodeo. ¡Ay de aquella cuyo aplauso nace de carracas, cencerros, ginebras, silbatos, campanillas, capadores, tablillas de San Lázaro, y sobre todo de voces y silbos incesantes... Todos estos géneros de música infernal resonaron no ha mucho en cierta farsa, llegando la desvergüenza a pedir que saliese a bailar el poeta, a quien llamaban por su nombre».
24 estos C y Blecua; aceptamos la enmienda de Astrana que regulariza la medida del verso, aunque dada la corrupción del pasaje no hay solución segura.

D.ª BERNARDA.	Mi don Costanzo, yo soy.	25
	¿Por qué tanta crueldad usas conmigo?	
D. COSTANZO.	¿Me ha visto otra vez más amoroso,	
	o he recibido algún favor, algún [presente?	
	Si nada de esto ha sido, ¿qué se siente?	
D.ª BERNARDA.	Aquí traigo, mi bien, un presentillo.	30
D. COSTANZO.	No, no; no tengo yo de recebillo.	
D.ª BERNARDA.	¿Por qué lo escusas?	
D. COSTANZO.	No quiero obligarme.	
D.ª BERNARDA.	¿Por qué no tomarás	
	lienzos, guantes y randados cuellos?	
D. COSTANZO.	Porque no es bien que tomen los [doncellos;	35
	que suelen sucederles mil desgracias,	

---

25 En edición de Astrana «don Costanzo, yo soy». El esquema de las rimas está totalmente estropeado en este pasaje que venimos anotando.

26 Tanta crueldad usas conmigo? C y Blecua; Astrana regulariza la medida del verso.

28 Verso hipermétrico que Astrana regulariza: «recibí algún...»; *favor*: «se llama regularmente la cinta, flor u otra cosa semejante que da una dama a alguno» *(Aut.)*. Comp. *Soldado Píndaro*: «Ya yo había en el discurso de mi amor, recibido otros tales favores y regalos; pero ninguno fue del precio que este».

29 *sentirse*: 'quejarse'. *Qué*, con valor de '¿por qué?'.

31 No, no, [no] tengo yo Blecua, corchetes innecesarios pues es la lectura que se encuentra en C.

32 Porque no quiero obligarme C; enmienda de Astrana que sigue Blecua y aceptamos porque regulariza el endecasílabo; hemos de confesar que estas enmiendas no son muy satisfactorias, ya que es evidente que falta mucho más texto; la rima desaparece en varios lugares, así que enmendar solo para mantener la medida del verso es muy poco de fiar; *obligar*: atraer la voluntad de otro con beneficios o agasajos.

34 *lienzos*: pañuelos; *randados cuellos*: cuellos adornados con *randas*, encajes muy trabajados. Comp. *Quijote*, II, 52: «Sanchica hace puntas de randas; gana cada día ocho maravedís». Astrana suple «y» y lee «lienzos y guantes»; le sigue Blecua.

35 *doncellos*: voz jocosa creada por Quevedo. Comp.: «Todo se ha trocado ya; / todo al revés está vuelto: / las mujeres son soldados, / y los hombres son doncellos» *(Poesía original*, núm. 697, vv. 65-68). No está bien que tomen los doncellos porque tomar «Vale asimismo cubrir el macho a la hembra» *(Aut.)*; ver testimonios varios en *Poesía erótica*.

	que uno conozco yo que apenas vía,
	no digo yo el sol, pero la luz del día,
	y porque recibió un cierto presente
	de una mujer, en pretendelle loca, 40
	está con la barriga hasta la boca.
	¡Desdichado de mí!
D.ª BERNARDA.	¿Por qué, mi bien, te llamas desdichado?
D. COSTANZO.	Pienso que está mi padre levantado.
	¡Qué gran susto!
D.ª BERNARDA.	¿Quién era? 45
D. COSTANZO.	Una criada, y no me ha visto;
	que a fe que lo sintiera.
D.ª BERNARDA.	¿Qué importara?
D. COSTANZO.	Que no quiero yo, por lo que no he [hecho,
	que me tengan el pie sobre el pescuezo;
	porque, gracias a Dios y a mi fortuna, 50
	nadie sabe de mí cosa ninguna
	y me está el corazón dando mil saltos.
D.ª BERNARDA.	¿Temes mucho a tu padre?
D. COSTANZO.	Y aun remucho;
	que una noche que estaba yo parlando,
	no sé por dónde llegó a sabello 55
	y me quiso cortar todo el cabello

---

37 *vía:* veía.

38 Astrana y Blecua suprimen el pronombre.

41 y està C; Blecua enmienda «ya está»; *la barriga hasta la boca:* dícese de las mujeres preñadas a punto de parir. Comp. la comedia burlesca *El Hamete de Toledo,* vv. 431-434: «¿Qué antojo aquí me provoca / a querer esta doncella, / pues que solo estoy por vella / con la barriga a la boca?».

44 porque pienso... C, verso hipermétrico, que enmiendan Astrana y Blecua.

45 grande susto C y Astrana; Blecua enmienda.

46 y ss. Otro pasaje deturpado. El v. 46 es de mala medida, no rima, etc.

48 No quiero yo... Astrana y Blecua.

49 *tener el pie sobre el pescuezo:* 'humillar con rigor y mal tratamiento'; «Tener el pie sobre el pescuezo. Cuando uno tiene a otro sujeto, o por ser poderoso contra él, o por saber sus secretos y faltas» (Correas, refrán 22112). Las rimas siguen malas.

55 él llegó Astrana y Blecua.

                        —temblando estoy agora de decillo:
                        parece que el hablar es tabardillo—
                        y yo me vía ya descabellado,
                        y, por si lo tentara algún dimoño,   60
                        puse mis esperanzas en un moño.
                        ¿Son aquestas vigüelas?
D.ª BERNARDA.   Y se acercan.
D. COSTANZO.   ¡Desvíese! ¡Desvíese!
D.ª BERNARDA.   Ya me desvío.

            (Sale DOÑA TERESA y MÚSICOS.)

D.ª TERESA.   Cantad aquel romance.
D. COSTANZO.   Señores de mi alma, ¿quién ha visto,   65
                sin dar yo la ocasión tal desventura?
                ¡Nunca me diera Dios tanta hermosura!
D.ª TERESA.   Volved a cantar.

---

58 *tabardillo:* «enfermedad peligrosa que consiste en una fiebre maligna que arroja al exterior unas manchas pequeñas como picaduras de pulga...» *(Aut.)*. Como medida de higiene se rapaba el cabello. El castigo que le impone el padre por hablar equivale a los efectos de la enfermedad, tanto por el temblor actual como por el rapamiento anunciado pasado. Comp. *Un Heráclito*, núm. 251, vv. 37-40: «No deje reminiscencia / en el casco de aladares; / trasquile de tabardillo / con defensivo sin margen».

60 *dimoño:* junto con *dimuño* son las formas típicas del lenguaje rústico en el teatro menor de tradición popular.

62 estas C, enmendado por Astrana y Blecua; *vigüelas:* instrumento de cuerda, que se solía tocar punteado, a diferencia de la guitarra: «Este instrumento ha sido hasta nuestros tiempos muy estimado, y ha habido excelentísimos músicos; pero después que se inventaron las guitarras, son muy pocos los que se dan al estudio de la vihuela. Ha sido una gran pérdida, porque en ella se ponía todo género de música puntada, y ahora la guitarra no es más que un cencerro, tan fácil de tañer, especialmente en lo rasgado, que no hay mozo de caballos que no sea músico de guitarra» (Cov.); *Quijote,* 2, 46: «llegadas las once horas de la noche, halló don Quijote una vihuela en su aposento; templola».

64 aqui aquel Romance C; aquí el romance Astrana y Blecua. No consta lo que cantan los músicos, pero el v. 68 muestra que algo han cantado.

68 Verso corto.

D. Costanzo.	¿Soy yo siguidilla, que me tañen,
	o soy niña, que quieren acallarme? 70
D.ª Teresa.	Don Costanzo, yo soy. ¿No me conoces?
D. Costanzo.	¿Soy yo gigante para darme voces?
	Si con esto mi padre ha despertado
	muy lindo lance habríamos echado.
D.ª María.	¡Rabiando estoy de celos! ¡Vive Cristo, 75
	que estoy por darlas yo mil cuchilladas!
	¿Pasarán a las dos dos estocadas?
	Ya me parece a mí que están pasadas.
D.ª Teresa.	Por quien te quiere algo has de aventurar.
D. Costanzo.	Bueno será aventurar sin fundamento, 80
	que me meta mi padre en un convento.
D.ª Bernarda.	¡Aquí no canta nadie, si lo ignora,
	que en acabando de cantar no llora!
D.ª María.	Quien canta y quien defiende que no
	[canten,
	si no abrevia el irse y las razones, 85
	volverán a cantar lamentaciones.
D.ª Bernarda.	¿Otro amor en campaña?
D.ª María.	Reinas mías,
	para ella y ella, una y otra casta,

---

69 *siguidilla*: «composición métrica [...] llámase así por el tañido a que se cantan, que es consecutivo y corriente» *(Aut.)*.

70 *acallar*: como si fuera una niña pequeña que llora y le quieren callar cantándole.

77-78 Juego con distintas acepciones de *pasar*: 'penetrar o traspasar' y 'perder la sazón o empezarse a podrir'.

79 Verso largo, como el que sigue.

80 Astrana enmienda «No será aventurar», con el fin de regularizar la medida, pero es inútil el esfuerzo. Mejor que la enmienda de Astrana sería «Bien será», pero no se puede saber.

84 *defender*: 'prohibir'; la negación es expletiva: 'quien canta y quien impide que canten'.

86 *cantar lamentaciones*: *lamentaciones* «se llaman comúnmente los Trenos de Jeremías, que canta la Iglesia en los maitines del Jueves, Viernes y Sábado de la Semana Santa» *(Aut.)*: es una amenaza de la valentona doña María.

87 *reinas*: es lenguaje avulgarado, germanesco.

88 *ella y ella*: tratamiento de tercera persona para el interlocutor, fenómeno ya anotado otras veces en estos entremeses: es despectivo y vulgar, germanesco. Véase v. 92.

	un tal *ego sum* me basta.	
	¿No se han caído?	
D.ª BERNARDA.	¿Fíase en los músicos	90
	para tanta braveza?	
D.ª MARÍA.	No me fío;	
	que para ella y ella tengo brío.	
	Abreviemos razones y fanfarrias:	
	palabra me han de dar las dos al punto	
	de no pasar jamás por esta calle.	95
D.ª BERNARDA.	Yo no la pienso dar.	
D.ª TERESA.	Ni yo tampoco.	
D.ª MARÍA.	Dios os perdone, amén. ¡Hola, cantores!	
	Idles a prevenir unos clamores.	
D. COSTANZO.	¿Están locas?	
D.ª MARÍA.	Saquemos las espadas.	
D.ª TERESA.	¿Cómo reñir las tres?	
D.ª BERNARDA.	¡Hagan reparo!	100

(Sale DON COSTANZO *abajo.)*

D. COSTANZO.   ¡Buena anda mi opinión desta manera!
　　　　　　　 ¿Heles dado algún favor o me he ofrecido?
　　　　　　　 ¡Desdichado de mí! ¿Por qué han reñido?

---

89 *ego sum:* «ego sum qui sum», palabras de Dios a Moisés cuando este le preguntó cuál era su nombre (Éxodo, 3, 14); aquí significa simplemente que al decir «yo soy» las otras deberían caerse de miedo.

93 *fanfarria:* «vana arrogancia y baladronada del fanfarrón» *(Aut.).*

97 *hola:* interjección que generalmente se usaba para llamar a los inferiores, ya anotada en otros lugares.

98 *clamores:* «el toque triste de las campanas, que se da por los difuntos» *(Aut.).* Comp. *Marido pantasma:* «En siendo un hombre viudo [...] / tiene el clamor armonía / y el responso linda voz».

100 como hemos de reñir las tres C; corrección de Astrana a quien sigue Blecua; *hagan reparo:* 'defiéndanse'; reparar, en el sentido de un lance de esgrima: «Los maestros de esgrima enseñan las posturas, el denuedo, el aire en cortar de tajo y revés, y herir de punta, el acometer, el retirarse, el reparar el golpe y huir el cuerpo» (Cov., *s. v. esgrima).*

102 Verso hipermétrico que Astrana y Blecua enmiendan «dado favor».

D.ª MARÍA.	A mí me obliga
	tu tez y tu hermosura, cosa rara. 105
D. COSTANZO.	Pues no me pongo yo nada en la cara.
D.ª TERESA.	A mí me obliga más tu talle,
	que no destos mozuelos que hay agora,
	que son ocupación de madres viejas,
	rizándose el copete y las guedejas, 110
	y un color en los labios tan agudo
	que dándole una vez un beso a uno
	le quedó el carrillo, ¡mal pecado!,
	sin papel de color arrebolado.

---

104 Astrana completa «obliga mucho», lo que acepta Blecua. De todos modos queda la rima suelta: falta texto.

105 *rara:* con el sentido de 'extraordinaria, poco común'.

106 *nada en la cara:* es decir, no usa de afeites, motivo satírico muy frcuente en Quevedo aplicado a la mujer; aquí es un marión el que se afeita. Baste remitir al *Mundo por de dentro, Sueños*, págs. 302-303: «¿Viste esa visión que acostándose fea se hizo esta mañana hermosa ella misma, y haces extremos grandes? Pues sábete que las mujeres lo primero que se visten en despertándose es una cara, una garganta y unas manos, y luego las sayas. Todo cuanto ves en ella es tienda y no natural. [...] Los dientes que ves, y la boca, era de puro negra un tintero, y a puros polvos se ha hecho salvadera. La cera de los oídos se ha pasado a los labios y cada uno es una candelilla. ¿Las manos, pues? Lo que parece blanco es untado. ¡Qué cosa es ver una mujer que ha de salir otro día a que la vean, echarse la noche antes en adobo, y verlas acostar las caras hechas cofines de pasas, y a la mañana irse pintando sobre lo vivo como quieren!». Para más documentación sobre estos motivos, véase Terrón, 1990.

109 risandose C; *copetes y guedejas:* el 13 de abril de 1639 una premática contra el lujo prohibió el uso de copetes y guedejas: «Para evitar los daños que desto resultan (manda el Rey Nuestro Señor) que ningún hombre pueda traer copete o jaulilla, ni guedejas con crespo u otro rizo en el cabello, el cual no pueda pasar de la oreja». Quevedo escribió un romance satírico alusivo a esta premática: «Una figura de guedejas se motila en ocasión de una premática» *(Poesía original,* núm. 689).

111 y aun color C.

114 *color:* «Se llama el arrebol con que las mujeres pálidas ponen rojas las mejillas y los labios» *(Aut.).* Cov. *s. v. salsa:* «Salsera, escudilla pequeña o platillo donde se echa la salsa. Salserilla, significa lo mesmo; salvo que algunas destas llamamos salserillas de color, con que se arrebolan las mujeres»; comp. texto de *Hora,* pág. 84: «Estábase afeitando una mujer casada y rica: cubría con hopalandas de solimán unas arrugas jaspeadas de pecas; [...] iluminábase, con vergüenza postiza, con dedadas de salserilla de color»; *Sueños,* págs. 215-216: «ni la cara con el afeite, ni los labios con la color, eran los con que nacieron ellas» y Terrón (1990) para otras referencias. Este cosmético se vendía en papeletas.

(Dice el padre de Costanzo *desde adentro.)*

Padre.	¡Costansico!
D. Costanzo.	¡Mi padre!
D.ª Teresa.	No te alteres. 115
D. Costanzo.	¿No te alteres, no te alteres,
	y me viene a hallar con tres mujeres?

(Sale el Padre *y dice):*

Padre.	¡Oh villano! ¿Así mi honor se trata?
D. Costanzo.	¡Ténganlo, señoras, que me mata!

(Áselo por un brazo.)

Padre.	Ven acá. ¿Han quitádote tu honra? 120
D. Costanzo.	Ni por pienso.
Padre.	Di la verdad o perderás la vida.
D. Costanzo.	Maldito sea yo si una mano me han [tocado.
Padre.	¿Cómo lo sabremos?
D. Costanzo.	¿Cómo, padre?
	Haciendo que me mire una comadre. 125
D.ª María.	¡Basta! que tres competidores
	que hemos procurado,
	ni un favor nos ha ofrecido ni dado.
Padre.	Basta; una fiesta os quiero hacer.

---

116 Astrana suprime un «no te alteres».

119 señores C. *Ténganlo:* 'deténgalo'; Astrana y Blecua proponen «mis señoras».

121 Otro verso más incompleto, sin rima ni medida.

123 Astrana suprime «una mano». Texto estragado.

124 Y cómo lo sabremos Astrana y Blecua.

125 *mire una comadre:* para comprobar su virginidad.

127 *hemos procurado:* se entiende 'hemos hecho diligencias para conseguir sus favores'.

128 ni un favor nos ha dado ni ofrecido C; cambiamos el orden para mantener la rima.

129 quiere C.

D.ª Bernarda.	Si un baile os satisface 130
	por fin de aqueste enojo recebido,
	músicos hay.
Padre.	Pues que bailéis os pido.
D. Costanzo.	¿Quiere vuested que baile, señor padre?
Padre.	Baile vuested, señor hijo de puta.
D. Costanzo.	Pues présteme vuested esa gorrilla. 135

(Bailan, con que se da fin a la primera parte.)

---

134 Blecua mantiene «v. m.» de C, en vez de «vuested» de Astrana.

135 *gorrilla:* gorra pequeña. «Un género de gorro, o casquete de paño, seda u otra tela que se pone en la cabeza, el que cubre la mitad de ella y sirve para abrigo y defensa del frío» *(Aut.).* Este final parece tan estropeado como el resto.

Segunda parte
del famoso entremés del marión

Sale Don Costanzo *y* Doña María, *su mujer, detrás dél con una daga desnuda.*

D.ª María.	¡Vive Cristo, que si algo me replica,
	que he de dalle quinientos mojicones!
D. Costanzo.	No me dieron mis padres para eso.
	¡Nunca yo me casara!
D.ª María.	¿Qué ha perdido,
	qué ha perdido?
D. Costanzo.	¿Es acaso niñería 5
	poner en mí las manos cada día?
D.ª María.	Pues peor ha de ser de aquí adelante.
D. Costanzo.	Si me anda dando, pues, sin fundamento,
	me sabré yo meter en un convento.
D.ª María.	Métase, o harele, ¡vive Cristo!, 10
	que difunto le lleven luego al punto.

---

2 *mojicón*: «El golpe que se da a puño cerrado, por otro nombre puñada» (Cov.); comp. *Buscón*, pág. 187: «Entré en casa con la cara rozada de puros mojicones y las espaldas algo mohínas de los varapalos»; *Quijote*, I, 44: «con la una mano asió de la albarda, y con la otra dio un mojicón al barbero que le bañó los dientes en sangre».

3 *dieron*: se entiende, 'dieron en matrimonio'.

6 *poner en mí las manos*: «Poner las manos en alguno, es ofenderle con las manos» (Cov.)

8 *dando*: en este caso *dar* está con el valor de 'golpear'.

D. Costanzo.	¿Por qué me han de llevar allá difunto?
	¿No vine a su poder como era justo?

(Llora.)

D.ª María.	¿Lagrimitas conmigo, maricote?	
	Si cojo un látigo, a puro latigazo	15
	no quedéis en dos meses de provecho.	
D. Costanzo.	No es la primera vez que osté lo ha [hecho;	
	de otra vez que me dio favores tales	
	señalados están los cardenales.	
D.ª María.	Es mentira.	
D. Costanzo.	¿Mentira?	20
	¡Ver y creer en tales ocasiones!	
D.ª María.	¿Qué quiere hacer?	
D. Costanzo.	Bajarme los calzones.	
D.ª María.	¡Vive Cristo!,	
	que si en casa de su padre no se va...	

(Arrempújale.)

D. Costanzo.	No arrempuje, no arrempuje;	25
	que no me tengo de ir sin lo que truje.	
D.ª María.	Cójalo luego.	
D. Costanzo.	¿Qué tengo de llevar, si lo ha jugado?	
	¿Tengo alguna joya de oro?	
	¿No tiene mis vestidos empeñados?	30

---

17 *osté:* alomorfo de *vuestra merced,* como otros que venimos señalando, de valor vulgar o jocoso. Comp. la comedia burlesca *El comendador de Ocaña,* vv. 1331-1332: «Señor, ¿osté dónde va / si ya muriéndose está?».

18 que de otra vez que C; Astrana suprime el segundo «que».

21 *ver y creer:* «Ver y creer, como Santo Tomé; o Tomás» (Correas, refrán 23514).

24 «si en casa» enmiendan Astrana y Blecua, omitiendo la conjunción inicial para restablecer la medida del verso. Otra posibilidad sería «que si en cas de su padre no se va».

27 *luego:* como es usual en la lengua clásica, con el valor de 'inmediatamente'. Dejamos de señalar las deturpaciones del texto, los fallos de métrica y rima, etc., que son constantes.

27-28 Astrana enmienda «tengo que llevar» y «una joya».

D.ª MARÍA.	Llevará con esta daga...
D. COSTANZO.	¡Vecinos y vecinas!
	Virgen del Buen Suceso,
	a vuestra capilla encomiendo este milagro.

(Sale un HOMBRE *y una* MUJER.)

D. COSTANZO.	¡Dios los ha traído! ¡Ay, ay!	35
HOMBRE.	¿Qué siente?	
D. COSTANZO.	Que de aqueste susto	
	las caderas se me han abierto.	
HOMBRE.	¿Es algo de cuidado?	
D. COSTANZO.	Estaba con sospechas de preñado.	
MUJER.	¡Ah, don Costanzo! ¿Qué ha sido la [causa?	40
D. COSTANZO.	¿Hala ella menester para reñirme?	
MUJER.	Claro está.	
D. COSTANZO.	Pues antaer	
	pensé que se ardiese la casa	
	porque me vio poner sola una pasa.	
HOMBRE.	¿Qué ha sido?	
D.ª MARÍA.	Nada.	45

---

34 *a vos os encomiendo* Astrana. *Virgen del Buen Suceso:* bajo esta advocación se veneraba una imagen de la Virgen en la capilla y antiguo Hospital Real de la Corte. No se ve cuál es el milagro, como no sea el salvarlo de las iras de doña María.

36 «Siento que de este susto» lee Astrana; «Que de este susto» Blecua, que dispone los versos 35-37 de otro modo: «—¡Dios los ha traído! / ¡Ay, ay! —¿Qué siente? / —Que de este susto las caderas / se me han abierto. —¿Es algo de cuidado?».

42 *antaer:* vulgarismo por 'anteayer'.

44 *poner una pasa:* un rasgo más indicio del afeminamiento de don Costanzo. Las pasas entraban en un cosmético muy usado para regenerar la piel del rostro. Comp. Terrón, 1990, o Vélez, *Cojuelo,* pág. 86: «tanta pasa en el rostro que pueden hacer colación en él toda la cuaresma»; Rojas Villandrando, *Viaje entretenido,* pág. 101: «la color que se ponen, pasas, solimán y otras cosas»; *Poesía original,* núm. 728, vv. 83-86: «Más güevos gasta que un viernes / su cecial gesto en remojo, / y a puras pasas le acuesta, / hecho almuerzo de bubosos»; Santos, *Obras selectas,* pág. 118: «no hablo de mil cosas que consigo traen para engañar, como pasas aderezadas, canutillo de albayalde, solimán labrado [...] mudas para el paño de la cara».

	Jugué al hombre, perdí, vine picada,	
	pedile no sé qué, puso embarazo	
	y quísele pegar un pantuflazo.	
Mujer.	Mal hace de tratalle de esa suerte.	
Hombre.	Más blandura, que al fin es su marido.	50
D. Costanzo.	Tiene una condición más que tirana.	
	¿Yo poderme asomar a la ventana?	
	¿Yo visitar? ¿Yo ver amigos? ¿Fiesta?	
	¿Güerta? ¿Yo ver comedia?	
	No tengo más holgura conocida	55
	que estar en un rincón toda mi vida.	

(Sale Doña Andronia.*)*

D.ª Andronia.	Doña Gil Mentecata y doña Brígida	
	están aguardando, y que no haga falta	
	vuesa merced.	
D.ª María.	Decid que voy al punto.	
	¡Ah, Elvirilla!	

(Sale una Criada.*)*

| Criada. | Señora. | 60 |

---

46 *juego del hombre:* «juego de naipes entre varias personas con elección de palo que sea triunfo» *(Aut.);* véase Quiñones de Benavente, el entremés de *El juego del hombre; id., Jocoseria, El murmurador,* vv. 121-123: «Si a uno que juega al hombre diesen chacho / porque habló, el compañero, ¿qué diría? / Que era, votado a Dios, bellaquería»; *picarse:* «encenderse, resentirse y perder la paciencia el que pierde a algún juego» *(Aut.).* Comp. Quevedo, *Premática del Tiempo:* «Mandamos que ninguno llame picado a lo que es roto, ni se pique nadie, mientras pierde en el juego» *(Prosa festiva,* pág. 221).

54 «guerras» en vez de «güerta» en Astrana.

56 Con distinto sentido emplea Quevedo este verso en *Los refranes del viejo celoso,* vv. 78-79: «Tanto os quiero por ser de vos querida, / que a un rincón me estaré toda mi vida».

58 Anota Blecua que este verso figura en la impresión como: «están aguardando y que no faga v.m.», por lo que acepta la enmienda de Astrana «estánla ya aguardando, y falta vuesa merced», pero en el ejemplar que seguimos de la impresión de 1646 consta tal como lo transcribimos; *que no haga falta vuesa merced:* 'que no falte'.

D.ª MARÍA.	Tráeme espada y manto.

(Éntrase la CRIADA *y sale.)*

CRIADA.	Espada y manto puedes ya ponerte.	
D.ª MARÍA.	A mí me pesa dejar gente tan honrada;	
	mas nadie sabe qué es venir picada.	
	Llévame a las nueve,	65
	y no te tardes más, que eres eterna,	
	el broquel, el sombrero y la lanterna.	
	Y él, si yo a las once y media no viniere,	
	cene y acuéstese y duerma si pudiere.	
D. COSTANZO.	Y aguardando hasta entonces, un cristiano	70
	¿qué ha de hacer? ¿Tener mano sobre [mano?	
D.ª MARÍA.	¿Quién dice tal? Ni por el pensamiento.	
D. COSTANZO.	¿Pues qué tengo de hacer?	
D.ª MARÍA.	Hacer allí una hueca	
	y entretenerse podrá con una rueca.	75
D. COSTANZO.	¿Eso me quitará de estar confuso?	
	¡Para que digan que soy marido al uso!	

---

63 «Pésame dejar» enmiendan Astrana y Blecua.

67 *broquel:* «Arma defensiva, especie de rodela o escudo redondo» *(Aut.);* usado generalmente por la noche; Santos, *Obras selectas,* pág. 182: «la ronda de unos ministros de corte había detenido a un hombre, a quien quitaron un broquel y un estoque»; *lanterna:* 'linterna'.

68 *él:* se dirige en tercera persona a don Constanzo ('y tú'); es despectivo; ya se ha anotado otras veces.

74 *hueca:* «muesca espiral que se hace al huso, a la punta delgada, para que trabe en ella la hebra que se va hilando, y no se caiga el huso» *(Aut.).* Juego con palabras que figuran por lo general en un contexto erótico, como el que tienen en «Bras quiere hacer / a Juana una güeca, / y ella dábale con la rueca» *(Poesía erótica,* pág. 67) y en la expresión que recoge Correas: «Ábreme, hilandera de rueca, harete la güeca» (Correas, refrán 1148).

77 «porque digan» enmiendan Astrana y Blecua; *marido al uso:* continúa el juego lingüístico; por una parte *huso,* en el sentido normal en relación con rueca; por otra en el sentido erótico que tiene en el mismo poema citado en nota anterior: «y Juana, muerta de risa, / metió el huso en su regazo» *(Poesía erótica,* pág. 67); y la expresión *al uso:* 'a la moda'; sintagma muy repetido en el Siglo de Oro. Baste remitir a la comedia de Solís *El amor al uso.* Comp. Cervantes, *Quijote,* II, 50: «Que me compre un verdugado redondo, hecho y

D.ª MARÍA.	¡Ea!, deme la sortija.
D. COSTANZO.	No se la he de dar por más que se [alborote,
	que no tengo otra cosa de mi dote. 80
D.ª MARÍA.	¡Picarele las tripas al barbado!
D. COSTANZO.	No me parió mi madre para sancochado.
	¡Tengan esa mujer, que está furiosa!
	¿No hay justicia en Madrid?
HOMBRE.	No hay [otra cosa.
D. COSTANZO.	¿Cómo he de vivir siempre deste modo? 85
	El vicario pondrá remedio en todo.
	¿Quién son estos?

(Salen los MÚSICOS.)

HOMBRE.	Los musiquitos.
D. COSTANZO.	¿Yo he de bailar? No por cierto.
D.ª MARÍA.	Baile agora; porque lo mando.
D. COSTANZO.	Es muy justo 90
	obedecerla en todo y darle gusto.

(Letra entre un GALÁN *y una* DAMA)[1].

GALÁN.	Si queréis alma, Leonor,
	daros el alma confío.
DAMA.	¡Jesús, qué gran desvarío!
	Dinero será mejor.

---

derecho y sea al uso». La puntuación y enmienda de Astrana y Blecua cambian el sentido, que en sus ediciones es de aceptación de don Constanzo, y en la nuestra es de queja grotesca.

82 aechado Astrana; *sancochado: sancochar,* «cocer o freír algún manjar, dejándole algo crudo y sin sazonar» (*Aut.*). Comp. *Estebanillo González,* I, pág. 64: «se le había ido un criado con un cuajar cocido y una media cabeza sancochada».

86 *vicario:* porque acudirá el vicario para anular su matrimonio.

87 *quien:* ya se ha anotado; con valor de *quienes.*

[1] Parece que esto es lo que baila en la representación que sugiere el texto que manejamos. La letrilla es la núm. 664 de *Poesía original,* donde Blecua la edita según la versión del *Parnaso español,* pág. 336.

GALÁN.	Ya no es nada mi dolor.	5
DAMA.	¿Pues qué es eso, señor mío?	
GALÁN.	Diome calentura y frío,	
	y quitóseme el amor.	
DAMA.	De que el alma queréis darme	
	será más razón que os dé.	10
GALÁN.	¿No basta el alma y la fe	
	en trueco de regalarme?	
DAMA.	¿Podré della sustentarme?	
GALÁN.	El alma bien puede ser.	
DAMA.	¿En cas de qué mercader	15
	querrán su alma trocarme?	
GALÁN.	¿Y es poco daros, Leonor,	
	si toda el alma os confío?	
DAMA.	¡Jesús, qué gran desvarío!	
	Dinero fuera mejor.	20
	Para una necesidad	
	no hay alma como el dinero.	
GALÁN.	Queredme vos como os quiero,	
	por sola mi voluntad.	
DAMA.	No haremos buena amistad.	25
GALÁN.	¿Por qué, si es bien que se haga?	
DAMA.	Porque cuando un hombre paga,	
	entonces trata verdad.	
GALÁN.	¿Qué más paga de un favor	
	que el alma y el albedrío?	30
DAMA.	¡Jesús, qué gran desvarío!	
	Dinero fuera mejor.	

9-10 Entendemos 'será más razón que os dé calentura y frío, o sea, vergüenza y pesar, por el hecho de querer darme una cosa tan sin sustancia como el alma'.

12 acariciarme *Parnaso*.

15-16 y querrá algún mercader / por tela su alma trocarme? *Parnaso*.

20 En *Parnaso*, cuatro versos más: «*Galán*.—Daréis su pena también. / *Dama*.—Mejor fuera una cadena / que vuestra alma, y más en pena. / *Galán*.—Con pena pago el desdén».

26 Por que vuestro humor la estraga *Parnaso*.

27 a un hombre C, que enmendamos.

32 será mejor *Parnaso*.

Entremés del caballero de la Tenaza[1]

PERSONAS

DOÑA ANZUELO
DON TENAZA
TRES NIÑOS
TRES NIÑAS

Salen DOÑA ANZUELO, *tapada, tirando del brazo a* DON TENAZA.

TENAZA.   Tira más quedo, ganapán tapado,
 que tengo el brazo ya desencajado
 y es persona que, viendo lo que pasa,
 siente mucho estar fuera de su casa.
 ¡Oigan y lo que tira! ¡Ya se enmienda!;   5
 parece que le mides en la tienda.
ANZUELO. ¿De esto se queja?
TENAZA.   Bercebú te enmiele:
 de esto me quejo, que es lo que me duele.

---

[1] Usamos como texto base el de *Flor de entremeses* (1657). Véase nota textual. No hace falta anotar el sentido de los nombres parlantes de la mujer que quiere atrapar y el hombre que quiere sujetar el dinero.

1 *ganapán:* «El mozo del trabajo, que adquiere su sustento llevando cargas y transportando lo que le mandan de una parte a otra. Covarrubias dice se llamó así porque ganan el pan con excesivo trabajo, cansancio y sudor» *(Aut.).* Los ganapanes son hombres forzudos acostumbrados a realizar un gran esfuerzo físico.

6 *le mides en la tienda:* porque los vendedores de telas estiran todo lo que pueden para dar menos al cliente.

7 *enmielar:* 'untar con miel', castigo dado a las alcahuetas: «A las alcahuetas acostumbraban desnudarlas del medio cuerpo arriba y, untadas con miel, las siembran de plumas menudas, que parecen monstruos, medio aves medio mujeres» (Cov.).

Anzuelo.	¡Qué tierno!
Tenaza.	Como un agua soy de tierno.
Anzuelo.	¡Qué delicado que es para el infierno! 10
Tenaza.	¿Luego vamos allá?
Anzuelo.	¡Jesús, amigo!
Tenaza.	Mas ¿qué pregunto yo, si voy contigo?
Anzuelo.	¿Tan diablo soy?
Tenaza.	No sé por lo encubierto

si este nombre mereces,
mas ¡por Dios! que en las garras lo pareces.   15

Anzuelo.	¡Que le he agarrado un brazo, majadero!
Tenaza.	Pues ¿qué habías de agarrarme?
Anzuelo.	¿Qué? El dinero.
Tenaza.	Mentó el malo.

(Hace que se va, y detiénele.)

Anzuelo.	¿Se va?
Tenaza.	No, sino voyme.
Anzuelo.	Espere, ¿qué le ha dado,

que el color le destierra?   20

Tenaza.	Soy forastero y pruébame la tierra.
Anzuelo.	¿De dónde bueno es?
Tenaza.	Si es que he de darte,

yo no soy bueno de ninguna parte;
mas quita la antipara de delante,

---

13 *encubierto:* porque va tapada con el manto.

15 *las garras:* en germanía *garra, garras, agarrar,* tienen connotaciones de 'robar' o 'apoderarse de algo'. Con *garras* por 'manos' se connota la rapacidad del personaje.

18 *mentar el malo:* como si mencionase al demonio *(el malo).*

19-20 '¿qué le ha dado que se queda descolorido, que destierra el color de su rostro, que empalidece?'.

21 *probar la tierra:* «Frase con que se da a entender que a alguno le hizo daño en la salud la mudanza de un lugar a otro» *(Aut.).*

24-33 Tenaza le pide a la tapada que se descubra la cara en distintos registros; *antipara:* «el cancel, biombo u otra cosa que está delante de otra para encubrirla» *(Aut.),* 'el manto con que se tapa'. Ver el romance «Allá van nuestros delitos», donde Quevedo muestra burlescamente en los diversos tipos de mantos los delitos que encubren: «El que segundo llegó / un manto fue

>   no seas pedigüeña vergonzante,   25
>   y por otro lenguaje,
>   córrele al frontispicio el cortinaje;
>   y si no me declara este vocablo,
>   digo que desavahes el retablo,
>   desterrando tu mano mantequilla   30
>   esa nube de lustre de Sevilla,
>   que quiero ver cómo te va de cara
>   sin nube, cortinaje ni antipara.

(Descúbrese.)

ANZUELO.   Que me place. ¿Soy fea,
                     diga?
TENAZA.   Bonicamente lo pelea.   35
ANZUELO.   Espere, ¿qué es aquello que relumbra
                     en el dedo menor?
TENAZA.   La gatatumba.
ANZUELO.   ¿Es sortija?
TENAZA.   Solía.
ANZUELO.   ¡Valiente diamantón, por vida mía!
                     ¡Con qué gracia su luz la vista ofende!   40
TENAZA.   Pues mejor se defiende.

---

de burato, / malhechor de madrugones / y antipara de pecados» *(Poesía original,* núm. 687, vv. 49-52).

25 *pedigüeña vergonzante:* como pobre vergonzante, que pide secretamente y con recato. Los pobres vergonzantes eran personas de cierta posición o que se consideraban hidalgos y por lo tanto no podían vivir de su trabajo. Comp. Cristóbal Pérez de Herrera: «otro género de pobres hay [...] que por ser honrados y haberse visto en algún descanso y bien, no quieren descubrir sus necesidades mendigando de puerta en puerta [...] me parece a propósito [...] se fundase una Hermandad de la Misericordia para pobres vergonzantes» *(Amparo de pobres,* pág. 67).

27 *frontispicio:* 'cara', metáfora lexicalizada en el estilo festivo de la época.

29 *desavahar:* 'desarropar'; *retablo:* en germanía «el rostro» *(Léxico).*

31 *lustre de Sevilla:* 'manto de Sevilla, una clase muy estimada en la época'; comp. *Poesía original,* núm. 687, vv. 93-96: «Inormes son mis ofensas / y los delitos que traigo, / dijo un manto de Sevilla, / ceceoso y arriscado».

37 *gatatumba:* cita de una canción de la época: Quevedo, *Discurso de todos los diablos, Quevedo esencial,* pág. 286: «¿Tú no eres el poeta de los pícaros? [...] ¿Quién inventó [...] zarabanda y dura, y vámonos a la chacona y qué es aquello que relumbra, madre mía, la gatatumba?».

Anzuelo. Déjemele probar. Alargue el dedo.
Tenaza. Está clavado a él y ansí no puedo,
 que, como soy un poco descuidado,
 porque no me la claven la he clavado. 45

(Prueba a quitársela, y defiéndese.)

Anzuelo. Yo la desclavaré.
Tenaza.   Podrá perderse.
Anzuelo. La mano estienda.
Tenaza.   Es ruin para estenderse.
Anzuelo. Pues, ¿de qué tiene miedo?
Tenaza.   De tenella.
Anzuelo. ¡Qué pegada que está!
Tenaza.   Nací con ella.
Anzuelo. *(Aparte.)* (Este hombre es don Tenaza.) 50
Tenaza. *(Aparte.)* (Doña Anzuelo es esta hembra.)
Anzuelo. (Mas él picará en mi nombre.)
Tenaza. (Mas yo la iré dando cuerda.)
Anzuelo. (Si no le pesca mi anzuelo,
 no me llamen buena pesca). 55
Tenaza. (Si blanca diere Tenaza,
 atenaceado muera).
Anzuelo. Esta es mi casa, galán.
Tenaza. Sea muy en hora buena.
Anzuelo. ¿Quiere entrar en ella un poco? 60

---

45 *claven:* juego de antaclasis con los significados de *clavar:* 'sujetar con fijeza y seguridad' y 'engañar'; «Clavar. Por engañar.» (Correas, refrán 4854).

47 *extenderse:* juego con los sentidos de 'alargar' y 'aumentarse creciendo en estimación, cantidad y número', esta última propia de la generosidad y grandeza de ánimo que no cabe en personas mezquinas, avaras.

52 *en mi nombre:* 'en el anzuelo'. El tenaza, en cambio, piensa darle cuerda al anzuelo, dejar que vaya intentando la pesca sin caer en la trampa.

55 *buena pesca:* «Modo de hablar con que se explica la sagacidad, industria y artificio de alguno» *(Aut.).*

56 *blanca:* moneda de poco valor.

57 *atenaceado: atenacear,* «sacar pedazos de carne a uno con tenazas ardiendo. Es género de muerte que se da en castigo de delitos enormes y muy atroces» *(Aut.);* a Tenaza le parece muerte apropiada si suelta su dinero. Véase verso 118 de *Peralvillo.*

TENAZA.	Sí haré, si me dan licencia.
ANZUELO.	Por aquí se entra.
TENAZA.	No quiero saber por dónde se entra, sino por dónde se sale.
ANZUELO.	De aquí allá tiempo le queda. ¡Niñas!

(Salen todas las mujeres.)

TODAS.	Señora...
ANZUELO.	Salid.
TODAS.	Salimos por la obediencia.
TENAZA.	Esto se llama emboscada mas también hay contra treta...
ANZUELO.	¿Qué le parece a vuested?
TENAZA.	... que avenidas de belleza derribaran por el suelo la más fuerte faldriquera a no haber este reparo. ¡Niños!
TODOS.	Señor...
TENAZA.	Salid fuera.

(Salen otros tantos hombres, que serán los bailarines.)

TODOS.	Por la obediencia salimos.
ANZUELO.	Celada se llama esta.
TODAS.	¿No se sientan vuesastedes?
TODOS.	Si vuesastedes se sientan.

(Siéntanse.)

---

66 Nuestro texto está como en la edición que seguimos: Astrana coloca la acotación después de este verso, parece más lógico, y añade *Dentro* después de TODAS, y en el v. 75 después de TODOS.

74 *reparo:* como antes «contra treta» son términos de esgrima. Véase el entremés de *La destreza*.

ANZUELO. ¿Son hijos?
TENAZA. ¿Pues no los ve? 80
ANZUELO. ¿Cuántos?
TENAZA. Más que yo quisiera.
ANZUELO. Dios se los guarde a vuested.
TENAZA. Ansí lo hace, mi reina.
ANZUELO. Luego ¿no está muy contento?
TENAZA. ¡Qué alma ha de estar contenta 85
 con oír cada semana
 «seis reales de lavandera;
 escriban la ropa sucia:
 cuatro tablas de la mesa,
 diez cosidos de rodillas, 90
 tres pares de servilletas,
 dos camisas de señora,
 seis pañales, dos talegas,
 diez toquillas de la cara»,
 que valiera más perdellas, 95
 aunque desto ya se tienen
 cuidado las lavanderas;
 aquello de si se enjuga,
 si se tiende, si se trueca,
 si hay cosido de rodillas, 100
 si hay cocido de madejas...
 y tras esta barahúnda,
 decirme a voces la huéspeda:
 «Juanico está sin zapatos»,
 cuando ve en mi corta hacienda 105

---

89 *tablas de la mesa:* 'manteles'.

90 *cosido:* «la porción de ropa apuntada con un hilo, que se da a las lavanderas para llevarla a lavar» *(Aut.); rodilla:* «el paño vil, regularmente de lienzo, que sirve para limpiar alguna cosa» *(Aut.).*

94 *toquillas,* como *tocas,* «adorno para cubrir la cabeza que se forma de velillo u otra tela delgada» *(Aut.).*

101 «cosido de madejas» Astrana; *cocido de madejas:* hacer hervir los hilados, las madejas de seda, hilo, lana o algodón, para blanquear o teñir. Ver Luis del Mármol, *Descripción general de África:* «Donde no hacen otra cosa, sino cocer y blanquear hilado y teñir seda» (II, lib. 4, cap. 22). La lectura de Astrana es sin duda una *lectio facilior.*

| | que para vestille el pie
| | no hay harto en una vaqueta...
| | ¡Vive Dios...
| Anzuelo. | Repórtese.
| Tenaza. | ... que es menester gran paciencia!
| Anzuelo. | Grande, y las que los parimos, 110
| | ¿quedámonos en la venta?
| | Nueve meses de peligros,
| | y luego la hora tremenda
| | en que se acrecienta el mundo,
| | la muerte a la cabecera. 115
| Tenaza. | Antes la preñada tiene,
| | si hacen como yo la cuenta,
| | sus nueve meses de antojos,
| | más diez días que se lleva
| | de cama, más otros quince 120
| | de gallinas y conservas,
| | más un año de cantar
| | aquella maldita letra
| | de la *mu*, y el *ro, ro, ro*,
| | que tantos sueños nos cuesta; 125
| | con seis ducados de un ama,
| | galleguísima taberna,
| | que suspirando cuartillos,
| | si a mamar el niño llega
| | le da aguardiente por leche 130
| | y un alambique por teta,

---

107 *vaqueta:* 'no hay suficiente con un cuero de vaca para hacerle un zapato'; *vaqueta:* «El pellejo del animal que se adoba para aprovecharse dél, como el de la vaca para suelas, el de ternera o vitela para botas, que llaman vaqueta» (Cov.).

116 *antes:* con el sentido de 'antes bien, por el contrario'.

124 Suprimimos (como Astrana) un *ro*, para la correcta medida del verso; *mu, ro, ro:* la *mu* es 'el sueño' («lo mismo que sueño. Es voz usada de las amas cuando quieren que se duerman los niños», *Aut.)*, como *ro, ro,* palabras para incitar al sueño a los niños: *Poesía original,* núm. 535, vv. 1-2: «La vida empieza en lágrimas y caca, / luego viene la mu con mama y coco».

127 *galleguísima taberna:* el ama gallega es una borracha y se le puede llamar «taberna»; muchas amas eran gallegas.

	y luego tenella en casa	
	por aquesta honrilla negra	
	del qué dirán.	
Anzuelo.	¿Qué darán?	
	fuera pregunta más buena.	135
Tenaza.	No entiendo aquese lenguaje.	
Anzuelo.	Niñas, haced que le entienda.	
	¿Qué piden vuestras razones?	
Todas.	Doblones.	

(Levántanse y hacen una reverencia.)

Anzuelo.	En gloria descanse el alma	140
	que os enseñó tal respuesta.	
Tenaza.	Escuche otra responsión	
	como motete de iglesia.	
	Niños, ¿qué dais por regalos?	
Todos.	Palos.	145

(Levántanse y hacen una reverencia.)

Tenaza.	Bendición en tales picos.	
Anzuelo.	Tábanos en tales lenguas.	
	Proseguid, mozas, ¡y a ellos!	
Tenaza.	Proseguid, mozos, ¡y a ellas!	
Anzuelo.	¿Qué queréis más que el vivir?	150
Todas.	Pedir.	

(Como arriba.)

| Tenaza. | ¿Qué queréis antes que dar? |

---

143 *motete:* «Compostura de voces, cuya letra es alguna sentencia de lugares de la Escritura. Cántase en las iglesias catedrales los días de domingo y festivos, teniendo consideración a que la letra sea del rezado de aquel día; y porque se ha de medir desde el alzar hasta la hostia postrera, se dijo motete, sentencia breve y compendiosa, dando a entender a los maestros de capilla que la letra ha de ser breve, y no han de componer a modo de lamentaciones» (Cov.).

Todos.	Reventar.	

(Hacen lo mismo. Cantado y bailado.)

Niña.	¡Qué donaire que ha tenido!	
	¡Qué gracioso y que galán!	155

(Un voladillo y vuélvese a su lugar.)

Tenaza.	Si son tiros a la bolsa,	
	¡vive Dios! que es por demás.	

(Lo mismo Bezón, y estas tres coplas se bailan ansí.)

Niña.	Una merienda siquiera	
	todas aguardando están.	
Tenaza.	Si ha de ser a costa mía	160
	no les hará mucho mal.	
Niña.	Desdígase o le amenazo	
	en nombre de las demás.	
Tenaza.	Pues, niña, lo dicho, dicho,	
	y vuélvome a mi lugar.	165

(Salen ellas cantando y bailando.)

Todas.	En el real de las hembras	
	grandes alaridos dan.	

---

155 acot. *voladillo:* paso de baile que también se baila en *Pedro de Urdemalas* de Cervantes: «¡Vaya el voladillo apriesa! / ¡No os erréis; guardad compás! / ¡Qué desvaída que vas, / Francisquilla! ¡Ea, Ginesa!».

157 acot. *Bezón:* Juan Bezón era seudónimo de Gregorio de Rojas, medio hermano del dramaturgo Rojas Zorrilla, y marido de Ana María de Peralta. Murió en 1660. Actor con Vallejo en 1622, con Sánchez de Vargas en 1624, con Avendaño en 1632, con Andrés de la Vega en 1634-1635, con Luis López de 1639 (o 1640) a 1644; en 1653 formó compañía propia, al parecer sin éxito porque al año siguiente volvió a ser actor. Aparece, por ejemplo, en seis piezas de Quiñones de Benavente: las dos loas para Figueroa (1627 y 1628), *El licenciado y el bachiller* (Avendaño, ¿1629?), *El doctor* (Avendaño, ¿1629?), *La muerte* (Fernández, 1637) y *El mago* (Fernández, 1637).

166-167 Parodia en último extremo de los versos del romance del Cerco de Zamora: «Gritos dan en el real, / que a don Sancho han malherido» (Durán,

(Salen ellos haciendo lo mismo.)

TODOS.	Los hombres los dan mayores	
	porque les piden el real.	
NIÑA.	¿Qué responde Cupido?	170
TODOS.	Pido.	
TENAZA.	¿Si me piden ribete?	
TODOS.	Vete.	
NIÑA.	¿Qué ha de dar un hidalgo?	
TODOS.	Algo.	175
TENAZA.	Quien la bolsa no guarda...	
TODOS.	Arda.	
	A todos nos acobarda	
	pido, vete, algo y arda.	
NIÑA.	Mocitos pelones, pues nada nos dais,	180
	a todo desaire, sufrid y callad.	

(Repiten todos.)

TENAZA.	Mozuelas golosas que a todos pedís,	
	al *no* que os volvemos callad y sufrid.	
NIÑA.	Ya es viejo en los hombres el no que nos dan.	
TENAZA.	Y nuevo en las hembras dejarnos en paz.	185
ANZUELO.	Tormento de bolsas habéis de llevar.	
TENAZA.	A muy pocas vueltas dirán la verdad.	
ANZUELO.	¿Por qué en regalarnos tan duros estáis?	
TENAZA.	¿A quién no endurece quererle estafar?	

---

núm. 778); *real:* el campo donde está acampado un ejército. Pero es adaptación exacta de otro poema de Quevedo, *Poesía original*, núm. 722, vv. 5-8: «En el real de don Sancho / grandes alaridos dan; / don Sancho los da mayores / porque le piden el real».

172 *ribete:* «Vale tambien añadidura y adehala» *(Aut.)*, es decir 'propina'.

180 *pelones:* 'muertos de hambre y tacaños'; *pelón*, «metafóricamente se dice del que no tiene medios ni caudal y también del que es miserable y cuitado» *(Aut.)*.

187 *vueltas:* de la cuerda en el instrumento de tortura (y del baile en la representación).

188 «Cat.» como interlocutora, que puede hacer referencia a la actriz que representó el papel de Anzuelo y que no tenemos datos suficientes para identificar: hay varias Catalinas, por ejemplo, en las compañías del Siglo de Oro.

Niña.	Mocitos pelones, pues nada nos dais, a todo desaire, sufrid y callad.	190
Tenaza.	Mozuelas golosas que a todos pedís, al no que os volvemos, callad y sufrid.	

(Y repiten todos la copla.)

190-193 Completamos estos versos que en *Flor de entremeses* quedan incompletos con «etc.».

Entremés del niño y Peralvillo de Madrid

[PERSONAS][1]

MADRE	COSME
NIÑO	ANTONIO
JUAN FRANCÉS	MANUELA
ALONSO	ANA
DIEGO	MARÍA

Salen la MADRE *y el* NIÑO.

MADRE. Angelito, mis ojos,
         no vayas a la corte, así yo viva,
         y te daré confites.
NIÑO.   No cheriva.
MADRE. ¡Qué gracia y qué cheriva y qué menuras!
         ¿A Madrid quieres irte solo agora   5
         y dejar a tu madre?

---

[1] Falta en TM *(Tres musas,* nuestro texto base). Por los datos que podemos localizar en el espléndido repertorio DICAT además de Cosme (Cosme Pérez), los demás actores debían de ser Antonio de Avendaño, Alonso de Uceta, Manuela Enríquez (mujer de Juan Bautista Valenciano), Ana de Coca, y María de los Ángeles o María Coronel. No apuramos Diego.

1 *mis ojos:* expresión de cariño; «Lumbre de mis ojos. Dícenlo las madres a los hijos» (Correas, refrán 12983).

3 *no cheriva:* imitación del lenguaje infantil, como más adelante *tenora* por 'señora'.

4 *menuras:* quizá 'menudencias, cosas de niños'.

NIÑO.	Sí, tenora,	
	y ya que de ir estoy determinado,	
	mama, no vaya el nene descuidado.	
	El rodete que llevo	
	en la cabeza puesto	10
	por no descalabrarme, si cayere,	
	póngasele a mi bolsa y mi dinero,	
	que en la corte, de obra y de palabra,	
	el dinero es quien más se descalabra.	
MADRE.	Y aunque Madrid es llano,	15
	la moneda, Perico, como corre,	
	tropieza hasta en la palma de la mano,	
	y es lugar tan enfermo de talego	
	que bolsa que parece que vendía	
	salud, de lindo talle y de jarrete,	20
	la he visto yo morirse de un piquete,	
	y porque el mal de ojo	
	tu hermosura, Perico, no persiga,	

---

8 *mama:* acentuación llana en la época. Comp. Cov. *s. v. mamar:* «Mama, en otra significación, vale la madre del niño, o el ama que le cría, a las cuales ellos llaman mamas, porque así se lo enseñan a decir».

9 *rodete:* «una como rosca hecha de lienzo o paño que se ponen las mujeres en la cabeza para cargar y llevar sobre ella algún peso» *(Aut.).* Aquí, el rodete, a modo de casco protector, rodea la cabeza del niño para que no se haga daño.

16 *corre:* dilogía; «Correr la moneda, ser de dar y de tomar» (Cov.), es decir, ser de uso legal; y también 'andar con velocidad', que fácilmente se escapa.

19 *vendía salud:* «Vender salud. Por sano y robusto» (Correas, refrán 23430).

20 *de jarrete:* con gruesas y fuertes piernas, signo de buena salud; aquí se refiere a la bolsa bien repleta. Comp. la comedia burlesca *El comendador de Ocaña,* v. 1303: «Muchacha es de buen jarrete».

21 *piquete:* «el agujero pequeño que se hace en las ropas u otras cosas» *(Aut.);* por ese pequeño agujero o piquete se van los dineros y queda la bolsa vacía. Comp. *Poesía original,* núm. 858, vv. 93-96: «El otro, con la sagita / le dio en el brazo un piquete; / ambos están con el mes, / colorado corre el pebre».

22 *mal de ojo:* «hoy día se sospecha en España hay en algunos lugares linajes de gentes que están infamados de hacer mal poniendo los ojos en alguna cosa, y alabándola, y los niños corren más peligro» (Cov.). Comp. Vélez, *Cojuelo,* pág. 204: «Dios le bendiga —replicó Rufina— y mi ojo no le haga mal».

	un perro muerto llevarás por higa.	
Niño.	Porque algún melindrico no me empache	25
	llevaré dos «no quiero» de azabache.	
Madre.	De la cartilla no te digo nada,	
	porque allá hay gentecilla	
	que leerá a los diablos la cartilla.	
	Solo quiero advertirte	30
	que si a rondar alguna niña fueres	
	y algún valiente amigo,	
	como sucede a todos, se te ofrece	
	para ir a guardarte las espaldas,	
	le digas: «Caballero,	35
	deje la espalda y guárdeme el dinero».	
Niño.	Sí, mama, que ya he oído	
	que en visita de tocas y de faldas	

---

24 'En vez de la higa —figura de azabache que imita el gesto obsceno de hacer la higa— protectora contra el mal de ojo, para este mal de ojo especial de la corte usarás como protección el dar perro muerto —engaño hecho a la prostituta a la que no se paga, y por extensión negar el dinero a las mujeres—'. Ya hemos anotado *higa* y *dar perro muerto* en otros lugares de estos entremeses.

26 *no quiero:* metafóricamente, a modo de amuleto o detente que le haga rechazar las ofertas de las damiselas melindrosas. En *melindre* juega dilógicamente, pues el que puede empachar es «Un género de frutilla de sartén hecha con miel; comida delicada y tenida por golosina. De allí vino a significar este nombre el regalo con que suelen hablar algunas damas, a las cuales por esta razón llaman melindrosas» (Cov.). El *azabache* es «una piedra lustrosa y no muy dura; en España hay algunos minerales della, de la cual en Santiago de Galicia hacen algunas efigies del Apóstol, cuentas de rosarios, higas para colgar de los pechos de los niños, sortijas con sus sellos y otras muchas cosas» (Cov.).

28 *gentecilla:* «la gente baja, despreciable y de ruines costumbres» *(Aut.)*. Comp. *La venta*, v. 146: «Cosas de gentecilla del camino»; *Guzmán*, pág. 614: «¡Mirá qué gentecilla tan de bien!: corchetes, infames, traidores, ladrones, borrachos, desvergonzados».

29 *leerá a los diablos la cartilla:* leer la cartilla a alguno «es advertirle lo que ha de hacer para otra vez en algún negocio reprehendiéndole claramente en lo que faltó a su deber y estaba a su cuidado» *(Aut.)*. En la corte hay gente capaz de superar al mismo diablo. Juega con el sentido de la cartilla que corresponde a los niños, la de primeras letras.

	peligran faltriqueras y no espaldas.	
	¿Para qué chero yo esta campanilla?	40
MADRE.	El dij que llevas tú más importante	
	es, si se considera	
	que en la corte, Perico, de cualquiera	
	gustan de tocar algo las mujeres.	
NIÑO.	Y ya que han de tocar, hechas lagartos,	45
	toquen mi campanilla y no mis cuartos.	
	Deme su bendición.	
MADRE.	Dios te bendiga,	
	y mira, mi Perico,	
	que cuando te pidieren	
	las doncellas de uña	50

---

40 *chero*: de nuevo forma en lenguaje infantil de «quiero». Se usa a veces en adultos como propia del lenguaje afectado. Comp. *Entremés de la vieja Muñatonés*: «No chero arrope. Ea, siempre arrope»; *campanilla*: «la campana pequeña y regularmente la que se hace para tocarla tomándola en la mano, y la que ponen por dije a los niños» *(Aut.).*

41 *dij*: «Las cositas de oro, plata, coral, cristal, sartales, piedras, y las demás menudencias que cuelgan a los niños ordinariamente al cuello para acallarlos y alegrarlos; y aun dicen también que para divertir a los que los miran para que no los aojen si les están mirando al rostro de hito en hito. Algunos dicen ser palabra inventada por las madres, cuando muestran a los niños las cositas que relucen» (Cov.).

44-46 Dilogía de *tocar*: 'hacer sonar' y la acepción que tiene en lengua de germanía de 'engañar'. Comp. *Guzmán*, pág. 625: «Dejábalos otras veces cargar sobre mi dinero; empero ni mucho ni siempre, porque no me diesen pellizco y me dejasen. Dejábalos tocar, pero no entrar, y después dábales otra carga para picarlos». Podría tener también connotaciones eróticas, más evidentes en «toquen mi campanilla».

45 *lagarto*: 'pícaro'; en lengua de germanía, ladrón. Véase v. 217 de *Pero Vázquez de Escamilla*, donde se mencionan una serie de ladrones, entre ellos los lagartos.

50 *doncellas de uña*: busconas, en lengua de germanía; la uña es omnipresente símbolo del robo en la sátira áurea, especialmente en la quevediana. Comp. la buscona de *Poesía original*, núm. 870, vv. 5-8: «A sacar parto animosa, / con mil uñas en dos manos; / empezad, mis castañetas, / a requebrar los ochavos», y de otras poesías: «Botes de botica / no hacen tanto mal, / como los de uña / que en las tiendas dan» (núm. 874, vv. 41-43); comp. vv. 100-104 de *Pero Vázquez de Escamilla*: «y con la flor de las tías, / que son las niñas, antaño, / niñeando con las uñas /despelotó muchos blancos».

|NIÑO.|como sortija, gente de la carda,
que te acuerdes del ángel de tu guarda.
Nene chiquito y solo
contra niñas harpías,
por devoto tendré Avari-Matías.|55|
|---|---|---|

(Vase la MADRE *y queda el* NIÑO, *y sale* JUAN FRANCÉS, *de amolador, con su carretón.)*

JUAN.   ¡Amolar, amolar
tijeras y cuchillos! Vive Cristo,
que ha hecho Juan Francés más daño a España

---

51 *como sortija:* alusión a las sortijas hechas con la uña de la gran bestia —alce— a la que se atribuían propiedades curativas. Ya hemos anotado este motivo en el entremés de *Diego Moreno,* primera parte, donde se hace el mismo chiste: «No conoce vuesa merced bien la gentecita: úsanse hembras tomajonas, mujeres de uña como sortijas, y damas barberas que sirven de rapar»; *gente de la carda:* «metafóricamente se dice de los que son de una cuadrilla de valentones, rufianes o que tienen otro modo de vida malo y vicioso» *(Aut.).* Comp. *Poesía original,* núm. 853, vv. 1-4: «Mancebitos de la carda, / los que vivís de la hoja, / como gusanos de seda, / tejiendo la cárcel propia».

52 *de tu guarda:* chiste con la idea de 'guardar' el dinero. Quevedo dedica las *Cartas del caballero de la Tenaza* «A los de la guarda» encareciendo el poner cuidado en no dar, consejo muy repetido por el autor contra las mujeres pidonas: «procuren antes merecer el nombre de guardianes que de datarios [...] y sea su abogado el ángel de la Guarda, que con razón se llaman días de guardar los días que son fiesta, y todos son de fiesta para guardar» *(Prosa festiva,* pág. 271).

54 *niñas harpías:* busconas, prostitutas. Sobre sus vidas y estafas escribe Castillo Solórzano *Las harpías de Madrid.*

55 En TM «Abar y Matias». *Avari-Matías:* chiste onomástico alusivo a la avaricia, que Quevedo repite en *Cartas del caballero de la Tenaza:* «Y sea su nombre de todo enamorado Avari-Matías, llámese como se llamare, aunque no se llame Matías» *(Prosa festiva,* pág. 271).

55 acot. *Juan Francés:* nombre que expresa a la imagen arquetípica del francés amolador y buhonero, tópica en la sátira del Siglo de Oro.

56 En TM este verso y el siguiente están escritos como uno solo. Astrana corrige repitiendo «amolar» y repartiendo en dos versos, lección que aceptamos, como hace Blecua.

58-60 *daño a España:* al tipo del amolador francés que se lleva el dinero de España dedica Quevedo el cuadro XXXI de *La hora de todos:* «por haber hecho tres viajes a España, donde con este carretoncillo y esta muela sola he mascado a Castilla mucho y grande número de pistolas, que vosotros llamáis doblones.

	con este carretón y ruedecilla	
	que la Cava y los moros en Castilla.	60
NIÑO.	Cheriva yo saber cómo has podido	
	destruir la corte con aquesas ruedas,	
	que hueles a gabacho.	
JUAN.	¡Válate los demonios por muchacho!	
	Vive Dios, niño, que con este carro	65
	que como babador traigo vestido	
	he hecho yo más daños que hizo el Draque,	
	amolando tijeras a los sastres	
	y los cuchillos de las escribanías	

[...] Vosotros debéis mirar a los amoladores de tijeras como a flota terrestre con que vamos amolando y aguzando más vuestras barras de oro que vuestros cuchillos. [...] Con este edificio de cuatro trancas y esta piedra de amolar; y con los peines y alfileres, derramados por todos los reinos, aguzamos, peinamos y sangramos poco a poco las venas de las Indias» (págs. 145-146). Véase en M. Herrero García, 1966, el capítulo «Los franceses», págs. 385-416.

60 *la Cava*: se refiere a Florinda la Cava, hija del conde don Julián de Ceuta, deshonrada por el rey don Rodrigo. El conde, como venganza, permitió y colaboró en la invasión agarena. Frecuentemente se menciona este hecho en la literatura jocosa. Véase *El rey don Alfonso, el de la mano horadada*, v. 129 y nota de Carlos Mata.

63 *gabacho*: «Soez, asqueroso, sucio, puerco y ruin. Es voz de desprecio con que se moteja a los naturales de los pueblos que estaban a las faldas de los Pirineos entre el río llamado Gaba, porque en ciertos tiempos del año vienen al reino de Aragón y otras partes, donde se ocupan y ejercitan en los ministerios más bajos y humildes» *(Aut.)*. Ya señala Cov.: «Hay unos pueblos en Francia que [...] nosotros llamamos gabachos. Muchos destos gabachos se vienen a España y se ocupan en servicios bajos y viles, y se afrentan cuando los llaman gabachos»; véase Quevedo, *Un Heráclito*, núms. 231 «Gabacho tendero de zorra continua»; 247, vv. 29-32: «Un gato me dio disgusto, / que debe de ser gabacho, / porque el ramiau pronunciaba / como el que vende rosarios»; 290, vv. 21 y 157; Herrero (1966, págs. 385-416); etc.

66 *babador*: 'babero'. La misma imagen del amolador con el carretón como babero emplea Quevedo en *La hora de todos*, pág. 143: «Venían tres franceses por las montañas de Vizcaya a España; el uno con carretoncillo de amolar cuchillos y tijeras por babador».

67 el diaque TM; Astrana corrige «el Draque»; Blecua sigue la corrección de Astrana que no comenta. Parece buena lectura el Draque por la alusión al corsario inglés Francis Drake.

69 amolando cuchillos de escribanías TM y Blecua; Astrana corrige este verso en «y cuchillos de las escribanías». El verso, tal como figura en TM, tiene una sílaba más, y parece que el cajista ha repetido al principio de dos versos la misma palabra.

	con que tajan las plumas	70
	los escribanos, pues en este tajo	
	todo hombre se condena	
	cerca del Tajo en soledad amena.	
	Yo gano de comer como sobrina	
	con tía y con agüela:	75
	chorrillo y vueltas, rueda y una muela.	
NIÑO.	Las muelas de unas viejas hechiceras	
	todas son muelas de amolar tijeras;	
	que amolar niñas contra los chiquillos	
	es amolar navajas y cuchillos.	80
JUAN.	Lástima me da el verte	
	ir a Madrid, muchacho, de esa suerte;	
	mas para que escarmientes	
	quiero enseñarte dónde está primero,	
	porque te sirva al navegar, de norte,	85
	el triste Peralvillo de la corte.	

---

71 *tajo:* dilogía entre 'tajo, corte en las plumas de ave para hacerles punta y escribir con ellas' y 'río Tajo'. Alusión a la rapacidad de los escribanos, tópico muy frecuente.

73 *cerca del Tajo en soledad amena:* verso 57 de la Égloga III de Garcilaso de la Vega.

75 *sobrina:* prostituta; *tía, agüela:* sinónimos de alcahueta; es decir, el amolador gana de comer como una prostituta. Comp. Quevedo, *La ropavejera*, vv. 143-146: «Úsanse unas tías / de mala data, / que echan las sobrinas / más que las habas»; *La vieja Muñatones:* «—¿Es alcahueta? —Ya pereció ese nombre ni hay quien le oiga. No se llaman ya sino tías, madres, amigas...». Los cuatro términos del verso siguiente son los propios del amolador, que equivalen a los de la prostituta: el amolador afila los utensilios con la rueda y la muela, dándole vueltas a la piedra de afilar y enfriándola con un chorrillo de agua. La asimilación sigue en los versos siguientes.

77-78 *muelas:* juego de antanaclasis 'dientes molares', y 'muela de afilador'. Las viejas alcahuetas afilan también las tijeras de cortar los dineros y las bolsas (las busconas a quienes enseñan sus ardides).

85 Los peligros de la corte se comparan con los que se corren en el mar; *norte:* «Metafóricamente vale guía, tomada la alusión de la estrella del Norte, por la que se guían los navegantes con la dirección de la aguja náutica» *(Aut.).* Comp. *Poesía original*, núm. 871, vv. 13-16: «En el mar de la corte, / en los golfos de chanzas, / donde tocas y cintas / disimulan escamas».

86 *Peralvillo:* «Un pago junto a Ciudad Real donde la Santa Hermandad hace justicia de los delincuentes que pertenecen a su jurisdicción con la pena de saetas» (Cov.). Tenía connotaciones de 'muerte fulminante y sumarísima'.

	No hacen cuartos aquí al ajusticiado,	
	que el deshacelle cuartos	
	al mozo de más linda cara y talle,	
	eso es ajusticialle.	90
NIÑO.	Y de ese Peralvillo que ahora lloras	
	los cuadrilleros son estas señoras,	
	que con dacas buidos	
	y tomas penetrantes,	
	si no los asaetean	95
	los ajoyan y piden y tiendean.	

(Sale atravesado de varas de medir, medidas de sastre y tijeras, ALONSO.*)*

Quevedo abunda en menciones de intención burlesca: *Hora*, pág. 220: «No cabían en su estudio los litigantes de pie, cada uno en su proceso como en su palo, en aquel Peralvillo de las bolsas»; *Poesía original*, núms. 741, vv. 37-40; 856, v. 112; etc.

87-88 *cuartos:* «partes en que dividen los cuerpos de facinerosos y malhechores, que comúnmente se colocan en los caminos para escarmiento» y «especie de moneda de cobre que corre y pasa en Castilla [...] se toma regularmente por el dinero en común» *(Aut.).* Comp. *Pero Vázquez de Escamilla*, vv. 156-158: «Heredé, pues, de este amigo, / a quien al cabo de un año / en cuartos hecho moneda / los cofrades le enterraron»; aquí en vez de hacerle cuartos se los deshacen, porque les quitan el dinero.

92 *cuadrilleros:* los individuos que formaban una cuadrilla de la Santa Hermandad, institución creada por los Reyes Católicos para perseguir a los malhechores, y que aplicaba una justicia rigurosa y sin concesiones, asaeteando a los reos en Peralvillo.

93-94 *dacas buidos y tomas penetrantes: daca* es contracción de *da acá*, 'dame'; *buido:* muy afilado, puntiagudo. Ya hemos anotado también la constelación de tomar aplicada a las busconas. Dar y tomar son las armas con las que las busconas asaetean y matan a los incautos.

96 *los ajoyan:* ya piden, ya tiendean TM, enmendado por Astrana y Blecua. Nos parece buena la enmienda, que compone una serie enumerativa de neologismos chistosos.

96 acot. Son siempre duras las sátiras de Quevedo contra los sastres, unas veces por ladrones y otras por mentirosos y murmuradores. En el *Libro de todas las cosas* la propuesta «Para que no te hurten los sastres», tiene una única solución: «No hagas de vestir con ellos, y no hay otro remedio» *(Prosa festiva,* págs. 414 y 416; otras referencias en págs. 216, 251, 268 y 288); en *Sueños*, págs. 96-97: «lo que más sentimos es que hablando comúnmente soléis decir: "¡Miren el diablo del sastre!", o "¡Diablo es el sastrecillo!". ¿A sastres nos comparáis?, que damos leña con ellos al infierno y aun nos hacemos de rogar

JUAN.	Este que, vareteado,
	diciendo está tijeretas,
	pasado de parte a parte
	de varas y de tijeras... 100
ALONSO.	Lanzada de sastre izquierdo
	el corazón me atraviesa.
JUAN.	Mercader enherbolado
	le ha pasado a puras sesmas;

---

para recibirlos»; *íd.*, pág. 114: «Ved cuáles son los sastres que es para ellos amenaza el no dejarlos entrar en el infierno»; *vara de medir:* «instrumento formado de madera u otra materia, de que se usa para medir, graduado con varias señales, que notan la longitud de tres pies y la dividen en tercias, cuartas, sesmas, ochavas y dedos» *(Aut.).*

97 *vareteado:* vestido con los pedazos de tela que quedan a los sastres de las obras que hacen, es decir, a modo de listones de distintos colores; *varetear:* «formar listas de varios colores en los tejidos», que *Aut.* autoriza con este texto de Quevedo.

98 *decir tijeretas:* «Frase que vale porfiar necia y tercamente sobre cosas de poca importancia» *(Aut.).* La expresión procede de un relato tradicional muy difundido en el Siglo de Oro; lo recogen Covarrubias, Correas, etc. Véase Chevalier, 1983, pág. 208.

101 *lanzada de sastre izquierdo:* expresión calcada sobre *lanzada de moro izquierdo:* «Lo mismo que herida grande y penetrante. Pudo decirse porque los moros son muy diestros en jugar la lanza, y manejada con la mano izquierda, suele ser más difícil de evitar por menos usada. Suélese usar por execración» *(Aut.).* Es cita del romancero. Comp. *Sueños*, pág. 215: «Y cuando la Justicia manda cortar a uno la mano derecha por una resistencia, es la pena hacerle zurdo, no el golpe; y no queráis más que queriendo el otro echar una maldición muy grande, fea y afrentosa, dijo: "Lanzada de moro izquierdo / te atraviese el corazón"»; era este un romance que conoció varias versiones y que gozó de enorme difusión. Ver una versión en el *Romancero general* de Durán, núm. 299: «Ay, qué linda que eres, Alba», y otra en Menéndez Pidal, *Flor nueva de romances viejos,* págs. 120-121, «Ay, cuán linda que eres, Alba». En ambas se leen los versos en cuestión, «lanzada de moro izquierdo / le traspase el corazón», frases que se hicieron proverbiales; comp. *Estebanillo,* I, pág. 137: «más pareció lanzada de moro izquierdo que lanceteada de barbero derecho», con nota de Carreira y Cid en donde se recogen otros testimonios. Este pobre Alonso se ha arruinado pagando vestidos a las mujeres y sufriendo los abusos de los sastres.

103 enarbolado TM, que enmendamos por su relación con *yerba* tres versos más abajo. Astrana no enmienda, pero Blecua sí.

104 *sesma:* «La sexta parte de cualquier cosa. Tómase regularmente por la de la vara» *(Aut.).*

	en las agujas el sastre	105
	puso a sus retazos yerba.	
NIÑO.	Cebones son de las bolsas	
	los mercaderitos, nenas,	
	pues varean el dinero	
	y nos hozan la moneda.	110
ALONSO.	De un pujamiento de enaguas,	
	de un flujo de saya entera,	
	yo, Alonso Alvillo, he quedado	
	en Peralvillo de cuenta.	
NIÑO.	Las que priváis con los sastres	115
	mirad bien por vuestra seda.	

(Aparécese, rodeado de ollas y pucheros y asadores, DIEGO.)

JUAN.	Este pobre Diego Alvillo,
	que atenaceado se muestra
	de ollas y de pucheros

---

106 *yerba:* 'veneno'. *Yerba de ballestero* «es cierto ungüento que se hace para untar los casquillos de las flechas y las saetas [...]; flecha enherbolada es la que está untada con zumo de yerbas venenosas» (Cov.).

109 *varear:* «derribar con los golpes y movimientos de la vara los frutos de algunos árboles» *(Aut.)*. Los mercaderes sacuden las bolsas, como si fueran las bellotas, y luego, como los puercos, hozan removiendo y levantando las monedas caídas.

111 *pujamiento:* enfermedad, «crecimiento de la sangre que hace fuerza por salir» *(Aut.)*.

112 *flujo:* alude a otra enfermedad femenina de 'flujo de sangre'. Para Alonso el gasto hecho en enaguas y sayas regaladas a las mujeres ha sido como una enfermedad que lo ha dejado muerto en sus cuentas o dineros.

114 *de cuenta:* irónicamente, «gente o sujeto de distinción, suposición, grado o autoridad» *(Aut.)*: alusión al estado de las cuentas del arruinado.

118 *atenacear:* «sacar pedazos de carne a uno con tenazas ardiendo. Es género de muerte que se da en castigo de delitos enormes y muy atroces» *(Aut.)*, que aquí se aplica al que no ha sabido guardar la bolsa. Comp. *Entremés del caballero de la Tenaza*, vv. 57-58: «Si blanca diere Tenaza, / atenaceado muera».

119 *ollas, pucheros:* además del sentido literal, podrían encubrir alusiones obscenas. Comp. *Poesía erótica*, pág. 245: «Soñando estaba anoche Artemidora / que atizaba su fuego don Clotaldo; / hirvió el puchero, derramose el caldo, / y almidonose en balde la señora» (como variante: *hirvió la olla); íd.*, pág. 179 el romance «Fue Teresa a su majuelo», donde la moza se dirige a un nabo: «Echaros he en mi puchero, / entero y sin quebrantaros, / y para que

	y de comidas y cenas,	120
	ha sido Marqués del Gasto	
	de unas tarascas morenas;	
	hoy es Conde de Sin Arcas,	
	de Sin Blancas, de Sin Negras.	
DIEGO.	Las ollas de cada día	125
	me sorbieron la hacienda.	
NIÑO.	Nene, no gasten sus ollas	
	con sus propias coberteras.	

(*Aparécese, lleno de procesos, escribanías y plumas en el cabello y las manos,* COSME.)

---

no os peguéis, / procuraré menearos. / No quiero para mi olla / más especies ni recados».

121 ss. Chistes con la creación de títulos nobiliarios a base de la dilogía de los términos. *Marqués del Gasto:* era título real, que figura en muchos chistes semejantes: *Estebanillo,* II, pág. 167: «Mas la tal señora no me estimaba sino porque la sirviese de Marqués de el Gasto y Conde de Cabra»; también era título existente el de conde de Sinarcas, aquí disociado burlescamente en *sin-arcas* (de guardar dinero); *blancas:* 'monedas': se ha quedado sin blancas y hasta sin negras, floreo verbal. *Tarasca:* «por alusión se llama la mujer fea, sacudida, desenvuelta, y de mal natural» *(Aut.),* pero hay aplicación más precisa, ya que las tarascas eran una especie de dragones que en las procesiones del Corpus quitaban la caperuza o sombrero a los distraídos, y tiene connotaciones de 'rapiñadora, ladrona': Quiñones, *Jocoseria, La capeadora,* 2, vv. 102-104: «Gusarapa o sanguijuela, / bruja de todo vellón, / tarasca de toda hacienda».

128 *cobertera:* alcahueta. «Cierta forma de plato llano, de hierro, cobre o tierra, con que se cubre la olla; y por este nombre suelen llamar a las cobejeras o encubridoras, alcahuetas, y así dice un refrán: "Primero seas olla que cobertera"» (Cov.). Comp. Horozco, *Teatro universal,* pág. 196: «Cuando a la mala mujer / el tiempo y vejez desteta / y viene a ya no poder / entonces procura ser / de las otras alcagüeta. / Y como esperimentada / es buena cobijadera / de suerte que la malvada / de olla vieja y quebrada / viene a ser la cobertera»; *Estebanillo,* II, pág. 256: «Fuime a entretener con las damas, adonde acabé de ver la mayor mudanza que pueden contar las historias pasadas, porque las que dejé bisoñas estaban ya jubiladas, las que eran mozas y ollas las hallé viejas y coberteras». Melchor de Santa Cruz recoge en *Floresta española,* pág. 557 el cuentecillo siguiente: «Un hombre dijo que las alcahuetas son como las ollas de barro, que cuando es nueva, guisan en ella; y cuando vieja y quebrada, llevan en ella lumbre de una casa a otra, y sirve de cobertera».

JUAN.	Este pobre Cosme Alvillo,	
	que ajusticiado se muestra,	130
	vertiendo tinta por sangre,	
	pasado de pluma y sepan;	
	los que le hicieron la causa	
	le deshicieron la venta:	
	la letra le entendió a él	135
	mas él no entendió la letra.	
COSME.	La desdicha de mi pluma	
	no hay demonio que la entienda:	
	escribanos me la ponen	
	y mujeres me la pelan.	140
NIÑO.	El tragar las plumas da	
	muermo de todas maneras:	
	si es de escribano a las bolsas,	
	si es de gallina a las bestias.	
	Sean las niñas bien prendidas	145

---

129 *Cosme Alvillo:* Asensio lo cree alusión a Cosme Pérez, actor que se haría famoso como Juan Rana y que en 1622 figuraba en la compañía de Juan Bautista Valenciano, donde también trabajaban Manuela Enríquez y Ana de Coca.

132 *sepan o sepan cuantos:* metonimia alusiva a los pregones en que se publicaban las penas a que eran condenados los delincuentes. Comp. Quevedo, *Pero Vázquez de Escamilla*, vv. 256-259: «No quise ser confesor / por no ser mártir en gafo: / desterrome el juez y el sepan / con las penas del quebranto».

137-140 *pluma:* juego de dilogía; en «escribanos me la ponen» se refiere a la pluma de los escribanos y los pleitos; y la pluma que le pelan las mujeres es el dinero: *pluma* «metafóricamente se toma por riqueza, bienes y hacienda, y así se dice Fulano tiene pluma» *(Aut.);* «se dice tener pluma o pelo el que es rico» (Correas, refrán 19805); *pelar:* «comerle a uno su hacienda, como hacen las rameras que pelan a los mancebos» (Cov.). Comp. *Estebanillo*, II, pág. 270: «Yo, por probar si aquella mujer era de otra masa que las demás de su profesión, pues no trataba de pelarme sabiendo que tenía copia de plumas, acepté...».

142 *muermo:* «enfermedad virulenta y contagiosa de las caballerías, caracterizada principalmente por ulceración y flujo de la mucosa nasal» *(DRAE);* las plumas de gallina producen muermo a los animales; las de los escribanos enferman también a las bolsas, porque las arruinan.

145 *niñas:* prostitutas; dilogía de *prendidas* 'vayan elegantes las niñas, pero no nos pongan presos a los que las alimentamos y nos cargamos de deudas por su culpa'; *prender:* «Vale también adornar, ataviar y engalanar las mujeres.

             mas no los que las sustentan,
             que el soplillo de los mantos
             se ha pasado a las audiencias.

             (Aparécese, lleno de carteles de comedias y papelones de confitura, ANTONIO.)

JUAN.   El pobre de Antonio Alvillo
             fue galán de extraña tema,   150
             asaeteado de dulces,
             de aposentos y comedias.
             La *nunca vista* le saja,
             astillas le hace la *nueva,*

Díjose así porque para esto se ponen muchos alfileres» *(Aut.).* Comp. Quevedo, *Libro de todas las cosas:* «Mujer con cara podrida, como olla, [...] más preciada de bien prendida que los que están en los calabozos» *(Prosa festiva,* págs. 426-427).

147 *manto de soplillo:* «un género de manto que hacían antiguamente de tafetán muy feble, que se clareaba mucho y traían las mujeres por gala» *(Aut.).* Este soplillo se ha pasado a las audiencias en forma de los soplones o alguaciles que apresan a los arruinados y deudores por causa de las mujeres.

148 acot. *carteles de comedias:* el anunciador de comedias aparece lleno de carteles: «el papel que se fija en algún paraje público en que se manda o hace saber alguna cosa, para que venga a noticia de todos» *(Aut.).* Sobre el uso de los carteles anunciadores de comedias en el teatro áureo, véase A. de la Granja, 1989; M. de los Reyes, 1984 y 1993; *papelón:* a modo de cucurucho de papel. Comp. *Estebanillo,* II, pág. 331: «me hizo, sin ser doctor, media docena de visitas, dejándome siempre debajo de las almohadas muy lindos papelones de confituras».

150 *tema:* en femenino, como era usual, en el sentido de 'manía', que queda aún en la frasecilla «Cada loco con su tema»; Vélez, *Cojuelo,* pág. 176: «un escuadrón volante de locos [...] con diferentes temas»; *Sueños,* pág. 187: «había cochero de aquellos que pedía aún dineros por ser atormentado, y que la tema de todos era que habían de poner pleito a los diablos por el oficio».

152 *aposento:* «es una pieza pequeña con reja o balcón, que sale al patio donde está el teatro de las comedias, para ver las representaciones que se hacen en él» *(Aut.).*

153-154 *nunca vista:* como *nueva, jamás vista, famosa* eran adjetivaciones aplicadas a las comedias, que procuraban atraer al público al teatro. Apuntan a la importancia que tenía no repetir comedias o entremeses, porque el público exigía constante renovación en el cartel.

	si escribe Mira de Mosca,	155
	si escribe Lope de Vergas.	
ANTONIO.	Si vuelan los *Antecristos*	
	con mi dinero se vuelan;	
	si baja Luisa de Robles	
	mis pobres cuartos me cuesta.	160
	No quiere subir Vallejo	
	y por ver cómo se queda,	
	de miedo de las tramoyas	
	antecristo barbinegra,	
	pago aposento y confites,	165
	si la silban, por las fiestas,	
	si hay hedor, pago el hedor,	
	que aun no aprovecha que hiedan.	
NIÑO.	Eso es andar el dinero	
	del pobrete que os celebra	170
	cual de Herodes a Pilatos	

155-156 Deformación chistosa de los nombres de los dramaturgos Mira de Amescua y Lope de Vega.

157 *vuelan los Antecristos:* alusión a un suceso de la época: la compañía de Vallejo dio a principios de diciembre de 1623 el malogrado estreno de *El Anticristo* de Ruiz de Alarcón, satirizado por Quevedo aquí y en las redondillas «A Vallejo, cuando no quiso en una comedia bajar en la nube, y bajó su mujer, Luisa de Robles», y por Góngora en un soneto «Contra Vallejo, autor de comedias, porque representando en una al Anticristo y habiendo de volar por una maroma, no se atrevió y voló por él Luisa de Robles». Figura Luisa de Robles en una lista de la compañía de Vallejo del 17 de septiembre de 1623 (Bergman, 1965, pág. 556 y nota). La afirmación de que Luisa de Robles fue mujer de Vallejo no es cierta y solo se encuentra en el epígrafe de las redondillas de Quevedo redactado probablemente por otra persona mucho después lo que explicaría el error. Véase J. O. Crosby, 1967, págs. 127-128 y notas.

164 antechristà TM.

166-168 *silban:* era uso frecuente silbar las comedias que desagradaban. Alarcón fue uno de los más castigados con silbas en sus estrenos. «Y no fueron solo silbidos los que tuvo que soportar el ilustre y profundo comediógrafo. Al estrenar su grandiosa concepción El Anticristo, los reventadores (que diríamos en lenguaje de hoy) echaron en las candilejas un aceite tan pestífero, que hizo huir a los espectadores e impidió concluir la representación» (Deleito Piñuela, 1988, pág. 187). A eso se refiere el hedor del v. 167.

171-72 *de Herodes a Pilatos:* ir de una persona a otra y de mal en peor en un asunto; «Andar de Herodes a Pilatos. Cuando se anda a negociar con diferen-

de arrendadores a puertas;
pero ya dicen que agora
los valencianos se sueltan
con todo el Juicio final,   175
resurrección y trompeta;
pues para los dos hermanos
dos juicios habrá por fuerza
y *Los juicios parecidos*
se llamará la comedia.   180

---

tes personas en diversas partes; y si son juez, letrado, procurador y escribano, viene mejor acomodada la metáfora de la Pasión» (Correas, refrán 2467); que viene a ser lo mismo que *de arrendadores a puertas; arrendador:* figura importante en el sistema teatral del Siglo de Oro; contrataba al autor de comedias. Después del año 1632 el Ayuntamiento de Madrid asume la responsabilidad por la mala gestión de los últimos arrendadores; *puertas:* para entrar en el corral de comedias había que abonar varias cantidades en las diversas entradas, que correspondían a las cofradías, o arrendadores y compañía de actores.

174 *los valencianos se sueltan:* se refiere a dos hermanos de apellido Valenciano: Juan Bautista Valenciano, que desde 1621 era autor de una compañía, y su hermano mellizo Juan Jerónimo Valenciano que trabajó en la compañía de Juan Bautista, y luego se separó para hacerse a su vez autor; ya como autor figura en un documento del 29 de febrero de 1624. Véase Bergman, 1965, págs. 551-553; Asensio, 1971, págs. 234-235.

176 *trompeta:* el ángel tocando la trompeta del Juicio Final es indispensable en la iconografía del motivo, como recuerda el pintor Pacheco a propósito del Juicio de Miguel Ángel y del suyo propio *(Arte de la pintura,* ed. Sánchez Cantón, 1956, libro II, cap. III «En que se prosigue la materia del decoro»); por ejemplo el parecer de Antonio de Santiago sobre la pintura de Pacheco: «en cuanto a la voz que dispertará y levantará a los muertos, significada de ordinario en las divinas letras por la trompeta. [...] Ni gastemos tiempo en lo que está tan recebido en la Escritura y Santos y los pintores antiguos usaron pintar a un ángel con una trompeta despertando a los muertos» (pág. 318). Fue oída y temida por San Jerónimo. El ángel con la trompeta abre el sueño de *El Juicio Final* de Quevedo.

179 *Los juicios parecidos:* título calcado sobre *Los hermanos parecidos,* auto sacramental de Tirso de Molina, que fue representado por primera vez en Toledo por la compañía de Tomás Fernández Cabredo en la octava del Corpus de 1615, en la que hicieron los papeles de los hermanos los actores Juan Bautista Valenciano y Juan Jerónimo Valenciano, conocidos como los Valencianos. Véase Tirso de Molina, *Obras dramáticas completas, Autos sacramentales I,* págs. 12-13 y notas.

(Descúbrense dos palos vacíos.)

JUAN.	Estos dos palos que miras	
	sin algún gastado a cuestas,	
	estaban para los hombres	
	que dan aguinaldo y ferias.	
	Ha seis años que se vieron	185
	sin que de ellos haya nuevas;	
	ni mercaderes la saben	
	ni joyeros la sospechan.	
	Tras ellos han despachado	
	dos muchachas ojinegras	190
	que con cuidado los busquen,	
	y, si los topan, los prendan.	
NIÑO.	Para dueñas y escuderos	
	aun no les valdrá la Iglesia:	
	suelten tías por el aire,	195
	suelten madres por la tierra.	

---

181 acot. *palo:* instrumento donde se ejecuta el ajusticiamiento. «Había de estar Fulano puesto en cuatro palos, del hombre facinoroso, conviene a saber, hecho cuatro cuartos» (Cov.). Recuérdese que los reos se ataban en un palo en Peralvillo.

182 *sin algún gastado:* 'estos dos palos que ves, sin contar los que se han llevado en las costillas, estaban para los tontos que se gastan el dinero con las mujeres'.

184 *ferias:* «Se llaman las dádivas o agasajos que se hacen por el tiempo que hay feria en algún lugar, y se dice regularmente dar ferias, que es lo mismo que regalar con cosas compradas en la feria» *(Aut.)*. Comp. Quevedo, *Un Heráclito*, núm. 275, vv. 37-46: «¡Oh, cultos de Satanás, / que a las faciones blasfemas / con que piden, con que toman, / andáis vistiendo de estrellas! / Un muslo que nunca aruña, / unas sabrosas caderas / que ni atisban aguinaldos / ni saben qué cosa es feria, / esto sí se ha de cantar / por los prados y las selvas».

185 ss. No hay ajusticiados en esos palos porque los hombres dadivosos han desaparecido desde seis años atrás.

193 *dueñas:* anotado en otros lugares. Véase *Entremés del marido pantasma*, vv. 139-143; *escudero:* «criado que sirve a las señoras acompañándolas cuando salen de casa» *(Aut.)*. Con la dueña suele formar pareja cómica en la literatura burlesca y en las comedias.

194 *no les valdrá la Iglesia:* la justicia no tenía acceso a los criminales cuando estos se acogían al sagrado de una iglesia, donde lograban impunidad. Pero para dueñas y escuderos ni este refugio funciona.

195-196 *tías, madres:* 'alcahuetas'.

(Descúbrese una bolsa vacía encima de dos huesos de muerto.)

JUAN. Esta que miras al cabo
triste bolsicalavera,
notomía de las lindas,
esqueleto de las feas,   200
es la bolsa condenada
que cercada de culebras
está en los eternos dacas
ardiendo en uñas eternas.

NIÑO. Nenes, mirad lo que somos: 205
quien bien guarda solo medra;
veis allí las sepolturas
que la dejaron tan seca;
esos gusanos con moño,
ataúdes con guedejas,   210
la comieron lo de dentro,
la rayeron lo de fuera.
En esto habéis de parar
las más ricas faltriqueras:
miradla, mirad con miedo   215
a quien chuparon con fuerzas;

---

196 acot. buessos TM; *bolsa vacía:* como si fuera una calavera; burlescamente, la bolsa vacía es motivo de meditación o reflexión moral sobre lo caduco de los bienes del mundo, como lo puede ser en serio una calavera. Comp. Quevedo, *Cartas del caballero de la Tenaza:* «Al irse a acostar, antes de dormirse, se llegará al talegón vacío que tendrá colgado a la cabecera de su cama por calavera de los perdidos, con rótulo que diga; [siguen cinco versos coincidentes con los de la quintilla de los versos 221-225]» *(Prosa festiva,* págs. 272-273); *íd.,* pág. 288: «Todas os habéis vuelto a Dios en viéndome sin blanca. Cosa devotísima debe ser un pobre, y vuestra calavera es bolsa vacía».

199 *notomía:* «metafóricamente llama así el vulgo a los esqueletos o a los cuerpos que están muy secos y decaídos» *(Aut.); Quijote,* 2, 11: «dio a correr por el campo con más ligereza que jamás prometieron los huesos de su notomía».

203-204 *dacas, uñas:* referencias, ya anotadas, a las pedigüeñas y busconas, que son el infierno de las bolsas.

209-10 *gusanos con moño, ataúdes con guedejas:* los moños y las guedejas, como postizos usados por las pidonas, sirven de metonimia a estas. Por los efectos mortales sobre las bolsas se pueden calificar de gusanos y ataúdes.

                a voces está diciendo
                con aquella boca abierta,
                desdentada de doblones,
                al talegón que está cerca: 220
                «Tú, que me miras a mí
                tan triste, mortal y feo,
                mira, talegón, a ti,
                que, como te ves, me vi
                y veraste cual me veo.»   225

    (*Salen* Manuela, Ana *y* María.)

Manuela.   ¡Ay qué linda criatura!
María.   ¡Ay, cómo llora!
            Los dientes deben de salirle agora.
            Dame la bolsa y quitarete el moco.
Niño.   ¿«Dame la bolsa»? Coco, coco, coco.
Manuela.   Mil sales tienes; eres lindo: daca.   230
Niño.   ¿«Daca» tras «lindo»? Caca, caca, caca.
Manuela.   ¡Oh, qué mal niño eres!
            No veo que a darme nada te acomodes.
            ¡Lástima fue no dar contigo Herodes!
Niño.   Yo soy, aves diabólicas con manto,   235
            el Niño de la Guarda sin ser santo;
            y seré, si porfían
            y anda el enredo listo,
            el niño de la piedra, vive Cristo.

221-225 Estos cinco versos, con la única variante «mira, talegón, por ti» en el verso 223, se encuentran en *Cartas del caballero de la Tenaza* (*Prosa festiva*, pág. 273).

229 *coco:* el niño elude a las pidonas como si estas fueran el coco.

234 *Herodes:* por la matanza de los Santos Inocentes.

236 *Niño de la Guarda sin ser santo:* alusión al niño que llaman de la Guardia, localidad de Toledo, que sufrió martirio a manos de judíos. Es el protagonista de las comedias *El niño inocente de la Guardia* de Lope de Vega, y *La viva imagen de Cristo: El Santo Niño de la villa de la Guardia,* de José de Cañizares. Juego de palabras con 'guardar el dinero'.

239 *piedra:* donde dejaban a los expósitos o niños de la piedra, motivo ya anotado; aquí alude, naturalmente, a la dureza de la piedra, imagen del que guarda bien su dinero.

ANA.	Cantemos al muchacho.	240
NIÑO.	Si me cantan, darelas...	
MARÍA.	¿Qué darás?	
NIÑO.	Atención a las vihuelas.	

(Cantan.)

>   Pues que da en no darnos
> este muchacho,
> bien será que le demos 245
> todas al diablo.
> Niño de mis ojos,
> haz cuando lloras
> para ti pucheros,
> para mí ollas. 250

NIÑO.   Dar en vuesastedes
yo vengo en ello;
pero dar a vustedes
yo lo condeno.

(Cantan.) Todos den y nadie amague: 255
quien tal hace que tal pague.

---

242 *vihuela:* instrumento músico ya anotado.

246 *dar al diablo:* «Frase con que se explica el desprecio grande que se hace de alguna persona o cosa» *(Aut.).*

249-250 *hacer pucheros:* «frase metafórica que significa formar aquellos gestos y movimientos que preceden al llanto o al querer llorar verdadera o fingidamente, acción que ordinariamente ejecutan los niños» *(Aut.).* El juego es fácil.

251 y ss. En TM versos seguidos de los anteriores, sin nombre de interlocutor. Son sin duda del Niño los cuatro versos 251-254; el v. 251 es corto; *dar en:* en este contexto tiene significado obsceno.

255 Comp. *Cartas del caballero de la Tenaza:* «el verdadero caballero de la Tenaza amague y no dé» *(Prosa festiva,* pág. 274). Estos dos versos finales deben de ser de las pidonas.

256 *quien tal hace que tal pague:* pregón que se proclamaba de los reos condenados a la vergüenza pública mientras los azotaban; *Guzmán,* pág. 341: «Y en eso vine a parar, y es justa justicia que quien tal hace, que así lo pague»; *Poesía original,* núm. 851, vv. 51-54: «El Gangoso es pregonero, / tiple de los azotados, / abreviando el "quien tal hace", / al que no le paga el canto».

Entremés de la ropavejera

PERSONAS[1]

RASTROJO
ROPAVEJERA
DOÑA SANCHA
DON CRISÓSTOMO
MUJERES Y BAILARINES

GODÍNEZ
ORTEGA
DOÑA ANA
MÚSICOS

Salen RASTROJO *y la* ROPAVEJERA.

RASTROJO.	¡Válgame Dios, qué extraordinaria cosa!
	¿Qué oficio dice vuesarced que tiene?
ROPAVEJERA.	Muy presto se le olvida:
	yo soy ropavejera de la vida.
RASTROJO.	De solamente oíllo pierdo el seso. 5
	¿Y tiene tienda?
ROPAVEJERA.	Tengo.
RASTROJO.	¿Y vende?
ROPAVEJERA.	Y vendo.

---

[1] Personas: falta la lista de personas en *Tres musas* (TM, nuestro texto base).

4 *ropavejera:* tendera de ropas y vestidos viejos. Los roperos por su fama de engañadores es un tópico satírico. Cfr. *Sueños,* pág. 366: «No trato de los pasteleros y sastres, ni de los roperos, que son sastres a Dios y a la ventura y ladrones a diablos y desgracia». El complemento preposicional «de la vida» se entiende enseguida al ver qué es lo que verdaderamente vende esta ropavejera.

Rastrojo.	¡Estoyme entre mí propio consumiendo!
Ropavejera.	Soy calcetera yo del mundo junto,
	pues los cuerpos humanos son de punto
	como calza de aguja: 10
	cuando se sueltan en algunas barbas
	puntos de canas, porque estén secretas,
	les echo de fustán unas soletas.
	¿Veis aquella cazuela?
Rastrojo.	Muy bien.
Ropavejera.	¿Y a mano izquierda una [mozuela? 15
	Pues ayer me compró todo aquel lado.
	Y a aquella agüela, que habla con [muletas
	vendí antenoche aquellas manos nietas.
	Yo vendo retacillos de personas,

---

8 *calcetera:* la que remienda y compone las medias o calzas. En este caso se refiere a calzas de punto hechas con agujas de hacer media, metáfora por el cuerpo humano que la ropavejera se dedica a recomponer.

13 *de fustán unas soletas: fustán* es una tela de algodón que sirve para forrar los vestidos; debió de ser de color negro, porque en una de las *Recopilaciones* se dice: «Otrosí mando que los fustanes que se hobieren de hacer en estos mis Reinos, no puedan ser negros», y *soletas* son los remiendos que se le ponen a las medias o calzas. Le echa remiendos negros en las barbas, es decir, se las tiñe para componer los puntos blancos de las canas. Cfr. *Poesía original*, núm. 697, vv. 77-80: «No hay barba cana ninguna, / porque aun los castillos pienso / que han teñido ya las suyas / a persuasión de los viejos».

14 *cazuela:* la zona del teatro donde se colocaban las mujeres. Es un recurso de ruptura de la ilusión escénica, frecuente en los géneros cómicos: los actores hacen comentarios sobre los propios espectadores de la pieza, y establecen una continuidad jocosa haciendo chistes sobre el público.

15 veis aquella caçuela? *Rast.* Muy bien. / *Rop.* Y a mano izquierda veis vna moçuela? en TM. Astrana, a quien sigue Blecua, propone añadir «Muy bien [en la cazuela he reparado]» que hace un buen endecasílabo, pero no deja de ser conjetura. Podría suceder que repitiera por inercia el «veis» del v. 14; si se elimina el v. 15 se soluciona cómputo silábico y rima. Todo es hipótesis.

17 *hablar con muletas:* no tiene dientes ni muelas por lo que necesita ayuda *(muletas)* para hablar, indicio de que es muy vieja. Aquí Quevedo en vez de caracterizar la boca, por metonimia, caracteriza el habla.

18 *manos nietas:* jóvenes. Cfr. *Entremés de los enfadosos:* «porque hay vieja orejón encarrujada / que se viste de noche, muy secreta, / sobre caraza agüela, cara nieta».

              yo vendo tarazones de mujeres,   20
              yo trastejo cabezas y copetes,
              yo guiso con almíbar los bigotes.
              Desde aquí veo una mujer y un hombre,
              nadie tema que nombre,
              que no ha catorce días que estuvieron   25
              en mi percha colgados,
              y están por doce partes remendados.

(Sale DOÑA SANCHA, *tapada con manto.)*

D.ª SANCHA.	¿Oye vuested una palabra aparte?
RASTROJO.	¡Vive el Señor, que llegan por recado!
ROPAVEJERA.	En conciencia que pierdo 30
	y que me cuesta más de lo que pido.
RASTROJO.	Yo temo que he de ser aquí vendido.
D.ª SANCHA.	Una y tres muelas dejaré pagadas.
ROPAVEJERA.	Eso es descabalar una quijada.

---

20 *tarazones:* tarazón es el trozo que se parte de algo, normalmente carne o pescado. Aquí es 'pedazos, trozos de mujeres', para arreglar los desperfectos.

21 *trastejar:* reparar y componer quitando las tejas viejas y poniendo otras nuevas; *copete:* moño o mechón de pelo que se levanta sobre la coronilla. Usa metáforas de arreglar los tejados para referirse al arreglo de los copetes y cabezas, bien tiñendo las canas, bien poniendo postizos en las calvas.

22 *guisar con almíbar los bigotes:* prepararlos con algún ungüento o tinte. Quevedo relaciona el verbo guisar con algún otro elemento culinario, metáfora de afeites y cosméticos. Cfr. *Hora de todos,* pág. 84: «Estábase guisando las cejas con humo, como chorizos»; *Poesía original,* núm. 692, vv. 27-30: «Bigotes que amortajaron / en blanco lienzo los días, / el escabeche los cubre / pero no los resucita».

24 *nadie tema que nombre:* tranquiliza a los espectadores por si temían ser nombrados: 'no se preocupen, que no voy a dar nombres, no voy a sacar a la vergüenza a esos dos, aunque yo los conozco bien'.

29 *recado:* «Prevención o provisión de todo lo necesario para algún fin» *(Aut.).* Llegan para conseguir lo que necesitan.

30 *en conciencia:* aseveración que equivale a un juramento. La ropavejera ha pedido, mientras hablan aparte sin que lo oiga nadie, una cantidad, la clienta ha pedido rebaja y la vieja asegura que con ese precio sale perdiendo.

34 *descabalar:* «Quitar alguna parte de las cosas que estaban dispuestas en número o cantidad determinada» *(Aut.).* Cfr. *Poesía original,* núm. 710, vv. 9-12: «Desde que os vi en la ventana, / u dando o tomando el sol, / descabalé mi asadura / por daros el corazón». La ropavejera quiere vender la

Rastrojo.	¿Quijada? ¡Vive Dios! ¿Quijada dijo?	35
Ropavejera.	Está la dentadura como nueva, que no ha servido sino en una boda. Déjese gobernar, llévela toda.	
D.ª Sancha.	Esto es señal.	

(Dale dineros, y vase.)

Ropavejera.	Más ha de cuatro días que calza usted en casa las encías.	40
Rastrojo.	Mancebitos, creed en bocas falsas, con dientes de alquiler, como las [mulas. ¡El dinero y el gusto me atribulas!	

(Asómase Don Crisóstomo, *calado el sombrero.)*

D. Crisóstomo.	¿Qué digo, reina, hay gambas?	
Ropavejera.	¿Cuántas ha menester vuesarced?	45
D. Crisóstomo.	Ambas.	

---

dentadura entera, no solo una o tres muelas, porque así se queda con una quijada descabalada.

39 *señal:* la parte de precio que se anticipa como prenda de seguridad.

41-42 Es tópica la mala fama que tenían las *mulas de alquiler*. Aquí parece floreo verbal, por asimilación de los dientes a las mulas sobre la semejanza de ser alquilados. La agudeza de semejanza produce un sintagma grotesco y llamativo «dientes de alquiler». Puede haber otras resonancias: la mula de alquiler es metáfora de la prostituta usada en varias ocasiones por Quevedo. Cfr. sobre las connotaciones de la mula de alquiler *Poesía original*, núm. 521, v. 12: «de mula de alquiler sirvió en España» (una dueña); y en un romance dedicado a la fortuna, *Poesía original*, núm. 746, vv. 25-28: «las mulitas de alquiler / de ti aprendieron a falsas, / pues a quien llevas encima / le derribas y le arrastras».

44 *gambas:* piernas. *Poesía original*, núm. 757, romance «Lindo gusto tiene el Tiempo», vv. 80-83: «Y tiene por pasatiempo / al más preciado de gambas / calzarle sobre juanetes / la lapidosa podagra». Todo este saludo de Crisóstomo es de registro agermanado, como el llamar «reina» a las mujeres, o la frasecilla «qué digo», coloquial.

ROPAVEJERA.   De casa son aquesas.
D. CRISÓSTOMO. Hanme salido aviesas.
                 ¿Hay mójili?
ROPAVEJERA.   Ya entiendo:
    una caldera estoy embarneciendo.

(Vase DON CRISÓSTOMO.*)*

                 Estas barbas de leche por las canas,   50
                 vienen a casa en hábito de ovejas
                 a ordenarse de pelo y de guedejas.

(Entra GODÍNEZ, *de dueña, con manto de anascote, y vense las tocas por debajo.)*

---

46 *de casa son:* esas piernas también se las había vendido la ropavejera, pero le han salido malas.

47 *aviesas:* torcidas, de mala calidad, traidoras.

48 *mójili:* preparación para teñir las barbas, según se deduce del contexto. Es otra metáfora culinaria: ajilimójili es una especie de salsa para los guisados. Ya se han visto otras metáforas de la misma categoría para las tinturas y afeites.

49 *embarnecer:* engordar, engrosar. Está preparando una caldera de mójili o tinte.

50 *barbas de leche:* sintagma jocoso que recuerda otros como capones de leche, etc.

51-52 *en hábito de ovejas:* por lo blanco, las canas, que parecen la lana blanca de las ovejas; y juego de palabras con *hábito:* vestido de los eclesiásticos, y *ordenarse:* recibir la tonsura. Sobre la frase *ordenarse de corona:* la prima tonsura clerical, se forma *ordenarse de pelo y de guedejas; guedejas:* cabello que cae de la cabeza a las sienes de la parte de adelante. Hay un juego paronomástico con «ordeñarse»: las ovejas se ordeñan y se les quita la leche; estos viejos se ordeñan de pelo y de guedejas porque también se les quita la leche (las canas) al teñirse. Para otro sentido de una imagen parecida, comp. *Poesía original*, núm. 757, vv. 33-36, que describe operaciones del tiempo: «y el ordeñar como suele, / las manos y las gargantas, / que quitándoles la leche / quedan cazones y zapas».

52 acot. *de dueña:* caracterizada con el vestido habitual de la dueña: largas *tocas* blancas que se ven por debajo del *manto de anascote:* confeccionado con una tela de lana de la que se hacían hábitos religiosos, mantos o se adornaban las paredes.

Godínez.	¡Ce!	
Ropavejera.	Ya entiendo la seña.	
Rastrojo.	¡Que me quemen a mí si esta no es [dueña!	
Godínez.	Yo estoy un tris agora de casarme,	55
	y tiénenme disgustos arrugada.	
Ropavejera.	Los años no tendrán culpa de nada.	
Rastrojo.	De cáscara de nuez tiene el pellejo,	
	y la boca de concha con trenales,	
	los labios y los dientes desiguales.	60
Ropavejera.	Yo la daré niñez por ocho días,	
	mas ha de hervir la cara en dos lejías.	
Godínez.	Herviré, por ser moza, un día entero	
	en la caldera de Pero Botero.	

(*Vase* Godínez.)

---

53 *ce:* «Voz con que se llama a alguna persona, se la hace detener o se la pide atención» (*Aut.*). Monteser, *El caballero de Olmedo*, en García Valdés, 1991, pág. 202: «—¡Ce! ¡Ce! —Oíd; ¿qué es aquello?»; lo normal es la exclamación doble «ce, ce», que es lo que trae TM; Astrana y Blecua suprimen una y nosotros también para conservar la medida del heptasílabo.

55 *un tris:* es expresión censurada por Quevedo en *Cuento de cuentos*, en *Prosa festiva*, pág. 392: «No es el mundo tan grande como un tris; todo está en un tris y no hay dos trises». Es ridículo el que esta vieja dueña se disponga a casarse; la excusa de las arrugas es tópica, al atribuirlas a los disgustos y no al paso del tiempo.

58 *cáscara de nuez:* imagen satírica para describir las arrugas. *Poesía original*, núm. 748, vv. 45-46: «frente cáscara de nuez, / que ha profesado de jimio»; núm. 739, vv. 5-8: «A pesar del artificio, / el padre Matusalén / ha introducido en su cara / mucha cáscara de nuez».

59 *de concha con trenales:* con *concha* se refiere a la forma de la boca; no hallamos documentado *trenales*; podría estar relacionado con *trenado* «dispuesto en forma de enrejado o redecilla», es decir, la boca tenía forma de concha donde los dientes desiguales hacían el efecto de un enrejado.

65 *caldera de Pero Botero:* así se llama, vulgar y jocosamente, al infierno, y *Pero Botero* o *Pero Gotero* es el nombre folclórico del diablo. *Sueños*, pág. 451: «hay mujer destos, de honra postiza, que se fue por su pie al don, y por tirar una cortina, ir a una testera, hartará de ánimas a Perogotero».

Rastrojo.	¡Y habrá parabieneros tan picaños, que digan que se gocen muchos años!	65

(Sale Ortega *arrebozado.)*

Ortega.	Señora, ¿habrá recado?	
Ropavejera.	Ya conozco la voz sin criadillas.	
Ortega.	¿Habrá un clavillo negro de Meléndez y dos dedos de bozo, con que mi cara rasa pueda engañar de hombre en una casa?	70
Ropavejera.	Yo mandaré buscallos; éntrese al vestuario de los gallos.	

(Vase Ortega. *Sale* Doña Ana *tapada con abanico.)*

D.ª Ana.	¿Conóceme vuested?	
Ropavejera.	De ningún modo.	75
D.ª Ana.	Señora, yo quisiera que ninguna persona nos oyera.	

---

65 *parabieneros:* voz jocosa para designar a los que dan los parabienes, las expresiones de felicitación; *picaños:* pícaros, de poca vergüenza.

66 *que se gocen muchos años* es fórmula usual de felicitación en las bodas.

66 acot. *arrebozado:* «cubierto con un cabo o lado de la capa el rostro, y con especialidad la barba o el bozo, echándole sobre el hombro izquierdo para que no se caiga» (*Aut.*). Quevedo, *El Buscón,* pág. 190: «Ya yo iba tosiendo y escarbando, por disimular mi flaqueza, limpiándome los bigotes, arrebozado y la capa sobre el hombro izquierdo».

68 *voz sin criadillas:* voz sin testículos, es decir, voz de capón.

69 melindez TM, que enmendamos. Los Meléndez eran una conocida familia de pañeros segovianos, y era muy famoso su paño refino negro. El capón y lampiño Ortega pretende comprar un clavillo tan negro como el paño de Meléndez y un poco (dos dedos) de bozo o bigote para parecer hombre. *Clavo* llamaban a un tipo de barba breve; *clavillo* 'barbita'. Cfr. Castillo Solórzano, *Teresa de Manzanares:* «no quiero yo [...] que vuesa merced tenga zalea de barba [...] solo la suficiente [...] y en las partes que se requiere la ha de poner, dándole muy poblados bigotes y clavo». Véase, para este pasaje y más documentación al respecto, Arellano, 1987a.

71 *rasa:* sin barba, lampiña.

74 Irónicamente, envía al capón al *vestuario de los gallos* que son sinónimo de virilidad. También puede entenderse que en ese vestuario le dará el bigote y la barba que necesita para parecer hombre. El actor indica exactamente el vestuario, como antes la cazuela, en otro efecto de ruptura de la ilusión escénica.

Rastrojo.	¿Hase visto en el mundo tal despacho?
Ropavejera.	Diga vuested sus culpas sin empacho.
D.ª Ana.	Digo, señora mía, 80 que, así me salve Dios, que no he [cumplido veinte y dos años.
Ropavejera.	Muéstreme el [semblante.

(Descúbrese Doña Ana.)

	Veinte y dos años ¿no?; pase adelante.
D.ª Ana.	Y de melancolías tengo ya mordiscadas las facciones 85 y mazco con raigones.
Ropavejera.	¿Y es de melancolías, no de años, desmuelo semejante?
D.ª Ana.	Años no hay que tratar.
Ropavejera.	Pase adelante.
D.ª Ana.	También me ha perseguido un [corrimiento 90 y me tienen sumidos los carrillos unas ciertas cosillas como arrugas.
Ropavejera.	Pero ¿no son arrugas?

---

78 *despacho*: descaro, respuesta áspera.

84 y ss. Reiteradamente se hace eco Quevedo de las excusas de las viejas para justificar los rasgos de deterioro producidos por la edad. Ver *Libro de todas las cosas*, en *Prosa festiva*, págs. 427-428: «Unas viejas en duda, que se usan, que se toman de los años como del vino, y andan diciendo que la falta de dientes es corrimiento, y que las arrugas son herencia, y las canas disgustos, y los achaques pegados, y por no parecer huérfanas de la edad llaman mal de madre el que es mal de agüela...»; *Sueños*, págs. 207-208: «Muchas [viejas] han venido acá muy arrugadas y canas y sin dientes ni muela, y ninguna ha venido cansada de vivir. Y otra cosa más graciosa, que si os informáis dellas, ninguna vieja hay en el infierno, porque la que está calva y sin muelas, arrugada y lagañosa de pura edad y de puro vieja, dice que el cabello se le cayó de una enfermedad, que los dientes y muelas se le cayeron de comer dulce, que está jibada de un golpe, y no confesará que son años si pensare remozar por confesarlo».

90 *corrimiento*: «fluxión de humor que cae a alguna parte, como a las muelas, a los oídos, a los ojos, etc.» *(Aut.)*.

D.ª ANA.	Soy muy moza para tener desdicha semejante.
ROPAVEJERA.	Corrimientos, al fin. Pase adelante. 95 ¿Tiene más que decir?
D.ª ANA.	Tenía las manos más blancas que los ampos de la nieve. Téngolas rancias ya con algún paño, que me las aojaron habrá un año, teniendo veinte y dos aún no [cumplidos, 100 y secáronse entrambas al instante.
ROPAVEJERA.	Y aún se son veinte y dos: pase adelante. En las mujeres siempre son los años buenos, justos y santos inocentes, pues en cana, ni arruga, ni quijada, 105 no tuvieron jamás culpa de nada. ¿Y qué se ofrece ahora?
D.ª ANA.	Quisiera que vuested me remediara.
ROPAVEJERA.	Yo la daré como remude cara.

(Vase DOÑA ANA.)

Ya en el mundo no hay años,   110
pues aunque el Tiempo a averiguallos
 [venga,
no hallará en todo el mundo quién los
 [tenga.

---

96 y ss. En el romance «Lindo gusto tiene el Tiempo» utiliza Quevedo imágenes semejantes para aludir a la pérdida de la blancura y tersura de las manos.
98 *paño:* mancha oscura que varía el color natural de la piel.
99 *aojar:* hacer mal de ojo, dañar a otro con la vista, según superstición corriente. Quevedo, *El Buscón*, pág. 191: «puestos en él los ojos, le miré con tanto ahínco, que se secó el pastel como un aojado».
103-106 Comp. *Pregmática de aranceles generales*, en *Prosa festiva*, págs. 179-180: «Y porque se han quejado los trabajos que a ellos les echan la culpa de las canas, malas caras y otras diminuciones [...] declaramos ser años, y mandamos que de aquí adelante, pena de que serán castigados con graves penas por rebeldes contumaces, que ninguno sea osado a llamarlos trabajos, sino años y no de ninguna otra manera».

Rastrojo.	Las damas de la corte siempre se están, y aquesto me [enloquece, en porfías y en años en sus trece. 115

(Suenan guitarras.)

                Guitarras vienen; músicos espero,
                para que te alboroces
                o remiendes los tonos y las voces,
                que las guitarras no serán tan lerdas
                que en casa de las locas busquen
                                     [cuerdas.   120

(Salen Músicos.*)*

Músicos.	¡Adobacuerpos, como adobasillas!, ¡botica de ojos, bocas, pantorrillas!, nuestro baile del *Rastro* está tan viejo, que no le queda ya sino el pellejo; queremos, si es posible, remendalle 125 con los bailes pasados.
Ropavejera.	Remendaréle por entrambos lados, que no se le conozcan las puntadas. Las bailas aquí están todas guardadas:

---

115 *en sus trece:* juego con *estarse en sus trece:* 'ser tenaz en su dictamen, no rendirse a persuasión ni razón alguna', en cuanto a porfías, y 'no pasar de trece años' en cuanto a los años.

120 *cuerdas:* juego con la dilogía de *cuerdas* como 'cuerdas de la guitarra' y como 'sensatas, juiciosas', opuesto a *locas*. Es tópico.

121 *adobar:* «componer, reparar, aderezar o remendar alguna cosa» *(Aut.)*.

123 y ss. Para el *Rastro* y los demás bailes y bailas, véase Cotarelo, *Colección*, I, págs. CLXXXVII-CXC. Quevedo les dedica el baile titulado «Corte de los bailes», donde también hace alusión a la vejez de los bailes y a la necesidad de «remudarlos»; comp. vv. 33-36: «Gusto y valentía, / dinero y juego, / todo se halla en la plaza / del *Rastro viejo*».

129 *bailas:* lo mismo que baile o danza. *Autoridades* indica que «es voz baja usada entre los rústicos, no solo en Castilla, sino en Aragón». Para estos bailes remitimos a las notas de los bailes donde documentamos todos ellos.

(Descubre las mujeres y los bailarines, cada uno con su instrumento.)

	Zarabanda, Pironda, la *Chacona,*	130
	Corruja y *Vaquería;*	
	y los bailes aquí: *Carretería,*	
	¡Ay, ay!, Rastrojo, Escarramán, Santurde.	
RASTROJO.	Este remiendo es lo que más me aturde:	
	¡zampado estoy en medio del remiendo!	135
ROPAVEJERA.	Vaya de bailes un aloque horrendo.	
MÚSICOS.	¡Qué acciones tan estrañas!	
	Estaban ya con polvo y telarañas.	

(Va limpiando con un paño las caras a todos, como a retablos, y cantan y bailan lo siguiente):

CANTAN.	Una fiesta de toros	
	es mi morena:	140
	pícaros y ventana,	
	ruido y merienda.	
	Úsanse unas tías	
	de mala data,	
	que echan las sobrinas	145
	más que las habas.	
	Trátannos los hombres	
	como al ganado,	
	pues a puros perros	

---

136 *aloque:* mezcla, revoltijo; el aloque era un vino mezcla de blanco y tinto. Ver *Premáticas contra las cotorreras,* en *Prosa festiva,* pág. 341 y nota de García Valdés.

143 *tías:* alcahuetas.

144 *data:* «Se suele tomar también por calidad. Úsase muy de ordinario con la frase estar una cosa de mala data» *(Aut.).*

145-146 *echar las habas:* hacer el hechicero conjuros, hechizos o sortilegios. Las alcahuetas tenían fama de ser también hechiceras. Quevedo hace un juego lingüístico con *echar las sobrinas,* tumbarlas, hacerlas prostitutas, y *echar las habas,* acción propia de las hechiceras. *Poesía original,* núm. 859, vv. 57-58: «En mi vida eché las habas; / antes me echaba a mí propia».

149 *perros: dar perro muerto,* se usaba por 'engañar a una mujer de mala vida no pagándole sus favores'. Juego con los significados de *guardar el hato:* 'vigilar

> guardan el hato. 150
> Quéjase que le pido
> quien no me ha dado;
> deme, y quéjese luego,
> pese al bellaco.

---

el rebaño de ganado' y 'no dar, ser un tacaño', teniendo en cuenta que *hato* es también 'conjunto de provisiones'. Comp. *Poesía original,* núms. 609, vv. 13-14: «que al no pagar, los necios, los salvajes, / siendo paloma le llamaron perro»; 633, vv. 27-30: «llamóse doña en pago por concierto, / después que la dio un conde perro muerto, / que los dones que tienen estas tales, / como son por pecados, son mortales»; 680, vv. 55-56: «y solo tengo de muerto / el perro que queréis darme».

Entremés de los refranes del viejo celoso

SON FIGURAS DÉL

Rincón, galán
Justa, dama
Un vejete
Calaínos
El Rey que rabió
El Rey Perico
Como dijo el otro.

Villadiego
Juan de la Encina
Perico de los Palotes
Maricastaña
La dueña Quintañona
Pero Grullo

Salen Justa, *de graciosidad, y* Rincón, *de capigorrón*[1].

Rincón.   ¡Justa querida! Justa, de quien gusta
mi alma, que a quererte bien se ajusta,
Justa, a quien mi deseo humilde implora
que de justa te vuelvas pecadora,

---

[1] Acotación. *Capigorrón:* «El que anda de capa y gorra para poder más fácilmente vivir libre y ocioso. Dícese más comúnmente de los estudiantes» *(Aut.).* También se llamaba así al eclesiástico que ha recibido solamente órdenes menores. Comp. Vélez de Guevara, *La burla más sazonada:* «Capigorras perdurables / de aquesta Universidad, / zánganos de toda ciencia, / que vivís sin trabajar; / letrados del baratillo, / que por ensalmo estudiáis, / que siendo ayer sopetones / hoy nos queréis sopear» (García Valdés, *Antología del entremés barroco*, págs. 150-151).

4 *Justa, pecadora:* el mismo juego lingüístico se encuentra en el soneto satírico atribuido a Villamediana «En nombre Justa, en obras pecadora».

| | Justa, más deseada que una herencia,   5
| | y más introducida que un abuso,
| | Justa, más justa que un zapato al uso,
| | Justa, que tienes, a lo que imagino,
| | todas las propiedades del buen vino:
| | buen color, buen olor, mas ¿quién se
| | [atreve   10
| | a decir del sabor sin que lo pruebe?
JUSTA.   ¿Tan linda soy, Rincón?
RINCÓN.   Un breve rato
hago pincel mi lengua y te retrato:
frente más espaciosa y placentera
que una criada cuando sale fuera;   15
ojos que, decorando sin perjuicio,
hacen más muertes que un dotor novicio;
narices que, temiendo algunas riñas,
se han puesto de por medio entre dos niñas;
labios —pintor sea yo con vos dichoso—   20
que con ellos me queme por goloso,
garganta que es, cuando el cristal reluce,
hija de abad, pues toda se trasluce.
JUSTA.   ¡Ay, Rincón! Yo gustara que me amaras
porque de noche a ratos me hablaras,   25

---

6 intreduzida Crosby y Astrana.

16 *decorando:* decorar «Si lo tomamos en la significación latina, decoro, as, vale hermosear con gracia» (Cov.). Es el motivo de los ojos matadores, asociado chistosamente a los médicos.

18 «que tiniendo» en el ms. transcrito por Crosby, Astrana y Blecua. Se acepta la enmienda propuesta por Asensio (1971, pág. 227).

19 *niñas:* con referencia a las de los ojos.

21 «quemen» en el ms., y en Astrana y Blecua.

23 *hija de abad:* alusión a la superstición popular que supone que los hijos de cura traslucen. «Traslucirse como hijo de clérigo. Dice el vulgo que los hijos de clérigos se traslucen, aunque ignora la causa, y es que por aquí y por allí se echa de ver y trasluce que es hijo de clérigo el que alimenta y dice es sobrino: traslucirse por echarse de ver» (Correas, refrán 22825); Quiñones de Benavente, *Jocoseria, El talego,* vv. 91-92: «¿Qué mucho que se trasluzga / quién es hija de San Pedro?». «Hijo de San Pedro. Baldón a los hijos de los clérigos; y dice el vulgo que se traslucen, y es porque se conocen, aunque digan que son sobrinos» (Correas, refrán 11300).

	mas no tengo lugar, y así te dejo,	
	que estoy casada con celoso y viejo.	
Rincón.	¿Qué tan viejo?	
Justa.	Tan viejo que te juro	
	que se cae por las calles de maduro.	
Rincón.	¿Qué tan celoso?	
Justa.	Tanto que escupiendo	30
	al tiempo que me daban una joya,	
	tan crüel tapaboca darme supo	
	que ya aunque me den algo no lo escupo.	
Rincón.	Sí creo...	
Justa.	Pero tú no me des nada	
	porque lo escupiré por darte pena.	35
Rincón.	No te lo dan ¿y escúpeslo, morena?	
Justa.	Dejémonos de gracias, que me tiene	
	apurada este viejo, este maldito.	
	Cada palabra es un refrancito;	
	cuanto habla, cuanto dice son vejeces,	40
	repitiéndolo más de dos mil veces.	
	Si me amenaza, dice con visajes:	
	«Agora lo veredes, dijo Agrajes»;	

---

26 *no tengo lugar:* 'no dispongo de tiempo'.

27 *celoso y viejo:* la mujer joven, casada con un viejo y celoso, es figura frecuente en los entremeses; comp. *El viejo celoso* de Cervantes.

30-36 'un día que me daban una joya me reprendió; dio la casualidad que escupía al tiempo que me la daban, y como me reprendió ya no escupo —arrojo, rechazo— lo que me dan'; la ironía consiste en aplicar el reproche al escupir y no al recibir, basada en el juego de palabras sobre *escupir,* que también significa 'desechar algo'; comp. «Engullir y no escupir. Tomar lo que dan, y no desechar nada» (Correas, refrán 9058).

32 *tapaboca:* «El golpe que se da con la mano abierta» (Cov.), y 'represión áspera'.

36 *No te lo dan ¿y escúpeslo?:* «No se las dan y escúpelas» (Correas, refrán 16742).

43 *agora lo veredes, dijo Agrajes:* refrán a modo de amenaza, que procede del *Amadís de Gaula* (versiones antiguas de la novela, pues se le atribuyen a este personaje, pero no se hallan en los textos conservados de la novela). La expresión completa la recoge Correas, núm. 1331: «¡Agora lo veredes! Dijo Agrajes con sus pajes»; cfr. *Quijote,* I, 8: «¡Ahora lo veredes, dijo Agrajes! —respondió don Quijote. Y arrojando la lanza en el suelo, sacó su espada y embrazó su rodela, y arremetió al vizcaíno»; Quevedo, *Sueños,* pág. 361: «Y cuando vayas

       si de noche va huyendo de mi fuego
       dice que toma las de Villadiego;   45
       si digo que murmuran los vecinos
       cuentos dice que son de Calaínos;

---

al otro mundo, di que Agrajes estuvo contigo, y que se queja que le levantéis: "Agora lo veredes". Yo soy Agrajes. Mira bien que no he dicho tal. Que a mí no se me da nada que ahora o nunca lo veáis. Y siempre andáis diciendo: "Ahora lo veredes", dijo Agrajes»; Rodrigo de Herrera, *Castigar por defender,* vv. 288-289: «Ya lo veredes, Agrajes, / al freír de la ensalada»; también en Quiñones de Benavente, *Jocoseria,* pág. 184. Véase Montoto, 1921-1922, págs. 31-33.

45 *Villadiego:* otra conocida mención folclórica; «Frase que vale ausentarse impensadamente o hacer fuga» *(Aut.).* comp. *Quijote,* I, 21: «según él puso los pies en polvorosa y cogió las de Villadiego, no lleva por genio de volver por él jamás». «Tomar las de Villadiego; tomó las de Villadiego. Para decir que alguno huyó de algún trance y aprieto; no se sabe cuándo es su principio y colígese que ser dicho al plácito; pudo ser que alguno llamado Villadiego huyó de peligro y afrenta, o escapó de cárcel, y dio ocasión al refrán comparando con él; mas no es cierto ni lo creo, como luego diré» (Correas, refrán 22641); «Tomar las de Villadiego. Por huir» (Correas, refrán 22640), *Sueños,* págs. 543-544: «Topó en el camino a Villadiego, el pobre estaba afligidísimo, hablando entre sí. Llamole y díjole: —Señor Vargas, pues v. m. lo averigua todo, hágame merced de averiguar quién fueron las de Villadiego, que todos las toman, porque yo soy Villadiego, y en tantos años no lo he podido saber ni las echo menos, y querría salir deste encanto».

47 *cuentos de Calaínos:* personaje que sale en el *Romancero;* comp. el romance del moro Calaínos que comienza «Ya cabalga Calaínos / a la sombra de una oliva», recordado por Sancho Panza *(Quijote,* II, 9); pero es famoso sobre todo por los cuentos de Calaínos proverbiales. *Aut.* explica que es «Nombre propio de un héroe amoroso y de caballerías, asunto de unas coplas antiguas que sirven de entretenimiento a los rústicos, de las cuales viene la frase No importa las coplas de Calaínos, para significar lo que no importa nada. [...] Cuentos de Calaínos. Todo lo que no es del caso de que se trata y con especialidad cuando se gastan rodeos y ridículos episodios y cuentos sin pies ni cabeza». El romance de Calaínos lo insertó Durán en su *Romancero general,* núm. 373: «Ya cabalga Calaínos / a las sombras de una oliva; / el pie tiene en el estribo, / cabalga de gallardía». Quevedo saca al personajillo en *Sueños,* págs. 372-373: En el *Sueño de la muerte,* Quevedo hace que el personaje se defienda: «Preguntó: ¿qué razón hay para que en diciendo uno un enredo, una chanza, un embuste, una mentira, digan luego: Esos son cuentos de Calaínos? ¿Saben ellos mis cuentos? Mis cuentos fueron muy buenos y muy verdaderos. Y no se metan en cuentos conmigo», etc. Véase Montoto, 1921-1922, págs. 157-159.

	si algo le cuento dice con gran saña	
	que soy del tiempo de Maricastaña.	
Rincón.	Tente, Justa, no más, que ansí yo viva,	50
	que en tu marido mi remedio estriba,	
	pues con ardides, tretas y ademanes	
	han de ser mis terceros sus refranes.	
Justa.	¿Pues qué es lo que has de hacer?	

(Dentro, el Vejete.*)*

Vejete.	¡Abre aquí, Justa!	
Justa.	¡Mi marido!	
Rincón.	¡Vo,	
	[pesia mi linaje!	55
	¿No habrá alguna escalera por do baje?	
Justa.	Yo te pondré en la calle; agora escóndete	
	y haz como aquesta tarde hablarte pueda.	
Rincón.	Sácame tú, que yo haré lo que queda.	
Vejete.	¡Ábreme, Justa!	
Rincón.	Aqueso a un zurujano.	60

(Sale el Vejete *y escóndese* Rincón.*)*

Justa.	¿Cómo venís, marido, tan temprano?
Vejete.	Por el calor, tan presto me recojo.
Justa.	Esperad: ¿qué traéis en ese ojo?
	La cabeza poned algo más baja.

---

49 *Maricastaña:* «En tiempo de Maricastaña. Por tiempo antiguo de inocencia y patraña» (Correas, refrán 8920).

53 *terceros:* alcahuetes.

55 *Vo:* no entendemos esta exclamación. Crosby transcribe «Bo, pesi a». Comp. *Quijote*, I, 17: «—¿No le he dicho que sí, pesia a mi linaje? —dijo Sancho».

60 *aqueso a un zurujano:* proponemos esta lectura que nos parece la acertada. Crosby lee «¿A q. so aún zuruxano?», lectura que sigue Blecua (en el ms. «so au»); Astrana «a q. so un zuruxano». Pero el marido pide *ábreme* y Rincón le responde con ironía: *aqueso a un zurujano*, es decir, «eso pídeselo a un cirujano», ya que «Abrir a uno es curarle de mal de piedra o quebradura» (Cov.) El mismo chiste en *La destreza,* v. 175.

63 traís Crosby y Blecua; traéis Astrana.

VEJETE.	¿Qué tengo?
JUSTA.	Ya lo miro ¿qué? ¡Una paja! 65
VEJETE.	Por Dios que me ha dolido esta mañana; quitádmela, mujer.
JUSTA.	De buena gana.
RINCÓN.	*[Escondido.]* (Ella le quita a él como [taimada la paja y él a ella la cebada.)
VEJETE.	¿Sale?
JUSTA.	Ya sale.
VEJETE.	Mucho está doliendo. 70 ¿Sale?
JUSTA.	¡Válgame Dios, ya va saliendo!
VEJETE.	No la dejéis acá.
JUSTA.	No haré, marido.
VEJETE.	¿Ha salido, mujer?

(Sale RINCÓN *y vase.)*

JUSTA.	Sí, ya ha salido.
VEJETE.	Mira bien si salió.

68-69 tiaimada ms.; *paja, cebada:* según anota Crosby, se juega aquí con varios dichos: «ver la paja en el ojo ajeno...», «dad al diablo el amigo que deja la paja y lleva el trigo»; con el cuento del mesonero ladrón que aumenta la paja y hurta el grano de las caballerías, etc. Para Crosby, «en un sentido metafórico, la paja podría representar las pequeñeces del honor, y la cebada los frutos del amor». Nada de esto nos parece que haga al caso en el contexto. Los creemos algo más malicioso y preciso: ella le quita la paja que dice que le ve en el ojo; y el viejo le quita la cebada 'el goce sexual' a Justa (de cuyos fuegos nocturnos se escapa, tomando las de Villadiego); comp. un refrán que Correas no explica «Bestia sin cebada, nunca buena cabalgada, o nunca buena cabalgada» (Correas, refrán 3542), pero que podría relacionarse con el sentido sexual de cabalgar, cabalgada, o este más explícito: «Burra vieja su cebada se quier. La alegoría es que la vieja también quiere el débito matrimonial como la moza» (Correas, refrán 4048).

70 me está ms., que hace verso largo; enmendamos como sugiere Crosby.

71 Juego entre «salir la paja del ojo» y «salir Rincón de su escondite», según hable el viejo o Justa. Este detalle del marido que momentáneamente queda ciego y no ve lo que ocurre delante de sus ojos se encuentra en *El viejo celoso* de Cervantes. Otros detalles en García Valdés, 1999.

73 acot. Falta en Astrana.

Justa.	Ya salió fuera,
	que no os dejara yo si no saliera. 75
Vejete.	¿Queréisme mucho, a fe?
Justa.	¿Luego, no os [quiero?
	(Aparte.) (¡Ay, mi Rincón, por verte ya [me muero!)
	Tanto os quiero por ser de vos querida,
	que a un rincón me estaré toda mi vida;
	y pues gustáis de verme retirada 80
	os prometo estar siempre arrinconada,
	que es mi gusto, mi amor y mi fineza
	tener a un rincón vuelta la cabeza,
	y no hago nada en estas ocasiones
	que so yo muy amiga de rincones. 85
Vejete.	Mucho rinconeáis, y no querría
	que andéis en ellos tanto, mujer mía,
	que los rincones, fuera de otras tachas,
	sirven de echar basura y matar hachas.
Justa.	Sois un vejete clueco, hecho de barro, 90
	depósito de tos y del catarro,
	alma de güeso que por miserable
	penando está en braguero perdurable,
	todo refranes, como el dueño, güeros.

---

77 nuero ms.
79-85 El juego de palabras es ahora con «rincón» y sus derivados, de gran comicidad porque el espectador entiende la segunda intención que Justa da a sus palabras.
89 *matar hachas:* 'apagar las hachas o velas, pegando el fuego contra la pared, con lo cual esta se ensucia de humo y grasa'. Puede leerse en doble sentido, según el contexto de todo el entremés: hay *rincones*, en efecto, que sirven para apagar el fuego que el viejo no apaga en Justa.
90 *vejete clueco:* «Viejo bobo, carroño. Por astuto y torpe; viejo cagón; clueco y roñoso; potrilla; son desdeños» (Correas, refrán 23610). Comp. Cervantes, *El viejo celoso:* «¡Pux, pux, pux, viejo clueco, tan potroso como celoso, y el más celoso del mundo!» *(Entremeses,* pág. 116).
94 *refranes güeros:* refranes vacíos, vanos, sin sustancia. Quevedo critica los refranes y muletillas en muchos lugares: *Pragmática que este año de 1600 se ordenó, Cuento de Cuentos, Sueños,* etc.

Vejete.	Los más antiguos son los verdaderos, mas yo, aunque más os riño y más os [hablo, soy Pedro por demás, Justa del diablo.	95

(Sale Rincón *con botarga colorada y un cohete encendido en la mano.)*

Rincón.	Viejo clueco, viejo clueco, no digas que no te aviso que de la selva encantada un mágico había salido, y dentro della te ha puesto sin mula ni sin borrico.	100
Justa.	¡Marido, encantada estoy!	
Vejete.	Callad, noramala, os digo que no hay encantos, que todos son cuentos de Calaínos.	105

(Sale Calaínos *de francés, a lo gracioso.)*

Calaínos.	Yo soy ese desdichado; pero ¿qué cuentos he dicho, o cuándo los he contado,	110

---

97 *Pedro por demás:* «Como Pedro por demás. Por desocupado.» (Correas, refrán 5183), pero aquí parece significar 'es por demás quejarme, es inútil'; Liñán, *Guía y avisos*, págs. 250-251: «un hombre de los ociosos y sobrados en la corte pescaba a una mujercilla casada [...] entrábase este Pedro Pordemás al zaguán de don Martín». Es expresión popular que Quevedo censura en la *Pregmática de 1600:* «como Pedro por demás» *(Prosa festiva,* pág. 155); la personifica en este entremés y en el *Sueño de la muerte (Sueños,* pág. 396).

97 acot. *botarga:* calzón ancho y largo; resulta ridículo y se usaba en representaciones teatrales. En cuanto a la luz, hay que tener en cuenta que no era necesaria porque las representaciones teatrales tenían lugar de día. Aquí el cohete encendido es un detalle caracterizador: Rincón quiere hacer de mágico o astrólogo. Su magia consistirá en ir haciendo aparecer a los personajes en cuanto el viejo los nombre.

98 y ss. Parodia del conocido romance «Rey don Sancho, rey don Sancho, / no digas que no te aviso...» (Durán, *Romancero general,* núm. 777).

106 no i encantos ms.

>   para que acotéis conmigo?
>   Un Par de Francia fui yo,
>   de contar tan enemigo
>   que aun el reloj no conté
>   ni yo sé cuántas son cinco.   115
>   Pues si esto es así, ¿por qué,
>   si os cuentan algún prodigio,
>   algún enredo o mentira,
>   decís que son cuentos míos?
>   Dejadme a mí y repasad   120
>   vuestro casero peligro,
>   que os agarran la mujer;
>   no seáis de los maridos
>   que aunque lo ven dicen que es
>   los cuentos de Calaínos.   125

(Vanse los tres, RINCÓN y JUSTA y CALAÍNOS.)

VEJETE. ¡Ah, mujer! ¡Ah, mujer mía!
¿Dónde os vais? No quiero oíllo.
Tomó las de Villadiego,
voy tras ella.

(Sale VILLADIEGO.)

VILLADIEGO.   Viejecito,
yo soy ese Villadiego.   130
En mis calzas, ¿qué habéis visto
para decir que las toman
los que huyen? Antes son grillos

---

111 Crosby ha enmendado *acoteis* del ms. en *açoteis*. Hemos preferido conservar la lectura del manuscrito que tiene un significado claro; *acotar*: «Vale también anotar, señalar [...] o para comprobación de lo que se dice o para apuntar alguna noticia particular; y en este sentido, cuando uno trae o pone por testigo a otro, para seguridad y firmeza de lo que dice, decimos que acota con Fulano» *(Aut.)*.

115 *ni yo sé cuantas son cinco*: «No sabe cuántas son cinco» (Correas, refrán 16671); «No sabe cuántas son cinco. Por no saber; lo contrario es: yo bien sé cuántas son cinco» (Correas, refrán 16672).

               unas calzas atacadas,
               y para ir su camino,   135
               no tomallas, que el soltallas
               les fuera mejor adbitrio.
               Nadie me tome mis calzas
               para huirse; mentís, digo,
               ni las diera yo sin prendas,   140
               que de cuantos han huido
               alguno, por no llevallas,
               me dejara en cueros vivos.

(Vase.)

VEJETE.   ¿Qué disparates son estos
           de Juan de la Encina?

(Sale JUAN DE LA ENCINA *con ramas de encinas cubierto.)*

JUAN.   Amigo,   145
           Juan de la Encina soy yo.
           ¿Qué disparates he dicho,
           qué disparates he hecho,
           para ser tan perseguido?
           ¿Soy por ventura avariento?   150

---

134 *calzas atacadas:* las calzas atacadas (ya anotadas) eran un tipo de calzas muy complicadas de ataduras *(atacar:* atar las calzas con las agujetas o cordones correspondientes).

137 *adbitrio:* 'arbitrio, decisión, opinión'.

144-145 *disparates de Juan de la Encina:* Cov.: «compuso unas coplas ingeniosísimas y de gran artificio, fundado en disparates, y dieron tan en gusto que todos los demás trabajos suyos hechos en acuerdo se perdieron, y solo quedaron en proverbio los disparates de Juan del Encina» *(s. v. dislate);* «Son los disparates de Juan de la Encina. Fué racionero en la iglesia de Salamanca, y compuso unos graciosos disparates y otras cosas, y compáranse a ellos las cosas disparatadas» (Correas, refrán 21681). Comp. Quevedo, *Sueño de la muerte* «—Soy yo —dijo— el malaventurado Joan de la Encina, el que habiendo muchos años que estoy aquí, toda la vida andáis, en haciéndose un disparate o en diciéndole vosotros: No hiciera más Joan de la Encina, Daca los disparates de Joan de la Encina» *(Sueños,* pág. 339).

148 dispartes ms.

                    ¿Guardo con cudicia el trigo
                    porque veo que no llueve?
                    Y si veo que ha llovido,
                    ¿doy a diez por lo que ayer
                    me daban a vinticinco?   155
                    Pues si nada desto hago,
                    pues si nada desto digo,
                    ¿cómo cualquier disparate
                    lo calificas por mío?
                    Dejad a Juan de la Encina,   160
                    disparatados del siglo,
                    que yo me voy por no hacer
                    un disparate contigo.

(Vase.)

VEJETE.   ¿Hay tal hablar de cristiano?
                 ¿Dijera más desatinos   165
                 Perico el de los Palotes

(Sale PERICO EL DE LOS PALOTES, *cargado de ellos.)*

PERICO.   Endiablado vejecito,
                 ¿tan desatinado soy?
                 En tu vida ¿qué te hizo
                 Perico el de los Palotes,   170
                 que así le traes perseguido?

(Vase.)

---

155 bitizinco ms. y Astrana.
161 *del siglo:* 'del mundo'.
166 *Perico el de los Palotes:* «Perico de los palotes. Apodo de bobo y necio» (Correas, refrán 18190); «Perico el de los palotes. Un bobo que tañía con dos palotes. El que se afrenta de que le traten indecentemente suele decir: Sí, que no soy yo Perico el de los Palotes» (Cov.). *Sueños,* pág. 396: «Yo quedé confuso, cuando se llegaron a mí Perico de los Palotes, y Pateta, Joan de las Calzas Blancas, Pedro Pordemás, el Bobo de Coria, Pedro de Urdemales (así me dijeron que se llamaban)».

VEJETE.	¿Qué encantamentos son estos? ¿Qué invenciones? ¿Qué vestidos a lo de Maricastaña?	

(Sale MARICASTAÑA, *de dueña.)*

MARICASTAÑA.	Pues Maricastaña, amigo,	175
	¿no fue mujer como todas,	
	aunque se haya envejecido?	
	Que no ha de durar una hembra	
	por los siglos de los siglos.	
	Moza fui de cincuenta años;	180
	disimulé ciento y cinco;	
	de docientos me enterraron,	
	y aún agora tengo bríos.	

(Vase.)

VEJETE.	¡Valga el diablo la vejaza!,	
	que parece, ¡vive Cristo!,	185
	a la dueña Quintañona.	

---

186 *dueña Quintañona:* la dueña Quintañona es en la novela de caballerías la tercera entre Ginebra y Lanzarote. Quintañón se aplicaba, según *Aut.* al sujeto sumamente viejo. Sale la dueña Quintañona sobre todo en el *Sueño de la muerte,* en donde es protagonista de un extenso pasaje: *Sueños,* págs. 375-376: «con una cara hecha de un orejón; los ojos en dos cuévanos de vendimiar; la frente con tantas rayas y de tal color y hechura, que parecía planta de pie; la nariz en conversación con la barbilla, que casi juntándose hacían garra, y una cara de la impresión del grifo; la boca a la sombra de la nariz, de hechura de lamprea, sin diente ni muela, con sus pliegues de bolsa a lo jimio, y apuntándole ya el bozo de las calaveras en un mostacho erizado; la cabeza con temblor de sonajas y la habla danzante; unas tocas muy largas sobre el monjil negro, esmaltando de mortaja la tumba; con un rosario muy largo colgando, y ella corva, que parecía con las muertecillas que colgaban dél que venía pescando calaverillas chicas [...] —Yo soy dueña Quintañona. —¿Que dueñas hay entre los muertos? [...] Yo creí que las mujeres se morían cuando se volvían dueñas y que las dueñas no tenían de morir y que el mundo está condenado a dueña perdurable que nunca se acaba, mas ahora que te veo acá, me desengaño, y me he holgado de verte, porque por allá luego decimos: "Miren la dueña Quintañona, daca la dueña Quintañona". —Dios os lo pague y el diablo os lleve —dijo—, que tanta memoria tenéis de mí y sin

(Sale la Dueña Quintañona, *con un rosario al cuello, con muletas.)*

Dueña.	¿Tan mal he yo parecido, que a la dueña Quintañona tan gran afrenta se ha dicho?
Vejete.	¿No eres dueña? Aqueso basta, 190 pues cuando hacen un castigo dicen que cual digan dueñas pusieron al cuitadillo.
Dueña.	Luego ¿tan mala soy yo? Pues en verdad que me estimo 195 por mi talle y hermosura.

(Vase.)

Vejete.	¿Hermosura? ¿Quién tal dijo? Ese cucharón de barba y aquesos ojos hundidos del Rey que rabió parecen. 200

---

habello yo de menester. Decí, ¿no hay allá dueñas de mayor número que yo? Yo soy Quintañona. ¿No hay dieciochenas y setentonas?». Véase Montoto, 1921-1922, págs. 314-315.

192 *poner cual digan dueñas:* «Púsele cual digan dueñas; poner cual digan dueñas. Es maltratar de arte que las dueñas hayan lástima, y hablen de ello las dueñas» (Correas, refrán 19250); Quevedo, *Prosa,* pág. 426: «de aquí adelante dirán "como diga Pineda" y no "como digan dueñas"»; *Sueños,* pág. 380: «así os libre Dios de dueñas (y no es pequeña bendición, que para decir que destruirán a uno dicen que le pondrán cual digan dueñas».

193 *cuitadillo:* «se dice regularmente de los que son más débiles y flacos para resistir el trabajo que padecen» *(Aut.).*

200 *Rey que rabió:* para este y los otros personajillos se hallará más documentación en Montoto, 1921-1922. El rey que rabió es símbolo de lo rancio y pasado: «Acuérdase del rey que rabió. Para decir que una cosa es muy vieja, principalmente si es pasada muy antigua» (Correas, refrán 1261); *Poesía original,* núm. 512, vv. 7-8: «ella y la sierpe son ni más ni menos, / y el rey que dicen que rabió es hogaño»; núm. 707, vv. 65-68: «La capa más memoriosa / que se sabe de varón, / pues calva y vieja se acuerda / del proprio rey que rabió». Se burla Quevedo de la frase en la *Pregmática de 1600 (Prosa festiva,* pág. 152), y la personifica en el *Sueño de la muerte:* «No ha habido tan desdichado rey en el mundo, pues no se acuerdan dél sino vejeces y harapos, anti-

(Sale el Rey que Rabió, *amortajado, la cara blanquizca.)*

Rey.	Pues si me dais por testigo,
	yo soy el Rey que rabió,
	que rabiando muero y vivo
	porque bajan los sombreros
	cuando suben los vestidos. 205
	Pues ¿a quién no hará rabiar
	ver a un vejete engreído,
	con las barbas vitorianas
	y el cabello dominico?
(Vase.)	
Vejete.	Calle, señor, que eso fue 210
	en tiempos del Rey Perico.

---

güedades y visiones, y ni ha habido rey de tan mala memoria ni tan asquerosa, ni tan carroña, ni tan caduca, carcomida y apolillada» *(Sueños,* pág. 343).

204-205 Anota Crosby: «No podemos precisar el verdadero sentido de estos versos. ¿Se refiere al precio y a las pragmáticas reales? ¿O tiene una intención más picante y alude a la ceguera del vejete, que se baja el sombrero y no ve lo que sucede entre su mujer y Rincón?». Nos parece, más bien, dado el sentido general del personajillo folclórico, que se refiere a las modas vestimentarias, aunque no sabemos exactamente a qué rasgos apunta la sátira, quizá a las amplias alas de los sombreros y al acortamiento de las faldas.

208-209 *las barbas vitorianas y el cabello dominico:* Crosby interpreta así estos versos: «Juega el poeta con la idea del pelo: lo tiene el vejete en sus barbas, pero es tan viejo que tiemblan ellas tanto como si tuvieran el baile de San Vito; en cuanto a la cabeza, es calvo, como monje dominico». Pero no hay referencia al baile de San Vito ni a la calvicie; es un juego con alusiones a los hábitos religiosos y sus colores; *vitorianas*: alusión a la iglesia de la Victoria, muy de moda en el Siglo de Oro, lo que le permite el juego con *cabello dominico*: cabello teñido, por unas partes negro y por otras blanco, como el hábito de los monjes dominicos. Comp. Quevedo, *Poesía original,* núm. 728, vv. 35-42: «Búrlase el viejo pintado, / pelo al temple, barba al olio, / dominico de cabeza, / blanco y negro a puro plomo, / de ver al encanecido, / ensabanado de rostro; / y el barbas de manjar blanco / fisga de sus lavatorios».

211 *el Rey Perico*: «En el tiempo del rey Perico. Denotando vejez de lo que fué y pasó» (Correas, refrán 8599). En el *Sueño de la muerte* aparece al lado del Rey que rabió diciéndole: «Vuesa merced se consuele conmigo, que soy el Rey Perico, y no me dejan descansar de día ni de noche. No hay cosa sucia

(Aparece el [Rey] Perico *en un tribunal, asentado en un banquillo, y en unas gradas sentados todos los que fuere nombrando; y un dosel en lo alto.)*

Rey Perico.	El Rey Perico soy yo,	
	que en mi tribunal subido	
	llamo a juicio a mis vasallos,	
	porque un día tengan juicio:	215
	diga Marta con sus pollos.	
Justa.	Digo que por mí se dijo,	
	«Muera Marta y muera harta»,	
	por eso mis pollos crío.	
Vejete.	¿No es mi mujer esta? Justa,	220
	¿en Marta te has convertido?	
Rey Perico.	¿Qué es de el Otro?	
El otro.	Aquí está el Otro,	
	a quien han atribuido	
	necedades, boberías,	

---

ni desaliñada, ni pobre, ni antigua, ni mala, que no digan que fue en tiempo del Rey Perico» *(Sueños,* pág. 344).
211 acot. falta «Rey» en el ms.; suplen Crosby, Astrana y Blecua.
216 *Marta con sus pollos:* «Acá lo ha Marta con sus pollos» en Santillana (véase Iglesias Ovejero, 1986, pág. 17); «Acá lo ha Marta con sus pollos» (Correas, refrán 1180); «Allá se lo haya Marta con sus pollos. El descuido vulgar deshace la consonancia, habiendo de ser la postrera palabra Marta» (Correas, refrán 2143); «Marta, la que los pollos harta. A desdén de la impertinente» (Correas, refrán 13553), etc. Quevedo, *Sueño de la muerte:* «Allá va Marta con sus pollos. —Válate el diablo, ¿y acá estáis? ¿Para quién crías esos pollos? —dije yo. —Yo me lo sé —dijo ella—. Críolos para comérmelos, pues siempre decís Muera Marta y muera harta» *(Sueños,* pág. 393).
218 *muera Marta y muera harta:* «Muera Marta, y muera harta. Es tan grande la sed de algunos enfermos, o el antojo de otra cosa, que a trueco de satisfacer la sed o apetito no reparan en el daño que les puede hacer, y con encarecimiento dicen Denme de beber y muérame luego, y no me maten de sed; y si está desahuciado y apetece comer, se lo dan y tienen por piedad, y no dejarlos morir de hambre; porque morir de hambre es cosa muy lastimosa, mas el beber siempre se lo regatean; acomódase a otras cosas» (Correas, refrán 14868).
222-229 *el Otro:* «Como dijo el otro. Dicen esto probando lo que hacen, y a veces refiriendo un refrán al propósito» (Correas, refrán 5100). Comp. Quevedo, *Sueño de la muerte:* «—Duélete de mí, y, si eres buen cristiano, sácame de poder de los cuentos de los habladores y de los ignorantes, que

	sentencias agudas, dichos,	225
	inorancias, frialdades,	
	y todas por un camino.	
	Dicen «como dijo el Otro»	
	y nunca el Otro lo ha dicho.	
VEJETE.	Denme mi mujer. ¿Qué es esto?	230
REY PERICO.	¡Hola!, ¡hola!	
TODOS.	¡Señor, señor!	
REY PERICO.	Mateo Pico, Agrajes, Cochitehervite,	

---

no me dejan descansar, y méteme donde quisieres [...] Yo soy el Otro, y me conocerás, pues no hay cosa que no lo diga el Otro y luego, en no sabiendo cómo dar razón de sí, dicen: Como dijo el Otro. Yo no he dicho nada, ni despego la boca. En latín me llaman quidam, y por esos libros me hallarás abultando ringlones y llenando cláusulas. Y quiero, por amor de Dios, que vayas al otro mundo y digas cómo has visto al Otro, en blanco, y que no tiene nada escrito, y que no dice nada, ni lo ha de decir ni lo ha dicho, y que desmiente desde aquí a cuantos me citan y achacan lo que no saben, pues soy el autor de los idiotas y el texto de los ignorantes. Y has de advertir que en los chismes me llaman cierta persona, y en los enredos no sé quién, y en las cátredas cierto autor, y todo lo soy el desdichado Otro. Hazesto y sácame de tanta desventura y miseria» *(Sueños,* pág. 371).

226 *frialdad:* «necedad, dicho o despropósito, sin gracia ni viveza, que deja frío al que lo oye» *(Aut.).*

229 Crosby y Blecua trasladan «y nunca "el Otro lo ha dicho"», como si esta frase fuera algo que nunca dice el vulgo, pero lo que significa el texto es que aseguran que el Otro dice cosas que nunca ha dicho en realidad, como confirma el pasaje de los *Sueños* citado.

231 *Mateo Pico:* «No dijera más Mateo Pico. A la cosa disparatada que dicen» (Correas, refrán 15826); *Sueños,* pág. 345: «No dijera más Mateo Pico. —¡Y vengo a eso solo! Pues, bellaco vivo, ¿qué dijo Mateo Pico, que luego andáis si dijera más, no dijera más? ¿Cómo sabéis que no dijera más Mateo Pico? Dejadme tornar a vivir sin tornar a nacer, que no me hallo bien en barrigas de mujeres, que me han costado mucho, y veréis si digo más, ladrones vivos. Pues si yo viera vuestras maldades, vuestras tiranías, vuestras insolencias, vuestros robos, ¿no dijera más? Dijera más y más, y dijera tanto que enmendárades el refrán, diciendo: "Más dijera Mateo Pico"».

232 *Cochitehervite:* «Dícese a los que quieren las cosas muy aceleradas» (Correas, refrán 4883). Es palabra censurada por Quevedo en *Cuento de cuentos (Prosa festiva,* pág. 393) En el *Sueño de la muerte* aparece emparejado este personaje con Trochimochi: «Dígoos que yo soy Cochitehervite, y el que viene a mi lado es Trochimochi, que somos más parecidos que el freír y el llover» *(Sueños,* pág. 388).

> Chisgaravís, Trochemoche,
> Bobo de Coria, mi amigo,
> o la Mari Rabadilla, 235
> doña Fáfula, ¿a quién digo?,
> ¿oís?, Pedro de Urdemalas,
> estad bien apercebidos.
> Vos, Pero Grullo, llegad,

---

233 *Chisgaravís:* «el entremetido, bullicioso, que pronta e inconsideradamente se mete en cosas que no entiende. [...] También se llama así el que reduce las cosas de importancia a parola o a bulla de palabras, con satisfacciones afectadas de que hace algo, no haciendo cosa de provecho» *(Aut.)*. Comp. Quevedo, *Sueño de la muerte:* «en figura de trasgo [...] no hacía sino chillar y bullir. [...] Este es Chisgaravís. —Ducientos mil destos andáis por Madrid, y no hay otra cosa sino Chisgaravises» *(Sueños,* pág. 363).

234 *Bobo de Coria:* explica Correas: «El bobo de Coria. Llaman así a uno por ser tal, o por bellaco» (Correas, refrán 7897); «El bobo de Coria, que empreñó a su madre y a sus hermanas, y preguntaba si era pecado» (Correas, refrán 7898). Quevedo lo hace aparecer en el *Sueño de la muerte (Sueños,* pág. 396).

235 Tabadilla ms. *Mari Rabadilla:* «En casa de Marirrabadilla, cada cual en su escudilla; o los hijos de» (Correas, refrán 8455); «Marirrabadilla. Los desiguales y ruines que quieren ser tanto como otros buenos» (Correas, refrán 13543); aparece en el *Sueño de la muerte* junto con doña Fáfula y Mari-Zápalos *(Sueños,* págs. 388-392): «Estaban sentadas unas muertas a un lado, y dijo Cochitehervite: —Aquí está doña Fáfula, Marizápalos y Mari Rabadilla». Véase López Estrada, 1978.

236 *doña Fáfula:* en el *Sueño de la muerte* afirma que fue mujer de poeta: «Quiero que sepan que soy mujer de un poeta de comedias que escribió infinitas. [...] Fui mujer de mucho valor y tuve con mi marido, el poeta, mil pesadumbres sobre las comedias, auctos y entremeses...» *(Sueños,* pág. 389); *a quién digo:* la puntuación y acentuación de Crosby y Blecua son malas; no es relativo, sino formulilla para llamar la atención: Benavente, *Entremés de los ladrones,* en Madroñal, 1996, pág. 206: «Ce, a quién digo, Marica»; *íd., Las patas de vaca,* en Cotarelo, *Colección,* II, pág. 742: «Doña Mariana ¿a quién digo?»; comedia anónima burlesca del *Comendador de Ocaña,* vv. 442-444: «A lo menos no es judío. / ¡Hola!, ¿a quién digo?, garzón, / mire que esa es mi mujer».

237 Uldemalas ms. *Pedro de Urdemalas:* figura extendidísima es la de Pedro de Urdemalas: sale en Juan del Encina, Lucas Fernández, *Lozana andaluza,* es figura central en el *Viaje de Turquía,* en una comedia de Cervantes, en Salas Barbadillo, etc. Ver Iglesias Ovejero, 1986, págs. 54-58. «Pedro de Urdimalas. Así llaman a un tretero; de Pedro de Urdimalas andan cuentos por el vulgo de que hizo muchas tretas y burlas a sus amos y a otros» (Correas, refrán 18037), etc.

239 *Pero Grullo:* típico personajillo folclórico, de carácter ridículo, del que se decían distintas frases como: «Las verdades de Perogrullo, que a la mano

	y haced esto que os suplico:	240
	que a ese vejete malvado,	
	por hablador a lo antiguo,	
	le presentéis ante mí;	
	veréis cómo le castigo.	
VEJETE.	Misericordia, señor,	245
	yo lo doy por recibido.	
	Valedme agora, valedme,	
	¡oh santos deste distrito!	
	¡Oh señor santo Mocarro!	
	¡Oh señor Santiliprisco!	250
	¡Señor santo de Pajares,	
	de todos tan conocido,	
	libradme de Pero Grullo!	
PERO GRULLO.	Viejo caduco y maldito,	
	no os espantéis, que os ofrezco,	255
	si un vuelo doy y relincho,	
	en medio deste tablado	
	estornudar basiliscos.	

---

cerrada llamaba puño», que se dice de las verdades evidentes. Comp. Quevedo, *Sueños,* pág. 363: «¿Que tú eres el de las profecías que dicen de Pero Grullo? —A eso vengo —dijo el profeta estantigua—, deso habemos de tratar. Vosotros decís que mis profecías son disparates, y hacéis mucha burla dellas».

249-251 *Santo Mocarro, Santiliprisco, Santo de Pajares:* junto con San Ciruelo y San Porro, aparecen en el *Sueño de la muerte* en «el retablo que tenemos de los muertos a puro refrán»: «Estos son santos que ha canonizado la picardía con poco temor de Dios» *(Sueños,* págs. 397-398): «Alcé los ojos y estaban a un lado el Santo Macarro, jugando al abejón, y a su lado la de Santo Leprisco; luego, en medio, estaba San Ciruelo y muchas mandas y promesas de señores y príncipes aguardando su día, porque entonces las harían buenas, que sería el día de San Ciruelo. Por encima dél estaba el Santo de Pajares y fray Jarro, hecho una bota, por sacristán junto a San Porro, que se quejaba de los carreteros»). De ellos se recogen varios dichos en Correas. En *Pregmática de 1600* *(Prosa festiva,* pág. 151 Quevedo ordena quitar «santa de Pajares», «expresión irónica con que se nota a alguno de hipócrita» *(Aut.).* Véase Iglesias Ovejero, 1982, págs. 68, 72, para Santo Mocarro y en general todo su artículo para los repertorios de santos burlescos.

251 seños ms.

256-258 «si un buelo doi con el pico / en medio de las narizes / que estornude io basiliscos» tachados y enmendados en el ms.

258 *basiliscos:* especie de sierpes que mataban con la mirada.

	Que huyáis de aqueste picazo	
	agora, viejo, os aviso	260
	que si os alcanzo os haré	
	que paguéis vuestro delito.	
VEJETE.	No pagaré, juro a Dios,	
	que con este pergamino	
	haré que todos me teman.	265
REY PERICO.	¡Que se defiende, ministros,	
	matalde a cevilidades!	
VEJETE.	¡Tiempo nublo, Iglesia pido!	

(Andan todos a porrazos con matapecados, con que dan fin al entremés.)

---

259 *picazo:* es el pollo de la picaza, urraca. No vemos a qué viene esta mención.

262 paguis ms.

267 *cevilidades:* 'civilidades, frases hechas triviales y necias'; este sentido tiene para Quiñones de Benavente, cuando en el entremés de *La capeadora* dice: «un rato a pie y otro andando, / civilidad ordinaria» (vv. 172-173), y le da el título de *Las civilidades* a un entremés que dedica a satirizar el uso de modismos y muletillas.

268 *nublo:* como *nublado* «metafóricamente vale la especie que amenaza algún riesgo o turbación en el ánimo» *(Aut.); Iglesia pido:* «pedir Iglesia» significa acogerse a derecho de asilo de la Iglesia para lograr impunidad. Quevedo, *Poesía original,* núm. 853, vv. 81-84: «Tienen la tirria conmigo / los confesores de historias, / mas solo "Iglesia me llamo" / pueden hacer que responda».

268 acot *matapecados:* se llama así a un azote, especie de látigo o bastón, rematado en una vejiga, usado en los finales de los entremeses que acaban «a palos». E. Asensio relaciona el uso del «matapecados» con algunas costumbres carnavalescas (1971, págs. 20-22).

Loas y Bailes

Efectos del amor y los celos[1]

¡Vive cribas!, que he de echar,
aunque les pese, la loa,
hoy que de faldas y sayas
desenvaino la persona;
hoy que me aprieto el sombrero   5
y no me prendo la toca:
nadie se meta conmigo,
que haré tarquinada en todas.
Desde que ciño la espada
las pendencias me retozan;   10
y, antojada de mostachos,
me estoy tentando la boca.
¡Oh, si yo me los torciese!
Las bigoteras me oigan.

---

[1] Anota González de Salas: «Este romance se escribió para loa de una comedia, cuyo era el título *Amor y celos hacen discretos,* que se representó en una fiesta y la recitó una comedianta a quien llamaban la *Roma,* en hábito de hombre». Es una comedia de Tirso y la Roma era la actriz Jerónima de Burgos.
1 *vive cribas:* juramento agermanado; comp. *Poesía original,* núm. 859, vv. 1-2: «Con mil honras, ¡vive cribas!, / me llaman Mari Pizorra»; *echar:* 'pronunciar'; era término propio del recitado de estas piezas.
3 y ss. Porque va vestida de hombre.
8 *tarquinada:* 'las forzaré a todas, como Tarquino a Lucrecia'.
14 *bigoteras:* «funda de camuza suave u de badanilla que se usaba en tiempo de los bigotes para meterlos en ella cuando estaban en casa o en la cama, para que no se descompusieran o ajasen» *(Aut.).* Era adminículo indispensable del caballero elegante del tiempo. Cfr. Wilson, 1955; Vélez, *Cojuelo,* pág. 85:

¡Qué capitán pierde Flandes,   15
qué Maladros las busconas!
¡Qué don Lázaro las dueñas,
qué Lelio Dati las tontas,
qué marido las doncellas
y qué paje las fregonas,   20
qué bribón las irlandesas,
qué licenciado las monjas,
qué atribulado las flacas,
qué glotonazo las gordas!
¡Grande trabajo es traer   25
lo más del cuerpo a la sombra!
Más quiero daga que moño;
más quiero casco que cofia.
Colendísimo senado
(esta es palabra de Roma),   30
soberana jerarquía
de bellísimas señoras
(paraísos en chapines,
tarazones de la gloria),
reverendísimas viejas   35
(¡la calavera sea sorda!),
la comedia que os hacemos
contra justicia se nombra:
*Amores y celos hacen
discretos.* Razón impropria.   40
Amor y celos no hacen,
que deshacen cuanto topan:
él, vidas con su deseo;

«Mira aquel preciado de lindo o aquel lindo de los más preciados, cómo duerme con bigotera».

16 *Maladros:* nombre de un famoso jaque; Quevedo, *Poesía original,* núm. 865, vv. 161-162: «En el nombre de Maladros, / nuestro padre fundador», dice un rufián. Cfr. el romance «Testamento de Maladros», de Juan Hidalgo (Durán, *Romancero general,* núm. 1757), entre otros ejemplos de abundante documentación.

18 *Lelio Dati:* lo creemos referencia a Lelio Deodati, banquero y mercader italiano instalado en Valladolid en tiempos de Felipe III.

29 *colendísimo:* 'muy venerable', es cultismo crudo.

         ellos, con venganza, Troyas.
         Él es fuego y ellos rabia;   45
         él martirio, ellos ponzoña;
         estos hijos de sospechas,
         aquel de esperanzas cortas.
         Alma con celos es fiera;
         alma con amor es loca: 50
         ellos su bien despedazan,
         este su peligro adora.
         Los ojos que a la alma faltan,
         siendo él mismo que los forma,
         se los sacaron los celos: 55
         ellos son quien la despoja.
         Mirad, pues, si es compañía
         más enemiga que docta;
         si pueden hacer discretos
         el furor y las congojas.   60
         Verbigracia un dotorazo,
         que toma a la barba alforzas,
         que está chorreando leyes,
         que está rebosando glosas,
         pretendiente de una plaza   65
         para encaramarse en otra,
         atisba por esas calles
         una picarilla rota
         y en brújula de chinela,
         que recatada se asoma,   70
         con brizna de zapatillo
         los Bártulos se le atollan,
         por leyes dice requiebros,
         barba ofrece para escoba,

---

62 *toma a la barba alforzas:* 'tiene que recogerse la barba para no arrastrarla'; burla de las grandes barbas de los abogados, motivo tópico.

69-72 'apenas le ve un poco del pie que asoma como por brújula y se le atascan todas sus sabidurías y libros de leyes'; *brújula: brujulear* en el juego de naipes es «ir el jugador descubriendo poco a poco las cartas y por la pinta conocer de qué palo es» *(Aut.); chinela,* un tipo de calzado ya anotado.

72 *Bártulo:* famoso jurisconsulto italiano (1313-1357) mencionado muchas veces como letrado por antonomasia.

      y por una mantellina   75
      desprecia futuras togas.
      ¿Cuál es aquel caballero,
      de tan encantada bolsa,
      que un tapado desde un coche
      no le sonsaque la mosca?   80
      ¿Cuál ánima no rechina
      si un ojo negro la coca?
      Y para una mano blanca,
      ¿quién tiene la plata honda?
      Cuarenta universidades,   85
      diez colegios con sus lobas,
      concluyen dos pecezuelos
      bien florecidos de rosas.
      Aquellos amantes higos,
      que pasados a la sombra,   90
      fueron el uno por otro
      tintoreros de unas moras,
      y el otro, que sin escamas,
      del mar despreció las ondas,
      amante para los viernes,   95

---

75 *mantellina:* manto pequeño, prenda propia de fregonas. Véase el entremés de la *Vieja Muñatones*.

80 *mosca:* dinero. Las tapadas que van en los coches sacan con sus artes los dineros a los galanes.

82 *coca:* 'le hace gestos, guiños, señas atractivas'.

86 *loba:* «Vestidura clerical, talar, que llega al suelo, cortada a todo ruedo y cerrada con golpes para sacar los brazos. En tiempos atrás era vestidura honorífica, y sobre ella se traía tan solamente una beca de seda. Este uso se conserva en la capilla real, y le traen el capellán mayor y los sumilleres de cortina» (Cov.). Vestidura de colegiales doctos, que a pesar de sus sabidurías quedan concluidos (vencidos en una disputa) por los pequeños pies de una muchacha, adornados con rosas. Son todos ejemplos del poder del amor.

89 y ss. *amantes higos:* alusión a Píramo y Tisbe. Píramo se suicida creyendo que Tisbe ha sido devorada por un león, y luego ella se suicida con la misma espada. De su sangre las moras, que eran blancas, se quedaron de color oscuro.

93 *el otro, que sin escamas:* Leandro, que nadaba todas las noches atravesando el estrecho del Helesponto para visitar a su amada Hero, y se ahogó una noche. Le llama amante para los viernes porque al nadar se asimila a un pescado, comida de día de abstinencia, como el viernes.

como sardinas y bogas;
y el Judas de los amores,
que, sin dineros ni botas,
al umbral de Anaxarete
la requebraba de soga,					100
¿fueron discretos, señores?
¿Ha habido bestias más tontas?
Quien se mata, ¿no es maldito?
¿No es verdugo quien se ahorca?
Hércules pudiera andarse					105
con una camisa rota,
y porque amó a Deyanira,
murió en camisa sin honra.
Sansón, aquel que campaba
como el paño de Segovia,					110
de su pelo a tijeradas
le hizo amor de corona.
¿Salomón no fue discreto?
¿No fue el sabio que más nombran?

97-100 *Judas de los amores:* Ifis, que se ahorcó (como Judas) desesperado del desdén de Anaxárete. A diferencia de Judas, despensero de los apóstoles, Ifis no llevaba dinero ni botas, dos motivos asociados a Judas en la literatura satírica del Siglo de Oro. Jean Vilar (1978, pág. 107, nota 5) piensa que podría ser una difusa contaminación con la leyenda del judío errante, que como tal va siempre de camino, y necesita por tanto vestir botas. En cualquier caso las botas de Judas aparecen casi siempre que se menciona al apóstol traidor, y muy a menudo asociadas a las botas de los portugueses: *Poesía original*, núm. 540, vv. 1-3: «¿Quién es el de las botas, que colgado / es arracada vil de aquel garrote? / —Es Judas, el apóstol Iscariote»; 707, vv. 71-72: «pues se acuerda de las botas / del dicípulo traidor»; 763, vv. 45-48: «Acójase a Portugal, / y vaya raspahilando / a ser con botas de Judas / locura de los fidalgos».
105-108 *Hércules:* enamorado de Deyanira; engañada esta por el centauro Neso, le hizo vestir al héroe una túnica envenenada con la sangre del centauro y Hércules 'muere en camisa' (chiste alusivo a la pobreza, motivo tópico también).
109-110 *Sansón:* su fuerza radicaba en el pelo; de ahí la chistosa comparación con el paño fabricado en Segovia, de mejor calidad cuanto más pelo tenía. Engañado por Dalila, que le cortó el pelo, perdió su fuerza y se quedó 'hecho un clérigo, con corona o tonsura'.
113 *Salomón:* quien fue considerado el más sabio de los hombres cayó en su vejez en la tentación de los amoríos con muchas mujeres paganas.

¡Cuál le pusieron el alma 115
las muchachas de Sidonia!
¡Cómo arrastraron su seso,
cómo pisaron sus obras
la hija de Faraón
y las estranjeras todas! 120
Allá en la gentilidad,
las ninfas metamorfosias
¿no hicieron bajar los dioses
a sacar agua en las norias?
El Sol andaba tras Dafne, 125
con la luz en las alforjas,
en forma de cuadrillero,
con más saetas que joyas.
¿Júpiter no se emplumó
por solo ver a la otra? 130
¿No fue toro y dijo «Mu»,
a quien esperaba «Toma»?
Con treta de salvadera,
sobre carta que se nota,
¿no bajó en polvos de oro 135
a gozar a quien le toma?
Mas dejando las deidades
que de tan lejos nos tocan,
¿habrá personas aquí

---

124 *sacar agua en las norias:* imagen peyorativa, porque sacaban agua los borricos atados a la noria. Los dioses, por el amor, se hacen necios y se transforman, como Júpiter, para seguir sus inclinaciones amorosas y lascivas.

125 *Sol:* Apolo perseguía a Dafne; Quevedo describe a Apolo como un cazador con su carcaj y flechas en dos sonetos burlescos «Bermejazo platero de las cumbres» y «Tras vos un alquimista va corriendo». De ahí la comparación jocosa con los cuadrilleros de la Santa Hermandad, que iban armados con saetas. Si en vez de saetas hubiera llevado joyas para regalar a Dafne le habría ido mejor.

129 *emplumó:* cuando se transformó en cisne para gozar a Leda.

131 *toro:* cuando se transformó en toro para gozar a Europa.

133 *salvadera:* la salvadera es el recipiente donde se guarda la arenilla para secar la tinta; Júpiter usa treta de salvadera cuando se transforma en polvo o lluvia de oro para gozar a Dánae.

(o será ninguna, o pocas)   140
  que no hayan tenido celos?
  Porque sin esta carcoma
  ningunos ojos miraron
  y ningún corazón goza.
  Hombre que sabes querer: 145
  conjúrote por tu moza
  que me digas la verdad:
  cuando los celos te toman
  ¿hay sol que no se escurezca,
  hay plaza que no sea angosta,   150
  sospecha que no te arrastre,
  consejo que bien se oiga?
  ¿Tienes nuevas de tu alma,
  sabes de tu vida propria?
  ¿Qué dices? Responde claro,   155
  no tengas vergüenza agora.
  Dirás que la medicina
  viene a tal dolencia corta;
  que son peores que diablos,
  pues conjurados se toman.   160
  La enfermedad de los celos
  no hay dotor que la conozca:
  de celos muere más gente
  que de fiebres maliciosas.
  Yo desmiento mi comedia;   165
  estad atentos una hora
  y veréis a mi opinión
  cuántas razones le sobran,
  y ansí San Antón os libre
  del fuego que enciende rosas,   170
  de rayos que forman perlas,

---

170 *fuego que enciende rosas:* 'la enfermedad llamada fuego de San Antón, que produce enrojecimientos de la piel'; «comúnmente no llamamos a la erisípula fuego de San Antón, sino otra especie de inflamación, que por ventura podría disponer al tal fuego no se curando y atajándola» (Cov.). Aquí es imagen del fuego del amor, que se compara con el fuego de San Antón, y por eso se invoca la protección del santo.

de llama que hielos brota,
que juzguéis lo que sentís
por vuestras entrañas proprias,
mientras el autor y yo   175
nos entendemos a coplas.
Y yo lo sustentaré
cuerpo a cuerpo a las hermosas,
rabia a rabia a los barbados,
araño a araño a las tontas;   180
a las viejas güeso a güeso,
trapo a trapo a las fregonas,
coz a coz a los lacayos
y chisme a chisme a las monjas.

---

176 *nos entendemos a coplas:* «Entendámonos a coplas. Entenderse a coplas, por oírse y convenirse» (Correas, refrán 9085).

Los valientes y tomajonas
Baile I

Todo se lo muque el tiempo,
los años todo lo mascan,
poco duran los valientes,
mucho el verdugo los gasta.
Son nuestras vidas un soplo; 5
hácennos grande ventaja
las vidas de los corchetes,
que de cien mil soplos pasan.
Vimos a Diego García,
cernícalo de uñas blancas, 10

---

1 *muque:* 'come'; es lenguaje de germanía.
3 *valientes:* 'valentones, jaques, rufianes'.
7 *corchetes:* 'ministros inferiores de la justicia que apresan a los delincuentes'; se califican de soplones 'delatores', y hay muchos juegos con la idea de 'aire, viento, soplo, fuelles', etc., como se verá en los versos siguientes. Véase el pasaje de *Sueños,* pág. 195: «se estaban abrasando unos hombres en fuego inmortal, el cual encendían los diablos en lugar de fuelles con corchetes, que soplaban mucho más, que aun allá tienen este oficio ellos y los malditos alguaciles». Comp. *Poesía original,* núm. 851, vv. 31-34: «A soplos, como candil, / murió el malaventurado, / porque se halló cierta joya / antes de perderla el amo».
9-10 *Diego García, cernícalo:* 'ladrón', pues el cernícalo es «Avecilla de rapiña; especie de gavilán bastardo, con que suelen entretenerse los muchachos, haciéndoles venir a tomar la carne de la mano. Unos son de uñas blancas y otros de uñas negras y de mejor casta» (Cov.).

     soplavivo y soplamuerto,
     árbol seco de la guanta,
     alguacil que de ratones
     pudo limpiar toda España,
     cañuto disimulado   15
     y ventecito con barbas.
     Reinando en Andalucía
     Butrón el de Salamanca,
     so el poder de la Villodres
     floreció el buen Marco Ocaña.   20
     Más hombres asió que el vino,
     más corrió que las matracas,
     más robó que la hermosura,
     más pidió que las demandas.
     Fueron galgos del verdugo   25
     que le trujeron la caza,
     Móstoles el de Toledo,
     Obregón el de Granada.
     Carrascosa en Alcalá

---

11 *soplavivo y soplamuerto:* soplavivo es lo mismo que soplón *(Léxico); soplamuertos* es floreo verbal chistoso, porque el que denuncian los corchetes es hombe muerto.

12 *árbol seco de la guanta:* árbol seco es alguacil, por alusión a la vara insignia de su autoridad; *guanta:* 'burdel'. Comp. *Poesía original,* núm. 866, vv. 29-32: «Allí me lloró la guanta, / cuando por la Salazar / desporqueroné dos almas / camino de Brañigal»; 856, vv. 37-38: «En Sevilla el árbol seco / me prendió en el Arenal».

13 *ratones:* puede limpiar España de ratones porque es *gato:* 'ladrón', como queda anotado en el entremés de la vieja *Muñatones.*

15 *cañuto:* por soplón, lo mismo que la metáfora siguiente.

19 *so el poder de la Villodres:* parodia del Credo «so el poder de Poncio Pilato»; *Villodres,* como el resto de los nombres de estos jaques y prostitutas, connota germanía, personajes de la delincuencia o la prostitución: *Poesía original,* núm. 855, vv. 89-92: «Quitándoles dos borricos / desasné cuatro pastores, / con borlas los disfracé / en la recua de Villodres».

22 *corrió que las matracas:* juego de palabras en *correr:* 'hacer huir, perseguir' y 'avergonzar', como le sucede al que le dan matraca; «En Salamanca llaman dar matraca burlarse de palabra con los estudiantes nuevos o novatos. Matraquista, el que tiene gracia en dar estas matracas» (Cov.).

24 *demandas:* «la acción de pedir limosna con la demanda para una imagen, iglesia, hospital u otra obra pía», y en esta otra acepción demanda es «la tablilla o imagen de bulto con que se pide la limosna» *(Aut.).*

era duende de la manfla, 30
hombre que a un sello en el golpe
le quiso quitar las armas.
En Sevilla Gambalúa
fue corchete de la fama,
ventalle de las audiencias, 35
fuelle de todas las fraguas.
Con la muerte de estos vientos
el mundo se quedó en calma,
mas toda pluma es ventosa
y todo alguacil la saja. 40
¡Quién vio a Gonzalo Jeñiz,
a Gayoso y a Ahumada,
hendedores de personas

---

30 *duende de la manfla*: *duende* puede ser 'alguacil de la ronda', 'ladronzuelo nocturno' y otros matices relacionados (véase *Léxico* y testimonios que aporta); *Poesía original*, núm. 677, vv. 1-4: «Contando estaba las cañas / Magañón el de Valencia / a Pangarrona y Chucharro, / duendes de Sierra Morena»; *manfla*: 'burdel'. Comp. *Poesía original*, núm. 857, vv. 37-40, al cierre de las mancebías: «viendo cerrada la manfla, / con telaraña el postigo, / el patio lleno de yerba, / enternecido les dijo».

31 No nos queda claro este verso: *golpe* es la puerta de la mancebía, o la misma mancebía, pero tiene otros significados, como el mismo resultado de la acción de golpear; *sello* es el verdugo: ¿'quiso quitar las armas (literalmente o por tener más habilidad que él para dar golpes) a un verdugo en la puerta del burdel'? ¿O se referirá a la falsificación o recorte del metal de la moneda (sellada, con las armas reales, que se pueden falsificar mediante golpes sobre la moneda, o a la que se puede arrancar parte de su metal con golpes, quitándole así las armas)?

34 *corchete de la fama*: corchete famoso, pero no se olvide que la Fama se representaba llena de lenguas (alusión a su tarea de soplón, como en las metáforas siguientes del ventalle 'abanico' y fuelle).

39 *pluma*: de los escribanos, que saja o corta 'afila' el alguacil. Juego de palabras alusivo a la condición de soplones de los escribanos (plumas ventosas), que como tales ventosas pueden ser sajadas (un tipo de ventosa «Vaso hueco y ventrudo y angosto de boca, y así se pudo decir ventosa, cuasi ventrosa: pero más me allego a que se haya dicho de viento, porque en razón del viento que ha gastado o expelido el fuego de la estopa encendida, *ne detur vacuum*, atrae así pellejo y carne, sangre y humor, con que suele divertir el daño que recibe la cabeza o otra parte del cuerpo. Unas son secas y otras sajadas, conforme a cómo lo pide la enfermedad», Cov.).

y pautadores de caras;
al Garcés en la hermosura, 45
Olmedo el de Calatrava,
en el pescuezo de un remo
estirándose las palmas;
en Zaragoza la bella,
a Martín de Santa Engracia, 50
que hizo los gigantones
con el verdugo en la plaza!
¡Quién vio a Perico de Soria,
sastre de vidas humanas,
matar con un agujón 55
más hombres que el beber agua!
Después, en cabo de Palos,
dio el pobrete con su barca,
y hecho racimo con pies
se meció de mala gana. 60
Siguiole Lucas de Burgos,
y su hembra la Chicharra
de pena vendió mondongo
un año en la Jamardana.

---

44 *pautadores:* la pauta es «Una tabla a la medida de la hoja del papel, con unas cuerdas de vihuela delgadas, puestas en orden y regla para que, señalando con ellas la plana, escriba el niño derechos los renglones» (Cov.). Estos jaques marcan las caras de la gente dándoles heridas y dejándoselas como si le hubieran pautado el rostro. Son especialistas en apuñalar (hender) personas y dar heridas en la cara por encargo.

47 *en el pescuezo de un remo:* condenado a galeras.

51 *hizo los gigantones:* los gigantones llevaban una persona debajo que los movía; hacer los gigantones es, pues, bailarlos llevándolos sobre los hombros; este jaque ha llevado en sus hombros al verdugo, porque cuando ahorcaban a los delincuentes el verdugo se subía en sus hombros para hacer peso y que murieran más rápidamente. Véase *Pero Vázquez de Escamilla*, v. 130 y más abajo v. 79.

55 *agujón:* 'puñal, daga grande, espada'.

56 *beber agua:* cosa nefasta para los jaques, que prefieren el vino. Es tópico el motivo de las borracheras.

57 *cabo de Palos:* lo ahorcaron; la misma dilogía en *Pero Vázquez de Escamilla*, vv. 137-138.

64 *Jamardana:* en el matadero de Sevilla; «el sitio donde limpian y evacuan de la inmundicia los vientres de las reses en el rastro o matadero» *(Aut.).*

El Tonelero acabó, 65
y el Afanador de Cabra
de un sonecillo de suela
repicado en las espaldas.
De un torniscón de una losa,
Pantoja, flor de la altana, 70
murió: lloráronle todos
los que navegan en ansias.
En Valladolid la rica
campó mucho tiempo Malla,
y su Verenda gozó 75
el reino de las gitanas.
Mandáronle encordelar
los señores la garganta,
y oliendo las entrepiernas
al verdugo perdió el habla. 80
De enfermedad de cordel,
aquel blasón de la espada.
Pero Vázquez de Escamilla,
murió cercado de guardas.
Fue respetado en Toledo 85

---

67 *suela:* el látigo del verdugo. *Buscón,* pág. 134: «Cuatro ducados di yo a Flechilla, verdugo de Ocaña, porque aguijase el burro y porque no llevase la penca de tres suelas cuando me palmearon».

69 *torniscón:* golpe que se da en la cara con el revés de la mano; *torniscón de una losa:* 'pedrada'.

70 *altana:* o andana, en germanía 'iglesia'; flor de la alta 'excelente pícaro que frecuentaba las iglesias' por alusión al refugio que los delincuentes buscaban en las iglesias. Comp. *Pero Vázquez de Escamilla,* v. 251; Hidalgo, *Romances de germanía:* «En Toledo en el altana / un lobo mayor ha entrado / que salía de la trena / por diez años desterrado» y testimonios de *Léxico.*

72 *navegan en ansias: ansias* tiene muchos sentidos en germanía, uno de ellos 'galeras' y otros referidos a distintas torturas recibidas en manos de la justicia; la frase hecha «navegar en ansias» puede referirse también a la vida hampona en general; *Pero Vázquez de Escamilla,* v. 250, *Léxico.*

78 *señores:* 'jueces'; lo mandan ahorcar, poner cordeles en la garganta.

79 *oliendo las entrepiernas:* alude a la práctica de ponerse el verdugo sobre los hombros del reo para acelerar con su peso la muerte por ahorcamiento.

83 *Pero Vázquez de Escamilla:* véase la comedia quevediana del mismo título.

Francisco López Labada,
valiente de hurgón y tajos,
sin ángulos ni Carranza.
Pasaron estos jayanes,
y los que siguen su manga,   90
por ellos, con vino tinto,
enlutada sed arrastran,
y entre lágrimas dormidas
por sus cuerpos y sus almas,
hacen el cabo de tragos   95
y el túmulo de las tazas.
Veis aquí a *Escarramán*,

---

88 *sin ángulos ni Carranza:* es un valiente que cultiva la antigua destreza, no la moderna científica explicada por maestros como Jerónimo de Carranza. Véase el *Entremés de la destreza* (para Carranza, v. 44; *ángulos:* v. 48).

89 *jayanes:* jayán es 'hombre de grandes fuerzas'; jayanes en germanía 'los rufianes de más categoría'. Comp. *Poesía original,* núms. 856, vv. 45-48: «Todo cañón, todo guro, / todo mandil y jayán, / y toda iza con greña, / y cuantos saben fuñar».

90 *manga:* 'cierta forma de escuadrón de la milicia' (Cov.): 'los que son de su oficio y parcialidad, de su pandilla'.

95 *cabo de tragos:* parodia de «cabo de año» «la memoria y sufragios que hacen por el difunto, cumplido el año que murió» (Cov.). Le hacen cabo de tragos porque celebran su memoria bebiendo. De ahí el juego con «túmulo» de las tazas, porque las tazas fenecen ante la gran sed de estos rufianes.

97 *Escarramán:* nombre de un jaque que hizo famoso el mismo Quevedo en sus jácaras, y también de un baile, como la serie que ahora empieza, baile famoso, muy denostado por los moralistas. En 1615 la Reformación de comedias mandó «que no se representen cosas, bailes, ni cantares, ni meneos lascivos ni de mal ejemplo, sino que sean conformes a las danzas y bailes antiguos; y se dan por prohibidos todos los bailes de Escarramanes, Chaconas, Zarabandas, Carreterías...» *(Colección,* I, pág. CXC). Para este baile, véase los comentarios de Cotarelo en *Colección,* I, págs. CCXLIII-CCXLIV. De él decía el P. Juan Ferrer: «corren por esta ciudad unas canciones que llaman Escarramán, que en el teatro las han representado, con tanta torpeza que aun los aficionados a comedias se escandalizaban, y muchos, por no oírlas, se salían del teatro». Lo mencionan Cervantes, Quevedo, Salas Barbadillo... Se convirtió Escarramán en personaje popularísimo. Para la fama alcanzada por Escarramán, véase *El rufián viudo,* donde Cervantes se hace eco de su fama: «cántante por las plazas, por las calles; búscante en los teatros y en las casas» (ed. Asensio, 1970, pág. 96). Para este personaje, véase también Asensio, 1971, págs. 103-106.

> gotoso y lleno de canas,
> con sus nietos y biznietos
> y su descendencia larga. 100
> Del primero matrimonio
> casó con la *Zarabanda*,
> tuvo al *¡Ay!, ¡ay!, ¡ay!* enfermo
> y a *Ejecutor de la vara*.
> Este, andando algunos días, 105
> en la *Chacona* mulata
> tuvo a todo el *Rastro viejo*
> y a los de la *Vida airada*.

---

102 *Zarabanda*: «Tañido y danza viva y alegre que se hace con repetidos movimientos del cuerpo poco modestos» *(Aut.)*. «Es [baile] alegre y lascivo, porque se hace con meneos del cuerpo descompuestos» (Cov.); véase Vélez, *Cojuelo*, pág. 70: «Yo truje al mundo la zarabanda, el déligo, la chacona, el bullicuzcuz»; *El rey don Alfonso*, vv. 337-339: «—Decid, infante de monas, / ¿sabéis muchas zarabandas? / —No, señor, mas sé chaconas», y comp. Cotarelo, *Colección*, págs. CCLXV-CCLXXI.

103 *¡Ay!, ¡ay!, ¡ay!*: otro baile famoso en la época; comp. Quevedo, *infra*, «Cortes de los bailes», vv. 13-16: «El ¡Ay, ay, ay! los lastima, / tan dolorido y tan mustio, / Escarramán los congoja, / preciado de la de puño». Para el baile de «Ay, ay, ay», véase Cotarelo, *Colección*, I, págs. CCXXXIV-CCXXXV.

104 *Ejecutor de la vara*: véase Cotarelo, *Colección*, pág. CCXLIII; Quevedo, *Poesía original*, núm. 757, vv. 165-168: «suéltales las *Seguidillas*, / y a *Ejecutor de la vara*, / y a la *Capona*, que en llaves / hecha castradores anda».

106 *Chacona*: «son o tañido que se toca en varios instrumentos, al cual se baila una danza de cuenta con las castañetas, muy airosa y vistosa» *(Aut.)*; aparece calificado en muchos textos de baile lascivo: comp. el comentario de G. de Amezúa en su edición de Cervantes, *El coloquio de los perros*, 1912, págs. 482-491; *Colección*, págs. CCXL-CCXLII; Vélez de Guevara, *Cojuelo*, pág. 70: «Yo truje al mundo la zarabanda, el déligo, la chacona, el bullicuzcuz», y la extensa nota de Arellano y Fernández que hace referencia a otros textos y documentos en esa edición del *Cojuelo*; Calderón, *Las jácaras*, 2, en Calderón, *Teatro cómico breve*, pág. 393: «con cuánta autoridad de su persona / bailaba el zarambeque y la chacona».

107 *Rastro viejo*: *Poesía original*, núms. 676, vv. 13-15: «no mueran con mil enojos, / el Rastro en tus castañetas, / el Matadero en tus ojos»; 757, vv. 169-172: «De la trena a Escarramán / soltó sin llegar la pascua, / y al Rastro donde la carne / se hace bailando rajas». Véase para este baile Cotarelo *Colección*, pág. CCLVIII.

108 *Vida airada*: véase «Cortes de los bailes»: «Ya se salen de Alcalá / los tres de la vida airada, / el uno es Antón de Utrilla, / el otro Ribas se llama». Cotarelo no lo recoge como baile; parece que en este caso es mención de la letra de un baile.

El *Rastro viejo* casó
con la *Pironda*, muchacha   110
de quien nació *Juan Redondo*
el de la rucia y la parda.
Juan Redondo fue soltero;
tuvo una hija bastarda
que llaman la *Vaquería*,   115
mujer de buena ganancia.
Por ella de *Escarramán*
tienen por hembra la casa
las *Valientas* y *Santurde*
en el baile de las *Armas*.   120
Hecho está tierra el buen viejo,
y, con todo, no se hallan
sin sus bailes los tablados,
sin sus coplas las guitarras.
Y para que no se acabe   125
su familia ni su casta,
y porque los gustos tengan
rumbo y fiesta, baile y chanza,
en la ciudad de Toledo,

---

110 *Pironda:* junto con la *Corruja* aparecen en el baile de «Los galeotes», y en el entremés *La ropavejera* (v. 130).

111 *Juan Redondo:* Cotarelo, *Colección,* pág. CCLII; junto con otros bailes personificados protagoniza «Los galeotes»; se baila con su letra («Hétele por do viene») en el baile de Moreto *Don Rodrigo y la Cava*. Este Juan Redondo es un carretero: de ahí la mención de las mulas (la rucia y la parda).

115 *Vaquería*: Ropavejera, v. 131; Cotarelo, *Colección*, pág. CCLXIII.

116 *mujer de buena ganancia*: prostituta.

117-121 No apuramos el sentido de esta copla. No documentamos el baile de las armas: quizá haya que interpretar 'a causa de la Vaquería tienen por hembra la estirpe de Escarramán otros bailes valentones como el de las valientas y santurde, en el baile de las armas, en la actividad del hampa' (pues estos bailes se identifican con jaques y prostitutas).

119 *Valientas, Santurde*: del primero no hallamos más documentación; quizá aluda a otro baile de Quevedo «Las valentonas y destreza»; Santurde aparece en *La ropavejera*, y protagoniza «Los galeotes», junto a Juan Redondo.

129-132 Son los primeros versos del romance de Perotudo, el primero de los *Romances de germanía*, de Juan Hidalgo: «En la ciudad de Toledo / donde flor de bailes son, / nacido nos ha un bailico, / nacido nos ha un bailón».

    donde los hidalgos son,   130
    nacido nos ha un bailito,
    nacido nos ha un bailón.
    Chiquitico era de cuerpo
    y grande en el corazón,
    astilla de otros valientes,   135
    chispa de todo furor.
    Mató a su padre y su madre
    y un hermanito el mayor;
    dos hermanas que tenía
    puso al oficio trotón.   140
    Una puso en la taberna
    para todo sorbedor;
    las otra, por más hermosa,
    llevó a ganar al cairón.
    La niña, como novata,   145
    no sabe navegar, no,
    y el rufián, como es astuto,
    dábale aquesta lición:
    «Yo soy el rufián Tasquillos,
    el rufián Mendrugo soy;   150
    todo valiente barbado
    oiga a lampiño dotor.

133-134 Comp. Hidalgo, *Romances de germanía*, «En la ciudad de Toledo», vv. 11-12: «aunque pequeño de cuerpo / es de grande coraçón».

135 *astilla:* «Metafóricamente es la parte de otra cosa que proviene de ella como la astilla del palo» *(Aut.);* como en la frase «de tal palo tal astilla»: imitador de los valientes mayores.

140 *oficio trotón:* la prostitución; véase *Prosa festiva,* pág. 330: «a vosotras, las busconas [...] mujeres al trote».

144 *cairón:* 'dinero ganado por la prostituta, oficio de la prostitución'; comp. romance «En la ciudad de Toledo», de Hidalgo, vv. 83-84: «trae tres marcas godeñas / que le ganen el cairón», vv. 93-96: «De lo que las marcas ganan / comprara el rufo un trotón, / fuérase de feria en feria / que le ganen el cairón».

151-152 Los que llevaban barba como signo de autoridad y sabiduría eran los médicos; satíricamente, dice el rufián que aun un médico lampiño, novato, de poco conocimiento y experiencia, es más sabio en el arte de matar que el valiente o rufián más barbado, el cual puede aprender de los doctores.

Valientes que por su pie,
teniendo ya treinta y dos,
se fueron como a la pila 155
a lo penoso y rigor,
son valientes convertidos:
solo soy valiente yo,
que en el vientre de mi madre
ascuras tuve cuistión. 160
En el nombre de Maladros,
nuestro padre fundador,
sea, niñas, el daca y daca
tema de vuestro sermón.
«¡Vive el Dador!», dicen todos 165
desde que el mundo nació;
mas «el prometedor vive»,
no lo ha dicho humana voz.
De oficiales y tenderos,
y de todo cosedor, 170
todo dinero es dinero;
no tiene casta el doblón.
El dinero del judío

---

153 y ss. 'Aquellos valientes tardíos que se bautizan o profesan el rigor y lo penoso —la vida dura del hampa— yendo por su pie a la pila del bautizo rufianesco son valientes conversos, como cristianos nuevos, de poca calidad'. «Irse por su pie a la pila. Dícese por los que, adultos y de edad, se van a bautizar por su pie, y dáseles en rostro de ser moros o judíos» (Correas, refrán 11773).

160 *cuistión:* 'pelea, conflicto'; comp. «Revolver caldos. Por meter en cuestión y cizaña» (Correas, refrán 20302); *Poesía original*, núm. 850, vv. 17-20: «No hay quistión ni pesadumbre / que sepa, amigo, nadar; / todas se ahogan en vino; / todas se atascan en pan».

163 *daca y daca:* doctrina de las tomajonas o pidonas; es la misma que enseña Muñatones.

164 *tema:* dilogía entre el término técnico 'tema del sermón' y 'manía obsesiva, que para estas pidonas es siempre el daca o da acá'.

165 *Dador:* «Dador, el que da; este vocablo se atribuye siempre a Dios» (Cov.). *Quijote*, I, 25: «¡Vive el Dador, que es moza de chapa, hecha y derecha y de pelo en pecho». Aquí juega con el sentido literal 'el que da', que es el único que interesa a las pidonas, desconfiadas siempre del que promete.

169 y ss. 'Deben coger dinero de cualquiera sin reparar en la jerarquía social o en categorías de nobleza'.

>   y el dinero del señor,
>   todos prueban de la bolsa,   175
>   todos de un linaje son.
>   Moneda que no se toma
>   es la moneda peor:
>   poco dinero es dinero,
>   un real con otro son dos.   180
>   Para ser mujer de prendas,
>   toma prendas de valor,
>   vida, y ásete a las ramas,
>   que prendas dineros son.
>   No haya almuerzo ni merienda,   185
>   comida ni colación,
>   pues por desquitarla el dueño
>   come más que un cavador.
>   Cajeros de ginoveses
>   regalado peje son,   190
>   esponjas para sus amos,
>   que apretadas dan licor.
>   Vejecito escribanía,
>   pues que bien mirado al sol,
>   es tinta y papel su barba,   195
>   dé la pluma que guardó.

---

175 *prueban:* 'ostentan pruebas de sangre limpia y nobleza: esas solo consisten en la bolsa'.

183 *vida:* apóstrofe a la supuesta oyente.

185 y ss. 'Una vez recibidos los dineros no deben las mujeres ofrecer almuerzos ni meriendas, porque corren el peligro de que los que han dado el dinero, para recuperarlo de algún modo coman y beban en exceso, más que un rústico cavador'.

189 *ginoveses:* véase *Destreza,* v. 153 para este motivo de los banqueros genoveses.

190 *regalado:* 'fino, exquisito'; *peje:* 'pez' y 'individuo astuto, de cuidado'.

193 *vejecito escribanía:* lo llama escribanía por la tinta que lleva (en el pelo, para teñirse las canas); su barba es papel (objeto propio también de las escribanías) por lo blanca, pero tinta por la tintura negra que se ha puesto.

196 *dé la pluma que guardó:* dilogía en *pluma* entre el sentido 'instrumento de escribir' que sigue la serie de la escribanía; y 'dinero', véase *El niño y Peralvillo de Madrid,* v. 137.

Mancebito perniborra,
dulcísimo paseador,
conjúrale como a peste
y échale en otra región.   200
Caballero linajudo,
desabrigado amador
que paga en genealogías,
métase a coronicón.
Donosos y bien hablados,   205
todo cuerpo bailador,
gaste con otro las gracias
y contigo el talegón.
Señoría, si es Venecia
o Génova, buenas son: 210
que hay señorías caninas
y título ladrador.
No titularás en vano
es mandamiento mayor:
más vale doblón picaño   215
que príncipe sin doblón».

(Otras.)

---

197 *perniborra:* 'con las perneras rellenas de borra para parecer más robusto y perfilado'. Estos lindos son gente de poca sustancia (solo pasean a la dama para cortejarla con palabras dulces, pero sin dar dineros) y hay que rechazarlos como si fueran demonios, conjurándolos y expulsándolos.

209 y ss. 'En Italia se usa mucho el tratamiento de señoría; los venecianos o la «Señoría de Venecia» como se llamaba a la república veneciana, por referencia al famoso tesoro de Venecia, y los genoveses (banqueros) suenan a dineros: estas señorías sí son buenas; las otras señorías que se limitan a exhibir sus títulos de nobleza son anuncios de *perro muerto* y se pueden llamar señorías caninas y títulos que ladran'; para el engaño llamado *perro muerto,* véase *Ropavejera,* v. 149. Sobre el tesoro de Venecia: Enríquez Gómez, *Siglo pitagórico,* pág. 116: «él te dará el tesoro de su mayorazgo, que si lo tiene, es más seguro que el de Venecia»; *Quijote,* II, 71: «el tesoro de Venecia, las minas del Potosí, fueran poco para pagarte». Véase *Lazarillo,* pág. 95: «tan ufano como si tuviera el tesoro de Venecia», y nota de Rico. De los genoveses ya quedan notas en otros lugares.

213 *no titularás en vano:* parodia de «No tomarás el nombre de Dios en vano», mandamiento del Decálogo.

—Porque veas que sabemos
de memoria la lición,
toca, que cuanto tocares
será la dotrina de hoy. 220
—Gusto y valentía,
dinero y juego
tiene la que no admite
prometimientos.
—Dígalo *Rastrojo*, 225
que, de prudente,
de contado paga
lo que le quieren.
—Helo por do viene
mi *Juan Redondo*, 230
con su cruz y sus armas
en el de a ocho.
—Dime, ¿qué señas tiene
tu enamorado?
—Es como un oro lindo, 235
doble y cruzado.
—*Dale, Perico*,
no digo listones,
cadenas digo.
Dale, muchacho; 240
que con darle camina
todo ganado.

---

232 *de a ocho:* el equivalente a ocho escudos de oro.

235-236 *como un oro:* aplica literalmente la frase hecha; *doble y cruzado:* alude a los doblones y monedas llamadas cruzados; *Quijote,* II, 63: «Dejó encerradas y enterradas, en una parte de quien yo sola tengo noticia, muchas perlas y piedras de gran valor, con algunos dineros en cruzados y doblones de oro». Además, hay juego con el sentido de 'evoluciones, movimientos de la danza'.

237 *Dale, Perico:* este baile se menciona también en «Los galeotes». Lo que ha de dar a las mujeres es cadenas (de oro) y no listones (cintas de seda).

241 *darle:* dilogía fácil entre 'darle golpes al ganado para que ande' y 'darles dinero a las mujeres'.

—Háganse a zaga;
que se ahorcan las mulas
con quien no paga.
—De la *Carretería*
el baile es este;
camino carretero
fue darlas siempre.

245

---

248 *camino carretero:* «Camino carretero, el más llano y ancho y más seguro» (Cov.).

Las valentonas y destreza
Baile II

Helas, helas por do vienen
la Corruja y la Carrasca,
a más no poder mujeres,
hembros de la vida airada.
Mortales de miradura   5
y ocasionadas de cara,
el andar a lo escocido,
el mirar a lo de l'hampa.
Llevan puñazos de ayuda
como perrazos de Irlanda,   10
avantales voladores,
chapinitos de en volandas.

---

1 *Helas, helas:* comienzo de romances viejos (Durán, núms. 294, 858: «Helo, helo por do viene / el infante vengador»). Se parodia muchas veces.

2 *Corruja, Carrasca:* nombres grotescos de las valentonas; el primero corresponde a un baile ya anotado.

4 *hembros:* neologismo para indicar lo varonil de estas valentonas.

5-6 'Matan con las miradas y desafían con la expresión'; para *ocasionadas*, véase *Cómo ha de ser el privado*, v. 2143.

9-10 *puñazos, perros:* por su tamaño compara a los puños que llevan con los grandes perros irlandeses «de ayuda»; para los perros de ayuda, véase *La destreza*, v. 107; sobre la procedencia comp. Cov. *s. v. lebrel:* «los más bien sacados y ceñidos son los que traen de Irlanda».

12 *chapinitos:* diminutivo irónico; son chapines voladores por lo alto de sus corchos. Comp. Quevedo, *Prosa festiva*, pág. 455: «A los chapines llamará posteridades de corcho, adiciones de alcornoque, tara de la persona»; o la

Sombreros aprisionados
con porquerón en la falda,
guedejitas de la tienda, 15
colorcita de la plaza.
Miráronse a lo penoso,
cercáronse a lo borrasca,
hubo hocico retorcido,
hubo agobiado de espaldas. 20
Ganaron la palmatoria
en el corral de las armas,
y encaramando los hombros,
avalentaron las sayas.

***

CORRUJA.   De las de la hoja 25
  soy flor y fruto,
  pues a los talegos
  tiro de puño.

«Sátira a los chapines» de Maluenda (véase Arellano, 1987b, págs. 119-120). Podían ser muy altos.

13-14 Juego de palabras con *porquerón* 'corchete, alguacil' y el sentido de corchete 'broche, prendedor', que puede llevar en la falda del sombrero para sujetar algún adorno; *porquerón*: «El ministro de justicia que prende los delincuentes» (Cov.). Cfr. *Guzmán*, pág. 191: «son en resolución de casta de corchetes, porquerones o velleguines».

15-16 Entiéndase que llevan postizos en el pelo y maquillaje para darse color al rostro.

20 *agobiado:* es gesticulación, como los otros extremos señalados, típica de valentones.

21 *palmatoria:* «Instrumento conocido, en que los maestros de escuela ponen unas correas para azotar los muchachos. Es una colunilla asida y terminada en una circunferencia plana, con la cual los hieren en las palmas de las manos, de donde tomó el nombre» (Cov.); ganaba la palmatoria para castigar a sus condiscípulos el alumno más aventajado. *Buscón*, pág. 60: «Sentábame el maestro junto a sí, ganaba la palmatoria los más días por venir antes».

25 *de la hoja:* 'valentones, rufianes'; *hoja* 'espada'; *hombre de la hoja:* valentón, manejador de la espada u hoja; es lenguaje germanesco; comp. *Poesía original,* núm. 853, vv. 1-2: «Mancebitos de la carda, / los que vivís de la hoja»; 860, vv. 77-80: «Tu donaire es de la hampa, / tu mirar es de la hoja, / tus ojos en matar hombres / son dos Pericos de Soria».

28 *de puño:* un tipo de estocada; véase *Destreza*, v. 8.

CARRASCA.   Tretas de montante
            son cuantas juego,
            a diez manos tomo
            y a dos peleo.

                    ***

            Luego —acedada de rostro
            y ahigadada de cara,
            un tarazón de mujer,   35
            una brizna de muchacha—
            entró en la escuela del juego
            Maripizca la Tamaña,
            por quien Ahorcaborricos
            murió de mal de garganta.   40
            Presumida de ahorcados
            y preciada de gurapas,
            por tener dos en racimo
            y tres patos en el agua,
            con valentía crecida   45
            y con postura bizarra,

---

29 *tretas:* movimiento de esgrima; véase *Destreza,* v. 110; *montante:* espada grande que se manejaba con dos manos: véase *Destreza,* acot. v. 49. Por eso dice que «a dos peleo».

33 *acedada:* 'agria, agresiva'.

34 *ahigadada:* 'valentona'; *Destreza,* v. 51.

35 *tarazón:* 'un pedacito de mujer'; «El trozo que se parte o corta de alguna cosa» *(Aut.).* Comp. *Poesía original,* núm. 687, v. 89, donde un manto que tapa a una damisela «daba tarazón con ojo»; núm. 691, v. 17: «tarazón de cuello era»; y núm. 768, v. 34; 875, I, 90; Santos, *Obras selectas,* pág. 56: «compónese y con brevedad descubre un tarazón de rostro».

42 *gurapas:* las galeras, en germanía; comp. *Quijote,* I, 22: «—¿Qué son gurapas? —preguntó don Quijote. —Gurapas son galeras —respondió el galeote»; presume de que sus rufianes son gente de categoría: unos acaban en la horca, otros en galeras.

43 *en racimo:* colgados de la horca como el racimo en la cepa. Véase *Pero Vázquez de Escamilla,* v. 138.

44 *tres patos en el agua:* metáfora para los galeotes, que reman en el mar.

    desembrazando a las dos,
    en esta manera garla:
    Llamo uñas arriba
    a cuantos llamo,   50
    y al recibo los hiero
    uñas abajo.
    Para el que me embiste
    pobre y en cueros,
    siempre es mi postura   55
    puerta de hierro.

               ***

    Rebosando valentía
    entró Santurde el de Ocaña;
    zaino viene de bigotes
    y atraidorado de barba.   60
    Un locutorio de monjas
    es guarnición de la daga
    que en *puribus* trae al lado
    con más hierro que Vizcaya.
    Capotico de ante mulas,   65

---

48 *garla:* en germanía, hablar. Comp. Quevedo prólogo a *Hora:* «¡Pesia tu hígado, oh grande coime, que pisas el alto claro, abre esa boca y garla».

49-52 *uñas arriba, uñas abajo:* véase *Destreza*, vv. 242-244.

56 *puerta de hierro:* 'infranqueable', juega con el lugar madrileño del mismo nombre.

59-60 *zaino:* 'traidor', «al que es disimulado y que trata con doblez llamamos zaino» (Cov.); los grandes bigotes era otra señal de los valentones. Comp. *Poesía original,* núm. 851, vv. 23-26: «En la feria de Torrijos / me empeñé con un mulato, / corchete fondos en zurdo, / barba y bigote de ganchos».

61-62 'Trae la daga con guarnición aparatosa, con más hierro que el que tiene un locutorio de monjas, protegido por rejas'; alude a la daga de ganchos, arma propia de rufianes *(Léxico).*

63 *en puribus:* desnuda, desenvainada, ostentándola. «En púribus o in púribus; está en púribus; quedose en púribus; dejole en púribus. Por quedar y estar en el extremo de necesidad, y por quedarse y estar desnudo. En cueros se dice: está o quedó in puribus naturalibus» (Correas, refrán 8876).

65 *de ante mulas:* juego irónico; lleva capote de *ante* (cierto tipo de piel), pero de ante mulas, como una mantilla de las que se ponen a las mulas.

                    sombrerico de la carda,
                    coleto de «por él vivo»,
                    más probado que la Pava.
                    Entró de capa caída,
                    como los valientes andan,   70
                    azumbrada la cabeza
                    y bebida la palabra:
[SANTURDE]. Tajo no le tiro,
                    menos le bebo,
                    estocadas de vino   75
                    son cuantas pego.

                              ***

                    Una rueda se hicieron,
                    ¿quién duda que de navajas?

---

66 *de la carda:* «carda, gente de la carda», 'los rufianes y valentones' *(Léxico):* sombrero característico de gente de la carda.

67 *de «por él vivo»:* porque el coleto protege de las heridas y gracias a él vive el rufián o la valentona; *coleto:* «vestidura como casaca o jubón que se hace de piel de ante, búfalo u de otro cuero. Los largos como casacas tienen mangas y sirven a los soldados para adorno y defensa» *(Aut.).*

68 'El coleto ha recibido muchos golpes y ha probado su utilidad; comparación chistosa con la prostituta llamada Pava, que ha sido también probada muchas veces'.

69 *de capa caída:* aplicación literal de la frase hecha, porque era rasgo de los valentones llevar la capa terciada y medio arrastrando.

71 *azumbrada:* se le han subido a la cabeza los azumbres de vino que ha bebido; *azumbre:* medida de las cosas líquidas de unos dos litros. Comp. *Quijote,* I, 10: «me dé la receta de ese estremado licor [...] —Con menos de tres reales se pueden hacer tres azumbres»; Quevedo, *Poesía original,* núm. 536, vv. 7-8: «en confites gastó Marte la malla, / y la espada en pasteles y en azumbres».

73-76 *Tajo:* juego tópico entre Tajo 'río' (que no bebe, porque no bebe agua, sino vino) y el término técnico de la esgrima: *tajo* 'golpe de espada de derecha a izquierda'. Comp. *Quijote,* II, 26: «Mas no por esto dejaba de menudear don Quijote cuchilladas, mandobles, tajos y reveses como llovidos»; véase *Destreza,* v. 238. Frente al tajo la estocada es un golpe derecho hiriendo de punta. Juega también con «Estocada de vino, el tufo y aliento del que está borracho» (Cov.).

77-78 'Hicieron un corro que se puede llamar de navajas por lo que cortan y desuellan hablando mal de los demás'. Juego alusivo a la rueda de afilar.

>   Los codos tiraron coces,
>   azogáronse las plantas,   80
>   trastornáronse los cuerpos,
>   desgoznáronse las arcas,
>   los pies se volvieron locos,
>   endiabláronse las plantas.
>   No suenan las castañetas,   85
>   que, de puro grandes, ladran,
>   mientras al son se concomen
>   aunque ellos piensan que bailan.
>   Maripizca tomó el puesto,
>   Santurde tomó la espada,   90
>   con el montante el maestro
>   dice que guarden las caras.

***

> [MARIPIZCA]. De verdadera destreza
>   soy Carranza,
>   pues con tocas y alfileres   95
>   quito espadas.

---

79 y ss. Descripción grotesca de los movimientos del baile.

80 *azogáronse:* se movieron como azogados, enfermos por el contacto con el mercurio o azogue, que provocaba fuertes temblores; *Quijote,* II, 32: «Levantado, pues, en pie don Quijote, temblando de los pies a la cabeza como azogado».

82 'Las arcas tienen tapas que se pueden desgonzar', pero juega con la imagen del cuerpo descomponiéndose por los violentos gestos del baile; «Arcas, las ijadas, por el arco que allí hacen las costillas. De allí se dijo dar arcadas, los que tienen gana de trocar, que bárbaramente se dice vomitar o gomitar y carcajadas de risa está corrompido de arcajadas, porque de reír duelen a veces las arcas. El arca del pan, por metáfora llamamos la barriga» (Cov.).

87 *concomen:* se mueven como si les picara el cuerpo; «Concomerse, menear el cuerpo como si le comiera algún piojo o sarna» (Cov.).

89-92 Uso de lenguaje de esgrima, como en el resto del baile; *maestro:* de esgrima se entiende. Se finge una lección de esgrima.

93 *verdadera destreza: Destreza,* v. 47. El capítulo I de Pacheco de Narváez, *Libro de las grandezas de la espada,* se titula «Los fundamentos de la verdadera destreza».

94 *Carranza: Destreza,* v. 44.

	Que tengo muy buenos tajos	
	es lo cierto	
	y algunos malos reveses	
	también tengo.	100
	El que quisiere triunfar	
	salga de oros,	
	que el salir siempre de espadas	
	es de locos.	
Maestro.	Siente ahora la Corruja.	105
Corruja.	Aquesta venida vaya.	
Maestro.	Jueguen destreza vuarcedes.	
Santurde.	Somos amigos, y basta.	
Maestro.	No es juego limpio brazal.	
Corruja.	Si no es limpio, que no valga.	110
Maestro.	Siente vuarced.	
Santurde.	Que ya siento	
	y siento pese a su alma.	

***

Tornáronse a dividir
en diferentes escuadras,
y denodadas de pies   115
todas juntas se barajan.

101-104 Lenguaje de los naipes: *triunfar:* 'hacer suerte ganadora en el juego'; *oros, espadas:* palos de la baraja, con dilogía fácil.

106 *venida:* «En la esgrima es el acometimiento mutuo que se hacen los combatientes después de presentar la espada, por todo el tiempo que dura el lance hasta entrar el montante» *(Aut.).*

109 *brazal:* 'armadura que cubre el brazo'; pero también un tipo de treta de esgrima. Véase Pacheco, *Libro de las grandezas de la espada,* fols. 121 y ss: «Un aviso en teórica del brazal, y por cuántas partes se hace...»; fols. 122v y ss.: «no es la treta que ellos [los diestros vulgares] estiman en menos ni hacen menos ni aun confían menos de salir con victoria [...] de quien se valen en las mayores necesidades, y al que llega a hacerlo con alguna gallardía le celebran y dicen que es singular hombre en las tretas y sobre todo extremado en el brazal, que es tanto como decirle que es un Platón en filosofía o Baldo en derecho [...] porque se han aficionado a este endemoniado brazal y maldita manotada».

[TODAS].	Cuchilladas no son buenas;
	puntas, sí, de las joyeras.
[MARIPIZCA].	Entráronme con escudos,
	cansáronme con rodelas; 120
	cobardía es sacar pies,
	cordura sacar moneda.
	Aguardar es de valientes,
	y guardar es de discretas;
	la herida de conclusión 125
	es la de la faltriquera.
[TODAS].	Cuchilladas no son buenas;
	puntas, sí, de las joyeras.
[MARIPIZCA].	Ángulo agudo es tomar,
	no tomar, ángulo bestia; 130
	quien viene dando, a mi casa
	se viene por línea recta.
	La universal es el dar,
	cuarto círculo, cadena,

---

118 *puntas:* «encajes de hilo, seda u otra materia» *(Aut.).* Otro juego dilógico.

121 *sacar pies:* «retirarse poco a poco sin volver la espalda» *(Aut.).*

125 *herida de conclusión:* véase *Destreza,* v. 123. La herida más peligrosa es la que se recibe en la bolsa.

129 *ángulo agudo:* véase el mismo chiste en *Destreza,* v. 126.

132 *línea recta:* término de esgrima, y frase hecha: 'el que da dinero va directo a la casa de la Maripizca que lo aceptará inmediatamente'. *Sueños,* pág. 113: «Mandáronle que se fuese por línea recta al infierno, a lo cual replicó diciendo que debían de tenerlo por diestro del libro matemático, que él no sabía qué era línea recta».

133 *universal:* «Se aplica en la esgrima al ángulo recto, al tajo, y al movimiento de conclusión» *(Aut.).* En los manuales de esgrima auriseculares se discutía sobre la existencia o no de una treta universal; se solía llamar así la que se hace contra tajo, revés o estocada para arremeter y esperar. Véase Pacheco, *Libro de las grandezas de la espada,* fols. 286 y ss.: «Los admirables efectos de la regla universal, donde se verá quién es y lo que vale, y cómo no hay herida particular que no le sea inferior ni movimiento que no mate».

134 *cuarto círculo:* «Herida de cuarto círculo (que es una cuarta parte dél) se dice a la estocada que por encima de la espada del contrario se ejecuta en la línea vertical derecha, andando la espada del diestro no más que la cuarta parte del círculo que se considera en el pecho» (Pacheco, cit. por Cabo, ed. del *Buscón,* pág. 293). *Buscón,* pág. 109: «se me ofreció una treta por el cuarto círculo con el compás mayor, cautivando la espada para matar sin confesión al contrario».

	atajo, todo dinero,	135
	rodeo, toda promesa.	
[TODAS].	Cuchilladas no son buenas;	
	puntas, sí, de las joyeras.	
[MARIPIZCA].	El que quisiere aprender	
	la destreza verdadera,	140
	en este poco de cuerpo	
	vive quien mejor la enseña.	

Los galeotes
Baile III

Juan Redondo está en gurapas,
lampiño por sus pecados,
porque dicen que cogió
treinta doncellas su carro.
Por bailarle, diez viudas   5
se hicieron diez mil andrajos;
empobreció mil barberos;

---

1 *Juan Redondo:* un baile ya anotado, identificado aquí con un rufián condenado a galeras.

2 *lampiño:* porque los galeotes iban rapados; ver lo que dice un galeote en *Poesía original,* núm. 853, vv. 61-64: « Más raso voy que dia bueno, / con barba sacerdotal; / soy ovejita de el agua / que me llaman con silbar».

4 *su carro:* porque este Juan Redondo es un carretero. Ha estuprado a treinta doncellas.

5 *por bailarle:* no se olvide que es un baile; *viudas:* motivo de la hipocresía de las viudas, tópico en la sátira aurisecular; comp. *Sueños,* págs. 292-293, con una extensa descripción de sus falsedades: «verás esta viuda, que por defuera tiene un cuerpo de responsos, cómo por de dentro tiene una ánima de aleluyas; las tocas negras y los pensamientos verdes. ¿Ves la escuridad del aposento y el estar cubiertos los rostros con el manto? Pues es porque así, como no las pueden ver, con hablar un poco gangoso, escupir y remedar sollozos, hacen un llanto casero y hechizo, teniendo los ojos hechos una yesca. ¿Quiéreslas consolar? Pues déjalas solas y bailarán en no habiendo con quien cumplir».

7 *empobreció mil barberos:* porque se dedican a bailar en vez de trabajar; es tópica la afición de los barberos a guitarras, músicas y pasacalles; véase Quevedo, *Hora,* pág. 63: «Sol [...] dios dado a la barbería, muy preciado de guitarrillas y pasacalles»; *Poesía original,* núms. 735, vv. 117-120: «él estudia en pasacalles [se refiere a un barbero] / lo que ejecuta en los miembros, / y en guitarra, y no en

>   dejaron barbas por saltos.
>   *Dale, Perico* murió,
>   que el dar matará a los diablos,   10
>   y por esta muerte y otras
>   vino a varear pescados.
>   Por pedigüeño en caminos
>   es prebendado del charco,
>   porque arremangó una tienda,   15
>   porque pellizcó unos cuartos.
>
> *(De adentro.)*
>
>   ¡El viento salta de tierra!
>   ¡Mar bonanza! ¡Cielo claro!
>   ¡Zarpá ferros! ¡Tocá a leva!
>
> *(Suena una trompeta y salen la* CORRUJA *y la* PIRONDA.)

---

cebada, / me paga mis alimentos»; 757, vv. 157-159: «El Conde Claros, que fue / título de las guitarras, / se quedó en las barberías»; *Premática del tiempo,* en *Prosa festiva,* pág. 212: «habiendo conocido la natural inclinación de los barberos a guitarras, mandamos que para que mejor sean conocidas sus tiendas, en lugar de cortinas y bacías, cuelguen o pinten una, dos, tres o más guitarras, conforme el babero del tal barbero»; y en otros autores: Góngora, *Obras completas,* ed. Millé, pág. 115: «En mi aposento otras veces / una guitarrilla tomo, / que como barbero templo / y como bárbaro toco».

9 *Dale, Perico:* ya anotado; juega con la idea de 'dar dinero a las mujeres', cosa mortal.

13 *pedigüeño en caminos:* salteador, ladrón; comp. *Poesía original,* núm. 856, vv. 152-160: «Por pedigüeño en caminos, / el que llamándose Juan, / de noche para las capas / se confirmaba en Tomás, / hecho nadador de penca, / desnudo fue la mitad, / tocándole pasacalles / el músico de Quien tal...».

14 *prebendado:* el mismo chiste en *Pero Vázquez,* v. 122.

15 *arremangar:* robar; comp. *Un Heráclito,* núm. 288, vv. 75-78: «Por arremangar un cofre / fueron los desventurados, / la mitad diciplinantes, / jinetes de medio abajo».

16 *pellizcó:* robó; es también término germanesco: *Pero Vázquez,* v. 83.

19 *Zarpá ferros... tocá a leva:* 'quitad las anclas y tocad a leva, a marchar el barco'; *leva* «Es término náutico, y vale la partida y arrancada que hacen las galeras del puerto; a levando. Tocar a leva, dar aviso con la trompeta para que se recojan los que están en la ribera y para que todos se aperciban a la partida» (Cov.).

PIRONDA.	¡A lindo tiempo llegamos!	20

(Salen JUAN REDONDO *y* SANTURDE, *uno por un lado y otro por otro, con vestidos de forzados y birretes.)*

SANTURDE.	¡Partenza en nombre de Dios!	
JUAN REDONDO.	Lleve Bercebú este cabo.	
CORRUJA.	¿Es Juan Redondo?	
PIRONDA.	¿Es Santurde?	
JUAN REDONDO.	Los dos son, menos el santo.	
	Oliscado me han vustedes	25
	a personas del trabajo,	
	cuerpos de alquiler parecen	
	y doncellitas de a cuatro.	
	Cuando yo estaba en el siglo,	
	pienso, si ya no me engaño,	30
	que las conocí a las dos	
	fruteritas del pecado.	
CORRUJA.	¡Qué poca memoria tienen	
	los señores prebendados,	
	gradüados de peonza,	35
	que andan a puro azotazo!	
PIRONDA.	¿La Pironda y la Corruja	
	tan apriesa se olvidaron,	
	masicorales de bolsas	
	y jugadores de manos?	40

---

21 *partenza:* término náutico, como *partencia* «El acto de partirse del lugar o parte en que se estaba. Dícese particularmente de la salida de los bajeles de los puertos» *(Aut.).*

26 *trabajo:* según *Léxico* en germanía la cárcel o las galeras, pero aquí es el trabajo de la prostitución: 'me han parecido vustedes prostitutas'.

28 *de a cuatro:* el diminutivo de *doncellitas* apunta al oficio de estas que venden sus servicios por cuatro maravedís.

29 *siglo:* vida mundanal, frente a la retirada en religión; es irónica la expresión en boca de Juan Redondo.

32 *fruteritas del pecado:* otra de las abundantes designaciones metafóricas que aplica Quevedo a las busconas y prostitutas.

35 *gradüados de peonza:* para la imagen, véase *Pero Vázquez,* v. 110.

39 *masicorales de bolsas:* 'ladrones'; ver la nota sobre *masecoral* en *La vieja Muñatones;* masicoral es un prestidigitador que hace desaparecer las cosas con sus juegos de manos, como estos ladrones.

JUAN REDONDO.	¡Pironda!...
SANTURDE.	¡Corruja!...
JUAN REDONDO.	Hijas,
	desde que tengo este cargo,
	por vida del rey (que al fin
	soy costiller de sus bancos),
	que no he tenido más gusto. 45
SANTURDE.	Ni yo he tenido descanso
	desde que empujo maderos
	y a todos los golfos rasco.
CORRUJA.	¿No eran mejor las guitarras
	que los calabreses largos? 50
	Carretero fuiste, amigo,
	y en los caminos, cosario.
JUAN REDONDO.	Troqué las ventas en golfos
	y los caminos en faros
	y las ruedas por los remos 55
	y en este capote el sayo.
SANTURDE.	¡Malditas sean las ballenas
	y benditos sean los asnos,

---

44 *costiller:* «Oficio en la casa real, a uso de Borgoña» (Cov.). Era un acompañante del rey que salía con él a la iglesia o salía de viaje. Es irónico, claro, aplicado al galeote, que rema sentado en los bancos de la galera.

50 *calabreses:* parece alusión a los cómitres o encargados de las galeras; la mala fama de los calabreses era proverbial, y en otros textos se dice, satíricamente, que Judas fue calabrés. Salas Barbadillo, epigrama «Un calabrés renegó»: «Un calabrés renegó / y algo a cristiano sabía, / las dos leyes confundía, / que ninguna bien guardó. / Jamás le vimos después / más a una que a otra dispuesto, / con que en nada como en esto / vimos que era calabrés»; Góngora, *Obras completas*, ed. Millé, pág. 145: «a vista dio de Morato, / renegado calabrés»; sobre la condición de calabrés de Judas: Herrero, 1966, pág. 384; *largo:* 'astuto'.

51-52 'Juan Redondo era carretero y en los caminos pirata'; jugando con el sentido de cosario 'pirata' y el que se puede aplicar al carretero: «Cosario, en buena parte, el que es muy versado y ordinario en ir y venir algún camino o trajinar y tener trato de alguna cosa. Y así se dijo cosario, quasi cursario» (Cov.).

58-60 'Prefiero los asnos a las ballenas, aunque sean los asnos en los que los condenados iban recibiendo los azotes del verdugo'; el juego con pencas y cardo se repite: *Poesía original*, núm. 849, vv. 69-72: «A puras pencas se han vuelto / cardo mis espaldas ya; / por eso me hago de pencas / en el decir y el obrar».

	aunque en él, a puras pencas,	
	se torne el verdugo cardo!	60
	Mulas pido y no delfines,	
	salmones trocaré a grajos.	
JUAN REDONDO.	Lloro por el «¡Arre!», hija,	
	en oyendo estos vocablos:	
	«cala remos, pasa boga,	65
	iza, canalla, a lo alto».	
	¿En dónde estás, carro mío,	
	que no te duele mi agravio?	
SANTURDE.	O no lo sabes, sin duda,	
	o eres ya desleal, carro.	70
PIRONDA.	¿Hase olvidado el bailar	
	entre duelos y quebrantos?	
SANTURDE.	Quien bien baila tarde olvida	
JUAN REDONDO.	Báilase mortificado.	
	Puede tanto el natural,	75
	el son, la mudanza, el garbo,	
	que bailamos el azote,	
	la galera y el trabajo.	

65-66 Vocablos marineros: *cala remos:* 'baja los remos'; *bogar:* 'remar'; *canalla:* 'galeotes'; se reiteran términos de este registro a lo largo del poema.

67-70 Parodia del romance del marqués de Mantua: «¿Donde estáis, señora mía, / que no te duele mi mal? / O no lo sabes, señora, / o eres falsa y desleal». Véase *Quijote,* I, 5.

72 *duelos y quebrantos:* sentido literal aquí; la comida así llamada, mencionada al comienzo del *Quijote,* ha provocado numerosa bibliografía; parece que son huevos fritos con tocino.

73 *quien bien baila tarde olvida:* parodia de un refrán o frase hecha; véase Tirso, *Celos con celos se curan,* ed. Oteiza, v. 2692: «Quien bien ama tarde olvida»; Rodríguez Marín, 1926, pág. 392: «Quien bien ama, nunca —o tarde— olvida»; Kleiser lo recoge asimismo con el número 3563 y añade la variante «Bien ama quien nunca olvida» procedente de Correas («Bien ama quien nunca olvida. De hacer el bien que puede», refrán 3548). Tirso también lo cita así o con variantes en *Antona García; La lealtad contra la envidia; La dama del olivar,* y *El árbol de mejor fruto;* comp. Suárez, *El Pasajero,* II, pág. 493: «volvila a buscar; que un grande amor olvídase tarde». Lope titula una de sus comedias *Quien bien ama, tarde olvida.*

Corruja.	Mientras la prima rendida	
	se llega, señor hidalgo,	80
	vaya un poco de galera.	
Santurde.	Pues cante y mande nuestro amo.	

(Un bailarín, por cómitre, con un pito, y cantan los músicos.)

> Cuando Amor quiere mandar
> a los amantes remar,
> como cómitre maldito, 85
> lo primero toma el pito,
> que lo primero es pitar,
> y cuando el amante espera
> que ha de estar el pito mudo,
> porque estén de su manera, 90
> siendo el cómitre desnudo,
> dice a todos «Ropa afuera!»

(Quítanse todos la ropa.)

> ¡Ah, chusma, ropa afuera!,
> ¡ropa afuera, canalla!

---

79 *prima rendida:* se refiere a uno de los turnos de guardia, el que termina al acabar la *prima:* «parte de la noche desde las ocho a las once y es uno de los cuartos en que la dividen para las centinelas» *(Aut.);* comp. *Poesía original,* núm. 855, vv. 9-12: «cuando a la prima rendida / pasan diez y molan once, / dando música a las chinches, / que se ceban y le comen».

82 acot. *cómitre:* «Cierto ministro de la galera, a cuyo cargo está la orden y castigo de los remeros» (Cov.). Daba sus instrucciones tocando un pito y manejaba para incentivar a los galeotes un látigo. Comp. *Quijote,* II, 63: «La chusma izó la entena con la misma priesa y ruido que la habían amainado, y todo esto, callando, como si no tuvieran voz ni aliento. Hizo señal el cómitre que zarpasen el ferro, y, saltando en mitad de la crujía con el corbacho o rebenque, comenzó a mosquear las espaldas de la chusma, y a largarse poco a poco a la mar».

87 *pitar:* juego de palabras, porque «Pitar es dar la pitanza» (Cov.).

91 *desnudo:* alusión a la desnudez con que se pinta a Cupido, y también a la desnudez en que deja el amor a los galanes.

92 *ropa afuera:* en galeras cuando había que remar fuertemente se daba orden a los galeotes de quitarse la ropa con la expresión «ropa fuera», «término de las galeras, cuando se ha de remar con hígado» (Cov.).

Vayan fuera esas ropas; 95
vengan acá esas sayas.
Calar remos a una,
que el amante que guarda
es menester que reme, 100
que la pobreza es calma.
Entren los espalderes
con una boga larga,
saluden sin trompetas
a nuestra capitana. 105
Píquese más la boga,
que vamos dando caza,
porque nos den cambrayes
y diamantes y holandas.
Un dadivoso siento 110
soplar por las espaldas,
hágasele trinquete,

---

97 *a una:* 'todo a la vez'.

101 *calma:* para la navegación a vela las calmas eran nefastas, pues detenían el barco. Para contrarrestar las calmas si se quería que el barco navegase había que impulsarlo con los remos.

102 *espalderes:* «Los remeros de popa en la galera porque hacen espaldas a todos los demás y los gobiernan yendo al compás que ellos traen el remo. Por otro nombre se llaman bogavantes, por bogar delante de todos» (Cov.); *Quijote*, II, 63: «Estaba Sancho sentado sobre el estanterol, junto al espalder de la mano derecha, el cual ya avisado de lo que había de hacer, asió de Sancho, y, levantándole en los brazos, toda la chusma puesta en pie y alerta, comenzando de la derecha banda, le fue dando y volteando sobre los brazos de la chusma de banco en banco».

106 *píquese más la boga:* 'acelérese el remar'.

107 *dando caza:* «Dar caza es término náutico, cuando unos bajeles van en seguimiento de otros para robarlos» (Cov.). En la imaginería jocosa del poema las mujeres roban a los galanes y les piden regalos como *cambrayes* («Cierta tela aún más delgada que la fina holanda; tomó el nombre de la tierra de Cambray, donde se labra», Cov.), diamantes y holandas.

112-113 *trinquete:* el más pequeño de los tres mástiles principales, situado a proa donde se sujeta la vela del trinquete (también llamada a su vez «trinquete»), más pequeña y manejable en las tormentas. Para el término *trinquete*, véase *Aut.;* comp. Calderón, *El divino Jasón*, v. 504: «¡Amaina la mayor, iza el trinquete!», *entena:* lo mismo que antena: verga o pértiga de madera que cuelga de una garrucha y forma ángulo recto con el mástil de la nave, al que cruza, sujetando la vela (véase *Aut.*); *mola:* no identificamos

               entena, mola y gavia.
               Dadle todas las velas
               a quien da y a quien paga,   115
               y fáltenle candiles
               a quien ahorra y guarda.
               Haced el caro al rico,
               no hagáis al pobre cara,
               iza, Cornara, iza,   120
               da el timón a la banda.
               Orza, puja en el precio,
               que corremos borrasca,
               guárdate de los secos,
               de condición avara,   125
               y si fueren de oro
               éntrate por las barras.
               Quien da en viejas, da en tierra:
               ese pobre se encalla;
               quien da en niñas de quince   130
               asegura su barca.

---

el término; *gavia:* «Una como garita redonda que rodea toda la extremidad del mástil del navío y se pone en todos los mástiles. [...] Sirve para que el grumete puesto en ella registre todo lo que se puede ver en el mar» *(Aut.).*

116 *candiles:* establece la dilogía en la anterior *velas* 'de barco' y chistosamente 'de alumbrar'.

118 *haced el caro:* movimiento arriesgado de la navegación: «Cuando vuelven la antena de una parte a otra lo llaman hacer el caro; y suele algunas veces costar caro si se hace teniendo tendida en ella la vela» (Cov.). El juego con «hacer cara» no necesita explicación.

122 *orza:* «Ir el navío a orza, ir recostado a un lado para poder tomar el viento que no le viene derecho, y así se pone la vela diferentemente» (Cov.).

127 *barras:* la explicación de Cov. es suficiente para comprender el chiste: «Barra no solo significa la barra de hierro, pero también decimos barra de oro y barra de plata la que viene por labrar en barretas. Barra en los puertos es la ceja que hace el arena, hasta la cual hay mar baja, y en pasando della empieza la hondura como la barra de San Lúcar». Eran zonas peligrosas porque el barco podía embarrancar, pero si son de oro, no importa a las pidonas.

128 *da en tierra*: porque las viejas son ya tierra, imagen del cuerpo muerto y descompuesto, muy frecuente en la poesía moral barroca.

603

Puerto Rico es buen puerto,
que los demás son playa;
para vanas y locas,
el Morro de la Habana. 135
Bailaremos, amaina, amaina,
pasa boga, canalla.
Haz tu curso, niña,
si es que navegas,
no de puerto en puerto, 140
de puerta en puerta.
De los mercaderes
a los plateros
para sacar oros
echa tus ferros. 145
No navegues nunca
con los levantes,
que ponientes de casa
son buenos aires.
Bajelito nuevo, 150
¡ay, que me anego!
¡Ay, que me ahogo,
y me matan las velas
a puros soplos!
Aires mejicanos, 155

---

132 y ss. Juegos de palabras con términos geográficos y alusiones a los intereses de las pidonas: para ellas es buen puerto Puerto Rico; el Morro de la Habana es para vanas, etc. (morro es 'colina' donde se solían construir fortalezas, como la del Morro de la Habana).

144-145 'Para sacar oros echa tus anzuelos o ganchos'; *ferros:* 'anclas'. El juego entre oro / hierro-ferro es fácil.

146-149 'No navegues con vientos del este porque levantan o se llevan cosas; mejor son los ponientes, del oeste, porque ponen'; son juegos de etimologías chistosas. Los galanes que ponen casa a las mujeres son los vientos mejores con los que pueden navegar ellas. Otro chiste geográfico con la alusión a Buenos Aires.

155 *mejicanos:* porque de México venían cargamentos de plata. Quevedo hablará en otros poemas de ungüento mexicano, 'oro, plata, dinero'; por alusión a las riquezas que venían de las Indias; «Dícese frecuentemente del dinero, que en estilo festivo le llaman ungüento de Méjico y también a la plata ungüento blanco, y al oro ungüento amarillo» *(Aut.).* Comp. Benaven-

                    venid y llevadme,
                    que los aires sin blanca
                    son malos aires.
                    ¡Ay, que me ahogo,
                    y me matan las velas,   160
                    a puros soplos!
                    ¡Ay, que me aniego,
                    bajelito nuevo,
                    ay, que me aniego!
                    Fregatica nueva,   165
                    ¿qué vas buscando?
                    Remolinos de pajes
                    y de lacayos.
                    Galeón tusona,
                    ten desde luego   170
                    la carrera de Indias
                    por tu paseo.
                    ¡Ay, que me anego,
                    bajelito nuevo!
                    ¡Ay, que me ahogo,   175
                    y me matan las velas
                    a puros soplos!

---

te, *Jocoseria, El doctor Juan Rana*, vv. 103-105: «Ten con polvos mejicanos / a tu tía preparada / y se quitará el nublado»; *Estebanillo*, II, pág. 343: «saliendo siempre tripa horra, daba sepultura a los mejicanos»; Quevedo, *Poesía original*, núm. 760, vv. 109-110: «en arras te quiero dar / dos mozuelos mejicanos, / que te cubrirán de pesos».

165 *fregatica:* 'un tipo de barco' y 'prostituta', en imagen de barcos, como más adelante «galeón tusona» 'prostituta de mayor volumen'; tusona: 'prostituta'; *Poesía original*, núm. 743, vv. 61-64: «Tusona con ropa de oro / traiga cédula que diga: / "En este cuerpo sin alma / cuarto con ropa se alquila"».

171 *carrera de Indias:* la navegación a las Indias, como lugar de riqueza; esta debe ser la que cursen las pidonas.

Los sopones de Salamanca[1]
Baile IV

Un licenciado fregón,
bachiller de mantellina,
grande réplica en la sopa,

---

[1] Título, *sopones:* «La persona que vive de limosna y va a la sopa a las casas y conventos. Dícese regularmente de los estudiantes que van a la providencia y a pie a las universidades» *(Aut.);* ir a la sopa era «acudir a la portería de los monasterios a donde dan a los pobres [...] caldo y algunos pedazos de pan con que hacen sopas» (Cov.). *Buscón,* págs. 156-157: «Cuando esto nos falta, ya tenemos sopa de algún convento aplazada»; pág. 179: «yo me voy a la sopa de San Jerónimo, adonde hay aquellos frailes de leche como capones, y allí haré el buche».

1-2 'Licenciado de poca categoría, pobre, que solo alcanza a vestir un manto corto, como una mantellina, no una sotana o manteo regular; así se puede comparar con una fregona; por eso se le puede llamar de mantellina, pues esta era la prenda típica de las fregonas'; *mantellina:* manto corto, prenda propia de las fregonas. Comp. *Buscón,* pág. 79: «Dos estudiantes fregones, de los de mantellina, panzas al trote». La nota de Cabo a este pasaje del *Buscón* no es exacta: no es prenda de estudiantes, sino de las fregonas: de ahí el chiste de Quevedo; los estudiantes llevan capas tan cortas y raídas que se pueden llamar mantellinas. Véase Quevedo, *Poesía original,* núms. 768, vv. 73-76: «Por leyes dice requiebros, / barba ofrece para escoba, / y por una mantellina / desprecia futuras togas»; Calderón, *La casa de los linajes,* en *Teatro cómico breve,* vv. 10-12: «a Juanilla pasé de mantellina / a manto; a tafetán de bocacíes; / de tú a don, de ramplón a ponlevíes».

3-4 *réplica:* en las discusiones filosóficas, los contrincantes replican a los argumentos contrarios; este bachiller es gran replicador en la sopa, comedor de sopa, y como argumentista destaca en Esquivias, que no es una disciplina filosófica, sino pueblo famoso por su buen vino.

grande argumento en Esquivias,
de noche es el *quidam pauper*, 5
es el dómine de día,
si le convidan bonete,
gorra si no le convidan,
en vademécum de pez
lleva lición de las viñas, 10
discípulo a todas horas
de Platón y de Escudilla;
lleva por cuello y por puños
sus asomos de camisa,
talle de arrasar habares, 15
cara de engullir morcillas;
con un ferreruelo calvo
y una sotana lampiña

5-6 *quidam pauper*: 'un pobre'; con esta frasecilla pedían limosna. Véase el baile VIII, vv. 61-64: «Romero el estudiante, / con sotanilla corta / y con el quidam pauper / los bodegones ronda». Pide limosna por la noche, para disimular algo su vergüenza; de día funge de *dómine* o maestrillo; según *Aut.*, este apelativo se dirige a todos los que andan en traje de maestro, con hábitos largos, mal vestidos y vagantes.

7-8 'Si le convidan o si no, le da igual, siempre se apunta como gorrón o bonete (un tipo de gorro)'.

9-10 *vademécum*: «El cartapacio o funda de cartones cubiertos con badana en que llevan los estudiantes y guardan los papeles que escriben en las escuelas» *(Aut.)*. Un vademécum de pez en que lleva la lección de las viñas es una bota de vino (se impermeabilizaban con pez).

12 *Platón, Escudilla*: chiste escolar con los nombres de los filósofos Platón y Escoto; *escudilla*: «Vaso redondo y hondo, a manera de escudo pequeño, de donde tomó el nombre; y comúnmente se come en ella el caldo» (Cov.). Véase Chevalier, 1976, pág. 23, con cita de un cuentecillo de la *Floresta española* de Santacruz que tiene parecido juego con Platón.

17 *ferreruelo*: «Capa algo larga, con solo cuello, sin capilla» *(Aut.)*. *Quijote*, II, 71: «Pues vuestra merced, señor mío, lo quiere así —respondió Sancho—, sea en buena hora, y écheme su ferreruelo sobre estas espaldas, que estoy sudando y no querría resfriarme»; *Sueños*, pág. 499: «Y aquel que estaba allí tan ajustado de ferreruelo, tan atusado de traje, tan recoleto de rostro». Es calvo porque ya está raído y viejo, y se le ha caído el pelo. Lo mismo le pasa a la sotana.

> de un limiste desbarbado
> entre capón y polilla, 20
> muy atusado de bragas,
> muy único de camisa,
> para el bodegón Escoto,
> para la estafa tomista,
> a recibirle salió 25
> (el Señor se lo reciba),
> para las noches muy ama,
> para las compras muy sisa,
> Catalina de Perales,
> una gallega maldita, 30
> más preciada de perniles
> que Rute y Algarrobillas,

---

19 *limiste:* un tipo de tela, desbarbado por lo mismo que está calvo el ferreruelo, por lo viejo y raído; lo mismo expresa la imagen «entre capón y polilla»: los capones son lampiños, y las polillas roen la ropa.

21 'Recortado de calzones'; *atusado:* «cortado e igualado con la tijera. [...] Atusado. Se llama también el que está muy aseado, pulido y compuesto» *(Aut.),* pero aquí se refiere a lo precario del atuendo, o bien es juego de antífrasis. Comp. *Sueños,* pág. 499: «Y aquel que estaba allí tan ajustado de ferreruelo, tan atusado de traje, tan recoleto de rostro»; *Un Heráclito,* núm. 270, vv. 91-94: «El que se mete a ministro / por lo grave y lo enfadoso, / muy atusado de calzas, / muy fruncido y muy angosto, / sueña que por cuello enano».

23 *Escoto:* nuevo chiste con el nombre de un filósofo; alude a que pagan a escote; «Escotar tanto por barba, repartir a las personas por rata» (Cov.); siendo escotista para el bodegón, para la estafa es tomista (porque 'toma'). Los chistes sobre *tomar,* con este vocablo u otros de la misma familia o paronomásticos, son tópicos: cfr. *Léxico, tomar, tomajón, Tomás, Santo Tomé, tomista, tomona,* etc.

31-32 *perniles, Rute, Algarrobillas:* las gallegas tenían fama de rollizas y eran famosos los jamones de Rute y Algarrobillas. Quiñones de Benavente, *Jocoseria,* entremés de *Turrada,* vv. 169-171, con mención también de un vino famoso: «Plegue a Dios, si no te adoro, / que un suspiro de Alaejos / y un susto de Algarrobillas...»; otra mención en la *Jácara que se cantó en la compañía de Olmedo (Jocoseria),* v. 140; *Fruela,* pág. 76: «No ha de haber más que unos perdigones con sus almillas de tocino gordo de Algarrobillas». Véase Herrero, 1925, págs. 30-34. De los jamones de Rute (Córdoba) se habla en *El casamiento engañoso* cervantino: «si la convalecencia la sufre, unas lonchas de jamón de Rute nos harán la salva».

muy poco culta de caldos
por su claridá infinita,
abreviadora de trastos   35
dentro de una almondiguilla,
y para el carnero verde
mujer de tan alta guisa,
que aun a la Libra del cielo
hurtara la media libra,   40
arrufaldada de cara
y arrufianada de vista,
y la color y el aliento
entre cazuela y salchicha,
y porque oyendo latín   45
la conozca por la pinta,
le cantó muy cicerona
esta comezón latina:

33-34 'Los escritores cultos o culteranos son oscuros; los no cultos son claros; los caldos de la Perales son poco cultos por ser muy claros, hechos de agua y poco más'.

35-36 'Que mete en la mezcla de carne picada muchas porquerías o trastos'.

37 *carnero verde:* especie de guisado de carnero, con perejil, ajos, tocino, yemas de huevo y especias. Comp. Lanini, *Darlo todo y no dar nada*, vv. 1657-1658: «—Pues hacedme un estofado. / —Mejor es carnero verde».

39-40 *Libra, libra:* antanaclasis entre el signo del zodíaco y «peso comúnmente de doce onzas, pero estas se varían a más o a menos, conforme el uso de la tierra y la calidad de las cosas que se pesan» (Cov.).

41 *arrufaldada:* «Decimos al que va con modo y ademanes de rufián» (Cov.); «Arrufaldado, el que hace demostración de rufián o valiente; por término propio valentón» (Cov.).

45-48 En el *Parnaso* «la conozca... la cantó», que sin duda tiene una errata: o canta el estudiante o canta la Perales; es raro que la Perales sepa latín, pero se le pueden haber pegado las frasecillas del contacto con los estudiantes y lo de «dejarse picar» tiene que ser dicho por ella, así que nos inclinamos a esta solución: por tanto ella le canta a él y no cabe el laísmo (sería bastante rara la estructura sintáctica en que «la cantó» fuese referido a la «comezón latina» con un «la» catafórico). Entendemos pues 'porque el estudiante la conozca enseguida ella le cantó, muy cicerona, muy latinista, esta cancioncilla, que como habla de pulgas, se puede llamar comezón'.

46 *por la pinta:* «Pinta, cerca de los jugadores de naipes, es la raya del naipe, y así decimos conocer por la pinta» (Cov.).

48 *comezón:* 'picor', porque habla de pulgas en la cancioncilla.

Pulgas me pican;
el candil está muerto; 50
ergo sequitur sequitur
que me pican a tiento.
Pulgas tengo, no hay dudar;
y si me dejo picar
es de los que dan en dar 55
y con dineros replican.
Pulgas me pican;
el candil está muerto;
ergo sequitur sequitur
que me pican a tiento. 60

***

Mal cosido y bien manchado,
lo que dicen hecho pizcas,
de sus zapatos morcillos
apeó sus patas mismas
Martínez de Colombreras, 65
del bodegón porcionista,
catedrático de sexto
en casa de sus vecinas,

---

50 *candil:* 'sexo femenino'; *Poesía original,* núm. 749, vv. 13-16: «doncellas que en un instante, / hilarán a su candil / con su huso y su costumbre, / el cerro de Potosí». Véase *Léxico* para otros testimonios.

51 *ergo sequitur:* 'por lo tanto, se sigue...'; es parodia de términos de los razonamientos escolásticos.

54-56 'Si me dejo picar es de los que dan dineros': solo se deja picar de los que replican (¿no será repican?) con dineros; aunque el estudiante pocos dineros debe de tener; *picar:* 'copular' *(Léxico).*

61 y ss. Empiezan aquí las aventuras de otro sopón, Martínez de Colombreras.

63-64 *morcillo:* «El caballo de la color que tira a la mora» (Cov.). Este sopón cabalga en sus zapatos rotos, no en caballo alguno.

66 *porcionista:* «Se llama en los colegios y otras comunidades la persona que no tiene plaza de número y paga una porción por sus alimentos y asistencia» *(Aut.).* Este es porcionsita del bodegón, que no de un colegio.

67 *sexto:* del sexto mandamiento; o sea, que se dedica a la práctica lujuriosa en casa de sus vecinas.

quien para dar madrugón
en la posada que habita, 70
mejor entiende en España
las leyes de la Partida;
en las vacantes de negra,
rige cátreda de prima,
y en materia de Digesto 75
hombre que nunca se ahíta.
La Monda viene tras él
encarnizada la vista
(si así guisara las ollas,
más medraran las barrigas), 80
tan aliñada de brodios
la vez que mondongoniza,
que lo que en las tripas echa
después hace echar las tripas.
A las orillas de Tormes 85

---

69 *dar madrugón:* véase la nota a esta expresión en *La vieja Muñatones.*

72 *la Partida:* famoso conjunto de leyes compiladas en tiempos de Alfonso X el Sabio; chiste con la idea de partir o escaparse de la posada sin pagar.

73-74 *vacantes de negra, cátreda de prima:* cátreda de prima es la que se explicaba a la hora prima romana, desde la salida del sol a media mañana. Era la de más importancia y categoría. Comp. Tirso, *La elección por la virtud,* en *Obras dramáticas completas,* I, pág. 339: «que a Fermo le haga oponer / a la cátedra de prima» pero este sopón es catedrático de la negra, es decir, del arte de la esgrima; la espada negra o de esgrima «es de hierro sin lustre ni corte y con un botón en la punta, que sirve para el juego de la esgrima» *(Aut.),* frente a la espada blanca que tiene punta y corte. Comp. *Quijote,* II, 19, pág. 177: «no traía otra cosa que dos espadas negras de esgrima, nuevas y con sus zapatillas»; Góngora, *Fábula de Píramo y Tisbe,* vv. 116-120: «dos espadas eran negras / a lo dulcemente rufo / sus cejas, que las doblaron / dos estocadas de puño».

75 *Digesto:* compilación de las decisiones más notables de los jurisconsultos romanos clásicos, encomendada por Justiniano a una comisión de dieciséis jurisconsultos, presidida por Triboniano. Aquí alude a la digestión: este sopón nunca se cansa de comer.

77 *Monda:* quizá aluda a que le faltan las orejas, castigo dado a los ladrones; comp. *Poesía original,* núm. 853, vv. 141-144: «A la Monda la raparon / una mirla por tomona, / y pues monda faldriqueras, / no es nísperos lo que monda».

85 *de Tormes:* los ríos no llevan artículo en la lengua clásica.

     los topó su señoría,
     que el título de corona
     ya de título se pica.
     Con un cañuto de sal
     y en un pan unas sardinas,   90
     presentaron la batalla
     a un melonar y una viña,
     y en tanto que el viñadero
     o se ausenta o se desvía,
     por amartelar los grumos   95
     cantaron esta letrilla:
     Uva, si quieres subir
     a la cabeza después,
     hante de pisar los pies,
     que no hay medrar sin sufrir.   100
     Uva, déjate pisar,
     si quieres ser estimada
     si no, veraste picada
     u dejarante pasar,
     y si quieres preferir   105
     tu humildad a cuantos ves,
     hante de pisar los pies,
     que no hay medrar sin sufrir.
     Y porque el melón sabroso
     no sienta que no le digan,   110
     esta mortificación
     le cantaron con malicia:
     ¡Qué hinchado y qué fanfarrón
     entre las ramas habita!
     Pues sepan que fue pepita   115
     aunque ya le ven melón.

87-88 'Solo tiene título de corona —primeras órdenes clericales— pero presume de tener título nobiliario y llamarse señoría'; «De corona se dijo coronado, el de primera tonsura» (Cov.).

95 *grumos:* «se llamaron grumos los racimillos de las uvas apretadas, que no son enteramente racimos» (Cov.); como si quisieran enamorar a los grumos les cantan la letrilla.

99 *hante de pisar los pies:* para hacer el vino.

105 *preferir:* 'poner delante'.

>   La Fortuna, que le trata
>   y con su verdor se huelga,
>   si no madura le cuelga
>   y si madura le cata.   120
>   Dícenme que la hinchazón
>   por verdad nos la acredita:
>   pues sepan que fue pepita
>   aunque ya le ven melón.
>   Todas son burlas pesadas   125
>   en llegando el comprador,
>   pues cuanto fuere mejor
>   más presto le harán tajadas.
>   Beso llama a la traición
>   del que su fin solicita: 130
>   pues sepan que fue pepita
>   aunque ya le ven melón.
>   Los que a su olor desalados
>   andan, como lisonjeros,
>   son los que por sus dineros   135
>   le han de comer a bocados.
>   Lo escrito del cortezón
>   viene a ser sentencia escrita:
>   pues sepan que fue pepita
>   aunque ya le ven melón.   140

119-120 Los melones se cuelgan para que vayan madurando; si están maduros se catan o abren para comerlos. «La fruta se cuelga del pezón, como la pera, manzana, membrillo y melón» (Cov.).

128 *harán tajadas:* aplicación literal de la frase hecha.

136 *comer a bocados:* el mismo juego literal que en v. 128.

137 *escrito:* «Melón escrito, el que tiene unas grietecillas y aberturas en la corteza, y suelen ser buenos» (Cov.).

Cortes de los bailes
Baile V

Hoy la trompeta del Juicio
de los bailes de este mundo
al parlamento los llama
que en Madrid celebra el Gusto.
La Trápala y la Chacota,   5
la Árbora y el Remusgo,
la Carcajada y el Vicio

---

1 *trompeta:* véase el comienzo del *Sueño del Juicio final, Sueños*, pág. 93: «Pareciome, pues, que veía un mancebo que discurriendo por el aire daba voz de su aliento a una trompeta»; ahí cita Arellano al propósito un pasaje de Antonio de Santiago, sobre la pintura de Pacheco: «en cuanto a la voz que dispertará y levantará a los muertos, significada de ordinario en las divinas letras por la trompeta. [...] Ni gastemos tiempo en lo que está tan recebido en la Escritura y Santos y los pintores antiguos usaron pintar a un ángel con una trompeta despertando a los muertos»; o San Pablo, 1.ª Carta a los Corintios, 15, 52: «En un momento [...] al son de la última trompeta; porque sonará la trompeta y los muertos resucitarán».

5-7 Modalidades de alboroto y algazara; *trápala:* «El ruido de voces o movimiento de pies descompuesto; púdose decir del sonido que hace, o de la revuelta que anda entre los que causan la trápala» (Cov.); *chacota:* «Bulla y alegría llena de risa, chanza, voces y carcajadas, con que se celebra algún festejo o se divierte alguna conversación» *(Aut.); árbora:* no apuramos el vocablo; lo interpretamos simplificación de «albórbola» o «albórbora», «arbórbola», «arbórbora», 'bulla, algazara, bullicio'; *remusgo:* los diccionarios definen como 'barrunto, sospecha, vislumbre', pero aquí indica 'bullicio, alteración...'; comp. Quevedo, *Cuento de Cuentos, Prosa festiva*, pág. 407: «Levantose un remusgo que hasta allí podía llegar».

quieren variar el rumbo.
Los padres del Regodeo,
el bureo de los guros,   10
para remudar de bailes
convocan los reinos juntos.
El *¡Ay!, ¡ay!, ¡ay!* los lastima,
tan dolorido y tan mustio;
Escarramán los congoja,   15
preciado de la de puño;
al *Rastro,* por presumido
de sabrosos descoyuntos,
ya no le pueden sufrir
las castañetas y el vulgo;   20
la *Capona* solitaria
y el *Tabaco* dado en humo
por las malas compañías
han perdido de su punto,
y para que se mantengan   25
con movimientos sin susto
el apetito los llama
a inventar nuevos columpios.
Ya por la imperial Toledo
parlándolo viene el *Tufo;*   30
el *Rastro viejo* y *Rastrojo*

---

10 *bureo de los guros:* 'la oficina o despacho de los hampones'; *bureo:* «La junta de los mayordomos de la casa real, para el gobierno della; es nombre alemán y dicen que vale tanto como *splendor domus*» (Cov.), «por alusión festiva se llama bureo cualquier junta o conferencia» *(Aut.); guro* a veces significa alguacil, pero otros contextos indican que significa 'rufián, hampón', por otro lado poco diferenciados de los alguaciles; *Poesía original,* núm. 856, vv. 9-12: «Yo, que fui norte de guros, / enseñando a navegar / a las godeñas en ansias, / a los buzos en afán», vv. 45-48: «Todo cañón, todo guro, / todo mandil y jayán, / y toda iza con greña, / y cuantos saben fuñar».

11 *remudar:* como se verá, todos los bailes al uso están ya anticuados o han caído de su estimación.

13 y ss. Estos bailes ya han sido anotados. Añadiremos algún otro detalle cuando lo consideremos pertinente.

16 *de la de puño:* 'de la estocada de puño'; no se olvide que además de un baile es nombre de un rufián famoso.

22 *Tabaco:* no lo menciona Cotarelo.

615

       amenazan con los bultos.
       Gusto y valentía,
       dinero y juego,
       todo se halla en la plaza   35
       del *Rastro Viejo*.
       Dígalo *Rastrojo*,
       que de valiente,
       a puñadas come
       y a coces bebe.   40
       Por la competencia antigua,
       tras ellos despachó Burgos
       a Inés la *Maldegollada*,
       la melindrosa de tumbos.
       Hela, hela por do viene,   45
       armada de enagua en puños,
       pues con un *Ronquillo alcalde*
       prenden sus tonos a muchos.
       Armándose está en Utrera

41-42 Burgos, en virtud de una competencia antigua, envía a buscar nuevos bailes a Inés la Maldegollada, frente a los que aparecen por Toledo. Esta competencia de las dos ciudades en cortes alude a una anécdota recogida por Cov.: «Hable Burgos, que por Toledo yo hablaré, dice el rey en las cortes por atajar la competencia de las dos ciudades, sobre cuál ha de hablar primero»; «Tuvo principio el proverbio de Hable Burgos, etc., de que en Alcalá de Henares el rey don Alfonso el XI tuvo unas cortes el año mil y trescientos y cuarenta y nueve, y entre los procuradores de cortes de Toledo y Burgos hubo gran competencia cuál tendría el primer lugar y hablar primero, y ambas partes alegaron sus derechos y se hizo proceso; mas el rey lo atajó con decir: "Yo hablo por Toledo y Toledo hará lo que yo le mandare: hable Burgos"».

43 *Inés la Maldegollada:* es el nombre de una prostituta de un romance de germanía de Hidalgo («En el corral de los olmos»), y Cotarelo (*Colección*, pág. CCLI) supone que hubo un baile y romance de esta persona. A nuestro juicio podría ser más bien sobre el tema de Inés de Castro, porque lo de «melindrosa de tumbos» apunta más a una danza algo cortesana que a un baile desgarrado como otros de los citados.

45-46 Parodia de comienzo de romances viejos, ya anotados en otros lugares.

47 *Ronquillo alcalde:* a este famoso personaje de tiempos de Carlos V dedicó una de sus pésimas novelas Manuel Fernández y González. No documentamos más el baile citado aquí, que no recoge Cotarelo.

      ese buen *Miguel de Silva*, 50
flor de todas las altanas,
y el que otras flores marchita,
y por no callar, con sorna,
sin que se entreven avispas
a *Juan Malliz* pone al lado, 55
que es mohador de la chica.
El morciélago de palo
lleva colgado en la cinta,
para que los sopetones
se detengan, si le atisban. 60
Por Sevilla, *Escarramán*,
muy atufado y muy turbio,

---

50 *Miguel de Silva:* en el contexto se identifica como rufián, que es flor de las altanas (ya se ha anotado esta expresión, baile I, v. 70) y que marchita las flores (virginidades de las doncellas) o bien 'derrota las flores o trampas de los tahúres porque es más tramposo que nadie'.

53 *sorna:* 'disimulo'.

54 'sin que se percaten los vigilantes'; *avispas:* vigilantes (generalmente los que vigilaban los mejores sitios para ir a robar, pero aquí simplemente vigilantes'; *entrevar:* entender', en lenguaje de germanía. Comp. Alemán, *Guzmán,* pág. 292: «mas como se las entendía, y les entrevaba la flor», pág. 368: «el que nueva flor entrevare, la manifieste a la pobreza», y pág. 592: «Y como les entrevaba la flor, burlábame dellos»; *Romancero general,* de Durán, núm. 1764: «Habla nueva germanía / porque no sea descornado, / que la otra era muy vieja / y la entrevan los villanos».

55 *Juan Malliz:* 'machete, cuchillo de hoja ancha' *(Léxico).* Comp. el romance «En el corral de los olmos» en Hidalgo: «Las nares le sina en cruz, / Juan Machiz la santiguara», y en el «De Toledo sale el jaque»: «y diole con Juan Machiz / un gran chirlo colorado».

56 *mohador de la chica:* 'aficionado a herir con la daga'; *la chica:* la daga, lenguaje de germanía. Comp. Quevedo, *Un Heráclito,* núm. 289, vv. 91-92: «gran jugador de la chica, / gran sosquinero de amagos»; *mohada:* 'herida'; *Poesía original,* núms. 856, vv. 35-36: «nos mojamos yo y Vicioso / sin metedores de paz»; 862, vv. 21-22: «muérase de tres mohadas / un calcillas y una monja».

57 *murciélago de palo:* el broquel o escudo, que se solía llevar colgado a la cintura, y que le protege de los ataques de sopetón o repentinos si lo atisban los enemigos y le dirigen cuchilladas.

62 *atufado:* «Atufado, el que se enoja fácilmente subiéndosele a las narices un tufo de humor colérico, que le causa ira y un súbito furor» (Cov.).

	con la Méndez a las ancas	
	bailaron nuevos insultos.	
ESCARRAMÁN.	Si tienes honra, la Méndez,	65
	si me tienes voluntad,	
	forzosa ocasión es esta	
	en que lo puedas mostrar.	
MÉNDEZ.	Si te han de dar más azotes	
	sobre los que están atrás,	70
	o estarán unos sobre otros	
	o se habrán de hacer allá.	
	Muy lampiña la *Capona*	
	y con ademanes brujos,	
	por Córdoba y por el Potro	75
	viene calzada de triunfos.	
	Esta es la *Capona*, esta,	
	la que desquicia las almas,	
	la que sonsaca los ojos,	
	la que las joyas engaita.	80

---

63 *la Méndez a las ancas:* porque en la serie de jácaras de Quevedo, la Méndez es la daifa de Escarramán, y a la carta de Escarramán a la Méndez sigue una carta de la Méndez a Escarramán: véase *Poesía original,* núms. 849, 850.

64 *insulto:* «Hecho malo, atrevido y escandaloso» (Cov.).

65-68 Son los vv. 97-100 de la jácara *Poesía original,* núm. 849.

69-72 Son los vv. 29-32 de la jácara *Poesía original,* núm. 850.

72 *hacer allá:* 'apartarse para dejar sitio a los numerosos azotes que recibe Escarramán, en castigo de sus delitos'.

74 *ademanes brujos:* 'gestos desgarrados y grotescos, exagerados'.

75 *Potro:* la plaza cordobesa del Potro era uno de los centros de la delincuencia del Siglo de Oro; *Quijote,* I, 3: «se había dado a aquel honroso ejercicio, andando por diversas partes del mundo buscando sus aventuras, sin que hubiese dejado los Percheles de Málaga, Islas de Riarán, Compás de Sevilla, Azoguejo de Segovia, la Olivera de Valencia, Rondilla de Granada, Playa de Sanlúcar, Potro de Córdoba y las Ventillas de Toledo y otras diversas partes, donde había ejercitado la ligereza de sus pies, sutileza de sus manos, haciendo muchos tuertos, recuestando muchas viudas, deshaciendo algunas doncellas y engañando a algunos pupilos, y, finalmente, dándose a conocer por cuantas audiencias y tribunales hay casi en toda España».

79 *sonsaca los ojos:* comp. «Sacar los ojos; las entrañas. Demandas continuas e importunas con que algunos quieren sujetar a otros» (Correas, refrán 20571).

80 *las joyas engaita:* sigue el doble plano de baile/rufián/prostituta; como prostituta y pidona la Capona rapiña las joyas con engaños; *engaitar:* «Muchas veces vale tanto como engañar con palabras y promesas, y trayendo

Esta bate por moneda
lo que mira y lo que baila,
Capona que a todo son
ya se le sube a las barbas.
Viene a votar por Jaén   85
Marianilla, la que supo
al encontrar con sus marcas
garlar en la venta puro.
Ya se salen de Alcalá
los tres de la vida airada,   90
el uno es Antón de Utrilla,
el otro Ribas se llama.
En la venta de Viveros
encontraron con sus marcas.
Allí habló *Marianilla*   95
como iza más anciana:
¡Hételo por donde viene,

---

tanta variedad de razones cuantas tiene colores una gaita, con que desatina y deslumbra al que quiere engañar el charlatán» (Cov.).

84 *sube a las barbas:* frase hecha; «Subirse a las barbas. Por atreverse» (Correas, refrán 21752).

86-88 'La que supo, al encontrar prostitutas amigas hablar puro —con palabras de vino— en la venta'; *marca:* 'prostituta', en germanía *(Léxico).* Comp. Quevedo, *Un Heráclito,* núm. 288, vv. 1-4: «Todo se sabe, Lampuga, / que ha dado en chismoso el diablo, / y entre jayanes y marcas / nunca ha habido secretario»; Quiñones, *Jocoseria, Jácara de doña Isabel,* vv. 1-8: «En ese mar de la corte, / donde todo el mundo campa, / toda engañifa se entrucha / y toda moneda pasa; / donde sin ser conocidos / tantos jayanes del hampa / tiran gajes, censos cobran / de las izas y las marcas»; *garlar:* 'hablar', ya anotado; *puro:* alusión al vino sin mezcla de agua.

89-92 Son los vv. 1-4 del núm. 863 de *Poesía original,* jácara de la venta.

93-94 Comp. núm. 863, vv. 13-14: «Y en la venta de Viveros / se encontraron con tres damas»; *Viveros:* venta muy famosa (de mala fama) en el camino de Madrid a Alcalá; *Buscón,* pág. 78: «llegamos a la media noche, poco más, a la siempre maldita venta de Viveros».

96 *iza:* 'prostituta'. *Poesía original,* núm. 856, vv. 45-48: «Todo cañón, todo guro, / todo mandil y jayán, / y toda iza con greña, / y cuantos saben fuñar»; *Guzmán,* pág. 876: «salimos de Sevilla con harto sentimiento de las izas».

97 y ss. Véase el baile de «Los galeotes» para este de Juan Redondo, carretero manchego.

              entre zambo y entre zurdo,
              Juan Redondo por la Mancha,
              carretero cejijunto.   100
              Hételo por do viene
              mi *Juan Redondo*:
              hételo por do viene;
              no viene solo.
              Y como padre de todos   105
              y Adán de tanto avechucho,
              el valiente *Escarramán*
              de esta manera propuso:
              Están ya nuestros meneos
              tan traídos y tan sucios   110
              que conviene que inventemos
              novedades de buen gusto.
              Los movimientos traviesos,
              estoy haciendo discurso,
              ¿de quién los aprenderemos   115
              más vivos y menos burdos?

---

98 *zambo, zurdo:* dos malísimas señales; las piernas torcidas es uno de los rasgos caricaturizadores de las figuras ridículas aurisceculares. *Poesía original,* núm. 704, vv. 45-46: «Más me ha valido ser zambo / que a ellos sus valentías»; *Buscón,* pág. 111: «un mulatazo [...] zambo de piernas, a lo águila imperial»; *Sueños,* pág. 190: «salió a responder un diablo zambo, con espolones y grietas, lleno de sabañones»; Quevedo, *Prosa festiva,* págs. 231-232: «pocos se reservan de figuras. [...] Los naturales son los enanos, agigantados, contrahechos, calvos, corcovados, zambos»; consideración más negativa aún tenían los zurdos, infatigablemente satirizados por Quevedo: véase *Poesía original,* núm. 851, vv. 23-26: «En la feria de Torrijos / me empeñé con un mulato, / corchete fondos en zurdo, / barba y bigote de ganchos»; 725, vv. 13-16: «No se hiciera con un calvo / lo que conmigo se ha hecho, / ni con un zurdo, que sirve / a todos de mal agüero»; *Sueños,* pág. 213: «los zurdos, gente que no puede hacer cosa a derechas, quejándose de que no están con los otros condenados; y acá dudamos si son hombres o otra cosa, que en el mundo ellos no sirven sino de enfados y de mal agüero, pues si uno va en negocios y topa zurdos se vuelve como si topara un cuervo u oyera una lechuza»; Vélez, *Cojuelo,* pág. 120: «diablejo zurdo, mozo de retrete de Satanás». Véase Gendreau Masaloux, 1979.

106 *avechucho:* tiene connotaciones burlescas: «Tómase por cualquiera ave de mala formación, fea, sucia e inútil. Es voz jocosa» *(Aut.)*. En todo caso son aves de rapiña.

110 *traído:* 'gastado por el uso'.

	¿De los locos? No me agrada.	
	¿De los bravos? Abernuncio.	
1.º.	Yo de los endemoniados	
	lo más que he bailado estudio.	120
2.º.	No en balde te hacen guerra	
	exorcismos y conjuros.	
ESCARRAMÁN.	Si se han de estudiar meneos,	
	ademanes, despachurros	
	nuevos de risa y picantes,	125
	con tembladeras de muslos,	
	yo digo que los tomemos	
	de las cosquillas por hurto.	
1.º.	Yo le sigo, yo lo apruebo.	
2.º.	Yo concurro, yo concurro.	130
ESCARRAMÁN.	Pues no hay sino cosquillar,	
	cosquíllese todo el mundo.	
	Hijos, tocad a cosquillas,	
	que ya las siento y me punzo.	
MÚSICOS.	Todo hombre es concebido	135
	en cosquilla original:	
	quien no las tiene en los lados	
	las tiene en el espaldar.	
	Hay cosquilla cabriola,	
	hay cosquilla mazorral,	140
	del concomo y del gritillo,	
	con su poquito de ¡ay!;	
	hay cosquillas de pellizco	
	y cosquillas de arañar,	

---

118 *abernuncio:* «Voz con que se significa la oposición que se tiene a las cosas que pueden ser de mal agüero u de daño conocido. Es palabra corrompida del latín *abrenuncio*. Úsase como una interjección y alguna vez se halla substantivada» *(Aut.); Quijote,* II, 35: «¿azotarme yo...? ¡Abernuncio! [...] —Digo, señora —respondió Sancho—, lo que tengo dicho: que de los azotes, abernuncio. —Abrenuncio habéis de decir, Sancho, y no como decís —dijo el duque».

136 *cosquilla original:* parodia «pecado original»; son claras las connotaciones obscenas de estas cosquillas y meneos.

140 *mazorral:* «Lo que está hecho toscamente con mazo» (Cov.).

141 *concomo:* véase baile II, v. 87.

cosquillas de palpaduras 145
y cosquillaza mental.
Hay cosquillones barbados
en hombres de mucha edad,
que les están como al diablo
la cruz y el libro misal. 150
Cosquillas hay marionas
de risa con humedad,
cosquillas envergonzantes
que andan de noche no más.
Cosquillas se usan postizas, 155
como pantorrillas ya;
quien de suyo no las tiene
las compra donde las hay.
Siempre ha tenido Morales
cosquillas en el jugar, 160
mas la señora Jusepa
no las consintió jamás.
Hay cosquillas pequeñitas,
de las que con ademán
dicen lo de la ventana 165
y «haranme desesperar».
Para lo que se ofreciere
advierta todo mortal
que no sufrimos cosquillas
y las hacemos saltar. 170

---

151 *marionas:* 'mariconas', véase *El marión.*

153 *envergonzantes:* llamaban pobres vergonzantes a la gente de mediana posición obligada a pedir limosna, que ocultaban su pobreza por decencia y dignidad y eran socorridos medio en secreto. Para esta clase de pobres vergonzantes, véase Cristóbal Pérez de Herrera, *Amparo de pobres,* págs. 51 y ss.

156 *pantorrillas:* ya quedan notas sobre esta práctica de las pantorrillas postizas.

159-162 *Morales, Jusepa:* para el famoso autor de comedias Juan Morales Medrano, véase *Destreza,* v. 19; para la actriz Jusepa Vaca, su mujer, *Destreza,* v. 30.

Las sacadoras
Baile VI

En los bailes de esta casa
se advierte a todo cristiano
que han de sacar las mujeres,
que el hombre ha de ser sacado.
A sacar parto animosa 5
con mil uñas en dos manos;
empezad, mis castañetas,
a requebrar los ochavos.
Ladrad aprisa al dinero,
mis gozquecitos de palo, 10
ladrad y morded rabiosos
a las bolsas y a los gatos.
Doblad por los avarientos,
tocá a nublo por bellacos,

---

3 *sacar:* no a bailar, sino los dineros.

10 *gozquecitos de palo:* metáfora para las castañuelas.

12 *a los gatos:* como perros serán enemigos de los gatos, pero en el contexto de las pidonas se entiende aún mejor, porque gato es la bolsa para guardar los dineros hecha con la piel del gato. Al dinero «en las casas de los viejos / gatos le guardan de gatos» (bolsas de piel le guardan de los ladrones) *(Poesía original,* núm. 660, vv. 53-54).

13 *doblad:* 'tocad a muerto'; «Doblar, tañer a muerto con las campanas dobles» (Cov.).

14 *a nublo:* 'nublado'; se avisaba con campanas de las tormentas y también se tocaban supersticiosamente para despejar los nublados y evitar los granizos peligrosos para los campos. Véase Alberto Martín Solanas, 1989. En los si-

		repicad por dadivosos,					15
		tañé a fuego por muchachos.
		Enterneced el dinero,
		bien encaminados brazos;
		haced en las faldriqueras
		cosquillas a los dos lados.					20
		Dar pasos hacia el dinero
		es andar en buenos pasos;
		la mejor vuelta cadena;
		brinco de oro el mejor salto.
		No porque salgo después					25
		menos pido y menos bailo;
		sacaros a todos quiero
		real a real y cuarto a cuarto.
		Castañetaza frisona
		son las armas que señalo,					30
		concomo de medio arriba,
		bullido de medio abajo.
		Quisiera que fueran Judas
		cuantos bailarines hallo,
		que aun no me parecen mal					35
		con bolsas los ahorcados.
		Allá voy con baile nuevo,
		que *Escarramán* y los *Bravos,*
		la *Corruja* y la *Carrasca*
		ponen miedo a los ancianos.					40
		Yo bailo a la perinola,

---

guientes versos se mencionan otros tipos de toques, el *repique* (toque de fiesta y alegría) y el *tañido a fuego,* que aplican a los muchachos inexpertos que van a ser destruidos por estas pedigüeñas.

23 *mejor vuelta:* la vuelta es un movimiento del baile, pero también porción de una cadena que da vuelta, como las vueltas de un collar o pulsera.

24 *brinco:* «Brinco, el salto que se da brincando. También llaman las damas brinco ciertos joyelitos pequeños que cuelgan de las tocas, porque como van en el aire, parece que están saltando» (Cov.).

29 *frisona:* 'grande' por alusión al caballo frisón, ya anotado.

33 *Judas:* era el despensero de los apóstoles y se le pinta con la bolsa del dinero.

41 *perinola:* la perinola o peonza llevaba en sus caras unas letras para indicar los lances del juego. Para las letras de la perinola (S, P, D, T) comp. *Un*

            y en cuatro letras señalo
            saca y *pon* y *deja* y *todo*,
            con que robo por ensalmo.
            Yo los quiero relojes   45
            y no muchachos,
            que me den cada hora
            y aun cada cuarto.
            El reloj que me ha de dar
            y a quien tengo de querer,   50
            cuatro horas ha de tañer:
            de comer y de cenar,
            de vestir y de calzar;
            si no, luego le descarto.
            Yo los quiero relojes,   55
            y no muchachos,
            que me den cada hora
            y aun cada cuarto.
            Reloj que sin cuartos diere
            horas muy bien concertadas,   60
            ese da horas menguadas:
            ¡triste de la que le oyere!
            El que cuartos no tuviere,
            si tiene ochavos es harto.
            Yo los quiero relojes,   65
            y no muchachos,
            que me den cada hora
            y aun cada cuarto.

   (Sale otra.)

[OTRA].   Ya que mis dos hermanitas
           a sacar se adelantaron,   70

Heráclito, núm. 270, vv. 55-58: «Es ella una perinola, / pues el cristiano y el moro / que la bailan, hallan siempre / saca y pon, u deja todo».

55 y ss. Este juego de los relojes que dan es chiste tradicional: Chevalier, 1976, pág. 33.

61 *horas menguadas:* «Hora menguada, hora infeliz, la cual calidad ponen los astrólogos en los grados de las mismas horas» (Cov.).

    mientras os sacan las dos,
    yo, como indigna, os sonsaco.
    Reverencia os hace el alma,
    ved que reverencia os hago,
    que pudiera en un convento   75
    ser paternidad a ratos.
    El caballero que da
    es caballero y le danzo:
    quien guarda es el *Caballero*
    que de noche le mataron.   80
    Al villano se lo dan
    y quien no da es villano,
    inviarle noramala
    después de zapateado.
    Hágase rajas conmigo   85
    en un baile de contado
    el más pesado de pies
    y más liberal de manos.

---

73 *Reverencia os hace el alma:* parodia un poema conocido que está copiado en el cartapacio de Pedro Lemos, por ejemplo. Véase Labrador y Di Franco, 1993, pág. 265. Ver el comienzo de la *Loa con que empezó Tomás Fernández* de Quiñones de Benavente: «Reverencia os hacen todos, / ilustrísimo senado...». Calderón lo adapta en *El jardín de Falerina, El castillo de Lindabridis, El pintor de su deshonra, Luis Pérez el gallego...* Véase Wilson y Sage, 1964, núm. 141. Al parecer, el romance anónimo original tuvo su origen asociado a la danza de la gallarda, según Wilson y Sage.

78 *caballero:* juega con el nombre de un baile; seguramente es el mismo llamado también *El caballero de Olmedo:* véase Cotarelo, *Colección*, I, páginas CCXXXV-CCVVVVI.

81 *al villano se lo dan*: otro baile: Cotarelo, *Colección*, I, págs. CCLXIII-CCLXV. Menciona el zapateo, que era propio de este baile, a veces llamado *Las Zapatatetas* (Rodrigo Caro le da este nombre). Remitimos a Cotarelo para más detalles.

83 *inviarle:* despedirle; comp. «Enviarle a pasear. Por despedir con desdén» (Correas, refrán 9215)

85 *hágase rajas:* «Hacerse rajas, fatigarse y darse prisa a concluir alguna cosa con demasiado afecto» (Cov.); se solía emplear para expresar un baile desatado y de movimientos acelerados. Comp. comedia burlesca de *El comendador de Ocaña,* vv. 229-232: «Hoy nos hemos de hacer rajas; / pero pregunto, Gilote, / si es que Hernandillo me saca / a bailar, ¿qué he de decille?».

                    La mejor mudanza
                    es la que hago: 90
                    del señor don Prometo
                    a Pero Traigo.

          (Sale el BAILARÍN.)

[BAILARÍN].   Sacarme de mis casillas
                  ha podido vuestro encanto,
                  mas sacarme mi dinero,   95
                  hijas, es negocio largo.
                  Después que cuestan dinero,
                  no estimo, aunque más preciados,
                  en el baile de los negros
                  estos bailes de los blancos.   100
                  Baile por baile me trueco,
                  gracia por gracia me cambio,
                  mas dotar mis catañetas
                  no lo haré pues no las caso.
                  Para con vuestedes   105
                  yo soy de Ocaña,
                  mas para con vuestedes
                  soy de la Guarda.
                  Tiene mi morena
                  los ojos negros,   110
                  téngase ella sus ojos,
                  yo mis dineros.
                  El quitarme el dinero
                  y enamorarme
                  no es matarme de amores   115

---

89 *mudanza:* movimiento de baile y cambio de galán o amorío: del que promete se pasa al que trae.

99 *baile de los negros:* había muchos bailes de negros, como los había de gitanos; juega aquí con el sentido peyorativo: 'prefiere los bailes de negros a los de blancos, si ha de pagar por estos'. Francisco de Avellaneda tiene un entremés titulado precisamente *El baile de los negros*.

108 *la Guarda:* referencia a La Guardia, localidad cercana a Ocaña. Véase nota al v. 236 del entremés *El niño y Peralvillo*. Aquí alude, claro, a la intención del bailarín de guardar su dinero y protegerlo ante las pidonas.

sino de hambre.
Dame, dijo la niña,
pidiendo en tiple;
pero yo, por no darla,
la di en el chiste.   120
Bien sin alma quedas
esta jornada,
pues tras mi dinero
se te va el alma.

---

120 *la di en el chiste:* frase hecha, «Dar en el chiste. Por dar en ello, caer en la cuenta» (Correas, refrán 6474); alusión obscena también. Véase *Cuento de cuentos (Prosa festiva*, pág. 401, y nota de García Valdés). Comp. *Un Heráclito,* núm. 248, 17-20: «Yo quiero darte en el chiste, / mas en las tiendas no quiero, / que en el dar padezco mucho, / y en el tener me entretengo».

Los nadadores
Baile VII

(Salen dos mujeres bailando y cantando.)

          El que cumple lo que manda,
          anda, anda, anda, anda.
          Quien de ordinario socorre,
          corre, corre, corre, corre.
          El que regala y no cela,   5
          vuela, vuela, vuela, vuela.
          Quien guarda, cela y enfada
          nada, nada, nada, nada.

MÚSICOS.   Al agua, nadadores,
          nadadores, al agua;   10
          alto a guardar la ropa,
          que en eso está la gala.
          En el mar de la corte,
          en los golfos de chanzas,
          donde tocas y cintas   15

---

1 *manda:* promete; «Mandar es ofrecer alguna cosa, como donación o legado de testamento, que llamamos manda, etc.» (Cov.).

11 *alto:* formulilla que sirve de apoyo a una exhortación a hacer algo o ejecutar un movimiento; ya anotado.

12 *la gala:* «El mejor nadar es guardar la ropa» (Correas, refrán 8062). Una comedia de Moreto se titula *La gala del nadar es saber guardar la ropa.*

14 *golfo:* alta mar. La corte se presenta como un mar lleno de peces voraces, imágenes de las pedigüeñas.

disimulan escamas,
es menester gran cuenta,
porque a veces se atascan
en enaguas y ovas
nadadores de fama.   20
Tiburón afeitado
anda por esas plazas
armado sobre espinas,
vestido sobre garras.
Acuéstanse lampreas,   25
sirenas se levantan,
son mero en el estrado,
son mielgas en la cama,
ya congrio con guedejas,
delfín con arracadas,   30
que pronostican siempre
al dinero borrascas.
Veréis unas atunes
cargadas de oro y plata,
con mantos de soplillo,   35
vendiendo las ijadas.

---

19 *ovas:* légamo del agua, algas.
21 *afeitado:* con cosméticos; *afeite:* «El aderezo [...] que se ponen las mujeres en la cara, manos y pechos, para parecer blancas y rojas aunque sean negras y descoloridas, desmintiendo a la naturaleza» (Cov.); *afeitarse* 'ponerse cosméticos'.
27 *mero:* pescado, este de gran calidad; *estrados:* habitaciones de recibir visitas las mujeres, ya anotado en otros lugares.
28 *mielga:* «pescado grande, de una vara (de longitud), del medio arriba grueso, cabeza gruesa y chata y en ella tiene dos aletas que le ayudan a nadar; su carne es blanca, tierna y sana, aunque algo insípida» *(Aut.).*
31 *pronostican:* porque se decía que los delfines cuando nadaban por encima de las aguas anunciaban tormenta. Comp.: «No hay animal marino más veloz que este [...] parece ser que cuando juegan entre las olas y se lanzan en picado desde las crestas de las ondas, es presagio de tempestad» (San Isidoro, *Etimologías*, XII, 6, 11).
35 *soplillo:* tipo de manto muy fino; véase *Enfadosos*, v. 212.
36 *vendiendo las ijadas:* alusión a su oficio de prostitutas; la metonimia de las ijadas se explica porque es la parte más apreciada del atún. Comp. Benavente, *Jocoseria, El abadejillo,* vv. 101-104: «Oh! ibien haya el atún, que

Tapadas de medio ojo
cada punto se hallan
abadejos mujeres
arremedando caras.   40
El rico es el bonito,
el pobre es la pescada,
las truchas son las hijas,
las madres son las carpas.
Merluzas son las lindas,   45
y por salmón se pagan,
comedlas como pulpos:
azotes son su salsa.
Ballenas gordiviejas,
corto cuello y gran panza,   50
muchachuelos sardinas
de ciento en ciento tragan.
Guárdese todo el mundo,
porque quien no se guarda
se le comen pescados   55
con verdugado y sayas.
Los amores, madre
son como güevos:
los pasados por agua
son los más tiernos.   60
Leandro en tortilla,

---

nunca falta!, / antes por agradable, en cierto modo, / para venderse se hace ijadas todo, / y sin perderse nada, / todo se vende, y todo es de la ijada».

37 *tapadas de medio ojo:* véase *Destreza*, v. 142.

47 *como pulpos:* porque al pulpo se golpea para ablandar la carne; «La madre del pulpo, que aporreada engorda. Dícese de los ánimos valerosos, que en las adversidades se muestran más fuertes, y por ironía de los flacos» (Correas, refrán 12024).

56 *verdugado:* «vestidura que las mujeres usaban debajo de las basquiñas» *(Aut.);* según Cov. «Verdugo. En una significación vale el renuevo o vástago del árbol por estar verde, de aquí se dijo verdugado, que es una saya a modo de campana, toda de arriba abajo guarnecida con unos ribetes que por ser redondos como los verdugos del árbol y por ventura de color verde dieron nombre al verdugado».

61-62 *Leandro, Hero:* Hero y Leandro, famosos amantes separados por el estrecho entre Abido y Sesto que cruzaba Leandro todas las noches a nado

estrellada Hero,
 los pobres perdidos,
 los ricos revueltos,
 los celosos fritos, 65
 asados los necios,
 los pagados dulces,
 los sin blanca güeros.
 El amor es nadador
 desnudo y desnudador. 70
 El amar es, pues, nadar,
 desnudar y desnudar.
 Al agua no la temen
 ni mis brazos ni espaldas,
 mi gaznate está solo 75
 reñido con el agua.
 Yo soy pez de la bota,
 yo soy tenca de Illana,

---

para ver a su amada, hasta que se ahogó; se suicida acto seguido Hero echándose desde una torre; les dedicó Quevedo un inmisericorde romance «Hero y Leandro en paños menores» *(Poesía original,* núm. 771; comp. vv. 161-162: «Cual huevos murieron / tonto y mentecata»), y Góngora otros no más compasivos: «Aunque entiendo poco griego» y «Arrojose el mancebito»: ed. Millé, 164 y ss., y 100 y ss. Para la fortuna de este chiste de los huevos, véase Alatorre, 1961, donde recoge antecedentes varios y numerosas versiones de Góngora, Quevedo, Ledesma, Quiñones de Benavente, etc. Huevos estrellados eran los huevos fritos.

63 y ss. Menciona diversas formas de comer los huevos: de los perdidos hay recetas actuales mexicanas en internet; una clase de huevos dulces eran los hilados, hechos con huevos y azúcar, cocinados y filtrados en forma de hebras o hilos dulces; los huevos güeros son los vacíos y corrompidos; *huero:* «Lo que está vacío o tiene dentro cosa inútil y sin sustancia. Díjose propiamente del huevo corrompido y del que no sale pollo» *(Aut.),* como son los galanes que están sin blanca, sin dinero.

70 *desnudo y desnudador:* juego de derivación; a Cupido se le pinta desnudo; el amor de estas pidonas deja a los galanes desnudos: es desnudador.

77 *pez de la bota:* sigue las imágenes de pescados, pero haciendo un chiste dilógico, porque es pez 'especie de brea impermeable' de las botas de vino: el locutor es aficionado al vino.

78 *tenca de Illana:* Illana, en Castilla la Nueva, es lugar vinatero. Cristóbal de Vega, en *Liber de arte medendi,* 1564, pág. 578 recomienda los tintos suaves de Illana por sus virtudes saludables y confortativas.

y soy el peje Osorio
y el barbo de la barba.   80
De Sahagún soy cuba,
de San Martín soy taza,
soy alano de Toro,
y soy de Coca marta.
Soy mosquito profeso   85

---

79 *peje Osorio:* no hallamos otra documentación de este peje. Había un autor de comedias Diego Osorio de Velasco, que hacía papeles de gracioso. Quizá sea referencia al actor.

81 *Sahagún:* famosa y gigantesca cuba; «Tuvo nombre la cuba de san Segundo, vulgo Sahagún, la cual cabía tantas mil cántaras, y dicen que hoy sirve de echar trigo en ella, porque debía ser costosa y peligrosa de reparar y conservar, y porque los tiempos debían ser entonces mejores y los años más abundantes» (Cov.); comp. *Estebanillo*, I, pág. 197: «sola la cabeza me pesaba cien quintales, demás de ser mi barriga segunda cuba de Sahagún». Véase baile IX, vv. 5-8: «salen de blanco de Toro, / hechos reto de Zamora, / ceñidas de Sahagún / las cubas, que no las hojas».

82 *San Martín:* famosos eran los vinos de San Martín de Valdeiglesias; véase más referencias en *Poesía original*, núms. 622, vv. 37 y 44; 625, v. 39; 627, vv. 31, 36, 42 y 48; 749, vv. 91-92; etc.

83 *Toro:* lugar también de buenos vinos; la metáfora de «alano» se justifica porque los perros alanos se usaban para sujetar a los toros por la oreja; Comp. *Aut., s. v. alano:* «Especie de perros muy corpulentos, bravos y generosos, que sirven en las fiestas de toros para sujetarlos, haciendo presa en sus orejas, y en la montería a los ciervos, jabalíes y otras fieras»; y en Cov.: «Y porque tienen enseñados a estos perros a que asgan el toro o el jabalí de la oreja, cuando alguno va molestando a otro, y persuadiéndole lo que quiere, decimos que va como alano colgado de la oreja».

84 *Coca:* véase baile VIII, vv. 77-80 donde aparece la borracha Polonia: «resollando mosquitos / y chorreando monas, / hablaba de lo caro / con acentos de Coca». Hace juego con la frase «Cócale, Marta. Marta por mona» (Correas, refrán 4866). Doble referencia a la embriaguez, porque mona es también 'borrachera'.

85 *mosquito:* por su afición al vino; el motivo de la afición de los mosquitos al vino es otro tópico de la literatura burlesca. Comp. el soneto 531 de *Poesía original*, «Tudescos moscos de los sorbos finos», o el núm. 519, v. 2; núm. 666, vv. 1-4: «Dijo a la rana el mosquito / desde una tinaja: / Mejor es morir en el vino / que vivir en el agua»; núm. 817 «Al mosquito del vino»; núm. 857; *Sueños,* págs. 179-180: «lo de los tragos se les creyó, porque hacían fe recuas de mosquitos que les rodeaban las bocas, golosas del aliento parlero del mucho mosto que habían colado»; la adición de Noydens en Cov. cita un enigma: «Es muy amigo de vino, / y da aviso con trompeta», relativo al mosquito, y comenta: «bien se sabe cuántos mosquitos se crían en las bode-

soy aprendiz de rana,
  de taberna y de loco
  tengo el ramo que basta.
  Zambúllete, chiquilla,
  que por chica y delgada,   90
  pasarás por anchova
  para las ensaladas.
  ¡Oh cómo se chapuzan!
  ¡Qué sueltos se abalanzan!
  y con el rostro y brazos   95
  las corrientes apartan.
  Ya nadan de bracete,
  ya solo un brazo sacan,
  ya, como segadores,
  cortan la espuma blanca.   100
  De espaldas dan la vuelta,
  hechos remos las palmas,
  la vuelta de la trucha
  es la mejor mudanza.
  Llegan al remolino,   105
  juntos los arrebata,
  las ollas se los sorben,
  las ondas los levantan.
  Cuatro bajeles vivos
  parecen en escuadra,   110

---

gas aficionados al vino dellas, y así para dar a entender que una persona es amiga deste licor, suelen llamarle mosquito».

86 *aprendiz de rana:* así como es mosquito profeso, experto, es aprendiz (sabe muy poco) de agua, que es donde vive la rana.

87-88 *taberna, loco, ramo:* las tabernas se indicaban poniendo un ramo a la puerta; ramo de locura se dice de la vena o inclinación a la locura; «Quien ramo pone, su vino quiere vender» (Correas, refrán 19858); «La berza dicen ser enemiga de la vid, y con todo eso la suelen poner por ramo en la taberna, y lo mesmo hacen de la yedra, la una y la otra verdes» (Cov.); *ramo:* «las enfermedades imperfectas o que no han llegado a ser conocidamente tales y se extiende a otros defectos: y así se dice ramo de perlesía» *(Aut.);* Lanini, *Darlo todo y no dar nada,* vv. 888-892: «*Alejandro.* —Aunque rinde tu hermosura, / yo más tu discurso amo, / y de todo tienes ramo. / *Campaspe.*— Mas es ramo de locura».

93 y ss. Descripción jocosa de los movimientos de los bailarines.

> que al Amor, que los lleva,
> le vienen dando caza.
> Ahogose el cuitado:
> salada muerte traga;
> a coces y a rapiñas 115
> a la orilla le sacan.
> Si a nadar
> otra vez entrare en el mar,
> aunque todos me embelequen,
> las tabernas se me sequen 120
> y se me llueva el tragar.
> La que nada con poeta,
> con mancebito veleta,
> bailarín de castañeta,
> godo y peto y todo trazas, 125
> nadará con calabazas.
> La que nada con mirlados,

---

121 *se me llueva el tragar:* 'me echen agua en el vino'.
122 y ss. Son todos casos de galanes despreciables para las prostitutas; son gente de poca sustancia. Véase el *Entremés de Diego Moreno*, I.
125 *godo y peto y todo trazas:* interpretamos: 'uno que se hace de los godos, presume de noble y lleva peto postizo y es todo trazas y mentiras, tanto su presunción nobiliaria como su figura'; *hacerse de los godos* significaba 'presumir de linaje y sangre limpia', como descendiente de los godos, y en germanía se aplica a los rufianes de más importancia *(Léxico)*; véase para el tema Clavería, 1960; comp. *Guzmán*, págs. 356: «quise hacerme de los godos, emparentando con la nobleza de aquella ciudad»; pág. 440: «a quererse igualar, haciéndose de los godos»; 841: «acudí a él, formando quejas de semejante agravio, haciéndome de los godos»; Benavente, *El abadejillo*, vv. 128-130: «Vaya con Dios; ¿pero el abadejillo, / que se hace de los godos / por andarle buscando locos todos?».
126 *calabazas:* por lo vacío y sin sustancia. Las calabazas se usaban como flotadores («Echar la calabaza. Echar las calabazas. Es decir que ya uno puede sin ayuda hacer algo. Tómase de los que aprenden a nadar ayudándose de calabazas, y las dejan cuando ya saben nadar sin ellas; también usan vejigas hinchadas», Correas, refrán 7769; «Nadar con calabazas. Por tener ayuda en sus cosas», Correas, refrán 15171).
127-128 *mirlados:* «El hombre compuesto y mesurado con artificio, a semejanza de la mirla, porque esta avecica, cuando se baña y se pone a enjugar al sol, adereza sus plumas y se compone con gran aseo» (Cov.); *carininfos:* 'cara de ninfa', es decir, lindos, afeminados; *azufrados:* o sugiere antifrásticamente el perfume, satirizando el afeminamiento de estos galanes lindos, o alude a que el pecado nefando, atribuido a estos afeminados, se castigaba con la ho-

635

                    carininfos y azufrados,
                    necios, pobres y hinchados,
                    nonada entre cuello y ligas,   130
                    esa nada con vejigas.
                    La que nada con pelones,
                    y trueca dones en dones,
                    el paseo por doblones,
                    la cadena por la soga,   135
                    esa nadando se ahoga.

                    Los amores, madre
                    son como güevos:
                    los pasados por agua
                    son los más tiernos.   140
                    Leandro en tortilla,
                    estrellada Hero,
                    los pobres perdidos,
                    los ricos revueltos,
                    los celosos fritos,   145
                    asados los necios,
                    los pagados dulces,
                    los sin blanca güeros.

---

guera. También puede aludir a una práctica para enrubiarse, que usaban las mujeres y posiblemente estos lindos: comp. Cov. *s. v. cochura:* «El calor grande que alguno pasa, como el de aquel que para sanar de algún mal se pone en sudores. Dice un proverbio: "Sufrir cochura por hermosura", dícese de las mujeres que para salir el domingo rutilantes, se ponen mudas entre semana, y por enrubiarse sufren el insufrible humo del azufre». Por fin, el olor del azufre está asociado al demonio y al infierno.

130 *nonada entre cuello y ligas:* 'vacíos, no tienen nada entre el cuello y las ligas, ni sustancia, ni virilidad'. Nada con vejigas (se usaban como las calabazas): es decir, con cosas vacías, llenas de aire.

132-136 *pelones*: sin pelo; es decir, sin dinero. «Pelón. Al caballero e hidalgo necesitado» (Correas, refrán 18073); «Pelón pelado, que no tienes blanca ni cornado. Pelón llaman al hidalgo pobre, notándole de la pobreza y miseria» (Correas, refrán 18074). Por eso trueca *done* 'regalos' en *dones* 'tratamiento de don, propio del caballero', los cuales no valen nada; y trueca los doblones que no recibe por los cortejos y paseos; y trueca la cadena de oro que podía regalarle un galán adinerado por una soga (para ahorcarse): en suma, esa se ahoga, porque practica un mal modo de nadar.

Boda de pordioseros
Baile VIII

A las bodas de Merlo,
el de la pierna gorda,
con la hija del ciego,
Marica la Pindonga,
en Madrid se juntaron   5
cuantos pobres y pobras
a la Fuente del Piojo
en sus zahúrdas moran:
tendedores de raspa,
bribones de la sopa,   10

---

7 *Fuente del Piojo:* innumerables fuentes en la geografía hispánica se llaman del piojo, sobre todo las frecuentadas por mendigos. No localizamos a cuál se refiere Quevedo; había una así llamada en la calle del Álamo, pero no hemos confirmado que su existencia y el nombre se remontaran al XVII.
8 *zahúrdas:* pocilgas.
9 *raspa:* en *Parnaso* «rasa», lectura que acepta Blecua, quien anota en *Poesía original:* «tendedor de rasa, pobres que parecían tendedores vivos en telas con rasas (Rasa es la abertura que se hace en las telas endebles al menor esfuerzo)». Pero la creemos errata por *tendedores de raspa: tender la raspa* es frase que *Aut.* define con connotaciones de vulgarismo: «frase que se toma por echarse a dormir o descansar, es vulgar y baja». Quevedo, *Poesía original*, núm. 855, vv. 141-144: «Llegamos a Babilonia / un miércoles por la noche, / tendí raspa en el mesón / de Catalina de Torres»; 745, vv. 154-156: «Tiende redes por el mundo / mientras yo tiendo la raspa, / que en cas de las calaveras / ambos las tendremos calvas».
10 *bribones de la sopa:* que toman la sopa de los conventos; vagabundos, holgazanes. Ya se ha anotado.

clamistas de la siesta,
y mil zampalimosnas.
Vino el esposo güero,
muy marido de cholla,
muy sombrero a la fiesta   15
y al banquete muy gorra.
El dote de palabra
y las calzas de obra,
de contado la suegra

---

11 *clamistas:* que piden limosna gritando, a la hora de la siesta. Era costumbre, sobre todo de los mendigos franceses y alemanes, pedir limosna cantando. Véase el entremés calderoniano *La franchota* para este detalle. Pero en todo caso era motivo satírico el de los gritos de los mendigos: vv. 35, 53 *infra*.

13-16 Todas malas señales: *huero* 'vacío' (posible alusión obscena a su impotencia y esterilidad; huero es el huevo vacío y corrompido); *marido de cholla:* 'cornudo, marido —se entiende en mala parte, sinónimo de cornudo— en cuanto a la cabeza'; *sombrero:* 'cornudo' (lo que cubre la cabeza se puede llamar sombrero, y por metonimia el que lo lleva; pero lo que le cubre la cabeza a este novio son los cuernos); y gorrón en el banquete, jugando con el «sombrero» anterior.

17-18 'El dote solo lo ha entregado de palabra; de obra solo lleva las calzas': *calzas de obra:* las de labor cuidadosa; Comp. Liñán, *Guía y avisos de forasteros,* pág. 99: «era un hombre [...] de mediana estatura, calza de obra, galas al uso, una banda de oro al cuello de las que se comenzaban á usar entonces»; *Poesía original,* núm. 671, vv. 24-27: «del dote, que es poco o nada / calzas de obra se labra, / pero luego aun de palabra / no tiene calzas el triste».

19-20 Nótese el juego a la vez sinonímico y antitético entre *de contado/en relación:* contar es lo mismo que hacer una relación, pero hablando de regalos y dinero, *al contado* es en efectivo; *en relación* es 'promesas sin obras'. Sobre la *suegra* los chistes satíricos serían inacabables: solo en Correas: «Suegra, ni de azúcar buena; nuera, ni de pasta, ni de cera» (Correas, refrán 21764); «Si mi suegra muere, buscaré quien me la desuelle» (Correas, refrán 21179); «Suegra, ninguna buena, y una que lo era quebrose una pierna. Una señora que dicen era de los Solises de Salamanca, tenía una nuera a quien quería como a una hija, y un día por ir de prisa a hacer una cosa por la nuera, cayó y quebróse una pierna, de que la nuera quedó muy lastimada por lo que bien la quería y se lo merecía; que parece la fortuna envidiaba su virtud, y la quería volver de la condición de las otras suegras» (Correas, refrán 21767); «Quien tiene suegra, cedo se le muera. Quien tuviere nuera, quemada la vea. Lo primero cantaba una casada descuidadamente envolviendo una criatura delante de su suegra, que la calentaba los pañales, y lo segundo respondió la suegra; advirtió entonces la nuera y dijo: ¡Ay, señora, esto es cantar; replicó la suegra: Y esto copla. Aplícase cuando dos se pagan en dicho y respuesta» (Correas, refrán 19984), etc. Véase Arellano, 1984a,

y en relación las joyas. 20
La novia vino rancia,
muy necia y poco moza,
y sobre su palabra
doncella, como todas.
Llevaba almidonada 25
la cara y no la toca,
gesto como quien prueba
marido por arrobas.
Sentáronse en un banco
cual si fuera de popa, 30
que el matrimonio en pobres
es remo con que bogan,
cuando por una calle
el Manquillo de Ronda
entró dando chillidos 35
recogiendo la mosca:
«Denme, nobles cristianos,
por tan alta Señora

---

págs. 373-374, donde se recogen otros textos y bibliografía sobre este fatigado tópico.

24 *doncella, como todas:* es doncella solo porque ella lo dice, que es lo que hacen todas. Los chistes sobre la inexistencia de doncellas son también tópicos. Baste remitir a Quevedo, *Un Heráclito,* núm. 256, vv. 117-120: «Solían usarse doncellas, / cuéntanlo así mis agüelos; / debiéronse de gastar, / por ser muy pocas, muy presto»; *Poesía original,* núm. 639, vv. 236-237, donde el locutor desea, dice: «ver desde que nací virgos y diablos, / y ni los diablos ni los virgos veo»; núm. 705, vv. 61-64: «doncellas no sé qué son, / porque me contó una vieja / que ya son solo en los cuentos / fruta de "Érase que se era"».

25 y ss. 'Llevaba la cara con cosméticos, como si le hubiera echado almidón'.

30 *de popa:* los bancos de popa están en las galeras: se sientan como si estuvieran forzados en una galera, según explica acto seguido.

36 *mosca:* 'dinero'.

37-40 Imita las súplicas de los mendigos; tan alta Señora es la Virgen; véase las artes de los pordioseros en el *Buscón,* pág. 206: «Fieles cristianos y devotos del Señor, por tan alta princesa como la reina de los ángeles, dalde una limosna al pobre tullido [...] que me vi bueno y sano como se ven y se vean, loado sea el Señor».

>   (ansí nunca se vean),
>   su bendita limosna».   40
>   Columpiado en muletas
>   y devanado en sogas
>   Juanazo se venía
>   profesando de horca;
>   en un carretoncillo   45
>   y al cuello unas alforjas
>   Pallares con casquete
>   y torcida la boca,
>   y el Ronquillo a su lado
>   fingiendo la temblona,   50
>   cada cual por su acera
>   desataron la prosa,
>   y levantando el grito
>   dijeron con voz hosca
>   lo del *aire corruto*   55
>   y aquello de *la hora*.
>   Con sus llagas postizas,
>   Arenas el de Soria
>   pide para un bula

---

42 *devanado:* 'envuelto'; es término favorito de Quevedo; dice que viene profesando de horca porque va lleno de sogas. *Sueños,* págs. 284-285: «viudo que anegado en capuz de bayeta y devanado en una chía [...] iba tardo y perezoso»; *Poesía original,* núm. 595, v. 2 «devanado en pringue y telaraña»; 701, v. 9 «devanado en una manta»; 759, v. 93 «devanada en la camisa»; 764, v. 63 «devanado en su bohemio»; 855, v. 14 «devanado en un capote»; 875, I, v. 298 «devanado en pringue»; etc.

47 *casquete:* «un empegado de pez y otros ingredientes que ponen en la cabeza a los tiñosos cubriéndosela toda, el cual le arrancan después para sacarle los cañones del pelo, con lo cual curan» *(Aut.).*

55-56 *aire corruto, hora:* los mendigos achacaban sus enfermedades a un aire corrupto que les dio en hora menguada, funesta; *Buscón,* pág. 206: «un aire corruto en hora menguada, trabajando en una viña me trabó mis miembros».

57 *llagas postizas:* comp.: «pudiendo trabajar en otras cosas se hacen llagas fingidas y comen cosas que les hacen daño a la salud para andar descoloridos» (Pérez de Herrera, *Amparo de pobres,* pág. 27).

59 *bula:* seguramente se refiere a la bula de la Cruzada, un documento pontificio concedido desde muy antiguo a los reyes de España en sus luchas contra los moros (modernamente se otorga para promover el culto y la beneficencia). Consta de privilegios, gracias e indultos, siendo los más importan-

que eternamente compra.   60
Romero el estudiante,
con sotanilla corta
y con el *quidam pauper*
los bodegones ronda.
Con niños alquilados   65
que de contino lloran
a poder de pellizcos
por lastimar las bolsas,
la taimada Gallega,
más bellaca que tonta,   70
entró de casa en casa
bribando la gallofa.
Devanada en la manta
la irlandesa Polonia
con pasos tartamudos   75
y con lengua coja,
resollando mosquitos

---

tes la indulgencia plenaria, que implica confesión y comunión especial, además de la obligatoria de cada año; las indulgencias de las Estaciones de Roma, etc. Véase P. Mendo, *Bullae Santae Cruciatae elucidatio*, 1651; J. Fernández y Llamazares, 1859.

65 *niños alquilados*: «hay casa de donde andan pidiendo cuatro o seis y ocho personas entre niños y niñas [...] que los tienen y recogen para valerse de ellos por este orden, sacándolos de las casas donde están sirviendo, y aun alquilándolos para este efeto» (Pérez de Herrera, *Amparo de pobres*, pág. 29).

66 *de contino:* 'continuamente'.

72 *bribando:* 'ejerciendo la bribia, modo de pedir limosna; pidiendo limosna'; «echar la bribia, hacer arenga de pobre, representando su necesidad y miseria» (Cov.); Quevedo, *Hora*, pág. 113: «y por si faltaba el dinero remataban con la plegaria, que es las mil y quinientas de la bribia, diciendo que si no se hallasen con algún contante, se sirviesen de enviar una prenda»; *gallofa:* explica Cov.: «Gallofo. El pobretón que, sin tener enfermedad, se anda holgazán y ocioso, acudiendo a las horas de comer a las porterías de los conventos, adonde ordinariamente se hace caridad y en especial a los peregrinos. Y porque por la mayor parte son franceses, que pasan a Santiago de Galicia, y por otro nombre se llaman gallos [galos], los dijeron gallofos, y gallofa el pedazo de pan que les dan. También las llaman galloferas; y todo tiene una significación. Gallofear, andarse a la gallofa».

75 y ss. Siguen rasgos de borracha, que se pueden comprender fácil por haberse anotado ya todos estos motivos.

> y chorreando monas,
> hablaba de lo caro
> con acentos de Coca.   80
> Tapada de medio ojo,
> en forma de acechona,
> con el «ce, caballero»,
> y un poco la voz honda
> pide una vergonzante   85
> con una estafa sorda
> para un marido preso
> con parte que perdona.
> En figura de ciega,
> Ángela la Pilonga,   90
> tentando como diablo,
> con un bordón asoma:
> «Manden rezar, señores,
> de la Virgen de Atocha;
> del Ángel de la Guarda   95
> (la plegaria sea sorda)».
> Luego, puestos en rueda,
> llegan todos y todas,
> a dar las norabuenas
> que malas se las tornan.   100

1.º. Que se gocen vustedes muchos años
 y que les dé Dios hijos, si quisiere,
 y si ven que se tarda mucho en darlos,

---

82 *acechona:* 'porque acecha y porque llama con la voz «ce, ce» a los galanes'.

83 *ce:* voz para llamar.

88 *parte que perdona:* entre las invenciones para provocar la compasión, esta falsa pobre se hace pasar por una dama de cierta calidad que ha de pedir envergonzante, para pagar la indemnización que exige la parte (los que tienen derecho a personarse en un pleito) para desistir de la demanda y dejar libre al marido preso, perdonando la acción cometida.

v, 91 *tentando:* dilogía fácil 'andando al tentón, como si fuera ciega', 'provocando tentaciones'.

92 *bordón:* el palo o bastón del ciego.

96 *sea sorda:* parodia «El diablo sea sordo. Cuando se dice algo de recato» (Correas, refrán 8001); porque todo esto que hacen y dicen son fingimientos.

	que, como se usa agora,	
	los busque en otra parte la señora.	105
2.º.	Sea para bien de todos los vecinos,	
	y si acaso pudieren,	
	gócense por ahí con quien quisieren.	
3.º.	De vuestedes veamos	
	hijos de bendición.	110
1.º.	Son, si lo apuras,	
	hijos de bendición, hijos de curas.	
MUJER 1.ª.	Dios sabe lo que siento	
	ver a vusté casado,	
	pudiendo, sin la ce, quedar asado.	115
MUJER 2.ª.	En el alma me pesa, amiga mía,	
	el verte maridada,	
	pues para mi traer siempre he querido	
	que antes de ser venido sea marido.	
4.º.	A todos el juntaros satisfizo.	120
NOVIA.	Descanse en los infiernos quien lo hizo.	
3.º.	Suegra tienes que al diablo te dé dotes.	
NOVIO.	Pues Dios me la reciba como azotes.	
2.º.	Que ya no hay que tratar: buena es la [moza,	
	y pues corre la edad, ande la loza.	125
	Aquí no hay quien lo atisbe:	

---

110 *hijos de bendición:* frase hecha para expresar que con los hijos Dios bendice a los padres; la expresión facilita el chiste siguiente sobre los hijos de curas.

122 *al diablo te dé dotes:* chiste con los sentidos de dote matrimonial y juego con la expresión: véase *Poesía original*, núm. 696, vv. 85-88: «Quise casarme estotro año / por sosegar mi conciencia, / y dábanme un dote al diablo / con una mujer muy fea».

125 *ande la loza:* «Ande la loza, que de vieja me tornaré moza. Dícese a los que se huelgan y recrean en bailes y placeres. Loza se llaman los platos y escudillas y vasijas en junto, que se hacen de aquel barro; ya se llaman Talavera, porque se hacen en ella» (Correas, refrán 2520). Literalmente, se van a emborrachar. Comp. *Poesía original*, núm. 682, vv. 257-260: «Neptuno, en viéndolos, dijo, / a gritos "¡Ande la loza!", / que la loza en los refranes / las piernas nunca las dobla».

126 y ss. 'Aquí nadie nos mira ni vigila; podemos dejar el disimulo de las plagas falsas y las tramoyas o engaños que usamos para pedir limosna'.

    amigos, toda plaga vaya fuera
    y aclare su tramoya limosnera.

(Cantan y bailan.)

    Malito estaba y malo estoy,
    y malo me quedo y malo soy.   130
    Yo me llamo Perico
    de la Gallofa,
    carretero cosario
    de la limosna.
    Hay lisiados que piden   135
    a cuantos quieren
    y muchachas lisiadas
    por pedir siempre.
    «Dios le ayude, hermano»,
    dicen algunos,   140
    como si el mendigo
    fuera estornudo.
    Pobres de calcilla,
    cuello y cadena,
    piden más con billetes   145
    que con muletas.

---

142 *estornudo:* cuando alguien estornudaba le decían también «Dios le ayude», como al pobre al que no se le daba limosna. Comp. la comedia burlesca de *El comendador de Ocaña,* vv. 136-139: «Iten, con semblante ameno, / esperando a que estornude, / diciendo otros "Dios te ayude", / dice ella "Dios te haga bueno"».

Los borrachos
Baile IX

Echando chispas de vino
y con la sed borrascosa,
lanzando en ojos de Yepes
llamas de el tinto de Coca,
salen de blanco de Toro,   5
hechos reto de Zamora,
ceñidas de Sahagún
las cubas, que no las hojas,
Mondoñedo el de Jerez
tras Ganchoso el de Carmona,   10
de su majestad de Baco
gentiles hombres de boca,
los soldados más valientes
que en esta edad enarbolan

---

3 *Yepes:* cerca de Toledo; «Este lugar tiene fama de buen vino, digo la villa de Yepes» (Cov.). Otras referencias a buenos vinos ya han salido antes: vinos de Coca, Toro, la cuba de Sahagún...

8 *que no las hojas:* van armados de vino, armados de la cuba de Sahagún (ya anotada), no armados con las espadas de Sahagún (famosa familia de espaderos toledanos del XVI, sobre todo Alonso de Sahagún el Viejo y su hijo Luis, aunque también alcanzaron renombre el nieto del primero, Alonso de Sahagún el Mozo y el hijo de este, Luis, llamado Sahaguncillo).

12 *gentilhombre de boca:* criado de la casa real que servía la mesa del rey y le acompañaba cuando salía a alguna fiesta o función; comp. «don Pedro Paniagua de Louisa, marqués que fue de Lanzarote, gentilhombre de la boca del rey Felipe Cuarto» (Cov., *s. v. paniaguado)*.

		en las almenas de el brindis				15
		las banderas de las copas.
		A meterles en paz salen
		la Escobara y Salmerona;
		fénix del gusto la una,
		cisne del placer la otra,				20
		dos mozas de carne y güeso,
		no de las de nieve y rosa
		que gastan a los poetas
		el caudal de las auroras.
		«Haya paz en las espadas				25
		(dicen), pues guerra nos sobra
		en las plumas de escribanos,
		malas aves españolas».
		De la campaña los sacan,
		de donde se van agora				30
		a enterrar en la taberna
		más cuerpos que en la perroquia.
		Envainan, y en una ermita
		beben, ya amigos con sorna,
		su pendencia hecha mosquitos:				35
		aquí paz y después gorja.

19-20 *fénix del gusto, cisne del placer:* 'prostitutas'.

27-28 Llama aves a los escribanos porque usan plumas para escribir. Es motivo satírico muy frecuente la burla de los escribanos, que aparecen siempre como ladrones y rapaces; véase Arellano (1984, págs. 83-86); Quevedo, *Poesía original,* núm. 786, vv. 69-72: «De solos los escribanos / no traigo conocimiento, / porque cuando van de acá / ya van demonios perfectos»; 639, v. 82: «También los siempre inicuos escribanos»; *íd., Sueños,* pág. 297: «Muchos hay buenos escribanos, y alguaciles muchos; pero de sí el oficio es con los buenos como la mar con los muertos, que no los consiente, y dentro de tres días los echa a la orilla» Otras referencias en *Prosa festiva,* págs. 263, 347-348.

32 *perroquia:* los cementerios estaban en los aledaños de las iglesias y en las mismas iglesias se enterraba gente.

33 *ermita:* sentido germanesco de taberna; comp. *Estebanillo,* I, pág. 147: «lo convidé a beber dos frascos de vino en una ermita del trago»; *Estebanillo,* II, pág. 127; Marcos Fernández, *Olla podrida a la española,* págs. 43-44: «en entrando en cualquier ermita del trago el mismo ermitaño quita el ramo».

36 *aquí paz y después gorja:* «Estar de grox, de regodeo, de regolax, de gorja. Por estar de gracia y pasatiempo» (Correas, refrán 9860); parodia la despedida de los sermones «Dios nos dé aquí paz y después gloria».

Más vino han despabilado
que en este lugar la ronda,
que un mortuorio en Vizcaya
y que en Ambers una boda. 40
Tan gran piloto es cualquiera,
que por su canal angosta,
al galeón San Martín
cada mañana le emboca.
Siendo borrachos de asiento 45
andan ya de sopa en sopa
con la sed tan de camino,
que no se quitan las botas.
Vino y valentía,
todo emborracha; 50
más me atengo a las copas
que a las espadas.
Todo es de lo caro,
si riño o bebo,
o con cirujanos 55
o taberneros.
Sumideros del vino,
temed sus tretas,
que, apuntando a las tripas,
da en la cabeza. 60
Ya los prende la justicia,
que en Sevilla es chica y poca,
donde firman la sentencia
al semblante de la bolsa.

---

43 *galeón San Martín:* el vino de San Martín, que navega sin problemas por la canal angosta de la garganta de los borrachos.

45 *de asiento:* 'fijos, en firme'; a pesar de lo cual andan comiendo la sopa de uno en otro convento, siempre de camino o al menos vestidos de camino; el vestido de camino incluía las botas, aunque los borrachos en realidad llevan siempre botas de vino.

51-52 Juego fácil con los palos de la baraja.

58 *sus tretas:* las del vino, que parece un espadachín que apunta a las tripas y sube a la cabeza.

63-64 'Firman la sentencia más grave o leve según la cara que pone la bolsa, es decir, según los sobornos'.

>   Sajoles el escribano 65
>   de plata algunas ventosas,
>   con que bajó luego al remo
>   el pujamiento de soga.
>   Ya los llevan, y las fembras
>   van siguiendo sus derrotas, 70
>   cantando por el camino
>   por divertir la memoria:
>   Cuatro erres esperan
>   al bien de mi vida
>   en llegando a la mar: 75
>   ropa fuera, rasura,
>   reñir y remar.
>   Llegan al salado charco,
>   en donde los vientos dan
>   a las nubes, con las olas, 80
>   cintarazos de cristal.
>   Ya los hacen eslabones
>   de la cadena real,
>   que son las más necesarias
>   joyas de su majestad. 85
>   Van embarcando a la gente,
>   y con forzosa humildad
>   a su cómitre obedecen,
>   que así diciéndoles va:
>   Ropa fuera, rasura, 90
>   reñir y remar.

65-66 'El escribano les chupó algunos dineros'; *ventosa:* baile I, v. 39.

67-68 'Al sobornar al escribano este se las arregló para rebajar la condena a la horca por otra a galeras'; *pujamiento:* un tipo de desarreglo fisiológico, enfermedad: comp. *Poesía original,* núm. 856, 169-172: «pujamiento de garnachas / pienso que os ha de acabar, / si el avizor y el calcorro / algún remedio no dan».

76 *ropa fuera:* baile III, v. 92; *rasura:* los galeotes iban rapados: baile III, v. 2.

81 *cintarazo:* golpe dado de plano con la espada; los vientos levantan olas tan altas que golpean a las nubes; imagen de la tormenta o mar brava.

83 *cadena real:* la fila de galeotes encadenados que van «a servir al rey». Imagen irónica de esta columna de galeotes como joya o cadena de eslabones de oro.

Las estafadoras
Baile X

<blockquote>

Allá va con un sombrero,
que lleva, por lo de Flandes,
más plumas que la provincia,
más corchetes que la cárcel.
Va con pasos de pasión   5
de crucificar amantes
y con donaires sayones
que los dineros taladren.
El talle de no dejar
aun dineros en agraces,   10
aire de llevar la bolsa

</blockquote>

1-4 *sombrero, plumas, provincia, corchetes:* sombrero de Flandes, muy adornado de plumas y broches. Juega con las dilogías en *plumas* 'plumas de escribanos' y *corchetes* 'alguaciles'. *Provincia* se llamaba «el juzgado de los alcaldes de corte [...] y es para conocer de los delitos y dependencias civiles. Hayle no solo en esta corte, sino también en las ciudades de Granada, Valladolid, y Sevilla, y los escribanos ante quien se actúan los pleitos se llaman escribanos de provincia» *(Aut.).* Comp. Bernardo de Quirós, *Fruela,* pág. 188: «en Provincia, delante del señor Alcalde declararon lo que les había sucedido». Véase Herrero, 1963, pág. 329.

5 y ss. Estos versos fueron mandados borrar de este baile por el *Índice expurgatorio* de 1707. Juego irreverente entre pasos, escenas o episodios de la Pasión de Cristo, y los pasos que da esta estafadora, con movimientos y meneos incitantes.

7 *sayones:* 'verdugos de Cristo'.

10 *en agraces:* 'sin madurar, como las uvas en agraz'; se lleva todos los dineros, hasta los que no están maduros.

       al más guardoso en el aire.
       En los ojos trae por niñas
       dos mercaderes rapantes
       que al Rico Avariento cuentan   15
       en el infierno los reales;
       dos demandas por empresa
       con una letra delante:
       «Mujer que demanda siempre,
       Satanás se lo demande».   20
       Lleva en sus manos y dedos
       a todos los Doce Pares,
       Galalones por las uñas,
       y por la palma Roldanes.
       Una pelota en su pala   25
       lleva y escrito delante:
       «Ha de quedar en pelota
       quien me dejare que saque».
       Y para que se acometan
       y las viseras se calen,   30
       los pífanos y las cajas

---

15 *Rico Avariento:* el de la parábola evangélica, Lucas, 16, 19-31.

17-20 'Lleva como empresa o divisa dos cajas de demandar limosna, con la letra que indica'; la forma usual es «Dios te lo demande, mal y caramente» (Correas, refrán 7296), pero a la estafadora se lo demandará Satanás

22 *Doce Pares:* «Pares de Francia fueron doce caballeros iguales en nobleza y en valor y hechos de armas, instituidos por Carlo Magno» (Cov.).

23 *Galalones:* porque Galalón es el traidor de los doce pares de Francia: paladín, señor de Maganza, con inclinaciones perversas aparece por vez primera en el *Cantar de Roldán,* de quien es padrastro. Traiciona a los paladines en sus guerras contra el moro y se destaca como compendio de todas las maldades y mezquindades. La *uña* es símbolo del robo y la rapiña, ya anotado.

24 *Roldanes:* porque hay que disociar la palabra en Rol-dan, con alusión al verbo dar, que es lo que siempre buscan las estafadoras, que les den el dinero.

25 *pelota:* otra divisa simbólica, que se entiende a través del juego de palabras con *dejar en pelota:* 'desnudo, sin nada'.

29-32 Parodia de un torneo; *pífano* o *pífaro* es «Instrumento músico de boca, que se tañe juntamente con el atambor de guerra, suena con soplo, sin meterle en la boca, que al sonido de cerca hace pif para formar con aquel soplo el sonido en el pífaro, y de allí, por onomatopeya, tomó el nombre»; con pífanos y cajas (tambores militares) se convocaba a los justadores.

confusas señales hacen.
Tan, tan, tan, tan,
tan pobres los tiempos van,
que piden y no nos dan, 35
dan, dan, dan, dan.
No de punta en blanco
van armadas ya,
mas de puño en blanca
y de puño en real. 40
Botes de botica
no hacen tanto mal
como los de uña
que en las tiendas dan.
No sabe en su Tajo 45
el bolsón nadar,
viejas remolinos
sorben su caudal.
Del uñas abajo
¿quién se esconderá? 50
Del uñas arriba
no basta volar.
Tan, tan, tan, tan,
tan pobres los tiempos van,
que piden y no nos dan, 55
dan, dan, dan, dan.

---

32 *confusas:* 'mezcladas'.
41 *botes:* dilogía entre *bote* 'recipiente' y 'golpe dado con un arma aguda'. Es frecuente el juego de palabras entre el bote de lanza o pica y el bote de los boticarios, más peligroso que las heridas. Quevedo es aficionado al mencionado chiste dilógico, que era ya tópico: *Poesía original*, núm. 524, vv. 2-4: «barato sin barbero y sin botica, / en donde el bote suele ser de pica / para el que malo está y aun para el bueno»; Salas Barbadillo, epigrama «Crispio, aunque eres boticario» (comp. Arnaud, 1981, pág. 78): «Crispio, aunque eres boticario, / no votes, no, porque estás / en la guerra; ten en más / los botes de tu contrario. / Teme el bote de una pica; / mas blasona, y con razón, / porque más valientes son / los botes de tu botica».
45 *Tajo:* 'río' y 'golpe de la espada', juego ya anotado.
47 *viejas remolinos:* alusión a las alcahuetas.
49-52 *uñas abajo, uñas arriba:* baile II, vv. 49-52; véase *Destreza*, vv. 242-244.

Colección Letras Hispánicas

Últimos títulos publicados

618 *Rimas humanas y divinas del licenciado Tomé de Burguillos*, LOPE DE VEGA.
    Edición de Macarena Cuiñas Gómez.
619 *Tan largo me lo fiáis. Deste agua no beberé*, ANDRÉS DE CLARAMONTE.
    Edición de Alfredo Rodríguez López-Vázquez.
620 *Amar después de la muerte*, PEDRO CALDERÓN DE LA BARCA.
    Edición de Erik Coenen.
621 *Veinte poemas de amor y una canción desesperada*, PABLO NERUDA.
    Edición de Gabriele Morelli (2.ª ed.).
622 *Tres elegías jubilares*, JUAN JOSÉ DOMENCHINA.
    Edición de Amelia de Paz.
623 *Poesía de la primera generación de posguerra*.
    Edición de Santiago Fortuño Llorens.
624 *La poética o reglas de la poesía en general, y de sus principales especies*, IGNACIO DE LUZÁN.
    Edición de Russell P. Sebold.
625 *Rayuela*, JULIO CORTÁZAR.
    Edición de Andrés Amorós (21.ª ed.).
626 *Cuentos fríos. El que vino a salvarme*, VIRGILIO PIÑERA.
    Edición de Vicente Cervera y Mercedes Serna.
627 *Tristana*, BENITO PÉREZ GALDÓS.
    Edición de Isabel Gonzálvez y Gabriel Sevilla.
628 *Romanticismo*, MANUEL LONGARES.
    Edición de Juan Carlos Peinado.
629 *La tarde y otros poemas*, JUAN REJANO.
    Edición de Teresa Hernández.
630 *Poesía completa*, JUAN DE ARGUIJO.
    Edición de Oriol Miró Martí.
631 *Cómo se hace una novela*, MIGUEL DE UNAMUNO.
    Edición de Teresa Gómez Trueba.
632 *Don Gil de las calzas verdes*, TIRSO DE MOLINA.
    Edición de Enrique García Santo-Tomás.
633 *Tragicomedia de Lisandro y Roselia*, SANCHO DE MUÑÓN.
    Edición de Rosa Navarro Durán.
634 *Antología poética (1949-1995)*, ÁNGEL CRESPO.
    Edición de José Francisco Ruiz Casanova.

635 *Macías. No más mostrador,* Mariano José de Larra.
Edición de Gregorio Torres Nebrera.
636 *La detonación,* Antonio Buero Vallejo.
Edición de Virtudes Serrano.
637 *Declaración de un vencido,* Alejandro Sawa.
Edición de Francisco Gutiérrez Carbajo.
638 *Ídolos rotos,* Manuel Díaz Rodríguez.
Edición de Almudena Mejías Alonso.
639 *Neptuno alegórico,* Sor Juana Inés de la Cruz.
Edición de Vincent Martin y Electa Arenal.
640 *Traidor, inconfeso y mártir,* José Zorrilla.
Edición de Ricardo Senabre (10.ª ed.).
641 *Arde el mar,* Pere Gimferrer.
Edición de Jordi Gracia (3.ª ed.).
642 *Las palabras del regreso,* María Zambrano.
Edición de Mercedes Gómez Blesa.
643 *Luna de lobos,* Julio Llamazares.
Edición de Miguel Tomás-Valiente.
644 *La conquista de Jerusalén por Godofre de Bullón,*
Atribuida a Miguel de Cervantes.
Edición de Héctor Brioso Santos.
645 *La luz en las palabras. Antología poética,* Aníbal Núñez.
Edición de Vicente Vives Pérez.
646 *Teatro medieval.*
Edición de Miguel Ángel Pérez Priego.
647 *Libro de las virtuosas e claras mugeres,* Álvaro de Luna.
Edición de Julio Vélez-Sainz.
648 *Tres tristes tigres,* Guillermo Cabrera Infante.
Edición de Nivia Montenegro y Enrico Mario Santí.
649 *La Estrella de Sevilla. El gran rey de los desiertos,* Andrés de Claramonte.
Edición de Alfredo Rodríguez López-Vázquez.
650 *La música que llevaba (Antología poética),* José Moreno Villa.
Edición de Juan Cano Ballesta.
651 *Las bicicletas son para el verano,* Fernando Fernán Gómez.
Edición de Francisco Gutiérrez Carbajo.
652 *Los empeños de una casa. Amor es más laberinto,* Sor Juana Inés de la Cruz.
Edición de Celsa Carmen García Valdés.
653 *Mesteres,* Arcadio López-Casanova.
Edición bilingüe de Xesús Rábade Paredes.

654 *Teatro original completo*, Tomás de Iriarte.
    Edición de Russell P. Sebold.
655 *El año del wólfram*, Raúl Guerra Garrido.
    Edición de José Ángel Ascunce.
656 *Isidro*, Lope de Vega.
    Edición de Antonio Sánchez Jiménez.
657 *La busca*, Pío Baroja.
    Edición de Juan M.ª Marín Martínez.
658 *Fábula de Polifemo y Galatea*, Luis de Góngora.
    Edición de Jesús Ponce Cárdenas.
659 *Espejo de paciencia*, Silvestre de Balboa.
    Edición de Raúl Marrero-Fente.
660 *Novelas cortas de siglo XVII*.
    Edición de Rafael Bonilla Cerezo.
661 *Obra crítica (1888-1908)*, Emilia Pardo Bazán.
    Edición de Íñigo Sánchez Llama.
662 *La prudencia en la mujer*, Tirso de Molina.
    Edición de Gregorio Torres Nebrera.
663 *Mala hierba*, Pío Baroja.
    Edición de Juan M.ª Marín Martínez.
664 *El pozo de Yocci y otros relatos*, Juana Manuela Gorriti.
    Edición de Leonor Fleming.
665 *Si te dicen que caí*, Juan Marsé.
    Edición de Ana Rodríguez Fischer y Marcelino Jiménez León.
666 *Pastores de Belén*, Lope de Vega.
    Edición de Antonio Carreño.
667 *La casa encendida. Rimas. El contenido del corazón*, Luis Rosales.
    Edición de Noemí Montetes-Mairal y Laburta.
668 *El mundo de Juan Lobón*, Luis Berenguer.
    Edición de Ana Sofía Pérez-Bustamante Mourier.
670 *Los cachorros*, Mario Vargas Llosa.
    Edición de Guadalupe Fernández Ariza.

De próxima aparición

A secreto agravio, secreta venganza, Pedro Calderón de la Barca.
    Edición de Eric Coenen.
La palabra iluminada (Antología 1955-2007), Manuel Padorno.
    Edición de Alejandro González Segura.